研 究 生 教 学 用 书

教育部学位管理与研究生教育司推荐

当代西方经济学主要流派

（第三版）

方福前 著

Schools of Modern Economics

中国人民大学出版社

·北 京·

作者简介

方福前，安徽庐江人，经济学博士，中国人民大学杰出学者支持计划特聘教授（A岗），中国人民大学经济学院教授（二级），博士生导师，2006—2015年任中国人民大学《经济理论与经济管理》杂志主编，教育部马克思主义理论研究与建设工程《当代西方经济学流派》首席专家，国家社会科学基金学科规划评审组专家，中华外国经济学说研究会副会长，北京外国经济学说研究会会长兼法人代表。首届（2003年）国家级教学名师。享受国务院特殊津贴。自1994年开始在中国人民大学为本科生、硕士研究生和博士研究生讲授中级宏观经济学、当代西方经济学主要流派、宏观经济学前沿专题等课程，主要研究领域有宏观经济理论与政策、公共选择理论、中国经济问题和欧洲经济与货币联盟。1998年和2006年分别在丹麦奥尔堡大学和美国斯坦福大学做访问学者和高级研究学者，2015年秋季学期受聘韩国成均馆大学教授。在国内外公开发表学术论文220多篇，出版个人专著8部，独立译著4部，主编著作3部，合著合译多部。主持国家社科基金重大项目1项，重点项目2项，一般项目3项；国家自然科学基金重大项目1项；教育部重点项目1项，一般项目1项，教育部重点研究基地重大项目1项；北京市重点建设教材项目1项；教育部精品视频公开课1项；获省部级科研成果个人一等奖1项、个人二等奖5项，第11届孙冶方经济科学（著作）奖（2004年度，与他人共同获得），获省部级教学成果一等奖1项（排名第一）、二等奖4项。

内容简介

本书内容涵盖了20世纪以来西方经济学主要流派的理论、分歧和影响。按照各个流派产生的先后次序，本书重点论述了7个西方经济学主流学派，它们是经济学中的古典学派、凯恩斯主义、货币主义、新古典宏观经济学、供给学派、新凯恩斯主义和新新古典综合（学派）。20世纪80年代以来，在世界上影响最大的3个西方经济学非主流学派——新制度经济学、公共选择学派（理论）和奥地利学派——也写入了本书。这7个主流派和3个非主流派勾画出了20世纪以来西方宏观经济学发展的主要图景。

本书从动态和立体的视角描述了当代西方经济学主要流派的产生、发展以及它们之间的关系（分歧与联系），分析了这些流派的特色和对经济理论、经济实践的影响。本书融入了作者自己的许多研究成果和独立见解。本书不但可以丰富读者的经济学知识，提升经济理论水平，尤其是深化对宏观经济学的理解，而且可以引导读者把握当代西方经济学的发展趋势和西方发达国家的经济政策走向。

本书主要是依据第一手资料写成的。为了保证内容的真实性和观点的准确性，本书大量地使用引文，这些引文基本上都是来自英文原文和原著。

本书主要是为我国高等学校经济学和管理学各专业硕士研究生编写的，使用本书的读者最好已系统地学完了西方微观经济学和宏观经济学课程。

如果略过较深的理论和较难的数学内容，本书也适合经济学本科高年级学生和热爱经济学的人士使用或阅读。

第三版前言

在 2014 年 11 月第二版的基础上，本版次做了以下修订：

1. 修改了第二章凯恩斯主义和第五章供给学派的部分内容。
2. 修正了少量的表述、译文、用词和漏字。
3. 更新了附录中历届诺贝尔经济学奖获得者的资料。

内蒙古财经学院祝灵敏副教授、洛阳师范学院秦少华博士、中国人民大学 2015 级信息资源管理专业刘廷桓同学和 2016 级 PPE 实验班谭乐瑶同学在使用本书过程中提出了一些有益的建议，发现了一些错误，本次修订时均予以采纳。我向他们表示感谢！

方福前

2019 年 1 月 2 日于

北京海淀区世纪城时雨园寓所

第二版前言

本书初版于2004年12月。2005年上半年，本书有幸进入教育部学位管理与研究生教育司组织的研究生教学用书的推荐、评审程序。经教育部学位与研究生教育发展中心组织的同行专家匿名通讯评议，再经国务院学位委员会学科评议组召集人会议审定，本书入选2004—2005年度教育部推荐的研究生教学用书。这是对本书内容和学术水平的肯定。非常感谢匿名评审专家和国务院学位委员会学科评议组召集人对本书的肯定和推荐。

学生是教科书的主要“消费者”或“用户”，他们对教科书的内容和质量最有发言权和评判权。本书初版以来，我在中国人民大学继续给每一届经济学专业本科生和硕士研究生开设“当代西方经济学主要流派”课程。在授课过程中，我主动要求学生在认真阅读本书的基础上对本书提出修改意见，并为本书“挑错”。我的提议得到了积极响应。同学们不但发现了本书排印和校对方面的一些错误，而且对本书有些内容的安排、文字表述和数学公式的推导提出了不少有价值的建议。我作为本书的“生产者”从中获益良多。这里尤其要提到的是经济学院2004级硕士研究生徐少锋同学和徐丽芳同学，2002级本科生翁燕娜同学、张婷婷同学和宋鹏程同学，2003级本科生徐宵鹏同学和杨于思同学，他（她）们对本书的部分内容提出了具体的书面修改意见，包括个别外国经济学家英文名字的拼写错误、年份和数学公式的排印错误等。杨于思同学在这门课程结束以后又花了近2个月时间通读了全书，并从一个学生读者的角度提出了修改建议。由此可见他们学习之认真、读书之仔细！

本书出版以来也受到国内学术界同行的关注。我国著名经济学家、华中科技大学的张培刚教授在通读了本书之后，于2005年2月在本书扉页上欣然写道：“此书材料新颖，叙评通畅，颇值读研。”这是老一辈经济学家对后学的极大鼓励。武汉大学的马颖教授、华中科技大学的徐长生教授和庄佳强博士，不但分别为本书撰写了高质量的书评，而且对本书提出了中肯的修改建议。使用本书作为教学用书的一些国内同行也提供了宝贵建议。

如果说本书初版是我“闭门造车”的结果，那么本书第二版则是吸纳了“用户”的反馈意见的结果。我不但仔细修改了初版中的有些排印错误，而且增删了部分内容、调整了一些文字表述、细化了一些数学推导。在此对为本书修改做出贡献的学术同行和同学表示真切的谢意！

与第一版相比，本书第二版的主要修改有：

绪论，增加了“六. 为什么要研究经济学流派”。

第一章“古典经济学”，增加了一节（第二版中的第五节）“经济自由主义”，改写了第一节。

第二章“凯恩斯主义”，增加了第六节“凯恩斯主义的复兴”。

第三章“货币主义”，由原来的七节扩展为九节，改写了部分内容。

第四章“新古典宏观经济学”，重写了第五节“实际的经济周期理论”。

第五章“供给学派”，改写了第一节“供给学派概览”和第六节“供给学派经济学的成败”。

第六章“新凯恩斯主义”，增加了一节“协调失灵理论”。

增加了新的一章（第二版第七章）“新新古典综合”。

修订了每章后面的复习与思考题和进一步阅读文献。

删去了第一版中的附录一、二、三。

我真诚希望继续获得来自本书读者的批评和修改意见，以便本书越改越好。

方福前

2014 年 2 月 18 日于

北京海淀区世纪城时雨园寓所

第一版前言

自 1998 年春天开始，我就在中国人民大学经济学院讲授“当代西方经济学主要流派”课程。这门课最初是给西方经济学专业硕士研究生开设的，后来扩大到理论经济学各专业的研究生；由于受到学生的欢迎，所以后来又延伸到经济学专业本科高年级学生。当时这门课既没有中文版教材，也没有英文版教材，一切必须从头开始；由于每个流派涉及的文献资料非常多，所以备课颇费时间。本书就是在我近几年给研究生讲这门课的讲稿基础上加工而成的。

现在我国普通高等院校的经济学和管理学各专业都在开设（西方）微观经济学和宏观经济学课程，这两门课的方法和原理被广泛运用于其他专业基础课和一些专业课，这使得我国高校的经济学和管理学的教学内容发生了很大变化，学生们的经济学理论水平有了很大的提高。“当代西方经济学主要流派”这门课程的内容与“宏观经济学”这门课的联系非常密切。“宏观经济学”主要讲授宏观经济学的主要原理和体系结构，而“当代西方经济学主要流派”主要讲授这些流派的产生、发展以及它们之间的关系（分歧与联系），每个流派都有它独特的宏观经济理论和经济政策主张。可以说，“宏观经济学”教给学生的是“平面的”或“横向的”知识，而“当代西方经济学主要流派”教给学生的是“立体的”或“纵向的”知识。目前在我国高校开设宏观经济学一般只安排一个学期。宏观经济学的内容很多，一个学期的时间往往不够用。

因此，我们往往在教学过程中发现这样的现象：学完了宏观经济学，学生不一定知道这些概念和理论是谁最先提出来的，是如何提出来的，又是怎么发展的，这些理论之间的关系如何，这些理论在经济学的发展史上有什么意义，产生了哪些影响，等等。所以，在“宏观经济学”之后再给学生讲授“当代西方经济学主要流派”，不但可以丰富学生的经济学知识，而且可以帮助他们深化对宏观经济学的理解，还可以引导学生把握当代西方经济学的发展趋势和新动向。正是由于这门课有这样的教学效果，所以受到学生的欢迎。我在中国人民大学讲授这门课时，不少非经济学院的学生也来选修这门课，一些博士研究生和外校的教员也来旁听。

西方经济学的流派很多，要在一本书中写出所有这些流派是比较困难的，而且也没有必要。我在给研究生讲授这门课程时，主要是讲当代西方经济学的五个主流学派——凯恩斯主义、货币主义、新古典宏观经济学、供给学派经济学和新凯恩斯主义，古典学派经济学只是作为讲当代经济学流派的一个预备知识，因为古典学派经济学是当代西方经济学各流派思想的发源地。一些非主流学派，如新制度经济学、公共选择学派（理论）和奥地利学派，这些年在世界上影响较大，所以也写入了本书。还有一些流派，如后凯恩斯主义经济学（其前身是英国新剑桥学派）、瑞典学派、伦敦学派、斯德哥尔摩学派、弗莱堡学派，影响的时间较短或影响的范围较小，所以本书没有将这些流派写进来。演化（进）经济学正在引起我国学者的关注。这种经济学思潮还需继续进行研究，本书或许在今后修订时将它写进来。

根据我的教学实践，学生最好是学完了微观经济学和宏观经济学教程以后再来学习“当代西方经济学主要流派”这门课。没有宏观经济学知识作基础，学习这门课是有困难的。如果学生再有一些经济思想史的知识，那就更好了。

由于本书主要是为研究生课程编写的，所以不少内容在理论上和数学上都有一些难度。如果要给本科生开设这门课，可以对本书的内容进行简化和删节。

本书是我近几年科学研究和教学研究的一个成果。我是根据自己的研究和理解来概括、分析和评论每个流派及其方法、理论和政策主张的，虽然本书参考和吸收了不少国外学者的成果，但是其中有相当多的内容是根据我自己的理解和认识写成的，所以本书署名是“著”而不是“编著”。

本书的内容我虽然讲了好几年，但是我深感这门课的内容涉及面太广，每个流派包含的内容都很多，我对这些流派的研究，对它们的理论和方法的概括、理解、分析和评论，肯定还有不少不到位的地方，甚至可能有误解和错误。恳请读者和使用本书的老师提出批评，不吝赐教，以便今后本书再版时修改。

中国人民大学出版社的编辑为本书的出版倾注了很多心血。特此致谢！

方福前

2004 年 10 月 23 日于

中国人民大学宜园 2 楼寓所

目 录

绪 论

本书主要研究20世纪以来在西方发达国家出现和存在的主要经济学流派。我们力图说明这些流派的特点、主要理论、政策主张以及对经济实践的影响，在此基础上，我们还要讨论这些流派之间的分歧和关系，并进一步分析它们分歧的性质或实质。本书的读者对象主要是系统学习了微观经济学和宏观经济学初、中级教程的大学本科高年级学生、研究生和其他人员。

在绪论部分，我们首先讨论下列问题。

一、划分经济学流派的标准或依据

简单地说，经济学流派或经济思想流派（schools）是对人类社会基本经济问题或某个时期重要的经济问题持有相对一致的立场、观点和政策主张的经济学家所形成的松散团体，或者是指一些经济学家在追随某个先驱者和理论领袖的基础上发展出来的一种经济学理论体系。因此，我们在本书中把某个经济学"流派"与这个流派成员所信奉的"学说"（doctrine）或"主义"看作是同义语，它们可以相互替换使用。例如，经济学中的"古典学派"也叫"古典经济学"或"古典主义"，"凯恩斯学派"也叫"凯恩斯主义"或"凯恩斯主义经济学"。

不同的经济学流派的理论体系和立场观点具有各自的特色，从而可以根据某些标准把一个经济学流派与其他经济学流派区分开来。

根据科学哲学的代表人物库恩（Thomas Kuhn）的"范式"（paradigm）标准，任何理论或学说都是建立在某种范式基础上的，可以根据范式把不同的学说区分开来。库恩在他的《科学革命的结构》一书的第2版（1970年，1962年初版）中把范式界定为“观察世界和实践科学的方法”[①]。库恩认为，范式与一系列假设密切相关，尤其是与关于世界根本属性的假设相关。除了一系列假设以外，范式还包括研究的准则。拥护某种范式的人总是接受这些假设和研究准则。简单地说，库恩所说的范式是指一套概念体系和一组假设前提。任何理论或学说都是建立在一套相应的概念体系和假设前提基础上的。这些概念体系和假设前提设定了理论争论的空间，形成了研究的独特视角和特征，决定了所研究的问题的意义和重要性。

在《批评与知识的增长》(Lakatos et al., eds., 1970) 一书中，库恩提出了“科学共同体”的概念。所谓科学共同体，是指具有共同的信念和理论范式的专业人士（如科学家）所构成的学术集团。这种集团最初是靠其成员所受教育和专业训练中的某些共同要素联系在一起的。科学共同体的特点是，其成员在专业上的思想交流比较充分，在专业上的判断也比较一致。库恩认为，一门学科是否成熟的标志是这门学科是否形成了它的科学共同体。因此，“范式”和“科学共同体”是密不可分的。

库恩的范式标准和科学共同体概念主要是针对自然科学的发展而言的。但是，如果我们把经济学看作是社会科学中的一个学科，可以借用库恩的范式标准和科学共同体概念来划分经济学流派。经济学中的“流派”相当于库恩所说的“科学共同体”。当然，经济学中的流派和自然科学中的科学共同体有一点不同，这就是，某个经济学流派的成员除了遵从共同的范式以外，还具有某种共同的意识形态，对某种制度（社会制度和经济制度）持有基本相同的见解或立场。例如，西方经济学中的主流派对资本主义制度或社会主义制度都持有基本一致的信念；西方经济学中的新自由主义各流派都认为资本主义市场经济制度具有自我稳定的特性。

因此，根据库恩的范式标准和科学共同体概念，可以按照“信念”(belief)、“方法论”(methodology)、“假设”(assumptions)、接受或拒绝某个命题的“准则”(criteria) 的不同来划分经济学流派。

另一位著名的科学哲学家拉卡托斯（Imre Lakatos）主张用“科学研究纲领”(scientific research programmes, SRPs) 作为标准来划分不同的理论体系，评价科学的进步。[②] 他所说的科学研究纲领实际上就是一个具有严密内在结构、处在不断发展变化状态的理论体系。这种理论体系由一组相互联系、有内在逻辑关系的理论构成。所以，拉卡托斯有时候又把科学研究纲领称作“理论的星座”(constellations of theories)。

拉卡托斯所说的科学研究纲领由“硬核”(hard core)、“保护带”(protective belt)、“反面启示法”(negative heuristics) 和“正面启示法”(positive heuristics)[③] 这四个相互联系的部分构成。或者说，一个完整的或成熟的理论体系通常有三个特征：有一个共有的“硬核”，有一组保护硬核的“保护带”和引导理论体系不断发展完善的“启示法”。

所谓硬核，是指不可证伪的理论或无法加以拒绝的公理，它一般由若干个最能反映这种理论体系特征的核心概念组成。这些硬核为研究者从事科学研究提供了一个基本的

---

① T. S. Kuhn, *The Structure of Scientific Revolutions*, 2nd edition, The University of Chicago Press, 1970, p. 4.

② I. Lakatos, "Falsification and the Methodology of Scientific Research Programmes," in I. Lakatos and A. Musgrave (eds), *Criticism and Growth of Knowledge*, Cambridge University Press, 1970.

③ negative heuristics 和 positive heuristics 也可以译作“消极启示法”和“积极启示法”。

理论框架。拉卡托斯认为，硬核是“坚韧的”，是一个科学研究纲领的核心，因此它们不容许被改变、被反驳和被否定。如果这些硬核受到反驳或否定，整个理论体系就受到反驳或否定。放弃硬核就等于放弃建筑在这个硬核基础上的整个理论体系。例如，地心说是托勒密天文学体系的硬核；万有引力定律是牛顿力学体系的硬核。如果它们遭到否定或反驳，相应的理论大厦就会倾覆。

所谓保护带，是指一组附属性假说或假设，这些假说或假设可以通过科学研究或经验证据来加以检验、证伪或拒绝。保护带是保卫硬核不受经验事实的反驳或否定。保护带本身可以被修改、调整和替换。

所谓反面启示法，是指禁止人们把经验反驳的矛头指向硬核；当硬核遭到攻击时，要尽力把攻击的矛头由硬核转向保护带，通过修改、调整和替换保护带来保卫硬核。

所谓正面启示法，是指如何改进和发展科学研究纲领中的“可反驳”部分，通过调整和完善保护带来发展科学研究纲领。

在微观经济学中，“最大化”（经济当事人在一组约束条件下追求自身利益最大化）假设是一个硬核假设，相应的反面启示法就是“不要构建那些非理性行为在其中发挥重要作用的经济理论”，相应的正面启示法就是“以市场缺陷来解释资源配置的帕累托无效率”。

这种由上述四部分组成的理论结构就像一个原子结构一样，它们是一个有机的整体：硬核是原子的内核，保护带是围绕原子核的电子层，正面和反面启示法是联结原子核与电子的吸引力和排斥力。

拉卡托斯认为，在硬核和保护带的基础上，每一个科学研究纲领都提出自己的研究主题（themes）和特殊的论据（evidence）来形成自己的理论结论（conclusions）。

拉卡托斯不同意逻辑实证主义的分析哲学和波普的证伪主义的科学哲学。他认为，由于经验不能证伪各自孤立的理论或命题，所以就一个孤立的理论或命题说它是“科学的”或“非科学的”是没有什么意义的；我们只能说一个完整的理论体系是“科学的”还是“非科学的”。他把科学研究纲领区分为“进步的科学研究纲领”和“退化的科学研究纲领”。如果一个科学研究纲领不但能够解释先前的或现有的科学研究纲领所预言的所有事实，而且可以解释其他科学研究纲领所没有预言或不能预言的事实，那么这个科学研究纲领就是理论上进步的科学研究纲领；如果它的解释和预言得到了经验证实，那么它就是经验上进步的科学研究纲领。相反，如果一个科学研究纲领面对新事物的出现而不能解释这些新事物，只是在过去解释的基础上进行修修补补，那么这个科学研究纲领就是退化的科学研究纲领。科学的进步过程和理论的发展过程就是用进步的科学研究纲领不断取代退化的科学研究纲领的过程。因此，按照拉卡托斯的科学研究纲领的方法论，一种科学研究纲领的“科学性”可能不是一劳永逸的。在某个时期，一种科学研究纲领是科学的，但是随着时间的推移，它可能不再是科学的，它就从进步的科学研究纲领滑落到退化的科学研究纲领。在自然科学中，进步的科学研究纲领取代退化的科学研究纲领的例子有“日心说”取代“地心说”，电磁学中的“场论”取代“以态说”。在经济学中，可以把 20 世纪 40—60 年代的凯恩斯主义经济学看作是进步的研究纲领，因为它所预测的新事实，如扩大总需求、乘数和财政政策的效果，获得了经验事实的支持。但是，到 20 世纪 70 年代，凯恩斯主义经济学就变成了退化的研究纲领，因为它既不能预测“滞胀”这种新的经济现象的出现，也不能为“滞胀”产生的原因提供合理的解释。

因此，根据拉卡托斯的方法论，区分一个理论体系科学与非科学的标准本身是动态的、历史的。因为世界是随着时间的推移而不断发展变化的。一个研究纲领最初可能不如其相对立的研究纲领更进步，但是它可以通过发展完善成为进步的研究纲领。如果一个研究纲领不能随着时间的推移而不断发展，它的科学性可能不是永恒的。如果一个研究纲领一度是退化的，但是通过调整其保护带、修正一些假说或假设，它又可能变成进步的研究纲领。因此，一个理论体系的科学性是和“发展”联系在一起的。

我们虽然不能完全说西方经济学中各流派的发展演化以及一个流派取代另一个流派占据正统地位就是一个进步的科学研究纲领取代一个退化的科学研究纲领，因为西方经济学各流派（尤其是主流派）之间总是存在某些方面的继承性和基本立场的一致性。但是，拉卡托斯的科学研究纲领理论至少给我们划分经济学流派提供了一种思路或启发。仿照拉卡托斯的划分标准，我们把 20 世纪西方经济学中 7 个最重要的流派的硬核、保护带和启示法用表 0-1 的形式列举出来。

表 0-1　　不同经济学流派的硬核、保护带和启示法

	硬核	保护带	启示法
古典学派*	理性的、具有完全信息的经济人力图使自己的福利最大化。 只讨论最低层次的情感。 利他主义可以构成个人偏好的一部分，但是利他主义目标要受到理性人的成本等因素的阻碍。 偏好和禀赋的分布是既定的（外生决定的）。 静态分析，边际决策。 主观价值论。 交易关系。	价格不会小于零。 消费者是价格接受者。 生产要素的边际物质产品递减。 劳动分工和专业化。 生产要素可以自由流动并且可以相互替代。 U形短期平均成本曲线。	（正面启示法） 考察自利的个人在约束条件下追求效用最大化的市场后果。 界定边际条件。
凯恩斯主义	偏好和禀赋的分布是外生决定的。 交易关系。 预期；动物本能。	价格不会小于零。 消费者是价格接受者。 生产要素的边际物质产品递减。 劳动分工和专业化。 生产要素可以自由流动。	（正面启示法） 考察不同类型的经济当事人消费、储蓄和投资决策的宏观经济后果。 分析总需求和总供给的决定因素。 考察预期对经济当事人决策的影响。
货币主义	利他主义不是经济人的行为变量。 只讨论最低层次的情感。 偏好和禀赋的分布是既定的（外生决定的）。 交易关系。 市场出清（一般均衡）。 货币重要。	价格不会小于零。 消费者是价格接受者。 生产要素的边际物质产品递减。 劳动分工和专业化。 生产要素可以自由流动。 名义货币存量是外生的。 货币数量论是对实际货币余额的需求理论。 经济人按照适应性预期来行动。	（正面启示法） 考察自利的个人在约束条件下追求效用最大化的市场后果。 考察货币对名义收入的影响。 识别自然失业率。 考察零通货膨胀率的条件。

续前表

	硬核	保护带	启示法
奥地利学派	主观需要，直觉和知识。 为了满足需要，个人有目的自发地行动，这些行动及其结果完全为个人并且仅仅为个人所知。 关于行动的其他知识可能是准确的或不完全的或错误的。 未来是不确定的，环境是不断变化的。 过程不是决定性的。 经济学包含无意识的结果。	主观效用价值论。 生产的迂回性。 消费者的时间偏好。 市场（和竞争）是一种学习和发现过程。 个人决策是在不确定性下的一种选择行为。 制度是演化的。	（正面启示法） 习惯和习俗在历史上是如何演化的？ 经济活动是如何相互协调的？ 论证大量独立的、自利的决策人形成一种内在联系的经济体系。
后凯恩斯主义	现实主义（强调因果机制、机构和结构之间的相互作用）。 积累（运动规律，扩大再生产，厂商而不是消费者是关键的）。 市场经济根本上是不稳定的（私人和社会激励是分离的，有效需求不足）。 历史时间的重要性（不可逆，均衡分析的有限性，不确定性）。	内生的货币供给。 价格和工资刚性。 社会行为而不是个人主义行为。	（正面启示法） 微观经济学和宏观经济学在未来一体化。 经济增长理论和周期理论一体化。 习惯和技术变革的作用。 定价行为。 金融制度的演化。 不同制度和历史的比较分析。
制度（演化）学派	制度——多样化——社会复杂性。 结构变化的动态学：演化，分散，过程。 历史时间。	例如，定价是一个管理程序。	（正面启示法） 理解制度的形成。 经济制度和法律制度之间相互关系的变化。 权力和意识形态之间的关系。 技术变革对制度的影响。
马克思主义和激进经济学	潜在矛盾关系和结构影响历史发展。 唯物主义和人对事物的主观评价之间的复杂关系。 资本家的资本积累的基本动机。 资本家和工人之间的利益对立。	只有活劳动（可变资本）生产剩余价值。 利润等于剩余价值。 资本家设法通过提高资本有机构成来积累越来越多的利润。	（正面启示法） 揭露资本主义（私人产权）制度的缺陷。 从资本主义的根本特征开始分析（如劳动力成为商品，资本主义和劳工阶级之间的关系）。 资本主义后期阶段的商品和货币关系。

* 这里的“古典学派”就是“新古典学派”（the Neoclassical School）。

资料来源：Douglas Mair and Anne G. Miller，eds.，*A Modern Guide to Economic Thought：An Introduction to Comparative Schools of Thought in Economics*，Edward Elgar，1991.

由表 0 - 1 可以看出，不同的经济学流派其学说的硬核、保护带和启示法是不同的，但是彼此之间又存在着交叉。也就是说，有些硬核、保护带和启示法是各个流派共同拥有的。这说明经济学中的不同研究纲领之间存在着相互重叠，经济学的不同体系之间有着共有的“硬核”，它们之间的对立或差别是相对的，这是经济学的研究纲领与自然科学的研究纲领的不同之处。①

每一个经济学流派的理论体系都包含有一组与其硬核、保护带和启示法密切相关的核心概念、研究主题和结论。根据这些核心概念、研究主题和结论更容易直观地识别不同经济学流派的特征。上述7个经济学流派相应的核心概念、研究主题和结论如表0-2所示。

根据一个经济学流派的硬核、保护带、启示法、核心概念和研究主题，我们大体上可以明了这个流派所使用的分析方法、主要理论（或基本观点）和基本的经济政策主张。因此，我们认为，不能仅仅根据理论观点、分析方法和政策主张上的基本一致来划分经济学流派，就像不能仅仅根据身体发热的程度来判断病人患的是什么疾病一样。因为在一个经济学流派内部，理论观点、分析方法和政策主张存在分歧是常有的事。这就是为什么许多经济学流派内部还存在许多支派，一个经济学流派内部可能还有第一代、第二代、第三代……在我们看来，要把不同的经济学流派区分开来，要识别一个流派是不是新的流派，就需要研究这些（个）流派的硬核、保护带、启示法、核心概念和它（们）所研究的主题。

表0-2　不同经济学流派的核心概念、研究主题和结论

	核心概念	研究主题	结论
古典学派	理性人 无差异曲线 消费者均衡 一般均衡（市场出清） 契约曲线 供给曲线 瓦尔拉斯拍卖人 帕累托效率 完全竞争 外部性	消费者选择 交易 生产 市场结构 一般均衡和福利（效率） 资本理论 特性分析 空间经济学 风险和不确定性	消费者均衡条件 生产者均衡条件 一般均衡条件 如果市场都是出清的，那么商品的边际替代率等于要素的边际替代率 在一般均衡状态下不存在生产要素的非自愿失业 不可能性定理
凯恩斯主义	边际消费（储蓄）倾向 资本边际效率 消费函数 乘数 对货币的投机需求 流动性陷阱 总需求	充分就业 总需求 非自愿失业 投资的社会化	非充分就业均衡 私人自发支出会造成有效需求不足 产品市场和货币市场一般均衡 就业量和国民收入由消费倾向、资本边际效率、流动偏好和货币数量决定
货币主义	均衡；一般均衡 瓦尔拉斯拍卖人 帕累托效率 完全竞争 货币数量论 自然失业率 适应性预期	通货膨胀 货币供给 市场出清 预期 理性人 经济周期的货币理论	通货膨胀是一种货币现象 资本主义市场经济是内在稳定的 货币数量变化对（名义的和实际的）国民收入的影响在短期和长期是不同的 货币政策时滞

① 因此，也有西方学者认为在经济学中使用拉卡托斯的方法论有其局限性，他们指出，不同研究纲领之间的相互依赖是任何经济学分析的必然特征。Backhouse, Roger E., *Explorations in Economic Methodology*, Routledge, 1988, p. 76.

续前表

	核心概念	研究主题	结论
奥地利学派	需要 物品 经济物品 使用价值 机会成本 资本和时间 交换 商品 市场 交易费用 交易媒介	理性人 （技艺和环境的）知识 资本（异质的）和时间（不可逆） 过程（手段），而不是结果（目的）或均衡状态 个人通过市场相互作用 货币、信用和经济周期 计划和福利	经济活动不是决定性的 未来是不能被预测的 货币是一种无意识的产物（是一种社会制度） 集中计划不优于市场过程 知识的增长是经济进步的主要原因 福利不等于健康
后凯恩斯主义	有效需求 收入分配 均衡是历史时间中的稳定 利率是货币现象 生产的货币理论 不确定性 习惯	货币与生产经济 有效需求原理 总需求和总供给 经济周期（短期动态学） 经济增长（长期动态学） 产业结构和定价行为 生产要素 货币政策	可以通过微观和宏观经济学，以及现代的制度演化来解释滞胀 资本主义经济是内在不稳定的（周期性波动），通常在小于充分就业状态下运行，有内在的通货膨胀趋势——由于争夺收入分配份额
制度（演化）学派	习惯 权力关系 价值体系和伦理行为	社会变革，（人为的）制度变迁的过程，及其对经济绩效的影响 社会控制和集体选择 政府的经济作用 技术—创造力—发明—创新 作为资源配置和收入分配的主要决定因素的组织—制度和权力结构 价值概念	例如，大公司不一定总是剥削消费者，但是它们的计划过程经常抑制了个人的创造力
马克思主义和激进经济学	阶级 价值（使用价值和交换价值） 剩余价值 利润 财富 福利 资本（不变资本和可变资本） 产出 资本的有机构成 剥削率 利润率 商品（资本主义制度的细胞） 生产 竞争 最低生活费用 资本主义发展的不同阶段	劳动价值论 剥削理论 转形理论（价值如何转化为生产价格，剩余价值如何转化为平均利润） 收入分配的阶级分析 资本家全体和工人全体之间的斗争 两部门增长模型 马克思关于资本主义未来的预言 国家在维护资本主义制度方面的作用	例如，斯蒂德曼（I. Steedman）认为，生产的物质条件、实际工资和资本家积累的需要共同决定利润率、积累率、产品价格和劳动的社会配置

资料来源：Douglas Mair and Anne G. Miller，eds.，*A Modern Guide to Economic Thought：An Introduction to Comparative Schools of Thought in Economics*，Edward Elgar，1991.

由于一种经济理论体系总是根源于某种世界观、思想意识和价值判断，因此，任何一个经济学流派除了有其独特的范式，还有对世界、对人类社会总的理论倾向或观点。任何一个经济思想流派都要对经济体系的组织和控制表明一个总的态度和提出一套学说，虽然在这个学派内部就如何发展这种学说和在哪些方面发展这种学说存在许多分歧。弗里德曼（Milton Friedman）在谈到什么是宏观经济学中的芝加哥学派时说："在讨论经济政策时，'芝加哥学派'相信自由市场作为一种调配资源的手段的有效性，对政府干预经济事务持怀疑态度，强调货币数量是产生通货膨胀的一个关键因素。在讨论经济学时，'芝加哥学派'的研究视角（approach）是，严格地把经济理论作为一种工具来分析大量的具体问题，而不是把它作为一种徒有其表但并无多少说服力的抽象的数理结构；坚持对理论概括进行经验检验，既反对有事实而无理论，也反对有理论而无事实。"①

二、如何区分西方经济学主流派与非主流派

经济学是一门研究市场经济中人的经济行为的社会科学。市场是一种组织交易的制度性安排。因此，现代经济学主要研究两类问题：一类问题是，市场是如何运行的？包括：商品和生产要素的价值是如何决定的？如何有效率地在各种用途中配置既定的资源？另一类问题是，市场是如何产生的？非市场选择是如何运行的？包括：市场是组织经济活动的唯一途径吗？不同于市场的选择是什么？非市场决策是如何进行的？从经济思想史或整个西方经济学的发展过程来看，研究前一类问题的经济学被称作主流经济学（mainstream economics）或主流派，如古典经济学、凯恩斯主义（经济学）、货币主义、新古典宏观经济学；研究后一类问题的经济学被称作非主流经济学或非主流派，如西方经济学中的社会主义理论、马克思主义政治经济学、激进政治经济学、历史学派、制度学派和新制度经济学、公共选择学派。大多数经济学家只集中于研究这两类问题中的一类问题，同时研究这两类问题的经济学家很少。马克思是一个例外。马克思既研究市场运行本身，也研究市场制度的形成和发展。

从西方经济学发展的横断面来看，我们把在某个时期在西方经济学界被广泛接受的、在名牌大学课堂上作为主修课讲授的经济学称作"正统经济学"（orthodox economics）或"主流经济学"，相应的流派称作"正统派"；把同时存在的其他经济学或经济学流派称作"非正统经济学"（heterodox economics②）或"非主流经济学"。非主流经济学研究的主题往往不是经济学中的中心议题，其学术风格的主要特色是批评主流（或正统）经济学。

从西方经济学的发展史来看，正统经济学都是出自主流经济学，非主流经济学很难成为正统经济学。

经济学的基本任务是要解释经济事实，为经济社会出现的重要的经济问题提供原因解释和政策建议。要使得政策为经济学同行和政治家所接受，必须为政策主张提供相应

① Milton Friedman, "Schools at Chicago," *University of Chicago Magazine*, August 1974, p. 14.

② 我国也有学者把这个术语翻译为"异端经济学""非主流经济学"。

的理论根据。因此，西方经济学各流派的出现和发展大体上都要经过这样的三部曲：新的经济问题——新的政策建议——新的经济理论（新的流派形成）。由于经济事实和经济问题是不断出现和不断发展变化的，这就为新的经济理论、新的经济学流派的产生提供了动力。而西方舆论环境和学术环境的高度自由化和开放性，又为各种各样的经济学流派的出现提供了适宜的气候条件。

由于在不同的历史时期，西方发达国家面临的主要经济问题是不同的，因此就出现了不同的经济理论和经济学流派。当一个经济问题取代另一个经济问题成为主要的经济问题时，相应地一种新的理论就会产生，一个新的经济学流派就会取代原有的经济学流派。20世纪20—30年代，英国的长期慢性萧条和世界性经济大萧条催生了凯恩斯主义，解释萧条原因并提出应对策略的凯恩斯主义取代了从充分就业假设前提出发、笃信市场机制优越性的古典学派而成为新的主流派。20世纪60年代，主要发达国家面临的头号经济敌人是越来越高的通货膨胀，这种经济形势把以反通货膨胀为主要对象的货币主义推到了西方经济学的前台。20世纪70—80年代，滞胀（stagflation）成为困扰西方发达国家新的经济疾病，于是西方经济学舞台上又出现了理性预期学派和供给学派。随着新的经济问题不断出现和更替，新的经济学流派不断出现，一个流派取代另一个流派成为新的主流派。因此，任何一个经济学流派都不可能独占西方经济学舞台，也不可能成为永远不倒的常青树。

20世纪以来，西方经济学的主流派和非主流派大体上可以划分如下：

西方经济学主流派主要有：

（1）古典经济学。

（2）凯恩斯主义（新古典综合派或凯恩斯主义主流经济学）。

（3）货币主义。

（4）供给学派。

（5）新古典宏观经济学（最初称作理性预期学派）。

（6）新凯恩斯主义。

（7）新新古典综合（学派）。

西方经济学非主流派主要有：

（1）制度经济学。

（2）新制度经济学。

（3）演化经济学。

（4）公共选择理论（学派）。

（5）奥地利学派和新奥地利学派。

（6）后凯恩斯主义经济学（曾经称作英国新剑桥学派）。

（7）激进政治经济学（新马克思主义）。

（8）伦敦学派。

（9）弗莱堡学派。

（10）斯德哥尔摩学派（瑞典学派）。

由于篇幅所限，也由于作者的研究领域所限，本书没有囊括上述所有的学派，我们只介绍和讨论了主流派的各个学派，以及那些目前影响较大的非主流派。

三、西方经济学中的自由派与保守派

20世纪以来西方经济学争论的一条主线是“政府要不要对经济活动进行干预”，这条主线成为划分西方经济学中的自由派（自由主义学派）和保守派（保守主义学派）的分界线。凡是主张经济活动自由放任、反对政府干预的学派都是自由派；凡是承认市场失灵、赞成政府干预的学派都算作保守派。因此，这里的“保守派”不是指这些学派的经济学家墨守成规、思想守旧。

20世纪下半期以来的西方经济学自由派又称新自由主义，它是从古典自由主义发展演化来的。[①] 新自由主义主要包括这样一些经济学流派：以弗里德曼为代表的货币主义，以卢卡斯（Robert E. Lucas，Jr.）等人为代表的新古典宏观经济学，以拉弗（Arthur B. Laffer）等人为代表的供给学派，以布坎南（James M. Buchanan）、塔洛克（Gordon Tullock）等人为代表的公共选择理论，以哈耶克（Friedrich August von Hayek）、米塞斯（Ludwig von Mises）等人为代表的奥地利学派，以科斯（Ronald H. Coase）等人为代表的产权经济学，以诺思（Douglass C. North）、威廉姆森（Oliver Williamson）和德姆塞茨（Harold Demsetz）等人为代表的新制度经济学。新制度经济学又包括交易费用经济学、契约经济学和新经济史学。

保守主义学派主要有凯恩斯主义和新凯恩斯主义。西方新马克思主义不相信资本主义自由市场制度的有效性，因此也可以归入保守主义学派。

有些学者进一步把20世纪70年代以来的美国主流经济学划分为“咸水派”（saltwater school）和“淡水派”（freshwater school）。“咸水派”经济学家主要集中在美国东西海岸的一些名校，例如加州大学伯克利分校、哈佛大学、麻省理工学院、斯坦福大学、宾夕法尼亚大学、普林斯顿大学、哥伦比亚大学和耶鲁大学等。这些大学靠近大海，因而得名“咸水派”。“淡水派”经济学家主要集中在美国内地、靠近大湖区（the Great Lakes）的一些名校，例如芝加哥大学、卡内基-梅隆大学、罗切斯特大学和明尼苏达大学等。这些大学位于美国大湖区（淡水湖）周边，离海洋较远，因而得名“淡水派”。“淡水派”更倾向于自由放任主义思想，“咸水派”更倾向于政府干预主义主张。美国斯坦福大学胡佛研究所的霍尔（Robert E. Hall）教授于1976年第一次使用了“咸水派”和“淡水派”的说法，这种划分既形象鲜明又简单易记，因而后来被一些学者接受。[②]

“咸水派”和“淡水派”被认为都和新古典综合派（neoclassical synthesis）有关，都具有新古典（综合）传统。[③]

---

① 本书所说的“古典自由主义”和“新自由主义”是指经济学中的自由主义和新自由主义，实际上，哲学、政治学、国际政治学等学科中也有自由主义和新自由主义。

② Gordon，Robert J. *Productivity Growth*，*Inflation*，*and Unemployment*，Cambridge University Press，2003，pp. 226-227.

③ 我国一些经济学人所说的“新古典”往往是指从马歇尔到卢卡斯的自由主义经济学传统，不是以萨缪尔森为代表的“新古典综合”。

四、经济学主要流派的源流与发展

20 世纪的西方经济学来源于 17—19 世纪的西方经济学。西方资本主义市场经济的发展推动了西方经济学的发展。20 世纪的西方资本主义市场经济出现了许多新情况和新问题，从而大大刺激了西方经济学的争论和发展，使得 20 世纪出现的经济学流派之多是史无前例的。20 世纪西方经济学各流派之间、20 世纪各流派与 17—19 世纪各流派之间存在着不同程度的继承和发展的关系（见图 0-1）。

马克思主义（政治）经济学本质上不同于西方经济学。马克思主义经济学的研究对象、研究目的、研究方法、体系结构和主要结论都与西方经济学有很大的不同，甚至在一些原则问题上存在尖锐对立、水火不容。但是马克思主义经济学是在对 17—18 世纪英国和法国的古典经济学进行革命性改造的基础上创立起来的，它和英法古典经济学有一定的继承和发展关系。并且，20 世纪的马克思主义经济学也有一些新的发展。因此，为了看清楚马克思主义经济学的来龙去脉，我们在图 0-1 中把它和西方经济学各流派的发展演变放到一起。

我们参考萨缪尔森（Paul Samuelson）《经济学（第 18 版）》教科书提供的图示，把经济学主要流派的源流和发展关系用图 0-1 来表示。

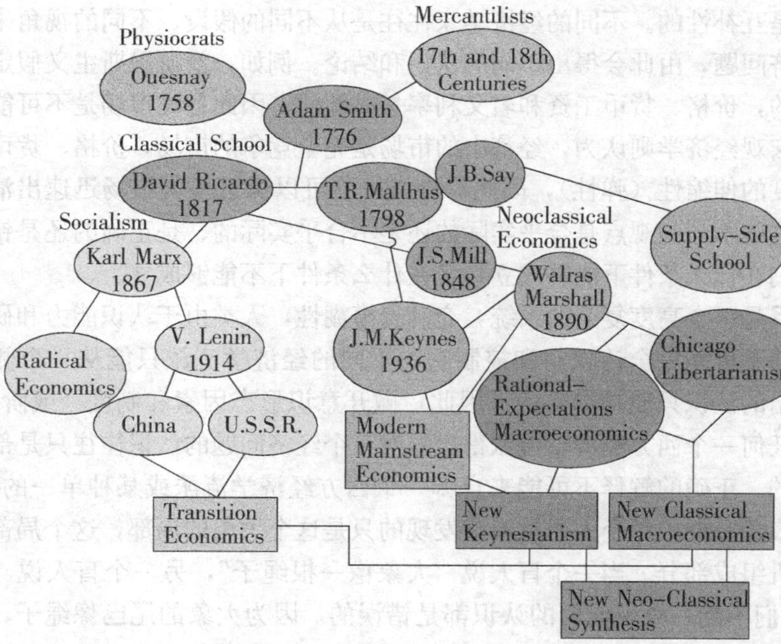

图 0-1　经济学主要流派的源流与发展

五、如何看待西方经济学各流派的争论与分歧

西方经济学各流派在对经济问题原因的认识和政策主张上，可能会存在激烈的争论

和分歧，甚至会互相攻讦。例如，琼·罗宾逊（Joan Robinson）就曾经指责以萨缪尔森为代表的美国凯恩斯主义为“冒牌的[①]（bastard）凯恩斯主义”。但是，不同的流派在对资本主义制度的信念上都具有惊人的一致性。虽然有些流派、有些经济学家承认资本主义制度有这种那种缺陷和毛病，但是他们都认为资本主义市场经济制度是一种效率最高的制度，是最符合人性的制度；资本主义制度需要改革，但是这种改革只是为了完善和发展这种制度，而不是要变更这种制度。即便对资本主义制度做出过较多批评的凯恩斯也是如此。凯恩斯（John Maynard Keynes）承认资本主义不能自动地解决充分就业问题和经济波动问题，资本主义因存在“富裕中的贫困”而令人愤慨，但是他对资本主义制度的信念是坚定的。他在《自由放任主义的终结》（1926 年）一书中写道：“在我看来，资本主义只要加以明智的管理，就可以比任何现有的可供选择的制度更能有效率地达到经济目标，不过它本身在许多方面是极其要不得的。我们的问题是要建立一种尽可能有效率而又不会触犯我们关于一种满意的生活方式的观念的社会组织。”[②]

西方经济学中的有些流派对马克思主义抱有好感和同情——如新剑桥学派，甚至有些学派试图发展马克思主义——如西方新马克思主义，有些西方经济学家也承认马克思的某些观点是正确的，但是从总体上看，西方经济学中的大多数流派对马克思主义是抱着怀疑、排斥和敌视的态度的。可以说，西方经济学各流派之间的分歧是一种“家庭内部矛盾”，而它们和马克思主义的分歧则是一种“敌我矛盾”。

在西方经济学内部，不同的经济学流派在对同一个经济问题上的看法的分歧不是对抗性的，而是互补性的。不同的经济学家往往是从不同的假设、不同的视角来研究和解释同一个经济问题，由此会得出不同的认识和结论。例如，新凯恩斯主义假定市场是不完全竞争型的，价格、货币工资和名义利率是黏性的，因此各类市场是不可能自动出清的。新古典宏观经济学则认为，经济中的市场是完全竞争的市场，价格、货币工资和名义利率有高度的伸缩性（弹性），因此，价格机制可以保证各类市场迅速出清。我们很难绝对地说这些不同的观点是合乎实际的还是不合乎实际的、是正确的还是错误的，我们只能说它们在什么条件下能够成立，又在什么条件下不能够成立。

经济体系是一个高度复杂的系统，充满着模糊性，人类由于认识能力和研究手段的局限性，目前不可能完全认识它和控制它，不同的经济学流派只能从一个侧面来研究它，由此得出的认识只能是局部的。因此，撇开意识形态因素和制度（或阶级）偏见，我们认为，任何一个西方经济学流派得出的对某个经济问题的认识往往只是部分正确的认识，完整的、正确的解释不可能来自哪一个西方经济学流派或某种单一的经济理论。这就像盲人摸象一样，每个人通过摸索发现的只是这个大象的局部，这个局部是大象整体的一个有机组成部分。当一个盲人说“大象像一根绳子”，另一个盲人说“大象像一根柱子”，我们不能一概说他们的认识都是错误的。因为大象的尾巴像绳子，大象的腿像柱子，他们接近了对大象实际形状的部分认识。因此，我们在学习西方经济学流派这门课时，既不要被不同流派的不同观点闹得无所适从——同学们可能会说，这些观点都有道理，我们不知道该相信哪一种观点；也不要偏听偏信——只接受某个学派的观点，而认为其他学派的观点都是没有价值的、不足取的。正确的态度是通过对不同经济学流

---

① 也可以译作“杂种的”“劣质的”。

② *The Collected Writings of John Maynard Kenyes*, Vol. 9, Macmillan, 1972, p. 294.

派理论的学习，通过分析比较得出我们对某个理论问题的认识；同时结合中国的实际，对这些理论做出取舍：把那些有用的、在一般情况下适用的理论拿来分析中国的经济问题；把那些不符合中国经济情况的理论进行改造，使之中国化；把那些不符合中国国情的理论丢掉。

正是由于经济体系的高度复杂性和模糊性，任何一个经济学流派总是无法穷尽对它的全部认识，只能是不断深化对它的认识。也正因为如此，经济学才充满着魅力、充满着挑战，才成为不同流派争斗的战场。

不同的经济学流派及其学说虽然只是对经济体系的局部认识，但是这不等于说这些学派的学说在其有用性上是相同的。实际上，不同的经济学说在同一个时期或同一种经济学说在不同的时期，其有用性是不同的。判别一种经济学说的有用性大小的标准主要是：(1) 它对当前出现的经济问题具有的解释力的大小，它是否能够比较清楚地说明当前经济问题的性质和原因。(2) 它对经济运行趋势具有多大的预见能力，这种预见的准确性如何。(3) 它是否能够对当前的经济问题开出有效的治疗处方（即经济政策）。一个比较成熟的或进步的经济学理论体系应当对当前主要的经济问题具有较强的“解释、预见和处理”的功能。

六、为什么要研究经济学流派

研究经济学流派是为了深化我们对宏观经济理论与政策的理解，是为了丰富我们的宏观经济学知识。研究经济学流派的意义至少有以下几方面：

(1) 宏观经济学的历史就是经济学流派争论和发展的历史，没有经济学流派的系统知识，就难以把握宏观经济学产生和发展的历史进程。

(2) 20 世纪以来，宏观经济学是经济学中最活跃的领域，也是成果最丰富的领域；宏观经济学的活跃主要体现在经济学流派众多和正统派的频繁更替，宏观经济学的成果丰富则主要来自不同经济学流派之间的学术竞争。没有经济学流派的知识，就难以理解宏观经济学的繁荣和发展。

(3) 新的或重大经济问题的出现是催生新的经济学流派的催化剂，新流派与旧流派的争论实时反映了经济形势和经济政策的变化。因此，研究经济学流派的过程也是研究发达的市场经济国家或相关国家的经济形势、经济政策的演变过程。

(4) 主流派与非主流派的争论昭示着经济学的研究方法、研究对象和价值取向的变化。经济学流派的争论既有主流派之间的争论，也有主流派和非主流派之间的争论；而主流派和非主流派之间的分歧多出于或表现在研究方法（视角）、研究对象和价值取向（信念）上的分歧。研究主流派与非主流派的争论可以帮助我们把握不同时期经济学家们在研究方法（视角）、研究对象和价值取向（信念）上的变化。例如，新制度经济学的制度分析、公共选择学派的新政治经济学分析都对宏观经济学的发展产生了重要影响。

(5) 研究经济学流派为我们研究经济学的内容和发展提供了一个多棱镜，使我们可以多视角、全方位、立体、动态地观察和把握经济学的发展演化。笔者在前面已经用“盲人摸象”的比喻说明了这个观点。

本章复习与思考题

1. 如何划分西方经济学流派?
2. 根据库恩的观点,什么是经济学的范式?
3. "科学研究纲领"方法论的主要内容是什么?
4. 如何划分西方经济学的主流派和非主流派?
5. 什么是西方经济学的自由派和保守派?
6. 简述西方经济学的发展演化过程。
7. 古典经济学和凯恩斯主义经济学的硬核有什么不同?这些不同说明了什么?
8. 谈谈学习经济学流派这门课程的体会。

本章进一步阅读文献

[1] Backhouse, Roger E., *Explorations in Economic Methodology*, Routledge, 1988

[2] Farmer, Roger E. A., *Macroeconomics*, 2nd Edition, South-Western, 2002

[3] Kuhn, T. S., *The Structure of Scientific Revolutions*, 2nd edition, The University of Chicago Press, 1970

[4] Lakatos, I. and A. Musgrave, eds., *Criticism and Growth of Knowledge*. Cambridge University Press, 1970

[5] Mair, Douglas and Anne G. Miller, eds., *A Modern Guide to Economic Thought: An Introduction to Comparative Schools of Thought in Economics*, Edward Elgar, 1991

[6] Phelps, Edmund S., *Seven Schools of Macroeconomic Thought*, Oxford Scholarship Online Monographs, 1990

[7] Samuels, Warren J., eds., *The Chicago School of Political Economy*, Transaction Publishers, 1993

[8] Spiegel, Henry William, *The Growth of Economic Thought*. Duke University Press, 1991

[9] [美] 劳伦斯·A. 博兰. 批判的经济学方法论. 北京:经济科学出版社,2000

[10] [英] 马克·布劳格,罗杰·E. 巴克豪斯. 经济学方法论的新趋势. 北京:经济科学出版社,2000

[11] [美] 小罗伯特·B. 埃克伦德,罗伯特·F. 赫伯特. 经济理论和方法史. 4版. 北京:中国人民大学出版社,2001

[12] [美] 保罗·萨缪尔森,威廉·诺德豪斯. 经济学. 18版. 北京:人民邮电出版社,2008

第一章

古典经济学

在凯恩斯《就业、利息和货币通论》(以下简称《通论》)出版以前，没有系统的宏观经济学，只有散见在经济学家们论著中的一些宏观经济学的“碎片”。凯恩斯以前的西方经济学家侧重于微观经济分析，马歇尔（Alfred Marshall，1842 年 7 月 26 日—1924 年 7 月 13 日）的《经济学原理》(初版于 1890 年）是微观经济学成为一个比较完整体系的标志性著作。凯恩斯在《通论》中把大卫·李嘉图（David Ricardo，1772 年 4 月 18 日—1823 年 9 月 11 日）的追随者到阿尔弗雷德·马歇尔、阿瑟·庇古（Arthur Cecil Pigou，1877 年 11 月 18 日—1959 年 3 月 7 日）的西方正统经济学称作“古典学派”或“古典经济学”。我们要注意的是，马克思所说的“古典经济学”是指 17 世纪中叶到 19 世纪 30 年代的英国和法国的资产阶级政治经济学，这种古典经济学在英国从威廉·配第开始，到李嘉图结束；在法国从布阿吉尔贝尔开始，到西斯蒙第结束。除了凯恩斯，西方经济学家所说的“古典经济学”一般是指 18 世纪 70 年代到 19 世纪 50 年代的主流经济学，即从亚当·斯密（Adam Smith，1723 年 6 月 5 日[①]—1790 年 7 月 17 日）到约翰·斯图亚特·穆勒（John Stuart Mill，1806 年 5 月 20 日—1873 年 5 月 8 日）的经济学；他们把 19 世纪 70 年代的“边际革命”到凯恩斯《通论》出版以前的英美主流经济学称作“新古典经济学”(neo-classical economics)，在英国，这个时期的主流经济学又被称作“剑桥学派”(cambridge school)。为了叙述方便，同时为了便于和其他流派比较，本书中的“古典经济学”或“古典学派”是指从亚当·斯密到马歇尔、庇古的西方主流经济学。斯密是古典经济学的奠基人，马歇尔是这种古典经济学的集大成

① 此为英国旧历日期，新历为 1723 年 6 月 16 日。英国于 1752 年 9 月从尤利乌斯旧历转换到格里高利新历。

者，庇古是古典学派的最后一个重要代表。所以，本书所说的“古典经济学”接近于凯恩斯在《通论》中所下的“古典学派”的定义，而与马克思所说的“古典经济学”不同。

本章所说的“古典经济学”主要是指古典学派的宏观经济学结构，这个结构的主要内容最初是凯恩斯在《通论》中作为攻击对象提出来的。在《通论》出版以后，为了与凯恩斯经济学的体系结构相比较，凸显“凯恩斯革命”的特色，一些西方经济学家又进一步把古典经济学家在宏观经济学上的见解（“碎片”）加以系统化。

虽然严格说来古典经济学不能算作当代西方经济学的一个流派，但是古典经济学是当代西方经济学各个流派的思想发源地，这些流派都和古典经济学有这种或那种联系。不了解古典经济学，就无法理解当代西方经济学各个流派的产生和发展，就难以理解它们之间的争论和分歧。所以，本书把古典经济学列为第一个流派。

第一节　古典经济学的基本假设和特色

古典经济学的宏观结构是建立在一系列假设前提之上的。这些假设前提主要有：

（1）理性人假设（rational man or rational economic man）。即假设经济活动中的个人都是理性人。所谓理性人是指精神健全、头脑清楚的人，他的行为和选择是合乎情理的、明智的（sane）；他具有理性的偏好，即他可以根据相应的价值标准来判别其行为的后果；一般来说，在选择利益或幸福时，他“想要更多而不是更少”。

（2）最大化假设（maximization）。假定经济当事人（居民户和厂商）从事经济活动的目的都是在约束条件下追求自身利益的最大化，消费者追求效用最大化，生产者追求利润最大化。

（3）完全信息假设（full or perfect imformation）。假定经济当事人在签订合同、进行交易时都对产品或服务的价格、质量、效用、生产方法等拥有完全的知识，他们会根据充分的和相关的信息独立地做出决策，因此供求双方不可能相互欺骗。

（4）完全竞争假设（perfect competition）。假定经济体系中的各类市场都是完全竞争型的，单个买主的需求量只占这个市场需求量的一个很小比例，单个卖主的供给量只占这个市场供给量的一个很小比例，他们都是“原子式”的市场参与者，一个市场上没有任何一个参与者足够强大到有控制同质商品的定价权，他们都是市场价格的接受者，他们只能在一组既定的价格下做出数量决策（购买多少或生产多少）。

（5）市场出清假设（market clearing）。假定在具有完全弹性的价格的自动调节下，各种市场总是可以实现需求量与其供给量相等，既不存在持续过剩也不存在持续短缺，即所有的市场都是可以出清的；这个价格（一组价格）称作市场出清价格或均衡价格。

理性人假设和最大化假设明显地体现在亚当·斯密《国民财富的性质和原因的研究》（以下简称《国富论》）中的“经济人”（homo economicus or economic man）假设[①]

① 斯密的“经济人”概念强调人是自利的（self-interested），即个人行为的目的是追求自身利益的最大化；但是“自利”（self-interest）不等于“自私”（selfishness），后者包含有“损人利己”的意思。

和“看不见的手”的原理里；完全竞争、完全信息和市场出清假设比较集中地反映在瓦尔拉斯的一般均衡理论中。

古典经济学家都是“市场崇拜者”。他们承认资本主义市场经济有可能出现失业和经济波动，但是他们相信，总就业量和总产量偏离充分就业的均衡水平是暂时的、局部的现象。因为在他们看来，市场经济是一架能够自发运行、自我调整并且运行良好的机器，经济一旦失衡，市场机制会做出迅速反应和调整，使经济恢复到充分就业的均衡状态。简单地说，古典经济学假定或相信充分就业是资本主义市场经济的一种常态。古典经济学家的基本信念是，通过完全竞争的市场机制来配置资源是一种最优的资源配置方式，没有其他可以替代的最优配置方式。

基于对市场机制有效性的信念，古典经济学倡导“自由放任”。他们认为经济生活应当自由放任，让经济当事人自由交易、自由经营、自由竞争，自由地追求个人利益最大化。

古典学派都信奉亚当·斯密“看不见的手”的原理。斯密在他的《国富论》一书中认为，个人追求自身利益的结果会增进社会利益，这种社会利益的增进是出乎“经济人”个人本意之外的，其效果要比他真正想促进社会利益时所得到的效果更大。斯密写道：“每个人都力图利用好他的资本……使其产出有最大的价值。确实，一般说来，他既不打算促进公共利益，也不知道他促进的公共利益是多少。……他所追求的只是他自己的利益，而他在这样做的时候，像在其他许多场合一样，他受一只看不见的手的引导，去实现一个并非他本意想要实现的目的。……通过追求他自己的利益，他通常会促进社会利益，其效果要比他真正想要促进的社会利益更大。”①

既然市场机制具有这种神奇的功效，那么其逻辑结论必然是充分发挥和依靠市场机制的作用。因此，古典学派反对政府干预经济活动，主张政府的作用只是充当私有财产和个人经济活动的“守夜人”或“保护神”。

古典经济学的研究对象是一种封闭的市场经济模型，即没有对外经济部门。古典经济学把这种经济分为两个部门——实际部门（real sector，也可以译作“真实部门”或“实物部门”）和货币部门——进行研究。这种研究思路后来被凯恩斯称作“古典二分法”(classical dichotomy)。凯恩斯在《通论》第21章“价格理论”中认为，古典经济学体系可以划分为两个部分：价值论和分配论、货币和价格论。在论述价值理论时，古典经济学认为价格由供给和需求状况决定，其中边际成本和短期供给弹性起重要作用。但是，在讨论货币和价格理论时，他们又说价格由货币数量、货币的收入流通速度、流通速度与交易量之比、货币窖藏、强迫储蓄、通货膨胀或通货紧缩等因素决定。至于这两部分之间的联系却避而不谈。

在古典经济学体系中，相对价格（或价值）在实际部门由供求关系决定（均衡价格论），在实际部门，所有的经济行为仅仅依赖于相对价格；绝对价格（或一般价格）水平在货币部门由货币数量决定（货币数量论），一般价格水平与实际部门的供求无关；实际部门与货币部门是分离的，货币部门的货币数量变化不影响实际部门的实际变量（如就业量、产出和实际利率等）的均衡值，货币在经济体系中的作用是中性的。古典

---

① Adam Smith, *An Inquiry into the Nature and Cause of the Wealth of Nations*, Random House Inc., 1964, p. 423.

学派这个思想的背后是暗中假定经济的供给弹性等于零。

第二节 就业与产量决定理论

宏观经济学的核心内容是就业与产量决定理论，古典经济学的宏观模型也主要讨论就业量与产量由哪些因素决定。

一、生产函数

古典经济学中的生产函数是短期生产函数，即假定生产技术和资本投入不变，产出水平由劳动投入量决定，劳动投入是唯一的可变要素。把微观经济中的生产函数进行加总，就得到宏观经济的总量生产函数：

$$y = Af(N, K) \tag{1-1}$$

式中，y 为一定时期经济的实际总产出（即实际 GDP）；A 为技术进步对实际总产出的效果，$A>0$；N 为劳动投入量（就业量）；K 为经济体系中的资本存量。

古典经济学的总量生产函数具有下列特性：首先，当 A 和 K 一定时，总产出 y 和就业量 N 同方向变化，即 y 是 N 的增函数，生产函数可以简写作 $y=f(N)$。其次，生产中存在边际报酬递减规律，即可变要素劳动的边际产量是递减的。用数学形式来表示就是，劳动的边际产量 $MPL=f'=\frac{dy}{dN}>0$，但是 $f''<0$。最后，如果生产技术水平（即 A）提高，生产函数曲线会上移，这意味着同量的生产要素可以生产更多的产量。这是因为技术进步可以战胜边际报酬递减趋势。因此，在古典生产函数中，如果没有技术进步，则不会出现边际报酬递增。

总量生产函数和劳动的边际产量的变化关系可以用图 1－1 来表示。

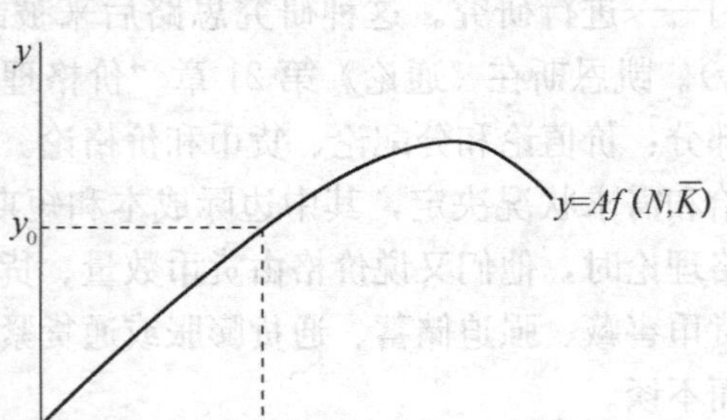

图 1－1 总量生产函数与劳动的边际产量

二、均衡就业量的决定

既然在技术和资本存量一定的条件下，实际的总产出由就业量决定。那么，就业量又由什么决定呢？古典学派认为，经济中的总就业量决定于劳动市场上的供求关系，工资率是劳动市场上的价格，它是调节劳动市场上供求平衡的机制。

在古典学派看来，工人的劳动供给和雇主对劳动的需求都是实际工资的函数，劳动的供给随着实际工资率的上升而增加，对劳动的需求取决于劳动的边际产量。雇主为了追求利润最大化，总是把雇用的劳动量确定在劳动的边际产量等于实际工资率那一点，这就使得对劳动的需求随着实际工资率的上升而减少。均衡就业量由劳动的供求均衡决定。

因为根据理性人假定，生产者是根据利润最大化原则，即边际收益等于边际成本（$MR=MC$），来决定他雇用的劳动量。在完全竞争市场上，生产者总是按照边际成本定价，即 $P=MC$。

假定一单位劳动的货币工资（即货币工资率）为 W，雇主每增加一单位劳动所增加的成本支出为 $\mathrm{d}N\cdot W$，增加一单位劳动给雇主带来的收益增加量为 $\mathrm{d}y\cdot P$。利润最大化条件要求：

$$\mathrm{d}y\cdot P=\mathrm{d}N\cdot W \tag{1-2}$$

或者

$$\frac{\mathrm{d}y}{\mathrm{d}N}=\frac{W}{P} \tag{1-3}$$

即从劳动需求一方来看，雇主按照劳动的边际产量等于实际工资率来决定雇用多少劳动量。所以，劳动的边际产量曲线就是厂商对劳动的需求曲线。由于存在劳动的边际报酬递减规律，劳动的需求是实际工资率的减函数。把单个厂商的劳动需求函数加总起来，就得到整个经济的总劳动需求函数：

$$N_d=N_d\left(\frac{W}{P}\right) \tag{1-4}$$

现在这里的 W 和 P 分别是经济中的平均货币工资水平和平均价格水平。

根据理性人假定，劳动者的目标是追求效用最大化。劳动给劳动者带来负效用（劳动过程中付出的辛苦和麻烦），同时劳动又会给劳动者带来工资收入，工资越多，劳动者可以消费的消费品就会越多，消费越多，劳动者获得的效用就越多。所以，劳动的供给是实际工资率的增函数。实际工资提高会使闲暇的机会成本（用放弃的工资收入来衡量）提高，因此劳动者将更多地工作而减少对闲暇的消费，这将提高劳动的供给量（替代效应）。当然，实际工资提高会使劳动者的生活水平提高，这将使劳动者可以消费得起更多的闲暇（收入效应）。但是，古典学派假定，实际工资提高所产生的替代效应大于其收入效应，由此导致实际工资提高带来劳动供给量的增加。

把单个居民户的劳动供给函数加总起来，就得到整个经济的总劳动供给函数：

$$N_s=N_s\left(\frac{W}{P}\right) \tag{1-5}$$

均衡就业量就由劳动的供给和需求均衡来决定。即当 $N_d\left(\frac{W}{P}\right)=N_s\left(\frac{W}{P}\right)$时，经济体系中的实际就业量就被决定了(见图 1-2)。

由于假定劳动市场是完全竞争型的，货币工资率（劳动市场的价格）有完全弹性，当物价不变时，调整货币工资就成为调整实际工资从而成为调节劳动供求的有效手段。

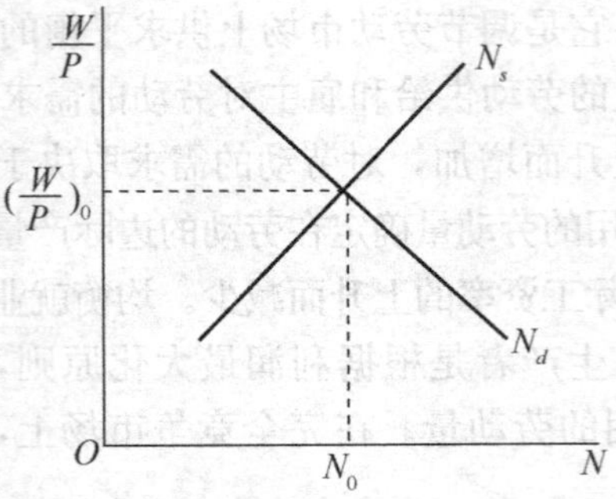

图 1-2　劳动的供给函数与需求函数

如果由于某种原因使劳动市场供过于求，货币工资率会自动下降，这将吸引雇主雇用更多的工人；这种工资下降将一直持续到劳动市场完全出清为止。因此，古典学派所说的均衡就业量就是充分就业的就业水平。

在图 1-3 中，在价格总水平为 P_0 时，货币工资由 W_0 下降到 W_1，相应的实际工资就由$\left(\frac{W_0}{P_0}\right)$下降到$\left(\frac{W_1}{P_0}\right)$，这意味着可以通过调整货币工资来改变实际工资水平。

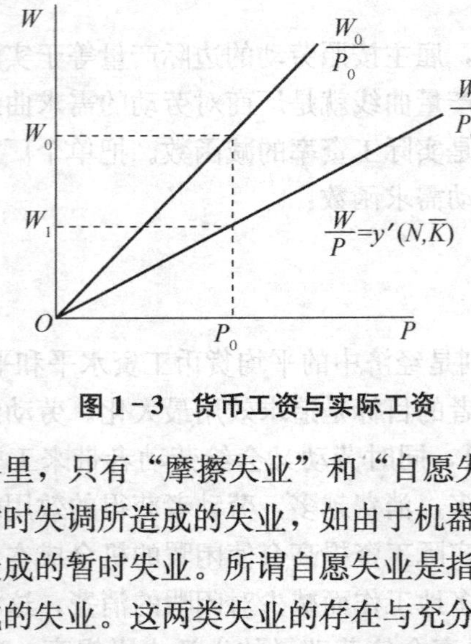

图 1-3　货币工资与实际工资

在古典经济学的世界里，只有“摩擦失业”和“自愿失业”。所谓摩擦失业是指由于劳动市场上供求比例暂时失调所造成的失业，如由于机器设备出现故障、工作岗位更换、工作的季节性等所造成的暂时失业。所谓自愿失业是指劳动者不愿意接受现行的工资水平和劳动条件而造成的失业。这两类失业的存在与充分就业并不矛盾。因为这两类失业的存在是不可避免的，也是市场经济正常运行所必需的。经济中存在一定的失业量是建立新企业和现有企业扩大生产规模的必要条件。

综合式（1-1）、式（1-4）和式（1-5），当劳动市场上决定了一个均衡就业量时，经济中的总产出就被决定了（见图 1-4）。

在图 1-4 中，图（a）表示总量生产函数 $y=Af(N,\ \bar{K})$；图（b）表示劳动市场上的供求函数；图（c）表示货币工资；图（d）表示总供给曲线。当价格水平为 P_2、货币工资为 W_2 时，实际工资为$\left(\frac{W}{P}\right)_f$；对应于这个实际工资水平，劳动市场上的均衡就业量为 N_f，这是充分就业的就业量；由这个就业量决定的国民收入是充分就业的国民收入 y_f；通过做图（a）和图（c）的延长线在图（d）得到 Q 点，Q 点的坐标为（y_f，P_2）。

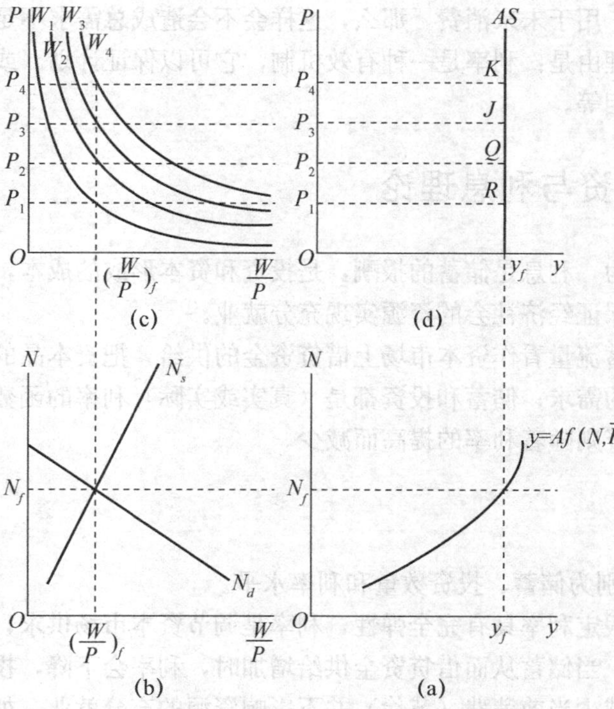

图 1-4　完全无弹性的总供给曲线：货币工资率完全弹性

当价格水平下降到 P_1，如果货币工资仍为 W_2，则实际工资提高，$\frac{W_2}{P_1}>\frac{W_2}{P_2}$；由于劳动的供给和劳动的需求都是实际工资的函数，实际工资提高导致劳动供给大于对劳动的需求（$N_s>N_d$）；由于劳动市场上供给过剩，就业竞争造成实际工资下降的压力；因为货币工资有完全弹性，所以货币工资会不断下降，一直下降到 W_1，这时的实际工资为$\frac{W_1}{P_1}$，$\frac{W_1}{P_1}=\frac{W_2}{P_2}$，劳动市场再度在充分就业水平上达到均衡；均衡的国民收入仍为充分就业的国民收入 y_f；由此得到 R 点，R 点的坐标为（y_f，P_1）。

当价格水平上升到 P_3，如果货币工资仍为 W_2，则实际工资降低，$\frac{W_2}{P_3}<\frac{W_2}{P_2}$；实际工资下降导致 $N_s<N_d$；由于劳动市场上供给不足，雇主之间的竞争造成实际工资上升的压力；因为货币工资有完全弹性，所以货币工资会不断提高，一直提高到 W_3，这时的实际工资为$\frac{W_3}{P_3}$，$\frac{W_3}{P_3}=\frac{W_2}{P_2}$，劳动市场再度在充分就业水平上达到均衡；均衡的国民收入仍为 y_f；由此得到 J 点，J 点的坐标为（y_f，P_3）。

用类似的方法我们可以得到 K 点。把 R、Q、J、K 点连接起来，得到一条垂直于 y_f 的总供给曲线。这是一条完全无弹性的总供给曲线。在古典经济学的宏观理论结构中，经济的总供给是高度无弹性的，总供给并不随着总需求的增加而增加。

第三节　储蓄、投资理论与萨伊定律

古典学派显然认识到，消费者的现期收入一般不会全部用于现期消费，收入中的一部分将被储蓄起来，用于未来消费。那么，这样会不会造成总需求不足呢？古典学派的回答是：不会。其理由是：利率是一种有效机制，它可以保证计划（或意愿）储蓄与计划（或意愿）投资相等。

一、储蓄、投资与利息理论

古典经济学认为，利息是储蓄的报酬，是投资和资本形成的成本，利率是资本市场上的价格，它可以保证经济社会的资源实现充分就业。①

古典学派把储蓄流量看作资本市场上借贷资金的供给，把资本品的投资支出看作资本市场上借贷资金的需求；储蓄和投资都是（真实或实际）利率的函数，储蓄随着利率的提高而增加，投资则随着利率的提高而减少。

$$S=S(r) \tag{1-6}$$

$$I=I(r) \tag{1-7}$$

式中，S，I 和 r 分别为储蓄、投资数量和利率水平。

古典经济学家假定利率具有完全弹性，利率是调节资本市场供求，从而保证资本市场出清的有效机制。当储蓄从而借贷资金供给增加时，利率会下降，投资将跟随储蓄一同增加，因此人们减少当前消费（节俭）并不影响资源的充分就业。如式（1-8）和图1-5所示。

$$S(r)=I(r) \tag{1-8}$$

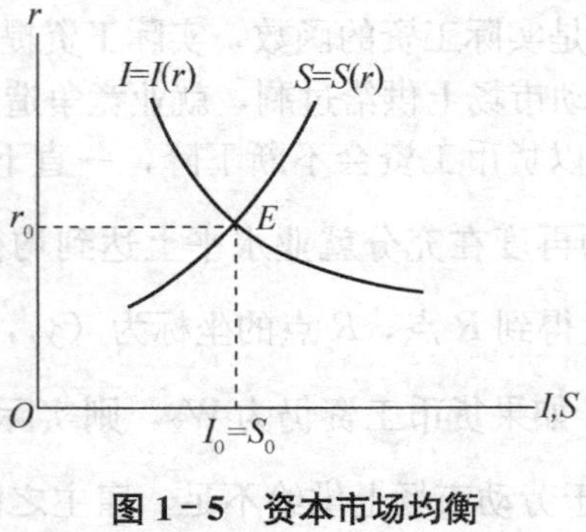

图1-5 资本市场均衡

二、萨伊定律

古典经济学的主流思想都奉行“萨伊定律”，即“供给会创造自身的需求”。这是由法国经济学家萨伊（Jean-Baptiste Say，1767年1月5日—1832年11月15日）在他1803年出版的《政治经济学概论》一书中提出的一个论断。萨伊认为，人们生产的目的是为了满足消费，人们将自己生产的商品送到市场上，只是为了交换其他商品，因而“生产给产品创造需求”。② 萨伊还认为，在商品经济或货币经济中，货币只是商品交换

① 英文“full employment”也可以译为“充分利用”，因此，本书所说的“资源的充分就业”也就是“资源的充分利用”。

② ［法］萨伊．政治经济学概论．北京：商务印书馆，1963：142.

的媒介，是克服交易困难、方便交易的一种手段，商品——货币——商品的交易过程的实质是商品——商品。他写道："在以产品换钱、钱换产品的两道交换过程中，货币只一瞬间起作用。当交易最后结束时，我们将发觉交易总是以一种货物交换另一种货物。"[①] 按照这种说法，既然一种商品是由另一种商品来购买的，因此，一种商品的买主也就是另一种商品的卖主，一种商品被生产出来也就为另一种商品开辟了销路，即供给创造了它自身的需求，更多的供给表示有更多的需求，需求量始终与供给量同比例增加，总供给和总需求必然是恒等的。因而不存在需求不足，不会出现普遍的生产过剩和大量的失业。萨伊承认可能会出现暂时的、局部的生产过剩和失业，他把这种生产过剩和失业归因于其他产品的生产不足，"某一种货物所以过剩……因为别的产品生产过少。"[②] 因此，克服这种局部生产过剩和失业的办法是扩大生产，增加供给，而不是增加需求或削减供给。

除了马尔萨斯（Thomas Robert Malthus，1766 年 2 月 13 日—1834 年 12 月 23 日）等少数几个人以外，古典经济学家几乎都认为，由于利率的完全弹性保证了储蓄可以全部转化为投资，即消费者从消费中节省下来的资源必定会以对投资品需求的形式回到对资源需求的总流量中，因此，萨伊定律是成立的，经济社会不会出现总供给过剩或消费需求不足的经济危机。

萨伊和此后的古典经济学家实际上相信，只要自由的市场制度能够无障碍地运转，这种市场制度就可以解决自身的需求问题。

正是基于上述认识，古典经济学研究的中心是总供给或总产量的决定，而总需求及其决定因素则被忽视了。古典经济学宏观理论中缺少总需求理论。

在萨伊出版他的《政治经济学概论》时，资本主义经济中还没有出现普遍生产过剩的经济危机。因此，萨伊定律在当时没有被"证实"，也没有被"证伪"。1825 年第一次大规模生产过剩的经济危机袭击了英国，此后，经济危机像疟疾一样周期性地打击资本主义经济。面对周期性出现的经济危机，如何解释这种经济现象？古典经济学家仍然墨守萨伊定律，古典经济学主流体系回避对经济危机进行探讨。当他们不得不谈论经济的周期性波动时，他们往往求助于一些非经济因素，于是出现了杰文斯（William Stanley Jevons，1835 年 9 月 1 日—1882 年 8 月 13 日）的"太阳黑子说"、罗宾斯（Lionel Robbins，1898 年 11 月 22 日—1984 年 5 月 15 日）等人的"过度投资说"、庇古的"心理周期理论"等。

第四节　货币数量论

在图 1-4 的古典模型中，当短期总供给曲线在充分就业水平上呈垂直状态（完全无弹性）时，它只说明了总产出水平是多少，没有说明这条总供给曲线上的各种价格中哪一种价格会成为现行的价格总水平。古典学派把这个问题的答案留给了货币数量论。

① ［法］萨伊．政治经济学概论．北京：商务印书馆，1963：144．

② 同①145．

一、货币数量论中的“货币”定义

货币数量论中的货币是指一种为公众普遍接受用来作为商品、服务和其他有价值的资产的支付手段和债务的清偿手段的东西。这样定义的货币也就是我们现在所说的狭义的货币（M1），它包括现金（含硬币）和银行活期存款，而不包括定期存款、储蓄存款（有息）和各种公债券这些“近似货币”。根据这种狭义的货币定义，在任何时点上货币的总供给必然等于公众手头持有的现金和活期存款数量（对货币的总需求）。

二、货币数量论的表达式

货币数量论至少可以追溯到18世纪的大卫·休谟（David Hume，1711年5月7日[①]—1776年8月25日）。休谟在1752年发表的《论利息与货币》一文中就提出了比较系统的货币数量论。此后，李嘉图、詹姆斯·穆勒（James Mill，1773年4月6日—1836年6月23日）、马歇尔、费雪（Irving Fisher，1867年2月27日—1947年4月29日）、庇古、哈耶克（1899年5月8日—1992年3月23日）和20世纪30年代以前的凯恩斯都是货币数量论的追随者。

传统的或古典的货币数量论主要有两种表达式：

交易方程式：$MV=PT$ (1-9)

现金余额方程式：$M=kY=kPy$ (1-10)

交易方程式最初是由美国经济学家费雪1911年在其《货币的购买力》一书中提出来的。费雪试图在货币供给和价格总水平之间建立一种联系。在式（1-9）中，M是流通中的货币数量或货币供应量；V是交易的货币流通速度——在一定时期单位货币周转的次数；P是价格总水平或交易的平均价格；T是一定时期（如一年）的交易量或用货币进行物品或服务交易的次数（交易次数）。式（1-9）右边的PT表示一定时期的交易的总价值，左边的MV表示一定时期用于交易所需要的货币量。

由于交易次数T难以衡量，所以经济学家们倾向于用经济中的总产出（或实际的国民收入）y来替代交易次数T，于是交易方程式又有了另一种表达形式：

$$MV=Py \quad (1-9A)$$

严格说来，一个经济体在一定时期的交易量并不一定等于其总产出量，即$T\neq y$，因为过去生产出来的物品也可以在现期进行交易；我们只能说，在一定时期内，交易的货币价值大体上与产出的货币价值成比例。在式（1-9A）中，现在V被称作收入的货币流通速度——在一定时期单位货币进入个人收入的次数。

现金余额方程式是由英国剑桥大学的马歇尔和庇古提出来的。在现金余额方程式中，M是人们手头持有的货币量（“钱包中的货币”）——现金余额或名义货币余额。现金余额方程式中的M与交易方程式中的M的区别是，前者是人们手头持有的货币

① 此为英国新历日期，旧历为1711年4月26日。

(“栖息的货币”)，它强调的是货币需求；后者是用于交换的货币（“飞翔的货币”)，它强调的是货币供给。式（1－10）中的 k 是人们持有的货币量与名义收入的比例，$k=\frac{M}{Y}=\frac{M}{Py}$，$Y$ 是名义的国民收入或总产出的货币价值。

当货币市场上的货币供给等于对货币的需求时，根据式（1－9A）和式（1－10)，我们就有：

$$\frac{Py}{V}=kPy$$

所以，现金余额方程式中的 k 与交易方程式中的 V 互为倒数，即 $k=\frac{1}{V}$，或 $V=\frac{Py}{M}$。

式（1－10）也可以写作：

$$\frac{M}{P}=ky \tag{1－10A}$$

其中，左边的 M/P 为实际的货币余额——一定量的货币量可以购买到的实物量（即货币存量的购买力)。如果把 M/P 看作是人们希望在手头持有多少实际货币余额，式（1－10A）就是一种简单的货币需求函数。这个函数说明，实际货币余额需求量与实际的国民收入成比例。

从分析方法上看，交易方程式使用的是一种宏观经济学方法，它试图在货币供应量与价格总水平之间建立一种数量关系。现金余额方程式使用的是一种微观经济学方法，它要说明的问题是，当居民户和厂商需要用现金进行交易时，是什么因素决定了他们的现金持有量。

实际上，货币数量论的两个方程式表示的都是一种恒等关系或均衡关系。在交易方程式中，等式左端 MV 表示名义总需求，等式右端 Py 表示名义总供给。在现金余额方程式中，等式左端 M 表示货币需求量，它等于既定总收入为 Py 时应持有的货币数量；当货币市场均衡时，人们手头持有的货币数量就等于货币需求量。正是由于货币数量论表示的是一种相等的关系，所以凯恩斯在《通论》中把货币数量论所表述的关系称作是“不言自明的常识”。

三、作为价格总水平理论的货币数量论

在古典经济学体系中，货币数量论的功能之一是用货币数量的变化来解释价格总水平的变动。这种用途的货币数量论是关于货币数量与价格总水平之间关系的一种经济理论。

坚持货币数量论的经济学家们认为：(1) V 或 k 的大小由一个社会的支付习惯、制度、结构等因素决定，这些因素包括：经济单位收入和支出的频率；收入和支出的规律性；基于货币交换或物物交换的收入和支出的比重；人们是更多地使用转账和信用卡来进行交易，还是更多地使用现金或支票来进行交易。由于这些因素在相当长的时间内是

稳定的，因此可以把 V 或 k 看作常数。(2) 在短期内，经济社会使用不变的资本存量和不变的生产技术进行生产。(3) 经济通常是处在充分就业的水平。因此，这里的 y 是充分就业的国民收入。于是，货币数量论的结论是：货币数量与价格总水平同向同比例变化，货币数量的变化是价格总水平变化的原因。

由于通货膨胀率是价格总水平变化的百分数，所以，这种价格总水平理论也是一种通货膨胀理论。

对式（1-9A）两边微分，得到：

$$MdV+VdM=Pdy+ydP \tag{1-11}$$

两边同除以 Py，得：

$$\frac{M}{Py}dV+\frac{V}{Py}dM=\frac{dy}{y}+\frac{dP}{P} \tag{1-12}$$

令收入的货币流通速度 $V=Py/M$，则式（1-12）可以进一步写作：

$$\frac{dV}{V}+\frac{dM}{M}=\frac{dy}{y}+\frac{dP}{P} \tag{1-13}$$

这个方程式说明：

V 变化的百分数 $+M$ 变化的百分数 $=y$ 变化的百分数 $+P$ 变化的百分数

由于在古典体系中，V 和 y 被认为是既定的或不变的，所以 V 变化的百分数和 y 变化的百分数均为零，于是货币供应量增长率决定了通货膨胀率。

在货币数量论中，实际上假定价格总水平的货币供应量弹性系数为 1。设 P 对 M 的弹性系数为：

$$\eta=\frac{dP}{dM}\frac{M}{P} \tag{1-14}$$

在式（1-9A）中，如果把 V 和 y 看作常数，两边求微分，就可以得到：

$$\frac{dP}{dM}=\frac{V}{y} \tag{1-15}$$

将式（1-15）代入式（1-14），得到：

$$\eta=\frac{V}{y}\frac{M}{P} \tag{1-16}$$

根据 V 的定义，式（1-16）可以进一步写作：

$$\eta=\frac{Py}{My}\frac{M}{P}=1 \tag{1-17}$$

价格总水平的变化对货币供应量的变化的弹性系数等于 1 是货币数量论的核心。

古典学派解释货币数量导致价格总水平变化的机制是：居民户和厂商都根据利益最大化原则来决定在手头持有多少货币量；由于货币与可选择的投资形式之间存在着相互竞争，因而当最后一单位现金余额的边际效用等于其他资产投资的边际效用时，把财富分割为货币和其他金融资产才达到最优状态。如果货币供给增加，居民户和厂商会发现他们手头持有的货币量多于他们期望持有的货币量，多余的货币余额就会被花出去——用于购买消费品和投资品。由于各种商品的总供给已经是充分就业下的总供给，所以商品市场上的过度需求导致价格总水平与货币供给同比例增加。

四、作为总需求理论的货币数量论

在古典经济学体系中，货币数量论的另一个功能是可以用这种理论来隐含地说明总需求的变化。

由于古典学派认为货币只是交易媒介，不具有价值储藏的职能；也就是说，由于人是理性的，人们一旦拥有货币，就只会花掉它：或者用于购买消费品（消费），或者用于购买资本品（投资），人们并不在货币形态上进行储蓄，即人们并不把货币作为价值储藏手段保留在手头上。这样，货币就完全处在积极的流通过程中，货币的流通速度就保持不变。由于假定 V 固定不变，所以，经济社会在任何时候的总需求数量就取决于 M 的大小，因为这个时候的总需求 $AD=MV$。对于每一个货币存量 M，就有一个相应的总需求曲线；货币存量越大，总需求曲线距离原点就越远（如图 1-6 所示）。

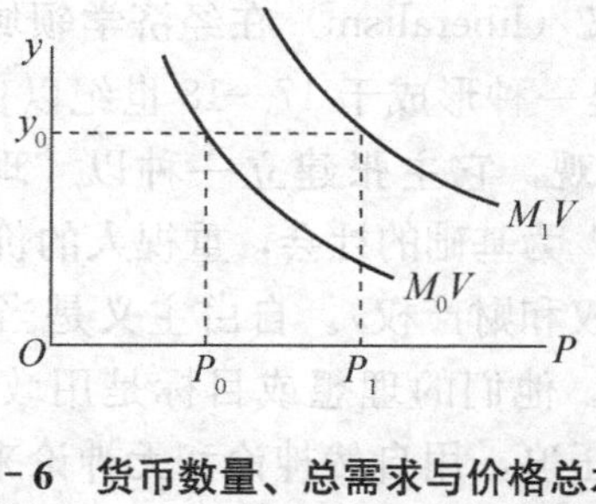

图 1-6　货币数量、总需求与价格总水平

根据货币数量论，货币在经济体系中的作用只是影响价格水平和名义国民收入，不会影响实际的国民收入和就业量，所以，货币数量论认为货币在经济体系中的作用是中性（neutral）的。货币数量的变化只影响宏观经济中的名义变量（如名义的国民收入、名义利率和价格总水平等），而不影响实际变量（如就业量、实际产出和实际利率等），这种观点又被称作“货币面纱论”（the veil of money）。

货币数量论之所以得出上述结论，是因为它暗中假定经济总是处在充分就业的水平上，总供给弹性等于零，通过增加货币供应量所增加的总需求不会增加实际产出，只会抬高物价。在货币数量论者看来，货币在经济活动中只充当交易媒介，只是方便交易的一种手段；货币不是一种资产，因而没有利息，只有储蓄（如公债）才有利息，人们没有必要在交易需要之外去窖藏货币。因此，货币数量的变化不会改变利率，从而不会改变投资与储蓄之间的平衡。更进一步，货币数量的变化不会影响商品市场上的供求关系，也不会影响劳动市场上的供求关系。不论是发生通货膨胀、通货紧缩还是物价稳定，经济社会的总就业水平和实际总产量都不变。即货币是中性的，萨伊定律总是在起作用。

货币数量论的缺陷主要是：（1）它仅仅把货币看作是交易媒介，是方便交易的手段，似乎货币不具有价值储藏的职能，货币不是一种资产。（2）它把货币流通速度 V

或k看作是由外生因素决定的，是一个常数。(3) 它认为收入是决定货币需求的唯一重要因素，利率对货币需求没有影响。(4) 它把货币数量与价格总水平之间的关系看作是一种单向的、简单的数量关系。

第五节　经济自由主义

古典经济学倡导经济自由主义（economic liberalism）。古典经济学家普遍支持私人财产和个人契约的自由权利；认为市场经济制度是一种合乎自然秩序（natural order）的制度，市场机制对于资源配置和调节经济运行是灵敏有效的；主张让市场机制自发地发挥调节作用，限制政府对经济活动的操控，反对对经济活动的人为干涉。[①] 经济自由主义既是一种意识形态，也是一种经济理论和政策体系。古典学派一般被认为是自由主义经济学的第一个学派。

一、自由主义、经济自由主义与自由放任主义

经济自由主义是自由主义（liberalism）在经济学领域的推广和应用，是自由主义的一个构成部分。自由主义是一种形成于17—18世纪以自由、平等、民主和人权的思想为基础的政治哲学或世界观，它主张建立一种以“理性”（reason）和“自然法”（natural law）或“自然秩序”为基础的社会，重视人的价值和尊严，强调人的自然权利（包括人的生命权、自由权和财产权）。自由主义是当时新兴的资产阶级反对封建主义和宗教神权的有力武器。他们的理想或目标是用政治自由和民主来取代专制暴政，用信仰自由来取代宗教压迫，用自然神论和无神论来摧毁宗教权威，用“天赋人权”的理念来颠覆“君权神授”的观念，用“在法律面前人人平等”来推翻贵族的等级特权。

经济自由主义把当时新生的资本主义制度看作是自然秩序的一部分，在经济上他们主张建立一种自由的经济体制。构成这种体制的有三大支柱，这就是法律规则、私人财产权利和契约（或合同）自由。

法律规则提供了一种框架，在这种框架下，生活在资源稀缺条件下的具有自利动机的个人按照某种社会秩序生活在一起，平等地使用和享受自然资源，自由地从事经济活动，以追求个人利益的最大化。这种法律规则要符合确定性（certainty）、普适性（generality）和平等性（equality）三原则。后两个原则意味着所有的法律规则平等地适用于每一个人。

私人财产权利（private property rights）制度被认为是经济自由的主要内容。这种产权制度包括对财产的控制权、收益权和自愿处置权。这些权利给人们提供了按照他们的个人价值观和目的自主决策的可能性。在这种产权制度下，大多数人可以获得比强权

---

① 哈耶克和米尔顿·弗里德曼认为，20世纪30年代罗斯福在美国实行“新政”，政府大规模干预经济而又不愿意被贴上社会主义和左翼的标签，于是罗斯福自称是自由主义者，这样一来，从罗斯福“新政”开始，“自由主义”一词在美国的含义已经与在英国和欧洲大陆国家完全不同了。

制度或特权制度下更多的个人自由与发展。一个明晰的产权制度会减少不确定性，鼓励投资，为经济的成功发展创造有利的条件。

契约自由（freedom of contract）是选择自己的缔约方和根据缔约各方认为合适的条款或条件进行交易的权利。契约允许个人建立适应他们自己特殊情况的有效的法律规则。缔约各方事先可以确定这些契约是否有利可图、是否公平，但是合同一旦签订，他们就有义务履行合同的条款，即使他们蒙受损失也必须这样做。人们正是通过做出具有约束力的承诺来自由地追求自己的利益。合同的主要经济功能是提供产权转让。可转让性很大程度上取决于合同的可执行度，后者决定于一个国家司法制度的执行力。

经济自由主义以方法论上的个人主义（methodological individualism）为基础。在自由主义经济学家们看来，个人是利己的（egoistic）、能够进行冷静计算的、原子式的（atomistic）、有情感的，社会不过是这些个体成员的集合，国家是社会成员通过契约形成的。① 因此，经济学应把个人作为分析的最小的和基本的单位，作为分析的出发点，其他一切组织、机构甚至国家都可以落脚到个人。方法论上的个人主义并不排斥集体、社会乃至国家的价值，它只是强调，判断一种政策和价值观的最终标准只能是个人，个人自由是一个社会最基本的出发点，也是所有政策和立法的基础和目的。方法论上的个人主义在经济学中的具体应用就是“经济人”假设。

方法论上的个人主义认为，经济自由是个人自由的重要组成部分，也是个人自由的保障，没有经济自由，其他的自由权便是一纸空文。因此，保护个人财产权是保障个人自由的重要条件。古典自由主义之父洛克（John Locke，1632 年 8 月 29 日—1704 年 10 月 28 日）根据霍布斯的社会契约论思想进一步认为，人们按契约建立国家的目的是保护私有财产，因此国家不应干涉公民的私有财产。洛克甚至认为私有财产是人权的基础，没有私有财产便无人权可谈。洛克反复强调的一个观点是：生命、自由和财产权这三者密不可分。

自由放任主义（*laissez faire*）是经济自由主义关于经济活动和经济政策的思想体系。作为一种思想体系，自由放任主义由下列要素构成：

（1）个人是经济社会的基本构成元素。

（2）个人拥有自由的自然权利。

（3）个人是理性的。

（4）客观的自然秩序是一种和谐的并可以自我调节的系统。

（5）市场应当是自由竞争的。

（6）公司法人是现代国家的产物，由于它们具有破坏斯密式的自发秩序的倾向，因此必须置于公民的监督之下。

laisser faire 这个词语来源于法语，其原意是“让人们按照他们的意愿去做”（“let them do as they will”）。经济学家们所说的“自由放任”包括个人根据自身利益最大化原则，在法律和道德约束下所进行的自由选择、自由生产（经营）、自由交易、自由消费、自由贸易、生产要素和产品的自由流动等。

---

① 霍布斯（Thomas Hobbes，1588 年 4 月 5 日—1679 年 12 月 4 日）认为，国家不是根据神的意志而是人们通过社会契约创造的；君权也不是神授的，而是人民授予的。

二、古典学派的经济自由主义

有学者考证出 *laissez faire* 这个词语是1680年前后首次在法语中被使用的。① 但是亚当·斯密的《国富论》并没有使用这个词语。不过，经济学家们一般还是把亚当·斯密看作是经济自由主义的创立者。

亚当·斯密把（资本主义）经济看作是一种自然制度或自然自由体系（system of natural liberty），把市场看作是这种制度的一个有机组成部分，市场不过是保证人们享有自然法赋予的各种权利的手段；在这些市场上活动的主体都是“原子式”的个体，他们都是理性的经济人，都希望从相互交易中获利；每个人在追求自己利益的过程中都会在客观上增进社会利益（“看不见的手”的原理）。斯密把自由市场看作是自由的自然秩序的反映，是自然秩序的必然要求。因此，斯密倡导经济活动的自由放任。对于斯密来说，自由放任是废除（封建社会遗留的）法律制约市场的程序，是恢复秩序和活跃潜在增长的程序。因此，从经济和经济学发展史来看，经济自由主义又是反封建主义、反重商主义、促进市场经济成长的有力武器。

亚当·斯密主张自由放任并不是不要政府，并不是认为政府在市场经济中无所作为，他只是主张政府应当是法治约束下的有限政府——政府在经济社会的功能和作用只限于保护社会成员的人身和财产安全，这种政府应当是和自由市场经济相容的、相适应的。

斯密在《国富论》中明确划分了政府与市场的边界和分工。斯密认为，政府（斯密称之为“国家”或“君主”）承担三种职责。② 第一种职责是“保护社会免受其他独立社会的暴行与侵略的职责”。也就是一个国家需要国防或军事力量。第二种职责是“尽可能保护社会的每一个成员免于社会每一个其他成员的不公正和压迫行为的伤害的职责”。也就是需要建立严格的司法行政体系。第三种职责是“建立和维持不能给个人带来利润的公共工程和公共机构”。这些公共工程和公共机构又可以划分为三类：第一类是便利经济活动的公共工程和公共机构，例如良好的公路、桥梁、运河、海港等等；第二类是青年教育机构；第三类是为所有年龄的国民提供教育的机构，例如宗教机构。斯密强调：“根据自然自由体系，君主要履行的只有这三种职责……”③

斯密反对重商主义和重农主义对某种产业的特别鼓励而对其他产业进行限制的理论和政策体系，他认为完全取消了这样的保护主义体系以后，明显的和简单的自然自由体系就自行建立起来了。这个时候就可以让市场机制自发运行，让经济活动自由放任。斯密写道：“每一个人，只要他不违反公正的法律，就有完全的自由按他自己的方式去追求他自己的利益，用他的劳动和资本去和任何其他人或其他一类人的劳动和资本竞争。”④ 这就是斯密对自由放任主义的经典表述。

政府履行上述三种职责需要有相应的支出，这就是军事或国防支出、司法行政支出

---

① 大约在1680年，当时的法国财政大臣是柯尔培尔（Jean-Baptiste Colbert），他是一位强势的坚持政府干预的重商主义者。有一天他召集一些法国商人开会，这些商人的领头人叫做金德（M. Le Gendre）。当这位大臣向与会商人们提出国家如何服务于商家，以及如何为发展商业提供帮助时，金德简短地回答：“自由放任”（“让我们来做”）。Journal Oeconomique 1751，Article by the French Minister of Finance.

② ［英］亚当·斯密. 国富论：下卷. 第五编第一章. 西安：陕西人民出版社，2001.

③ 同②753.

④ 同②753.

和公共工程支出。斯密还认为，除了使政府履行它的三种职责所必要的支出以外，一个国家的君主或国王为了维持他的尊严，也要求有一定的支出。

维持政府这些支出的收入来自何处？斯密认为主要有两个途径：其一是属于君主或国家的资源或收入来源，例如属于君主或国家的资本或土地所产生的收入，即公共资本或公共土地产生的收入；其二是来自人民的收入，即来自人民提供生产要素所获取的报酬（地租、利润和工资）产生的赋税。

斯密主张政府的支出应当限制在必要的范围内。因为政府支出增加必然引起税收增加，而这些税收收入本应当在私人手里且大多是用来积累资本和维持生产性劳动的，而现在用在公共支出上，大多是用于非生产性劳动，因此，这样增加的政府支出无疑会阻碍新资本的积累。①

斯密认为，政府的收支应当力求平衡，除了战争时期以外，政府不应当举债。他认为政府举债有诸多坏处："如果政府知道可以借债开支，它就不会去节省"②；"政府借债支出会每年破坏一些国内以前存在的资本，即将以前用来维持生产性劳动的年产物转用于维持非生产性劳动"③；"而且借债最终会使（纳税人的）税收负担大大加重"④。因此，斯密的结论是：举债的办法总是使一个国家逐渐走向衰弱。⑤

亚当·斯密以后的古典经济学家都坚持和倡导斯密所主张的经济自由主义，包括自由放任、收支相抵的健全财政原则（principles for sound fiscal policy）和政府的"更夫"或"守夜人"（night watch）作用。

大卫·李嘉图沿袭了亚当·斯密的"看不见的手"的原理，重述了完全自由竞争制度的有效性和最优性。他写道："在商业完全自由的制度下，各国都必然把它的资本和劳动用在最有利于本国的用途上。这种个体利益的追求很好地和整体的普遍幸福结合在一起。由于鼓励勤勉、奖励智巧并最有效地利用自然所赋予的各种特殊力量，它使劳动得到最有效和最经济的分配；同时，由于增加生产总额，它使人们都得到好处，并以利害关系和相互交往的共同纽带把文明世界各民族结合成一个统一的社会。"⑥ 李嘉图几乎重述了萨伊定律，认为在市场机制的自发调节下，不会出现资本过剩，不会发生生产过剩的经济危机。他写道："萨伊先生曾经非常令人满意地说明：由于需求只受生产限制，所以不论一个国家有多少资本都不会不能得到使用。任何人从事生产都是为了消费或销售；销售则都是为了购买对于他直接有用或是有益于未来生产的某种其他商品。所以一个人从事生产时，他要不是成为自己商品的消费者，就必然会成为他人商品的购买者和消费者。……因此，他不可能总是生产没有需求的商品。"⑦"产品总是要用产品或劳务购买的，货币只是实现交换的媒介。某一种商品可能生产过多，在市场上过剩的程度可以使其不能偿还所用资本；但就全部商品来说，这种

---

① ［英］亚当·斯密. 国富论：下卷. 西安：陕西人民出版社，2001：1008.

② 同①991.

③ 同①1008.

④ 同①1009.

⑤ 同①1011.

⑥ ［英］大卫·李嘉图. 政治经济学及赋税原理//李嘉图著作和通信集：第一卷. 北京：商务印书馆，1983：113.

⑦ 同⑥247.

情形是不可能有的。”[①]

由于自由的市场经济可以在微观上实现资源的最优配置，在宏观上可以保证不出现生产过剩，所以李嘉图反对政府干预经济活动，主张让市场机制自由调节。他说道：“工资正像所有其他的契约一样，应当由市场上公平而自由的竞争决定，而决不应当用立法机关的干涉加以统制。”[②] 他反对政府干预利率，主张利率由市场自由决定。“由于错误的政策观念，政府总是插手干涉，对取息超过法定利率的人课以巨额而无法负担的罚款，使公平而自由的市场利率不能存在。”[③]李嘉图认为，让各种财产自由转移和交换，“各种资本可以流入最善于利用它来增进国家生产的人们的手里”[④]。

李嘉图也承袭了亚当·斯密的健全财政原则，主张政府收支平衡，反对政府举债支出。李嘉图在财政政策上的一个观点是：政府为维持开支而课征的税都是从该国的生产性劳动中取得的，因此，节约政府支出从而减少税收意味着会增加纳税人的资本或收入。他写道：“这种开支每有节省，即使不是增加到纳税人的资本之中，一般也会增加到他们的收入之中。”[⑤] 他认为，政府为了开支不论是通过举债还是课税的办法，其经济后果都是一样的，都会减少生产资本的积累。[⑥] 李嘉图不赞成政府举债支出，他认为举债支出“这种办法会使我们不知节俭，使我们不明白自己的真实境况”[⑦]。他提出警示说：“一个国家的穷困是由于政府和人民的靡费，是由于借债。因此，凡是有助于促进国家和私人节约的办法，都可以减轻国家的穷困……”[⑧]

约翰·斯图亚特·穆勒是19世纪英语世界最有影响力的哲学家，也是有重要影响的经济学家和自由主义者。他于1859年出版的《论自由》一书是古典自由主义的重要代表作。他在该书中认为，凡是不涉及他人利害的行为，他人都无权加以干涉；只有当某个社会成员的行动可预见地或者已经对他人造成危害，集体才有理由对其行动进行干涉，除此之外，任何人和任何团体在思想自由、言论自由、宗教自由等方面均无权干涉他人。他在《政治经济学原理》（1848年）这本流行的教科书中认为，政府的一般职能是保护人身和财产安全，也就是保护人们免遭暴力和欺诈；虽然政府职能是多种多样的，难以划出一个人人一致赞同的界限或范围，但是可以给政府干预确定一个准则，政府“行使这些职能所依据的共同的理由除了增进普遍的便利外，不可能再找到其他任何理由……能限制政府干预的只有这样一条简单而笼统的准则，即除非政府干预能带来很大便利，否则便决不允许政府进行干预”[⑨]。

19世纪70年代“边际革命”的三位旗手之一、洛桑学派创始人里昂·瓦尔拉斯（Léon Walras，1834年12月16日—1910年1月5日）不但把自由竞争看作最理想的经济制度，而且主张把自由竞争作为纯粹政治经济学体系的假设前提或经济学分析的出

① ［英］大卫·李嘉图．政治经济学及赋税原理//李嘉图著作和通信集：第一卷．北京：商务印书馆，1983：248.

② 同①88.

③ 同①253.

④ 同①131.

⑤ 同①208.

⑥ 这后来被称作“李嘉图等价（定理）”，见本书第四章第六节。

⑦ 同①210.

⑧ 同①210.

⑨ ［英］约翰·斯图亚特·穆勒．政治经济学原理：下卷．北京：商务印书馆，2005：371-372.

发点。他在1874年出版的《纯粹政治经济学要义》一书中写道："从纯科学的立场来看，我们必须做的……是将自由竞争看作论据，或者说得更恰当些是把它看作一种假设；因为在现实世界中是否看得到它并无关紧要，严格说来，只要能够形成一个自由竞争的概念就够了。"①

瓦尔拉斯在经济学上的主要贡献是提出了一般均衡理论。他在《纯粹政治经济学要义》一书中证明：如果经济中的所有其他市场都是均衡的，任何特定的市场一定也是均衡的。在这种均衡状态下，所有市场上的超额需求（或超额供给）的总和一定为零。这意味着，如果一个经济中有 n 个市场，为了找出市场出清条件，解 $n-1$ 个联立方程就足够了。取一种商品作为一般等价物（the numeraire），经济中就会有 $n-1$ 种价格可以由方程来确定，如此，就存在一个一般均衡。这就是著名的瓦尔拉斯定律。② 可见，瓦尔拉斯定律实质上是萨伊定律的另一个版本，或者说是用复杂的数理方法表述的萨伊定律。瓦尔拉斯定律是要证明，在自由竞争的经济制度下可以实现每个市场同时出清的一般均衡；在一般均衡状态下，买者和卖者都可以获得最大程度的满足；因而，自由竞争是经济社会获得最大化利益的条件；因此，政府干预必须符合正义原则。

作为古典经济学的最后一个重要代表的庇古教授也秉承了亚当·斯密以来的自由主义和自由放任主义传统。他终其一生都是一个坚定的自由贸易主义者，在1906年发表的《论保护性特惠进口关税》一文中，他强烈反对当时英国政府给予进口品优惠的特别关税补贴，坚定地支持自由贸易。他非常关注当时英国的失业问题，先后出版了《失业短论》（1913年）和《失业理论》（1933年）两本著作，但是在这两本书中，他都没有提出非自愿失业的概念。他认为，经济中之所以出现失业是因为工会不愿意降低货币工资和最低工资法阻止了工资削减；如果货币工资和商品价格可以随着市场上的供求变化而及时调整，工资和价格下降会使个人持有的货币量的实际价值增加，这会直接增加对商品的总需求（庇古效应），从而失业就会消失，充分就业是有保证的。庇古写道："如果挣工资者接受竞争性的工资政策，经济体制最终必然向充分就业的稳定状态运动。"③

第六节　古典经济学宏观体系概要

最后，我们把古典经济学宏观体系做一个概要。

一、用函数式表达的古典经济学宏观体系

生产函数：$y=Af(N, \overline{K})$　　(1)

其中，$f'=\frac{\mathrm{d}y}{\mathrm{d}N}>0$，但是 $f''<0$。

① ［法］里昂·瓦尔拉斯．纯粹政治经济学要义．北京：商务印书馆，1989：265.

② 瓦尔拉斯定律的完整内容应当包括"均衡价格确定定律"和"均衡价格变动定律"，这两个定律的内容见里昂·瓦尔拉斯．纯粹政治经济学要义．167-168，177-178.

③ Pigou, Arthur Cecil, "The Classical Stationary State," *Economic Journal* 53, December 1943, p. 351.

实际工资或对劳动的需求：$\frac{dy}{dN}=\frac{W}{P}$ (2)

劳动供给：$N_s=N_s\left(\frac{W}{P}\right)$ (3)

劳动市场均衡：$N_s\left(\frac{W}{P}\right)=N_d\left(\frac{W}{P}\right)$ (4)

货币数量论：$M=kY=kPy$ (5)

储蓄函数：$S=S(r)$ (6)

投资函数：$I=I(r)$ (7)

资本市场均衡：$S(r)=I(r)$ (8)

二、用图形表示的古典经济学宏观体系

在图 1-7 中，图（a）表示总量生产函数，图（b）表示劳动市场的均衡，图（c）表示货币工资，图（d）表示总需求曲线和总供给曲线，图（e）表示储蓄与投资相均衡。

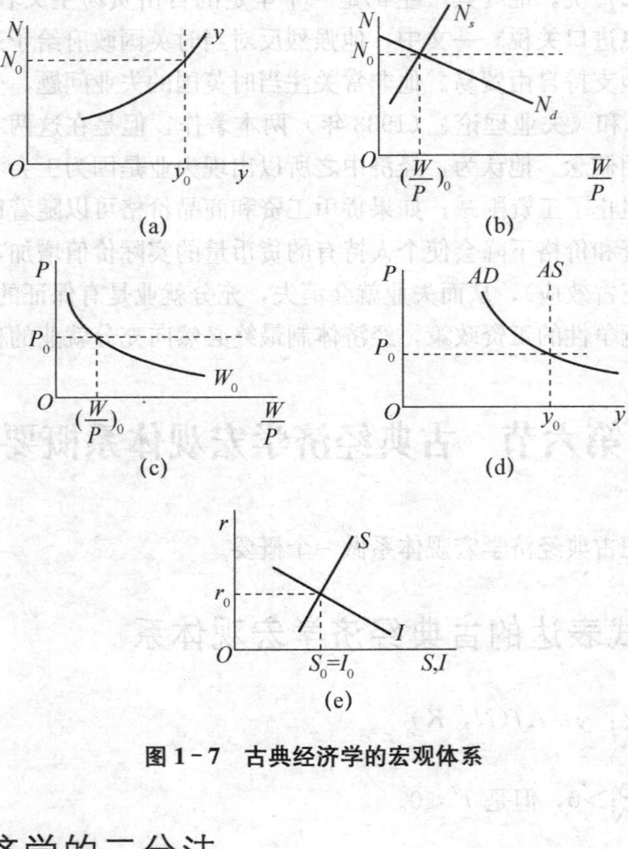

图 1-7　古典经济学的宏观体系

三、古典经济学的二分法

实际部门　　　　　　　　　　　　　　　　货币部门

生产函数：$y=Af(N,\ \overline{K})$　　　　　　　货币数量论：$M=kY=kPy$

劳动市场均衡：$N_d\left(\frac{W}{P}\right)=N_s\left(\frac{W}{P}\right)$

资本市场均衡：$S(r)=I(r)$

我们看到，在古典经济学宏观体系中，货币部门和实际部门之间没有内在联系，货币部门的行为（如货币供应量变化）不会影响实际部门的活动水平或规模。

四、古典宏观经济学的主要观点

古典宏观经济学的主要观点可以概括如下：

（1）经济体系可以通过自我调节实现充分就业。经济一旦偏离充分就业，市场价格机制（工资、利率和价格）的自动调节，可以保证经济恢复到充分就业。具体来说，（货币）工资的自动调节可以保证劳动市场出清；利率的自动调节可以保证资本市场出清；价格的自动调节可以保证商品市场出清。因此，经济体系中的各类市场是可以自动出清的。

（2）经济中的失业都是“摩擦性的”和“自愿性的”。这些失业源于以下原因：1）摩擦因素——新旧工作之间转换的时滞；2）工作搜寻——劳动者退出现有工作以便寻找另一个工作；3）货币工资刚性——由于工人拒绝削减货币工资，这使得货币工资不能随着劳动市场上的供求关系变化而进行调整，从而导致实际工资过高。

（3）货币是中性的。货币数量变化只影响价格总水平（the general level of prices），不影响相对价格（relative prices）和经济中的实际变量（产量和就业）。

（4）利率的功能是出清借贷资本市场。利率是连接储蓄与投资的桥梁，是调节储蓄与投资的杠杆，它能够保证把当期收入中不用于消费的部分全部转化为投资，因此，总投资能够吸收全部的储蓄，从而保证经济的充分就业。

（5）储蓄推动经济增长。更多的储蓄意味着有更多的投资和更多的资本积累，更多的资本积累意味着有更高的经济增长率。因此，储蓄率越高（消费率越低），经济增长率越高。把储蓄转化成资本积累的是金融中介。

（6）经济活动应当是自由的、充分竞争的；政府的经济功能主要是保护国家和私人财产安全，使它们不受侵犯和掠夺。

本章复习与思考题

1. 什么是萨伊定律？你如何评价这个定律？
2. 什么是货币数量论？这种理论对当代西方经济学有哪些影响？
3. 古典经济学为什么主张经济生活自由放任？
4. 古典经济学体系是建立在哪些假设前提基础上的？你如何评论这些假设？
5. 简述古典经济学宏观结构的要点。
6. 古典学派如何看待政府与市场的关系？今天我们如何看待经济自由主义？

本章进一步阅读文献

［1］Blaug，Mark，*Economic Theory in Retrospect*，4th ed.，Cambridge University Press，1985

［2］Hollander，Samuel，*Classical Economics*. Blackwell，1987

［3］Pigou，A. C.，*The Theory of Unemployment*，Macmillan，1933

［4］Samuelson，Paul A.，*Readings in Economics*，7th ed.，McGraw-Hill Inc.，1973

［5］［美］加德纳·阿克利. 宏观经济理论. 上海：上海译文出版社，1981

［6］［美］爱德华·夏皮罗. 宏观经济分析. 北京：中国社会科学出版社，1985

［7］［美］詹姆斯·K. 加尔布雷思，小威廉·戴瑞提. 宏观经济学. 北京：经济科学出版社，1997

［8］［英］布赖恩·斯诺登，霍华德·文，彼得·温纳齐克. 现代宏观经济学指南. 北京：商务印书馆，1998

［9］［英］约翰·梅纳德·凯恩斯. 就业、利息和货币通论（重译本）. 北京：商务印书馆，1999

［10］［英］亚当·斯密. 国民财富的性质和原因的研究. 北京：商务印书馆，1983

［11］［英］阿·马歇尔. 经济学原理. 北京：商务印书馆，1983

第二章

凯恩斯主义

根据经济学流派划分的标准，凯恩斯主义应当包括凯恩斯本人在《通论》中提出的经济学说（凯恩斯经济学）及凯恩斯理论的追随者所提出来的经济理论和政策主张。不过，第二次世界大战以后，凯恩斯理论的追随者又分化成两个分支：美国凯恩斯主义（又称新古典综合派、后凯恩斯主义主流经济学）和英国凯恩斯主义（即新剑桥学派或后凯恩斯主义），即20世纪五六十年代西方经济学中出现的“两个剑桥”。[①] 由于这两个凯恩斯主义分支思想倾向不同，基本观点和政策主张差异较大，在长期争论和理论发展中美国凯恩斯主义逐渐占了上风，所以，现在经济学家们所说的凯恩斯主义主要是指凯恩斯《通论》中的理论和新古典综合理论，英国凯恩斯主义现在被称作后凯恩斯主义[②]，并且被列入非主流经济学流派。本章的内容只包括凯恩斯《通论》中的理论和新古典综合理论，后凯恩斯主义当另辟一章来写。

第一节　凯恩斯“革命”的背景和过程

凯恩斯（1883年6月5日—1946年4月21日）于1936年出版的《通论》一书改

① “两个剑桥”是指英国剑桥和美国剑桥。英国剑桥是指新剑桥学派主要成员所在的剑桥大学，美国剑桥是指哈佛大学和麻省理工学院（MIT）所在地的美国波士顿的剑桥市。美国凯恩斯主义者大多在这两所大学执教。

② 后凯恩斯主义的代表人物现在大多活跃在法国、意大利等欧洲大陆国家，因此称他们为“新剑桥学派”或“英国凯恩斯主义”就不再恰当。

写了西方经济学的发展方向，它所掀起的冲击波至今还在影响着西方经济学、西方国家的经济政策和西方国家的经济。尽管《通论》已经成为“过去的经典”，对它的批评或抨击早已是铺天盖地，但是，20世纪下半期以来的西方经济学家，不论他属于哪个学派，他对《通论》赞成还是否定，他在著书立说时都不能不提到凯恩斯和《通论》，即便是凯恩斯经济学的反对派，也不得不承认《通论》的出版或凯恩斯“革命”是“20世纪经济科学中最重大的事件”。

以《通论》的出版为标志的凯恩斯“革命”发端于20世纪20年代中期，成就于20世纪30年代前半期。英国20世纪20年代的长期慢性萧条和随后爆发的1929—1933年世界性大萧条粉碎了古典学派对市场机制过分乐观的假说，引发了凯恩斯“革命”。

第一次世界大战结束以后，英国经济曾经出现过短暂的繁荣。但是自1920年开始，除了1924年有过一段时间的复苏以外，英国经济一直陷入长达10多年的慢性萧条的泥沼之中：工农业生产萎缩，大量的企业和设备闲置，对外贸易额下降，失业率在10%以上的高位上居高不下。

1929年10月24日美国纽约股市崩盘，一个月内，道琼斯30种工业股票的平均价格下跌了50%，由此引发了一场世界性经济大衰退。从1930年开始，当时世界上最发达的两个国家——英国和美国，失业率都在20%以上。资本主义经济陷入20世纪历史也是资本主义发展史上最大的一场经济灾难之中：大量产品过剩，大量企业倒闭或停产，大量银行关门，成千上万人失业，生产率和总产出倒退到第一次世界大战前的水平。资本主义经济已经到了崩溃的边缘。

在这种严峻的形势下，建筑在充分就业假设前提上的古典经济学一筹莫展。以价值论（实为均衡价格论）、分配论和货币数量论为主题的古典经济学既不能令人信服地解释经济衰退和萧条，也无法提出解决经济危机的对策。西方经济学在20世纪陷入了第一次经济理论危机（罗宾逊夫人语）。

自20世纪20年代中期开始，凯恩斯就致力于寻找英国经济长期慢性萧条的原因和解救之策。在这个过程中，凯恩斯在思想上由相信和传播古典经济学转变为怀疑这种学说，最后站出来攻击这种学说。20世纪30年代世界性经济大萧条加速了凯恩斯思想的转变过程。

凯恩斯是在古典经济学的熏陶下成长起来的经济学家。为了挣脱传统思想和说法的束缚，凯恩斯的思想经历了一个长期的挣扎过程。

1924年上半年，凯恩斯发表了题为《失业需要猛剂吗》《英国政府与失业》等的多篇文章，第一次将实施大规模公共工程计划看作是救治失业的根本疗法。他的政策思想明确地由自由放任转向政府干预。

1924年下半年，英镑在外汇市场上开始升值，英国朝野要求按战前平价恢复金本位的呼声四起。1925年2—4月，凯恩斯连续撰文反对重建金本位，认为金本位制已经过时。1925年4月29日，时任英国财政大臣的丘吉尔宣布恢复金本位。同年7月，凯恩斯发表题为《失业与货币政策》的系列论文，认为恢复金本位不利于扩大英国产品的出口，不利于解决英国的大规模失业。《失业与货币政策》的系列论文后来被扩展成一个小册子，这就是《丘吉尔先生的经济后果》。

1926年凯恩斯出版《自由放任的终结》。这本小册子宣布自由放任主义已经到了寿终正寝的时候，应当将这种学说扫地出门。

在1929年的英国大选竞选中，自由党领袖大卫·劳埃德·乔治（David Lloyd George，1863年1月17日—1945年3月26日）提出政府耗资1亿英镑的公共工程计划，他向选民保证，通过实施这个政府支出计划，可以在1年内把可怕的失业数字减少到正常水平。凯恩斯随后出版《劳埃德·乔治能办到吗》的小册子，从经济理论上论证劳埃德·乔治政策主张的必要性和可行性。在这本小册子中，凯恩斯提出了较为系统的乘数原理和初步的有效需求思想，并对古典经济学的充分就业假设和萨伊定律表示怀疑。

1930年10月，凯恩斯的《货币论》出版。《货币论》是一部"罗马门神"式的著作——它有剑桥经济学的传统，又与后来出版的《通论》有某些联系。凯恩斯自己承认《货币论》"是一个失败"。因为这本书出版时英国正处在20世纪30年代的大危机之中，英国、德国和美国至少有1 000万失业者。而就在这种经济形势下，《货币论》却把稳定物价作为研究的主题。显然，《货币论》的讨论是文不对题。实际上，凯恩斯的思想自20年代中期以来就已经发生了很大变化，《货币论》并没有反映出当时凯恩斯思想的全部变化，《货币论》主要还是一本古典经济学的著作。凯恩斯之所以要出版《货币论》，是因为这本书是他花费了6年多时间的一个研究成果，其中包含了大量丰富的观点和材料。

在《货币论》出版前后，以麦克唐纳（James Ramsay MacDonaly，1866年10月12日—1937年11月9日）为首相的英国工党政府组建了金融与工业委员会（又称"麦克米伦委员会"，因麦克米伦勋爵任这个委员会的主席）和经济顾问委员会。这两个委员会的主要任务是对英国的经济状况进行调查，对经济形势的发展进行跟踪研究，然后就重要的经济问题向内阁提出建议。凯恩斯被任命为这两个委员会的委员。可以说，在20世纪30年代大危机爆发伊始，凯恩斯就介入了对这场大危机的实地调查和研究。1930年7月，在凯恩斯的建议下，麦克唐纳批准设立经济学家委员会，凯恩斯任这个委员会的主席。经济学家委员会的成员都是当时英国著名的经济学家，如罗宾斯、庇古、卡恩（Ricard Kahn，1905年8月10日—1989年6月6日）、汉德森（Hubert D. Henderson）。这个委员会的任务是对英国当时的经济形势做出评估，分析造成这种经济状况的原因，并寻求经济复苏的条件。在对经济衰退原因的诊断上，经济学家委员会内部发生了严重的意见分歧。罗宾斯和庇古等人坚持在古典经济学的框架内解释经济衰退，反对凯恩斯的公共工程政策主张。这场争论使凯恩斯深刻认识到，要使他的解救当前经济危机的政策主张被政府采纳，"我必须首先说服我的同行经济学家，然后再说服公众"①。要说服同行经济学家，必须有一套系统的理论。经过一段时间的思考、酝酿和讨论，从1931年11月开始，凯恩斯着手新理论的打造。

《通论》的写作史可以划分为三个阶段。

第一阶段，从《货币论》出版到1932年秋天。《货币论》出版不到1个月，凯恩斯就打算写一本"讨论决定总产量的原因的著作"。1932年9月，凯恩斯写出了《通论》的第一稿，当时的书名定为《生产的货币理论》。同年10月10日，凯恩斯在米迦勒节学期（the Michaelmas terms）② 讲座中，第一次把他自1929年秋天以来一直使用的

---

① *The Collected Writings of John Maynard Keynes*, Vol. 7, Macmillan, 1973, p. xxi.

② 剑桥大学每学年有42周，分三个学期：米迦勒节学期（10月1日开学）、四旬斋学期（3月下旬～4月下旬）和复活节学期。

《货币的纯理论》的讲座题目改为《生产的货币理论》。这标志着凯恩斯思想的重要转变：试图把货币理论和生产理论（短期供给理论）结合起来。

第二阶段，从 1932 年冬天到 1934 年夏天。这是《通论》体系基本形成的阶段。在这个阶段，凯恩斯发表了《马尔萨斯传略》（1933 年 2 月）、《通向繁荣的途径》（1933 年 3 月）和《论乘数》（1933 年 4 月）等论述乘数原理和有效需求原理的重要论文。1934 年 5 月 15 日—6 月 8 日，凯恩斯对美国进行了为期 3 周的访问，使凯恩斯有机会与美国政要、企业家和经济学家密切接触，把他的新思想和解决经济萧条的设想与他的美国朋友交流。特别是，1934 年 5 月 28 日下午，罗斯福（Franklin Delano Roosevelt）总统在白宫会见了凯恩斯，宾主双方进行了 1 小时的会谈。1933 年凯恩斯将他正在写作的新书先后易名为《就业的货币理论》和《就业通论》，1934 年又将新书更名为《失业通论》，1934 年夏天新书最后定名为《就业、利息和货币通论》。

第三阶段，从 1934 年秋天到 1936 年 2 月。这是《通论》的定稿阶段。在这个阶段，凯恩斯主要是把他的新书清样提交学术同仁们讨论，征求他们的评论和建议，随后进行修改加工。

经过 4 年多的打造，作为思想转变的最终成果，凯恩斯于 1936 年 2 月出版了《就业、利息和货币通论》[①] 一书。这是一本从假设前提开始对古典经济学进行致命打击的著作，是一本确立现代宏观经济学体系结构的著作。凯恩斯因此有了“现代宏观经济学之父”的称誉。

第二节 凯恩斯“革命”的内容

《通论》掀起的凯恩斯“革命”包括研究方法上对微观经济分析方法的“革命”、理论上对古典经济学的“革命”和政策上对自由放任主义的“革命”。

一、研究方法上的凯恩斯“革命”

凯恩斯“革命”的成果之一是创立了一套衡量宏观经济活动的指标体系和总量分析方法，用总体经济分析取代了古典学派一直使用的个体经济分析，创建了宏观经济学体系。

马歇尔在《经济学原理》一书中谈到经济学的性质时写道：“经济学是一门研究在日常生活事务中过活、活动和思考的人们的学问，但它主要是研究在人的日常生活事务方面最有力、最坚定地影响人类行为的那些动机。”[②] 在马歇尔看来，经济学既是一门研究财富的学问，同时也是一门研究人的学问。他所说的人是一种个体的人。他写道：“经济学家研究个人，主要是将他当作社会组织中的一分子。”[③] 古典经济学家主要关注

① 关于凯恩斯创作《通论》的具体过程，请参见方福前．从《货币论》到《通论》：凯恩斯经济思想发展过程研究．武汉：武汉大学出版社，1997．

② ［英］阿·马歇尔．经济学原理：上卷．北京：商务印书馆，1983：34．

③ 同②46．

个人从事经济活动的行为动机以及由这些动机产生的经济后果。古典经济学主要分析单个消费者行为和单个生产者行为，以及这两类行为的相互关系和相互影响，在此基础上，可以进一步分析不同市场结构中、不同产业组织结构中的消费者行为和生产者行为。

凯恩斯在《通论》中为从总体上分析经济活动提供了一种新的方法。《通论》的第一编“引论”（共3章）主要是说明《通论》的主要观点和创新之处，《通论》的理论体系是从第二编（第4～6章）开始展开的。在第二编，凯恩斯试图解决三个疑难问题：第一，选择什么样的衡量单位来对总体经济进行数量研究？第二，预期在经济分析中究竟起什么作用？第三，如何定义（国民）收入？在第4章，凯恩斯解决了如何区分经济总量中的名义变量和实际变量问题，如名义国民收入和实际国民收入、名义资本存量和实际资本存量。在第6章，凯恩斯提出了衡量国民收入的三种方法。这就是

(1) 销售收入（A）减去使用者成本（U）法：

$$国民收入=\sum(A-U)$$

(2) 支出法：

$$国民收入=消费(C)+投资(I)$$

(3) 收入法：

国民收入＝付给生产要素的总值＋企业家的收入(即净利润)

在第6章，凯恩斯还区分了总（国民）收入和净（国民）收入，定义了消费、储蓄、投资这些总量以及它们与（国民）收入的数量关系。我们认为，这些总量概念的定义和它们之间数量关系的界定是宏观经济学分析的起点。没有一套定义明确的总量概念，没有这些总量之间关系的确立，就不可能建立起宏观经济学体系。虽然《通论》第4章和第6章的内容有不完善之处，但是它为第二次世界大战结束以后国民收入核算体系的编制提供了方法论和理论基础。

在《通论》中，凯恩斯第一次明确地把经济学划分为微观经济学和宏观经济学。他写道：“我认为，把经济学的内容区分为作为其价值论、分配论的一个部分和作为其价格论的另一个部分是错误的方法。我所建议的正确的二分法应该区分为两个方面：一方面是单个行业或厂商的理论以及关于既定数量的资源在不同使用上的报酬和分配；另一方面为整个社会的产量和就业量。”[①] 显然，凯恩斯所说的前一方面就是微观经济学的研究内容，后一方面就是宏观经济学的研究内容。古典经济学缺少的就是从总体上分析何者决定一个经济社会的产出水平和就业量。《通论》创建了宏观经济分析的理论体系。

二、理论上的凯恩斯“革命”

理论上的凯恩斯“革命”主要包括以下几方面的内容。

---

① ［英］凯恩斯．就业、利息和货币通论（重译本）．北京：商务印书馆，1999：305．

(1) 古典经济学的假设前提是充分就业均衡，是资源的充分利用（full employment)。《通论》的出发点则是非充分就业。凯恩斯认为："古典学派的假设条件只适用于特殊情况，而不适用于一般通常的情况。古典学派所假设的情况是各种可能的均衡状态中的一个极端之点。此外，古典学派所假设的特殊情况的属性恰恰不能代表我们实际生活中的经济社会所含有的属性。"①

(2) 古典经济学主要研究既定数量的资源如何在各种不同的用途之间进行配置，各种资源（劳动、土地、资本和企业家才能）的相对报酬及其产品的相对价值是如何决定的。这就是古典经济学体系的三大组成部分：生产理论、分配理论（要素价格理论）和价值理论。《通论》是要建立一种"何种力量在现有可用的资源中决定实际使用量的大小的纯理论"，或者说"主要研究什么力量或因素决定整个社会产量和就业量的变化"。② 这种理论就是关于一个经济在一定时期国民收入和就业量决定的理论。简单地说，古典学派的理论主要是价格（值）决定理论，凯恩斯经济学则主要是国民收入（总产出）决定理论。价格（值）理论是微观经济学的核心，国民收入决定理论则是宏观经济学的核心。

凯恩斯在《通论》中建立的国民收入决定理论可以概括为以下一些命题。

1) 在技术、资源和成本均为既定的情况下，国民收入（包括货币的国民收入和实际的国民收入）决定于就业量。

2) 企业家决定雇用的劳动者的数量取决于有效需求。有效需求是两种数量之和：社会愿意消费的数量和社会愿意投资的数量，即有效需求等于消费需求与投资需求之和。

3) 消费需求由当期收入和消费倾向决定，投资需求由投资的预期利润率（资本边际效率）和利率的对比关系决定。

4) 消费倾向分为平均消费倾向和边际消费倾向。边际消费倾向一般大于 0 而小于 1，因为"当人们收入增加时，他们的消费也会增加，但消费的增加不像收入增加得那样多"③。由边际消费倾向的特性可以推出投资乘数和就业乘数一定大于 1。

5) 资本边际效率在短期是高度不稳定的，因为资本边际效率受投资者对未来预期的影响，而未来是不确定的；理性的投资者还具有"动物本能"，他的血型、是乐观派还是悲观派、对形势的判断都影响他对未来的预期。由于存在边际报酬递减规律，资本边际效率在长期呈递减趋势。在宏观经济层面上，当一种资本资产的供给量增加时，预期收益率会下降；同时，这种资本资产的增加会使制造这种资产的设备受到压力，从而导致资本资产的供给价格提高。

6) 利率决定于货币数量（货币供给）和流动偏好（货币需求）。货币数量由中央银行的货币政策决定，因此货币供给是高度无弹性的。人们偏好在手头持有货币是出于交易动机、预防（或谨慎）动机和投机动机，从而货币需求是收入的增函数、是利率的减函数。其中，对利率影响最大的是投机动机的货币需求。

7) 因此，一个社会一定时期的国民收入和就业量最终由以下三个自变量决定：心

---

① ［英］凯恩斯．就业、利息和货币通论（重译本)．北京：商务印书馆，1999：7.

② 同①8，2.

③ 同①101.

理上的消费倾向、资本边际效率和利率。[1]

与古典学派强调供给分析不同，凯恩斯强调的是需求分析；古典学派关注的是宏观经济的供给约束，凯恩斯关注的是需求约束。凯恩斯认为就业量的大小和国民收入水平的高低要从决定总需求的诸因素中去寻找原因。凯恩斯颠覆了自威廉·配第到阿·马歇尔的注重供给分析的传统，把宏观经济学分析的重点由供给侧转向需求侧。

(3) 与古典学派认为市场价格机制是完全弹性的不同，凯恩斯认为价格、工资率和利率在向下方向上是刚性或黏性的。这就否定了通过完全弹性的市场价格机制的自动调节实现充分就业均衡的古典经济学命题。与古典学派强调价格效应不同，凯恩斯强调的是收入效应。

早在20世纪20年代中期，凯恩斯就开始抨击古典经济学的完全竞争假定，认为经济中的市场是不完全竞争型的，而不是完全竞争型的。这种不完全竞争使各种市场价格（租金、利润和工资）不再有完全弹性，而是黏性的。在《丘吉尔先生的经济后果》一书中，凯恩斯警告说："如果我们继续把建立在自由放任与自由竞争假设基础上的这些经济学原理应用于我们这个社会，我们就要冒第十次风险（并且是愚蠢到极点）。"[2] 由于市场不是完全竞争的市场，因而租金、利润和工资不再是完全弹性的，而是黏性的。他写道："……租金与利润，像工资一样，是黏性的，它们也许不会足够快地降低……"[3]

古典学派认为劳动的供给和对劳动的需求都是实际工资的函数。凯恩斯同意古典学派关于对劳动的需求是实际工资的函数的说法，但是否定劳动的供给是实际工资的函数的说法。凯恩斯认为，"劳动者所要求的是一个最低限度的货币工资而不是一个最低限度的实际工资"[4]，劳资之间的工资协议规定的是货币工资而不是实际工资。从劳动者的行为来看，"在货币工资不变的情况下，由于价格上升而导致的实际工资下降一般不会使在现行工资下的劳动供给量低于价格上升前的实际就业量"[5]，也就是说，劳动者具有货币幻觉。并且，工人会强烈抵制和反抗货币工资降低。由于这些原因，货币工资在向下方向上是黏性的。

古典学派认为，利息是储蓄或节俭的报酬，利率由储蓄和投资相均衡决定。凯恩斯则认为，利息是放弃流动偏好的报酬；利率由货币市场上的供给和需求相均衡决定，即由货币数量和流动偏好交互作用决定。由于存在流动偏好陷阱，利率不可能随着货币数量的增加而无止境地降低，也就是利率在向下方向是黏性的。凯恩斯写道："超过一定低数值之时，货币由于流动性而得到的利率很难随着自己数量的增加而做出下降的反应"[6]。

(4) 在储蓄—投资的关系问题上，古典学派的基本观点是储蓄支配投资，利率是调节储蓄和投资在充分就业水平上相均衡的有效杠杆。当储蓄增加（或消费减少）时，利率会由于借贷资金的供给增加而下降；利率下降会刺激投资增加，这样，没有通过消费花掉的现期收入就通过投资的形式花掉了，因此，萨伊定律是成立的。凯恩斯则认为，

---

① 阿尔文·汉森后来把凯恩斯体系中的三个自变量修改为四个：消费倾向、资本边际效率、流动偏好和货币数量；因为利率是由流动偏好和货币数量决定的因变量而不是自变量。

② *The Collected Writings of John Maynard Keynes*, Vol. 9, Macmillan, 1972, p. 224.

③ Ibid., 228.

④ ［英］凯恩斯．就业、利息和货币通论（重译本）．北京：商务印书馆，1999：13．

⑤ 同④17.

⑥ 同④240.

储蓄是消费者的行为，投资是生产者的行为，它们分别由不同的因素决定，这些由不同的因素决定、由不同的经济主体做出的选择很难协调一致，投资不一定随着储蓄的增加而等量增加，除非偶然巧合或有意安排。由于利率黏性和资本边际效率的长期下降趋势，投资在没有完全吸收储蓄倾向和收入所提供的储蓄之前就停止了，这就造成有效需求不足。可见，供给并不能创造它自身的需求。“这样——除非依靠古典理论所做出的特殊假设条件，认为当就业量增加时，总会有某种力量发生作用来使 D_2（投资需求——引者）增加到足够的程度，以便补偿 Z（总供给或总供给价格——引者）和 D_1（消费需求——引者）之间的越来越大的差距——否则，经济体系可以处于稳定的、小于充分就业的均衡状态，即处于总需求函数和总供给函数的交点所决定的就业水平。”①因此，萨伊定律只有在特殊假设条件下才可以成立。

在凯恩斯看来，在非充分就业的情况下，投资增加会通过乘数效应来成倍增加国民收入，收入增加会导致储蓄增加。因此，是投资支配储蓄，而不是相反。

在古典经济学体系中，调节投资和储蓄相均衡的杠杆是利率；在凯恩斯体系中，调节投资和储蓄相均衡的杠杆是收入。

（5）古典学派把货币的影响看作是与供给和需求的一般理论无关的东西，货币只充当交易媒介，只是方便交易的一种手段，货币在经济体系中的作用是中性的。凯恩斯的《通论》则试图把货币理论变成一种总产量理论，货币不但是交易媒介，更重要的，它是一种资产——是人们最偏好的资产，它具有价值储藏的功能，因此，货币在经济体系中占有重要而特殊的地位，货币的作用是非中性的。

在货币供给一定时，人们对货币需求（流动偏好）的变化可以影响利率，利率的变化可以影响投资，从而可以影响就业量和总产量。而且，投资要到未来才能获得回报（收益），所以投资者需要把未来的预期收益贴现成现值，然后进行成本—收益分析，最后做出是否投资和投资多少的决策。显然，在其他条件不变的情况下，预期收益的变化会引起投资的变化，从而引起就业和产量的变化。因此，货币是把现在和未来联系起来的桥梁。在凯恩斯看来，“使用货币的经济制度基本上是这样一个制度；在其中，对将来的看法的改变不仅可以影响就业的方向，而且还可以影响就业的数量”②。

三、政策上的凯恩斯“革命”

政策上的凯恩斯“革命”主要是指用政府干预论取代古典学派的自由放任论。

根据上述有效需求原理，经济体系的自发运行通常由于有效需求不足而处于小于充分就业的均衡，因此，要使经济走向充分就业，消除总需求不足带来的非自愿失业，合乎逻辑的办法是扩大总需求。

如何扩大总需求？凯恩斯提出了一整套思路。《通论》的最终任务在于：“在我们置身于其中的经济制度中，选择出那些政府经济当局能按照意图加以控制或管理的变量。”③

谁来扩大总需求？由于消费者的消费需求受消费倾向和收入水平制约，投资者的投

① ［英］凯恩斯．就业、利息和货币通论（重译本）．北京：商务印书馆，1999：35.

② 同①3.

③ 同①254.

资需求受资本边际效率和利率的对比关系左右，因此，扩大总需求的职责就必然落到政府身上。

凯恩斯认为："对于消费倾向，国家将要部分通过赋税制度，部分通过利率的涨落，和部分通过其他手段来施加引导的作用。还有，单靠银行政策对利率的影响似乎不大可能决定投资的最优数量。因此，我感觉到，某种程度的全面的投资社会化将要成为大致取得充分就业的唯一手段……"① 在凯恩斯看来，在萧条时期，财政政策的作用是直接的，其效果是明显的、确定的；而货币政策的作用是间接的，其效果是不确定的，尤其是货币市场处在流动偏好陷阱时，货币政策几乎完全无效。因此，凯恩斯强调财政政策对于扩大总需求的重要性，而把货币政策的作用放在了次要地位。

要扩大政府支出，这笔钱从哪里来？凯恩斯不主张通过扩大税收来为政府扩大开支筹集资金。因为税收不是来自消费者的收入，就是来自生产者的收入，因此，增加政府税收的同时就减少了消费者的消费需求和生产者的投资需求，其结果只是把一部分总需求由私部门转移到公部门，总需求在数量上并没有增加，只是改变了总需求的结构。于是，凯恩斯主张通过借债来为政府扩大开支筹集资金。

在不增加税收的同时扩大政府支出必将引发财政赤字。凯恩斯认为，只要能够扩大就业，财政赤字无关紧要。这样，凯恩斯就否定了自亚当·斯密以来古典学派所奉行的财政收支平衡的理财原则。

接下来的问题是，政府支出的钱花到哪里去？凯恩斯认为，政府支出主要用于政府购买和政府投资。政府投资主要是兴办公共工程（public works)，而不是生产竞争性的产品或服务。这样做，政府扩大开支增加了总需求，但是不会加剧总供给过剩，不会与私人投资者争夺市场，不会与民争利。由于经济体系中存在闲置的资源，所以政府扩大支出不会排挤私人投资。

在凯恩斯看来，古典经济学的假设前提很少或从来没有得到满足，经济体系的自发运行一般是小于充分就业均衡，因此，对经济力量的自由运行有必要加以制止，或加以引导；为了保证充分就业，必须对经济活动进行中央控制，这样做会大大扩大传统的政府职能。

凯恩斯对现代资本主义经济社会的一个基本判断是，这个社会存在两个显著的弊端："第一，它不能提供充分就业；第二，它以无原则的和不公正的方式来对财富和收入加以分配。"② 在这个基本判断的基础上，凯恩斯在《通论》中提出了如下的经济哲学思想：资本主义经济不能依靠市场机制的自发运行，"对经济力量或因素的自由运行有必要加以制止，或加以引导"③。但是这样做并不是要走向国家社会主义，而是要把政府干预和私人的主动性结合起来。在经济活动中应当留下广阔的空间让私人发挥其积极性、履行其职能。政府政策调整和改革的总体目标是：努力治愈资本主义经济的疾病（主要是上述两个弊端），同时又能保存资本主义经济的效率与自由。

---

① ［英］凯恩斯．就业、利息和货币通论（重译本)．北京：商务印书馆，1999：391．

② 同①386．

③ 同①393．

四、凯恩斯经济学体系概要

凯恩斯经济学（《通论》）体系可以用以下4个方程式来表示：

生产函数：$y=Af(N,K)$ (2-1)

劳动市场：$N_d\left(\frac{W}{P}\right)=N_s(W)$，其中，$W=W_0$ (2-2)

货币市场：$M=kPy+L(r)$，或$\frac{M}{P}=f(y,r)$ (2-3)

产品市场：$I(r)=S(Y)$或$I(r)=Y-C(Y)$ (2-4)

在凯恩斯体系中，Y，C，I，S和r由产品市场和货币市场的均衡来决定。由于收入水平已知而资本数量一定，生产函数决定就业水平N。这样，方程式（2-2）要决定余下的两个变量：货币工资W和价格水平P。这似乎表明凯恩斯体系无解。但是，如果劳动市场均衡决定的是实际工资，而把历史上确定的货币工资作为一个常数，即$W=W_0$，就可以解出价格水平。因此，凯恩斯体系有解的一个前提条件是货币工资已知或货币工资固定。

与古典经济学宏观体系比较，凯恩斯经济学体系的主要创新之处在于：

在对劳动市场的供求分析方面，凯恩斯认为，如果劳动的供给是货币工资的函数，即工人存在货币幻觉时，由于存在最低工资法和强大的工会组织，货币工资不易下降，而并不像古典学派所假定的那样是完全弹性的，这就会造成非自愿失业。凯恩斯也认为，即便假定货币工资有弹性，劳动的供给是实际工资的函数，劳动市场也常常处在非充分就业状态。因为当劳动市场上存在失业时，虽然可能会导致货币工资从而实际工资下降，但是当总需求不足时，扩大就业所增加的产量只有一部分被消费（这是由于边际消费倾向小于1的缘故），其余的产量将过剩，这将使价格水平下降，而价格水平的下降阻止了实际工资的下降，因此，货币工资调整不是保证劳动市场实现充分就业均衡的有效机制。

就货币市场来说，凯恩斯不但认为货币具有交易媒介的功能，还具有价值储藏的功能，货币是其他金融资产（主要是指有价证券）的有用替代物。与古典学派不同，凯恩斯除了把货币需求看作是货币收入的函数，还把货币需求看作是利率的函数；货币需求与货币收入成同方向变化，与利率成反方向变化。这样，凯恩斯的货币需求函数就由两部分构成：人们为了在最近购买产品和服务而持有的货币余额kPy，以及为了满足投机需求、获取利润而持有的货币余额$L(r)$。前者称作“活动的余额”，后者称作“闲置的余额”。在货币对整个经济的影响的传导机制上，古典学派认为，货币数量的变化是通过货币的交易媒介功能即“活动的余额”传导到整个经济的，其结果是导致价格总水平的变化。凯恩斯则认为，货币数量的变化是通过货币的价值储藏功能即“闲置的余额”传导到整个经济的，其结果是首先导致利率的变化，进而引起投资需求变化，通过乘数效应使得整个经济活动水平发生变化。如果说古典学派的货币学说是一种决定价格总水平的学说，那么凯恩斯的货币学说则是一种决定利率的学说。

凯恩斯认为，货币流通速度是高度易变的，而不是如古典学派所说的是不变的或高

度稳定的。因为，式（2－3）可以写作

$$V=\frac{Py}{M}=\frac{y}{f(y,r)} \tag{2－3A}$$

由于货币需求与利率负相关，当 r 上升时，人们对实际货币余额 $\left(\frac{M}{P}\right)$ 的需求下降，即 $f(y, r)$ 下降，从而货币流通速度 V 加快。也就是说，利率波动必然导致货币流通速度的波动。

在对产品市场的分析上，凯恩斯的创新主要有两点：其一，凯恩斯提出了一个消费函数。消费函数说明，消费支出是当前收入的函数。这就否定了古典学派的关于消费或储蓄都仅仅是利率的函数的假设。其二，凯恩斯提出了资本边际效率表的概念，并把资本边际效率作为投资需求的决定因素。这样，调节投资和储蓄的均衡机制就不是利率而是收入水平。

在古典学派体系中，产品市场、货币市场和劳动市场是相互割裂的，它们之间不存在相互联系。古典体系事实上是由三个亚体系组成的：劳动市场上的供求函数 $N_d\left(\frac{W}{P}\right)=N_s\left(\frac{W}{P}\right)$ 和生产函数 $y=Af(N, K)$ 决定 N、y 和（W/P）；产品市场上的方程式 $I(r)=S(r)$ 决定 I，S 和 r；货币市场上的 $M=kPy$ 则决定价格总水平。因此，在古典体系中，货币市场只决定价格总水平，对产出和就业决定不起作用。在凯恩斯体系中，上述三个市场是相互联系的：y 由产品市场和货币市场共同决定，而这个产出水平又决定实际的就业量。货币市场在凯恩斯体系中非常重要，因为利率由货币市场决定，利率又是决定投资从而决定总需求的重要变量，所以货币市场在决定劳动市场和产品市场均衡方面起着重要的作用。

第三节　新古典综合

新古典综合（neoclassical synthesis）或新古典综合派（neoclassical synthesis school）是指以美国著名经济学家、第二届（1970 年）诺贝尔经济学奖获得者保罗·萨缪尔森（1915 年 5 月 15 日—2009 年 12 月 13 日）为代表的美国凯恩斯主义经济学。萨缪尔森于 1976 年在他的《经济学（第 10 版）》中把“新古典综合”改称为“后凯恩斯主义主流经济学”，在《经济学（第 12 版）》中又把这个学派更名为“现代主流经济学的新综合”。这个学派的主要代表人物还有：美国经济学家阿尔文·汉森（Alvin Harvey Hansen，1887 年 8 月 23 日—1975 年 6 月 6 日），哈里斯（Seymour Edwin Harris，1897 年 9 月 8 日—1974 年 10 月 28 日），詹姆斯·托宾[①]（James Tobin，1918 年 3 月 5 日—2002 年 3 月 11 日），罗伯特·索洛[②]（Robert Solow，1924 年 8 月 23 日—　），莫迪利安尼[③]（Franco Modigliani，1918 年 6 月 18 日—2003 年 9 月 25 日），克莱因[④]

① 1981 年诺贝尔经济学奖得主。
② 1987 年诺贝尔经济学奖得主。
③ 1985 年诺贝尔经济学奖得主
④ 1980 年诺贝尔经济学奖得主。

(Lawrence R. Klein，1920 年 9 月 14 日—2013 年 10 月 20 日)，曾在 1961—1964 年任美国肯尼迪总统经济顾问委员会主席、1965—1969 年和 1974—1977 年两度任美国总统办公室顾问的沃尔特·W. 海勒（Walter W. Heller，1915 年 8 月 27 日—1987 年 6 月 15 日)，1968—1969 年任美国总统经济顾问委员会主席的阿瑟·奥肯（Arthur M. Okun，1928 年 11 月 28 日—1980 年 3 月 23 日)，英国经济学家詹姆斯·米德①(James E. Meade，1907 年 6 月 23 日—1995 年 12 月 22 日)，英国经济学家约翰·希克斯②（John Richard Hicks，1904 年 4 月 8 日—1989 年 5 月 20 日）等。

一、新古典综合产生的背景及其特色

凯恩斯的《通论》主要是一种短期分析，其目的是要找出非自愿失业的原因以及如何使经济走向充分就业。《通论》是一种"萧条经济学"，它关心的是充分就业问题，而不是资源配置问题。因此，有些西方经济学家认为，凯恩斯的理论并不是一种"一般理论"(general theory)，而是一种特殊理论。于是，在《通论》出版的次年（1937 年)，希克斯就试图把凯恩斯的利率理论和古典学派的利率理论综合起来。从 20 世纪 50 年代中期开始，萨缪尔森等人为了使凯恩斯经济学成为既适用于非充分就业情形又适用于充分就业情形的一般理论，决定对凯恩斯经济学施行"手术"，这就是"新古典综合"。

1955 年，保罗·萨缪尔森在他的《经济学（第 3 版）》中首先使用"新古典综合"的说法。他在该书中写道："我们一直是在致力于某种综合性的工作，即把早期的经济学中的和现代的收入决定论中的任何有价值的东西综合起来。这个结果可以称之为新古典综合，它将在广泛范围内为所有的经济学家所接受，除了大约 5%的极左和极右的经济学家以外。"③

萨缪尔森在这里所说的早期的经济学是指以马歇尔为代表的古典经济学，如上所述，这种经济学主要是一种讨论价值论、生产论和分配论、以资源配置为研究对象的微观经济学；现代的收入决定论就是凯恩斯《通论》所论述的理论，这是一种宏观经济理论。所以，简单地说，新古典综合就是把马歇尔的微观经济学和凯恩斯的宏观经济学综合起来，用马歇尔的微观经济学来补充凯恩斯的宏观经济学，从而形成一种从微观到宏观的完整的经济学理论体系。

这种新古典综合可以在凯恩斯的《通论》中找到依据。凯恩斯在《通论》最后一章写下了这样一段话："我们对已被接受的古典学派理论的批评，重点不在于找出它的分析中的逻辑错误，而在于指出，它所暗含的假设条件很少或者从来没有得到满足，其后果为，它不能解决现实世界中的经济问题。然而，如果我们的中央控制机构能够成功地把总产量推进到相当于在现实中可能达到的充分就业水平，那么，从这一点开始，古典学派的理论仍然是正确的。如果我们假设总产量为既定的，即取决于古典学派思想体系以外的力量或因素，那么，我们对古典学派的分析并没有反对意见。我们不反对它所分

① 与瑞典经济学家俄林分享 1977 年诺贝尔经济学奖。

② 1972 年诺贝尔经济学奖得主。

③ Paul A. Samuelson，*Economics*，3rd edition，McGraw-Hill Inc.，1955，p. 212.

析的私人的利己动机如何决定生产何种产品，以何种比例的生产要素进行生产，以及如何把产品的价值在生产要素之间加以分配。”① 萨缪尔森认为，第二次世界大战结束以来，由于采用了凯恩斯的政策主张，美国经济已经实现了充分就业，古典经济学适用的前提条件再度得到满足，因此，需要把马歇尔的微观经济学综合到凯恩斯的宏观经济学中。

萨缪尔森所说的“新古典综合”实际上包含两层意思：一是理论上的综合，即把微观经济学和宏观经济学综合起来。二是政策上的综合，这就是把凯恩斯主张的政府干预和古典学派主张的市场机制调节综合起来。在有效需求不足导致严重失业时，需要政府对经济进行干预，以刺激总需求增加，使经济恢复到充分就业均衡；在经济达到或接近充分就业以后，让市场机制更多地发挥资源配置的作用，让企业和个人的理性最大化行为充分获得张扬。也就是说，在非充分就业以前，让政府这只“看得见的手”发挥更多的作用；在达到充分就业以后，让市场机制这只“看不见的手”发挥更多的作用。

新古典综合与古典经济学和凯恩斯经济学相比，其主要不同之处在于：新古典综合不认为自由放任可以导致充分就业，但是相信，通过斟酌使用的宏观经济政策，充分就业是可以实现的，因而古典学派的理论仍然具有真理性。

正是经过萨缪尔森等人的“综合”，凯恩斯主义最终确立了它在西方经济学中的正统地位，成为标准的经济分析范式和经济学教学内容。

新古典综合可以分为两个阶段：初始的综合和成熟的综合，或第一次综合和第二次综合。在初始的综合阶段，主要有希克斯和汉森等人提出的 *IS—LM* 模型，莫迪利安尼提出的利率与货币的一般理论，最初由菲利普斯（Alban William Phillips，1914 年 11 月 18 日—1975 年 3 月 4 日）提出、后由利普西（Richard George Lipsey，1928 年 8 月 28 日—　）和萨缪尔森等人加以完善的菲利普斯曲线。在成熟的综合阶段，萨缪尔森等人试图把当时主要经济学流派的分析方法和主要观点综合起来，通过构造一个综合性的 *AD—AS* 模型来解释当时盛行的滞胀；克莱因和莫迪利安尼等人开发的一系列数理经济学模型和计量经济学模型；把劳动市场、总量生产函数和 *IS—LM* 模型结合在一起形成的完整的凯恩斯主义模型。

二、*IS—LM* 模型

凯恩斯在《通论》中认为，用投资需求表和储蓄表的交点来决定利率的古典理论是不能得出确切答案的，因为储蓄是收入的函数，储蓄表的位置随着收入水平的变动而变动。凯恩斯认为，利率决定于货币供给表（货币数量）与货币需求表（流动偏好表）的交点。

最先对凯恩斯的利率理论做出反应的是英国牛津大学经济学家希克斯。在《通论》出版的次年，即 1937 年，希克斯在《经济计量学》杂志第 5 卷上发表《凯恩斯先生与古典学派》一文，提出要用 *IS—LL* 分析来修正凯恩斯的利率理论。1949 年和 1953 年，汉森先后出版了《货币学说和财政政策》和《凯恩斯学说指南》两本书，在这两本书中，他把希克斯的 *IS—LL* 分析进一步发展为 *IS—LM* 分析。此外，莫迪利安尼、克莱和帕廷金（Don Patinkin，1922 年 1 月 8 日—1995 年 8 月 7 日）等人也对 *IS—LM* 模型

① ［英］凯恩斯．就业、利息和货币通论（重译本）．北京：商务印书馆，1999：392.

的形成做出过贡献。

(一) 希克斯的 *IS—LL* 模型

希克斯认为，古典经济学的宏观体系可以用三个基本方程式来表示：

$M=KI$，$I_x=C(i)$和 $I_x=S(i,I)$

其中，第一个方程式是剑桥数量方程式，它表示总收入（I）和对货币的需求（M）之间存在某种确定的关系。第二个方程式说明投资数量（对资本的需求，I_x）由利率（i）决定。第三个方程式说明投资等于储蓄，而储蓄（S）又由利率和总收入决定。

古典经济学宏观体系具有如下特征：根据上述第一个方程式，只要给定 K 和 M，I 就会被确定；也就是说，总收入直接由货币数量决定。当货币供给增加时，总收入提高，而收入增加将会增加就业，既会增加消费品生产中的就业，也会增加投资品生产中的就业，只要这两个产业的供给弹性大于零。收入增加对就业的总效应取决于这些产业扩张的速度，这种速度又取决于人们在增加的收入中愿意储蓄的比例；由于这个比例左右着利率，因而使得投资与储蓄同方向变动。

希克斯把凯恩斯经济学体系也概括为以下三个方程式：

$M=L(i)$，$I_x=C(i)$和 $I_x=S(I)$

凯恩斯体系与古典体系有两方面不同：一方面，对货币的需求由利率决定（流动偏好理论）；另一方面，不考虑利率对于既定收入中用作储蓄的数量的影响，储蓄仅仅决定于收入。这是凯恩斯对古典体系的两个修正。希克斯认为，第一个修正——流动偏好理论是至关重要的，第二个修正只是一种简化。因为如果没有第一个修正，即第一个方程式仍然为 $M=KI$，凯恩斯体系的第三个方程 $I_x=S(I)$ 就会被剪掉“翅膀”。其原因是，既然总收入仍然由货币数量决定，投资数量也只由货币数量来决定，因此，如果储蓄意愿或货币数量没有增加，要增加投资是不可能的。

在凯恩斯体系中，货币数量决定利率而不是决定收入；与资本边际效率表相比较的利率决定投资的数量；投资的数量通过乘数决定总收入；然后就业量由投资和收入的数量来决定。

希克斯认为，凯恩斯的货币需求函数决定于利率，古典学派的货币需求函数决定于收入，二者都认为对货币的需求可以由单一的变量来决定。实际上，货币需求函数不是由单一的变量决定的。因为无论怎样强调“投机动机”，“交易动机”也一定起作用。因此，凯恩斯体系的第一个方程式可以修正为：

$M=L(I, i)$

当货币数量一定时，第一个方程式提供了总货币收入（I）和利率（i）之间的关系，由此可以画出一条向上倾斜的 LL 曲线（见图 2－1）。图中纵轴表示的是“货币利率”。这条曲线之所以向上倾斜，是因为收入增加会提高对货币的需求，而利率提高会降低对货币的需求。

希克斯进一步认为，应当承认利率对储蓄的影响，在凯恩斯体系的第三个方程中应当加上利率；说利率是决定投资的唯一变量也是值得怀疑的；因此，凯恩斯体系的第二、三个方程式可以修改为：

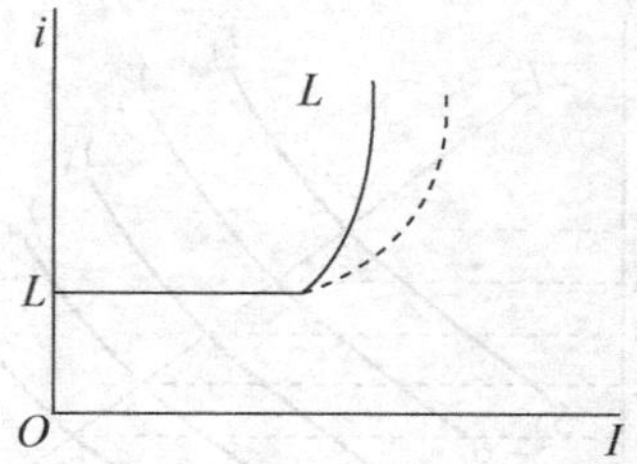

图 2-1 **LL** 曲线

$$I_x=C(I,\ i),\ I_x=S(I,\ i)$$

这样，凯恩斯体系的三个方程式都变成了总收入和利率的函数，而不是单一变量的函数，凯恩斯体系变成了真正的“通论”。

这种一般化了的“通论”可以这样来表述：首先假定存在一个既定的货币总收入；然后根据修正后的凯恩斯体系的第二个方程式画出一条 *CC* 曲线，表示这个既定收入下的资本边际效率表（用货币单位表示）；再画出一条 *SS* 曲线，表示这个既定收入下的储蓄供给曲线。这两条曲线相交将决定使储蓄与投资在这个收入水平下相等的利率。这个利率可以称作“投资的利率”（见图 2-2）。

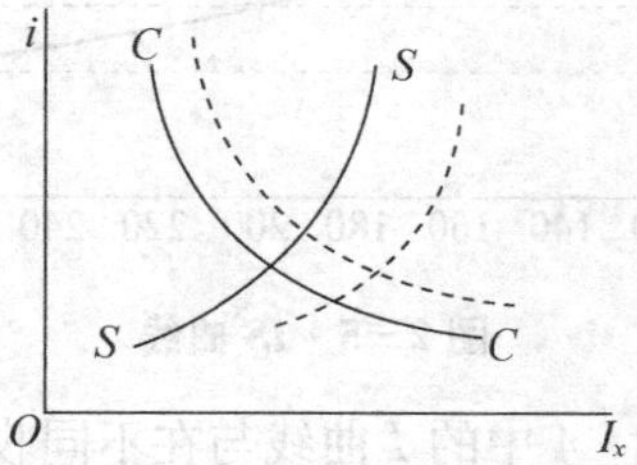

图 2-2 **CC** 曲线与 **SS** 曲线

在图 2-3 中，*IS* 曲线表示收入和相应的投资利率之间的关系，*LL* 曲线表示收入和货币利率之间的关系；总收入和利率现在同时由 *IS* 曲线和 *LL* 曲线的交点（*P* 点）决定。在这一点，投资利率等于货币利率。

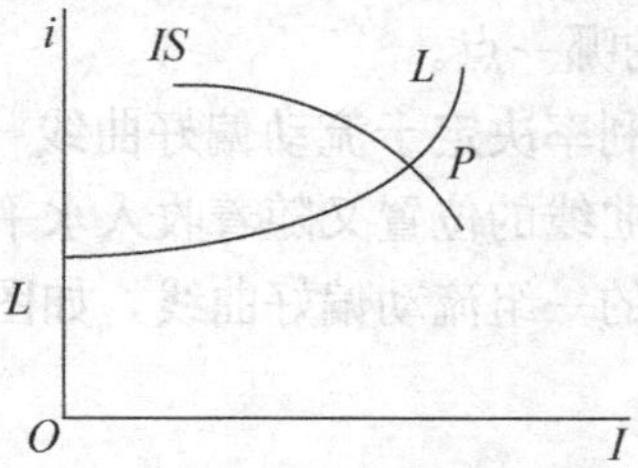

图 2-3 希克斯的 **IS—LL** 模型

（二）汉森的 *IS—LM* 模型

汉森认为，依据古典学派的利率论，利率由投资曲线和储蓄曲线的交点决定。但是，储蓄曲线的位置又随着收入水平的变动而变动。这样就得到在不同的收入水平下的一组（不是一条!）储蓄曲线，如图 2-4 所示。

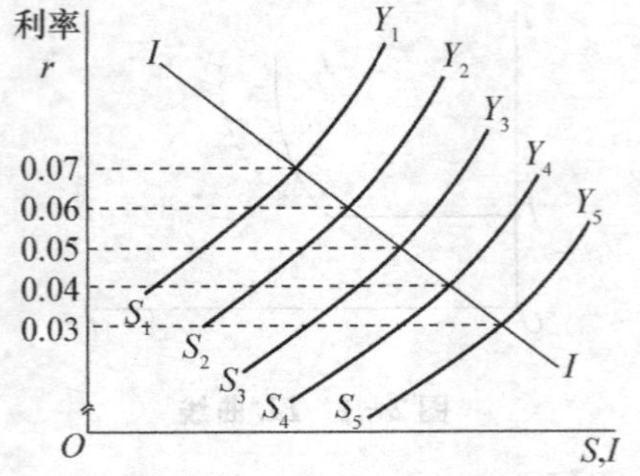

图 2-4　古典学派的利率决定

把这组储蓄曲线与投资需求曲线结合在一起就得到一条投资—储蓄曲线（*IS* 曲线）。*IS* 曲线上的每一点表示投资＝储蓄时，收入 Y 和利率 r 之间的函数关系，如图 2-5 所示。

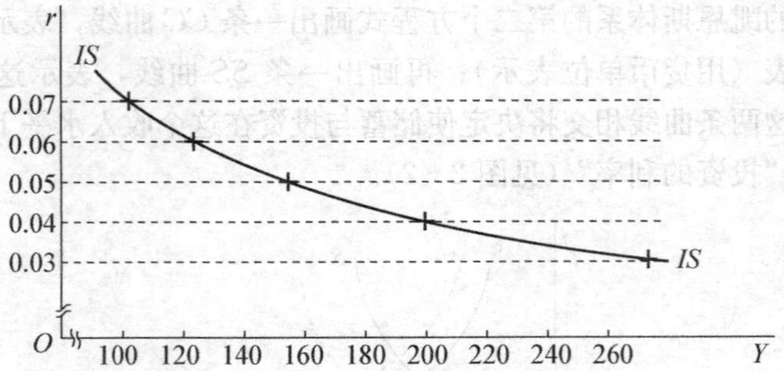

图 2-5　*IS* 曲线

这里的 *IS* 曲线是根据图 2-4 中的 I 曲线与在不同收入水平下的 S 曲线的交点画出来的。*IS* 曲线上的任一点表示，与任一给定的利率相对应的在产品市场上总需求与总供给达到均衡状态的各种国民收入水平。这条曲线上的任一点都表示产品市场处于均衡状态，即 $I=S$，这时 Y 与 r 之间存在一种函数关系。

IS 曲线说明，在不同的利率水平下，国民收入将会有什么样的不同的水平（假定投资需求曲线与一组储蓄曲线为已知），但是它没有说明，利率水平将是多少，即没有说明利率将决定于 *IS* 曲线上的哪一点。

根据凯恩斯的利率学说，利率决定于流动偏好曲线（L 曲线）与货币供给曲线（M 曲线）的交点。但是流动偏好曲线的位置又随着收入水平的变动而变动，因此我们可以得到在各种不同的收入水平下的一组流动偏好曲线，如图 2-6 所示。

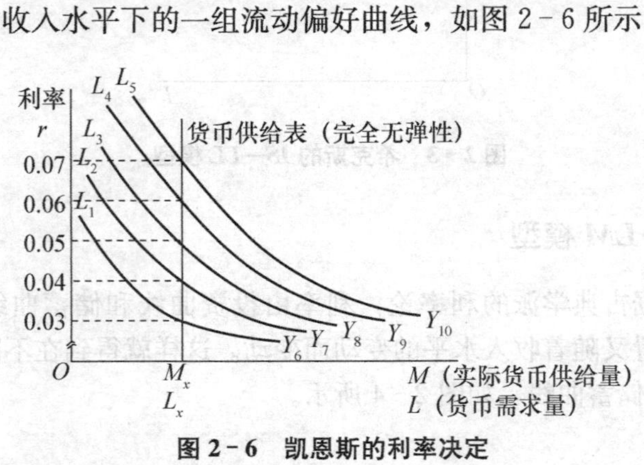

图 2-6　凯恩斯的利率决定

把这组流动偏好曲线与中央银行决定的货币供应量结合起来，就得到一条流动偏好—货币供给曲线，即 LM 曲线。LM 曲线上的每一点表示货币供求相等时，收入 Y 与利率 r 之间的函数关系，如图 2-7 所示。

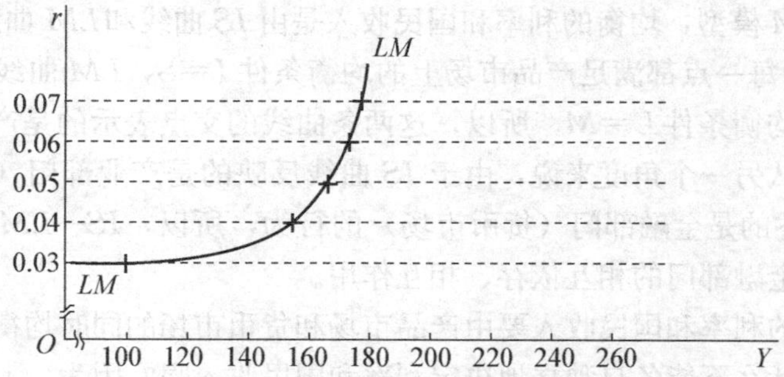

图 2-7 *LM* 曲线

图中的 LM 曲线是根据图 2-6 中的 M 曲线与在不同收入水平下的 L 曲线的交点绘出的。在 LM 曲线上的任一点，对货币的需求等于货币供给，即 $L=M$，这时，有一个 r，就有一个 Y 与之相对应，即 Y 与 r 之间存在一种函数关系。

LM 曲线说明在不同的收入水平下将会有什么样的利率水平（假定货币数量和一组流动偏好曲线为已知）。但是它也没有说明，利率水平决定于 LM 曲线上的哪一点，利率究竟是多少。

汉森认为，依据凯恩斯的利率论所使用的分析方法，他的利率论也不能得出确切的答案，因为流动偏好是收入和利率的函数，流动偏好表将随着收入水平的变动而变动。因此，只有把古典学派的储蓄—投资均衡（$S=I$）决定利率的理论与凯恩斯的货币需求—货币供给均衡（$L=M$）决定利率的理论综合起来，才能得出一种恰当的利率学说。

标准的 IS—LM 图形如图 2-8 所示。

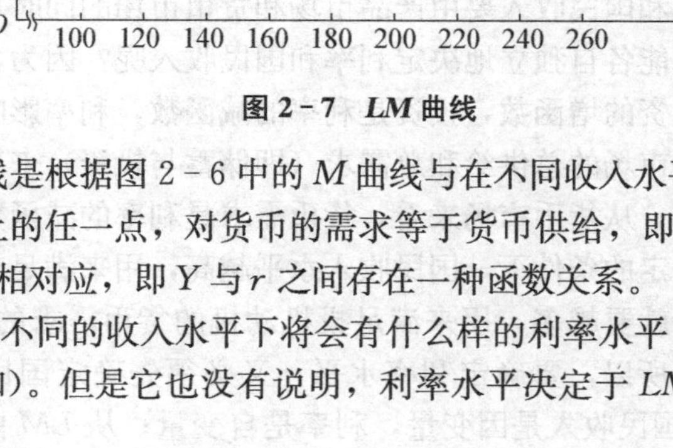

图 2-8 *IS—LM* 模型

在图 2-8 中，IS 曲线是在经济社会的投资行为和储蓄行为（或消费行为）一定的情况下，使 $S=I$ 的利率与国民收入的各种组合的点的轨迹；IS 曲线向右下方倾斜表示利率（r）和国民收入（Y）之间存在反方向变化的关系。因为在其他条件不变（例如资本边际效率一定）时，利率越高，投资数量越少，从而国民收入水平越低。LM 曲线是在经济社会的货币供给和货币需求行为一定的情况下，使 $M=L$ 的利率与国民收入的各种组合的点的轨迹；LM 曲线向右上方倾斜表示利率和国民收入之间存在同方向变化的关系。因为在其他条件不变（例如货币供应量一定）时，利率越低，出于投机动机的货币需求就越多，用来满足出于交易动机和谨慎（或预防）动机的货币需求的货币数量就越少，从而国民收入水平就越低。

根据 *IS—LM* 模型，均衡的利率和国民收入是由 *IS* 曲线和 *LM* 曲线的交点决定的。由于 *IS* 曲线上的每一点都满足产品市场上的均衡条件 $I=S$，*LM* 曲线上的每一点都满足货币市场上的均衡条件 $L=M$，所以，这两条曲线的交点表示的是产品市场与货币市场的一般均衡。从另一个角度来说，由于 *IS* 曲线反映的是产业部门（产品市场）的行为，*LM* 曲线描述的是金融部门（货币市场）的行为，所以，*IS—LM* 模型又可以用来分析产业部门与金融部门的相互依存、相互作用。

为什么均衡的利率和国民收入要由产品市场和货币市场的同时均衡来决定？产品市场或货币市场为什么不能各自独立地决定利率和国民收入呢？因为，一方面，从产品市场来看，国民收入是投资的增函数，投资是利率的减函数，利率影响投资从而影响国民收入，所以，要由产品市场的总供给和总需求（即储蓄与投资）来决定国民收入，必须先确定利率。另一方面，从货币市场来看，货币需求是利率的减函数，是国民收入的增函数，在货币供应量一定的条件下，国民收入水平越高，用来满足交易动机和谨慎动机的货币需求的货币数量就要越多，用来满足投机动机的货币需求的货币数量就会越少，因而利率水平就越高，所以，要确定利率水平，又必须先确定国民收入水平。简单地说，从 *IS* 曲线来看，国民收入是因变量，利率是自变量；从 *LM* 曲线来看，利率是因变量，而国民收入是自变量。*IS—LM* 模型说明，均衡的利率和均衡的国民收入是在产品市场与货币市场的相互作用下共同被决定的。

如果令：

投资函数：$I=I(r)$ (2-5)

储蓄函数：$S=S(Y)$ (2-6)

消费函数：$C=C(Y)=a+bY$ (2-7)

式中，a 和 b 分别为基本消费和边际消费倾向。

货币供给：$\frac{M}{P}=m=m_1+m_2$ (2-8)

式中，M 为名义货币余额；P 为价格总水平；m 为实际货币余额；m_1 为满足出于交易动机和谨慎动机的货币需求的货币数量；m_2 为满足出于投机动机的货币需求的货币数量。

货币需求函数：$L=L_1(Y)+L_2(r)$ (2-9)

那么，产品市场的均衡条件是：

$$I(r)=S(Y)$$

或 $Y=\frac{a+I(r)}{1-b}$ (2-10)

货币市场的均衡条件是：

$$\frac{M}{P}=L_1(Y)+L_2(r) \tag{2-11}$$

对式（2-10）和式（2-11）联立求解，得到的 r 和 Y 值即为产品市场和货币市场同时达到均衡时的利率和国民收入水平。

IS—LM 模型的意义在于，形成了利率（决定）的一般理论，打破了古典二分法，把凯恩斯的局部均衡分析发展为一般均衡分析。它不但成为传播凯恩斯思想的工具和宏观经济学的主要分析工具，而且成为新古典综合派经济政策主张的主要理论根据。这个模型是对凯恩斯的收入决定论的重要补充和修正。它可以用来分析产品市场和货币市场失衡的原因以及经济如何由失衡走向均衡，可以用来分析财政政策调整（移动 *IS* 曲线）和货币政策调整（移动 *LM* 曲线）对利率和国民收入水平的影响，还可以用来分析财政政策和货币政策的效果。20 世纪下半期的大多数计量经济学模型都是以 *IS—LM* 模型为基础建立起来的。凯恩斯主义者和货币主义者都接受这个模型。因此，*IS—LM* 一度被称作宏观经济学中的“标准模型”。

在《通论》中，凯恩斯强调财政政策的重要性，把货币政策的作用降到次要地位；现在根据 *IS—LM* 模型，财政政策和货币政策对于调节宏观经济运行来说同样重要，政府进行需求管理需要这两种政策相互配合和协调。

IS—LM 模型存在的局限性主要有：（1）*IS* 曲线是不同流量均衡的轨迹，它是一个时期概念；而 *LM* 曲线表示不同存量的均衡，它是一个时点概念。如果 *IS* 曲线与 *LM* 曲线相交，意味着在某个时期内，存量均衡始终存在。但是，如果存量均衡可以维持一整个时期，不确定性似乎就不存在了，基于投机动机的流动偏好似乎就大大减弱了。在 *IS—LM* 模型中，我们已经看不出凯恩斯在《通论》中反复强调的“不确定性”。（2）*IS* 曲线与 *LM* 曲线的移动是由名义冲击引起的还是由实际冲击引起的，在 *IS—LM* 模型中是含糊不清的。（3）根据 *IS—LM* 模型得出的产品市场和货币市场的一般均衡是短期均衡，但是，这种均衡是完全信息条件下的均衡，还是不完全信息条件下的均衡，这一点并不清楚。①

三、莫迪利安尼的利率与货币的一般理论

1944 年 1 月，莫迪利安尼在《计量经济学丛刊》第 12 卷第 1 期上发表《流动偏好及利息与货币理论》一文。这篇文章试图在以批判的眼光重新考察凯恩斯的利率和货币理论与古典学派的利率和货币理论的基础上，把这两种理论综合起来，以便最终建立一种利率与货币的更一般的理论。

莫迪利安尼分析的出发点是下列一组描述宏观经济体系的方程式：

$$M=L(r, Y) \tag{2-12}$$

$$I=I(r, Y) \tag{2-13}$$

$$S=S(r, Y) \tag{2-14}$$

$$S=I \tag{2-15}$$

$$Y\equiv Py \tag{2-16}$$

$$y=y(N) \tag{2-17}$$

$$W=y'(N)P \tag{2-18}$$

① 西方经济学家对 *IS—LM* 模型的批评、修改和发展请参见方福前. *IS—LM* 模型的发展. 教学与研究，2004（8）。

式中，Y 为货币收入；M 为经济体系中的货币数量（视为既定的）；r 为利率；S 和 I 分别为储蓄和投资（以货币计算）；P 为价格水平；N 为总就业量；W 为货币工资率；y 为实际产出。此外，把以货币计算的消费 C 定义为下面的恒等式：

$$C \equiv Y - I \tag{2-19}$$

由于恒等式（2-16）可以看作是货币收入的定义，这样，在这个方程式体系中有 8 个未知数，但只有 7 个方程，还缺少一个描述工资率和劳动供给之间关系的关系式。莫迪利安尼认为，这个关系式在凯恩斯体系和古典体系中有很大差别。

在古典体系中，假定劳动的供给者的行为是理性的，劳动的供给取决于实际工资率。即古典体系中这个最后的方程式有如下的形式：

$$N = F\left(\frac{W}{P}\right)\text{或逆函数形式：}W = F^{-1}(N)P \tag{2-20A}$$

函数 F 虽然不一定单调上升，却是一个连续函数。

凯恩斯体系中的最后一个方程可以写成如下形式：

$$W = \alpha w_0 + \beta F^{-1}(N)P \tag{2-20}$$

式中，w_0 为历史上流行的货币工资率；α 和 β 为具有如下性质的两个参数：

$$\begin{aligned}&\text{当 } N \leqslant N_0 \text{ 时，}\alpha = 1, \beta = 0\\&\text{当 } N > N_0 \text{ 时，}\alpha = 0, \beta = 1\end{aligned} \tag{2-21}$$

式中，N_0 为凯恩斯定义的“充分就业”的就业量。式（2-21）表明，当就业量小于充分就业时，劳动供给对历史上流行的货币工资率有完全弹性，这时工资率并不真正是这个模型体系中的一个变量；当达到充分就业时，$W = w_0$；在达到充分就业以后，劳动供给就不再有完全弹性，这时候如果货币工资不比价格水平上升得更快，劳动的供给就不会增加，只有在这种情况下 W 才是这个体系决定的一个变量。

式（2-20）也可以当作古典学派的劳动供给函数来使用。对于古典体系来说，对于所有 N 值，有恒等式

$$\alpha \equiv 0, \beta \equiv 1 \tag{2-22}$$

根据货币数量论，对货币的需求并不依赖于利率，而是随着货币收入的变化作同方向变化。按照这个假定，方程式（2-12）可以简化为

$$M = kY \tag{2-12A}$$

上述 11 个方程和假设条件给出了三个不同的经济学体系：

1. 凯恩斯体系

由方程（2-12）到（2-18）和（2-20）以及条件（2-21）组成。即

$$M = L(r, Y) \tag{2-12}$$

$$I = I(r, Y) \tag{2-13}$$

$$S = S(r, Y) \tag{2-14}$$

$$S = I \tag{2-15}$$

$$Y \equiv Py \tag{2-16}$$

$$y = y(N) \tag{2-17}$$
$$W = y'(N)P \tag{2-18}$$
$$W = \alpha w_0 + \beta F^{-1}(N)P \tag{2-20}$$
$$\text{当 } N \leqslant N_0 \text{ 时}, \alpha = 1, \beta = 0$$
$$\text{当 } N > N_0 \text{ 时}, \alpha = 0, \beta = 1 \tag{2-21}$$

2. 原始的古典体系

由方程（2-12A）、（2-13）到（2-18）和（2-20）以及恒等式（2-22）组成。即

$$M = kY \tag{2-12A}$$
$$I = I(r, Y) \tag{2-13}$$
$$S = S(r, Y) \tag{2-14}$$
$$S = I \tag{2-15}$$
$$Y \equiv Py \tag{2-16}$$
$$y = y(N) \tag{2-17}$$
$$W = y'(N)P \tag{2-18}$$
$$W = \alpha w_0 + \beta F^{-1}(N)P \tag{2-20}$$
$$\alpha \equiv 0, \beta \equiv 1 \tag{2-22}$$

3. 广义的古典体系

由方程（2-12）到（2-18）和（2-20）以及恒等式（2-22）组成。即

$$M = L(r, Y) \tag{2-12}$$
$$I = I(r, Y) \tag{2-13}$$
$$S = S(r, Y) \tag{2-14}$$
$$S = I \tag{2-15}$$
$$Y \equiv Py \tag{2-16}$$
$$y = y(N) \tag{2-17}$$
$$W = y'(N)P \tag{2-18}$$
$$W = \alpha w_0 + \beta F^{-1}(N)P \tag{2-20}$$
$$\alpha \equiv 0, \beta \equiv 1 \tag{2-22}$$

在凯恩斯体系中，前4个方程有4个未知数，它们构成一个有解的货币均衡体系。这是这个体系的第一部分。其中式（2-12）给出了一条LL曲线，式（2-13）和（2-14）以及均衡条件（2-15）给出了一条IS曲线。[①] 其中LL曲线上的任何一点均表示持有的货币存量的供求均衡，IS曲线上的任何一点均表示金融市场上现金的流入（储蓄流量）和流出（借债即投资流量）相等并且在时间上保持不变。

从动态或时期的观点来看，LL曲线上的每一点表示金融（货币）市场的短期均衡条件——可以决定每个时期的利率，因为货币市场的短期均衡是可以立即付诸实现的决策的结果。IS曲线上的每一点表示金融市场的长期均衡条件，因为“$S=I$”是指t期

① 由于$\partial S/\partial r$通常被认为是较小的而且是符号未定的，所以可以从储蓄函数中略去r。

的投资等于（$t-1$）期的可支配收入所提供的储蓄。因此，当 LL 曲线与 IS 曲线相交时，表明金融市场的短期均衡条件和长期均衡条件均得到满足，这时就得到均衡的利率和均衡的国民收入。

莫迪利安尼认为，只要货币供给是无弹性的，IS—LL 模型必定至少有一个稳定解。① 因为这时 LL 曲线终究要变成与横轴垂直，于是它的斜率必定变得大于 IS 曲线的斜率。

方程（2－16）、（2－17）和（2－18）构成了凯恩斯体系的第二部分，它们解释了是什么力量决定着这个体系中的实际变量：实际产出、就业和实际工资率。

在这个体系的第二部分，最为重要的方程是（2－18），它给出了生产的均衡条件，即生产将扩大到这样一点：既定的工资率等于劳动的边际净产值。凯恩斯认为，由这个均衡条件决定的就业一般来说不是充分就业，而是就业不足均衡。

那么，凯恩斯的这个结论或认识是根据什么得到的？

莫迪利安尼认为，除了一种极限情况以外，“这个结论完全是由于工资刚性假设，而不是由于凯恩斯的流动偏好造成的”②。因为货币工资刚性的经济体系具有这样的性质：实际变量的均衡值基本上决定于金融条件而不决定于实际因素（如现有设备的数量与效率，对劳动与闲暇的相对偏好，等等）。货币条件是决定货币收入的充分条件，而且在固定工资和既定的技术条件下，对每一货币收入水平，都有一个确定的均衡就业水平与之对应。这一均衡就业水平除了偶然的机会外没有与充分就业相重合的趋势，这是因为不存在保证这种重合的任何经济机制。这就出现了凯恩斯所说的“非自愿失业”。在自由资本主义经济中，生产是受价格而不是受愿望支配的，而且由于货币工资率的刚性，这种愿望不会变成一种经济刺激。

莫迪利安尼又认为，在通常的情况下，不能用投资不足来解释就业不足。“投资的缺乏作为解释小于充分就业均衡的理由，仅在‘凯恩斯情形’中才是充分的，而这种情形是例外而不是规律。”③

莫迪利安尼的理由是：就业水平和投资水平一同下降是事实，但是投资水平下降并不是就业水平下降的原因。实际情况是，低投资和低就业都是由同一个原因——货币量与工资率之间的关系失调——造成的结果。如果货币工资率相对于货币量来说太高，把就业扩大到充分就业水平就不能获利。“事实上，对每一就业与收入水平，相应地有一个消费品生产和投资品生产之间的由社会的储蓄模式决定的就业分配。因此，当总就业水平低落时，投资水平和消费水平将同时下降。于是，投资水平低是因为就业水平低，而不是反过来。”④ 由此得出的政策结论是：要扩大就业，真正需要的是增加货币量，而不一定是增加投资倾向或干预消费倾向。

古典学派认为利率由储蓄与投资相均衡决定，而凯恩斯认为利率由货币的供给与对货币的需求相均衡决定。那么，利率究竟由什么决定呢？莫迪利安尼的回答是：短期利率由货币供给和对货币的需求相均衡决定，长期利率由储蓄和投资相均

① IS—LL 模型的稳定性要求 IS 曲线的斜率小于 LL 曲线的斜率。LL 曲线的斜率不能为负数。

② 莫迪利安尼文萃. 北京：首都经济贸易大学出版社，2001：24.

③ 同②36.

④ 同②36-37.

衡决定。

但是，要建立一个利率与货币的一般理论，还必须解释是什么因素决定长期的均衡利率。这个问题的答案取决于劳动供给曲线形式的假设。因此，这个答案不是唯一的，而可能有下列三种情况：

(1) 如果货币工资是弹性的，长期均衡利率就完全由实际因素决定，即基本上由储蓄倾向和投资边际效率决定。

(2) 如果货币工资是刚性的，上述说法仍然可以成立，只是情况变得更为复杂。因为消费倾向和投资倾向还取决于货币收入，因而也取决于常备货币量，而后者又反过来取决于利率水平。因此，除非货币工资和货币供给有完全弹性，否则，长期均衡利率还要取决于货币数量，并且，这种利率和货币收入一同由前面的模型体系中的方程（2-12)、(2-13) 和 (2-14) 来决定。在一个工资刚性的经济体系中，不但利率而且几乎每一个经济变量都同货币数量有关。

(3) 在凯恩斯情形中，长期均衡利率就是使得货币持有的需求变成有无限弹性的利率。这种利率完全由制度因素决定。

以上就是莫迪利安尼提出的利率与货币的一般理论。

我们认为，莫迪利安尼的这个理论是在以下几层意义上的综合。

(1) 凯恩斯的宏观经济分析与古典学派的理性分析的综合。

在这篇论文中，莫迪利安尼一方面强调单个消费者和生产者的决策是理性的，承认标准的微观经济学关于理性人的假设是正确的；另一方面强调要把古典经济学的理性人假设和《通论》中的宏观分析综合起来。

(2) 长期分析与短期分析的综合。

根据莫迪利安尼的分析，古典学派的利率理论是一种长期理论，凯恩斯的利率理论是一种短期理论。要得到一个完整的利率与货币理论，必须把长期利率的决定因素和短期利率的决定因素的分析综合起来。

(3) 金融（货币）分析与实物分析的综合。

莫迪利安尼认为，短期利率可以由货币市场上的供求状况来解释，但是长期利率则要由储蓄倾向和投资边际效率这些更基本的心理和技术因素来解释。

四、完整的凯恩斯主义模型

这里所说的完整的凯恩斯主义模型是指新古典综合派经济学家根据凯恩斯理论提出来的对产品市场、货币市场和劳动市场分析的综合。这种综合不但可以看清楚宏观经济中这三个市场之间相互依存、相互影响的关系，而且可以进一步了解《通论》的“革命”性结论——“经济均衡与非充分就业是可以相容的”是如何得到的。

完整的凯恩斯主义模型可以用图 2-9 来表示。

在图 2-9 中，图 (a) 的 *IS* 曲线和 *LM* 曲线分别表示产品市场和货币市场的均衡条件，由这两条曲线可以求出一条总需求曲线；图 (b) 是一条生产函数曲线，由它可以求出一条对劳动的需求曲线；图 (c) 是劳动市场上的供求函数；由图 (b) 和图 (c) 可以求出一条总供给曲线，这条曲线表示，在现有的技术和实际工资水平下企业界全体

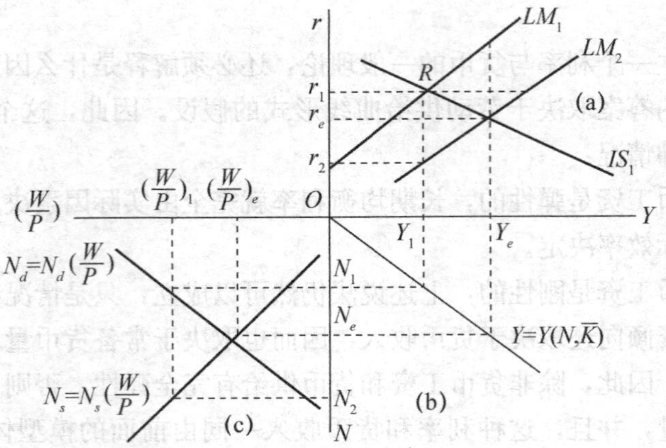

图 2-9　完整的凯恩斯主义模型

计划（或愿意）提供的总供给水平。当实际工资为$\left(\frac{W}{P}\right)_e$时，充分就业的产出水平为$Y_e$，相应的就业量是$N_e$，但是产品市场和货币市场的一般均衡决定的实际产出水平是Y_1，均衡的（或实际的）就业量是N_1，非自愿失业量为N_e-N_1。这时产品市场和货币市场是均衡的，但劳动市场是非均衡的。

在存在非自愿失业时，经济能否有走向充分就业的趋势？对这个问题，古典学派与新古典综合派的看法是不同的。

（一）凯恩斯效应

所谓“凯恩斯效应”（Keynes effect）是指价格水平的变化通过利率的变化所引起的投资支出变化的效果。凯恩斯在《通论》第 19 章“货币工资的改变”中有过这样的表述：价格水平的下降将导致利率降低，从而使投资增加、总需求增加。这意味着，如果价格是有弹性的，在完整的凯恩斯主义模型中，经济有自动走向充分就业的趋势。

凯恩斯效应所包含的逻辑关系是：(1) 个人对他持有的货币余额与他花在商品和服务上的支出之间存在一种合意的关系。(2) 价格下降将使他持有的货币量的实际价值提高，即同量的货币可以购买到更多的商品和服务。(3) 因此，实际余额与支出之间的合意关系就被打破，个人有了超额的流动资产供给。(4) 个人将愿意把这部分超额流动资产贷放出去。(5) 借贷市场上资金供给增加将降低利率。(6) 随着利率的降低，私人投资将会扩大，总需求随之增加。

在图 2-9 中，价格水平下降将使个人减少对活动余额的需求，LM 曲线将向右移动（由 LM_1 移动到 LM_2），从而出现当前利率水平下的超额货币供给。由此会产生对债券的超额需求，使债券价格提高，结果使利率降低，直至这部分超额货币供给被全部吸收为投机余额或闲置余额为止。由于利率下降会刺激私人投资，投资沿着现行的 IS 曲线右移，从而使总需求增加，总产量和就业量分别达到充分就业的水平（分别为 Y_e 和 N_e）。

但是，新古典综合派认为，以下两个条件使得凯恩斯效应并不能保证经济由非充分就业自动走向充分就业：(1) 产品市场上存在缺乏利率弹性或完全无利率弹性的投资边际效率表；或（2）货币市场上存在无限弹性的流动偏好表。

在图 2-9 中，投资的边际效率表越是缺乏利率弹性，IS 曲线的斜率就越大；投资的边际效率表完全无弹性时，IS 曲线就垂直于横轴（即 IS 曲线就变成一条经过 Y_1 的垂直线）。这时候劳动市场存在的非自愿失业虽然会压低货币工资，但是货币工资下降最终会引起价格水平同比例下降，从而使实际工资保持不变，这样，即便价格下降使得 LM_1 曲线移动到 LM_2（凯恩斯效应），但是由于 IS 曲线垂直于 Y_1，投资支出从而总需求对利率的降低（例如降低到 r_2）没有反应，产出和就业仍然维持在 Y_1 和 N_1。即便 IS 曲线不是垂直线，只要 IS 曲线的斜率很大，它在 Y_e 的左边与右移后的 LM 曲线相交，凯恩斯效应就仍然不能保证经济恢复到充分就业均衡。

当流动偏好函数有无限弹性即 LM 曲线变成水平线时，意味着人们将乐意以闲置余额的方式持有由价格下降所增加的实际余额，而不会用这些余额去购买债券。因为在较低的利率水平上，人们预期利率在不久的将来会上升，债券价格将下跌，出于持有债券将遭受资本损失的恐惧心理，人们不愿意持有债券而是大量持有货币。这就导致利率不会进一步下降，凯恩斯效应不起作用。

（二）庇古效应

庇古认为①，消费者的消费支出会对价格的变化做出反应。当消费者保有的财富数量一定时，价格下跌使他财富的实际价值增加，他因此会增加消费。这种价格下跌会通过实际财富的增加来刺激消费的效果被称作庇古效应（Pigou effect）。

庇古效应的基本思路是：（1）个人储蓄是为了获得某种指标水平的财富。（2）衡量财富的适当手段是财富的实际价值，所以财富水平与价格水平呈反方向变动。（3）实际财富与消费支出之间存在直接的同方向变动关系。因此，当价格水平下降时，个人持有的财富的实际价值会增加，这会导致个人增加在商品和服务上的消费支出。

当存在庇古效应时，消费函数可以写作：

$$C=a+bY+f\left(\frac{W}{P}\right) \tag{2-23}$$

式中，Y 为当期的可支配货币收入；W 为货币工资或个人拥有的财富数量；P 为价格水平；a，b 分别为大于零的两个参数。

相应地，计划支出函数或总需求函数可以表示为收入、利率和实际财富的函数②：

$$E=C\left(Y,\frac{W}{P}\right)+I(r)$$

$$\frac{\mathrm{d}E}{\mathrm{d}\left(\frac{W}{P}\right)}>0 \tag{2-24}$$

式中，I 和 r 分别为自发（主）投资和利率。

因此，当存在庇古效应时，价格水平下降会引起消费函数和支出函数移动，从而使 IS 曲线向右移动。IS 曲线不断右移将使经济达到充分就业位置，如图 2-10 所示。古

① A. C. Pigou, “The Classical Stationary State,” *Economic Journal*, December 1943.

② 注意，在简单的凯恩斯主义模型中，计划支出仅仅是收入和利率的函数，即 $E=C(Y)+I(r)$。

典经济学家相信，只要价格能不断降低，庇古效应就会推动 IS 曲线右移，因而可以摆脱凯恩斯陷阱，达到充分就业均衡。

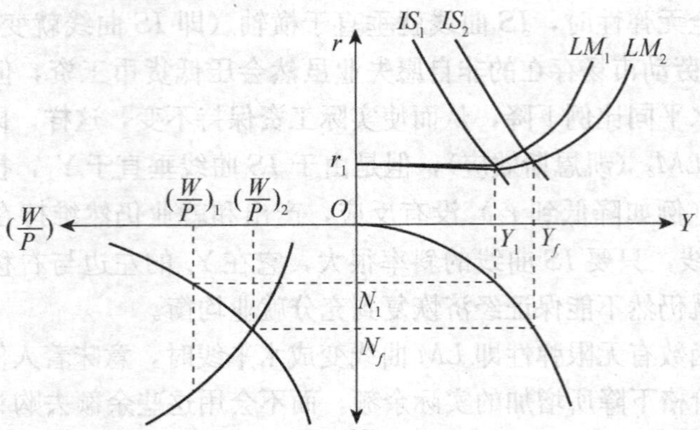

图 2-10　庇古效应

这里要注意的是，凯恩斯效应和庇古效应都假定价格水平变化会通过财富效应引起总需求变化。所谓财富效应（wealth effect）是指财富积累与支出流量之间的关系——个人财富增加将引起支出增加。不过，凯恩斯效应以债券市场上的财富效应为基础，庇古效应以产品市场上的财富效应为基础。凯恩斯效应导致 LM 曲线向右移动，庇古效应导致 IS 曲线向右移动。

凯恩斯主义者认为，由于价格下降会打击商业信心，使得个人预期悲观；以庇古效应为基础的经济调整可能有较长的时滞，并且庇古效应的力度可能不足以把 IS 曲线推进到充分就业水平上与 LM 曲线相交。所以，不能仅仅依靠庇古效应来作为实现充分就业的均衡机制。庇古本人后来也承认，他一直认为他的关于财富效应的分析“是学术上的演习，对澄清思想或许略有用处，但是很少有机会把它放在实际生活的棋盘上来应用”①。

（三）实际余额效应

帕廷金曾经在他的《货币、利息与价格》（1965 年）一书中表达过这样的思想：当人们手头持有的货币量（M）一定时，价格下降将使得实际余额$\left(\frac{M}{P}\right)$增加，而实际余额增加既刺激人们增加在商品和服务上的消费支出，也使得人们增加对债券的购买，后者又将使利率降低，利率降低将刺激私人投资增加。这种价格下降引起消费和投资双向增加的效果称作实际余额效应（real balance effect）。

因此，实际余额效应既包括了凯恩斯效应，也包括了庇古效应。根据实际余额效应，价格下降一方面会使得 LM 曲线右移，另一方面会引起 IS 曲线右移，这两条曲线的同时移动将使得总需求达到充分就业水平。

帕廷金试图证明，除非货币工资和价格不能向下调整（刚性的），否则经济会稳定在充分就业位置上。但是，凯恩斯主义者坚持认为，实际余额效应不足以保证经济达到

① A. C. Pigou, “Economic Progress in a Stable Environment,” *Economica*, August 1947.

充分就业，就像凯恩斯效应或庇古效应不能做到这一点一样。

（四）新古典综合体系概要

新古典综合派的宏观经济学体系可以用下列 4 个方程式组成的模型来表示。

生产函数：$Y=f(N,\overline{K})$ (2-25)

劳动市场：$N_d\left(\frac{W}{P}\right)=N_s\left(\frac{W}{P}\right)$ (2-26)

货币市场：$\frac{\overline{M}}{P}=L(r,Y)$ (2-27)

产品市场：$I(r)=S(r, Y, W)$ (2-28)

与凯恩斯体系相比，新古典综合体系的主要特色是它不但把消费或储蓄看作是收入的函数，而且看作是利率和实际财富的函数，如式（2-28）所示；并且货币需求函数具有更为一般的形式：对实际余额的需求是利率和国民收入的函数，如式（2-27）所示。

在下列假设条件下，新古典综合体系有自动达到充分就业的趋势：

(1) 经济当事人没有货币幻觉；

(2) 包括货币工资率和利率在内的各种价格都是富有弹性的；

(3) 经济当事人的预期是静态预期，或价格预期是单位弹性的（即预期将来的价格变化率与当前的价格变化率相同）。

当抽掉上述一个或几个假设条件时，这个模型就可以得出凯恩斯体系的结论。例如，如果货币工资率和（或）利率是黏性的，或者经济当事人的价格预期不是单位弹性的，而是完全无弹性的（在这种情况下，货币市场上将出现流动偏好陷阱），经济将处在小于充分就业的均衡位置。

因此，新古典综合体系把古典情形和凯恩斯情形综合在一个体系中。

五、菲利普斯曲线

1958 年，当时在伦敦经济学院做访问学者的新西兰工程师菲利普斯在《经济学丛刊》第 25 卷上发表《1861—1957 年联合王国货币工资变化率与失业之间的关系》一文，该文根据历史统计资料，测算了 1861—1957 年英国失业率与货币工资率之间的变化关系，从中得出一条值得注意的规律：失业和货币工资膨胀率之间存在一种反方向变化的稳定关系，或者说，就业量增加（失业率减少）时，货币工资率提高。这种关系可以用图 2-11 来表示。

菲利普斯在这篇文章中认为，在英国，1861—1913 年间，货币工资率可以向上、向下灵活变动，可以在失业率为 5%的地方找到失业率和货币工资变化率之间的交替关系的回归曲线。

菲利普斯这篇文章的结论是反传统的。因为根据古典学派的理论，劳动的供给和需求都是随着实际工资的变化而变化；货币工资或名义工资如果随着价格总水平的变化而作同方向变化，就不会影响实际工资，因此，货币工资率变化与就业量（或失业率）之间就没有什么特殊的关系。但是，现在菲利普斯根据经验研究发现了这两者之间确实存

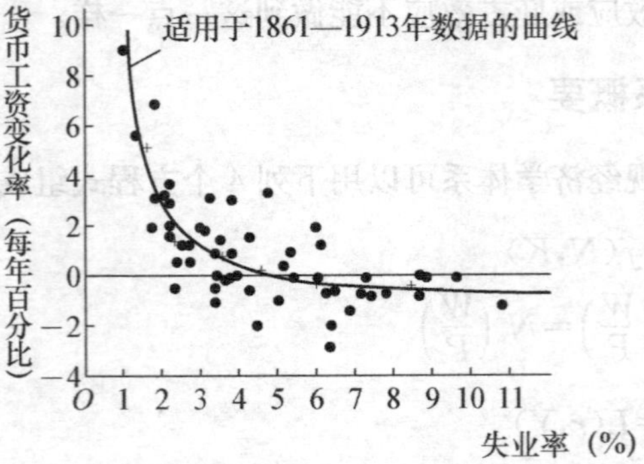

图 2-11　原始的菲利普斯曲线

在一种特殊的关系。

1960 年，利普西在《经济学丛刊》第 27 卷上发表《1862—1957 年英国货币工资变化率与失业之间的关系：进一步分析》一文，进一步肯定了菲利普斯所发现的关系的存在。并且这篇文章通过说明货币工资率也会对已被人们接受了的通货膨胀率产生反应，从而使菲利普斯曲线具有了一般意义。也是在 1960 年，萨缪尔森和索洛在《美国经济评论》第 50 卷上联合发表《反通货膨胀政策分析》一文，认为如果把产品价格超过工资成本的剩余部分（毛利润）看作是大体不变的，价格的变化率（通货膨胀率）就是货币工资变化率的函数，从而也是失业率的函数。并且他们把这种函数关系命名为“菲利普斯曲线”①，如图 2-12 所示。

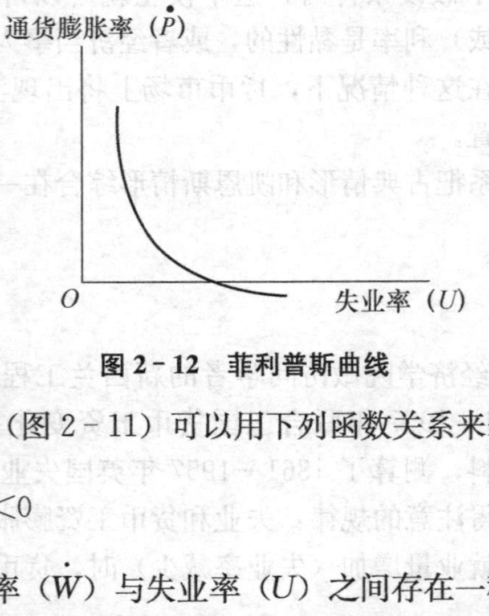

图 2-12　菲利普斯曲线

原始的菲利普斯曲线（图 2-11）可以用下列函数关系来表示：

$$\dot{W}=\dot{W}(U),\ \dot{W}'<0 \tag{2-29}$$

这说明货币工资变化率（$\dot{W}$）与失业率（U）之间存在一种反方向变化的关系。

令劳动生产率的增长率为 π，价格增长率应当等于货币工资增长率减去劳动生产率的增长率，于是，由利普西、萨缪尔森等人改造的菲利普斯曲线（图 2-12）又可以写作：

$$\dot{P}=\dot{W}(U)-\pi \tag{2-30}$$

① 也有的西方学者把这条曲线称作“菲利普斯-利普西曲线”。

由于货币工资变化率（$\dot{W}$）与失业率（U）之间存在一种反方向变化的关系，所以，通货膨胀率（$\dot{P}$）和失业率之间也存在一种反方向变化的关系。

萨缪尔森和索洛用20世纪30年代大萧条以后的25年间美国的经验数据验证了式（2-30）所描述的通货膨胀率和失业率之间的反方向变化关系的存在，并建议把这种关系作为美国政府进行政策选择的参考依据。

菲利普斯曲线提出了一个有关总供给的观点：劳动生产率增长率＝货币工资增长率－物价增长率。由于通货膨胀率和失业率之间存在反方向变化的关系，这表明总产出的增加使失业率下降，而失业率下降将导致货币工资率和价格总水平上升，因此，总供给曲线是向右上方倾斜的；当劳动市场上出现非自愿失业时，货币工资率会下降从而生产成本会下降，总供给曲线将右移。

菲利普斯曲线是继 *IS—LM* 模型之后添加到凯恩斯主义宏观经济学中的一个重要的分析工具。自萨缪尔森和索洛把它引入宏观经济学以后，到20世纪70年代中期以前，它一直是宏观经济学的重要组成部分。菲利普斯曲线的理论意义在于，它填补了 *IS—LM* 模型的一个重要遗漏：凯恩斯非常看重货币在经济体系中的作用，*IS—LM* 模型则把经济的货币层面和实物层面连为一体，从《通论》和 *IS—LM* 模型中我们都可以看到，货币量的变化通过影响货币市场的利率来影响产品市场的投资从而最终影响产量（或实际收入）。但是，货币数量的变化与价格总水平变化的关系如何呢？进一步，失业率与通货膨胀率之间的关系如何呢？*IS—LM* 模型并没有告诉我们这个问题的答案。这成为 *IS—LM* 模型中一个“遗漏的方程式”。现在，这个遗漏的方程式终于由描述通货膨胀与失业的关系的菲利普斯曲线填补起来了。

完整的凯恩斯主义体系应当包括四个基本部分：消费函数、投资函数、货币需求和供给理论、价格和工资决定机制。凯恩斯在《通论》中比较系统地论证了前三个部分，但是对第四部分的论证相对较弱。现在，菲利普斯曲线加强了凯恩斯主义体系的第四部分。

菲利普斯曲线的政策意义在于，它为政府在物价稳定和充分就业之间做出权衡选择提供了理论指导：政府可以用较高的失业率换取较低的通货膨胀率，也可以用较高的通货膨胀率换取较低的失业率；究竟是选择较高的通货膨胀率还是较高的失业率，取决于政府的政策目标。一旦确定了政策目标，政府就可以通过扩张或紧缩总需求来实现这个目标。因此，菲利普斯曲线为政府的政策选择开出了一份“菜单”。菲利普斯曲线还可以用来分析财政政策和货币政策的福利效果。

但是，菲利普斯曲线只是建立在经验证据的基础上，缺少必要的理论根据，一旦菲利普斯曲线所描述的通货膨胀与失业的稳定的经验关系不复存在，就为凯恩斯主义的衰落埋下了隐患，为古典经济学的复兴提供了契机。我们将从本书后面的内容看到，反凯恩斯主义的各个流派正是利用20世纪六七十年代经济形势的变化，通过否定菲利普斯曲线所描述的失业与通货膨胀的交替关系的存在而打开了向凯恩斯主义全面进攻的突破口，从而最终使凯恩斯主义失去了在西方经济学中的正统派的宝座。

六、新古典综合的 *AD—AS* 模型

由于长期推行凯恩斯主义的刺激总需求的政策，英美等主要资本主义国家虽然维持

了较高的就业率和经济增长率，但是过多的总需求的累积到20世纪60年代中后期诱发了较高的通货膨胀率。加上70年代两次石油危机的打击，主要发达国家陷入经济滞胀。货币主义、供给学派和理性预期学派把高通货膨胀和滞胀归咎于凯恩斯主义，并乘机向凯恩斯主义发起攻击和挑战。面对滞胀，凯恩斯主义者既不能从理论上为这种新的经济病症提出诊断，也不能开出相应的解救处方，从而使西方主流经济学陷入了20世纪第二次经济理论危机。为了摆脱困境，维护凯恩斯主义的正统派地位，以萨缪尔森等人为代表的新古典综合派决定在吸收反凯恩斯主义各流派的一些新思想、新工具的基础上，对凯恩斯主义进行一次新的综合。这就是所谓的“成熟的综合”。因此，新古典综合的“初始综合”是把古典经济学和凯恩斯经济学综合起来，而新古典综合的“成熟的综合”是把凯恩斯主义和当时反凯恩斯主义各流派的一些宏观经济思想综合起来。

20世纪80年代初，当供给学派、货币主义风头正劲的时候，托宾就强调：“新古典综合不仅对需求，而且对决定长期增长的各要素以及提高充分就业的标准和倾斜政策都给予很大的关心。”“从租税方面刺激固定投资（加速折旧和税收优惠），促进政府和民间的研究开发，为减少结构性和摩擦性失业进行人力资本投资和改善劳动市场，所有这些都包括在政策中。”“需求管理不能单独进行”，“没有辅助的收入政策，把经济关在抑制通货膨胀的金融政策中，铤而走险，是不慎重的。”①

“成熟的综合”的一个主要成果是提出了总供给—总需求模型。这个模型是萨缪尔森在其《经济学（第12版）》（1985年，与诺德豪斯合著）中提出来的。萨缪尔森试图把这个模型作为原来的*IS—LM*模型的替代物，作为分析宏观经济问题的核心方法或工具。这是萨缪尔森的《经济学》自1948年出版以来所做的最大、最多的一次修改。萨缪尔森在《经济学（第12版）》的序言中写道：这一版“对宏观经济学的章节进行了涉及面最广、甚至是大刀阔斧的删减……我们引入了总供给和总需求分析，作为理解价格和国民生产总值的总体变动的核心方法。宏观经济学中的所有重大问题现在都可以用这个新的工具加以分析。”②

萨缪尔森的*AD—AS*模型是对当时各流派经济思想的一次大综合，其目的是试图用这个模型来解释当时的经济滞胀。萨缪尔森写道：“我们把各种不同的思想流派——凯恩斯主义、古典学派、货币主义、供给学派、理性预期学派以及现代宏观经济学——总合在一起。在总合成的单一理论框架中包容萧条、超级通货膨胀问题以及关于挤出效应的争论。”③。

这个*AD—AS*模型如图2-13所示。

在这个模型中，纵轴表示价格总水平（P），横轴表示实际的国民收入（y），y_f表示充分就业条件下的国民收入或潜在的国民收入，*LAS*表示长期的总供给曲线，*AS*表示短期的总供给曲线。

这个模型要说明的问题是：

（1）市场自发调节的结果使得*AS*曲线与*AD*曲线交于E点，在这一点价格总水平P、实际的国民收入y和就业量N都很低，这表示经济处在萧条状态。

① 外国经济学说研究会．现代国外经济学论文选：第5辑．北京：商务印书馆，1984：129-130.

②③ ［美］保罗·萨缪尔森，威廉·诺德豪斯．经济学．12版．上册．北京：中国发展出版社，1992：序言2.

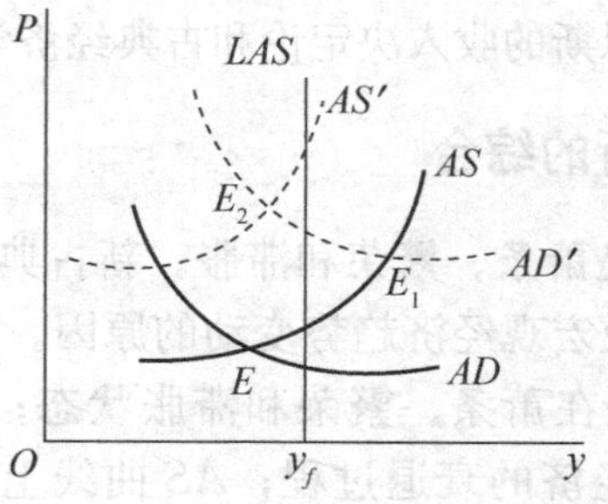

图 2-13　新古典综合的 AD—AS 模型

(2) 短期内，通过政府干预，AD 曲线会上移到 AD′，AD′曲线与 AS 曲线交于新的均衡点 E_1，在这一点，价格总水平、实际的国民收入和就业量都较高。这表示经济处在高涨阶段或繁荣状态。

(3) 如果总供给缺少刺激或总供给遭受负向冲击，AS 曲线将移动到 AS′；在这种情况下，如果政府对经济进行干预，AD 曲线移动到 AD′，那么，经济将在 E_2 点处于均衡，这时候的通货膨胀率很高，就业量和实际的国民收入水平较低，表明经济陷入滞胀状态。

(4) 在长期，由于总供给曲线是垂直的，总供给没有弹性，所以总需求的变动只影响价格总水平，不能改变就业量和实际的国民收入。这就是古典学派所讨论的情形。

新古典综合模型的政策含义是：在短期，政府干预是有效的，扩张性的宏观经济政策有助于把经济由非充分就业状态推进到充分就业状态。在长期，宏观经济活动水平（总就业量和实际的国民收入）由经济体系中的实际因素决定，这个时候市场机制在资源配置方面起主导作用。

所以，新古典综合的 AD—AS 模型包含有以下几方面的综合。

(一) 短期分析和长期分析的综合

在新古典综合的 AD—AS 模型中，既包含短期的总供给曲线（向右上方倾斜），也包含长期的总供给曲线（垂直的）。这里的短期与长期的区别是，在短期，价格、工资合同、税率和预期不能做出全部调整。凯恩斯重视短期分析，古典经济学重视长期分析，现在新古典综合把短期分析和长期分析结合起来。

(二) 总供给分析和总需求分析的综合

在凯恩斯体系中，总需求是短期就业量和国民收入的主要决定因素（凯恩斯定律："需求会创造它自身的供给"）；在古典经济学中，"供给会创造它自身的需求"（萨伊定律）。现在根据新古典综合的 AD—AS 模型，短期的总供给和总需求共同决定价格总水平、实际的国民收入和就业量，即总供给和总需求同样重要。而在长期，则回到古典经济学所描述的情形上。

(三) 产量理论和价格理论的综合

新古典综合的 AD—AS 模型既可以用来说明总产量（总就业量）的决定，也可以用来说明价格总水平的决定；它既重视解决经济衰退和失业问题，也重视通货膨胀的治理。因此，这个模型又是凯恩斯的收入决定论和古典经济学的价格决定论的综合。

（四）对宏观经济问题分析的综合

宏观经济的主要问题就是萧条、繁荣和滞胀。新古典综合的 *AD—AS* 模型可以用来分析这些宏观经济问题以及宏观经济趋势变动的原因。在这个模型中，E 点、E_1 点和 E_2 点分别表示宏观经济处在萧条、繁荣和滞胀状态；*AD* 曲线上移表示经济的扩张过程，*AD* 曲线下移说明经济的衰退过程；*AS* 曲线上移说明经济遭受负向的总供给冲击。

（五）总需求管理政策和总供给管理政策的综合

根据新古典综合的 *AD—AS* 模型，要想达到预定的经济目标，政府不但要运用财政政策和货币政策进行总需求管理，还要进行总供给管理。总供给管理的内容包括：在短期内通过实施收入政策控制成本和价格，长期采用人力政策、促进资本形成的政策和科技创新政策来培养供给潜力。

（六）产品市场、货币市场和劳动市场均衡分析的综合

在新古典综合的 *AD—AS* 模型中，*AD* 曲线是由产品市场和货币市场同时均衡推导出来的（由 *IS—LM* 模型推导 *AD* 曲线），而 *AS* 曲线是根据劳动市场的均衡条件和生产函数推导出来的，所以，*AD* 曲线和 *AS* 曲线的每一个交点都表示这三个市场同时达到均衡状态。因此，*AD—AS* 模型是比凯恩斯模型和 *IS—LM* 模型更加“一般”的一个宏观经济学模型。也有的西方学者把这个模型称作“完整的宏观经济学模型”。

正因为如此，萨缪尔森在他的《经济学（第 12 版）》中又把他们这个学派更名为“现代主流经济学的新综合”。

第四节　政策思路的演变

一、《通论》的政策思路

凯恩斯的《通论》主要是为同行经济学家写的，《通论》的主要目的在于澄清当时经济理论上的若干难题，至于这个理论的应用则是次要的。不过，《通论》的最终任务不仅仅是为了解决当时经济学界的理论纷争，而是在这种经济制度中，选择出那些政府经济当局能按照意图加以控制或管理的变量。根据凯恩斯的分析，这些变量共有三个：心理上的消费倾向、心理上对资本资产的收益预期（资本边际效率）和利率。也就是说，《通论》的最终任务是要为政府找到解决当前经济问题的途径和方法。

与其同行前辈有意掩饰资本主义弊端不同，生活在英国 20 世纪 20 年代长期慢性萧条和 30 年代世界经济大萧条中的凯恩斯敢于面对现实，承认资本主义市场经济的自发运行不能实现充分就业，不能解决收入和财富分配不公的问题。凯恩斯试图运用他的智慧来消除资本主义社会的这两个显著弊端。

凯恩斯的基本政策思路是政府要承担干预经济生活、实现充分就业的责任，不能仅仅依靠私人经济力量的自发调节。他的基本判断是："在自由放任的经济体制的条件下……要想避免就业量的剧烈波动是不可能的。我的结论是：安排现行的投资的责任决不能被置于私人手中。"[①] "保证充分就业所必需的中央控制当然会大为扩充传统的政府职能。"[②]

按照有效需求原理的逻辑结论，政府干预的途径是刺激消费和扩大（私人和政府）投资。那么，如何增加消费和投资呢？答案是由政府来控制上述三个自变量和政府扩大支出。因此，扩大总需求的具体措施是：

（一）通过改变消费倾向来扩大消费需求

由于富人和穷人的消费倾向是不同的，前者的消费倾向通常低于后者，所以通过收入和财富再分配把富人的一部分收入转移给穷人，可以提高整个社会的消费倾向。凯恩斯主张"采取大胆果断的步骤，即以收入再分配和其他办法来刺激消费倾向"[③]。具体来说，"对于消费倾向，国家将要通过赋税制度，部分通过利率的涨落，和部分通过其他手段来施加引导作用"[④]。

（二）通过银行政策降低利率来刺激私人投资

私人投资取决于资本边际效率与利率的对比关系。富裕国家由于资本积累已经较多，资本边际效率已经处在较低的水平上，在这种情况下，除非利率以足够大的幅度下降，否则私人投资就没有吸引力。通过银行政策降低利率可以刺激私人投资增加。但是凯恩斯不怎么相信这个政策措施的有效性，他认为，"单靠银行政策对利率的影响似乎不大可能决定投资的最优数量"[⑤]。因为社会体制和组织因素、心理因素、借者与贷者之间进行交易的费用和未来的不确定性等因素的存在规定了利率的下限，利率不可能为零。凯恩斯估计，英国的长期利率的下限高达2.0%～2.5%；当利率下降到一个较低水平时，债券投资的风险很大，投资人为了避免资本损失将大量持有货币而不是在债券上投资（即出现流动偏好陷阱）；利率下降时，资本边际效率有可能下降得更快，在经济衰退和萧条时情况正是这样。

（三）通过政府扩大开支来扩张总需求

凯恩斯看好的是政府通过财政政策来扩张总需求。他认为，"某种程度的全面的投资社会化将要成为大致取得充分就业的唯一手段"[⑥]。

凯恩斯主张通过政府举债的办法来扩大政府支出，而政府为解救失业所增加的开支主要用于公共工程项目。他写道："当失业问题严重时……即使其本身的效用尚成疑问的公共工程项目也值得一次又一次地加以推行。"[⑦] 他甚至认为，"当非自愿失业存在时……'浪费式的'举债支出在得失相抵之后还是可以增加社会财富的"[⑧]。

---

① ［英］凯恩斯．就业、利息和货币通论（重译本）．北京：商务印书馆，1999：331-332.

② 同①393.

③ 同①333。

④⑤⑥ 同①391.

⑦ 同①132.

⑧ 同①133.

在上述政策思路中，凯恩斯看好的是财政政策，他对通过赋税制度来改变消费倾向和通过货币政策来刺激投资持怀疑态度。因为改变赋税制度需要通过立法或政治程序——需要国会或议会过半数票同意才能开征新的税或提高税率，而议员的选票往往受利益集团和党派的利益倾向所左右，不是受政府的意愿所左右。

在凯恩斯看来，货币政策对刺激总需求的效果是间接的、不确定的。因为货币供应量的增加只有在其他条件不变时，通过降低利率才能刺激消费和投资；由于投资取决于资本（或投资）边际效率与利率的对比关系，如果货币数量增加，利率降低时，资本（或投资）边际效率以相同的幅度降低，投资就不会增加；如果资本（或投资）边际效率以更大的幅度下降，投资不但不会增加，反而会减少。当出现流动偏好陷阱时，货币政策就完全无效，所以凯恩斯特别强调扩大政府支出对于扩张总需求的重要性。由于这个原因，有些西方学者把凯恩斯的政策思路称作“财政主义”。

但是，凯恩斯一再申明，政府干预的目的是要解决非自愿失业和分配不公，不是要使生产资料国有化，不是要使绝大部分社会经济生活实行国家社会主义。扩大政府职能的同时仍然需要保持私人经济的动力和保留其活动空间。他的完整思想是：“对经济力量或因素的自由运行有必要加以制止，或加以引导。尽管如此，仍然会留下广阔的天地使私人在其中运用他们的动力和职能。在这个天地中，传统的个人主义的有利之处仍然会继续存在。”①“通过对问题的正确分析，也有可能把疾病治愈，而与此同时，又保持了效率与自由。”②

二、新古典综合派的政策设计

新古典综合派经济学家不但把《通论》进行了通俗化和系统化，而且把凯恩斯的政策思路进行了具体化和政策化，并通过政府运用于实践。

新古典综合派对凯恩斯政策思路的完善和发展主要表现在：

（一）用相机抉择的财政政策取代凯恩斯的扩张性的财政政策，用补偿性的财政政策取代凯恩斯的赤字财政政策，进而又提出“充分就业预算”政策

相机抉择的（discretionary）财政政策也叫积极的（active）财政政策，是指政府根据当前的经济形势和对经济未来走向的预测判断，在政府的财政支出和税收方面采取相应措施，逆转经济的运行趋势，以实现一定的宏观经济目标。这种政策的特点是“逆经济风向行事”：为了应对经济过热和通货膨胀，政府在财政预算时紧缩开支和提高税收；为了应对经济衰退和失业率提高，政府扩大开支和减税。

在美国，相机抉择的财政政策的鼎盛时期是 20 世纪 60 年代。1963 年，美国经济增长乏力，失业率上升到 5.5%，这是第二次世界大战后最高的失业水平。托宾和时任肯尼迪政府总统经济顾问委员会主席的海勒主张通过减税（主要是削减个人所得税）来刺激消费、复苏经济。肯尼迪政府采纳了这个政策建议。减税达到了预期的效果——1965 年的失业率下降到 4.4%，60 年代其余年份的失业率均低于 4%，1964—1966 年，

---

① ［英］凯恩斯．就业、利息和货币通论（重译本）．北京：商务印书馆，1999：393．

② 同①394．

实际 GDP 以平均每年 5.5%的速度高速增长。

20 世纪 50 年代，汉森等人提出补偿性财政政策的主张。这里的“补偿性财政”包括两层含义：一是用政府财政支出的增加或减少来补偿私人投资和私人消费的减少或增加，其目的是为了克服经济的周期波动。二是政府用经济繁荣年份的财政盈余来补偿经济萧条年份的财政赤字。也就是说，财政预算不追求每个财政年度的收支平衡，在经济不景气的年份可以有财政赤字，但是要用繁荣年份的财政盈余来弥补以前的财政赤字，保证每一个经济周期的财政收支在总体上平衡。现在所说的补偿性财政政策主要是指后一层含义。

这种补偿性财政政策带有亚当·斯密的平衡预算的理财思路的烙印，它把后者的年度预算平衡扩展为一个经济周期内的预算平衡。第二次世界大战后的 15 年左右的时间里，美国的杜鲁门政府和艾森豪威尔政府推行的主要是这种补偿性财政政策。在此期间，美国财政的盈余年份和赤字年份大体上各占一半。

1962 年，时任肯尼迪政府总统经济顾问委员会主席的海勒提出，每年度的预算平衡甚至一个经济周期的预算平衡都是不必要的，财政政策的目标应当是实现和保持充分就业。于是又出现了“充分就业预算”和“充分就业赤字”的政府理财思路。

所谓充分就业预算是指经济在充分就业状态下运行，政府财政预算应该有的那种预算；所谓充分就业赤字是指经济如果达到充分就业时政府的财政收入和财政支出相抵后所出现的赤字。所以充分就业赤字又叫“充分就业预算的赤字”。充分就业赤字（或预算）政策看重的是经济增长和充分就业，而不是赤字的大小。提出这种政策的主要理由是，即便经济萧条已经结束，经济已经处在扩张阶段，但是实际的国民收入仍然可能会低于潜在的国民收入，经济的生产能力可能没有得到充分利用。因此，在经济上升时期，仍然需要扩大总需求。并且根据哈罗德-多马增长模型，要保持经济按照一定的速度不断增长，也需要逐年扩大总需求。所以，也有人把充分就业预算政策叫作“增长性财政政策”。

充分就业赤字与实际赤字不同，前者是根据充分就业目标确立的财政收支计划，后者是财政收支计划实际执行的结果。

20 世纪 60 年代，美国的肯尼迪政府和约翰逊政府均推行充分就业赤字的财政政策，1961—1968 年美国经济保持了连续 8 年的高增长，但是，与此同时，美国联邦政府创下了连续 8 年的财政赤字纪录。

到 70 年代，尼克松政府进一步把充分就业预算作为财政政策的中心。1973 财政年度的美国总统预算咨文写道：充分就业预算概念是本届政府财政政策的中心。除了非常情况以外，支出必须不超过使预算在充分就业条件下达到平衡的水平。

（二）用财政政策和货币政策并重取代凯恩斯对财政政策的偏重

如上所述，凯恩斯看重的是财政政策的作用，而把货币政策的作用看作是次要的。他认为货币政策对扩张总需求的作用是间接的，其效果是不确定的；更为重要的是，如果经济处在流动偏好陷阱状态，货币政策完全无效。

新古典综合派根据 *IS—LM* 模型分析得出财政政策和货币政策同样重要的结论；经济如果不处在“凯恩斯区域”或“古典区域”，单独使用财政政策或单独使用货币政策的效果没有这两种政策同时使用的效果好。新古典综合派大大提高了货币政策的地位。

新古典综合派认为，既不能片面强调财政政策重要，也不能片面强调货币政策重要，关键是这两种政策要搭配和协调着使用，并根据经济形势的特点、经济问题的性质和严重程度来选择政策措施组合和政策措施的力度。

（三）主张政府干预与市场机制自动调节相结合

古典学派相信市场机制是完善的、有效的，市场机制的自动调节可以保证经济实现充分就业。凯恩斯则认为，在通常的情形下，依靠市场机制并不能保证经济达到充分就业，只有依靠政府扩大开支，才能使经济走向充分就业。

萨缪尔森等人则对古典学派和凯恩斯的主张进行了折中和综合，认为当经济中存在非自愿失业或实际的GDP小于潜在的GDP时，需要通过政府干预来扩张总需求；当经济接近或达到充分就业时，主要依靠市场机制来配置资源。

大体上说，从19世纪末20世纪初开始，自由放任主义就受到政府干预的冲击；凯恩斯"革命"以后，政府对经济干预的广度和深度都在不断扩大。但是，西方发达经济仍然是一种以市场调节为主的经济，只是在某些时候政府干预多一些，例如在20世纪60年代的美国；在另一些时候，政府干预又少一些，市场机制发挥的作用更多一些，例如1981—1992年美国在里根和布什执政期间、英国在撒切尔夫人执政期间，都掀起了一场减少政府干预、取消政府管制的运动。

虽然自20世纪80年代以来，市场自由化的浪潮来势凶猛，但是无论哪一种经济都不可能回到18世纪的自由放任时代。由于经济和政治上的原因，每一个国家的经济都需要努力在政府干预与市场调节之间求得某种平衡。

第五节　凯恩斯主义的影响

凯恩斯主义的影响包括凯恩斯"革命"的影响和新古典综合派对经济理论和经济政策的影响。这两种影响是不能截然分开的：没有凯恩斯"革命"，就不可能有后来的新古典综合派的影响；新古典综合派的出现又扩大并加深了凯恩斯"革命"的影响。

凯恩斯"革命"的影响主要是在第二次世界大战结束以后显现出来的。其原因主要是，一方面，《通论》出版后不久，第二次世界大战就爆发了，英美等主要资本主义国家的经济转入战时经济的轨道。战争期间，这些国家面临的主要问题不是需求不足，而是供给不足，《通论》所阐发的有效需求原理和刺激总需求的政策主张显然不合时宜。另一方面，由于凯恩斯的《通论》主要是为同行经济学家写的，其主要目的是要论述有关经济理论的困难问题，经济学界和政治家要读懂和理解《通论》的思想还需要花费时日，还需要一个过程。在《通论》思想走向大学讲坛、走向民间、走向政府决策层的过程中，美国的哈佛大学和英国的剑桥大学成为宣传这一思想的主要阵地和讲坛；由美国哈佛大学教授哈里斯主编、20多位世界著名经济学家撰写的《新经济学：凯恩斯对理论和公共政策的影响》（1947年），美国经济学家迪拉德（Dudley Dillard）撰写的《约翰·梅纳德·凯恩斯经济学》（1948年）和美国哈佛大学教授汉森撰写的《凯恩斯经济学指南》（1953年）是普及、传播凯恩斯思想的三本最重要的著作。《新经济学：凯恩斯对理论和公共政策的影响》对《通论》的主要思想进行了系统的研究和评析，《约翰·梅纳德·凯恩斯经济学》和《凯恩斯经济学指南》对《通论》进行了通俗化的解释。此后，凯恩斯经济学在西方广泛流行起来。

凯恩斯“革命”对西方经济学和西方国家经济政策的影响是深远的。我们可以把这些影响概括为以下两个方面。

一、对经济理论的影响

《通论》的出版标志着西方经济学的发展进入了一个新的时代，这就是现代或当代西方经济学。凯恩斯“革命”的结果是用凯恩斯经济学取代了在西方经济学界占据正统地位达一个半世纪之久的古典经济学，凯恩斯经济学成为“新”经济学，古典经济学成为“旧”经济学。20 世纪 50 年代开始，经济学家们纷纷集结在凯恩斯经济学的大旗下，成为这一学说的信徒。

《通论》不但征服了当时 35 岁以下的年轻经济学者和青年学生，而且使大多数中老年经济学者转向凯恩斯经济学阵营。古典学派的最后一个代表、剑桥大学马歇尔教授职位的继承人庇古自 20 世纪 20 年代中期就与凯恩斯展开长期的争论，但是到 40 年代后期，他终于承认货币工资调整并不是解决失业问题的主要途径。1950 年，庇古在《对凯恩斯的〈通论〉的反思》一书中进一步承认，他对凯恩斯的批评太苛刻了，并认为，在高水平的失业情况下短期均衡确实是可能的，而古典理论没有预见到这一点。庇古向凯恩斯经济学投降，标志着凯恩斯“革命”在 20 世纪 40 年代末 50 年代初取得了彻底胜利。

根据英国学者布赖恩·摩根（Brian Morgan）的研究①，在《通论》的大部分命题被纳入新古典综合体系以后，凯恩斯主义与古典学派之间的争论出现了休战。这种休战主要是因为这两个学派经过长期争论达成了以下共识：

(1) 在庇古效应被纳入凯恩斯主义模型以后，人们普遍承认就业不足均衡的确取决于刚性工资的假定。

(2) 人们也同意，庇古效应虽然在逻辑上是正确的，但在经验上是有弱点的。

(3) 因此，一个能自动趋向充分就业的自行调节的经济体系被认为实际上是站不住脚的。

(4) 人们也承认，货币需求函数的较高利率弹性和投资函数的较低利率弹性意味着在萧条时期货币政策是一种软弱而无效的政策工具。

(5) 因此，人们承认每当总需求不足以吸收当前水平的国民收入时，需要采取断然的财政政策。

凯恩斯“革命”大大改写了西方经济学的研究主题和内容体系。凯恩斯用产出和就业理论取代了古典经济学的价格理论；用非充分就业假设取代了古典经济学的充分就业假设；用移动均衡或比较静态分析（凯恩斯在《通论》中认为他使用的是动态分析）取代了古典经济学的静态均衡分析；用货币的生产理论取代了古典经济学的货币数量论；用政府干预论取代了古典经济学一直倡导的自由放任论；……凯恩斯“革命”创立了宏观经济学体系。自此以后，宏观经济学作为与微观经济学并列平行的一门学科发展繁荣

---

① ［英］布赖恩·摩根．货币学派与凯恩斯学派．北京：商务印书馆，1984：69.

起来。20世纪西方经济学的发展最有声有色的部分实际上是宏观经济学。就其活跃程度和人们关注的程度来说，宏观经济学成为整个西方经济学的中心。萨缪尔森就认为："20世纪经济学的一个主要突破是宏观经济学的发展。它促使人们更好地理解了如何对付周期性经济危机和刺激长期经济增长问题。"[①] 在这个世纪之交，美国麻省理工学院教授、诺贝尔经济学奖获得者罗伯特·索洛也撰文指出："宏观经济学是经济学的中心，现在这一点已经得到广泛的认同；……宏观经济学的这种中心地位仍将继续下去，其最充分的理由是：我们需要理解当前的经济事件……以及制定政策……以便解决这些问题。"[②]

1948年，保罗·萨缪尔森编写的《经济学》教科书出版发行。这是一本以《通论》的思想作基调、把《通论》的理论进行通俗化和扩展的经济学教科书。这本教科书很快取代了流行了半个多世纪的马歇尔《经济学原理》（1890年初版），成为英语国家标准的经济学教科书。萨缪尔森《经济学》的出版，标志着凯恩斯经济学占领了西方经济学教科书和大学的经济学讲坛，成为西方经济学新的正统。此后，这本《经济学》教科书每隔3～5年修订再版一次，并先后被译成43种文字在世界各地发行，总发行量在1 000万册以上，成为20世纪下半叶再版次数最多（2001年第17版）、流行最广、发行量最大的经济学教科书。

20世纪末，有些西方学者认为，凯恩斯"革命"除了理论上的凯恩斯"革命"和政策上的凯恩斯"革命"以外，还有第三方面"革命"或影响，这就是由萨缪尔森《经济学》教科书掀起的"教学法革命"或"教科书革命"。[③] 萨缪尔森《经济学》把凯恩斯《通论》的思想简化成简单的教科书模式，使《通论》这本原本是为经济学家写的专业著作通过初级教科书的形式进了课堂、进了学生的大脑。

到20世纪60年代，西方经济学家们基本上在凯恩斯的有效需求原理和需求管理上达成共识。巴罗（Robert Joseph Barro，1944年9月28日—　）在1989年回忆说：就宏观经济学而言，对60年代的大多数研究者来说，"凯恩斯主义模型是该领域中唯一的理论"。

保罗·萨缪尔森在1988年认为：凯恩斯"革命"是20世纪经济科学中意义最为重大的事件。哈里斯曾经把凯恩斯的《通论》、达尔文的《物种起源》和马克思的《资本论》相提并论。他在为汉森的《凯恩斯经济学指南》一书所写的前言中说："《通论》和达尔文的《物种起源》以及马克思的《资本论》一起构成过去一百年中出现的最重要的著作。"[④]

《通论》的出版以及由此掀起的凯恩斯"革命"对西方经济学发展的影响是深远的。第二次世界大战结束以来的西方宏观经济学及其主要流派的发展演化都与《通论》有着这种或那种联系。包括持久收入假说和生命周期假说在内的消费函数理论、托宾等人提出的投资理论、总需求—总供给模型、以乘数—加速数模型为代表的经济周期（或经济

① ［美］保罗·萨缪尔森，威廉·诺德豪斯．经济学．16版．北京：华夏出版社，1999：298.

② Robert M. Solow, "Toward a Macroeconomics of the Medium Run," *Journal of Economic Perspectives*, Vol. 14, No. 1, 2000, p. 151.

③ Brian Snowdon and Howard R. Vane, *Conversations with Leading Economists: Interpreting Modern Macroeconomics*, Edward Elgar, 1999, p. 23.

④ Alvin Hansen, *A Guide to Keynes*, McGraw-Hill Companies, 1953, p. 9.

波动）理论、以哈罗德-多马模型为起点的现代经济增长理论……都是在凯恩斯《通论》的刺激和引导下发展起来的。尽管凯恩斯经济学后来遭到这种和那种批评、攻击和怀疑，但宏观经济学有了很大的发展，凯恩斯主义的正统地位已经不复存在，但是，凯恩斯思想的影响仍然存在，对凯恩斯思想的研究仍然是经济学家们的一个兴趣点。美国著名经济学教授费尔普斯（Edmund S. Phelps，1933 年 7 月 26 日— ）在 1990 年甚至还断言：凯恩斯在经济学界掀起的狂飙至今仍无减弱的迹象，《通论》仍然是一部没有被完全发掘的著作。

此外，凯恩斯“革命”对战后国民收入核算理论、计量经济学、公共（部门）经济学、发展经济学等新学科的创立，对福利经济学的发展，都有着很大的影响。

二、对经济政策和经济的影响

凯恩斯的需求管理主张最先影响的是 20 世纪 30 年代的罗斯福“新政”。凯恩斯的政府干预论和罗斯福“新政”最初是相互独立做出的——前者最初是一种新的政策思路，后者最初是一种应急之举，二者是对 20 世纪二三十年代垄断资本要求国家全面干预经济活动的共同认识。由于二者具有相互需要的客观基础，从而决定了它们被提出来不久就相互依存、相互影响，到 30 年代后期它们结合到一起。“30 年代后期，凯恩斯思想开始渗入白宫班底。这种新经济学由于 1937 年大幅度削减政府支出随之就发生衰退，而增加国防开支就出现繁荣，获得牢固的认同。”①

第二次世界大战结束以后，凯恩斯的政府干预、维持充分就业的思想渗透到发达国家的有关法律和政策中，发达国家纷纷制定充分就业计划。在英国，1944—1945 年出版了经济学家威廉·贝弗里奇（W. Beveridge）的《自由社会的充分就业》、英国政府的《就业政策白皮书》和牛津统计所的《充分就业经济学》，这些文件和报告书强调的是一个主题：通过国家就业政策来实施充分就业。在《就业政策白皮书》中，英国政府承诺要维持一个“高并且稳定的就业水平”。1945 年由中、英、美、苏等 51 个国家（即联合国的创始国）签署的《联合国宪章》把促进“生活水平提高、充分就业和经济社会进步与发展”作为联合国的目标之一。1946 年，美国通过了《就业法》，其中规定：“为有能力工作、愿意工作和正在寻找工作的人创造就业机会，包括个人职业在内，并促进就业、生产和购买力达到最高水平，是联邦政府的持续的政策和职责。”1947 年，澳大利亚联邦等 23 个国家政府代表签署《关税与贸易总协定》，该协定不但把充分就业作为各国政府追求的目标之一，而且使用了“有效需求”概念。这个协议开宗明义就写道：澳大利亚联邦等 23 个国家政府“认识到在处理它们在贸易和经济领域的关系时，应以提高生活水平、保证充分就业、保证实际收入和有效需求的大幅度稳定增长、实现世界资源的充分利用以及扩大货物的生产和交换为目的……”1962 年，美国总统肯尼迪在《总统经济报告》中明确倡导凯恩斯的稳定政策，宣称政府政策的目的是“保持总需求与经济的生产潜力同步变动”。肯尼迪总统还任命凯恩斯主义经济学家主持政府的经济顾问委员会，其中包括美国著名的凯恩斯主义经济学家保罗·萨缪尔森、詹姆斯·托宾和罗伯特·索洛。另两位凯恩斯主义者还担任总统经济顾问委员会主席，这就是海勒

① John Braeman et al., *The New Deal: the National Level*, Ohio University Press, 1975, p. 301.

（任期为1961年1月—1964年11月）和阿瑟·奥肯（任期为1968年2月—1969年1月）。1965年的最后一天，美国的《时代》杂志还把凯恩斯的照片选作封面。这意味着这家杂志把凯恩斯看作是这一年的世界风云人物。1969年，当时的美国总统理查德·M. 尼克松甚至公开宣称："现在我们都是凯恩斯主义者"。

从第二次世界大战结束以后到1973年石油危机爆发，英美等主要发达资本主义国家经历了长达25年的高就业率、高增长率和低通货膨胀率的长期繁荣时期。表2-1给出了7个主要发达国家不同时期的经济增长率。由表2-1我们看到，这7个主要发达国家前25年（1948—1972年）的平均经济增长率大大高于后24年（1972—1995年）的平均经济增长率。德国经济和日本经济就是在前25年迅速崛起的，美国经济也是通过这25年的发展而稳坐世界头号经济强国宝座的。

表2-1　　7个发达国家年均经济增长率（%）

国家	1948—1972年	1972—1988年	1988—1995年
美国	2.2	1.7	1.0
英国	2.4	2.1	0.9
加拿大	2.9	2.6	0.6
法国	4.3	2.1	1.2
意大利	4.9	2.8	1.6
德国（前联邦德国）	5.7	2.2	1.3
日本	8.2	3.3	2.1

资料来源：Robert E. Hall & Marc Lieberman，*Economics*，South-Western College Publishing，1998，p. 545.

从美国、英国等16个主要发达国家的经济增长情况来看，1950—1973年是它们经济增长最快的时期。1913—1950年，这16个国家的年平均经济增长率只有1.9%，1950—1973年高达4.9%，1973—1990年则下降为2.5%。

凯恩斯的宏观经济学体系产生于英国，但是在美国获得了发展并得到了长期应用，真所谓"墙内开花墙外香"。就凯恩斯主义应用得最典型的美国来说，从20世纪下半期前40年的情况来看，前20年（1952—1972年）的宏观经济绩效明显好于后20年（1972—1992年）。就反映宏观经济状况三个最重要的指标——通货膨胀率、经济增长率和失业率——来看，前20年的通货膨胀率和失业率都明显低于后20年，前20年的经济增长率大大高于后20年（见表2-2）。

表2-2　　美国的宏观经济绩效

时期	通货膨胀率（年均，%）	经济增长率（年均，%）	失业率（所列年份的平均比率，%）
1952—1962年	1.3	2.9	5.1
1962—1972年	3.3	4.0	4.7
1972—1982年	8.7	2.2	7.0
1982—1992年	3.8	2.7	7.0

资料来源：*Economic Report of the President*，1992.

不少西方学者把这种长期繁荣归因于推行了凯恩斯主义政策。迈克尔·斯图尔特（M. Stewart）在1986年写道："显而易见的结论是，英国和其他西方国家之所以在战后的四分之一世纪里实现了充分就业，是因为这些国家的政府对充分就业做出了承诺，并懂得如何实现它。它们懂得如何实现充分就业，是因为凯恩斯告诉了它们。”①詹姆斯·托宾在1987年认为：“凯恩斯主义政策的成功可以从一个事实中得到坚强的支持，在第二次世界大战之后，实际上所有发达的、民主的资本主义国家都不同程度地采取了凯恩斯主义需求管理政策。直到1973年的这一时期在繁荣、增长、世界贸易的扩张和稳定方面是其他时期所无法比拟的。失业率较低，而经济周期也被驯服了。”②

笔者认为，把主要资本主义经济在第二次世界大战后的长期繁荣完全归因于凯恩斯言过其实。因为二战后美国等发达国家之所以有一个长期繁荣时期，至少是由于：（1）第二次世界大战期间开发出来的军事技术（主要是原子能技术和电子技术）在战后纷纷转化为民用技术，这些技术又被大量应用于民用生产，从而大大推进了科学技术的发展和生产力水平的提高。（2）战时被抑制了的对民用品的需求大量释放了出来，战后的恢复重建也需要大量的投资（私人投资和公共投资），总需求的增加有助于拉动经济增长。但是，这些总需求的增加尤其是投资需求增加主要是由经济重建的客观需要促成的，不完全是凯恩斯政策指导促成的。（3）随着德（国）、意（大利）法西斯体系和日本军国主义的瓦解，以及联合国、世界银行、国际货币基金组织和关税与贸易总协定的建立和运行③，经济发展有了一个和平、宽松的环境，所有这些都有利于各国经济和对外贸易的发展。

凯恩斯“革命”还对西方发达国家的经济结构、经济体制和社会生活产生了一系列深远的影响。这些影响主要有：（1）经济周期变形。自1825年在英国首次爆发生产过剩的大规模经济危机以来，经济危机就像尼罗河洪水泛滥一样，周期性地打击西方国家的经济。自从推行凯恩斯主义的政府干预政策以后，经济危机的间歇时间大大延长了，在整个20世纪50年代和60年代，西方经济无衰退和萧条之忧，经济危机失踪了20多年，并且，经济危机的深度和破坏程度也大大减弱了。这使得一些人把经济危机看作是一种往日的回忆。甚至有些经济学家认为，既然经济危机不再周期性地出现，使用“经济危机”和“经济周期”（business cycle）的说法已经不妥，不如改用“经济波动”（economic fluctuation）一词。（2）混合经济的出现。“混合经济”（mixed economy）是指资本主义经济体制转变到以私人经济为主、公共（有）经济和私人经济并存的一种经济体制。推行凯恩斯公共政策主张的结果使发达国家的经济结构发生了明显变化，这就是公共部门的不断扩大和公共部门在经济生活中发挥越来越大的作用，资本主义经济不再是纯粹的私人（有）经济，公有（共）经济在其中占有一定的比重。混合经济需要通过市场价格机制和多种形式的政府干预相结合来调节其运行。（3）劳资矛盾的缓解。20世纪下半期以来，由于资本主义国家科学技术和生产力发展较快，人均收入水平不断提高，加上推行凯恩斯主义，经济衰退的程度大大缓解，福利国家（社会保障制度）纷纷建立，工人的工资水平和福利待遇有了很大的提高，劳动条件和社会地位也有了较大改善，饥饿和贫苦虽然还存在，但是比19世纪大大减少。劳资矛盾缓解的标志之一是20世

①② ［英］布赖恩·斯诺登，霍华德·文，彼得·温纳齐克．现代宏观经济学指南．北京：商务印书馆，1998：14-15．

③ 世界银行和国际货币基金组织是在凯恩斯的协助下创办起来的，凯恩斯也是这两大国际组织的第一届领导人之一。

纪下半期以来的工人罢工无论是罢工次数还是罢工的持续时间都比以前大大减少。

但是，我们也应看到，推行凯恩斯主义政策也带来了不少副作用，主要是政府预算规模不断膨胀，财政赤字和政府债务不断增加。在第一次世界大战以前，一般美国人所交纳的税收只占其收入的十分之一，第二次世界大战结束以后，这一比例逐渐提高，到90年代，已经上升到35%。相应地，美国政府支出占GDP的比例也由1946年的10%上升到1998年的21%。英国政府支出占GDP的比例在1960年就达到35%，20世纪80年代以来维持在45%左右。1981年前后，美国开始出现严重的财政赤字问题。整个80年代美国联邦政府的财政赤字占GDP的比例平均为4.1%；到1992年，美国联邦政府的实际赤字已达到2 900多亿美元，占当年美国GDP的4.973%。第二次世界大战结束时，美国联邦政府债务占GDP的比例高达80%以上，此后这个债务率不断下降，1980年这一比率下降到26.3%；但是，从1983年开始，这一比率突破了30%，此后又进一步上升，到1992年这一比率高达51.1%。

对凯恩斯主义的致命打击是1973年和1979年两次国际石油危机（原油价格暴涨）导致美国经济陷入滞胀，即经济停滞（伴随着高失业率）和通货膨胀并存。面对滞胀这种新的经济病症，凯恩斯主义经济学一筹莫展。因为根据凯恩斯在《通论》中的分析，当存在非自愿失业时，由于经济社会的资源没有得到充分利用，总供给富有弹性，扩大总需求会增加就业和实际的国民收入，虽然价格总水平也会上涨，但是物价上涨的速度要低于总需求的扩张速度，这就是温和的通货膨胀或“半”通货膨胀。当经济达到充分就业或接近充分就业时，由于总供给失去弹性，增加总需求只会抬高价格总水平，而不会增加就业和产出，这种总需求增加完全反映在物价上涨上，被凯恩斯称作绝对的通货膨胀或真正的通货膨胀。所以，在凯恩斯体系中，失业（非自愿失业）和通货膨胀不会同时出现。

我们认为，20世纪70年代的滞胀不能完全归咎于凯恩斯主义，就像50—60年代的长期繁荣不能完全归功于凯恩斯主义一样。滞胀既有凯恩斯主义的罪过，也有60年代中期开始美国对越南战争的升级导致政府支出急剧扩大（例如1967—1968财政年度，美国联邦政府支出就增加了210亿美元，而税收只增加了40亿美元）和70年代两次石油危机冲击的影响，还有资本主义经济结构调整带来的结构性失业的增加。这种经济结构调整主要是五六十年代科学技术的快速发展和大量应用引起的。

20世纪70年代以来，由于经济形势的变化和反凯恩斯主义的各个流派的攻击，凯恩斯主义在经济学界和政府经济决策层的无可争议的统治地位已经不复存在，但是，凯恩斯主义的影响仍然存在。根据弗里德曼提供的统计数据，从1972年到1987年，在美国的专业经济学杂志上，《通论》一共被引用了1 558次，平均每年大约被引用100次。其中，前8年引用了729次，后8年引用了829次。这说明人们对《通论》的兴趣并没有下降。[①]

在1998年的美国经济学会年会上，有150多名经济学家投票评选“20世纪最有影响力的经济学家”，投票结果是凯恩斯排名第一、弗里德曼排名第二。值得注意的是，在这150多名经济学家中，有不少是凯恩斯主义的反对者。

就美国来看，无论是卡特政府、福特政府，还是布什政府、克林顿政府，从其经济政策上都不难发现凯恩斯思想的影子。1997年亚洲金融危机爆发以后，不少人又想到

① 弗里德曼文萃. 北京：首都经济贸易大学出版社，2001：687.

了凯恩斯及其《通论》，有的西方学者甚至惊呼"凯恩斯经济学复活了"。2001年美国遭受"9·11"恐怖袭击以后，小布什政府立即做出反应，几次要求国会增加拨款，一方面用于反恐，另一方面用于拯救经济和增加就业。为了刺激经济，政府还督促国会通过了减税条例。2001财政年度，美国的个人所得税和遗产税等税率都有不同程度的削减，累计减税1.35万亿美元；与此同时，小布什又从国会那里争取到近7 500亿美元的自由支配款项；克林顿时代连续4年的财政盈余记录由于小布什政府创下的1 590亿美元的财政赤字而画上了句号。2003年1月，小布什政府又推出以减税为中心、以增加就业和刺激消费为重点的庞大的经济发展规划。这个规划的实施无疑会进一步扩大政府对经济活动的干预。

第六节 凯恩斯主义的复兴

2007年美国爆发的次贷危机很快发酵为席卷全球的金融危机，发达经济和大多数发展中经济的虚拟经济和部分实体经济遭受重大打击，这次危机是20世纪30年代以来人类遭遇的空前严重的金融和经济灾难。虽然这次危机发生的原因、传播的机制、波及的范围、破坏的程度与20世纪30年代大萧条有许多不同，但是它再次印证了凯恩斯在《通论》中的论断：自由的市场（价格）机制调节通常不能达到充分就业，市场机制有时候会协调失灵，特别是在短期。这就为凯恩斯主义在理论界和政策制定者中的复兴提供了契机。

2008—2009年的国际金融危机形成以来，国际主流经济学界思潮的一个明显转向是对新古典经济学的自由市场共识（"华盛顿共识"）的质疑和批评，甚至连西方主流舆论界也对自由市场共识给出了负面评价。

2008年3月，被认为是自由市场的精神领袖、英国《金融时报》首席经济评论员马丁·沃尔夫（Martin Wolf）宣称，全球自由市场资本主义的梦想已经破灭，并引述德意志银行（Deutsche Bank）的首席执行官约瑟夫·阿克曼（Josef Ackermann）的话说："我不再相信市场的自我修复能力。"[①] 此后不久，美国著名经济学家、新凯恩斯主义代表人物之一的罗伯特·希勒（Robert Shiller，1946年3月29日— ）依据凯恩斯的理论，开始倡导大规模的政府干预，以应对国际金融危机。希勒于2008年11月出版《次贷危机的化解：今日的国际金融危机是怎样发生的以及如何解决它》一书，系统地阐发了他关于应对国际金融危机的政策建议及其相应的理论逻辑。美国另一位著名经济学家詹姆斯·K. 加尔布雷思（James K. Galbraith，1952年1月29日— ）主张发起一场横扫货币主义共识的攻击，认为货币主义时代已经终结，能够解决当前危机的还是凯恩斯主义经济学。2009年1月20日奥巴马就任美国总统迅速出台7 870亿美元的经济刺激计划以后，"凯恩斯复活"的呼声更加铺天盖地。加入支持者队伍的有IMF首席经济学家布兰查德，哈佛大学著名经济学家曼昆，诺贝尔经济学奖获得者克鲁格曼、斯蒂格利茨等一大批著名经济学家。

著名的凯恩斯传记作者罗伯特·斯基德尔斯基（Robert Skidelsky）于2009年出版

---

① *Financial Times*，2008-11-13.

了《凯恩斯：大师归来》，保罗·戴维森（Paul Davidson）于2009年出版了《凯恩斯的解决方案：全球经济繁荣之路》，哈佛大学出版社在2010年出版了《回到凯恩斯》（贝特曼等编著），标志着西方主流经济学对凯恩斯主义的召唤。

为什么需要复活凯恩斯经济学？为什么凯恩斯去世60多年后又被认为是最重要的经济学家？支持者们认为，凯恩斯当年在《通论》中论证的资本主义市场经济在短期难以达到充分就业均衡的思想不但被历史事实所证实，也不断被当代事实所证实。有人统计，仅仅从1960年开始算起，在21个发达国家就发生了122次经济衰退。1997年亚洲金融危机和2007年美国次贷危机以及随后爆发的国际金融危机，都证明了自由市场制度存在固有的缺陷。

2009年，诺贝尔经济学奖获得者阿克洛夫（Akerlof）和希勒在他们合著的《动物精神：人类心理如何驱动经济以及它对全球资本主义为何重要》一书中提出，金融泡沫和次贷危机应当从当年凯恩斯论证的“动物精神”中去寻找。也有学者认为，凯恩斯提出的乘数效应可以为政府扩大财政开支来拯救经济衰退提供理论支撑。斯基德尔斯基提供的理由则更深刻一些，他在《凯恩斯：大师归来》一书中认为：当对经济体系的冲击发生时，经济当事人不知道接下来的情况将会如何。面对这样的不确定性，他们不是重新调整他们的支出，而是压缩开支直到情况明朗，从而使经济陷入波动。因此，要克服经济衰退，我们仍然需要凯恩斯的方案。有学者甚至认为，凯恩斯经济学有助于避免西方国家再次陷入像20世纪30年代那样的大萧条。

一些学者还重新阐释了凯恩斯思想。他们认为，我们不但要重视凯恩斯的政府干预的理由和政策主张，还需要关注凯恩斯的下列思想：(1) 全球贸易不平衡。凯恩斯特别强调避免大规模贸易赤字或盈余的重要性，但是在新自由主义经济学盛行的年代，凯恩斯的这个告诫被丢弃了，西方发达国家的政府不再关注大规模贸易顺差或逆差。(2) 资本控制。凯恩斯强烈呼吁采取控制措施来限制国际资本流动，特别是限制短期投机性资本的流动，但是在20世纪70年代和80年代，西方经济学家和机构则放任国际资本流动。(3) 对数学在经济学研究和经济政策制定中的作用的质疑。凯恩斯虽然获得的是剑桥大学的数学学士学位，但是他对数学模型解决经济问题的有用性表示怀疑。在凯恩斯去世以后，数学在经济学中的地位不断提高。现在绝大多数经济学家并不反对在经济学中大量使用数学，而是呼吁经济学的发展要更多地使用原理而不是数学。

在次贷危机和国际金融危机爆发后不久，政治家们和政策制定者们就开始倒向凯恩斯；凯恩斯主张的财政刺激计划重新获得青睐。早在2008年1月，时任国际货币基金组织总裁的多米尼克·斯特劳斯-卡恩（Dominique Strauss-Kahn）就主张实施全球财政刺激计划。在2008年9月的联合国各国首脑大会上，时任英国首相的戈登·布朗倡议支持财政刺激计划。2008年11月15日，二十国集团领导人第一次会议在美国华盛顿举行，本次峰会是在世界经济和金融市场遭遇严重挑战时召开的。会上，时任美国总统乔治·布什、英国首相戈登·布朗、中华人民共和国主席胡锦涛、印度总理曼莫汉·辛格在发言中都赞成实施财政刺激计划。胡锦涛主席在题为《通力合作共度时艰》的发言中提出：“各国应该调整宏观经济政策，通过必要的财政、货币手段，积极促进经济增长，避免发生全球性经济衰退。”① 在本次峰会上，二十国集团领导人达成以下共识：

① 人民日报，2008-11-16.

我们决定增强相互合作，努力恢复全球经济增长，实现全球金融体系的必要改革。会议提出：面对全球经济恶化的形势，我们同意在紧密的宏观经济合作基础上采取广泛而必要的应对政策，以恢复经济增长，避免消极后果，支持新兴市场经济体和发展中经济。作为实现这些目标和应对长期挑战而立即采取的措施，我们将继续加强努力并且实施任何必要的更进一步的行动，以稳定金融体系。

2008 年 11 月 19—20 日，为期两天的亚太经合组织（APEC）部长级会议在秘鲁首都利马举行；随后的 11 月 22—23 日，APEC 领导人非正式会议又在利马召开。美国金融危机引发全球实体经济遭受重创问题成为本次会议的焦点。

从 2008 年第四季度到 2009 年，世界上大多数国家都出台了财政刺激一揽子计划。中国中央政府于 2008 年 11 月 10 日宣布实施一项在未来两年内（到 2010 年年底之前）投资 4 万亿元人民币（当时约合 5 860 亿美元）的财政刺激计划。2008 年 11 月 24 日英国财政大臣达林（Alistair Darling）宣布，下调增值税 2.5 个百分点至 15%，刺激英国人消费以提振经济；实施约 200 亿英镑的经济刺激计划；政府举债规模将从 2008 年的 780 亿英镑增至 2009 年的 1 180 亿英镑。2009 年 1 月奥巴马就任美国总统后迅速出台了一系列应对金融危机的政策措施：为刺激消费和投资，宣布将小布什政府的减税时间延长两年，从 2011 年起再将美国工资税从 6.2%下调至 4.2%；出台失业救济金计划；实施 7 870 亿美元的经济刺激计划。2010 年 9 月奥巴马又宣布追加 1 800 亿美元的刺激计划。2009 年 4 月 10 日日本执政党（自民党）正式宣布一项总额高达 15.4 万亿日元（约1 544 亿美元）的一揽子经济刺激计划，这是日本历史上最大规模的经济刺激计划。事实上，这已经是日本执政党自日本首相麻生太郎上任以来出台的第三个刺激计划，加上此前的两个刺激计划，日本自 2008 年 9 月以来推出的经济刺激计划总额已达到 27 万亿日元。在二十国集团国家，这种财政刺激计划支出平均占其 GDP 的大约 2%。

2009 年 3 月当时的世界银行行长罗伯特·佐利克呼吁发达国家从其经济刺激计划中拿出 0.7%的资金捐赠给“减低脆弱性基金”（a vulnerability fund），以帮助无力实施经济刺激计划的发展中国家。2008 年年底世界银行的下属机构——国际金融公司组建了金额为 30 亿美元的“银行重组基金”，旨在帮助亚洲、中东与北非、撒哈拉以南非洲、拉美与加勒比以及中东欧等地区面临流动性问题的银行。

国际机构和主要经济体的刺激计划对于阻止国际金融危机进一步扩散和经济进一步下滑发挥了积极作用。2008 年中国 GDP 的增长率由第一季度的 11.3%下降到第四季度的 7.5%，2009 年第一季度进一步下跌至 6.6%，但是到 2009 年第二季度，中国经济就止跌回升，第一季度至第二季度 GDP 增长率达到 7.5%，第一季度至第三季度达到 8.2%，第一季度至第四季度达到 9.2%。此后国内外经济学界均有“中国经济可能出现二次探底”的警示，但是最终“二次探底”与中国经济擦肩而过。2009 年第三季度，美国经济开始摆脱衰退，英国《金融时报》把它归功于奥巴马政府的刺激措施。2009 年 12 月奥巴马总统宣布美国政府的第一轮刺激计划已经创造了 160 万个就业机会。2010 年 7 月穆迪公司首席经济学家马克·赞道尔（Mark Zandl）和美联储前副主席艾伦·布林德（Alan Blinder）在一篇文章中预测，如果没有政府干预，美国的经济衰退将更加糟糕；按照他们的计算，如果没有财政政策和货币政策的应急措施，美国的失业率将高达 16.5%，而不是现在的 10%左右；GDP 从峰顶到低谷大约下降 12%，而不是现在的4%。2010年8月，美国国会预算办公室提供的一份报告认为，美国的刺激政策使经济增长提高了4.5%。美国劳工部在2012年12月7日对外发布的一份数据显示，2012年11月美国新增就业人数14.6万人，失业率下降至7.7%，创出自2008年12月以来的最低失业水平。2011年3月3日美国经济学家大卫·罗默（David Romer，1958年3月13日— ）肯定地说："我们应该看到财政刺激措施是否有效的问题已经获得了肯定的答案。"① 早在2009年8月，保罗·克鲁格曼在一篇文章中就宣称，世界已经摆脱了第二次大萧条的威胁，这应当归功于"大政府"（"Big Government"）②。

我们也应该看到，在国际经济学界，反对"凯恩斯复活"的呼声也不小。反对者的理由主要是：凯恩斯的干预政策是反生产性的，因为这种政策是通货膨胀性的，它会导致更大的收入差距，并且造成消费者减少消费，因为他们预期未来的税收会提高。2009年，以诺贝尔经济学奖获得者布坎南、普雷斯科特为首的300多位经济学家联合签发了一份反对扩大政府支出的声明，这份声明认为，"降低税率和削减政府负担是使用财政政策促进经济增长的最优途径"。哈佛大学著名经济学家巴罗和一些德国经济学家认为通过扩大政府支出来刺激经济是不明智的，乘数效应被"凯恩斯复活"的支持者们高估了，乘数效应实际上差不多等于零。大名鼎鼎的杰弗里·萨克斯认为，经济刺激计划也许在短期有用，但是它会在未来几年内产生更大的危机。

经济刺激计划的实施确实也产生了一些副作用。就美国来说，由于刺激计划就是"烧钱"，这导致联邦政府债务每年以万亿美元的速度增长，政府债务持续上升倒逼美国国会不断提高政府债务上限（debt ceiling）。2010年2月美国国会通过的债务上限是14.29万亿美元；2011年又两度上调，分别提高了4 000亿美元和5 000亿美元，债务上限提高到15.2万亿美元；2012年1月国会又因政府要求再度提高债务上限1.2万亿美元，使得政府债务上限高达16.4万亿美元；2013年1月奥巴马政府再度要求提高联邦政府债务上限，美国众议院共和党人同意将提高债务上限的时间推迟至2013年4月15日。

经济刺激计划的实施在很大程度上把美国经济推向了"财政悬崖"（fiscal cliff），即美国将在2013年1月1日同时出现税收增加与政府支出减少的局面③；如果美国国会两党不能在2012年年底或2013年年初达成协议规避这一局面，减支增税措施将自动生效，2013年美国将增加大约5 320亿美元税收，同时减少大约1 360亿美元政府支出；美国如果坠入"财政悬崖"，其经济将滑向崩溃的边缘。意料之中的是，美国国会参议院此前通过的解决"财政悬崖"的议案于2013年元旦晚间在国会众议院投票获得通过。这个议案的主要内容包括从2013年开始，美国将提高年收入45万美元以上富裕家庭的个税税率，失业救济金政策在2013年延长一年，把将在2013年年初启动的约1 100亿

① David Romer (2011-03-03), "What Have We Learned about Fiscal Policy from the Crisis?" *International Monetary Fund*, Retrieved, 2012-05-18.

② Paul Krugman (2009-08-09), "Averting the Worst," *New York Times*, Retrieved, 2009-09-18.

③ 为刺激经济长期增长，小布什政府于2001年颁布了《经济增长与税收减免协调法案》，将最高所得税税率从39.6%降低到35%；2002年，又将资本利得税税率从20%降到15%，并将对股息征收的个人所得税税率从35%降到15%，减税时间都为10年。2009年奥巴马政府为应对金融危机被迫将小布什政府的减税时间延长两年。这样，小布什政府的减税政策应于2012年年底到期。同时，也是为了应对金融危机，奥巴马政府与国会于2011年8月达成自动减（少）赤（字）节（约开）支机制：自2013年元旦开始10年内美国联邦政府削减1.2万亿美元的政府支出。

美元政府支出削减计划延后两个月再执行等。“财政悬崖”终于还是有惊无险。

值得注意的是，2010年年中以来，关于“凯恩斯主义复兴”的争论出现了一个重要的变化：一些政府和国际机构决策者，例如欧洲中央银行行长特里谢、IMF主席斯特劳司-卡恩，不再支持继续实施刺激计划，主张政府扩张性政策退出，而学术界对凯恩斯思想的兴趣则日益高涨。

笔者认为，不能简单地对凯恩斯“复活”下一个对或错的判断。为了应对全球金融危机，尽量减少危机冲击带来的经济损失和社会震荡，避免经济陷入长期萧条，政府干预是必要的。由于经济全球化的广度和深度在不断扩展，各国经济越来越开放，越来越相互依存、相互影响，一旦某个经济体遭受冲击发生大的波动，很快就会传递给其他的经济体，一国金融和经济危机很快就会演变成国际性的金融和经济危机。因此，解决当今世界的金融和经济危机，仅仅依靠一国政府的“凯恩斯主义式的”干预已经力不从心，甚至是杯水车薪，客观上需要各国政府进行联手干预和国际协调，把单个国家的“凯恩斯主义式的”政府干预扩展成国际性的“凯恩斯主义”干预。应对本轮国际金融危机和应对欧洲主权债务危机的实践已经证明了这一点。从这个意义上说，凯恩斯主义更加普及了而不是被丢弃了。但是，无论是一国单独干预还是各个国家联合干预，这种干预应当是短期的、应急性的，并且相应的干预措施应当是经过科学选择和科学实施的，长期经济运行则仍需由市场机制来主宰。经济也是一个有机体，“凯恩斯主义式的”干预是一种药，只有在有机体生病而无法自愈时才需要用药；即便如此，也还有一个药的剂量和如何以及何时用药的问题；一旦病好了，有机体还应当靠自身调节。

自凯恩斯《通论》出版以来，“坚持还是抛弃（政策上的）凯恩斯主义”一直是西方经济学家和政治家激烈争论的一个话题；自1998年我国开始实施旨在扩大内需的积极的财政政策以来，我国学术界也加入了这个话题的争论。笔者认为，尽管今天的世界与凯恩斯生活的那个时代已经大不相同，但是凯恩斯思想的影响将会长期存在；只要市场机制的调节和协调不能到位，只要阻碍市场机制正常运行的因素和力量还存在，只要人的“动物精神”不能得到有效引导和有效约束，经济的运行和发展就还需要政府这只“看得见的手”来协助。问题的关键不是在于“要不要政府干预”，而在于“政府如何科学地干预，如何适度干预”。

至于理论上的凯恩斯主义则一直活在西方主流经济学和非主流经济学中，甚至在西方社会学、政治学、哲学等其他人文社会科学中也有一定程度的存在；在新凯恩斯主义、新新古典综合（学派）和后凯恩斯主义经济学中，凯恩斯的许多理论观点和方法得到了继承、复兴和发展。新凯恩斯主义和新新古典综合请分别见本书第六章和第七章。

本章复习与思考题

1. 凯恩斯与古典经济学家有哪些主要分歧？你认为他们分歧的原因何在？

2. 你如何理解凯恩斯“革命”？

3. 新古典综合派对凯恩斯理论进行了哪些补充和发展？这些补充和发展的意义何在？

4. *IS*—*LM* 模型在宏观经济学体系中有什么作用？为什么说它是新古典综合的一个代表作？

5. 围绕菲利普斯曲线，当代西方经济学家展开了哪些争论？
6. 你认为凯恩斯《通论》对当代西方经济学的发展产生了哪些影响？
7. 如何看待凯恩斯主义对发达国家的经济政策和经济运行的影响？
8. 举例说明凯恩斯主义经济学中哪些理论和方法对我们是有用的？
9. 你如何看待美国次贷危机后的“凯恩斯主义回潮”？

本章进一步阅读文献

［1］Bateman，Bradley W.，Toshiaki Hirai & Maria Cristina Marcuzzo，eds.，*The Return to Keynes*，Belknap Press of Harvard University Press，2010

［2］Davidson，Paul，*The Keynes Solution：The Path to Global Economic Prosperity*，Palgrave Macmillan，2009

［3］Davis，J. Ronnie，*The New Economics and the Old Economics*，The Lowa State University Press，1971

［4］Galbraith，John Kenneth，“How Keynes Came to America，” *New York Times*，*Book Review*，May 1965

［5］Hansen，Alvin H.，*Monetary Theory and Fiscal Policy*，McGraw-Hill Company，1949

［6］Hansen，Alvin H.，*A Guide to Keynes*，McGraw-Hill Company，1953（中译本由商务印书馆 1963 年出版）

［7］Harris，Seymour E.，*The New Economics*，Knopf，1947

［8］Hicks，John R.，“Mr. Keynes and the ‘Classics’：A Suggested Interpretation，” *Econometrica*，5 April，1937

［9］Klein，Lawrence R.，*The Keynesian Revolution*，Macmillan，1947；2nd ed.，1966

［10］Klein，Lawrence R.，R. G. Bodkin，and K. Marwah，*History of Macroeconomic Model-building*，Edward Elgar，1991

［11］Leijonhufvud，Axel，*On Keynesian Economics and the Economics of Keynes*，Oxford University Press，1968

［12］Patinkin，Don，*Money*，*Interest and Prices*，2nd ed.，Harper & Row，1965

［13］Samuelson，Paul Anthony，*Foundations of Economic Analysis*，Harvard University Press，1947

［14］Samuelson，Paul Anthony，*Economics*，1st，3rd，10th，13th Editions，McGraw-Hill Inc.，1948，1955，1976，1989

［15］Samuelson，Paul A.，*Readings in Economics*，7th ed.，McGraw-Hill Inc.，1973

［16］Skidelsky，Robert，*Keynes：The Return of the Master*，Allen Lane，Public Affairs，2009

［17］［英］约翰·梅纳德·凯恩斯. 就业、利息和货币通论（重译本）. 北京：商务印书馆，1999

[18] [美] 爱德华·夏皮罗. 宏观经济分析. 北京：中国社会科学出版社，1985

[19] 刘涤源. 凯恩斯经济学说评论. 武汉：武汉大学出版社，1997

[20] 方福前. 从《货币论》到《通论》：凯恩斯经济思想发展过程研究. 武汉：武汉大学出版社，1997

[21] 方福前. 论凯恩斯思想转向《通论》的原因. 中国人民大学学报，1997 (6)

[22] 方福前. 论凯恩斯理论与罗斯福“新政”的关系. 经济理论与经济管理，1998 (3)

[23] 冯金华，徐长生. 后凯恩斯主义理论的发展. 武汉：武汉大学出版社，1997

第三章

货币主义

货币主义（monetarism）是20世纪60年代在西方兴起、流行于70年代和80年代前期的一个经济学流派，它力图继承和发展传统的货币数量论的分析方法，认为价格总水平和名义国民收入变化的主要决定因素是货币数量的变化，并倡导经济生活的自由放任。

货币主义的主要代表人物有美国经济学家米尔顿·弗里德曼（1912年7月31日—2006年11月16日）①，克拉克·沃伯顿（Clark Warburton，1896年1月27日—1979年9月18日），菲利普·卡甘（Phillip Cagan，1927年4月30日—2012年6月15日），卡尔·布朗纳（Karl Brunner，1916年2月16日—1989年5月9日）②，阿兰·H. 梅尔泽（Allan H. Meltzer，1928年2月6日—　），安娜·J. 施瓦茨（Anna J. Schwartz，1915年11月11日—2012年6月21日），艾伦·格林斯潘（Alan Greenspan，1926年3月6日—　），保罗·沃尔克（Paul Volcker，1927年9月5日—　），加拿大经济学家哈利·约翰逊（Harry Gordon Johnson，1923年5月28日—1977年5月9日）③，加拿大经济学家迈克尔·帕金（Michael Parkin），英国经济学家大卫·莱德勒（David Laidler，1938年8月12日—　）等人。1968年，卡尔·布朗纳把以弗里德曼为代表的经济理论和政策主张称作"货币主义"。

---

① 1976年诺贝尔经济学奖获得者。

② 布朗纳于1943年移居美国，长期在罗切斯特大学执教，瑞士籍。

③ 哈利·约翰逊1959—1977年任美国芝加哥大学经济学教授，1966—1974年任英国伦敦政治经济学院经济学教授。

在货币主义这个学派的形成过程中，克拉克·沃伯顿被认为是开拓者和先驱者，是1945年以后的第一位货币主义经济学家。沃伯顿在1945年以后就开始批评凯恩斯的理论，特别是凯恩斯的货币与利率理论，他率先倡导复活货币数量论和古典的货币非均衡理论。他在1945年以后所做的一系列经验研究也为货币主义的实证研究风格开创了范例。他通过整理和分析1918—1947年美国的季度数据，发现货币供应量和银行储备偏离其趋势线在同一方向上领先于经济周期的转折点，随后是销售的最终产出、产出、物价和货币流通速度偏离其趋势线。① 时隔差不多20年后，他又进一步发展和完善了这些结论。② 他还根据对美国1799—1939年的长期数据和1909—1947年的年度数据的研究，发现围绕其趋势调整的货币流通速度与生产能力在和平时期是相对稳定的，尽管极端的货币波动以及货币数量变化是价格水平变化的“压倒性的主导因素”。这个结论与货币数量论的观点是一致的。③ 沃伯顿长期坚持的一个观点是，货币供应量的不稳定是经济波动的主要根源，货币波动不只是经济波动的一种强化因素，20世纪30年代的大萧条也是如此。④ 在政策上，沃伯顿一直主张货币政策稳定是宏观经济稳定的关键。⑤

在货币主义的形成和发展过程中，弗里德曼无疑起了中心和主导作用，他被公认为是货币主义的领袖。

美国经济学家詹姆斯·托宾曾经把货币主义区分为“货币主义Ⅰ”和“货币主义Ⅱ”。⑥ 前者主要是指由弗里德曼等人提出来的货币主义观点，它以“新货币数量论”“适应性预期假说”“自然率假说”“附加预期的菲利普斯曲线”为其理论硬核。后者则是指建立在理性预期假说基础上的新古典宏观经济学。曼昆则把货币主义看作是“新古典（宏观）经济学的第一波”（the first wave of New Classical Economics）。⑦

我们在本章主要讨论货币主义Ⅰ，货币主义Ⅱ将是我们下一章讨论的内容。

具体来说，货币主义者（货币主义Ⅰ）一般都接受以下四个命题：

(1) 私人经济是可以自身稳定的。

(2) 货币在长期是中性的。

(3) 存在短期的菲利普斯曲线。

---

① Clark Warburton, “The Misplaced Emphasis in Contemporary Business-Fluctuation Theory,” *Journal of Business*, 19 (4), 1946, pp. 199-220; “Bank Reserves and Business Fluctuations,” *Journal of the American Statistical Association*, 43 (244), 1948, pp. 547-558; “The Theory of Turning Points in Business Fluctuations,” *Quarterly Journal of Economics*, 64 (4), 1950, pp. 525-549.

② Clark Warburton, “Cyclical Fluctuations in the Stock of Money and in Effective Demand, 1919—1965,” *Southern Journal of Business*, 2, 1967, pp. 140-145.

③ Clark Warburton, “The Volume of Money and the Price Level between the World Wars,” *Journal of Political Economy*, 53 (2), 1945, pp. 150-163; “The Secular Trend in Monetary Velocity,” *Quarterly Journal of Economics*, 63 (1), 1949, pp. 68-91.

④ Clark Warburton, “Monetary Theory, Full Production, and the Great Depression,” *Econometrica*, 13 (2), 1945, pp. 114-128.

⑤ Clark Warburton, “Monetary Disturbances and Business Fluctuations in Two Centuries of American History,” in L. Yeager, ed., *In Search of a Monetary Constitution*, Harvard University Press, 1962, pp. 91-92.

⑥ Tobin, James, *Asset Accumulation and Economic Activity: Reflections on Contemporary Macroeconomic Theory*, The University of Chicago Press, 1980.

⑦ Mankiw, N. Gregory, “The Macroeconomist as Scientist and Engineer,” *Journal of Economic Perspectives*, Fall 2006, pp. 29-46.

(4) 凯恩斯主义积极干预的经济政策是有害的。

货币主义Ⅰ的发展演变可以分为三个阶段：新货币数量论的提出（20世纪50年代中后期和60年代前期）、附加预期的菲利普斯曲线理论（20世纪60年代）和国际收支与汇率决定的货币理论分析（20世纪70年代）。[①]

货币主义是第一个公开打出反凯恩斯“革命”旗号的西方经济学流派，为了使世人把货币主义与凯恩斯主义等量齐观，弗里德曼自称他的理论是“货币理论中的反革命”(the counter-revolution in monetary theory)。

第一节 货币主义产生的背景

货币主义产生的背景是由于凯恩斯主义者对传统的货币数量论的批评以及对货币调节总需求的重要性的轻视；凯恩斯主义旨在稳定经济的政策反而导致经济不稳定；发达国家长期推行凯恩斯主义需求管理政策导致在20世纪60年代中后期出现了较多的财政赤字、政府债务和不断攀升的通货膨胀。

一、理论纷争：货币重要还是不重要

凯恩斯最初是一位货币经济学家，他的颇有影响的《货币改革论》（1923年）和《货币论》（1930年）奠定了他在货币经济学中的地位。在《通论》中，凯恩斯特别强调货币在经济体系中占有重要而特殊的地位，认为货币是联系现在与未来的桥梁，他试图打破古典二分法，把货币理论变成一种总产量理论。

但是，在《通论》中，凯恩斯尖锐地批评了货币数量论，认为这种理论表达的只是一些常识，是一些不言而喻的道理。并且，凯恩斯假定，人们持有财富只在货币和债券这两种资产形式中进行选择，货币需求有较高的利率弹性。根据这个假定，货币供给增加会引起利率下降，而利率下降会引起货币需求增加或货币流通速度下降，由于货币供应量M的增加被货币流通速度V的降低所抵消，所以M的变化对总需求从而对名义国民收入Y不产生影响。因此，货币主义者认为，在凯恩斯体系中，“货币不重要”(money does not matter)。

新古典综合派把古典学派的一些思想综合到凯恩斯体系中，强调“货币重要”(money matters)，但是在货币流通速度是不变还是可变的问题上，他们和凯恩斯的观点是一致的。新古典综合派只是承认M的变化会通过利率的变化来改变投资数量，从而引起名义国民收入的变化。

货币主义者不赞成凯恩斯主义者对货币数量论所持的态度，认为应当重新认识货币数量论的价值或意义；他们认为凯恩斯主义体系对货币在经济体系中的特性和作用重视得不够，需要重新研究和认识这个问题。货币主义强调“唯有货币重要”(money alone matters)。

---

① 由于篇幅所限，本书不讨论货币主义的国际收支与汇率理论。需要了解这方面内容的读者可以参考《国际经济学》《国际金融》教科书或有关著作。

二、稳定政策有效还是无效

上一章曾说过，凯恩斯主义对 20 世纪 50—60 年代发达资本主义国家的经济和经济政策产生了重要的影响。但是，这不意味着凯恩斯主义稳定经济的政策都是有效的。事实上，由于信息不完全，限制了政府对经济形势的判断；由于对经济形势的认识到经济政策的实施再到政策发挥作用，这一期间总是存在或长或短的时滞，这又严重地限制了政府成功地遵循凯恩斯主义稳定政策的能力；加上政治因素和利益集团的力量左右着政府政策的选择和实施，所以，稳定经济的政策往往变成一种经济不稳定的因素。例如，由于从 1965 年开始，美国对越南战争升级，从而导致联邦政府支出不断增加，1968 年美国经济出现过热。为了给经济降温，美国国会和政府根据凯恩斯主义的政策处方，决定开征一项附加 10%的个人所得税。但是，这项税开征以后的近两年时间内，美国的通货膨胀率进一步上升了而不是下降了。货币主义抓住这个证据攻击财政政策无能。

英国国家经济与社会研究所对英国政府战后的财政政策的效果进行了研究，这项研究成果也为货币主义的“财政政策无能”论提供了证据。这项研究得出的一个结论是：“事实上，财政政策的变化没有起到稳定的作用，相反它们本身是造成不稳定的主要因素。”[①]

有证据表明，货币政策也不是像凯恩斯主义者所说的那样只起次要作用。凯恩斯主义者主张的“廉价的货币”（cheap money）政策往往导致通货膨胀。

三、通货膨胀成为头号经济问题

如果从弗里德曼 1956 年发表《货币数量论：重新表述》一文[②]算起，货币主义产生于 20 世纪 50 年代后期。但是，货币主义是在 60 年代后期才赢得人们喝彩的，到 70 年代才被英美等国政府作为制定经济政策的依据。货币主义的兴起在一定程度上也是当时的时势造成的。

在第二次世界大战结束以后的相当长一段时间里，降低过高的失业率、恢复生产和促进经济增长成为发达国家头号的经济任务和政府的首要经济政策目标，当时的物价是相对稳定的。所以在 60 年代中期以前，货币主义并没有引起人们太多的注意。但是，从 1968 年开始，美国、英国、法国等主要资本主义国家的物价大幅度攀升。随后，由于原油进口价格和原料进口价格成倍提高，主要工业化国家的通货膨胀愈演愈烈（见表 3-1），通货膨胀让位于失业成为头号经济问题。在这种经济形势下，以反通货膨胀为首要目标的货币主义赢得发达国家政府的青睐和学界的拥护就是必然的了。

---

① J. C. R. Dow, “The Management of the British Economy 1945—1960,” National Institute of Economic and Social Research, Cambridge University Press, 1964, p. 211.

② Milton Friedman ed., *Studies in the Quantity Theory of Money*, The University of Chicago Press, 1956.

表 3-1　　工业化国家的通货膨胀（1964—1975 年）

年份	美国	加拿大	日本	法国	德国	意大利	英国
1964	1.3	1.8	3.8	3.1	2.3	5.9	3.2
1965	1.7	2.5	6.6	2.7	3.2	4.4	4.8
1966	3.0	3.7	5.1	2.6	3.6	3.2	3.9
1967	2.8	3.6	4.0	2.8	1.6	0.5	2.4
1968	4.2	4.1	5.4	4.6	1.6	1.5	4.7
1969	5.4	4.5	5.2	6.1	1.9	2.4	5.5
1970	5.9	3.4	7.7	5.9	3.4	5.0	6.4
1971	4.3	2.8	6.4	5.5	5.2	4.9	9.4
1972	3.3	4.8	4.9	6.2	5.5	5.8	7.1
1973	6.2	7.6	11.7	7.3	7.0	10.8	9.2
1974	11.0	10.9	23.1	13.7	7.0	19.1	15.9
1975	9.1	10.8	11.8	11.8	5.9	16.9	24.2

资料来源：国际货币基金组织．国际金融统计年鉴（1993）．

四、菲利普斯曲线的崩溃

在 20 世纪 60 年代，菲利普斯曲线成为西方发达国家宏观经济政策分析的基石，政策制定者可以依据这条曲线在不同的通货膨胀率和失业率的组合中进行选择。就美国的情况来说，1961—1969 年的通货膨胀率与失业率的数据完全证实了菲利普斯曲线所描述的关系的存在，如图 3-1 所示。

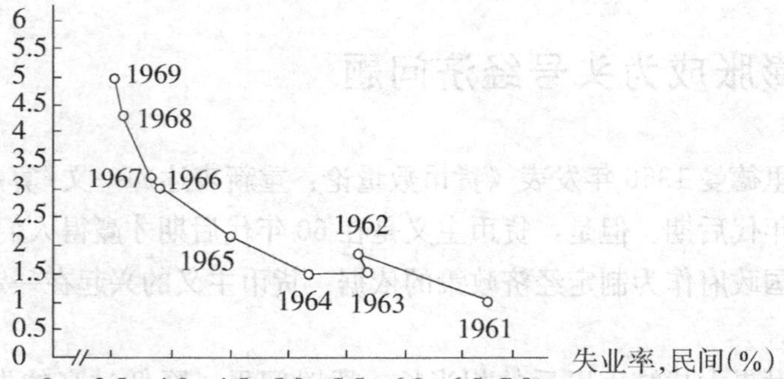

图 3-1　1961—1969 年美国的菲利普斯曲线

资料来源：DRI/McGraw-Hill.

但是，从 20 世纪 70 年代开始，主要发达国家不但通货膨胀率越来越高，而且其变化也反复无常。更为重要的是，通货膨胀率和失业率之间的替代关系消失了！图 3-2 描述了 1961—1992 年美国的通货膨胀率与失业率之间的关系，由这张图我们可以看到，从 1970 年开始，通货膨胀率与失业率的关系变得令人捉摸不定：有些年份通货膨胀率与失业率之间存在反向替代关系（如 1974—1975 年、1976—1978 年、1980—1982 年、1986—1989 年、1990—1992 年），有些年份则存在同方向变化关系（如 1969—1970 年、1971—1972 年、1973—1974 年、1975—1976 年、1979—1980 年、1985—1986 年、1989—1990 年），有些年份的通货膨胀率与失业率的变化又是相互独立的（如 1982—

1983 年)。无论是哪一类关系，这些关系都是极不稳定的，每一类关系只在几年内存在。

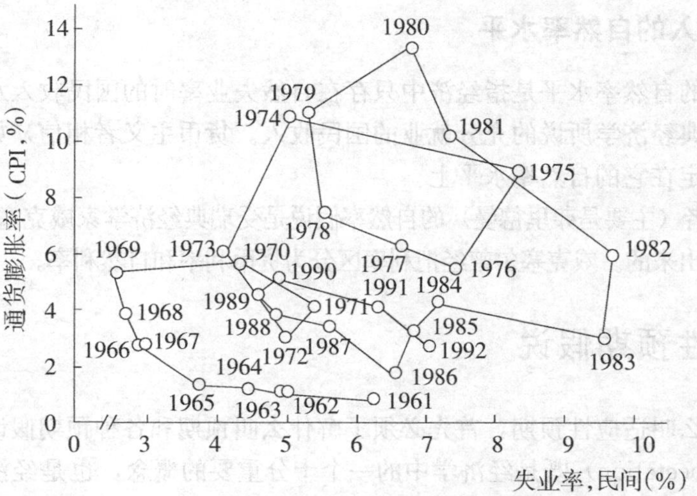

图 3-2　1961—1992 年美国的通货膨胀率与失业率

资料来源：DRI/McGraw-Hill.

菲利普斯曲线的崩溃为货币主义向凯恩斯主义发动进攻找到了理论和政策主张上的突破口。

第二节　货币主义的理论假说

货币主义提出的理论假说主要有自然率假说和适应性预期假说，这些假说构成货币主义的理论基础。

一、自然率假说

自然率假说（natural rate hypothesis）包含自然失业率假说和国民收入的自然率水平假说。

(一) 自然失业率

所谓“自然失业率”（natural rate of unemployment），是指在没有货币因素干扰的情况下，由经济体系中的实际因素，如劳动市场的有效性、竞争或垄断程度、阻碍或促进到各种职业部门去工作的制度因素所决定的失业率。[①] 自然失业率大体上相当于凯恩斯在《通论》中定义的自愿失业和摩擦失业人数在总劳动力中所占的比率。弗里德曼认为，自然失业率并不是一个不变的常数，通过消除劳动市场上的障碍、减少摩擦因素可以降低这种失业率，而增加劳动市场上的障碍可能会提高这种失业率。

① 弗里德曼文萃. 北京：首都经济贸易大学出版社，2001：404.

弗里德曼之所以提出自然失业率的概念，是想把就业或失业问题中的货币层面和非货币层面因素区分开来。

(二) 国民收入的自然率水平

国民收入的自然率水平是指经济中只存在自然失业率时的国民收入水平，这种国民收入相当于古典经济学所说的充分就业的国民收入。货币主义者相信，如果没有政府干预，经济会稳定在它的自然率水平上。

货币主义者（主要是弗里德曼）的自然率假说是受瑞典经济学家威克塞尔（Knut Wicksell）的启发提出来的。威克塞尔曾经把利率区分为货币利率和自然利率。

二、适应性预期假说

要了解什么叫适应性预期，首先必须了解什么叫预期和各种预期假说。

预期（expectation）既是经济学中的一个十分重要的概念，也是经济当事人一个重要的、经常性的行为。经济活动实际上是一个决策过程，任何决策都是在当前状态一定的条件下关于未来的决策。但是，未来是未知的、不确定的，因此，经济决策者要在当前做出决策，必须对与当前决策有关的经济变量的未来值进行预测或估计。所谓预期，就是经济决策者对与当前决策有关的经济变量的未来值所做的预测。例如，厂商必须对它的产品的未来价格进行预测，以便做出这种产品应当生产多少的决策；工人和雇主签订劳动合同之前要对未来的通货膨胀率进行预测。即便是一些从表面上看仅仅包含当前状态的决策，也隐含着对未来的预测。例如一个人用分期付款的方式购买了小汽车而不购买空调，这个消费决策就隐含着他对未来收入的预测和对小汽车、空调未来价格的预测。

预期思想起源于 19 世纪。1887 年英国剑桥大学教授马歇尔在向英国皇家委员会作证时就使用过预期的提法。凯恩斯在他的代表作《货币论》和《通论》中反复强调不确定性和预期对于经济决策的重要性。

预期假说的发展大体上经历了以下几个阶段：

(一) 静态预期假说

所谓静态预期是指经济当事人认为某个经济变量在未来是不变的，它的现在值只是过去值的简单复制或“克隆”。微观经济学中的蛛网模型第一次将预期假说形式化。这个模型中的预期就是一种静态预期。

蛛网模型可以表述如下：

$$Q_t^d = a - bP_t \tag{3-1}$$
$$Q_t^s = c + dP_t^e \tag{3-2}$$
$$P_t^e = P_{t-1} \tag{3-3}$$

式中，a，b，c，d 为大于零的参数；Q_t^d，Q_t^s 分别为 t 期某种商品的需求量和供给量；P_t 为 t 期的价格。

这个模型的静态预期思想体现在式（3-3）和式（3-2）中。式（3-3）表示，在（$t-1$）期预期的 t 期的价格 P_t^e 等于（$t-1$）期的实际价格 P_{t-1}，也就是说，经济当事人预期下一期的价格会保持不变，即预期未来会像现在一样按不变的形式被复制或“克隆”出来。式（3-2）表示经济当事人的供给决策是根据上一期的价格做出来的。农产品市场的供给行为就是如此。

（二）外推式预期假说

这种预期假说是梅茨勒（Lloyd Metzler）在1941年提出来的。梅茨勒认为，经济当事人对未来的预期不仅以经济变量过去的水平为基础，而且建立在经济变量变化的方向上。因此，对t期价格的外推式预期可以定义为：

$$P_t^e = P_{t-1} + \alpha(P_{t-1} - P_{t-2}) \tag{3-4}$$

式中，α称作预期系数，它可以大于零、小于零和等于零。式（3-4）表示，任一期（t）的价格预期值P_t^e等于前一期的价格水平P_{t-1}加上（或减去）一定比例的前两期的价格水平之差（$P_{t-1}-P_{t-2}$）。

当$\alpha>0$时，如果$P_{t-1}>P_{t-2}$，则有$P_t^e>P_{t-1}$；如果$P_{t-1}<P_{t-2}$，则有$P_t^e<P_{t-1}$。这说明以前的价格变化趋势将会继续保持下去：当（$t-1$）期的价格高于（$t-2$）期的价格时，预期t期的价格仍将高于（$t-1$）期的价格；当（$t-1$）期的价格低于（$t-2$）期的价格时，预期t期的价格仍将低于（$t-1$）期的价格。

当$\alpha<0$时，如果$P_{t-1}>P_{t-2}$，则有$P_t^e<P_{t-1}$；如果$P_{t-1}<P_{t-2}$，则有$P_t^e>P_{t-1}$。这说明以前的价格变化趋势将会朝相反的方向发展：当（$t-1$）期的价格高于（$t-2$）期的价格时，预期t期的价格将低于（$t-1$）期的价格；当（$t-1$）期的价格低于（$t-2$）期的价格时，预期t期的价格将高于（$t-1$）期的价格。

当$\alpha=0$时，则有$P_t^e=P_{t-1}$，这就是静态预期。可见，静态预期是外推式预期的一种特例，静态预期实际上假定预期系数等于零。

从数学形式上看，静态预期模型是一阶差分方程，外推式预期模型是二阶差分方程。二阶差分方程更富于动态变化，其变化方向取决于预期系数。因此，根据外推式预期所做的预测要优于根据静态预期所做的预测。

（三）适应性预期假说

适应性预期（adaptive expectation）假说是卡甘于1956年提出来的。这种适应性预期假说是货币主义的理论基础之一。

所谓适应性预期，是指经济当事人以过去的经验为基础并根据他们以前的预期误差程度来修正每一期的预期。在（$t-1$）期对t期的价格水平所做的适应性预期可定义为：

$$P_t^e = P_{t-1}^e + \beta(P_{t-1} - P_{t-1}^e)\quad(0<\beta<1) \tag{3-5}$$

式中，β为适应性系数，它决定了预期对过去的误差进行调整的速度。因此，根据适应性预期模型，t期价格的预期值等于$t-1$期价格的预期值加上（或减去）$t-1$期价格的预期值与实际值的一定比例的误差值。

如果$\beta=1$，则有$P_t^e=P_{t-1}$，即适应性预期变成了静态预期。这说明静态预期是适应性预期的一个特例，静态预期实际上假定适应性系数等于1。

在适应性预期条件下，P_t^e可以用以前各期的实际价格的加权平均数来表示：

$$P_t^e=\beta P_{t-1}+\beta(1-\beta)P_{t-2}+\beta(1-\beta)^2P_{t-3}+\beta(1-\beta)^3P_{t-4}+\cdots$$

可以用下式来表示这个无穷大的和：

$$P_t^e=\beta\sum_{k=1}^{\infty}(1-\beta)^{k-1}P_{t-k}$$

这是一个滞后分布，因为这里的权数分布在大量滞后的（过去的）数值中。在上式中，权数呈几何级数递减（$0<\beta<1$），这说明距离现在越远的那个时期的价格，对当前价格的预期的作用越小。

由上可以看到，适应性预期与外推式预期的区别在于：前者以经济变量一系列过去数值所包含的信息为基础，后者仅以最近两期的实际数值所包含的信息为基础。可见，适应性预期的信息量要大大多于外推式预期的信息量。

第三节　货币主义的货币理论

货币主义的货币理论最初称作"新货币数量论"或"重新表述的货币数量论"，后来发展成"名义国民收入的货币理论"。它既是一种与传统的货币数量论和凯恩斯的货币理论有继承关系的理论，又是一种与后两种理论相区别的货币理论。

一、新货币数量论

1956 年，弗里德曼发表《货币数量论：重新表述》一文。[①] 这是一篇把在芝加哥大学一直流传的货币数量论的口述传统用一个特殊模型来概括表述并进行创新发展的论文，它为货币主义奠定了方法论和理论的基础。这篇文章中重新表述的货币数量论和弗里德曼随后发表的《货币需求：一些理论和经验结果》(1959 年)[②]、《最优货币数量论》(1969 年)[③]、《货币分析的理论结构》（1970 年）等文章中的观点一起构成"新货币数量论"或"现代货币数量论"。

在《货币数量论：重新表述》这篇文章的一开头，弗里德曼就认为，20 世纪 30 年代大萧条以后，货币数量论的方法名声扫地，大多数学者对货币数量论避而不谈，只有芝加哥大学为数极少的经济学教授还在讲授这个理论。他的这篇文章既昭示着货币数量论的复活趋势，又含有对这种理论的创新。

弗里德曼认为，货币数量论的基本观点是：坚持认为货币是至关重要的，即坚持认为，如果忽略了货币方面的变动及其影响，如果不对人们为什么愿意持有货币的某一特定数量加以解释，那么，对经济活动的短期波动所作的任何解释都将失之偏颇。也就是说，必须通过对货币供给和货币需求做出分析来对经济的短期波动做出解释。但是，弗里德曼又认为，货币数量论"首先是一种货币需求理论。它不是一种产出理论、货币收

---

① Milton Friedman, ed., *Studies in the Quantity Theory of Money*, The University of Chicago Press, 1956.

② Milton Friedman, "The Demand for Money: Some Theoretical and Empirical Results," *Journal of Political Economy*, Vol. 67, 1959.

③ Milton Friedman, *The Optimum Quantity of Money*, Aldine Publishing Company, 1969.

入理论或价格水平理论”。因此，需要重新研究和表述货币需求函数。可见，弗里德曼是沿着剑桥（庇古）方程式的思路来重新研究货币理论的。

与简单、粗糙的货币数量论不同，弗里德曼的货币需求理论实际上是一种资产需求理论。弗里德曼认为，人们对货币（或任何其他的特定资产）的需求由下列因素决定：(1) 以各种形式持有的总财富；(2) 这种形式的财富与其他形式的财富的价格、收益状况；(3) 财富所有者的兴趣与偏好。进一步，可以把货币需求函数表述如下：

$$M=f\left(P,r_b-\frac{1}{r_b}\frac{\mathrm{d}r_b}{\mathrm{d}t},r_e+\frac{1}{P}\frac{\mathrm{d}P}{\mathrm{d}t}-\frac{1}{r_e}\frac{\mathrm{d}r_e}{\mathrm{d}t},\frac{1}{P}\frac{\mathrm{d}P}{\mathrm{d}t};w;\frac{Y}{r};u\right) \tag{3-6}$$

式中，

(1) M 表示对名义（货币）余额的需求。

(2) P 表示价格总水平。

(3) t 表示时间。

(4) r_b 表示在债券价格预期保持不变的条件下，1 美元债券的年收益率，或债券的市场利率；$\frac{1}{r_b}$则是承诺每年支付给 1 美元某种债券的价格；$\frac{1}{r_b}\cdot\frac{\mathrm{d}r_b}{\mathrm{d}t}$为债券收益率的变化率；因此，$r_b-\frac{1}{r_b}\frac{\mathrm{d}r_b}{\mathrm{d}t}$定义了在债券形式上持有的 1 美元财富所带来的名义收益率。

(5) r_e 表示 1 美元股票的市场利率；$\frac{1}{r_e}$则是承诺在价格不变时每年支付给 1 美元股票的价格；$\frac{1}{P}\frac{\mathrm{d}P}{\mathrm{d}t}$表示 1 美元实物商品的名义收益率，即价格变化率或通货膨胀率；$\frac{1}{r_e}\frac{\mathrm{d}r_e}{\mathrm{d}t}$为股票收益率的变化率；因此，$r_e+\frac{1}{P}\frac{\mathrm{d}P}{\mathrm{d}t}-\frac{1}{r_e}\frac{\mathrm{d}r_e}{\mathrm{d}t}$定义了在股票形式上持有的 1 美元财富所带来的名义收益率。

(6) w 表示非人力财富与人力财富之间的比率，或者表示来自非人力财富的收入与来自人力财富的收入之间的比率。

(7) Y 表示来自所有财富形式（包括货币和实物资本品）上的收益；r 为适用于所有种类的资产的利率，或一般利率；因此，$\frac{Y}{r}$为个人持有的总财富的估计值或贴现值，即持久收入[①]（permanent income）。

(8) u 表示效用自变量，即可能预期到的对兴趣与偏好将产生影响的任何变量。

如果假定 r 的变化完全反映在 r_b 和 r_e 的变化上，那么，式（3-6）中的 r 就可以省略。如果假定 r_b 和 r_e 在一定时期内是稳定的，那么，就可以用 r_b 来近似地代替 $r_b-\frac{1}{r_b}\frac{\mathrm{d}r_b}{\mathrm{d}t}$，用 r_e 来近似地代替 $r_e+\frac{1}{P}\frac{\mathrm{d}P}{\mathrm{d}t}-\frac{1}{r_e}\frac{\mathrm{d}r_e}{\mathrm{d}t}$。如果用“实际”数量来定义货币需求方程式（3-6），即排除用来衡量货币变量的名义单位的变化，那么，用来表示价格及货币收入的单位发生了变化，货币需求数量应作同方向、同比例变化。也就是说，方程(3-6）必须被看

① 持久收入可以定义为个人所有未来预期收入的贴现值。

作是 P 与 Y 的一阶齐次方程。于是，式（3-6）又可以写作：

$$\lambda M = f\left(\lambda P, r_b, r_e, \frac{1}{P}\frac{\mathrm{d}P}{\mathrm{d}t}; w; \lambda Y; u\right) \tag{3-7}$$

如果令 $\lambda=\frac{1}{P}$，那么，式（3-7）可以进一步写作：

$$\frac{M}{P} = f\left(r_b, r_e, \frac{1}{P}\frac{\mathrm{d}P}{\mathrm{d}t}; w; \frac{Y}{P}; u\right) \tag{3-8}$$

这个方程表示对实际货币余额的需求，它是独立于名义货币价值变化的“实际”变量的一个函数。

如果令 $\lambda=\frac{1}{Y}$，那么，式（3-6）又可以写作：

$$\frac{M}{Y} = f\left(r_b, r_e, \frac{1}{P}\frac{\mathrm{d}P}{\mathrm{d}t}, w, \frac{P}{Y}, u\right)$$

$$= \frac{1}{v\left(r_b, r_e, \frac{1}{P}\frac{\mathrm{d}P}{\mathrm{d}t}, w, \frac{Y}{P}, u\right)} \tag{3-9}$$

或者

$$Y = v(r_b, r_e, \frac{1}{P}\frac{\mathrm{d}P}{\mathrm{d}t}, w, \frac{Y}{P}, u) \times M \tag{3-10}$$

这个方程就是传统的货币数量论（费雪方程式）的通常形式。其中，Y 为名义的国民收入，$Y=Py$；v 为国民收入的流通速度。

根据式（3-10），弗里德曼进一步认为，货币需求函数是一个高度稳定的函数，人们经常在手头平均持有的货币数量与决定它的为数不多的几个自变量之间存在着一种稳定的并且可以借助统计方法加以估算的函数关系，决定流通速度 v 的所有这些变量都是刚性的和固定的，货币需求对利率波动不敏感。20 世纪 60 年代，弗里德曼通过一系列经验研究来证明“v 是一个若干变量的稳定函数”的假说。在 1963 年出版的《1867—1960 年美国货币史》（弗里德曼和安娜·施瓦茨合著）一书中，弗里德曼和施瓦茨估算出两个经验数据：其一，货币需求的利率弹性为－0.15，即利率上升（下降）1%，人们对货币的需求量减少（增加）0.15%，这说明利率的变化对货币流通速度的影响是微不足道的。其二，货币需求的收入弹性为 1.8，即人们的收入增加（减少）1%，对货币的需求量会增加（减少）1.8%，这表明从长期趋势来看，货币的收入流通速度将随着国民收入的增长而呈现递减的趋势。

弗里德曼还进一步用大量的经验证据来证明货币需求函数观点的正确性。他在《1867—1960 年美国货币史》一书中试图用美国 1867—1960 年的货币和经济统计资料来验证如下结论：(1) 货币存量增长的变动与经济活动、名义国民收入和价格的变动之间一直存在密切的相关性。(2) 货币变动与经济变动之间的相互关系一直是高度稳定的。(3) 货币变动常常有一个独立的原因，而不仅仅是经济活动的一个反映。(4) 在货币问题上，表象具有欺骗性，这些重要的相互关系常常正好与那些引人注意的表象相反。

也是在《1867—1960年美国货币史》这本书中，弗里德曼和施瓦茨把1929—1933年美国经济大萧条的主要原因归咎于此期间美国联邦储备体系执行了错误的货币政策而导致的货币供应量的急剧收缩：从1930年10月到1933年3月，美国的银行业倒闭了三分之一，由此引起货币供应量大规模收缩，而联储却没有采取应对之策来抵消这种银行业危机对货币供应量形成的外在冲击，这使得1929—1930年的经济衰退演变为此后的大萧条。

弗里德曼的新货币数量论和《1867—1960年美国货币史》出版以后，在经济学界引起了很大的反响，重新唤起了经济学家们对货币数量论的兴趣。但是，一些经济学家认为，弗里德曼的观点没有明确的、形式化的和前后一贯的理论结构表述，他和其他货币主义者虽然有了一些经验证据和实证研究成果，但理论上的“黑箱”还是没有打开。因为，按照弗里德曼的看法，相对于收入水平来说，货币需求在长期是稳定的。但是，从常识和理论来看，随着技术、制度和支付习惯的不断改进，货币的流通速度将不断加快。所以在长期，对于既定的交易总量，货币的流通速度越快，对货币的需求将越少。因此，要证明货币需求是一个稳定的函数，必须从理论上说明经济体系中存在某些增加货币需求的因素，这些因素恰好抵消了流通速度的加快所引起的货币需求的减少。

为了回应这些批评和要求，弗里德曼在《政治经济学杂志》1970年3—4月号上发表《货币分析的理论结构》一文，一年以后，他又在《政治经济学杂志》1971年3—4月号上发表《名义收入的货币理论》一文，进一步阐明他前文中的观点。同年，设在纽约的（美国）国民经济研究局把这两篇文章合在一起，以《货币分析的理论结构》为书名出版。

在《货币分析的理论结构》中，弗里德曼进一步把货币需求函数概括为：

$$\frac{M}{P}=f\left(y,w,r_m,r_b,r_e,\frac{1}{P}\frac{\mathrm{d}P}{\mathrm{d}t};u\right) \tag{3-11}$$

这个货币需求函数就是我们在通常的宏观经济学教科书中看到的函数形式。

比较式（3-11）和式（3-8）我们发现：（1）现在的货币需求函数中增加了一个新的自变量，这就是货币的预期名义收益率r_m。r_m的数值依具体情况而定，它可以大于零，可以小于零，也可以等于零。这说明弗里德曼接受了凯恩斯的观点，把货币也看作是一种可以产生收益的资产。（2）现在的货币需求函数中的自变量，即式（3-11）右边括号内变量的排列次序与式（3-8）不同，这说明弗里德曼重新认识了这些变量对货币流通速度的影响程度。尤其值得注意的是，在这个方程式中，弗里德曼把持久收入y放在了决定实际余额需求的若干变量的首位。在弗里德曼看来，持久收入是决定货币需求的一个最重要的因素。这又意味着，货币需求在很大程度上不随经济周期的波动而波动，货币需求函数是稳定的。

二、名义国民收入决定理论

凯恩斯《通论》中的货币理论是一种国民收入决定理论，弗里德曼也试图把他的货币理论发展成“一般理论”——名义国民收入决定理论。

从式（3-10）来看，如果v是稳定的，那么它就是一个名义国民收入的决定模型，即：名义国民收入的变动反映了名义货币数量的变动。由于$V=\frac{Py}{M}=\frac{P}{M}y$，所以式（3－11）又可以写作$V=\frac{y}{f(\cdot)}=\frac{y}{f(yP)}$。又因为在通常情况下 y 和 yP 的关系是可以预测的，所以，稳定的货币需求函数意味着，V 是可以预测的。这又可以得出一个推论：如果 V 是可以预测的，就可以预测 M 的变化对总支出（总需求）从而对名义国民收入的影响。这样，弗里德曼就得出了如下结论：货币数量是决定名义收入的主要因素。

在重新表述货币数量论的基础上，弗里德曼得出如下标志货币主义特征的结论："从长期来看，货币数量的变化对实际国民收入的影响是微不足道的"，而"对于长期的名义国民收入的决定来说，货币数量及其影响的其他变量（包括实际国民收入本身）是必不可少的关键因素"。"货币是决定名义国民收入变动的唯一重要因素，而且就短期来说，它也是决定实际国民收入变动的唯一重要因素。"

进一步的问题是，名义国民收入由实际产出和价格总水平构成，名义国民收入变化应当包含实际产出的变化和价格总水平的变化，那么，名义国民收入 Y 的任何变动中有多少是来自实际产量（y）的变动，有多少是来自价格总水平（P）的变动呢？这就是名义国民收入变动的划分或分解的问题。弗里德曼直到 20 世纪 70 年代初，也就是在《货币分析的理论结构》中，才初步解决了名义国民收入的变动在实际国民收入的变动与价格的变动之间的划分问题。

由于名义国民收入（Y）与实际国民收入（y）和价格总水平（P）的关系可以写作：

$$Y=Py \tag{3-12}$$

式（3－12）两边分别对时间 t 求导数：

$$dY/Ydt=dP/Pdt+dy/ydt$$

或

$$\frac{dY}{Y}=\frac{dP}{P}+\frac{dy}{y} \tag{3-13}$$

式（3－13）说明，名义国民收入的变化率等于价格总水平的变化率和实际国民收入的变化率之和。

那么，价格总水平的变化和实际国民收入的变化又分别由哪些因素决定呢？弗里德曼认为：名义国民收入的变动在价格变动与产量变动之间的划分取决于两个主要因素："一是对价格变动的预期，二是对本期产量水平或就业水平与充分就业的（即持久性的）产量水平或就业水平的相比较的预期。"[①] 这个观点可以用下面的一般形式来表达：

$$\frac{dP}{dt}=f\left[\frac{dY}{dt},\left(\frac{dP}{dt}\right)^*,\left(\frac{dy}{dt}\right)^*,y,y^*\right] \tag{3-14}$$

$$\frac{dy}{dt}=g\left[\frac{dY}{dt},\left(\frac{dP}{dt}\right)^*,\left(\frac{dy}{dt}\right)^*,y,y^*\right] \tag{3-15}$$

式中，带＊号的变量表示这个变量的预期值，式（3－14）和式（3－15）中只能有一个

---

① ［美］米尔顿·弗里德曼．货币分析的理论结构//弗里德曼的货币理论结构．北京：中国财政经济出版社，1989：88.

是独立的，且式（3-14）和式（3-15）必须在形式上与式（3-12）相一致。

后来，美国经济学家罗伯特·J. 戈登（Robert J. Gordon）等人根据经验研究更明确地提出，在短期内，“名义 GDP 的变动一贯是这样分解的：其中 2/3 是由于产出的变动引起的，其余的 1/3 则是由于价格变动引起的。”①

货币主义模型结构实际上是把货币数量方程式、菲利普斯曲线和奥肯定律结合在一起的。在这种模型中，货币供应量的增加——准确地说，货币供应量增长率超过预期到的通货膨胀率与预期到的实际经济增长率之和，实际经济增长率提高到预期增长率之上，这将使得失业率降低（奥肯定律）；降低的失业率通过菲利普斯曲线又反过来导致通货膨胀率的提高，通货膨胀率提高的幅度恰好等于货币供给增长率与实际经济增长率之差。

为了表明自己理论的特色和独创性，弗里德曼在《货币分析的理论结构》中接受了梅尔泽在 1965 年对《1867—1960 年美国货币史》中的货币理论的称谓，将他的新货币数量论称作“名义国民收入的货币理论”。

三、宏观经济模型：单一共同模型

弗里德曼为了说明他的名义国民收入的货币理论与传统的货币数量论（包括交易方程式和现金余额方程式）和凯恩斯的收入—支出理论的区别，在《货币分析的理论结构》中提出了一个单一共同模型。

这个模型是一个描述两部门（实物部门和货币部门）宏观经济的模型，包括下列 6 个方程：

$$\frac{C}{P}=f\left(\frac{Y}{P},r\right) \tag{3-16}$$

$$\frac{I}{P}=g(r) \tag{3-17}$$

$$\frac{Y}{P}=\frac{C}{P}+\frac{I}{P} \quad 或 \quad \frac{S}{P}=\frac{Y-C}{P}=\frac{I}{P} \tag{3-18}$$

$$M^D=P\cdot L\left(\frac{Y}{P},r\right) \tag{3-19}$$

$$M^S=h(r) \tag{3-20}$$

$$M^D=M^S \tag{3-21}$$

在这个模型中，前 3 个方程描述了实物部门（产品市场）储蓄与投资流量的调整，它们确定了一条 IS 曲线。后 3 个方程描述了货币部门（货币市场）货币需求与货币供给存量的调整，它们确定了一条 LM 曲线。其中，方程（3-16）是一个消费函数（凯恩斯的边际消费倾向），它将实际消费（C/P）表示为实际收入（$Y/P=y$）和利率（r）的函数。方程（3-17）是一个投资函数（凯恩斯的投资边际收益），它将实际投资（I/P）表示为利率的函数。方程（3-18）是两部门经济模型中的标准的收入恒等式，它也可以看作是两部门经济模型中的均衡条件或调整方程，即储蓄＝投资。方程（3-19）

① ［美］保罗·萨缪尔森，威廉·诺德豪斯．经济学．16 版．北京：华夏出版社，1999：413.

是对名义货币数量的需求函数（凯恩斯的流动偏好函数），它将实际货币（余额）需求量（M^D/P）表示为实际收入与利率的函数。方程（3-20）是名义货币的供给函数，它把货币供给看作是利率的函数。当然，也可以简单地把 M^S 看作是一个由中央银行决定的外生变量。方程（3-21）是表达两部门经济模型的均衡条件的另一种形式，因为宏观经济均衡同时就是货币需求与货币供给相等。

弗里德曼认为，不论是货币数量论的支持者，还是凯恩斯的收入—支出理论的支持者，都会接受这 6 个方程。在这一抽象形式中，他们之间不存在任何分歧。这也是弗里德曼把这个模型叫作“单一共同模型”的原因。

但是，在这个模型中，一共只有 6 个方程，却包含 7 个未知变量，即：C，I，Y，r，P，M^D，M^S。所以，要使这个模型有解还缺少一个方程。因此，这些变量中必然有一个变量要由这个模型体系外的因素去决定，即把其中一个变量看作是外生变量。

如何补上这个遗漏的方程？货币数量论、凯恩斯主义和货币主义提出了不同的追加条件（追加方程），由此反映了这些学说的差异和分歧。

（一）货币数量论的解决方案

简单的货币数量论提出的追加方程是：

$$\frac{Y}{P}=y=y_0 \tag{3-22}$$

即实际的（或真实的）国民收入是由这个体系外的因素决定的。方程（3-22）表达了古典经济学的一个基本信念或基本假设：实际的国民收入就是充分就业的国民收入，它的大小由经济中的资源数量、技术状况等实际因素决定，或者说，实际的国民收入的大小由瓦尔拉斯一般均衡体系决定。

由于传统的货币数量论把实际产量看作是外生变量，因而它就顺理成章地把经济波动（价格总水平变化）看作是货币数量变动的真实反映。

（二）凯恩斯主义的解决方案

简单的凯恩斯收入—支出理论提出的追加方程是：

$$P=P_0 \tag{3-23}$$

即价格水平由这个体系外的因素决定。凯恩斯主义者认为，价格决定因素应当到历史和制度结构中去寻找，价格是刚性的或黏性的。这说明，在凯恩斯主义体系中，价格被看作是一个外生变量；因而经济波动（实际收入和利率变动）被看作是私人自发支出变动的真实反映。

（三）货币主义的解决方案

货币主义的解决方案是通过对凯恩斯的主要观点和欧文·费雪的主要观点进行综合得出来的。

根据凯恩斯的观点，现期市场利率 r 主要是由对较长时期利率的预期 r^* 决定的。即

$$r=r^* \tag{3-24}$$

根据费雪的观点，名义利率与实际利率（或真实利率）之间存在下列关系：

$$r=\rho+\left(\frac{1}{P}\cdot\frac{\mathrm{d}P}{\mathrm{d}t}\right) \tag{3-25}$$

式中，ρ 表示实际利率，$(1/P)\cdot(\mathrm{d}P/\mathrm{d}t)$ 表示价格总水平变化的百分数。名义利率 r 和价格变化率 $(1/P)\cdot(\mathrm{d}P/\mathrm{d}t)$ 是两个可以观测到的名义变量，ρ 则是实现了的实际利率。

如果用 ρ^* 和 $\left(\frac{1}{P}\cdot\frac{\mathrm{d}P}{\mathrm{d}t}\right)^*$ 分别表示长期的或预期的实际利率和价格变化率，那么根据式（3－24）和式（3－25），则可以得出：

$$r=\rho^*+\left(\frac{1}{P}\cdot\frac{\mathrm{d}P}{\mathrm{d}t}\right)^* \tag{3-26}$$

这个式子也可以写作：

$$\begin{aligned} r&=\rho^*+\left(\frac{1}{Y}\cdot\frac{\mathrm{d}Y}{\mathrm{d}t}\right)^*-\left(\frac{1}{y}\cdot\frac{\mathrm{d}y}{\mathrm{d}t}\right)^* \\ &=\rho^*-g^*+\left(\frac{1}{Y}\cdot\frac{\mathrm{d}Y}{\mathrm{d}t}\right)^* \end{aligned} \tag{3-27}$$

式中，$g^*=\left(\frac{1}{y}\cdot\frac{\mathrm{d}y}{\mathrm{d}t}\right)^*$ 表示长期的或预期的实际国民收入增长率，或潜在的经济增长率；$\left(\frac{1}{Y}\cdot\frac{\mathrm{d}Y}{\mathrm{d}t}\right)^*$ 表示长期的或预期的名义国民收入增长率。

现在假设

$$\rho^*-g^*=k_0 \tag{3-28}$$

即预期的实际利率与预期的实际经济增长率之差是由这个体系以外的因素决定的，也就是说，现在把 k_0 看作是外生变量。

方程（3－28）的假设可以用两种方法来解释：（1）在短期波动分析所涉及的范围内，可以分别把 ρ^* 和 g^* 看作常数。（2）这两个变量可以看作是一起变动的，二者之差的变动比单一变量变动的差额要小。

弗里德曼这个假设的含义是：如果把 ρ^* 和 g^* 看作常数，预期的实际利率与预期的实际经济增长率都是由外生因素决定的，那么，名义国民收入增长率的变化只有通过货币数量的变化来解释；如果 ρ^* 和 g^* 同方向变动并且二者之差变化不大，那么实际国民收入的变化就不能通过实际利率的变化来解释，当实际国民收入一定时，名义国民收入的变化只能通过货币数量的变化来解释。

弗里德曼最后总结说，名义国民收入的货币理论由以下基本要素构成：

（1）货币需求的实际国民收入弹性为1。即方程（3－19）可以改写为

$$M^D=Y\cdot L(r) \tag{3-19A}$$

（2）名义市场利率等于预期的实际利率加上预期的价格变化率。

（3）预期的实际利率与长期的实际经济增长率之差是由体系外的因素决定的，即把式（3－28）中的 k_0 看作是外生变量。

（4）货币需求量相对于货币供给量所作的调整是充分的、瞬时的。

根据以上内容，如果把货币供给表示为时间 t 的函数，则有

$$M^S = M(t) \tag{3-29}$$

这里的“货币需求量相对于货币供给量所作的调整是充分的、瞬时的”意味着货币市场的均衡条件总是可以得到满足，即

$$M^D = M^S \tag{3-30}$$

联立式（3－19A）、式（3－29）和式（3－30）可以解得名义国民收入决定的表达式：

$$Y(t) = \frac{M(t)}{L(r)} \tag{3-31}$$

或

$$Y(t) = M(t) \times V(r) \tag{3-31A}$$

这里的 $V(r)=1/L(r)$ 的意义是，收入的货币流通速度等于现金余额系数的倒数。与利率方程式（3－28）结合在一起，式（3－31）或式（3－31A）便可以决定在任一时点 t 上的名义国民收入的数值。

四、三种货币理论的比较

我们现在把迄今为止的三种货币理论作一个比较，由此可以看出它们之间的关系如何。

（一）货币主义的货币理论与古典货币数量论的比较

由上述内容我们发现，货币主义的货币理论与古典经济学的货币理论（传统的货币数量论）的不同之处主要是：

（1）前者是一种名义国民收入与货币数量之间关系的理论，后者是一种价格总水平与货币数量之间关系的理论。

（2）前者认为，货币也是一种资产，是持有财富的一种形式，货币可以为持有者带来收益或回报；后者则认为，货币只是一种交易媒介。

（3）前者认为，货币的流通速度是若干变量的一个稳定的函数，后者则认为，货币的流通速度是一个常数。

（4）前者认为价格是有相当弹性的，而后者认为价格是有完全弹性的。

（二）货币主义的货币理论与凯恩斯货币理论的比较

弗里德曼接受了凯恩斯的流动偏好理论，认为货币也是一种资产，利率是决定货币需求或货币流通速度的一个变量，并且他进一步把凯恩斯的流动偏好函数中的 2 个变量（收入 Y 和利率 r）扩展到 7 个变量。但是，弗里德曼的货币理论与凯恩斯货币理论是有区别的，这些区别主要有：

（1）凯恩斯货币需求函数中的收入是现期收入，弗里德曼货币需求函数中的收入是持久收入。

（2）凯恩斯认为，利率是决定货币需求的重要因素，货币需求对利率的变化是高度敏感的；弗里德曼则认为，利率变动对货币需求的影响很小，即货币需求对利率的变化不敏感。在弗里德曼看来，货币需求之所以对利率的变化不敏感，是因为利率的变化对

货币需求函数中持有其他资产的机会成本影响很小。

（3）凯恩斯认为，货币流通速度在大多数时候是高度不稳定的；一般来说，货币数量的变化会导致货币流通速度 V 以相反的方向发生变化。弗里德曼则认为，货币流通速度是一个高度稳定的函数；K（货币流通速度的倒数，即 $K=1/V$）的变化不是像凯恩斯所分析的那样全部吸收 M 的变化，相反，却常常加大 M 的变化，M 与 K 的变化通常以同一方向而不是相反方向影响国民收入的变动。在《1867—1960 年美国货币史》一书中，弗里德曼和施瓦茨经过实证分析后认为，货币流通速度在长期是下降的。

（4）在货币数量变化与名义国民收入或总支出变化之间的传导机制问题上，凯恩斯认为，货币数量的变化首先影响利率，这里的利率是指范围非常狭小的金融债券利率；利率的变动使盈利机会和投资数量发生改变；投资支出通过乘数效应使总支出和国民收入发生变化。货币主义则认为，货币数量增加会增加人们手头的货币余额；货币余额增加将刺激人们对有价证券、产品与服务的购买增加，使人们增加偿还债务、增加馈赠；由此导致总支出和国民收入增加。

（5）凯恩斯货币理论中的资产选择范围大大小于弗里德曼货币理论中的资产选择范围。凯恩斯的注意力主要集中在一些范围狭小、可买卖的资产（主要是债券）及其利率上，而弗里德曼则把更大范围的资产及其利率纳入自己理论的分析体系，如耐用消费品、珠宝、建筑物和其他不动产等。

弗里德曼曾经认为，资产选择范围的大小不同是货币主义与凯恩斯主义的主要分歧点。他在《货币分析的理论结构》中写道："我们与凯恩斯学派之间的分歧主要不在于机制的性质问题，而在于我们所考虑的资产选择范围问题。"①

（6）凯恩斯认为价格是刚性的，而弗里德曼则认为价格是富有弹性的。由于这个原因，货币主义将货币数量变化对名义国民收入的变化的传导机制解释为大范围内的一系列相对价格调整，而不是像凯恩斯主义那样仅仅通过利率调整来进行解释。

第四节　货币数量与价格：通货膨胀理论

如果说凯恩斯主义主要是一种解释和解决失业的理论，那么货币主义则主要是一种解释和解决通货膨胀的理论。通货膨胀理论首先要说明物价总水平及其变动的决定因素，货币主义把这些因素归因于货币供给方。弗里德曼的经典名言是："通货膨胀在任何时候任何地方都是一种货币现象"。

一、货币供给方程

（一）弗里德曼-施瓦茨货币供给方程

弗里德曼和施瓦茨在他们的《1867—1960 年美国货币史》一书中的附录 B 讨论了

---

①［美］米尔顿·弗里德曼．货币分析的理论结构//弗里德曼的货币理论结构．北京：中国财政经济出版社，1989：56.

"名义货币存量的近似决定问题"，也就是在信用货币条件下的货币供应量由哪些因素决定的问题。

令 C 代表公众持有的通货，D 代表公众在商业银行的存款（商业银行负债，包括活期存款、定期存款和储蓄存款），H 代表高能货币（high-powered money）或基础货币（monetary base），R 代表总的存款准备金（包括法定准备金和超额准备金），M 代表（名义）货币存量，则有

$$M=C+D \tag{3-32}$$

即货币存量包括公众手头持有的通货和商业银行存款。

$$H=C+R \tag{3-33}$$

即高能货币包括公众手头持有的通货和商业银行的存款准备金，它是中央银行可以控制的货币部分。

用 M 除以 H，则有

$$\frac{M}{H}=\frac{C+D}{C+R}=\frac{\frac{D}{R}\left(1+\frac{D}{C}\right)}{\frac{D}{R}+\frac{D}{C}} \tag{3-34}$$

或

$$M=H\times\frac{\frac{D}{R}\left(1+\frac{D}{C}\right)}{\frac{D}{R}+\frac{D}{C}} \tag{3-35}$$

如果以 k 替换 $\frac{\frac{D}{R}\left(1+\frac{D}{C}\right)}{\frac{D}{R}+\frac{D}{C}}$，则有

$$M=H\times k \tag{3-36}$$

式中，k 为货币乘数。

由式（3-35）可以看出，货币存量由三个因素决定：（1）高能货币 H；（2）公众在商业银行的存款与总的存款准备金的比率 D/R；（3）公众在商业银行的存款与公众持有的通货的比率 D/C。后两个因素共同决定了货币乘数 k 的大小。中央银行控制的高能货币会成倍影响货币供应量。在一个经济体中，决定货币供给的经济主体有三个：一是中央银行，它决定高能货币 H；二是商业银行，它决定存款—准备金比率 D/R；三是社会公众，它决定存款—通货比率 D/C。由于式（3-35）清晰地描述了货币存量的决定因素，所以弗里德曼和施瓦茨认为，这个方程式是用来分析货币存量影响因素的基本方程式。[①]

① Milton Friedman & Anna Jacobson Schwartz, *A Monetary History of the United States*: *1867—1960*, Princeton University Press, 1963, p. 791.

（二）卡甘的货币供给方程

菲利普·卡甘差不多与弗里德曼和施瓦茨同时对美国货币史和货币存量的决定因素进行了研究，在1965年出版的《1875—1960年美国货币存量变化的决定因素及其影响》[①]一书中，卡甘用实证方法对1875—1960年美国货币供应量的决定因素做了最深入的分析。

卡甘关于货币存量、基础货币和存款准备金的定义与上述弗里德曼和施瓦茨的定义相同。为了便于比较，我们下面所用的英文字母的含义也与弗里德曼-施瓦茨的货币供给方程相同。卡甘的货币供给方程的推导过程如下：

$$M=\frac{H}{\frac{H}{M}}=\frac{H}{\frac{H\cdot D}{M\cdot D}}=\frac{H}{\frac{(C+R)\cdot D}{M\cdot D}}=\frac{H}{\frac{C\cdot D+R\cdot D}{M\cdot D}}=\frac{H}{\frac{C\cdot D+R\cdot(M-C)}{M\cdot D}}$$

$$=\frac{H}{\frac{C\cdot D+M\cdot R-R\cdot C}{M\cdot D}}=\frac{H}{\frac{C}{M}+\frac{R}{D}-\frac{CR}{MD}} \tag{3-37}$$

令 $k=\frac{1}{\frac{C}{M}+\frac{R}{D}-\frac{CR}{MD}}$，则 $M=Hk$，k 是货币乘数。

不难看出，卡甘的货币供给方程与弗里德曼-施瓦茨的货币供给方程没有实质性的差异。这两个货币供给方程的共同点是：首先，他们都将货币存量定义为广义的货币总量M2。其次，这两个方程都说明，货币供应量（M）与存款—准备金比率（D/R）和存款—通货比率（D/C）反方向变化，与高能货币（H）同方向变化。最后，这两个方程的共识是，如果货币乘数一定，货币供应量的变化就与基础货币的变化同方向，而后者恰恰是由中央银行控制的。因此，中央银行可以通过调节基础货币来调控货币供应量，于是 M 被视为外生变量。

但是，在卡甘的货币供给方程中，通货—货币存量比率（C/M）和准备金—存款比率（R/D）对货币乘数从而对货币供应量的变化有重要影响。因为在通常情况下，这两个比率都小于1，因此这两个比率的乘积（CR/MD）必定小于其中的任一比率，所以，式（3-37）告诉我们：通货—货币存量比率和准备金—存款比率提高将导致货币乘数缩小，从而引起货币供应量减少；这两个比率下降将使货币乘数增大，从而引起货币供应量扩张。

二、货币数量与价格

货币存量与价格总水平的关系可以分为长期和短期两种情况来讨论。[②]

弗里德曼认为，许多历史经验证据证明，就长期来说，货币存量的大幅度变动是价格总水平的大幅度变动的必要且充分条件。虽然这并不排除存在价格的上涨或下跌会导

① Phillip Cagan, *Determinants and Effects of Changes in the Stock of Money, 1875—1960*, Columbia University Press, 1965.

② Milton Friedman, *The Optimum Quantity of Money and Other Essays*, Aldine Publishing Co., 1969.

致货币存量的相应增加或减少这种情况。也就是说，在货币存量变动与价格变动的因果关系问题上，弗里德曼主要强调货币存量变动是价格变动的原因。

弗里德曼承认，虽然货币存量变动与价格变动之间的相互关系是十分紧密的，但是，这两者之间的关系并不是精确的或机械不变的。在下列两种情况下，这两者的变动可能会不一致：(1) 产量的变动。产量应视为独立于货币与价格的变动而由实际因素决定。如果在一个相当长的时期内货币存量保持不变，同期总产量增加 1 倍，那么价格将会下降到原来水平的一半。所以，对于价格波动的原因而言，研究者关注的变量应当是单位产量的货币存量，而不单单是货币的总存量。(2) 公众（包括个人、工商企业、非营利性机构等）愿意持有的现金余额与收入的比例（即$\frac{M}{Y}=v$）的变化。但是，许多实证证据表明，这个比例在相当长的时期内是比较稳定的。即便考虑到人均实际国民收入和持有货币的成本这两个因素的变动可能造成现金余额与收入的比例不太稳定，但是，这个比例的变动仍然大大小于货币存量本身所发生的变动。

弗里德曼认为，在短期内，理解货币存量与价格之间的关系必须注意以下三个问题：

(1) 与长期波动相比，短期内货币存量与收入、价格之间相互影响的作用的方向较不清晰、较为复杂。但是，即使在经济周期内，货币存量也发挥着一种基本独立的作用。

(2) 货币供给变动与收入变动、价格变动之间存在着时滞。平均说来，货币供给变动率达到高峰的时间比一般的经济周期高峰大约早 16 个月；而货币供给变动率达到其低谷的时间比一般的经济周期低谷早 12 个月以上。这说明，货币供给变动的影响必须经过较长的时间才能为人们所感知，或者说，货币供给变化率的变动要到 12～16 个月以后才能在价格或经济活动中反映出来。弗里德曼据此认为，由于货币变动的影响并不是立即发生的，而是存在一定的时滞，所以，积极的或相机抉择的货币政策是不起作用的甚至是有害的。

(3) 在相当短的时期内，货币供给的大规模变动将迫使收入与价格按相同的方向变动；反之，在短期内，如果不是由于货币供给的大规模变动，名义收入与价格的大规模变动——短期大规模的通货膨胀或通货紧缩，则是非常不可能发生的。

三、卡甘模型

1956 年，菲利普·卡甘在他的《超级通货膨胀的货币动态学》[①] 一文中提出一个重要的思想：价格总水平不但取决于现在的货币供给，而且取决于预期的未来的货币供给。这篇文章被认为是卡甘对经济学做出最重要贡献的一篇文章。

卡甘的这个思想的理论根据如下：

根据费雪的货币数量论，名义利率（i）等于实际利率（r）与通货膨胀率（π）

① Phillip Cagan, "The Monetary Dynamics of Hyperinflation," in Milton Friedman, ed., *Studies in the Quantity Theory of Money*, The University of Chicago Press, 1956.

之和：

$$i=r+\pi \tag{3-38}$$

在式（3－38）中，如果实际利率不变，名义利率就与通货膨胀率同方向同比例变化，通货膨胀率提高1%就会引起名义利率上升1%。这种名义利率和通货膨胀率之间的同方向、同比例变化关系被称作“费雪效应”（Fisher effect）。

由于名义利率是持有货币的机会成本，所以货币数量论中的简单的货币需求函数现在修改为下面一般的货币需求函数：

$$(M/P)^d=L(i,Y) \tag{3-39}$$

式中，M/P表示实际货币余额，Y表示收入水平。式（3－39）意味着，名义利率也是影响货币需求的一个因素。而简单的货币需求函数理论认为，对实际货币余额的需求仅仅是收入水平的函数。

由于均衡的物价水平由货币供给和对货币的需求相均衡决定，所以式（3－39）又可以写作：

$$(M/P)=L(i,Y) \tag{3-40}$$

再根据式（3－38），把名义利率表示为实际利率与预期的通货膨胀率（π^e）之和，于是式（3－40）又可以写作：

$$(M/P)=L(r+\pi^e,Y) \tag{3-41}$$

这种一般的货币需求函数告诉我们，名义利率取决于预期的通货膨胀率，预期的通货膨胀率又取决于预期未来的货币供给增长。这个关系说明，即便现在的货币供给不变，只要中央银行宣布在未来增加货币供给，也会造成物价水平上升。因为中央银行宣布在未来增加货币供给会使人们预期的通货膨胀率提高。通过费雪效应，这种预期的通货膨胀率提高使名义利率上升。名义利率提高会直接减少实际货币余额需求（因为现在持有货币的机会成本增加了）。由于现在的货币供应量并没有改变，所以实际货币余额需求的减少就导致价格总水平上升。这样，仅仅是预期未来的货币供给增长就可能引起现在的物价水平提高。

下面是卡甘模型的一个简化的数学形式①：

为了简化，首先做以下假定：

（1）假定经济中的总产出（总收入）不变。根据这个假定，可以不把产出水平表示为货币需求函数中的一个决定因素。

（2）假定实际利率不变。根据这个假定，通货膨胀率的变化与名义利率的变化就是同方向、同比例的（费雪效应）。

（3）假定经济当事人的预期是理性预期。根据这个假定，实际的通货膨胀率必然等于预期的通货膨胀率。

再假定用自然对数表示的货币需求函数是一个线性函数：

① 卡甘原文中的数学形式比较复杂，我们这里采用的是曼昆在其《宏观经济学（第4版）》教科书中提供的一个简化形式。

$$m_t - p_t = -v(p_{t+1} - p_t) \tag{3-42}$$

式中，m_t 为 t 时期货币数量的对数；p_t 为 t 时期物价水平的对数；v 为决定货币需求对通货膨胀率敏感程度的参数（或弹性系数）。根据对数的性质，$m_t - p_t$ 是实际货币余额的对数，$p_{t+1} - p_t$ 是 t 时期和 $t+1$ 时期之间的通货膨胀率。式（3-42）说明，如果通货膨胀率提高 1%，那么实际货币余额需求就将减少 v%。

为了把物价水平表示为现在货币和未来货币的函数，把式（3-42）改写为：

$$p_t = \left(\frac{1}{1+v}\right)m_t + \left(\frac{v}{1+v}\right)p_{t+1} \tag{3-43}$$

这个式子说明，现期（t 期）物价水平是现期货币供给和下一期（$(t+1)$ 期）物价水平的加权平均数。下一期物价水平的决定方式和本期物价水平的决定方式相同：

$$p_{t+1} = \left(\frac{1}{1+v}\right)m_{t+1} + \left(\frac{v}{1+v}\right)p_{t+2} \tag{3-44}$$

用式（3-44）替代式（3-43）中的 p_{t+1}，得到

$$p_t = \frac{1}{1+v}m_t + \frac{v}{(1+v)^2}m_{t+1} + \frac{v^2}{(1+v)^2}p_{t+2} \tag{3-45}$$

式（3-45）说明，t 期的物价水平是 t 期的货币供给、$(t+1)$ 期的货币供给和 $(t+2)$ 期的物价水平的加权平均数。$(t+2)$ 期的物价水平又由式（3-43）的方式决定：

$$p_{t+2} = \left(\frac{1}{1+v}\right)m_{t+2} + \left(\frac{v}{1+v}\right)p_{t+3} \tag{3-46}$$

再把式（3-46）代入式（3-45），得到：

$$p_t = \frac{1}{1+v}m_t + \frac{v}{(1+v)^2}m_{t+1} + \frac{v^2}{(1+v)^3}m_{t+2} + \frac{v^3}{(1+v)^4}p_{t+3} \tag{3-47}$$

依此类推，每一期的物价都按照式（3-43）的方式决定，则有

$$p_t = \left(\frac{1}{1+v}\right)\left[m_t + \left(\frac{v}{1+v}\right)m_{t+1} + \left(\frac{v}{1+v}\right)^2 m_{t+2} + \left(\frac{v}{1+v}\right)^3 m_{t+3} + \cdots\right] \tag{3-48}$$

式（3-48）说明，现期物价水平是现期货币供给和所有未来货币供给的加权平均数。

由式（3-48）可以看出，由于参数 $0 \leqslant v \leqslant \infty$，未来每一期的货币供给以几何级数递减的方式影响现期的物价，离现在越远的那个时期的货币供给对现期物价的影响越小。如果 v 的数值很小，那么 $v/(1+v)$ 也很小，加权数将逐期迅速减小，在这种情况下，现期货币供给是现期物价水平的主要决定因素。如果 $v=0$，现期物价水平和现期货币供给同方向、同比例变化，未来货币供给和现期物价完全无关，这就是货币数量论的结论。如果 v 的数值很大，那么 $v/(1+v)$ 就接近于 1，加权数将逐期缓慢减小，在这种情况下，未来货币供给对现期物价水平的决定起着重要的作用。

最后，如果放松理性预期假设，即未来是不可确知的，那么，货币需求函数可以写作：

$$m_t - p_t = -v(Ep_{t+1} - p_t) \tag{3-49}$$

式中，Ep_{t+1}为预期的物价水平。式（3-49）说明，实际货币余额取决于预期的通货膨胀率。

重复以上推导过程，得到：

$$p_t=\left(\frac{1}{1+v}\right)\left[m_t+\left(\frac{v}{1+v}\right)Em_{t+1}+\left(\frac{v}{1+v}\right)^2Em_{t+2}+\left(\frac{v}{1+v}\right)^3Em_{t+3}+\cdots\right] \tag{3-50}$$

式（3-50）说明，现期的物价水平取决于现期的货币供给和预期的未来货币供给。

由卡甘模型得出的一个推论是：要稳定物价，不但要稳定现在的货币供应量增长率，而且要稳定人们对未来货币供应量增长率的预期；稳定的预期又取决于人们对中央银行的信任度——中央银行能否真正执行稳定的、一贯的货币政策，而后者又取决于中央银行的独立性。因此，高度独立的中央银行对稳定政策的承诺有助于结束超级通货膨胀。

四、通货膨胀的原因及其治理

如果说凯恩斯主义主要是一种针对经济萧条与失业的经济理论体系，那么，货币主义就主要是一套针对经济过热和通货膨胀的理论体系。

什么是通货膨胀？货币主义者的一般界定是，“通货膨胀是一个价格持续上涨的过程，或者说是货币价值持续下跌的过程”。例如，莱德勒和帕金就持这种观点。

货币主义把通货膨胀看作是一种货币现象。在这一点上，传统的货币数量论和货币主义是一脉相承的。弗里德曼认为，在当今世界，通货膨胀既不是资本主义特有的现象，也不是社会主义特有的现象，而是一种和印钞机有关的现象——严重的通货膨胀毫无例外地是一种货币现象。“当货币量增长的速度大大地超过生产的增长速度，通货膨胀就发生了。每单位产量中货币量增长得越快，通货膨胀率就越高。在经济学中可能没有第二个命题能像这一命题那样的确凿无疑。”①

但是，在对通货膨胀原因的分析上，货币主义又和古典的货币数量论不同，货币主义把通货膨胀和经济当事人的预期（适应性预期）联系在一起（见下一节货币主义关于菲利普斯曲线的看法）。因此，货币主义的通货膨胀理论是一种“新”通货膨胀论，而用需求拉动和成本推进来说明通货膨胀的原因的理论被称作“旧”通货膨胀理论。

各国政府都清楚，通货膨胀是一种疾病，一种危险的、有时甚至是致命的疾病。如果不及时医治，它可以毁掉一个社会或政权。第一次世界大战后的俄国和德国，第二次世界大战结束后的中国，都爆发过恶性通货膨胀，都导致政府倒台、政权更替。那么，知道通货膨胀危害的各国政府为什么还要迅速增加货币量呢？弗里德曼分析认为，这主要有下列原因：（1）政府推行凯恩斯主义的充分就业政策导致政府支出迅速增加，由于增加税收在政治上不受欢迎，于是为了满足支出不断增加的需要，政府通过中央银行发行债券来扩大货币供应量。（2）中央银行为了追求充分就业目标而增加货币供应量。

---

① Milton Friedman，*Free to Choose：a Personal Statement*，with Rose Friedman，Harcourt Brace Jovanovich Publishers，1979，p. 4.

(3) 中央银行推行了一种错误的货币政策——不是以控制货币供应量为其政策目标，而是把控制利率作为自己的政策目标。(4) 政府可以在通货膨胀中获得好处，这就是“通货膨胀税”。

如何医治通货膨胀呢？弗里德曼认为，降低经济增长率、提高失业率不是医治通货膨胀的好办法，实际上，经济增长率的降低和失业率的提高是医治通货膨胀带来的副作用；控制物价和工资也不是医治通货膨胀的好办法，因为这样做会破坏价格结构，降低价格体系的有效性，从而对生产产生不利影响。因此，医治通货膨胀只有一个方法，这就是减少货币供应量的增长。至于如何减少货币供应量的增长，我们将在本章第七节讨论。

五、长期的价格变动与产量变动的关系

弗里德曼认为，就长期来说，一个国家的产出如何变化主要由这样一些基本因素决定：可获得的资源数量、这个社会的产业组织、知识与技术技能的增长、人口的增长、资本积累等。但是，下列观点几乎是没有异议的：价格方面的大幅度、出乎意料的变动不利于产量的增长，不论价格的这些变动是上升的（恶性通货膨胀）还是下降的（大规模通货紧缩）。[①]

那么，温和的通货膨胀对产量或经济增长会产生什么影响呢？弗里德曼认为，如果价格变动相当稳定、规模适中，并且可以被公众理性预期，无论价格是上升还是下降，都与经济增长相一致。但是，价格方面不可预期的反复无常的变动，对经济增长的干扰作用与对经济稳定的干扰作用是一样的。

上述观点意味着，相对稳定的价格可以营造有利于长期经济增长的环境，价格秩序混乱不利于经济增长。由上述观点也不难看出弗里德曼的观点与货币数量论的观点的一致性：这两种观点都认为，货币在经济体系中的长期影响是中性的——货币数量的变动在长期只影响价格总水平，对总产量没有影响，总产量由实际因素决定。

第五节　货币主义的菲利普斯曲线

在对货币数量与物价之间的关系的讨论过程中，货币主义也研究了通货膨胀与失业的关系，也就是菲利普斯曲线所描述的关系。这个关系问题是 20 世纪下半期西方经济学各流派争论的核心问题，也一直是颇有争议的政策问题和政治问题。

1976 年，弗里德曼获得该年度诺贝尔经济学奖，在授奖仪式上他发表了题为《通货膨胀与失业》的讲演，系统地阐述了对菲利普斯曲线的看法。

弗里德曼把菲利普斯曲线所描述的通货膨胀与失业的关系演变划分为三个阶段：

第一阶段：斜率为负的菲利普斯曲线。

斜率为负的菲利普斯曲线就是经利普西、萨缪尔森、索洛等人改造后的菲利普斯曲线，它是一条向右下方倾斜的曲线（见图 2-12）。这种形状的菲利普斯曲线说明，通货

① Milton Friedman, *The Optimum Quantity of Money and Other Essays*, Aldine Publishing Co., 1969.

膨胀率与失业率之间存在一种替代关系：失业率水平提高伴随着通货膨胀率的下降，而通货膨胀率提高则伴随着失业率的下降。

弗里德曼从理论和经验两个方面否定了这种形状的菲利普斯曲线。他认为，劳动的供给和需求都是实际工资率的函数，而不是货币工资率的函数，亚当·斯密以来的经济学家都持这种观点。弗里德曼进一步认为，菲利普斯曲线这个错误的根源来自凯恩斯，因为凯恩斯混淆了名义工资与实际工资。凯恩斯体系有两个基本点：第一，经济当事人在进行经济活动时把名义工资或名义价格的变动看作是实际工资或实际价格的变动，因而凯恩斯把价格看作是稳定的或刚性的。第二，未预期到的通货膨胀能够改变事后的实际工资水平。这两个基本点都是建立在经济当事人存在货币幻觉的假设上。正是由于存在货币幻觉，膨胀性的货币政策可以产生实际效果——增加就业和产量。弗里德曼则认为，低失业率可能存在着提高实际工资的压力，但是，如果价格水平下降的幅度更大，那么，即使名义工资也在下降，实际工资还是可能上升。同样，高失业率可能存在降低实际工资的压力，但是，如果价格水平上升的幅度更大，那么，即使名义工资也在上升，实际工资还是可能下降。因此，原始的菲利普斯曲线把货币工资变化率与失业率联系在一起是错误的，正确的方法应当寻找实际工资变化率与失业率之间的关系。从第二次世界大战以后的经验证据看，由于各国政府推行以充分就业为目标的凯恩斯主义政策，与特定失业水平相一致的通货膨胀率不是保持不变，而是呈现出不断上升的趋势。并且，70 年代出现了高通货膨胀与高失业并存的所谓“滞胀”局面。

第二阶段：垂直的菲利普斯曲线。

这种形状的菲利普斯曲线是以适应性预期和自然失业率假说为基础的。

在图 3－3 中，每一条斜率为负的菲利普斯曲线都是短期的菲利普斯曲线，每一条短期的菲利普斯曲线对应的都是一个特定的预期通货膨胀率。假定最初经济位于自然失业率 U_N，通过这一点的短期菲利普斯曲线 A 所对应的通货膨胀率（$\dot{P}$）为零，因而公众预期的通货膨胀率也为零，即 $\dot{P}=\dot{P}^e=0$。由于预期的通货膨胀率为零，所以工人不要求增加货币工资。现在，政府为了降低失业率，通过货币政策扩张总需求，通货膨胀率上升到并保持在这个水平；虽然在通货膨胀过程中货币工资也会增加，但是在通常情况下，物价上涨总是快于货币工资上涨；由于存在适应性预期和货币幻觉，最近一期的物价稳定使公众的预期通货膨胀率为零，工人把货币工资增加误认为是实际工资增加，因而增加劳动供给；与此同时，由于实际工资事实上是降低了，雇主会增加对劳动的需求，于是失业率沿着曲线 A 下降到 U_L。但是，公众迟早会感知到通货膨胀率的上升，于是工人要求按照实际的通货膨胀率来调整货币工资和预期的通货膨胀率；由于实际工资提高，雇主将解雇一部分工人；所以，随着公众的预期调整，短期菲利普斯曲线将上移到 B，这条菲利普斯曲线与通货膨胀率 P_1 相对应，这时失业率由 C 点移动到 D 点，即回到自然失业率水平。因此，从长期来看，菲利普斯曲线是垂直的。

当失业率为自然失业率 U_N 时，货币工资增长率正好等于通货膨胀率，即 $\dot{W}=\dot{P}$，实际工资是不变的。这意味着现在劳动市场上没有外在干扰。在自然失业率水平上，劳动市场处于均衡状态，实际的通货膨胀率等于预期的通货膨胀率即 $\dot{P}=\dot{P}^e$，这意味着通货膨胀完全被公众预期到。

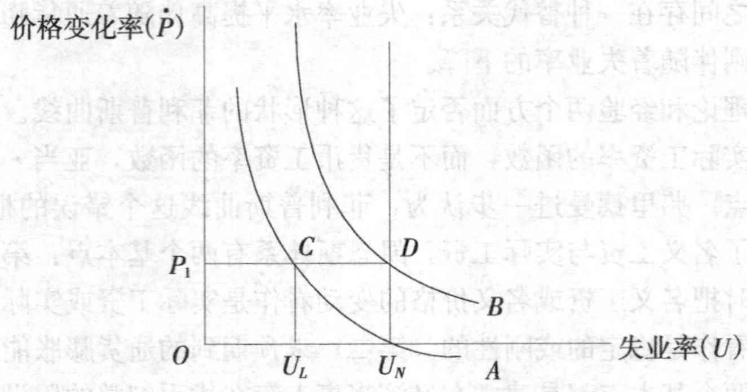

图 3-3　附加预期的菲利普斯曲线

垂直的菲利普斯曲线意味着，就长期来说，通货膨胀与失业之间不存在稳定的替代关系；存在着一种“自然失业率”，这种失业水平与实际因素和准确的预期相一致，经济当事人在长期不存在货币幻觉。

由垂直的菲利普斯曲线不难推出这样的政策结论：凯恩斯主义旨在促进充分就业的政策不但无效，反而有害。因为根据垂直的菲利普斯曲线，“采取货币措施或财政措施来消除失业增加就业的‘充分就业’政策，将几乎不可避免地导致不稳定的通货膨胀，而且是围绕着一个上涨趋势的不稳定的通货膨胀”①。

后来，费尔普斯②等人把图 3-3 中的一组菲利普斯曲线称作“附加预期的（expectations-augmented）菲利普斯曲线”，并对这种形式的菲利普斯曲线作了更深入的研究，得出了一般形式的菲利普斯曲线方程。③ 正是由于这个缘故，有些西方学者也把附加预期变量的菲利普斯曲线称作“费尔普斯-弗里德曼曲线”。

费尔普斯等人认为，货币工资增长率（$\dot{W}$）由实际失业率（U）和预期的通货膨胀率（$\dot{P}^e$）二者共同决定，即

$$\dot{W}=\dot{W}(U)+\beta\dot{P}^e,\ \dot{W}'<0,\ 0\leqslant\beta\leqslant1 \tag{3-51}$$

式中，$W'(U)$ 为货币工资增长率。

这里 $\dot{W}'<0$，意味着失业对货币工资增长率的影响是负面的，即失业增加将阻碍货币工资提高，反之亦然。β 是一个系数，它表示价格（通货膨胀）预期的变化对货币工资变化的影响程度。

---

① 弗里德曼文萃．北京：首都经济贸易大学出版社，2001：426.

② 费尔普斯不是货币主义者，而是一位有影响的新凯恩斯主义者（见本书第六章），他用（适应性）预期思想、微观基础和动态分析重构菲利普斯曲线被认为是对宏观经济学发展的重要贡献。他对菲利普斯曲线的研究和弗里德曼对菲利普斯曲线的研究差不多是同时进行的，但是他对菲利普斯曲线（方程）的表达更具有一般性和形式化。为了完整地再现费尔普斯-弗里德曼曲线，本书把它们放在一起。

③ 费尔普斯对菲利普斯曲线发展的贡献主要体现在三篇文章中：1. Phelps，E. S.，“Phillips Curves，Expectations of Inflation and Optimal Unemployment over Time,” *Economica*，Vol. 34，1967，pp. 254-281. 2. Phelps，E. S.，“Money-Wage Dynamics and Labor-Market Equilibrium,” *Journal of Political Economy*，Vol. 76，1968，pp. 678-711. 3. Phelps，E. S.，“Money-Wage Dynamics and Labor-Market Equilibrium,” in E. S. Phelps et al.，*Microeconomic Foundations of Employment and Inflation Theory*，Norton，1970.

由于通货膨胀率（$\dot{P}$）等于货币工资增长率与生产率增长率（π）之差：

$$\dot{P}=\dot{W}-\pi \tag{3-52}$$

所以，附加预期的菲利普斯曲线可以写成式（3-53）：

$$\dot{P}=\dot{W}(U)-\pi+\beta\dot{P}^e \tag{3-53}$$

式（3-53）与菲利普斯曲线式（2-30）的主要区别是，等式右边附加了一个预期变量 $\dot{P}^e$。

如果生产率没有提高，即 $\pi=0$，式（3-53）又可以写作：

$$\dot{P}=\dot{W}(U)+\beta\dot{P}^e \tag{3-53A}$$

在式（3-53A）中，如果 $\beta\neq0$，菲利普斯曲线就不是一条，而是一组（若干条），每一条菲利普斯曲线对应一个预期的通货膨胀率。

如果 $\beta=0$，附加预期的菲利普斯曲线就变成了我们在本书第二章所说的利普西-萨缪尔森型的菲利普斯曲线，它表明在失业与通货膨胀之间存在替代关系。

如果 $\beta=1$，$W'(U)=0$，意味着预期的通货膨胀率将会按照相同的比例反映在货币工资变化中，$\dot{P}=\dot{P}^e$，此时的菲利普斯曲线是垂直的，这说明就长期来说，通货膨胀率不依赖于失业率，或者说通货膨胀与失业之间不存在替代关系，因为这时的失业率是自然失业率。

如果 $0<\beta<1$，菲利普斯曲线也存在一种替代关系，这时预期的通货膨胀率小于实际的通货膨胀率，实际工资率 $W'(U)$ 会发生变化，从而引起失业率 U 发生相应的变化。这种菲利普斯曲线的方程可以写作：

$$\dot{P}=\frac{\dot{W}(U)}{1-\beta} \tag{3-54}$$

但是，从短期来看，这种通货膨胀与失业之间的替代关系对经济社会是不利的，因为在这种情况下要以更高的通货膨胀率才能换取较小的失业率的降低。

以上 β 的不同取值范围所对应的不同形状的菲利普斯曲线及其含义可以用图 3-4 来表示。

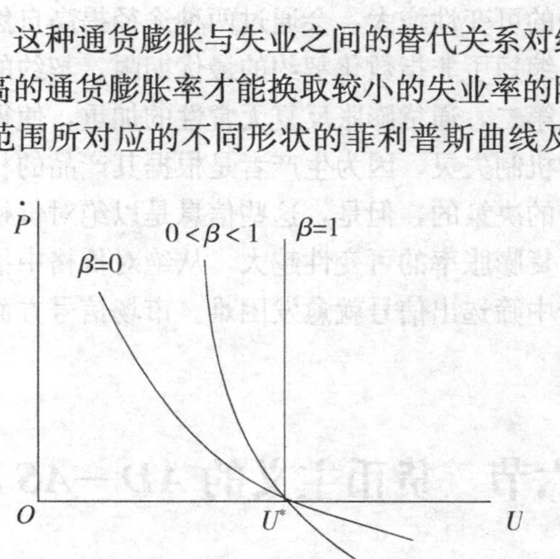

图 3-4　不同形状的菲利普斯曲线

由附加预期变量的菲利普斯曲线可以推论出货币主义关于总供给的观点：附加预期变量的菲利普斯曲线意味着，当预期的通货膨胀率上升后，工人为了防止实际工资下降就要求提高货币工资，于是，菲利普斯曲线向上位移；货币工资增加导致生产成本增加，这使得总供给曲线向左移动。因此，货币主义认为，预期的通货膨胀率越高，总供给曲线左移的幅度就越大。

第三阶段：斜率为正的菲利普斯曲线。

弗里德曼根据法国、联邦德国、意大利、日本、瑞典、英国和美国这 7 个工业化国家 1956—1975 年的通货膨胀率与失业率的经验数据（未加权平均）说明，在 1956—1965 年这 10 年间，通货膨胀率与失业率呈反方向变化，但是自 1966 年开始的这 10 年间，通货膨胀率和失业率按相同的方向变动：越来越高的通货膨胀率伴随着越来越高的失业率，这就是“滞胀”，如图 3-5 所示。

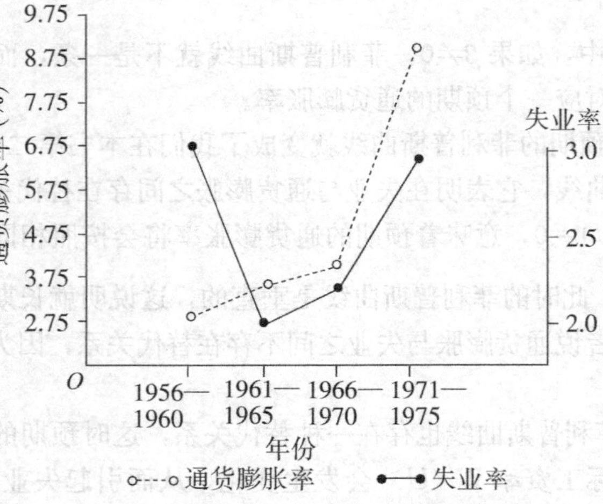

图 3-5　斜率为正的菲利普斯曲线：滞胀

弗里德曼把“滞胀”归咎于政府长期推行凯恩斯主义政策。他认为，高通货膨胀“是作为增加政府支出的充分就业政策与福利国家政策的结果而出现的”。而实际的通货膨胀或预期的通货膨胀的可变性增大，会通过两种途径提高自然失业率：第一，通货膨胀反复无常性的加重，缩短了非指数化契约的最优期限，契约的缓慢调整和指数化的不完善导致失业率提高。第二，通货膨胀反复无常性的加重，使得市场信号失真，市场价格作为协调经济活动的机制失灵。因为生产者是根据其产品的相对价格方面的信息来做出生产什么和如何生产的决策的，但是，这些信息是以绝对价格——美元价格、英镑价格的形式来传递的。通货膨胀率的可变性越大，从绝对价格中抽象出有关相对价格的信号就越困难，即从噪音中筛选出信号就愈发困难。市场信号方面的干扰增加会导致失业率的平均水平提高。

第六节　货币主义的 *AD*—*AS* 模型

货币主义的总需求—总供给模型可以用图 3-6 来说明，其中，*LAS* 表示长期总供给曲线，*SAS* 表示短期总供给曲线，*AD* 表示总需求曲线。*SAS* 曲线向右上方倾斜是由于工人存在适应性预期和货币幻觉。

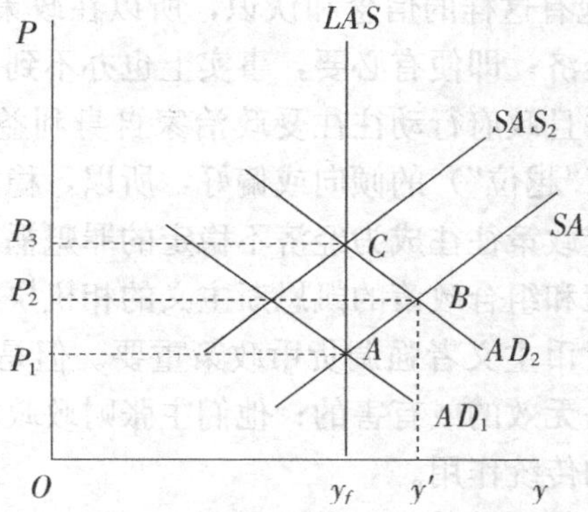

图 3-6　货币主义的 *AD—AS* 模型

假定经济最初处在第一条短期总供给曲线 SAS_1 与第一条总需求曲线 AD_1 的交点 A 点，这一点的失业率是自然失业率，相应的国民收入为自然率水平。如果政府认为现在的失业率过高，就会通过增加货币供应量来扩张总需求，使得 AD 曲线由 AD_1 移动到 AD_2；由于工人的预期是适应性的，货币工资的调整落后于价格水平的上涨，实际工资降低引起利润增加，从而刺激雇主扩大就业、增加产出，于是经济中的短期总供给相应地由 A 点移动到 B 点，国民收入由 y_f 增加到 y'，相应的价格水平由 P_1 提高到 P_2。当工人最终认识到实际价格提高而要求按照价格上升的幅度来提高货币工资时（将预期的通货膨胀率调整到与实际的通货膨胀率相等），实际工资将随之提高，短期总供给曲线由 SAS_1 上移到 SAS_2，新的均衡点为 C，在这一点，实际的国民收入回到其自然率水平，但是价格水平进一步上升到了 P_3。

这个模型说明，从长期来说，失业和国民收入将稳定在各自的自然率水平上，凯恩斯主义的管理总需求的政策不但是无效的，而且是有害的，因为扩张总需求的结果没有提高就业和国民收入水平，反而加剧了通货膨胀。货币主义者相信，20 世纪 70 年代以来美国等发达国家不断攀升的通货膨胀正是长期推行凯恩斯主义扩张政策的结果。

在这个模型框架下，货币主义者又进一步讨论了失业问题。

货币主义者认为，货币工资和价格有相当高的弹性，依靠它们的自动调节可以使经济稳定在自然率水平上，只是由于政府政策的不适当干预才使得经济偏离其自然率水平。

在现实经济生活中，工人与雇主之间的工资谈判确定的是实际工资，而实际工资水平是根据对通货膨胀率的预期确定的。这种对通货膨胀的预期是一种适应性预期。当政府政策使价格加速度下降时，就会产生持久的失业。如果政府政策使通货膨胀加速，失业就可能减少，因为在适应性预期条件下，当实际的通货膨胀率高于预期的通货膨胀率时，稳定政策在提高就业方面就是有效的。换句话说，当且仅当政府政策使通货膨胀或通货紧缩加速时，政府干预对市场状况的影响才会超出个人反应的力量。

第七节　经济政策主张

货币主义者相信，经济除非受到无规则的经济政策的干扰，否则是内在稳定的。弗里德曼曾说：即便是 1929—1933 年的大萧条也“根本不是私人企业制度的失灵，而是可悲的政府失灵”[①]。由于抱有这样的信念和认识，所以在政策层面上，货币主义认为，政府没有必要去试图稳定经济；即便有必要，事实上也办不到，因为政府不可能准确把握政策时滞和公众预期，并且政府行动往往受政治家自身利益和（或）利益集团支配，政府行动往往有自我扩张（“越位”）的倾向或偏好，所以，稳定政策很可能不是减少而是增加经济的不稳定，稳定政策往往成为经济不稳定的罪魁祸首。因此，他们反对根据经济形势的变化来选择政策和组合政策的凯恩斯主义的相机抉择。

与凯恩斯主义不同，货币主义者强调货币政策重要。但是，货币主义认为，“逆经济风向行动”的货币政策是无效的或有害的；他们主张财政政策仅限于发挥其影响收入和财富分配以及资源配置的传统作用。

那么，如何操作和实施货币政策呢？弗里德曼在 1967 年 12 月 29 日就任美国经济学会会长时发表了一篇题为《货币政策的作用》[②] 的会长演说，在这篇演说中，弗里德曼提出，一个国家的货币政策应遵循以下两条要求：

第一，中央银行应该以本身能够控制的变量来指导自己，而不应该以不能控制的变量作为指导。

中央银行能够控制的变量有利率、失业率、汇率、通货膨胀率、货币供应量等。弗里德曼不赞成中央银行选择利率和失业率作为控制变量，他认为：“如果中央银行以利率或者当前的失业率作为评判政策的直接标准，那么，它将像一艘错误地选择了星球方位的宇宙飞船一样，无论它的导航仪器多么灵敏、多么精密，它终究都将驶入迷途。”[③]

弗里德曼还认为，由于美元是国际货币，因此对美国来说，汇率也不是一个理想的政策指标。

那么，价格总水平或通货膨胀率能否作为货币政策的指标呢？弗里德曼对此也持否定态度。他的理由是，我们根本无法准确预测某一特殊的货币行动对价格水平的影响；也根本无法准确预测这一影响将会何时出现。所以，直接控制价格水平的努力很可能由于错误的判断而使货币政策本身成为经济波动的一个根源。

因此，弗里德曼认为，唯有货币数量是中央银行能够选择控制的适当的变量。他写道：“某一货币总量是目前可行的、最好的货币政策的直接指标或评判标准——而且我相信：与选择价格水平的做法相比，具体选择哪一种货币总量所带来的妨害则会小得多。”[④] 弗里德曼和大多数货币主义者都相信，中央银行能够控制整个金融体系，因而货币供应量是可以控制和调整的。

第二，中央银行应该避免政策方面的大起大落。

弗里德曼认为，中央银行由于不能考虑到它们的行动与其对经济的一系列影响之间的时滞问题，从而会对经济形势做出过头反应：在刺激经济复苏和抑制经济过热时走得太远，在扩张总需求时使货币供应量增长率提高过快、过久，在收缩总需求时又使货币供应量增长率降低过快、过久。解决这个问题的办法在于：“中央银行应该通过公开地

---

① Milton Friedman & Rose D. Friedman, *Two Lucky People*: *Memoirs*, The University of Chicago Press, 1998, p. 233.

② Milton Friedman, “The Role of Monetary Policy,” *American Economic Review*, March 1968, p. 58.

③ 弗里德曼文萃. 上册. 北京：首都经济贸易大学出版社，2001：513.

④ 同③514.

采取这样一种政策，即实现某一特定的货币总量的稳定增长速度，而在其行动中自始至终地避免此类的摇摆不定。”① 也就是说，中央银行为了稳定物价，应当遵循货币供应量增长率长期稳定不变的政策规则。那么，这个能够保证物价稳定的货币增长率应当是多少呢？弗里德曼估计，“要实现最终产品价格水平的大致稳定，则要求通货加所有商业银行存款总和的年增长率大约为3%～5%，或者通货加活期存款的总和的年增长率略低于这一比率”②。根据弗里德曼的估计，美国劳动力的年增长率为1%～2%，劳动生产率的年增长率为2%～3%，因此，总产量的年增长率为3%～5%；如果货币供应量的年增长率也按这一比率增长，经济中就不会发生通货膨胀。这种货币供应量增长率每年按照实际经济增长率固定增长的货币政策规则又称作“单一规则”（single rule）。

弗里德曼相信，通过为自己确立一条稳定的路线并始终遵循这一路线，中央银行可以在促进经济稳定方面作出重大贡献。通过以稳定的然而却是温和的货币数量增长为路线，中央银行可以在避免价格膨胀或价格紧缩方面作出重大贡献。并且，弗里德曼相信，稳定的货币增长将会创造出一个有利于进取心、独创性、创造力、勤奋和节俭这些基本力量有效运转的货币环境，而这些基本力量才是经济增长的真正动力所在。“这就是在我们现有的知识水平上对货币政策所能提出的最高要求。然而，这一要求——同时这也是一项伟大的政策——毫无疑问地是在我们力所能及的范围之内的。”③

弗里德曼不相信中央银行可以恰当地操作货币政策，他反对给予中央银行独立的制定货币政策的自主权。他甚至把20世纪30年代美国经济的大萧条归咎于当时的联储拥有太大的货币政策决策权。他在《资本主义与自由》一书中写道：“美国的大萧条远不是私人企业制度具有内在不稳定性的一个信号，相反，它证明了当少数人控制了一个国家的货币体系的广泛权力的时候，如果他们失误将可能造成多么大的危害。”④

弗里德曼在这篇演说中提出来的思想后来被西方学者概括为“愚弄模型”（fooling model）。

弗里德曼的这篇论文受到西方经济学家们的高度评价。罗伯特·戈登在1981年认为，这篇论文可能是“过去20年宏观经济学中最有影响的文章”。保罗·克鲁格曼在1994年说，这篇文章是“战后经济学取得的具有决定意义的知识成果”。托宾在1995年评价说，这篇文章可能是“在经济学刊物上发表过的最有影响的文章”。⑤

货币主义的政策主张还包含如何对付通货膨胀的内容。这就是，如果经济中已经出现了严重的通货膨胀，如同20世纪70年代那样，那么应如何操作货币政策把高通货膨胀降下来呢？货币主义者对这个问题的回答是：只能通过逐渐放慢货币供应量增长率把通货膨胀降下来。

货币主义的这个政策主张可以用图3-7来说明。

在图3-7中，假定经济最初位于A点，这一点是短期菲利普斯曲线（SPC_1）与长期菲利普斯曲线（LPC）的交点，即经济最初既处于短期均衡状态，又处于长期均衡状

---

①② 弗里德曼文萃．上册．北京：首都经济贸易大学出版社，2001：515.

③ 同①516.

④ Milton Friedman, *Capitalism and Freedom*, The University of Chicago Press, 1962, p. 50.

⑤ Robert J. Gordon, *Macroeconomics* (8th Edition), Addison Wesley Longman Inc., 2000, p. 549.

态，货币工资和通货膨胀率保持不变并被公众完全预期到，即 $\dot{P}^e=\dot{P}_1=\dot{W}_1$，失业率处于自然失业率水平。现在假设政府认为通货膨胀率（$\dot{P}$）太高，想运用货币政策来降低通货膨胀率。政府为了实现这一目标可以有两种选择：采取激进的方式或渐进的方式。这两种降低通货膨胀的方式所花费的代价或成本（用就业和产量损失来衡量）是不同的。

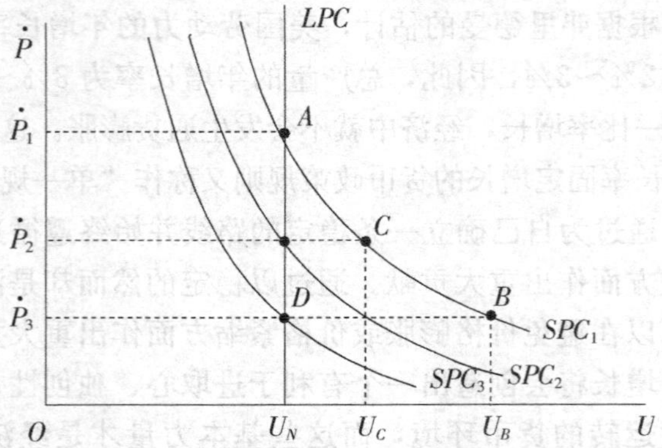

图 3-7　如何降低通货膨胀率

（一）激进的方式

这种方式是在短期内大幅度降低货币供应量增长率，把失业率提高到 U_B，结果通货膨胀率迅速下降到 $\dot{P}_3$，经济沿着短期菲利普斯曲线 SPC_1 由 A 点移动到 B 点。这种激进的方式的最初代价是失业率大幅度提高，由 U_N 提高到 U_B，相应的产量损失也较多。由于实际的通货膨胀率降低到预期的通货膨胀率以下，公众将向下修正对未来的通货膨胀预期。这使得短期菲利普斯曲线不断下移，最终达到 D 点，即在短期菲利普斯曲线 SPC_3 和长期菲利普斯曲线 LPC 的交点实现新的短期和长期均衡。在这一点，$\dot{P}^e=\dot{P}_3=\dot{W}_3$，失业率稳定在自然失业率 U_N 水平上。

（二）渐进的方式

这种方式是首先以较小的幅度降低货币供应量增长率，把失业率提高到比如说 U_C，因而通货膨胀率下降到 $\dot{P}_2$，即经济首先沿着短期菲利普斯曲线 SPC_1 由 A 点移动到 C 点。与激进的方式相比，现在的就业损失（产量损失）要小得多，失业率只从 U_N 提高到 U_C。由于实际的通货膨胀率降低到预期的通货膨胀率以下，公众将向下修正预期。经济适应了较低的通货膨胀以后，短期菲利普斯曲线会向下移动。短期菲利普斯曲线 SPC_2 与预期的通货膨胀率 $\dot{P}^e=\dot{P}_2$ 相对应。政府进一步降低货币供应量增长率将会进一步降低通货膨胀率，公众随之下调通货膨胀预期，直到经济最终稳定在 D 点，通货膨胀率降低到 $\dot{P}_3$。

货币主义者一般主张通过渐进的方式来降低通货膨胀。

显然，与激进的方式相比，渐进的方式降低通货膨胀所花费的代价小得多，但是花费的时间则要长得多。为了防止在这种较长时间里通货膨胀反弹，帮助渐进的方式顺利实现降低通货膨胀的目标，弗里德曼等人又主张采取一些补充性的政策措施，这些补充性的政策措施包括指数化政策和物价与收入政策。

指数化政策把货币工资增长率与通货膨胀率捆绑在一起，这有利于放慢货币工资的增长速度，有利于降低工资成本，从而有利于扩大就业、降低失业率。物价与收入政策有利于公众调低通货膨胀预期，从而有助于较快地推动短期菲利普斯曲线不断下移，最终实现降低通货膨胀的目标。

由上述内容我们看到，货币主义与凯恩斯主义在经济政策主张上是有明显分歧的：(1) 凯恩斯主义者根据 *IS—LM* 模型的分析结论认为财政政策和货币政策同样重要；而货币主义者认为财政政策应当回到古典学派的传统思路上去，关键是中央银行推行什么样的货币政策。(2) 凯恩斯主义的政策目标主要是充分就业，为了实现这一目标，凯恩斯主义者主张通过中央银行控制利率来控制投资量；而货币主义的政策重点是稳定物价，为了实现这一目标，货币主义者主张稳定货币供应量增长率。(3) 凯恩斯主义者主张根据经济形势的变化来挑选政策、组合政策和确定政策的力度；而货币主义者认为货币政策应当遵循固定不变的规则。

货币主义和凯恩斯主义经济政策分歧的背后是对资本主义市场经济的内在特性和政府作用认识的分歧。凯恩斯主义者认为私人企业经济具有内在不稳定的特性，因此需要政府来稳定经济，并且认为政府能够做到这一点。货币主义者则认为，经济除非受到外在干扰（如货币供应量无规则增长），否则是内在稳定的，政府没有必要稳定经济，政府也不可能稳定经济——因为决策者受现有的知识水平和自身利益的限制。

第八节　货币主义观点概要

货币主义者通过一系列理论研究和经验研究得出若干结论性的观点，这些观点可以概述如下：

一、货币需求函数是一个相当稳定的函数

弗里德曼认为，货币需求是少数几个可以观察到的变量的稳定函数。在这些变量中，最为重要的是持久收入。利率虽然是决定货币需求的一个自变量，但它不是一个重要的变量。因为货币和其他金融资产之间的替代效应很小，货币需求的利率弹性很低。

二、货币供应量的增长是决定名义 GDP 增长的主要的系统性的因素

与凯恩斯主义一样，货币主义也是一种总需求决定论。但是，与凯恩斯主义不同，货币主义认为名义总需求和主要的宏观经济变量，如总产出、就业量和价格总水平，主要受货币供应量变动的影响。因此，在货币主义者看来，“唯有货币重要”。

货币主义者一般认为，货币存量的变化是解释名义收入变化的最主要的因素，虽然不是唯一因素。

三、价格和货币工资具有相对的伸缩性（有弹性）

虽然货币主义者承认价格和货币工资的确具有一定的惯性，但是他们强调，价格和货币工资围绕潜在的产出有较高的弹性，尽管不是完全富有弹性。正是由于货币主义者把价格看作是有弹性的，所以他们就很自然地把货币的传导机制解释为大范围内的一系列相对价格调整，而不是用严格限定的利率来解释。

同时，由于货币主义者把价格和货币工资看作是有弹性的，所以，货币主义者的一个基本信念是：如果没有外在干扰，市场机制本当可以有效地导向充分就业。

四、私有经济是内在稳定的

货币主义者断定，名义 GDP 的波动大多是政府试图稳定经济的政策造成的，尤其是由"逆经济风向行事"的货币政策造成的。如果经济生活是自由放任的、私有经济是趋于稳定的，无论在短期还是在长期，财政政策对产出和价格的影响都不是主要的。

货币主义者反对运用积极干预的财政政策来稳定经济。因为财政政策会对私部门支出产生"排挤"效应，并且政府干预的扩大会缩小私人自由活动的空间。货币主义者主张，财政政策仅限于发挥其影响收入和财富分配以及资源配置的传统作用。

五、菲利普斯曲线所描述的通货膨胀与失业的替代关系只在短期存在，在长期内，菲利普斯曲线是垂直的

这个观点意味着，短期内货币数量的变化既可以影响实际产出，也可以影响价格；在长期内，由于经济趋向自然率水平，所以货币数量的变化主要影响价格水平，货币是中性的。

六、通货膨胀只是一种货币现象

用弗里德曼的话来说："通货膨胀是而且只能是由于货币数量的增长快于产出的增长造成的。从这个意义上说，通货膨胀在任何时候任何地方都是一种货币现象。"（Inflation is always and everywhere a monetary phenomenon in the sense that it is and can be produced only by a more rapid increase in the quantity of money than in output.①）

七、中央银行的首要任务或目标是控制通货膨胀，而不是失业

货币主义者认为，中央银行的首要政策目标是控制通货膨胀，稳定物价。除了在短期，中央银行不能通过操作货币政策来减少失业，而且，如果中央银行在短期内为降低失

① Friedman, Milton. *Inflation: Causes and Consequences*. Asia Publishing House//弗里德曼文萃. 上册. 北京：首都经济贸易大学出版社，2001：435.

业率而允许有一定的通货膨胀，那么，通货膨胀将会加速至严重降低生产率的某一水平。

八、要稳定物价必须稳定货币供应量增长率

货币主义者认为，货币供应量的无规则变化必将导致物价波动。弗里德曼甚至认为：货币存量的较大变动是一般价格水平较大变动的充分必要条件。[①] 因此，要保持物价的长期稳定，中央银行必须推行遵循某种规则的货币政策：货币供应量按照产出增长的速度增长。

货币主义者相信，中央银行能够充分有效地控制货币供应量。在货币主义体系中，货币供应量是一个外生变量。

九、货币政策的作用存在一个或长或短的时滞

根据弗里德曼的研究，在大多数发达国家，货币增长率的变动导致名义收入增长率变动的时滞平均为 6～9 个月；价格变动发生在货币增长率变动 12～18 个月以后；货币增长率变动与通货膨胀率变动之间的总时滞平均大约为 2 年。

十、货币供应量既是重要的政策变量，又是最优的政策指标

货币主义者认为，利率作为货币政策的指标是不可靠的。因为，第一，不是所有的有关利率都能够观测到。第二，利率对价格变化和价格预期都会做出反应，因此，较高的和上升的利率可能是扩张性货币政策的结果。到 20 世纪 80 年代后期，弗里德曼进一步认为，货币供应量的变化对利率的影响是不确定的："货币增长率的变化最初在一个方向上影响利率，然后在相反方向上影响利率。"[②]

根据弗里德曼的分析，虽然货币供应量的变化对名义收入有重要的影响，但是在这种原因与结果之间存在较长的时滞和不确定性，短期内要准确预测这种因果关系非常困难，因此，不能有效地运用政府制定的货币政策作为短期内稳定经济的手段。最优的解决办法是按照固定的比率来确定货币供应量的增长率。

第九节　货币主义的影响与局限性

货币主义的流行是 20 世纪 60 年代末到 70 年代英美等发达国家的高通货膨胀促成的。货币主义对西方经济理论、研究方法、经济政策和经济实践产生了一系列影响。

一、对经济理论的影响

货币主义在经济理论层面上的首要影响是对货币需求函数做出了精细分析，大大改

① 弗里德曼文萃．上册．北京：首都经济贸易大学出版社，2001：331．

② 同①436．

造和发展了货币数量论，重新唤起了学术界对货币理论的兴趣，进一步促进了货币理论的发展。

根据弗里德曼的分析，货币需求函数中所包含的变量有若干个，而不仅仅是凯恩斯所说的两个（收入和利率），这大大拓展了研究货币需求的视野。

与凯恩斯一样，弗里德曼也把货币看作是一种资产；但是，与凯恩斯不同，弗里德曼不是把货币看作是持有当前收入的一种形式，而是把它看作是保持财富的一种方式。因此，弗里德曼认为，对货币的需求主要是由总财富和各种不同形式的财富的报酬决定的。接下来的问题是，如何衡量货币需求函数中的财富呢？或者，按照什么标准来衡量财富呢？弗里德曼以资本学说为基础，即财富不过是收入的资本化的价值，把持久收入作为货币需求函数中的财富的代表。持久收入假说不但发展了消费函数理论，而且丰富了收入概念。

弗里德曼又进一步把货币需求函数中的财富区分为人力财富（human wealth）和非人力财富（non-human wealth），这种区分后来推动了人力资本（human capital）学说的发展。

把人们保持财富的形式看作是在流动资产和非流动资产的广泛范围内进行选择，这为后来的资产选择（或组合）理论（asset portfolios）的形成奠定了基础。

货币主义在经济理论上最重要的影响也许是它解释了货币流通速度的周期运动，并且在根据持久收入来衡量流通速度时，认为流通速度（货币需求）函数是稳定的和可以预测的。这种观点刺激了各派经济学家对货币流通速度进行大量的理论分析和经验研究。这使得萨缪尔森后来认为：“宏观经济政策的核心问题就是货币周转率的稳定性和可预测性。”①

适应性预期假说是货币主义体系的保护带和核心概念之一。这个假说不但是预期理论发展的一个重要阶段，而且根据这个假说建立起来的理论改写了西方经济学关于经济人行为分析的理论，在这个基础上提出来的政策思路和政策时滞分析、不确定性分析结合在一起，改变了人们对于政府行动和经济政策的思维方式。

货币主义特别是弗里德曼在经济学上最重要的贡献之一是对市场机制的功能、优势和运行机理的系统论述，这些论述继承和发展了亚当·斯密的“看不见的手”的原理，深化了人们对市场经济的认识。

弗里德曼认为，美国的历史是一部经济奇迹和政治奇迹的历史；之所以能发生这样的奇迹，是因为美国把两套思想观念付诸实践：一套是亚当·斯密《国富论》中的经济自由的思想观念，另一套是美国《独立宣言》中的政治自由的思想观念。

弗里德曼的看法是，《国富论》分析了市场机制如何能够把追求各自目标的个人自由，同提供衣食住行等经济生产活动中所需要的合作和协作结合起来。“亚当·斯密关键的洞见是：只要协作是完全自愿的，那么交易双方就都能获益；除非交易双方都能获益，否则交易就不会发生。所有人都能通过协作获益，而这种协作并不需要来自外部的强力、强制，也不必侵犯个人自由。”②

弗里德曼论述说，市场（价格）机制是一种最好的组织经济活动的机制，因为市场

---

① ［美］保罗·萨缪尔森，威廉·诺德豪斯．经济学．16版．北京：华夏出版社，1999：505．

② ［美］米尔顿·弗里德曼，罗丝·弗里德曼．自由选择．北京：机械工业出版社，2008：2．

机制可以发挥三种功能：传递信息、提供激励和分配收入。市场机制的这三种功能是密切联系在一起的：如果一个人的收入并不取决于他手中资源所提供的服务的市场价格，那么他就没有动力去寻找价格传递的信息，并根据这一信息来采取行动。①

弗里德曼认为，市场经济制度本质上是一种自由的经济制度，市场机制是一种自动、自发的机制，“唯有自由市场经济制度才能实现繁荣和自由”。

货币主义是第一个反凯恩斯主义的宏观经济学流派，它向当时占据正统派地位的凯恩斯主义发起挑战，有助于打破当时西方经济学界一派独霸的局面，由此掀起的理论竞争这件事情本身就有利于促进学术空气的活跃和学术发展。货币主义与凯恩斯主义的争论诱发了西方经济学家对一系列理论问题和政策问题的再思考。例如，货币主义与凯恩斯主义关于菲利普斯曲线的争论，关于货币流通速度是可变还是稳定的争论，关于是相机抉择还是规则政策的争论……这些争论本身推动了西方经济学的发展。

不过，货币主义虽然有其理论贡献，但它主要还是一种宏观经济政策理论。货币主义并没有提供一个和凯恩斯主义相竞争的宏观经济理论体系，弗里德曼也没有发展出像凯恩斯《通论》那样的宏观经济分析框架。总体上看，货币主义在分析方法（approach）上还是追随凯恩斯主义的总需求分析，在宏观经济理论层面上，货币主义还是生活在凯恩斯主义体系结构的阴影之下。货币主义对宏观经济学的贡献似乎还不能和凯恩斯主义相匹敌。这也许是西方主流经济学在给20世纪经济学家排名时，始终是凯恩斯排名第一、弗里德曼排名第二的原因。

到20世纪80年代中期，伴随着货币主义政策的失败，货币主义在经济理论上的影响开始走下坡路，新古典宏观经济学开始崛起。不过，货币主义的内核、保护带和信念在新古典宏观经济学那里得到了部分复活和继承。正是由于这个缘故，托宾把新古典宏观经济学看作是货币主义的第二代。

二、对经济学研究方法和方法论的影响

弗里德曼是一位注重实证分析和经验研究的经济学家。弗里德曼始终抱有这样一种信念：“经济学家之间的基本分歧不是理论上的，而是实际经验方面的。”“有关货币在经济事务中的作用这一问题上的许多分歧，在我看来都直接或间接地反映了人们在对这些经验问题做出回答时的分歧。”② 弗里德曼善于通过经验研究来得出自己的观点，善于用经验事实来证明自己的假说（或理论）。他的《1867—1960年美国货币史》等一系列著述可以说明这一点。

弗里德曼对经济学方法论尤其是实证经济学提出过独到的见解，他的一个基本观点是，经济学家提出来的某种假说是否可以成立、是否能够被接受，不是取决于这种假说赖以建立的假设前提，而是取决于它是否能够被经验事实所说明，是否能够解释实际情况，是否能够对尚未观察到的经济现象做出合理的、有意义的（而不是不言而喻的）预测。换句话说，他坚持实际情况或经验事实是检验一种假说或理论的唯一标准，而不是

① ［美］米尔顿·弗里德曼，罗丝·弗里德曼. 自由选择. 北京：机械工业出版社，2008：14，22.

② ［美］米尔顿·弗里德曼. 货币分析的理论结构//弗里德曼的货币结构. 北京：中国财政经济出版社，1989：106-107.

假设前提的真实性是检验假说的标准。

弗里德曼认为，经济理论实际上是由两种元素构成的复杂的混合体。一方面，它是一种旨在促进系统的、有组织的推理方法的语言；另一方面，它是一种旨在抽象出复杂现实的本质特征的实质性假说体系。

作为一种语言，经济理论没有什么实质性的内容，只是一系列的同义反复。作为一种实质性的假说体系，经济理论应该根据它对其希望解释的一系列现象的预测能力进行检验。"只有实际证据才能表明这种理论是'正确的'还是'错误的'，或者更确切地说，只有实际证据才能说明这种理论是应该暂时地'被接受'还是应该'被拒绝'。…… 对一种假说的'合理性'进行的唯一有效的检验，是将这种假说的预测与实际情况进行比较。如果这种假说的预测与实际情况相抵触，那么，它就应该被拒绝；如果这种假说的预测与实际情况不抵触，那么，它就应该被接受；如果在很多情况下，这种假说的预测都没有与实际情况相抵触，那么，它的可信度就非常高。"[①]

在弗里德曼看来，一种理论的假设是否符合实际是无关紧要的，关键是一种理论与事实相符的程度。他认为，最好的假设并不一定是最接近复杂现实的假设，而是那些尽可能简单明了，并具有尽可能大的解释能力与预见能力的假设。他写道："那些真正重要的、有意义的假说，它们的'假设'是对现实粗略的、不精确的、描述性的表述。"[②]

"人们不能通过一种理论的'假设'的'真实性'来检验这种理论。"[③] 也就是说，人们并不能通过把一种理论的假设与现实进行直接比较的方法来检验这种理论。"事实上，人们进行这种检验是完全没有意义的。"[④] 因此，人们不能根据假设的不现实性来断定这种理论也是不现实的。弗里德曼认为，根据这种方法对一种理论所提出的批评基本上是不中肯的。

弗里德曼的这种方法论思想与凯恩斯的方法论思想明显不同。凯恩斯在《通论》中多次强调，古典经济学的错误不在于其理论结构，而在于其假设前提不符合实际，这些假设前提在现实中很少能够得到满足。

弗里德曼的经验研究方法和他对实证经济学所持的观点对后来的西方经济学的发展有较大的影响。新古典范式基本上是遵从弗里德曼的方法论的。新古典范式注重假说的实证检验，而不太注重假设前提是否符合实际。新古典主义的许多假设是根据研究者的需要提出来的，而不是从现实中抽象出来的，其中有些假设明显与现实不符，例如完全竞争假设、市场出清假设、价格弹性假设等。新古典主义经济学家大多注重"用经验事实说话"。

我们认为，弗里德曼的方法论有其合理的、正确的一面，这就是他坚持用经验结果作为检验一种理论的唯一标准。但是，他的方法论是有片面性的：经验结果可以分为短期结果和长期结果，有些理论用短期经验结果来检验可能是对的，但是用长期经验结果来检验可能就是错的，我们应该以什么样的经验结果来检验理论假说呢？他只强调用经

① 弗里德曼文萃．上册．北京：首都经济贸易大学出版社，2001：125.

② 同①130.

③ 同①139.

④ 同①156.

验结果来检验理论，而不注重研究这些经验结果是怎么来的、在什么条件下产生的、其因果关系如何。这就使得货币主义的理论分析过于浅显。与凯恩斯主义相比，货币主义的理论结构比较简单，甚至存在“理论上的黑箱”。英国著名经济思想史和方法论专家马克·布劳格（Mark Blaug）曾经认为，从更深层次的意义上说，货币主义已经失败了，因为“货币主义从未能够成功地阐明产生其经验结果的因果机制，有时候甚至否认这些结果需要用坚实的因果理论去解释……”①

三、新自由主义的铸造者

货币主义是第二次世界大战结束以后兴起的新自由主义经济学中的第一个流派，不少西方学者把弗里德曼看作是新自由主义经济学的领袖。②

弗里德曼一生出版了许多论述、宣传新自由主义的论文和著作，如《资本主义与自由》（1962年），《一个经济学家的辩解》（1975年），《自由选择》（1980年），《现状的严酷性》（1984年），《经济自由、人类自由和政治自由》（1992年）等。颂扬最小限度的政府干预的自由市场制度的优越性成为他的政治哲学。他在1999年回顾说，他一生所抱的一个基本信念是：“只要人们不妨碍其他公民的类似权利，他们就应该拥有追求自己的目标的尽可能最大的自由”③。

在弗里德曼看来，奠定市场机制的基础的政治原则是一致同意（unanimity）。一个理想的自由市场建立在私有财产基础之上，没有任何一个人可以强迫其他人，一切合作都是自愿的，各方都可以从这种合作中获得好处，或者他们不必参加这种合作。除了个人共同的价值观和责任，不存在其他的价值观，不存在什么“社会的”责任。社会只是个人的集合，只是个人自愿组成的各种团体的集合。

弗里德曼的经济自由主义包括经济自由和政治自由。他所说的经济自由包括：个人支配自己收入的自由；个人根据自己的利益支配手中资源的自由——选择职业的自由，经营企业的自由，与人交易的自由，等等；拥有财产的自由。他所说的政治自由就是美国《独立宣言》所说的“人人生而平等，造物主赋予他们若干不可剥夺的权利，其中包括生命权、自由权和追求幸福的权利。”

弗里德曼论证说，经济自由是政治自由的必要条件。“经济自由即可保证人们之间的相互协作，而不必靠外部强制或某个中央命令，由此缩小了运用政治权力的领域。而且，由于自由市场是一种分散权力的机制，因此即便出现某种政治集权，也能够被自由市场所克服、消化掉。如果经济和政治权力都集中在同一个人或同一群人手中，那就必然导致专制、暴政。”④ 而经济自由和政治自由结合在一起，就能够给经济社会带来繁荣。

如何认识和定位市场经济中政府的地位和作用？要回答这个问题，首先必须明白政府是怎么产生的。弗里德曼认为：“在一定程度上，政府是自愿协作的一种形式，是人

① ［英］马克·布劳格．经济学方法论．北京：北京大学出版社，1990：238.
② ［美］诺姆·乔姆斯基．新自由主义和全球秩序．南京：江苏人民出版社，2000：导言3.
③ 弗里德曼文萃．北京：首都经济贸易大学出版社，2001：中文版序言Ⅹ.
④ ［美］米尔顿·弗里德曼，罗丝·弗里德曼．自由选择．北京：机械工业出版社，2008：3.

们选择的用来实现某些目标的一种途径；之所以选择政府，是因为他们认为政府是实现那些目标最有效的途径”[①]。不难看出，弗里德曼在“政府是怎么来的”这个问题上的观点和从洛克到哈耶克、布坎南的新老自由主义是一致的。

在政府的功能和作用上，弗里德曼继承并发展了亚当·斯密的思想。斯密在《国富论》中认为，在市场经济这种自然自由的制度中，政府（君主）只有三个应尽的义务，“第一，保护社会，使不受其他独立社会的侵犯。第二，尽可能保护社会上各个人，使不受社会上任何其他人的侵害或压迫，这就是说，要设立严正的司法机关。第三，建设并维持某些公共事业及某些公共设施（其建设与维持绝不是为了任何个人或任何少数人的利益），这种事业与设施，在由大社会经营时，其利润常能补偿所费而有余，但若由个人或少数人经营，就绝不能补偿所费。”[②] 弗里德曼认为，政府的前两项义务是为了保护社会中的个体免受来自外部或内部其他成员的强制。如果没有这种保护，我们不可能真正自由地选择。政府的第三个义务是说明旨在保护和增进一个自由社会的政府所负有的正当义务，但它也可以被解释成是为政府权力的无限扩张而辩护。弗里德曼进一步认为，除了斯密所论证的三个义务，现代市场经济中政府还有第四个义务，这就是“为那些我们认为其无法对自己的行为‘负责’的社会成员提供保护。”“这一点也很容易遭到极大的滥用，但这却是无法避免的。”[③] 简言之，亚当·斯密概括的政府义务有三个：保卫国家安全，维护社会公正，提供公共物品；现在弗里德曼又给政府增加了一个义务：保护弱者。

货币主义者的共同认识是，第二次世界大战结束以来西方市场经济国家大力推行凯恩斯主义导致政府权力过分集中和扩大，妨碍了市场机制的自发调节和正常运行，破坏了个人的经济自由和政治自由，引发了一系列的经济、政治和社会问题，如大量的财政赤字和公共债务，货币超量发行，通货膨胀，滞胀，经济控制（regulation），食品药品不安全，能源供应紧张，环境污染，生态破坏，等等。

弗里德曼认为，这个世界上的重要问题是避免权力集中——我们需要的是权力分散；而削减政府权力范围的唯一有效疗法是让政府退出经济事务。凯恩斯主义的一个基本主张是：在“看不见的手”失灵时需要“看得见的手”来发挥作用。弗里德曼认为这种解决问题的思路是错误的，“我认为政府解决问题的手段通常和问题本身一样糟糕，并且政府经常把问题搞得更糟糕。”[④]

弗里德曼把自由经济社会中的政府定位为“安分守己”的政府、“有限的政府”、“是公众的仆人而不是主人”。也就是说，现代市场经济中的政府应当回归到亚当·斯密和约翰·斯图亚特·穆勒时代的古典模式上去。

20 世纪 70 年代末以来，货币主义的新自由主义思想和主张首先通过美国的里根政府和英国的撒切尔政府对发达国家的经济政策和经济生活产生了影响，随后又通过世界银行、国际货币基金组织等国际机构对发展中国家的经济改革和发展产生了影响。新自由主义在美国的影响被称作“里根经济学”，在英国的影响被称作“撒切尔主义”。供给

---

① ［美］米尔顿·弗里德曼，罗丝·弗里德曼．自由选择．北京：机械工业出版社，2008：26.

② ［英］亚当·斯密．国民财富的性质和原因的研究．北京：商务印书馆，1983：252-253.

③ 同①31.

④ Milton Friedman, *An Economist's Protest*, 2nd ed., Thomas Horton and Daughters, 1975, p. 6.

学派和新古典宏观经济学的流行又进一步强化了这种影响，以至有些西方学者认为："新自由主义是我们这个时代明确的政治、经济范式。"[①]

四、对经济政策和经济生活的影响

货币主义对西方发达国家经济政策和经济实践的广泛影响产生于20世纪70年代中期，80年代早期这种影响开始降温。这样算起来，货币主义对政策实践的影响是短命的，这种影响前后不过10年。

如我们在表3-1中所看到的，从1968年开始，主要发达国家出现了明显的通货膨胀。但是，在70年代中期以前，货币主义的影响还局限于经济学界和一般民众。到70年代后期，由于两次石油危机的冲击，发达国家的通货膨胀愈发严重。1979年美国的通货膨胀率上升到13%，当时在美国，"许多人认为凯恩斯主义的稳定政策已经无法控制通货膨胀。……许多经济学家和政策制定者都相信，货币政策是有效对抗通货膨胀的唯一希望"[②]。

1979年春天，时任美国总统的卡特任命保罗·沃尔克出任联邦储备委员会主席。沃尔克原本不是货币主义者，而是一位以保守倾向著称的银行专家。但是，由于通货膨胀已经成为头号的经济敌人，公众和金融界都强烈要求把通货膨胀压下来。经济和政治形势迫使沃尔克采取货币主义的政策方案。1979年10月6日，沃尔克宣布即便在短期内，货币政策的目标也不再是稳定利率；控制货币增长才是当务之急。这标志着美联储的政策转向：由多年推行凯恩斯主义的控制利率的政策转向货币主义的稳定货币的政策。

1980年3月，美联储宣布对短期信贷规模实行强制性控制；1981年3月，在新任总统里根的压力下，沃尔克决定再次实行货币紧缩政策：货币供应量增长率下跌到零并维持了6个月之久。这种货币政策确实发挥了作用：到1982年，美国的通货膨胀率已经降低到4%。但是，持续、大剂量紧缩的结果使美国经济遭受了第二次世界大战结束以来最严重的衰退，为降低通货膨胀所付出的代价是高昂的：1979—1982年美国的实际GDP停滞不前，失业率由1979年的6%上升到1982年的10%。到1982年春夏之交，美国经济衰退达到了谷底并出现了金融危机的征兆。同年8月，墨西哥债务危机爆发，美国几家大银行遭到致命打击。在这种形势下，沃尔克不得不大开货币供给的闸门，货币主义的稳定通货的政策被抛弃。

1979年5月，撒切尔夫人就任英国首相，为了解决她的前任工党政府遗留下来的经济停滞和两位数的高通货膨胀，她开始了货币主义政策实验：推行稳定货币供应量增长率的货币政策，宣布把货币供应量的年增长率降低到并保持在6%～10%。为了削减货币供应量，撒切尔政府着手大幅度削减政府支出和通过提高贷款利率来紧缩银行信贷，并于1980年提出中期金融战略：分4年逐渐减慢M3的增长速度。这些政策措施产生了一定的效果。到1981年，英国的通货膨胀率下降到8.9%，此后又进一步下降，到1983年下降到5%。但是，紧缩性的货币政策在降低了通货膨胀的过程中，却引起失业率上升和经济增长率下降。于是，1983年以后，英格兰银行开始使用较窄的货币

① ［美］诺姆·乔姆斯基. 新自由主义和全球秩序. 南京：江苏人民出版社，2000：导言3.

② ［美］保罗·萨缪尔森，威廉·诺德豪斯. 经济学. 16版. 北京：华夏出版社，1999：508.

总量 M0 作为货币目标。到 1985 年，撒切尔政府放弃了通过稳定通货来稳定价格总水平的目标，转而把就业和经济增长作为政府追求的首要经济目标。这意味着到 20 世纪 80 年代中期，英国政府也终止了货币主义的政策实验。

差不多与英美同时，加拿大、德国（当时的联邦德国）、瑞士和日本等发达国家也采用了货币主义的政策主张。

应当说，发达国家的货币主义实验对于降低通货膨胀来说是有效的，但是这些国家的经济为此付出的代价是很高的。萨缪尔森在评价货币主义的实验时认为："从失业及产出损失的角度讲，货币主义的反通货膨胀政策为降低通货膨胀每个百分点所付出的经济代价，并不亚于早期的反通货膨胀政策。"① 作为凯恩斯主义的代表人物，萨缪尔森的这个说法不免有为凯恩斯主义政策主张评功摆好之嫌，但是货币主义实验被发达国家纷纷"叫停"则是事实。

不过，货币主义对经济政策和经济生活的影响并没有终止，在发达国家的中央银行行动中，我们仍然能够找到货币主义的影响。这种影响主要表现在：美联储也好、英格兰银行也好、联邦德国中央银行也好，它们在相当长的时期都把通过稳定货币供应量增长率来稳定物价作为自己的主要政策目标。就连世界上最年轻的中央银行——1998 年 6 月 1 日成立的欧洲中央银行，也把通过稳定货币总量 M3 来保持物价稳定作为它的首要政策目标。我们通过表 3-2 和表 3-3 可以看到货币主义的这种影响力。

表 3-2　　主要发达国家货币政策最终目标的演变

	20 世纪 70 年代中期以前	70 年代中期到 80 年代中期	80 年代后期以来
美国	以充分就业为主	以稳定货币（M1、M2）为主	反通胀为唯一目标
英国	充分就业兼顾国际收支平衡	以稳定货币（先是 M3 后是 M0）为主	反通胀为唯一目标
加拿大	充分就业和经济增长	以稳定货币（M1）为主	以稳定物价为主
联邦德国	充分就业和经济增长	以稳定货币（先是"中央银行货币"* 后是 M3）为主	反通胀为唯一目标
日本	充分就业和经济增长	以稳定货币（M2）为主	以经济增长为主

* 德国联邦银行所说的"中央银行货币"是指银行存款总额乘以 1974 年法定准备金率再加上流通中的货币。

表 3-3　　主要发达国家货币政策中间目标的演变

美国	以控制短期利率为主（20 世纪 70 年代中期以前）	控制货币总量（1979—1982 年）*	以控制短期利率为主（1982 年 10 月以来）
英国	以控制利率和汇率为主（1976 年以前）	控制货币总量（1976 年至 20 世纪 80 年代中期）	以控制短期利率为主（20 世纪 80 年代后期以来）
加拿大	以控制短期利率为主（1975 年以前）	控制货币总量（1975 年至 20 世纪 80 年代中期）	以控制短期利率为主（20 世纪 80 年代后期以来）
联邦德国	以控制短期利率为主（1975 年以前）	控制货币总量（1975 年至 20 世纪 80 年代中期）	以控制短期利率为主（20 世纪 80 年代后期以来）
日本	以控制利率和汇率为主（1978 年以前）	控制货币总量和利率（1978—1987 年）	以控制利率和汇率为主（1987 年以来）

* 应国会要求，美联储宣布从 1975 年开始设定货币目标，但是直到 1979 年 10 月才真正实施这种操作程序。

① ［美］保罗·萨缪尔森，威廉·诺德豪斯．经济学．16 版．北京：华夏出版社，1999：509.

自20世纪80年代后期以来，除了瑞士以外，其他发达国家的货币政策都转向以控制或操作利率为主。这主要是因为80年代出现了诸如期权交易等一系列金融产品创新，80年代中期发达国家出现市场自由化浪潮，政府纷纷放松金融管制，这些变化提高了金融市场上的不确定性和不稳定性，使得货币需求更加难以预测和调控，因而使学术界和中央银行降低了对货币目标的信任度。

自1990年新西兰储备银行（中央银行）开始实施货币政策通货膨胀目标制（inflation targeting）以来，越来越多国家中央银行的货币政策转向了通货膨胀目标制。这种通货膨胀目标制在很大程度上可以看作是货币主义政策主张的现代版。

五、货币主义的局限性

站在今天的视角来看，货币主义存在许多缺陷或局限性。

(1) 在理论体系构建和创新上，货币主义既不能和在它之前出现的凯恩斯主义相提并论，也不能和在它之后出现的新古典宏观经济学相比肩。货币主义在经济理论方面的主要贡献是货币需求函数（理论），而这个理论既可以看作是传统的货币数量论的修正版或升级版，又可以看作是凯恩斯流动偏好函数的一个特例或扩展版。货币主义虽然开辟了宏观经济分析的若干新的研究方向或研究领域，但是它没有像凯恩斯主义和新古典宏观经济学那样构建出自己相对完整的宏观经济分析框架。货币主义看重经验研究，他们力图从经验研究中找出新的函数关系或相关关系，得出新的观点。从本章的内容我们可以看出，货币主义的一些观点和政策主张是建立在经验研究的基础上而不是理论逻辑的基础上，并且，货币主义的一些观点还缺乏逻辑上的内在一致性。

(2) 在弗里德曼的货币需求函数中，持久收入是最重要的变量，而利率则是一个不重要的因素或变量。现在大多数经济学家不太赞同弗里德曼对利率的观点。英国货币主义者莱德勒曾经通过经验研究发现，“存在强有力的证据支持货币需求总是与利率成反比的论点”。根据著名的鲍莫尔-托宾货币需求模型，货币需求的收入弹性是1/2，货币需求的利率弹性是－1/2，即利率上升10%，实际货币余额将减少5%。后来大量经验研究表明，货币需求的收入弹性大于1/2，货币需求的利率弹性小于－1/2。

(3) 货币主义把货币供给看作是外生的，认为货币供应量完全可以由中央银行控制。事实上，货币供给不但由中央银行的货币政策决定，而且由储户、银行借款人和商业银行的行为决定，即货币供给的一部分也由经济活动本身内生决定。根据著名的货币金融学家米什金（Frederic S. Mishkin）的研究，货币供给（M1）过程有四位参与者：中央银行、商业银行、储户和银行借款人；影响货币乘数或基础货币的因素都会影响货币供给，这些因素（或变量）至少有六个：法定准备金比率、非借入基础货币（基础货币减去中央银行贴现贷款后的差额）、贴现贷款、现金比率（现金与支票存款之比）、预期存款外流和市场利率。其中，中央银行通过控制前三个变量影响货币供给；储户通过有关现金比率的决策影响货币供给；商业银行主要通过超额准备金比率的决策影响货币供给，而这一比率又受到商业银行对存款外流预期的影响；市场利率通过超额准备金比率影响货币供给，而市场利率又受借款人对贷款需求的影响。货币供给同法定准备金比率、现金比率、超额准备金比率负相关，同中央银行贴现贷款和由中央银行公开市场操作所控制的非借入基础货币正相关。这说明，四位参与者都在货币供给过程中发挥了作用。①

20世纪70年代以来，由于各种金融衍生产品的出现和使用，使得“什么东西算作货币”这个问题变得复杂了。如何界定和衡量货币供应量指标，在学术界和金融界都存在争议。这也提高了中央银行控制货币供给的难度。

(4) 货币主义的一个基本命题是：货币流通速度是一个稳定的函数。这个观点也没有通过后来的经验事实的检验。

经济学家们发现，20世纪50年代、60年代和70年代前期的经验数据和弗里德曼的货币需求函数拟合得相当好，在这个时期，就美国等发达国家来说，M1的流通速度每年以相当稳定的比率上升，M2的流通速度则是稳定的。但是，自20世纪70年代中期以来，美国的货币需求函数就开始衰变，到80年代，货币流通速度出现了剧烈波动的趋势，M1的流通速度大幅下挫，即便剔除一些新趋势的影响以后，货币流通速度也变得捉摸不定，到90年代，美国的M2的流通速度已经开始变化无常了。这种货币流通速度的非稳定性已经成为经济学家们研究的重要课题。可能的原因是，20世纪70年代以来的技术创新引起了生产成本和交易成本的下降，从而降低了对货币的需求；而大量的金融创新则扩大了金融产品的可选择范围，更容易引起金融产品之间的相互替代，同时增加了金融市场上的不确定性和金融产品价格（或收益率）的波动性。

货币主义已经走过了20世纪70年代的鼎盛时期。今天，国际上权威的经济学期刊刊载货币主义的文章已经不多了，货币主义也不再是经济学和金融学学术会议上讨论的热门话题。甚至许多经济学家认为，货币主义已经名存实亡；在经济学的发展道路上，货币主义已步入“绝境”。②

我们认为，货币主义虽然已经风光不再；特别是由于货币供应量的内生性增强，弗里德曼大力推荐的旨在稳定货币供应量的单一规则已经失效。但是，作为一种反通货膨胀的理论体系和政策主张，货币主义仍然有它的生命力；只要通货膨胀这种困扰人类的经济疾病不消失，只要通货膨胀还是一种纸币现象，货币主义就不会完全退出经济学舞台。

目前中国正在进行进一步的市场化改革，正在朝着完善社会主义市场经济体制的目标迈进，货币主义特别是弗里德曼对市场机制的功能作用的分析、对政府职能（义务）的定位、对市场与政府的关系的讨论，对我们无疑有许多启发。③

本章复习与思考题

1. 试述货币数量论与货币主义的关系。
2. 货币主义与凯恩斯主义有哪些主要分歧？这些分歧说明了什么？
3. 你认为货币主义与凯恩斯主义有哪些一致性或共同点？

① ［美］弗雷德里克·S. 米什金. 货币金融学（第七版）. 北京：中国人民大学出版社，2006：381，386.

② ［英］布莱恩·斯诺登，霍华德·R. 文. 现代宏观经济学发展的反思. 北京：商务印书馆，2000：100.

③ 弗里德曼教授生前曾三度访问中国（分别是1980年9月22日—10月12日，1988年9月10—22日，1993年10月19—27日），他每次访华都受到我们党和国家领导人的高规格接待。

4. 货币主义和凯恩斯主义是如何看待货币政策的作用的？
5. 试比较分析弗里德曼的货币需求函数与凯恩斯的货币需求函数。
6. 在货币流通速度问题上，经济学家们有哪些分歧？
7. 你对弗里德曼的方法论做何评价？
8. 弗里德曼是如何论述市场机制的功能作用的？
9. 你如何评价弗里德曼的政府观？
10. 货币主义的菲利普斯曲线对宏观经济学的发展有什么贡献？
11. 你如何看待货币主义的影响？

本章进一步阅读文献

[1] Brunner，Karl and Allan H. Meltzer，*Money and the Economy：Issues in Monetary Analysis*，Cambridge University Press，1997

[2] Cagan，Phillip，*Determinants and Effects of Changes in the Stock of Money，1875—1960*. Columbia University Press，1965

[3] Fisher，Irving，*The Purchasing Power of Money*，A. M. Kelley，Publishers，1963 [1911]

[4] Fisher，Irving，*The Theory of Interest*，Macmillan，1930

[5] Friedman，Milton and A. S. Schwartz. *A Monetary History of the United States，1867—1960*，The University of Chicago Press，1963

[6] Friedman，Milton，*Studies in the Quantity Theory of Money*，The University of Chicago Press，1956

[7] Friedman，Milton，*A Program for Monetary Stability*，Fordham University Press，1960

[8] Friedman，Milton，*Capitalism and Freedom*，The University of Chicago Press，1962

[9] Friedman，Milton，*Price Theory*，Aldine，1976

[10] Friedman，Milton，*The Optimum Quantity of Money and Other Essays*，Aldine，1971

[11] Phelps，E. S.，et al.，*Microeconomic Foundations of Employment and Inflation Theory*，Norton，1970

[12] [英] 布赖恩·摩根. 货币学派与凯恩斯学派. 北京：商务印书馆，1984

[13] [美] 米尔顿·弗里德曼，等. 弗里德曼的货币理论结构. 北京：中国财政经济出版社，1989

[14] [英] 布赖恩·斯诺登，霍华德·R. 文. 现代宏观经济学：起源、发展和现状. 南京：凤凰出版传媒集团，江苏人民出版社，2009

[15] [美] 弗雷德里克·S. 米什金. 货币金融学（第七版）. 北京：中国人民大学出版社，2006

[16] [美] N. 格里高利·曼昆. 宏观经济学. 北京：中国人民大学出版社，2000

[17] 弗里德曼文萃. 北京：首都经济贸易大学出版社，2001

[18] [美] 本杰明·M. 弗里德曼，[英] 弗兰克·H. 哈恩. 货币经济学手册. 北京：经济科学出版社，2002

[19] [美] 米尔顿·弗里德曼，罗丝·弗里德曼. 自由选择. 北京：机械工业出版社，2008

第四章

新古典宏观经济学

新古典宏观经济学（new classical macroeconomics，NCM或NC），又简称“新古典主义”[①]“货币主义Ⅱ”，是20世纪70年代由货币主义和理性预期学派发展演化而来的一个经济学流派，这个学派的经济学家遵循古典经济学的传统，强调宏观经济学要建立在坚实的微观经济学基础特别是理性预期假说之上，相信市场力量的有效性；认为如果让市场机制自发地发挥作用，就可以解决失业、衰退等一系列宏观经济问题。

具体来说，货币主义Ⅱ一般都接受以下四个命题：

（1）私人经济是可以自身稳定的。

（2）货币在长期是中性的。

（3）货币在短期也是中性的。

（4）凯恩斯主义积极干预的经济政策是有害的。

第三个命题意味着，新古典宏观经济学家认为，短期的菲利普斯曲线也不存在。这是货币主义Ⅰ与货币主义Ⅱ的主要区别。

目前，新古典宏观经济学和新凯恩斯主义一起并列为西方主流经济学中的两大流派。

---

① 也有的学者把这个流派简称为“新古典经济学”（new classical economics）。这里所说的“新古典经济学”不同于以马歇尔、庇古为代表的“新古典经济学”，后者在英文文献中写作“neo-classical economics”。本书把后者称作“古典学派”或“古典经济学”。

第一节　新古典宏观经济学概览

一、新古典宏观经济学的产生和发展

新古典宏观经济学形成于 20 世纪 70 年代。1979 年萨金特（Thomas J. Sargent）在其《宏观经济理论》一书中把他们这个学派的理论称作“新古典宏观经济学”，该书第 16 章的标题是“新古典宏观经济学的观点”。新古典宏观经济学的发展大体上经历了两个阶段。

第一代产生于 20 世纪 70 年代初，70 年代中后期达到顶峰，80 年代初开始走下坡路。NCM 的第一代当时称作“理性预期学派”。主要代表人物有：卢卡斯（芝加哥大学教授，1995 年诺贝尔经济学奖获得者），萨金特［纽约大学教授，2002 年以前在斯坦福大学、芝加哥大学、明尼苏达大学等校任教，他和克里斯托弗·西姆斯（Christopher A. Sims）分享了 2011 年诺贝尔经济学奖］，华莱士（Neil Wallace，美国宾州大学教授，1997 年以前在迈阿密大学和明尼苏达大学执教）等人。

他们所做的工作主要有：

（1）提出理性预期假说，并把这个假说引入经济计量模型。

（2）把古典学派的最大化原则和弹性价格、弹性工资假设引入宏观经济学，力图为宏观经济学提供微观基础。

（3）提出货币的经济周期理论。

（4）提出货币政策无效性命题。

第二代（20 世纪 80 年代以来）的主要代表人物有：巴罗（Robert J. Barro，哈佛大学教授，现任斯坦福大学胡佛研究所高级研究员，曾在罗切斯特大学和芝加哥大学任教），基德兰德（Finn E. Kydland，挪威经济学家，现为美国加州大学圣塔芭芭拉分校教授，曾在卡内基-梅隆大学、明尼苏达大学执教），普雷斯科特（Edward C. Prescott，亚利桑那州立大学教授，曾任卡内基-梅隆大学、明尼苏达大学教授，他和基德兰德分享了 2004 年诺贝尔经济学奖）等人。

他们对新古典宏观经济学的主要贡献有：

（1）提出实际的经济周期理论。

（2）提出政策无效性命题。

（3）创立应用宏观经济学。

（4）创建动态宏观经济学

新古典宏观经济学在英国的主要代表人物是利物浦大学的应用经济学教授明福德（Patrick Minford），他在西方经济学界有“英国的卢卡斯”之称。其代表作有《理性预期宏观经济学》（中译本由中国大百科全书出版社于 1998 年出版）。

二、新古典宏观经济学产生的背景

（一）经济背景

新古典宏观经济学产生的主要背景是 20 世纪 70 年代至 80 年代前半期美国经济陷

入滞胀。1973 年 OPEC 国家把每桶原油价格提高了 4 倍，国际石油价格暴涨导致美国经济在 1975 年前后陷入衰退。1975 年美国的通货膨胀率接近 10%，失业率接近 9%。1979 年国际石油价格由 1978 年的每桶 14 美元猛升到每桶 34 美元。第二次石油危机使美国经济雪上加霜。1980 年美国的通货膨胀率上升到 13.4%，失业率达到 8%；到 1982 年，经济增长率下降，虽然这一年的通货膨胀率有所下降，但是失业率上升到 10%。这种高失业率和高通货膨胀率并存的局面是当时的凯恩斯主义和货币主义都无法做出解释的。

（二）经济学背景

这里所说的经济学背景主要是指当时西方经济学的主流派——凯恩斯主义存在这种或那种理论上的缺陷。这些缺陷主要有：(1) 凯恩斯主义宏观经济学缺少微观基础。里昂惕夫（Wassily Leontief）早在 1936 年就指出，凯恩斯模型中的非自愿失业与劳动者的理性行为不一致。这种情况只能用“货币幻觉”来解释。希克斯认为，阻碍凯恩斯的货币理论进一步发展的主要原因是它缺少价值理论基础。凯恩斯虽然在《通论》中强调了预期的重要作用，但是正统的凯恩斯主义模型所包含的只是适应性预期。货币主义模型也是以适应性预期为基础的。这种适应性预期假说意味着，经济当事人会一贯忽视使他们能够做出更好预期的信息，即便由此招致犯错误的成本。显然，这种预期假说是与最大化行为假设相矛盾的。(2) 以凯恩斯主义经济学和适应性预期假说为基础建立起来的计量经济学模型的失败：根据这些模型既不能做出准确的趋势预测，提出的政策建议又不能解决实际问题。

货币主义是 20 世纪下半期西方经济学阵营中反凯恩斯主义的第一个学派，但是到 70 年代后期，对凯恩斯主义造成沉重打击的是新古典宏观经济学而不是货币主义。在反凯恩斯主义的浪潮中，货币主义之所以让位于新古典宏观经济学，既有理论上的原因，也有经济现实方面的原因。理论上的原因主要有以下几方面：(1) 经济学家们方法论偏好的改变：经济学家们由相信货币主义强调的实证方法转向重视规范方法。(2) 货币主义倡导的“信誉”（credible）思想被主流宏观经济学所吸收（例如菲利普斯曲线在长期是垂直的假说），导致了一个凯恩斯主义—货币主义综合。(3) 货币主义范式本身存在的一些缺陷。货币主义的一些主要观点，尤其是关于通货膨胀与货币增长的关系的观点，是建立在经验研究而不是理论分析的基础上。20 世纪 60 年代末一些经济学家就指出，货币主义的理论分析存在着“黑箱”：根据弗里德曼的实证研究，货币流通速度在长期是下降的（每年大约降低 1%），但是从理论和常识上看，由于技术、制度和支付习惯的改进，货币流通速度是不断加快的。这种实证结果与理论结论的矛盾后来被称为“弗里德曼悖论”。经济现实方面的原因是，20 世纪 80 年代在美国和其他发达国家货币流通速度出现明显下降的趋势。美国 1982 年的经济衰退部分原因就是由于货币流通速度意外并且大幅度地下降。弗里德曼一直坚持货币需求函数是一个稳定的函数，80 年代初货币流通速度的下降大大损害了货币主义的这个“结论”。并且，如果货币流通速度是高度易变的，那么人们就有理由怀疑货币主义所主张的“稳定的货币供应量增长率”的单一规则是否可信和可行。由于理论和现实这两个方面的原因，货币主义在学术界和经济政策制定部门都受到“重创”。

(三) 技术背景

计算机技术在20世纪七八十年代的迅速发展，为求解大规模的经济计量模型提供了技术基础。理性预期概念本身就是和高等数学知识（如概率论和微积分）结合在一起的，理性预期模型通常需要比较高深的数学知识。运用时间序列分析是新古典宏观经济学家们的拿手好戏。卢卡斯就是根据对多国资料的时间序列分析来否定菲利普斯曲线所描述的失业率与通货膨胀率之间存在替代关系的。

三、新古典宏观经济学的特色

新古典宏观经济学既继承了古典经济学的一些传统，又吸收了货币主义的一些思想和信念，并在理论和方法上做出了自己的创新，从而形成了自己的特色。这些特色主要有：

(1) 认为古典二分法有效，坚持货币中性论。

(2) 提出政策无效性命题。

(3) 主张用固定不变的政策规则取代相机抉择的需求管理政策。

(4) 大量使用计量经济学的分析技术，尤其是统计检验技术。许多新古典主义者的论著都是高度数学化和形式化的。

第二节　新古典宏观经济学的基础

新古典宏观经济学体系建立在两个基本假设的基础上，这就是价格和工资的灵活性（弹性）假设与理性预期假说，这两个基本假设是新古典宏观经济学的精髓所在。构成新古典宏观经济学基础的还包括货币中性论和“卢卡斯批评”。

一、弹性价格和弹性工资假设

这个假设来源于古典经济学。这个假设意味着，经济体系中的各类市场是完全竞争或接近完全竞争的市场，当商品市场和劳动市场出现暂时的供求失衡时，价格和工资可以迅速调整，保证市场连续出清，从而使经济具有瓦尔拉斯一般均衡的特征。

瓦尔拉斯一般均衡具有下列特征：

(1) 连续的市场出清（market clearing）。在完全竞争的经济中，价格具有完全弹性，任何市场上的供求失衡都会通过理性的经济人追求自身利益的最大化而使商品价格和要素价格迅速地进行调整，因而总会有一组价格使得所有市场都能及时出清。

(2) 调节经济走向一般均衡的唯一机制是市场价格机制。在瓦尔拉斯一般均衡模型中，有一组商品和要素供给方程，有一组商品和要素需求方程，其中唯一的自变量是价格（商品价格和要素价格）。市场出清是通过（假想的）拍卖人不断调整其喊价的“试探过程”来实现的。也就是说，依靠价格机制调节可以实现连续的市场出清。

(3) 一个经济中的资源总是会充分就业（利用）的。经济总是在充分就业的均衡状态下运行，不存在长期偏离充分就业均衡位置的就业和产出的波动，只存在价格总水平随着货币数量的变动而变动。

二、理性预期假说

在理性预期假说（rational expectation hypothesis，REH）流行以前，适应性预期是西方经济学中普遍采用的预期假说。适应性预期假说的优点在于：概念简洁，在经验运用上简便易行，适应性系数的统计估计值很容易获得。经验证明，在一个渐变的环境中，运用适应性预期模型进行预测，其结果大多能为实践所证实。弗里德曼曾经用适应性预期模型对美国20世纪五六十年代的通货膨胀进行分析，效果较好。这是因为20世纪五六十年代美国的通货膨胀率很低，一般在2%以下。

但是，适应性预期有其固有缺陷。这些缺陷主要是：

(1) 适应性预期在形式上相当于权数呈几何级数递减的滞后分布，但是并没有什么理由证明实际经济生活中存在这样的权数。

t 时期的预期价格 P_t^e 的滞后分布的一般形式为：

$$P_t^e = \sum W_{k-1} P_{t-k}$$

式中，W_{k-1} 为任意权数，$k=1, 2, 3, \cdots, \infty$。$W_{k-1}$ 具有这样的特性：其总和是收敛的。

适应性预期实际上是上述滞后分布一般形式的一个特例。对于适应性预期来说，权数仅限定为

$$W_k = \beta(1-\beta)^k$$

式中，β 为适应性系数，$0<\beta<1$。

(2) 适应性预期是完全向后看的，它只汇集了被预期的那个变量的过去值，仅仅根据过去的经验来预测未来，完全忽视了与所预期的那个变量高度相关的现期各种可利用的信息。也就是说，当前获得的信息无法在预期形成中发挥作用。

(3) 适应性预期假说与理性人假说相矛盾。作为理性人，经济当事人必定会充分利用一切可以获得的信息来追求自身利益最大化。但是，根据适应性预期假说，经济当事人在形成预期时却不考虑当前的信息。卢卡斯和萨金特曾经批评说，适应性预期意味着当事人会持续和系统地犯认识上的错误，这和理性人假说相矛盾。一个理性的经济当事人会从他所犯的错误中吸取教训，从而不会反复犯同样的错误。而且，根据适应性预期假说所做的宏观经济分析，失业和通货膨胀表现为宏观总体非理性行为的结果，这与微观经济分析中假定单个经济当事人的行为是理性的在逻辑上是不一致的。适应性预期无法协调微观理性行为与宏观非理性行为的矛盾。

(4) 经验证明，适应性预期假说在趋势预测方面效果较差；在通货膨胀加速时，由适应性预期模型所做出的预测往往会出现失误。

正是由于适应性预期存在这些缺陷，新古典宏观经济学家基于现代数理统计技术和不确定性条件下的行为分析提出了理性预期假说。

1961年，约翰·穆思（John Muth）在《理性预期与价格运动理论》一文中首先提

出了“理性预期”概念。他在该文中写道：“由于预期是对未来事件进行的有根据的预测，所以它们与有关的经济理论的预测本质上是一样的。我们把这种预期叫作‘理性预期’。”①

穆思认为，信息是一种资源，追求利益最大化的经济当事人在做出预期时会充分利用他能够获得的信息，而不会浪费这种资源。与经济体系的特性相关的信息就是这种体系的结构。因此，穆思得出结论：理性的经济当事人将会运用他们有关经济体系结构的知识来形成预期。

理性预期假说可以表述为：在决策过程中，经济当事人会有效地利用他所获得的信息来形成对于未来结果的预期，在相同的条件下，经济当事人关于未来结果的主观概率分布与客观概率分布相一致。在讨论这些概率分布时，理性预期假说实际上关心的是这些分布的阶矩，关心最多的是其均值，偶尔也关心其方差。分布的均值就是数学期望值。在理性预期假说中，通常把对变量 x_{t+i} 的预期看作是 x_{t+i} 的数学期望值。因此，理性预期又可以这样来定义：当对某个经济变量的主观预期等于基于同样信息条件的数学期望时，这种预期就是理性预期。

可以把基于（$t+j$）期的信息对（$t+i$）期的 P 所做的（理性）预期记作

$$P^e_{t+i}=E_{t+j}P_{t+i} \tag{4-1}$$

这个数学期望值通常定义为

$$E(P_{t+i}\mid\Phi_{t+j}),\ j<i \tag{4-2}$$

由于存在信息滞后，经济当事人通常是根据上一期（$t-1$）的信息来形成对本期（t）变量的预期，或者是根据本期（t）的信息来形成对下一期（$t+1$）变量的预期，因而通常把预期形式写作 $E_{t-1}P_t$ 或 E_tP_{t+1}。

为了简化，假定 P^e_t 的模型是

$$P^e_t=P_{t-1}+\varepsilon_t \tag{4-3}$$

或

$$P_{t+1}=P_t+\varepsilon_{t+1}$$

式中，ε_t 为一个随机变量，它服从均值为0、方差为常数 σ^2 的正态分布，它是序列不相关的，且均值为0（即数学期望值为0）。这说明 P_t 遵循“随机游走”（random walk）。

理性预期有两个重要特性：无偏性和有效性。

所谓无偏性是指预测误差的均值（或期望值）等于零。这是因为

$$E(P_{t+1}-E_tP_{t+1})=E(P_t+\varepsilon_{t+1}-P_t)=E\varepsilon_{t+1}=0$$

所谓有效性是指预测误差的方差小于任何其他预测值的方差。即

$$\text{方差}(P_{t+1}-E_tP_{t+1})=E(P_{t+1}-E_tP_{t+1})^2=E(\varepsilon_{t+1})^2=\sigma^2$$

这是对 P_{t+1} 预测的最小方差，因为 ε_{t+1} 独立于以前的事件分布（其含义是“不可预测”）。

理性预期假说是现代经济学中的一种较为复杂的、容易被误解的理论假说，“理

① 外国经济学说研究会．现代国外经济学论文选．第7辑．北京：商务印书馆，1983：13．

性预期”往往被人们过度简化地解读为“政策变化和（或）经济形势变化及其后果总是能够为经济当事人正确地预期到”“经济当事人的预期总是正确的”。笔者认为，要完整地、准确地理解理性预期假说，除了上面所说的内容以外，还需要把握以下几点：

其一，预期从其性质上说是主观的，预期是一个特定的个人的价值判断。预期不能与做出这种预期的个人或决策者相分离而独立存在。例如，所谓预期价格是指某个市场上全体供给者和需求者对价格预期的某种综合。

其二，对某个特定变量的预期，不能把它理解为单一的预期值，而应把它看作是这个变量未来值的一个完全的概率分布。

其三，理性预期假说并不认为经济当事人的预测总是正确的，或不同的个人有相同的预期，它只是说个人的预期将分布在预期的那个变量的实际期望值周围。因此，虽然各个人的判断不同，但是个人预测的平均数将是该变量的实际期望值。

其四，理性预期假说意味着，经济当事人能够充分利用他可以获得的一切信息来最优化他的经济决策；经济当事人根据（$t-1$）期获得的所有相关信息计算出来的 t 期某个变量的数学期望值将是最好的预测值，没有任何可利用的信息可以系统地改善预期错误。

其五，如果经济变量的理性预期的数值与实际发生的数值不一致，那么这种预测误差只能来自（$t-1$）期无法预期的在 t 期所发生的随机干扰，所以预期误差只能是随机的、不可改善的。

在新古典宏观经济学中，除了上述两个基本假设以外，还有其他一些假设，例如决策变量假设。多数新古典宏观经济学家假设，经济当事人的实际经济决策，如消费（或储蓄）决策和投资决策，只是实际变量的函数，而不是名义变量或货币变量的函数。显然，这个假设是从理性预期假说派生出来的。这个假设也意味着经济当事人不存在“货币幻觉”。

三、复活古典二分法和货币中性论

我们在“古典经济学”那一章说过，“货币中性”论的基本观点是：经济体系中的货币数量变化仅仅影响名义经济变量（如名义 GDP）的变化，而不会影响实际利率、投资、消费、就业和产量这些实际经济变量的变化。换句话说，货币经济在一些重要的方面与物物交换的实物经济没有什么不同，货币只是覆盖在实物经济上的一层面纱，货币并不影响交易过程的实质。

货币中性论的一个隐含假设是：经济当事人不存在货币幻觉。也就是说，个人的经济行为只受实际变量变化的影响，或者说，经济当事人可以透过名义变量的变化把握实际变量的变化。

货币中性论观察和分析宏观经济问题的方法是古典二分法，即把宏观经济体系划分为货币部门与实际部门（或货币经济与实物经济）两个部分，并认为这两个部分是彼此独立、互不影响的。

新古典宏观经济学复活了古典经济学中的实物经济和货币经济的二分法，只不过在“古典二分法”和“货币中性”论中增加了理性预期假说。新古典宏观经济学家认为，只是未预期到的货币供给变化才影响实际的GDP，预期到的货币供给的变化完全是中性的，即预期到的货币供给的变化对实际经济变量没有什么影响。我们通过本章后面的货币政策无效性命题可以进一步了解到新古典宏观经济学的货币中性思想。

这里我们介绍金融约束下的迭代模型所包含的货币中性论。这个模型是由卢卡斯、华莱士等人提出来的。[①]

所谓金融约束是指，消费者在某一时期的购买受这个时期之初可以得到的货币数量的约束；在某一时期由出售劳动或产品而获得的货币，在下一个时期开始之前不能够被花费掉。

迭代模型（overlapping generations model）是在萨缪尔森（Samuelson，1958）的"纯粹消费借贷"模型基础上发展而来的。这个模型假定每个人都生活在两个时期：年轻时期和年老时期。因此，在某一个时期，社会上总是同时生活着两代人：年轻的一代和年老的一代。个人在每一个时期都拥有一定的资源禀赋。如果个人希望在年老时（第二个时期）消费得更多，他就会在年轻时（第一个时期）借出去一部分资源禀赋，而到年老时连本带息收回来。个人如何把他拥有的既定资源在两个时期进行分配服从于他终生消费的效用最大化原则。

假定年轻的一代 t 在他们年轻时消费 $C_1(t)$ 单位的消费品，在他们年老时消费 $C_2(t)$ 单位的消费品。年轻一代的效用函数为

$$U=U[C_1(t),C_2(t)] \tag{4-4}$$

要使效用最大化，他们面临的约束条件是

$$\frac{M_1(t)}{P_t}=C_1(t) \tag{4-5}$$

式中，$M_1(t)$ 为年轻一代获得的货币量；P_t 为年轻一代面临的价格总水平，因此式（4-5）意味着年轻一代只消费他们的全部实际余额。

年老一代（$t-1$）的消费数量为

$$C_2(t-1)=y_t-C_1(t)=\frac{M_2(t-1)-T(t-1)}{P_t} \tag{4-6}$$

式中，y_t 为年老一代在年轻时期获得的收入，他们在年老时期的消费 $C_2(t-1)$ 等于年轻时获得的收入减去年轻时期的消费，而这个余额又等于年老时期持有的货币量（M_2）减去以货币形式支付的一次总量税收（T）后的余额（名义货币余额）除以价格水平，即实际货币余额。

把式（4-5）代入式（4-6），消去 $C_t(t)$ 并整理，我们得到

$$P_t=\frac{M_2(t-1)-T(t-1)+M_1(t)}{y_t}=\frac{M_t}{y_t} \tag{4-7}$$

① Robert E. Lucas, Jr.,"Expectations and the Neutrality of Money," Reprinted in Lucas, *Studies in Business Cycle Theory*, Basil Blackwell, 1981; Neil Wallace, "The Overlapping Generations Model of Fiat Money," in John H. Kareken and Neil Wallace (eds.), *Models of Monetary Economics*, Minneapolis, Federal Reserve Bank of Minneapolis, 1980.

式中，$M_t=M_2(t-1)-T(t-1)+M_1(t)$ 为 t 时期的总货币存量。

不难看出，式（4-7）是一个流通速度 v 等于 1 的货币数量论方程式，即 $M_t=P_ty_t$。这个方程式说明，t 时期的货币数量 M_t 的变化与 t 时期的价格水平 P_t 的变化是同方向、同比例的，而不论货币数量在两个时期（或 M_1 和 M_2）之间如何配置，即货币在经济体系中的作用是中性的。

不过，有些新古典宏观经济学家（例如萨金特）认为，在不存在金融约束的迭代模型中，货币是非中性的。

四、"卢卡斯批评"①

20 世纪下半期，大多数计量经济学模型都是建立在凯恩斯主义理论基础上的，这些模型包含效用函数、消费函数、投资函数和货币需求函数等。卢卡斯发现，这些函数中的参数都是根据过去的经验数据估计出来的。例如，凯恩斯主义的 AD—AS 模型可以写作下面的简化形式：

$$Y_e=aG+bM \tag{4-8}$$

式中，Y_e 为均衡的国民收入；G 为政府支出；M 为货币供应量；a 和 b 为这个国民收入决定方程式中的两个参数，它们的数值是根据过去的经验数据估算出来的。

卢卡斯批评说，凯恩斯主义型的计量经济学模型要么忽视了预期，要么融入的只是适应性预期，它们与理性预期不相容。这样一来，经济学家们在估计模型中的参数时就忽略了经济当事人的最优化过程，而这个最优化过程可能导致原先的参数值发生变化。萨金特（Sargent，1999）后来形象地说：计量经济学模型中的参数是"漂移的系数"(drifting coefficients)；参数值的变化将改变函数或模型本身，这就使得根据原来的函数或模型做出的预测出现失误。例如，在式（4-8）中，假定根据过去的经验资料估算出 $a=2.4$，$b=1.6$，则式（4-8）的计量形式为

$$Y_e=2.4G+1.6M \tag{4-8A}$$

现在通过给定政府支出 G 和货币供应量 M 的水平，根据这个计量经济学模型就可以预测出国民收入 Y_e 为多少。

但是，如果追求效用最大化的经济当事人根据过去的经验和当前的信息预期到政府扩张总需求将给他的福利带来不利的影响，他就会改变他的消费行为（或储蓄行为）和劳动供给行为，以便化解这些不利影响，这将导致消费函数（或储蓄函数）和劳动供给函数发生移动，最终将改变式（4-8）中的参数值，因此，根据式（4-8A）所做的预测就可能是"牛头不对马嘴"。

再例如，当政府根据菲利普斯曲线做出相机抉择时，经济当事人的理性预期和行为可能会改变菲利普斯曲线的形状或者使这条曲线发生移动。但是，现有的计量经济学模型并没有考虑经济当事人的这种最优化过程及其后果，只是根据过去的数据来估计模型中的参数。这就使得根据这些模型做出来的预测往往出现错误，因而不能用这些模型作

---

① R. E. Lucas, Jr. "Econometric Policy Evaluation: a Critique," in K. Brunner and A. Meltzer (eds.), *The Phillips Curve and Labor Markets*, North Holland, Carnegie-Rochester Series on Public Policy, 1976.

为制定政策的依据。卢卡斯和萨金特写道："现有的凯恩斯主义宏观经济模型，不能为货币政策、财政政策及其他类型的政策的正确制定提供可靠的依据……对这些模型进行微小甚至显著的改动也没有希望改善其可靠性。"①

卢卡斯认为，经济当事人实际上并不像适应性预期所假设的那样只使用变量的过去值来形成对于变量的未来值的预期，相反，他们是理性人，他们会使用一切可以得到的信息，包括实际的基本经济模型的结构来形成预期。政策规则或制度则是这种结构的组成部分。因此，当政策制度改变时，经济当事人的预期也会改变。

卢卡斯也对货币主义的单一规则的政策提出批评。

货币主义者认为，货币流通速度是若干变量的一个高度稳定的函数，因此，通过实施固定不变的货币政策规则可以稳定价格总水平，从而稳定名义 GDP 水平。

卢卡斯则认为，当政策发生变动时，人们可能会改变其行为。如果中央银行采用固定的货币增长的规则，货币流通速度也会发生变化。

从 1979 年到 1982 年，美国联邦储备委员会主席沃尔克进行了货币主义的政策实验——为了降低通货膨胀率，在大幅度削减货币供应量以后稳定货币供应量增长率，其结果是导致货币流通速度变得相当不稳定，最终美联储不得不放弃通过控制货币总量来管理货币政策的做法。"卢卡斯批评"就是根据这种经济现实提出来的。

"卢卡斯批评"的政策含义是：如果政策制定者过分依赖过去的规则，经济行为就可能发生变化。

"卢卡斯批评"的基本思想是：经济计量模型中的参数一般都是政策变量的函数，并随着这些政策变量的变化而变化；我们不能简单地假定宏观经济中的函数关系是不变的，正确的做法是从单个经济当事人的基本选择中推导出待估计的函数形式；经济学家们必须在技术和偏好一定的条件下从个体最优化行为中推导出宏观经济中的总量关系；如果与经济当事人的决策有关的序列结构或制度发生了变化，那么，任何政策变化都将系统地改变计量经济学的模型结构。因此，评价一个政策变化的影响（效果）需要知道经济当事人的预期和行为将如何回应政策的变化而发生变化。换句话说，凯恩斯主义宏观经济学（计量模型）之所以失败，是因为它缺少微观基础（理性人假设、最大化假设）。

卢卡斯等人认为，政策制定者和经济当事人拥有同样的信息集合，政策制定者并不具有信息优势，因此政府在制定或调整政策时应当把经济当事人的预期变化和行为变化以及这些变化的影响考虑在内。

不难看出，"卢卡斯批评"是对根据凯恩斯主义理论建立起来的计量经济学方法或思路的批评。"卢卡斯批评"后来被西方经济学家称作"著名的卢卡斯批评"。之所以"著名"，是因为它揭示了经济分析中的一个关键问题：在经济变量之间的关系中到底什么是值得依赖的？卢卡斯等人建议经济学的建模应当回归到理性人的决策上，理性人的选择是可依赖的，以理性人的选择为基础来构建现代宏观经济学的模型。因此，"卢卡斯批评"开创了研究宏观经济问题的一种新思路，这就是根据理性人假设和最大化原则，从微观层面入手来研究宏观经济问题。这种研究思路导致 20 世纪 80 年代以来西方

---

① ［美］卢卡斯，萨金特．凯恩斯主义宏观经济学以后//［美］保罗·萨缪尔森，威廉·诺德豪斯．经济学．16 版．北京：华夏出版社，1999：509．

宏观经济学的微观化，宏观经济学与微观经济学的分界日益模糊，宏观—微观经济学出现一体化的趋势。因此，与其说 20 世纪 70 年代经济学中发生了“理性预期革命”，倒不如说是发生了由“卢卡斯批评”引发的经济学研究思路或方法的“革命”。直到今天，主流经济学家判断一个经济学模型是不是一个好的模型，就看这个模型是否建立在经济当事人的行为是理性的假定上。

五、卢卡斯总供给函数①

卢卡斯总供给函数是关于总供给的假说，它是建立在理性预期假说和微观经济学假设（劳动和产量供给取决于相对价格）的基础上的。

在 1973 年的论文《产出—通货膨胀替换的一些国际证据》中，卢卡斯首先假定经济中的每个市场（z）在 t 时期提供的产品数量 $y_t(z)$ 由两部分构成：正常产量 y_{nt} 和周期性产量 y_{ct}。正常产量是指每个市场上在长期都有的相同的产量或产量的自然率水平，周期性产量是指短期每个市场上不同的产量。因而 z 市场上的供给量（用对数表示）是：

$$y_t(z)=y_{nt}+y_{ct}(z) \tag{4-9}$$

正常产量随着资本积累和人口的变化而变化，它服从下面的趋势线：

$$y_{nt}=\alpha+\beta t \tag{4-10}$$

式中，y_{nt} 为时间 t 的函数；α，β 为参数。

周期性产量随着被察觉到的相对价格的变化以及这种产量本身的滞后值的变化而变化：

$$y_{ct}(z)=\gamma[P_t(z)-E(P_t|I_t(z))]+\lambda y_{c,t-1}(z) \tag{4-11}$$

式中，$P_t(z)$ 为 t 时期 z 市场上的实际价格；$E[P_t \mid I_t(z)]$ 为以 t 时期 z 市场上可获得的信息即 $I_t(z)$ 为条件的现期价格总水平的均值，即 t 时期的预期价格；$y_{c,t-1}$ 为 $(t-1)$ 期的周期性产量。由于 y_{ct} 是对产量趋势的偏离，因而 $|\lambda|<1$。

假定 z 市场上的价格可以表述为对价格总水平 P_t 的偏离（用对数表示）：

$$P_t(z)=P_t+\varepsilon \tag{4-12}$$

式中，ε 为 z 市场上的价格与平均价格（P_t）偏离的百分数。假定 P_t 服从均值为 $\overline{P}_t$ 和方差为常数 σ^2 的正态分布，ε 服从均值为零和方差为 τ^2 的正态分布。P_t 与 ε 是相互独立的，即 $\mathrm{Cov}(P_t，\varepsilon)=0$。

再假定经济当事人具有理性预期，他利用 t 时期可以获得的全部信息——$P_t(z)$ 和 $\overline{P}_t$——来计算 P_t 的分布。这个分布是一个含有方差为 $\theta\sigma^2$ 和均值如下的正态分布②：

---

① R. E. Lucas, Jr. “Expectations and Neutrality of Money,” *Journal of Economic Theory*, April 1972 (4); “Some International Evidence on Output-Inflation Tradeoffs,” *The American Economic Review*, June 1973, Vol. 63, No. 3.

② 此处推导省略了若干步骤，详细的推导过程请查阅卢卡斯文章的原文。

$$E[P_t|I_t(z)]=E[P_t|P_t(z),\bar{P}_t]$$
$$=(1-\theta)P_t(z)+\theta\bar{P}t \quad (4-13)$$

式中，$\theta=\tau 2/(\sigma 2+\tau 2)$。

根据式（4－9）、式（4－11）和式（4－13），得到 z 市场上的供给函数：

$$y_t(z)=y_{nt}+\theta\gamma[P_t(z)-\bar{P}_t]+\lambda y_{c,t-1}(z) \quad (4-14)$$

对经济中的所有市场进行平均得到总供给函数：

$$y_t=y_{nt}+\theta\gamma(P_t-\bar{P}_t)+\lambda(y_{t-1}-y_{n,t-1}) \quad (4-15)$$

式中，y_t 为整个经济在 t 时期的实际产量；y_{nt} 为整个经济在 t 时期的正常产量；P_t 为 t 时期的实际价格；$\bar{P}_t$ 为 t 时期的预期价格；y_{t-1} 为（$t-1$）期的实际产量；$y_{n,t-1}$ 为（$t-1$）期的正常产量；θ，γ，λ 为参数。

式（4－15）就是卢卡斯总供给函数。

如果令 $\alpha=\theta\gamma$，$\varepsilon=\lambda(y_{t-1}-y_{n,t-1})$，那么卢卡斯总供给函数可以简写为：

$$y_t=y_{nt}+\alpha(P_t-\bar{P}_t)+\varepsilon \quad (4-16)$$

式中，ε 为供给冲击，如 1973 年的石油危机冲击。

式（4－16）也可以写作：

$$y_t-y_{nt}=\alpha(P_t-\bar{P}_t)+\varepsilon \quad (4-16A)$$

式（4－16A）说明，t 时期实际产量对其自然率水平的偏离来源于经济当事人对价格水平的预期误差（$P_t-\bar{P}_t$）和供给冲击 ε。这可以分三种情况进行讨论：

(1) 如果不存在供给冲击，产量的波动就来源于经济当事人对实际价格水平与预期价格水平的偏离的反应，也就是对没有预期到的或意外的价格水平的变化所做出的反应。当实际价格水平高于其预期值时，即单个经济当事人低估了实际的通货膨胀率时，他会感到意外，错误地把价格总水平的上升当作他自己产品的相对价格的上升，由此导致经济中就业和产出供给增加，产出供给上升到自然率水平以上。相反，如果经济当事人高估了实际的通货膨胀率，产出供给将会下降到自然率水平以下。

(2) 如果不存在预期误差，即预期的通货膨胀率与实际的通货膨胀率相一致，供给冲击就成为产量波动的根源。

(3) 如果既没有预期误差，也没有供给冲击，产量将稳定在它的自然率水平上。

如果没有供给冲击，只有单纯的预期误差，卢卡斯总供给函数又可以写作：

$$y_t=y_{nt}+\alpha(P_t-\bar{P}_t) \quad (4-17)$$

式（4－17）说明，单个厂商的产量或社会总产量是实际价格与预期价格相偏离的函数，或者说，预期价格与实际价格的偏离导致了实际产出与其自然率水平的偏离。

与式（4－17）相对应的卢卡斯总供给曲线如图 4－1 所示。

图 4－1 是根据一个既定的预期价格水平 $\bar{P}$ 绘制出来的。如果实际价格水平等于预期价格水平，即 $P=\bar{P}$，那么，全体厂商愿意提供的产量就是 y_n。如果价格意外提高，$P>\bar{P}$，实际工资就会降低，那么厂商愿意提供的产量将大于其自然率水平，即 $y>y_n$，这时经济由 A 点沿着总供给曲线向上移动。如果价格意外降低，则情况相反。

如果经济当事人可以获得完全信息，即式（4－17）中的 $a=0$，$P=\bar{P}$，则图 4－1 中的总供给曲线将是垂直的。

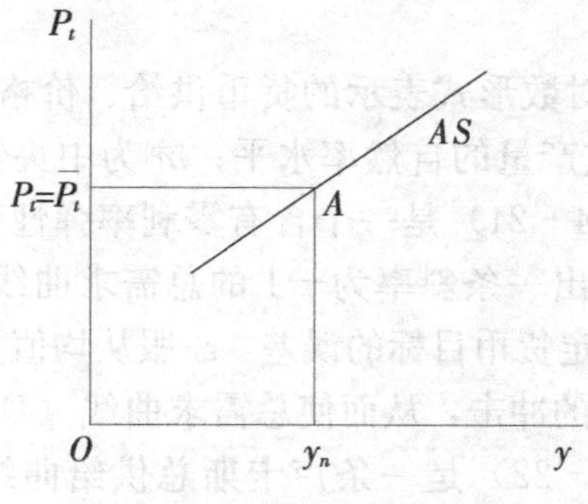

图 4－1　卢卡斯总供给曲线

卢卡斯总供给曲线实际上是把理性预期概念融入菲利普斯曲线，所以这条曲线又叫作“附加预期的菲利普斯曲线”。因为货币工资率的变化反映了失业率的变化，所以菲利普斯曲线方程（3－53A）可以改写为

$$-\mu(u_t-u_t^*)=P_t-P_t^e \tag{4-18}$$

式中，u_t 和 u_t^* 分别为 t 时期的失业率和自然失业率；μ 测量价格水平（或货币工资）变化对失业率变化的反应程度，即价格变化对失业率变化的弹性系数。

根据奥肯定律（Okun's law），失业率的变化导致实际产量（y_t）与其自然率水平（y_{nt}）的偏离，即

$$y_t-y_{nt}=-\omega(u_t-u_t^*) \tag{4-19}$$

式中，ω 为总产出变化对失业率变化的反应程度，即总产出变化对失业率变化的弹性系数。根据奥肯的估计，$\omega\approx2$。

将式（4－18）代入式（4－19），并令 $\omega/\mu=\alpha$，得到

$$y_t-y_{nt}=\alpha(P_t-P_t^e),\ \alpha>0 \tag{4-20}$$

由式（4－18）和式（4－20）可知，失业和总产出对各自自然率水平的偏离是由未预期到的通货膨胀率造成的。未预期到的通货膨胀率为实际的通货膨胀率减去预期的通货膨胀率。

附加预期的菲利普斯曲线表明，只有未预期到的名义需求的变化才会影响实际变量（通过影响就业量）；当实际的通货膨胀等于预期的通货膨胀时，失业处于自然失业率水平（式（4－18）），实际产出等于产出的自然率水平（式（4－20））。

第三节　宏观经济模型

如果把总需求曲线加到卢卡斯总供给曲线上，就构成新古典主义宏观经济模型（总需求—总供给模型）。新古典主义宏观经济模型有许多复杂的形式，本节采用的是一种较为简单的宏观经济模型。

$$m_t = p_t + y_t \tag{4-21}$$

$$p_t = E_{t-1}p_t^{①} + \delta(y_t - y^*) \tag{4-22}$$

$$m_t = \bar{m} + \varepsilon_t \tag{4-23}$$

式中，m，p 和 y 分别为用对数形式表示的货币供给、价格总水平和总产出量；下标 t 表示时期；y^* 为正常产量或产量的自然率水平；$\bar{m}$ 为中央银行确定的货币目标，假定二者都是已知的常数。式（4－21）是一个含有零利率弹性和单一收入弹性的货币需求函数，根据这个函数可以画出一条斜率为－1 的总需求曲线。式（4－23）是一个货币供给函数，其中 ε 是政府确定货币目标的误差，ε_t 服从均值为零、方差为常数 σ^2 的正态分布，这个误差造成对经济的冲击，从而使总需求曲线（DD）围绕正常的总需求曲线（D^*D^*）上下移动。式（4－22）是一条卢卡斯总供给曲线（附加预期的菲利普斯曲线）。式（4－22）说明，t 期的通货膨胀率等于上一期（$t-1$）预期的通货膨胀率加上“超额总需求”（$\delta(y_t-y^*)$），其中 δ 是一个参数或乘数。这些曲线见图 4－2。

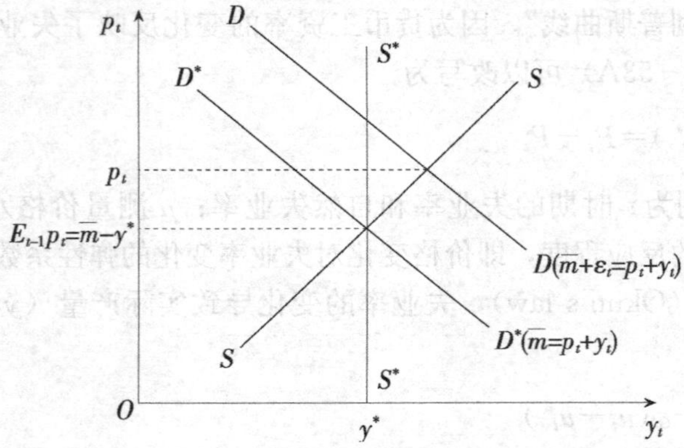

图 4－2　新古典主义 *AD—AS* 模型

这个模型包含 3 个线性方程式，3 个内生变量（m_t，p_t 和 y_t），2 个外生变量（$\bar{m}$ 和 ε）和 1 个预期变量（$E_{t-1}p_t$）。给定预期，把式（4－22）和式（4－23）中的 m_t 代入式（4－21），得到

$$\bar{m} + \varepsilon_t = E_{t-1}p_t + (1+\delta)y_t - \delta y^* \tag{4-24}$$

式（4－24）给出了总需求曲线与总供给曲线的交点（DD 曲线与 SS 曲线的交点）。但是要解出最终的 p_t 和 y_t，必须首先求出 $E_{t-1}p_t$。

为了求出 $E_{t-1}p_t$，现在取（$t-1$）期的预期重写这个模型：

$$E_{t-1}m_t = E_{t-1}p_t + E_{t-1}y_t \tag{4-21*}$$

$$E_{t-1}p_t = E_{t-1}p_t + \delta(E_{t-1}y_t - y^*) \tag{4-22*}$$

$$E_{t-1}m_t = \bar{m} \tag{4-23*}$$

把式（4－22*）和式（4－23*）代入式（4－21*），得到

$$E_{t-1}p_t = \bar{m} - y^* \tag{4-25}$$

① 根据迭代期望法则，$E_{t-1}(E_{t-1}P_t) = E_{t-1}P_t$。

式（4-25）给出了正常的总需求曲线与正常的总供给曲线（长期的或垂直的菲利普斯曲线）的交点，即 D^*D^* 曲线与 S^*S^* 曲线的交点。

再把式（4-25）代入式（4-24），就可以得到 DD 曲线和 SS 曲线的交点 y_t 和 p_t：

$$y_t=y^*+\left(\frac{1}{1+\delta}\right)\varepsilon_t \tag{4-26}$$

根据式（4-22）并利用式（4-25）得到：

$$p_t=\overline{m}-y^*+\left(\frac{\delta}{1+\delta}\right)\varepsilon_t \tag{4-27}$$

式（4-26）和式（4-27）告诉我们，y_t 和 p_t 的解分别由一个预期到的部分（分别是 y^* 和 $\overline{m}-y^*$）和一个未预期到的部分（ε_t 的作用）构成。根据理性预期假说，新古典主义者把（$t-1$）期已知的信息和 t 期 p 与 y 的含义具体化为预期到的部分，而未预期到的部分是完全不能预测的。

就短期来说，这个模型可以分三种情况来讨论：

情况 1：未预期到的政策变化。

在图 4-3 中，假定宏观经济最初位于 AD_1 与 AS_2 的交点 A，这时公众预期的价格总水平为 P_1，总产出水平为自然率水平 y_n。现在政府实施扩张性的政策，总需求曲线上移到 AD_2，由于这种政策变化没有被公众预期到，劳动者和厂商都不会改变他们的行为，所以总供给曲线仍然是 AS_2。因而现在宏观经济在 B 点达到均衡——总产出超过其自然率水平，达到 y_2，价格总水平上升到 P_2。

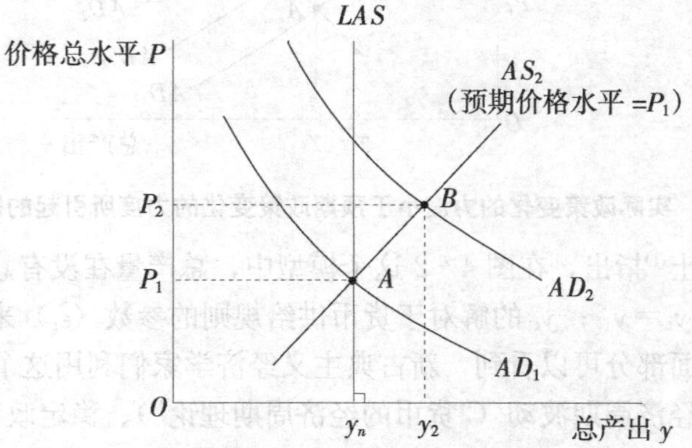

图 4-3　未预期到的扩张性政策引起的短期反应

情况 2：预期到的政策变化。

在图 4-4 中，扩张性的政策使总需求曲线上移到 AD_2；由于公众已经预期到有这种政策变化，所以预期价格现在为 P_2；为了使价格上升时实际工资水平保持不变，工人要求增加货币工资；货币工资增加将增加生产成本，于是生产者减少产量和就业量，这就使得总供给曲线左移到 AS_2。宏观经济现在在 C 点达到均衡，在这种均衡状态下，总产出仍然保持在其自然率水平，但是价格总水平上升到了 P_2。

情况 3：实际政策变化的力度小于预期政策变化的力度。

在图 4-5 中，由于公众预期的价格总水平将上升到 P_2，总需求曲线将上移到 AD_2，总供给曲线位移到 AS_2。如果政府政策实际扩张的程度没有公众预期的那么大，

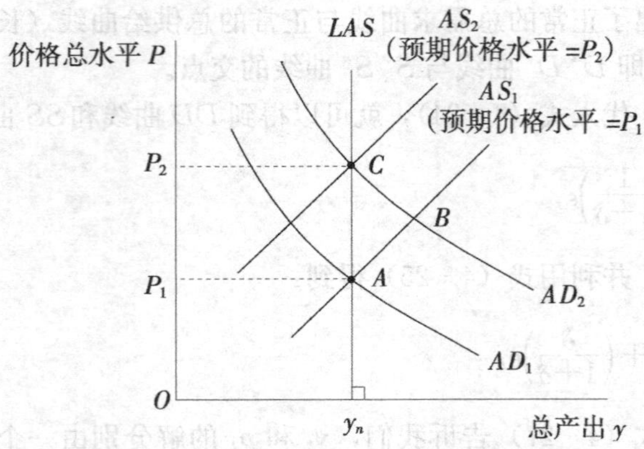

图 4－4　预期到的扩张性政策引起的短期反应

例如总需求曲线仅仅上移到 AD'_2，于是宏观经济运行到 AD'_2 与 AS_2 相交的 D 点停顿下来。在这种情况下，尽管使用了扩张性的政策，但是总产出仍然下降到 y'_2，它低于产出的自然率水平。

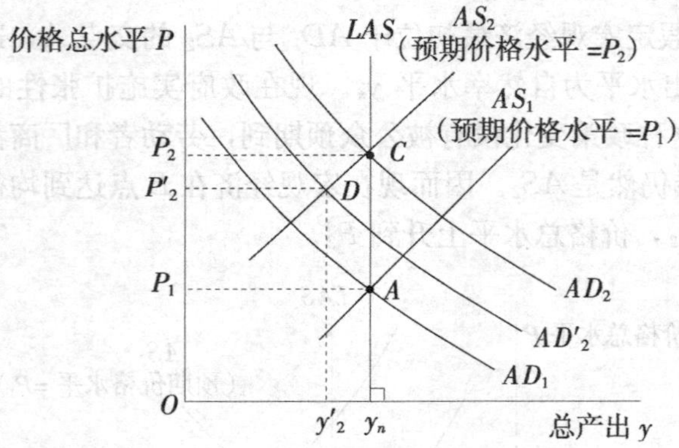

图 4－5　实际政策变化的力度小于预期政策变化的力度所引起的短期反应

萨金特和华莱士[①]指出，在图 4－2 这个模型中，总产量在没有意料之外的情况下会处在正常水平，即 $y_t=y^*$；y_t 的解对于货币供给规则的参数（ε_t）来说是不变的。

我们在本章后面部分可以看到，新古典主义经济学家们利用这个模型来说明一系列宏观经济问题，如经济周期波动（"货币的经济周期理论"）、稳定政策问题（"货币政策无效性"）等。

第四节　货币的经济周期模型

新古典宏观经济学的第一代没有一个统一的经济周期模型，因为他们在经济波动的初始根源上意见不一。但是，不同的新古典主义的经济周期模型都有一个共同点：这些模型都把经济波动描述成竞争性的均衡现象。就是说，意料之外的随机冲击虽然可以使

① T. J. Sargent and N. Wallace, "Rational Expectations, the Optimal Monetary Instrument and Optimal Money Supply Rule," *Journal of Political Economy*, 83, 1975, pp. 241-254.

得产出和就业偏离其自然率水平，但是这种偏离不可能累积，而是逐渐向它们的趋势水平收敛，虽然这个过程需要一定的时间。因此，新古典主义的经济周期模型可以叫做均衡的经济周期模型。

这个共同点可以由卢卡斯总供给函数式（4－17）看出来。式（4－17）说明，实际产量 y 围绕着它的趋势水平或增长路径 y_n 随机地发生波动，这种波动来源于实际价格与预期价格的偏离。由于经济当事人会形成理性预期，他们不会犯系统性的错误，他们会通过学习来不断提高从噪音中分辨出信号的能力，这就使得预期价格向实际价格逐渐收敛，因此产量和就业经过一段时间以后会恢复到它们的趋势路径上。

根据对经济波动的初始根源和性质的不同解释，可以把新古典主义经济周期模型划分为两大类：货币的经济周期模型和实际的经济周期模型。本节讨论货币的经济周期模型，实际的经济周期模型将在下一节讨论。

货币的经济周期模型把经济波动的根源归因于货币存量的随机变化（货币供给的冲击），认为温和的或规则的货币政策可以消除经济波动；经济波动的传导机制是经济当事人基于不完全信息的预期失误。这种模型最初是由卢卡斯在 1975 年一篇题为《均衡的经济周期模型》的文章中提出来的。①

卢卡斯的均衡的经济周期模型包含以下几个基本假设：

（1）经济当事人具有理性预期，并且预期产量将处在其正常水平上。

（2）价格水平必须使得总需求和总供给相等，即保证市场出清。

（3）经济体系中的市场是分散的（岛屿式的），每个市场的参与者只拥有有关市场的部分信息，他们通过观察自己所在的市场而对其他市场的变化做出最优估计，因而可能误解价格信号而对冲击做出反应。

（4）产品是在不同的地点生产的，并且这些产品是不可储存的。

（5）每个地点的生产都与上一期的产量和人们感知的相对价格有线性依存关系。

在这些假设条件下，经济波动是这样产生的：当出现货币方面的干扰，例如货币供应量意外增加，一般价格水平将随着总需求的增加而上升，但是各种产品的相对价格不变。由于存在信息传播障碍或噪音，单个生产者误认为自己产品的价格上升只是他所在的市场的孤立现象，从而对他的产品需求做出错误的预测。当价格上升到高于单个生产者的预期价格时，他会增加就业、扩大生产。如果所有的生产者都采取这样的行动，就业和产量将会超过竞争性均衡时的就业和产量水平，即充分就业水平，在这种情况下，经济将向上运行（扩张）。相反，当实际价格低于预期价格时，生产者做出的反应是减少就业和产量，这时经济将向下运行（收缩）。

卢卡斯的均衡的经济周期模型得出的主要结论是：

（1）在产出和通货膨胀之间存在着替代，但是这种替代（菲利普斯曲线向右下方倾斜）只有在货币变化和价格变化未被人们预期到的情况下才存在。

（2）旨在稳定经济的货币政策是无效的。即预期到货币政策变化对实际变量（就业量和产量）是没有影响的，只会引起价格水平的变化，预期到的货币是中性的。

（3）菲利普斯曲线（即图 4－2 中的短期总供给曲线）的斜率由结构参数、单个市

① Robert E. Lucas, Jr. "An Equilibrium Model of the Business Cycle," *Journal of Political Economy*, 83 (6), 1975, pp. 1113-1144.

场的供给弹性以及受政策影响的变化率共同作用来决定。因此，如果政策按照一种特定的方式发生变化，结构参数从而菲利普斯曲线的斜率将会发生变化（"卢卡斯批评"）。

（4）由于存在理性预期，人们不会犯系统性的错误，所以在长期，货币是超中性的。所谓"货币超中性"（superneutrality of money）是指，在长期，不但货币供应量，而且货币供应量增长率都不会对经济中的实际变量产生影响；货币供应量及其增长率只在短期影响诸如价格水平和通货膨胀率这些名义变量。

我们现在来看看卢卡斯是如何得到这些结论的。

在上一节新古典主义宏观经济模型中，总产量在没有意料之外的情况下将处在正常或充分就业水平，那么，如果出现货币方面的意料之外的情况，宏观经济将会发生什么变化呢？

根据理性预期假说和市场出清假设，人们将通过设定 $y=y^*$ 来对价格做出预期。为什么他们在形成预期时要把产量设定在充分就业水平上呢？因为作为理性人，他们不希望犯系统性的错误，预期错误会导致现实的实际工资水平与预期的实际工资水平之间或实际的产量与充分就业的产量之间发生偏离。

为了预期价格水平，除了假设经济处在充分就业水平以外，人们还需要预期货币存量的变化和相应的自发总支出（总需求）水平的变化。

如果政府或中央银行通过改变货币供应量或货币供给规则来稳定产量，例如：

$$m_t=\bar{m}-\beta(y_{t-1}-y^*)+\varepsilon_t \tag{4-28}$$

这种改变被人们预期到或未预期到，其结果会有什么不同呢？

在图 4-6 中，假定在（$t-1$）期（初始状态），经济处在稳定状态，预期价格和预期产量分别为：

$$E_{t-1}p_0=\bar{m}-y^*$$
$$E_{t-1}y_0=y^*$$

现在假设在 $t=0$ 期有一个货币方面的冲击 ε_0：政府通过扩张性的货币政策把货币供应量 m 增加到 $\bar{m}+\beta\varepsilon_0/(1+\delta)$。如果这种冲击被人们预期到了，总需求曲线将上升到 $D'D'$，总需求曲线上升的比例与货币供应量增加的比例相同。根据卢卡斯总供给函数，在产量水平 y^* 上，总供给曲线也上升同样的比例，即移动到 $S'S'$。现在，经济达到新的均衡点 E_1，预期价格水平等于实际价格，因为预期价格和预期的货币供应量按照相同的比例上升。也就是说，由于存在理性预期，货币供应量的增加已构成（$t-1$）期的信息的一部分，因而货币供应量的增加就完全表现为价格水平的同比例上升。

因而，在没有意料之外的情况下，产量仍然由式（4-26）决定，货币方面的意料之外的情况的唯一影响是预期价格和实际价格的变化：

$$E_{t-1}p_t=\bar{m}-\beta(y_{t-1}-y^*)-y^*=\bar{m}-y^*-\left(\frac{\beta}{1+\delta}\right)\varepsilon_{t-1} \tag{4-29}$$

$$p_t=\bar{m}-y^*-\left(\frac{\beta}{1+\delta}\right)\varepsilon_{t-1}+\left(\frac{\delta}{1+\delta}\right)\varepsilon_t \tag{4-30}$$

这将把价格偏离其长期值（$\bar{m}-y^*$）的程度扩大到 $\left(\frac{\beta}{1+\delta}\right)^2\cdot\sigma^2$。

这种宏观经济变化的微观基础是：工人和厂商都知道总需求将按照货币供应量增加的比例增加，因此名义工资也将按照同一比例提高。由于实际工资没有变化，工人将不会改变劳动供给行为，厂商也不会增加雇用工人和扩大产量。

如果货币供应量的变化出乎经济当事人的意料，情形又将如何呢？

由于货币供应量的增加没有被人们正确地预期到，价格水平的变化也将出乎人们的意料。当货币供应量增加使总需求曲线上升到 $D'D'$ 时，由于人们没有预期到价格会上升，所以总供给曲线 SS 不会移动。在这种情况下，经济将达到新的均衡点 E_0。这时的实际价格高于预期价格，$P_0>P_0^e$，所以产量增加到 y_0，$y_0>y^*$。这说明源于货币方面的意料之外的变化会有实际效应：意外的货币扩张会使得产量增加。

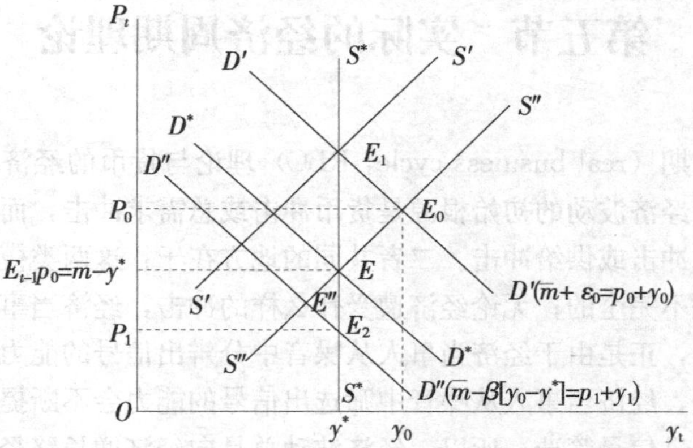

图 4-6 货币变化与经济波动

这种宏观经济变化的微观基础是：工人没有预期到货币供应量会增加，从而不知道价格水平会上升，因此当名义工资不变、价格上升时，工人的实际工资会下降；实际工资下降会刺激厂商增加雇用工人和扩大产量。

但是，新古典主义经济学家认为，如果工人和厂商是理性预期而不是适应性预期的，E_0 点将是一个不稳定均衡点，E_0 点的状态不会持续太长时间，它只在极短的时期内存在。由于实际价格高于预期价格，工人和厂商都将修正其预期。当预期价格随着货币供应量的增加而不断向上修正时，总供给曲线将上移到 $S'S'$，新的均衡点为 E_1，在这一点，产量回到自然率水平，实际价格和预期价格都上升到一个更高的水平（E、E_1 都位于长期总供给曲线 S^*S^* 上）。

相反，如果政府在 $t=1$ 期通过紧缩货币供给，把货币供应量 m 减少到 $\overline{m}-\beta\varepsilon_0/(1+\delta)$，总需求曲线将移动到 $D''D''$，如果这种货币冲击没有被人们预期到，经济将在 E'' 点达到新的均衡；但是这一点的均衡是短暂的。当人们在 $t=0$ 期预期到这种冲击时，预期价格将和实际价格相等：

$$p_1=\overline{m}-\beta\varepsilon_0/(1+\delta)-y^*$$

经济将达到预期供给 S^*S^* 和预期需求 $D''D''$ 的交点 E_2，这时预期的产量和价格分别是 y^* 和 P_1。

因此，根据上面的分析，货币方面的变动只有在当它未被人们预期到的情况下才会有实际效果。但是，货币的变动不可能永远预期不到。所以，货币的变动只有短期影响，这种影响不久就会充分反映到价格变化上。

上面的分析也说明，如果政府打算通过改变货币供给规则（增加或减少货币供应量）来稳定产量，只会引起产量围绕它的正常水平上下波动，不会改变产量的正常水平，并且会引起价格围绕其长期值（$m-y^*$）以一定幅度变化。这又说明货币在长期是超中性的。

正如明福德指出的，所有均衡的经济周期模型都具有共同的特征：“任何外生变量预期到的变化和未预期到的变化的结果之间存在着重要的差别；相反，在按照适应性方式形成预期的模型（或作为过去资料的固定的函数）中，这两种结果之间不存在任何差别。这可能是理性预期假说的最基本的成果。”①

第五节　实际的经济周期理论

实际的经济周期（real business cycle，RBC）理论与货币的经济周期理论的不同之处在于：后者认为经济波动的初始根源是货币冲击或总需求冲击，而前者认为经济波动的初始根源是技术冲击或供给冲击。二者共同的地方在于：这两类模型都假定经济当事人对冲击的信息是不完全的；无论经济遭受什么样的冲击，经济当事人必须以某种方式从噪音中筛选信号，正是由于经济当事人从噪音中分辨出信号的能力是不完全的，才导致经济波动；但是，经济当事人从噪音中筛选出信号的能力会不断提高，他们会从失误中总结教训，来改进信号筛选，所以，经济波动总是向经济增长路径收敛，对自然率的偏离不可能累加。

一、货币的经济周期理论让位于实际的经济周期理论的原因

1972—1982 年，货币的经济周期理论在新古典主义体系中占支配地位。但是到 1982 年，这种理论同时在理论上和经验上陷入了危机。

在理论层次上，1980 年奥肯和托宾等人指出，货币的经济周期模型出于方法论上的考虑排除了黏性价格，假定价格是弹性的，但是在信息不完全或存在噪音信号的条件下，价格不可能是弹性的，因此，这种模型对货币与产出之间的因果关系以及相应的经济周期波动没有做出令人满意的解释。随后，西姆斯（C. A. Sims）又进一步提出，在货币与产出的相互关系中不能简单地把货币作为产出变动的诱因。这种观点实际上是说，不能简单地从货币方面寻找经济波动的原因。

在经验事实方面，20 世纪 70 年代石油输出国组织两次提高石油价格导致发达国家经济陷入滞胀，使宏观经济学家们认识到供给冲击是引起宏观经济波动的重要因素。不少经济学家通过研究认为，大多数经验证据并不支持货币的经济周期理论。实际产出和就业变化的经验数据说明，产出和就业的变化具有惯性，并不是随机的。麦卡勒姆（B. T. McCallum）甚至认为，经济波动的货币意外冲击的模型“已经被广泛认为不适用于目前的工业化国家”。1993 年巴罗等人指出，没有多少有力的证据可以证明货币的

① ［英］帕特里克·明福德．理性预期宏观经济学．北京：中国大百科全书出版社，1998：20.

作用是中性的。

由于陷入这两方面的困境，到20世纪80年代初，货币的经济周期模型被西方主流经济学家们普遍认为不适合现阶段发达国家的情况。

二、实际的经济周期理论：经济波动的传播机制与驱动力

实际的经济周期理论由基德兰德和普雷斯科特[①]、朗（J. B. Long）和普劳索（C. I. Plosser）[②] 等人提出。其中，基德兰德和普雷斯科特提出的模型具有代表性。[③] 本节主要讨论这个模型。

在基德兰德和普雷斯科特的模型中，经济波动的驱动力（或波动的原因）是随机的技术冲击或生产率冲击，波动的传播机制是劳动者的闲暇跨期替代；这种对供给方的冲击会引起经济中的相对价格变化，理性的个人通过改变他们的劳动供给和消费决策对相对价格的结构变化作出回应，从而导致就业和总产出的波动。

基德兰德和普雷斯科特思考的逻辑是：经济体系中总产出的均衡水平部分地决定于劳动的总供给；由于劳动的总供给取决于劳动者个人的劳动供给决策，因此，经济周期模型需要考虑在任何时期是哪些因素影响了工人在劳动与闲暇之间进行选择，以及这种选择是如何引起经济波动的。

（一）传播机制（propagation mechanism）

实际的经济周期理论认为，劳动供给对实际工资暂时变化的反应具有较高的弹性，或者说，如果实际工资的变化是暂时的而不是长久的，人们非常愿意跨期替代闲暇。[④]

这种观点的根据是：在一定时期（比如2年）内，人们并不在意何时工作，只要能够获得更多的收入即可。假定一个人在现行的工资水平下愿意在2年时间内工作4 000个小时（每年工作50周，每周工作40小时）。如果劳动者预期工资水平在这2年保持不变，他将每年工作2 000个小时。但是，如果他预期第1年的工资要比第2年的工资高5%，他就会在第1年放弃休假，加班加点工作到2 200个小时，而在第2年只工作1 800个小时。通过闲暇的跨期替代，他获得了更多的收入。

如果劳动者认为实际工资水平上升了并将保持在这个较高的水平上，即实际工资变化是长久的而不是暂时的，那么进行闲暇的跨期替代就不会增加任何收益或效用。也就是说，劳动供给对实际工资持久变化的反应的弹性很小。

---

① Finn E. Kydland and Edward C. Prescott, "Time to Build and Aggregate Fluctuations," *Econometrica*, 50 (6), 1982.

② J. B. Long and C. I. Plosser, "Real Business Cycles," *Journal of Political Economy*, February 1983.

③ 英国学者布莱恩·斯诺登和霍华德·R. 文认为基得兰德和普雷斯科特1982年发表的这篇文章开启了新古典宏观经济学派的第二代。［英］布莱恩·斯诺登，霍华德·R. 文. 现代宏观经济学：起源、发展和现状. 南京：江苏人民出版社，2009：254.

④ 卢卡斯和拉平（L. A. Rapping）就持这种观点。Robert E. Lucas，Jr. and L. A. Rapping, "Real Wages, Employment and Inflation," *Journal of Political Economy*, September/October 1969.

有些实际的经济周期理论家（例如巴罗[①]）则提出，劳动的跨期替代也取决于利率。他们认为，实际利率上升将刺激工人在现期多工作少休假，因为与将来所挣的收入相比，他们在现期所挣收入的价值将上升。结果，导致实际利率上升的冲击将使劳动供给增加，劳动供给曲线向右移动，从而使总产出增加，这时，实际的总供给曲线是一条随着利率上升而上升的曲线。

（二）导致经济波动的冲击

在实际的经济周期理论家看来，诱发经济波动的最重要的冲击是生产率冲击或供给冲击和政府支出冲击。生产率冲击的例子有大规模技术创新、新的生产方法的出现、气候变化、自然灾害、战争、能源价格变化等，生产率冲击会改变既定投入量所生产的产出量。引发经济波动的冲击可以区分为正向冲击和负向冲击，提高生产率的冲击是正向冲击，降低生产率的冲击则是负向冲击。

经济波动是按照下列方式产生的：假定存在一个正向的技术冲击（如技术创新或新的生产方法的发明）。这种冲击由于劳动生产率提高会形成对劳动的需求增加和产量增加，从而提高现行的实际工资水平。在冲击发生时，单个的经济当事人（劳动者或生产者）必须确定：这种冲击究竟是暂时性的还是长久性的，即经济当事人面临着一个信号筛选问题。如果劳动者估计这种冲击是暂时性的，那么，他会认为与未来的实际工资相比，现在的实际工资较高，这会引起劳动者用劳动替代闲暇（因为实际工资提高使闲暇的机会成本提高），从而刺激劳动者在现期提供更多的劳动，由此导致现期产量增加，经济于是处于上升阶段。这样，如果闲暇的跨期替代效应较大，即使微小的生产率冲击也会导致相对较大的产出效应。

如果劳动者估计这种冲击是长久性的，生产者将愿意进行新的资本投资以便将来扩大生产。由于从投资增加到资本存量增加再到产量增加需要一定的时间周期（即基德兰德和普雷斯科特模型所说的“建设需要时间”，他们估计这个时间长度为 4 个季度左右），因此，产量会在初始冲击发生后的相当长时间内继续增加，直至冲击的影响消失。在这个过程中，如果不存在进一步的技术冲击，生产者迟早会发现，与保持稳定状态的增长所需要的资本相比，他们持有的资本存量太多了。一旦生产者发现了这一点，为了实现利润最大化，他们必将降低投资率，直到资本折旧使经济恢复到稳定增长路径。在投资率下降的过程中，就业和产量相应发生波动。

如果发生的是一个负向的技术冲击（如战争或自然灾害），传播机制按相反的方向把经济推向下降阶段。

三、实际的经济周期模型的结构

实际的经济周期模型有许多复杂的形式[②]，这里采用的是诺贝尔奖官方网站（No-

① Robert J. Barro, “Output Effects of Government Purchases,” *Journal of Political Economy*, 89 (6), 1981.

② Rebelo, Sergio, “Real Business Cycle Models: Past, Present, and Future,” NBER Working Paper No. 11401, 2005; Cooley, Thomas F. ed., “Frontiers of Business Cycle Research,” 2005; 黄险峰. 真实经济周期理论. 北京：中国人民大学出版社，2003.

belprize. org）在 2004 年基德兰德和普雷斯科特获得诺贝尔经济学奖时发布的对两位获奖者的贡献所做的综述①中提到的模型，这个模型的结构比较简洁。

（一）模型设定

假定：

（1）时间 t 是非连续的和无限的，$t=1$，2，3，…。

（2）每期生产一种产品 y_t，并用于消费或投资，即

$$y_t=c_t+i_t \tag{4-31}$$

（3）资本积累

$$k_{t+1}=(1-\delta)k_t+i_t \tag{4-32}$$

式中，δ 为资本折旧率。

（4）生产函数

$$y_t=f(z_t,k_t,l_t) \tag{4-33}$$

f 是一个递增的凹函数，它是一阶齐次的。其中，l 是劳动，z_t 是随机技术参数（t 期的技术冲击），它遵循自回归过程 $z_{t+1}=\rho z_t+\varepsilon_{t+1}$，这里 $\rho\in(0,1)$ 表示存在正自相关，ε_t 是一个均值为 0、方差为正数 σ^2 的独立同分布随机变量。

（5）存在大量同质的消费者，每个消费者在既定的价格下选择消费的数量。单个消费者的生命是无界限的，他从消费和闲暇中获得效用，其在 $t=0$ 期的消费偏好（期望值）为：

$$E\left[\sum_{t=0}^{\infty}\beta^t u(c_t,1-l_t)\right] \tag{4-34}$$

式中，贴现因子 $0<\beta<1$，表明消费者偏好现在的消费；U 为一个严格递增且严格凹函数，总时间禀赋为 1，l_t 为工作时间；变量 y_t、c_t 等为随机变量，它们随技术 z_t 随机过程的变化而变化；E 为数学期望值符号。

消费者的预算约束如下：

$$c_t+k_{t+1}=(1+r_t-\delta)k_t+w_t l_t \tag{4-35}$$

式中，r_t 为折旧前的资本回报率；w_t 为工资率；模型中的价格由 r_t 和 w_t 的随机过程决定。消费者在预算约束下追求效用最大化。

厂商在完全竞争下追求利润最大化。假定消费者决定资本积累，这意味着要使 $f(z_t,k_t,l_t)-r_t k_t-w_t l_t$ 最大化，需要通过选择 k_t 和 l_t 来求解静态最优问题。由于 f 是一阶齐次的，所以在各期均衡时的利润为零。

式（4-31）至式（4-35）也称作实际的经济周期理论的基准模型。这个模型告诉我们，在一个简单的经济中，t 期的随机技术冲击 z_t 将会引起生产函数 f 发生位移，而生产函数的移动意味着劳动和资本的边际生产率发生变化，这些变化又导致劳动的报酬

① "Finn Kydland and Edward Prescott's Contribution to Dynamic Macroeconomics: The Time Consistency of Economic Policy and the Driving Forces Behind Business Cycles," October 11, 2004.

和资本的报酬发生改变。为了应对这些变化，理性的消费者将重新配置他的劳动和闲暇时间以及消费与储蓄以使其一生的效用最大化；消费者的行为调整将引起经济中的消费（c_t）、投资（i_t）、劳动（l_t）、资本（k_t）、产出（y_t）等一系列变量的变化。这样，随机的技术冲击的结果是一系列宏观经济总量的时间序列表现为某种形式的波动。在这种经济波动中，随机的技术冲击是引发经济波动的根源或冲击机制（impulse mechanism），消费者的劳动与闲暇的跨期替代成为经济波动的传播机制（propagation mechanism）。

（二）模型分析

对消费者和厂商的最优化来说，一阶必要条件支配着这个模型的运行。

跨期一阶条件决定了消费者对消费和储蓄的选择：

$$u_1(c_t,1-l_t)=\beta E[u_1(c_{t+1},1-l_{t+1})(1+r_{t+1}-\delta)] \tag{4-36}$$

即 t 期较低消费的边际效用损失必须等于（$t+1$）期较高投资的预期回报（按（$t+1$）期的效用来度量）的贴现值。

消费者在同一期也做出工作—闲暇的选择：

$$u_1(c_t,1-l_t)\,w_t=u_2(c_t,1-l_t) \tag{4-37}$$

即按减少的闲暇来度量，多工作一单位时间的边际损失（上式右边）应等于工资乘以较高收入的边际效用。

厂商利润最大化条件可以简单地表述为边际产品等于实际要素价格：$r_t=f_2(z_t, k_t, l_t)$ 和 $w_t=f_3(z_t, k_t, l_t)$。因此，很容易看出，这些价格是投入数量和技术参数现值的函数。

对于满足所有均衡条件的数量和价格来说，这个模型的均衡是一个随机过程。

在分析时间一致性的过程中，基德兰德和普雷斯科特使用递归分析（recursive analysis)，均衡过程被表示为经济的“状态变量”（state variable）的函数，这里的状态变量为（z_t，k_t），即当前冲击和资本存量。

劳动的均衡解由函数 h_l 给出：

$$l_t=h_l(z_t, k_t) \tag{4-38}$$

这个函数告诉我们，在当前冲击和资本存量下，均衡状态时的劳动供给量是多少。

用 h_c 表示消费量的均衡解：

$$c_t=h_c(z_t, k_t) \tag{4-39}$$

h_l 和 h_c 这两个函数足以用来描述均衡。例如，如果当前的状态为（z_t，k_t），（$t+1$）期的资本存量需满足：

$$k_{t+1}=(1-\delta)k_t+f[z_t, k_t, h_l(z_t, k_t)]-h_c(z_t, k_t)$$

它本身仅为现状的函数。

又如，t 期的工资率需等于 $f_3[z_t, k_t, h_l(z_t, k_t)]$，其本身也仅为现状的函数。

一般来说，在这个模型中，不可能获得 h_l 和 h_c 的解析解或显式解（explicit form)。因此，下一步的分析是在对 f 和 u 以及模型的其他参数做出适当具体的参数式假定下，利用数值分析法（numerical analysis）逼近这些函数。

给定这个模型一个非常特殊的情况，可以得到均衡的全部分析性（非数值性）特

征。如果

$$u(c,1-l)=(1-\phi)\log c+\phi\log(1-l) \tag{4-40}$$

$$f(z, k, l) = zk^{\alpha}l^{1-\alpha} \tag{4-41}$$

且 $\delta=1$，那么当劳动供给为常数，即

$$h_l(z_t,k_t)=A \tag{4-42}$$

时，消费为产出的一个固定部分，即

$$h_c(z_t,k_t)=Bz_tk_t^{\alpha}A^{1-\alpha} \tag{4-43}$$

式中，A 和 B 均为常数，这时就可以确定所有均衡条件都得到满足。

（三）模型校准

对于实际的经济周期模型来说，参数的量化是极为重要的。但是基得兰德和普雷斯科特没有使用计量经济学方法来估计参数，而是选择对模型进行校准（calibration）。一般认为，奥雷斯克思（Oreskes，1994）较为严格地定义了什么是校准方法。通常，被解释变量的分布可知，而解释变量的分布则很难知道，通过调整解释变量来实现被解释变量可观察到的分布与模拟分布间的匹配，这样的过程就是校准（Oreskes et al.，1994）。罗默（Romer，2001）给出了较为直观的解释，他认为校准的思想就是以微观事实为基础选择参数值，而后通过变量的某些特征（例如方差或协方差）将模型的预测能力与实际数据相对照。因此，不同于概率估计法，校准使用的是另一种思想，从而将模型映射到数据上。校准方法的意义表现在两方面。首先，它提高了模型的质量，因为参数来源于微观事实。其次，它避免使用统计方法中“缺乏经济学意义”的“拒绝”或是“不能拒绝”。因为一个和实际数据吻合良好的模型可能因为某一方面的因素而在统计意义上被拒绝；同样，一个和现实数据拟合不好的模型很可能因为某一方面的表现而被统计检验接受（Romer，2001）。如果说传统的分析方法（例如凯恩斯主义宏观经济学）体现了归纳的思想，即在归纳推断中，模型本身就是输出结果，目标是从数据中估计出模型，那么校准方法体现了演绎推断的思想，因为模型自身是输入量，而不是输出量。相对于传统的方法，校准方法的产生基于一些学者对模型本身的不信任（如“卢卡斯批评”）。提倡传统计量方法的凯恩斯主义宏观经济学主张，在众多模型中应该存在一些“真实”的模型，计量经济学家的任务就是通过数据找到这些“真实”模型。而校准方法的设计者则主张模型本身都是不真实的，因为它们归根到底毕竟是理论的抽象。一般来说，校准方法需要通过一些具体的步骤来为某些经济问题提供数值解。根据卡诺瓦（Canova，2007）以及基德兰德和普雷斯科特（Kydland & Prescott，1991，1996）的研究，校准方法的核心思想也可以概括成下面五个步骤：

第一步，选择一个需要研究的经济问题。

第二步，选择或构造一个与所研究的问题相关联的模型。

第三步，对模型进行参数化，就是将内生变量写成外生变量与参数的函数形式。

第四步，为外生变量选择参数和表达形式，模拟内生变量的路径（变量的时间序列）。模型模拟是用装有随机数字发生器的计算机来完成的。

第五步，将模型模拟的结果与实际数据相比较。具体来说，对于随机环境，首先确

定一系列统计量来概括实际经济的相关表现；然后从模型中产生大量的独立值，由此得到统计量的样本分布。将样本分布的二阶矩和实际统计量相比较。

现在我们来看上述模型是如何校准的。

先确定一个时间段长度，在基德兰德和普雷斯科特模型中，时间段为一个季度。基德兰德和普雷斯科特主张使用长期数据的平均数，例如在描述美国经济时，模型中的下列变量使用的都是第二次世界大战结束后的长期数据的平均数：平均资本产出比率（以季度产出计算约为 8，这有助于确定折旧率 δ）；平均实际季度利率（约为 0.015，用于确定贴现率 β）；平均资本收益率（约为 0.35，有助于确定生产函数中的系数 α）；平均劳动时数（约为 0.2，是总时间的一部分，有助于确定对数效用函数中闲暇在效用中所占的权重 φ）。

在这个模型中，为了描述长期的或“稳态”的状态，均衡条件被解读为所有的变量在长期都按照一种不变的速度增长。然后在给定以上长期统计数据的条件下求解参数值。在实际的经济周期模型中，通常考察的是较一般的效用函数而不是对数效用函数。这样可以对消费和闲暇的曲率进行参数化，以便使诸如跨期替代弹性和劳动供给弹性这些参数与微观经济研究所得到的结果相吻合。最后，对技术过程 z 这样的关键参数进行选择，以使其与“索洛剩余”（Solow residual）估计过程的性质相吻合，使 ρ 和一阶自回归相匹配、ϵ 与其方差相匹配。

（四）定量分析

一旦所有的参数值得以确定，这个模型就完全具体化了，并可以用数值分析法来求解。在均衡函数 h_l 和 h_c 的解已知的情况下，可以通过选择初始资本存量并在现有统计分布中获取随机冲击来对其他相关变量进行模拟。同时可以用 h_l 和 h_c 函数来获得所有相关变量的序列，这些序列可以与经济周期的时间序列数据进行比较。

以上述模型为例，我们来看库利和普雷斯科特（T. Cooley and Prescott，1995）对经济周期进行的分析。他们的校准方式如下：

效用函数为

$$u(c,l)=\frac{(c^{1-\varphi}l^{\varphi})^{1-\gamma}-1}{1-\gamma} \tag{4-44}$$

这个函数式意味着消费者对风险的态度（定义为“相对风险回避系数”）为常数 γ。如前所述，φ 的确定是基于时间利用的研究。参数 γ 的选择是基于风险承担的微观经济研究。普雷斯科特（Prescott，1986）研究得出 γ 值约为 1，这意味着效用函数简化为以上所说的对数函数。与增长因素分析的结果相一致，技术冲击过程的序列相关系数 $\rho=0.95$，标准差 $\sigma=0.7\%$。

在对模型的模拟产出与实际数据（二战后美国经济的季度数据）进行比较前，先对时间序列数据进行“去趋”(滤波)①。库利和普雷斯科特（T. Cooley and Prescott,

① 实际的经济周期模型主要采用三种滤波方法：HP 滤波法［由霍德里克（Hodrick）和普雷斯科特于 1980 年提出］、BK 滤波法［由巴克斯特（Baxter）和金（King）于 1999 年提出］和 CF 滤波法［由克里斯蒂安娜（Christiano）和菲茨杰拉德（Fitzgerald）于 2003 年提出］。研究经济波动为什么要对原始数据进行“去趋”？这三种滤波法有什么不同？请看中高级宏观经济学教科书。

1995）使用的是差分滤波法。他们对数据去趋后的一些主要统计值和相关模型的结果见表 4－1。

表 4－1　　模型（数据）的一些统计量

产出	消费	投资	工作时间	劳动生产率
标准差百分比				
1.35 (1.72)	0.33 (0.86)	5.59 (8.24)	0.77 (1.59)	0.61 (0.55)
与产出的相关性				
1 (1)	0.84 (0.83)	0.99 (0.91)	0.86 (0.99)	0.98 (0.03)

说明：表中括号内的数值是相关经济变量的实际数据，括号外的数值是模型模拟出来的数据。

由表 4－1 可以看出，模型模拟出来的产出变化比美国数据要低，但差异并不大。模型预测：消费的变化远小于产出的变化，投资的变化远大于产出的变化。这是消费平滑的结果。模型中工作时间的变化不到数据的一半。这种差异很大程度上是由于数据中受雇工人人数的波动；这个简单模型主要关注的是每个（在岗）工人工作时数的变化，而不考虑劳动力参与率与失业率的变化（这些变化与劳动力进出劳动市场有关）。这个模型中的生产率变化比数据中的生产率变化要大一些，它是基于每小时的平均（劳动）薪酬。

表 4－1 也反映了产出与其他宏观经济变量之间存在高度的相关性。原因是在这个模型中只有一次性冲击即一个不确定性源。消费与产出以及投资与产出之间的相关性（相关系数）在模型中和数据中是非常接近的。至于工作时间与产出的相关性，模型没有给出一个像美国经济中观察到的那么高的共变（co-movement），这是这个简单模型对劳动供给的简化建模造成的。数据中小时劳动薪酬约为 0（0.03），而模型中的相关性却接近 1（0.98）。这再次体现了这个模型只有一次性冲击，劳动供给只是指在岗的劳动。

这个模型中各变量在经济周期中的动态相关性所包含的含义也可以与数据的含义相比较。例如，相邻季度的产出间的相关性在模型中为 0.70，而在数据中却为 0.85。

四、实际的经济周期“革命”

实际的经济周期理论被认为在西方经济学中掀起了一场“革命”，因为这种理论对西方经济学的研究方法和相关的经济理论产生了冲击或重要的影响。这些冲击和影响主要有：

（一）对经济周期特性的看法的“革命”

在实际的经济周期理论产生以前，经济学家们认为经济周期或宏观经济波动具有“规则性”（regularity）和“重复性”（repeatability）的特性。他们一般把经济周期解释为宏观经济活动水平（如 GDP 或 GNP、就业或失业率、通货膨胀率、工业生产指数）对其长期趋势线的正负偏离（plus and minus departures），经济活动表现为扩张——收缩——扩张……的周期性（recurrent）变化。早在 1913 年，米契尔（Wesley C. Mitchell）在他的《经济周期》一书中就把一个经济周期划分为繁荣（expansion）、衰退（recession）、收缩（contraction）和复苏（revival）四个阶段。也有经济学家把一个经济周期划分为扩张（expansion）、平稳（leveling out）、收缩（contraction）和复苏（recovery）四个阶段。为了说明经济周期的规则性和重复性，经济学家们试图把经济波动解释为不同长度的确定性的周期，如基钦周期（40 个月）、朱格拉周期（8～10 年）、库兹涅茨周期（20 年）和康德拉季耶夫周期（50 年）。于是，就有了经济周期的短波理论、中波理论和长波理论。

在“什么是经济周期”和“经济周期的特性”的问题上，实际的经济周期理论家一般追随卢卡斯。卢卡斯在《理解经济周期》（1977 年）一文中把经济周期定义为“围绕着 GNP 的趋势的运动”，即经济周期表现为实际 GNP 对其趋势而不是某个常数值或平均值的离散或偏离（deviations）。经济周期的规则性则被看作是“不同的宏观总量时间序列趋势的离散的协同运动或共变（co-movements）”①。这种定义实际上确立了研究经济周期的一种新思路：从解释经济增长的数据中抽取出长期趋势，把剩下的产量波动归于“经济周期”。

实际的经济周期理论家认为，包括经济周期理论在内的宏观经济理论主要是要解释产出、就业和价格总水平等宏观经济变量的运动，而这些解释是通过刻画宏观经济的“特征事实”（stylized facts）来实现的。所谓特征事实，是从宏观经济总量时间序列的统计性质中发现的广泛的规则性。经济周期的特征事实是关于产出、消费、投资、利率、失业率等总量自身的易变性和相互关系等特征的描述。

实际的经济周期理论家根据宏观经济总量时间序列的经验研究得出的一个重要认识是：就波动的幅度和持续的时间长短而言，各个经济周期并不表现为某种规则性（或规律性）和重复性，没有两个完全一模一样的经济周期，经济周期之间存在很大的差别。经济周期是随机冲击或随机扰动传播到整个经济的结果，而这些随机冲击在大小和类型上都是不相同的，因而经济周期波动的幅度和持续的时间长度不可能是相同的。由于就其特性来说，经济周期是无规则的，因而无法对它做出准确甚至是较为准确的预测，经济学家们只能分析和描述经济周期的特征事实。

既然宏观经济运行并不表现为“周期性”，所以有些经济学家主张放弃“经济周期”这个提法。曼昆（N. Gregory Mankiw）在他的《经济学原理》这本流行的教科书中写道：“经济周期这个术语容易引起误解，因为它似乎是说，经济波动遵循一种有规则的、可预测的模式。实际上，经济波动根本就没有规则性，而且较为准确地预测它也几乎不可能。”② 一些经济学家主张用“经济波动”（economic fluctuations）来取代“经济周期”，还有一些经济学家主张用“经济周期现象”（business cycle phenomena）来取代“经济周期”，把“经济周期”作形容词而不是名词使用。普雷斯科特持后一种看法。他在一篇文章中提出：“我不说经济周期，而宁可说经济周期现象，经济周期现象不过是一组重要的宏观经济总量时间序列的一些统计性质。”③

（二）对使用不同的分析工具来分别研究增长和波动的传统方法提出了挑战

在 20 世纪 80 年代以前，被凯恩斯主义者、货币主义者和新古典宏观经济学家所接

① Preston J. Miller, *The Rational Expectations Revolution*, The MIT Press, 1996, p. 314, 316.

② N. Gregory Mankiw, *Principles of Economics*, The Dryden Press, 1998, p. 682.

③ Brian Snowdon & Howard R. Vane, eds., *A Macroeconomics Reader*, Routledge, 1997, p. 367.

受的传统方法是把产出波动解释为围绕着一个不断上升的长期趋势的短期波动，这种波动最初是由总需求冲击引起的，当冲击对产出的影响最终消失时，经济最终会回到它的趋势增长率上；而经济的长期增长趋势是由资源数量、劳动者的积极性和技术等实际因素决定的。与传统的观点相反，纳尔逊（C. R. Nelson）和普劳索的研究成果说明，技术冲击会引起增长路径上移，经济不会恢复到以前的增长趋势上，每一次持久的生产率冲击决定一个新的增长轨迹；观察到的 GNP 的波动实际上是增长趋势自身的波动，而不是短期产出围绕着长期增长趋势波动；由于技术变化引起的对生产率增长的冲击是经常性的并且是随机的、不稳定的，所以伴随着随机游走的产出轨迹表现出经济周期的特征。因此，增长趋势和周期波动来自同样的根源，即对技术（生产率）的冲击。通过把经济增长理论和经济波动理论整合到一起，实际的经济周期理论不可逆转地改变了现代经济周期理论的研究方向：一方面，淡化了增长趋势和周期波动之间的区别，从而打破了宏观经济学中的短期分析和长期分析的二分法；另一方面，使宏观经济学家的注意力由经济的需求一方再度回到供给一方。

（三）突出强调了宏观经济学的跨期和动态的特征

在实际的经济周期理论中，为了解释总量波动过程中观察到的就业（或失业）的大幅度波动，必须假定存在劳动（或闲暇）的跨期替代。劳动的跨期替代作为经济波动的有力的传播机制，使得劳动供给对实际工资的较小波动做出很大的反应。由于实际的经济周期理论的影响，现在大多数西方经济学家对主要的宏观经济变量，如消费（或储蓄）、劳动供给和投资的分析，都赋予跨期的维度。也正因为如此，一些新古典宏观经济学家把主流经济学中的 *IS*—*LM* 模型看作是一种完全没有动态分析的结构，因而主张放弃这种模型。坚持实际的经济周期理论的经济学家认为，宏观经济学的未来发展将包括“动态随机的一般均衡理论”的进一步发展。

（四）对宏观经济学方法论产生了影响

实际的经济周期理论不是试图提供各种能够进行传统的计量经济学检验的模型，而是提供一种校准方法（calibration method）或“可计算试验”（computational experiments）。使用这种方法的目的不是要做出某种趋势预测（如同计量经济学模型所做的那样），而是首先按照主要的宏观经济变量构造出特殊的总量模型，然后在计算机上用一个随机技术冲击序列对这个模型进行模拟，接着将模拟结果与经济的真实行为进行比较，最后再对模型参数进行“校准”。校准方法的应用又促进了经济学实验方法和定量分析方法的发展，促进了计算机技术在经济分析中更广泛的应用。

（五）由实际的经济周期理论得出的政策结论更加激进

根据实际的经济周期理论，经济波动并不会造成资源浪费和效率损失，宏观经济在任何时点上的均衡都是理性的经济当事人追求自身利益最大化的结果，都是帕累托最优的，失业是人们自愿选择的结果。产出和就业的波动是其自然率水平的波动。因此，市场机制及其调节是有效的，政府干预是多余的、有害的。

实际的经济周期理论得出的政策结论是：常规的稳定政策不但不起积极的作用，反而有害。因为根据实际的经济周期理论，观察到的产量和就业波动主要是由供给方引起的自然率水平（或增长趋势）的波动，因此，政府就不应该试图用稳定政策来消除这些波动。虽然货币政策对产出和就业不会产生实际影响，但是政府的税收和支出政策往往使产出和就业偏离经济当事人所选择的最优数量，这将导致福利的减少。

第六节　政策无效性

新古典宏观经济学家对资本主义市场经济抱有两个基本的信念：(1) 私人经济制度具有良好的自我调节功能，如果没有外在干预，这种经济具有内在稳定性。(2) 政府不比理性的个人更聪明，政府试图通过实施某种政策来达到预定的目标通常是不可能的。根据理性预期假说，由于经济当事人在评价经济状况时不会犯系统性的错误或人们的预测是无偏的（unbiased），因而政府就无法通过“愚弄”老百姓来使他们的政策有效。新古典宏观经济学家们都十分推崇美国第16任总统林肯（Abraham Lincoln）在19世纪说过的一句名言：“你不可能在所有的时间愚弄所有的人”（You cann't fool all of the people all time）。新古典宏观经济学家们相信，人们会拥有充分的信息，并且会获得政府所能得到的信息，政府并不比公众拥有更多的信息优势；公众具有向实践学习、总结经验、修正错误、适应实际情况变化的品质和能力。按照卢卡斯等人的说法，经济当事人会通过学习来不断提高从噪音中分辨出信号的能力，因此，公众不会永远上当受骗，不会犯系统性的错误。新古典宏观经济学家相信：“你可以在所有的时间里愚弄一部分人，或在一部分时间里愚弄所有的人，但是你不可能在所有的时间里愚弄所有的人”。因此，如果说新古典宏观经济学提出了什么政策主张，毋宁说他们没有什么政策主张。他们只是提出了一些选择经济政策的规则和理念。

一、“政策无效性”命题

新古典主义的政策无效性命题（policy ineffectiveness proposition，PIP）首先是由萨金特和华莱士提出来的。[①] 这个命题的要点可以概述如下。

(1) 除非由于随机冲击影响了劳动市场的供求从而扰乱了经济，否则经济总是处于自然率水平。而且，即使是某种冲击造成经济偏离自然率水平，那也是暂时的。一段时间以后，经济会自动恢复到自然率水平上。

(2) 公众预期到的货币供给的增减将会改变价格总水平，而不会对就业和产出这些实际变量产生影响。

(3) 更一般地，用来改变总需求水平的财政政策和货币政策的效果都是中性的，它们只影响价格总水平，而不会影响就业、实际产量和相对价格。也就是说，无论是凯恩斯主义的“反周期政策”，还是货币主义的“单一货币规则”，都不会产生任何实际的效果。

(4) 只有未被预期到的意外冲击才影响短期的实际变量。经济波动或经济偏离其自

① T. J. Sargent and N. Wallace, “Rational Expectations, the Optimal Monetary Instrument and the Optimal Money Supply Rule,” *Journal of Political Economy*, April 1975; T. J. Sargent and N. Wallace, “Rational Expectations and the Theory of Economic Policy,” *Journal of Monetary Economics*, April 1976.

然率水平只是经济当事人发生预期错误的结果。预期错误本身是随机的并且是非系统性的，它们的存在仅仅是由于一定的调整滞后（例如存货调整需要一定的时间）。因此，经济波动从其性质上说是不可预测的。

新古典宏观经济学的货币政策无效性命题可以通过下列模型（变量取自然对数形式）得到：

$$y_t=\bar{y}+a(p_t-E_{t-1}p_t)+\varepsilon_t \tag{4-45}$$

$$p_t=m_t-y_t+u_t \tag{4-46}$$

$$m_t=\lambda+m_{t-1}+e_t \tag{4-47}$$

$$E_{t-1}p_t=E(p_t|\Phi_{t-1}) \tag{4-48}$$

其中，式（4-45）是卢卡斯总供给函数。式（4-46）是总需求函数，它由货币数量方程式得到，其中 u_t 是附加的反映流通速度冲击的随机误差项。式（4-47）表示货币政策规则。可以把系统的货币政策描述为选择一个不变的货币存量增长率 λ，从而货币政策规则为 $M_t=(1+\lambda)M_{t-1}$，这个政策规则用对数形式表示就是式（4-47）。如果 λ 较小，$\ln(1+\lambda)\approx\lambda$。其中 e_t 是一个均值为零、反映货币存量增长目标错误的序列非相关的随机误差项。式（4-48）表示理性预期假说。

货币政策能否系统地影响产量（或就业）的问题现在就归结为政策参数 λ 对于产量 y_t 是否为模型的解的组成部分的问题。

为了回答这个问题，首先在给定时间（$t-1$）期可获得信息的条件下，对式（4-46）两边取数学期望值，从而有

$$E_{t-1}p_t=E(p_t|\Phi_{t-1})=\lambda+m_{t-1}-\bar{y} \tag{4-49}$$

在式（4-46）中，p_t 的数学期望值由式（4-48）给出；m_t 的最好预期值由方程（4-47）中的非随机部分（$\lambda+m_{t-1}$）给出；y_t 的最好预期值是其均值 $\bar{y}$。由于 u_t 是随机的且序列不相关的，所以它的最好预期值是它的均值 $\bar{u}=0$。

再把式（4-47）代入式（4-46），得到

$$p_t=\lambda+m_{t-1}+e_t-y_t+u_t \tag{4-50}$$

用式（4-50）减去式（4-49），于是有

$$\begin{aligned}p_t-E_{t-1}p_t&=\lambda+m_{t-1}+e_t-y_t+u_t-\lambda-m_{t-1}+\bar{y}\\&=\bar{y}-y_t+e_t+u_t\end{aligned} \tag{4-51}$$

最后将式（4-51）代入式（4-45）并进行整理，于是有

$$y_t=\bar{y}+(1+a)^{-1}[a(u_t+e_t)+\varepsilon_t] \tag{4-52}$$

式（4-52）的重要含义在于：货币供应量的增长率 λ 不参与产量 y_t 的决定，系统的货币政策是无效的；货币在经济体系中的作用是中性的。

为什么系统的货币政策对产量（或就业量）的决定是无效的呢？卢卡斯等人认为，实际产量对其自然率水平的偏离是由预期错误引起的：实际价格高于或低于预期价格使厂商认为相对价格已经改变，因此需要调整其产量。如果经济当事人具有理性预期，那么，他们就会利用所拥有的有关中央银行政策规则的知识来形成对于未来价格的预期。因此，无论中央银行选择什么样的货币存量增长率，它都不可能欺骗经济当事人使他们

错误地预期价格。由于假定弹性的价格可以迅速地出清市场，并且由于不存在预期错误，所以系统的货币政策对产量或就业不会产生系统的影响。

我们看到，货币主义主张采用单一的货币政策规则，而新古典主义认为规则的货币政策无效。所以，新古典主义在政策主张上比货币主义走得更远，是“货币主义的平方”。

二、巴罗-李嘉图等价定理

这个定理和下面的政策的“时间不一致性”问题是用来否定凯恩斯主义的财政政策的有效性的。

英国古典经济学家大卫·李嘉图在他的代表作《政治经济学及赋税原理》（1817 年初版，1821 年最后修订版）第 17 章“农产品以外的其他商品税”中有这样一段文字：一个国家“如果为了一年的战费支出而以发行公债的办法征集二千万镑，这就是从国家的生产资本中取去了二千万镑。每年为偿付这种公债利息而征课的一百万镑，只不过是由付这一百万镑的人手中转移到收这一百万镑的人手中，也就是由纳税人手中转移到公债债权人手中。实际的开支是那二千万镑，而不是为那二千万必须支付的利息。……政府可以通过赋税的方式一次征收二千万镑；在这种情形下，就不必每年征课一百万镑。但这样做并不会改变这一问题的性质。”[①] 李嘉图的这段话的意思是：为了给政府支出筹措资金，采用何种筹措方式是无关紧要的；通过发行政府债券还是通过征收一次总付的税收，其效果都是一样的，因为这两种筹资方式都不会影响消费者的消费支出，也不会影响资本形成。公共选择理论的代表人物詹姆斯·布坎南把李嘉图的这个思想说成是“李嘉图等价定理”（Ricardian Equivalence Theorem）。[②]

凯恩斯主义者认为，政府为了扩大开支，通过征税筹资和通过发行债券筹资，对总需求从而对经济的影响是不同的。个人的消费或储蓄取决于他的可支配收入或财富，政府征税直接减少了一个人的可支配收入或财富，从而会减少他的消费或储蓄。但是，把和征税数量相等的债券出售给一个人，则不会减少这个人的可支配收入或财富，因为政府借债总是要偿还的——在债券到期时既要还本又要付息，因此政府发行债券相当于减少了相等数额的当前税收，它不会减少个人的消费或储蓄。据此，凯恩斯主义者主张通过政府借债而不是通过增加税收来扩大政府支出。他们认为，增加税收只是改变了总需求结构——公部门总需求的增加是以私部门总需求的同量减少为代价的，而不会提高总需求水平。因此，凯恩斯主义认为，要扩张总需求，赤字财政政策比平衡预算政策有效。

新古典宏观经济学通过重新表述“李嘉图等价定理”来否定凯恩斯主义扩张性财政政策的有效性。新古典宏观经济学家认为，当政府通过发行债券来筹集资金时，有理性预期的个人会预期到政府将来为了还本付息必将提高税收，因此，政府借债只不过是一种延迟征税。在这种情况下，理性的个人为了应付将来的税收负担增加，保持消费模式不变，会把相当于目前减税数额的那一部分收入储蓄起来而不是消费掉，这就导致人们

① ［英］彼罗·斯拉法．李嘉图著作和通信集：第 1 卷．政治经济学及赋税原理．北京：商务印书馆，1983：208.

② James M. Buchanan, “Barro on Ricardian Equivalence Theorem,” *Journal of Political Economy*, 84 (2), April 1976, pp. 337–342.

当前的消费减少，这和现在提高税收的效果是相同的。因此，增加税收和发行公债的后果是等价的，因为这两者都会减少个人的可支配收入或财富。

但是，一个人的生命周期是一定的，一些人会在他们持有的债券到期兑付之前就去世了，偿付公债引起的更高的税收负担将落在他们的后代身上，对于这部分人来说，他们税负的现值降低了，可支配收入或净财富增加了，这会刺激这些人增加现在和未来的消费。如果不同的债券到期日不同，其中部分债券在持有人活着的时候兑付，部分债券在持有人去世后兑付，只要后一部分债券在数额（本利和）上大于前一部分债券，人们仍然把持有债券视为净财富的增加，从而预期将来的税负增加而减少的当前消费数量会小于由于当前征税而减少的消费数量，这也会导致当前的消费增加。这说明，如果消费者是利己主义者，那么，因其死亡而来的对未来税收的逃避，会使得李嘉图等价定理失效。

上述看法受到罗伯特·巴罗的挑战。巴罗在 1974 年发表的《政府债券是净财富吗？》[①] 一文中认为，即便消费者在政府增加税收来偿还债券以前去世，李嘉图等价定理仍然能够成立。

巴罗假设消费者具有“利他主义”的遗产动机。这种利他主义的消费者既从他自己的消费中获得满足，也从他的子女的消费中获得效用。因此，消费者不但关心他自己的消费，也关心他的子女的消费。如果他的子女也是利他主义者，他们也有这样的行为……由于这种代与代之间的联系，今天的消费者或纳税人就会像他们能够永远活着一样进行消费或储蓄。如果政府通过发行债券而不是通过增加税收来筹资，消费者会预期到他们的孩子将面临更重的纳税负担，为了不减少孩子们的消费，他就会给他的孩子留下更多的遗产。因此，今天的消费者就会更多地储蓄，而不是更多地消费。

根据巴罗的分析，对于利他主义的消费者来说，由他们自己还是由他们的子孙缴纳较高的税收来偿付政府债券的本息，结果都是一样的。

下面给出巴罗-李嘉图等价定理的形式化证明：

假设父子两人的消费分别为 C_f 和 C_s。父亲的消费决策是这样的问题：如何在他自己消费和留给儿子的遗产（B）之间配置资源？儿子的效用取决于他自己的消费。父亲的效用取决于他自己的消费和他儿子的福利。令 T 表示父亲支付的税收数量。

无论是父亲还是儿子，消费都要受其预算约束。儿子的消费等于他的收入（Y_s）加上他从其父亲那里继承的遗产的价值：

$$C_s=Y_s+B \tag{4-53}$$

父亲留给儿子的遗产等于他的储蓄加上利息，而储蓄等于可支配收入（收入 Y 减去税收 T 后的余额）减去其消费：

$$B=(1+r)[(Y-T)-C_f] \tag{4-54}$$

当父亲在其预算约束下选择消费 C_f 来实现效用最大化时，他要在他自己的消费和他觉得儿子的效用增加（这种效用增加是由于儿子从他那里继承了一笔遗产而增加了消费）而获得的快乐之间做出权衡选择。

现在假设政府不是向父亲这一代人征税，而是通过赤字为政府支出融资，政府借债的

① Robert J. Barro, “Are Government Bonds Net Wealth?” *Journal of Political Economy*, 82 (6), November-December 1974, pp. 1095-1117.

数额为 L，$L=T$，并且政府承诺将来通过征收一笔数额为 $(1+r)T$ 的税收来偿还这笔借债，为这笔借债支付的本利和将等于 $(1+r)L$。这样，儿子的消费将由于征税而被减少：

$$C_s=[Y_s-(1+r)T]+B \tag{4-55}$$

父亲现在留下一笔遗产，其数额等于他借给政府的这笔钱（或购买的国债）获得的本利和。由于他没有纳税，他的可支配收入提高了，他要增加消费，他用他收入的一部分来购买政府债券，因此他现在留给儿子的遗产数额为：

$$B=(1+r)[Y-(L+Cf)]+(1+r)L \tag{4-56}$$

现在的问题是：与在政府征税的情况下相比，父亲在政府借债支出的情况下如何进行消费选择？他仍然可以保持同样的消费计划吗？答案是肯定的。因为父亲可以通过把他以前要在税收上支付的金额借给政府来保持消费水平不变。政府偿付借债的本利和 $[(1+r)L]$ 使父亲的未来收入增加，从而使父亲增加留给儿子的遗产。遗产的增加将保证儿子正好有额外的资金支付其税收，从而使儿子的消费水平 C_s 保持不变。因此，父亲和儿子将和以前一样都有同样的消费水平。所发生的变化只是父亲在贷款给政府的形式上增加了他的私人储蓄，私人储蓄的增加正好抵消了在赤字增加的形式上公共储蓄的减少。

在上述论证中隐含着这样的假定：代与代之间的遗产动机是起作用的，即父亲想把一部分钱留给儿子。如果父亲不想这样做，那么，政府的赤字支出将使父亲花更多的钱，税收将留给儿子来付账。

三、“时间不一致性”问题

所谓“时间不一致性”（time inconsistency）问题是指，政府在某一时期制定并执行一项最优政策，随着时间的推移，由于政策环境的变化或政府受到某种诱惑，原来是最优的政策现在被认为不是最优的了，如果政府的行动可以不受约束或允许政府采用相机抉择，这项政策没有被贯彻到底就会被修改或放弃，政府转而选择另一种被认为是最优的政策。由于这种最优政策选择是在动态过程中发生变化的，所以，这种“时间不一致性”又叫作“动态不一致性”（dynamic inconsistency）或“最优政策的时间不一致性”。

这里首先以专利政策为例来说明最优政策的“时间不一致性”。

为了鼓励科学研究和发明创造，政府实施保护专利的政策或专利法，这样做相当于在一段时间内保护对新技术、新产品的垄断。在新技术、新产品发明出来以后，政府的考虑发生了变化。因为无论政策制定者继承的是什么样的环境，他们都应当用自己的政策工具去选择最好的行动方针。现在，政府意识到，最优的政策应当是废除对制造和销售新技术、新产品的一切垄断权。因为我们毕竟已经继承了这样一种环境，在这种环境中新技术、新产品已经被发明出来了。让这种产品或技术在竞争性的市场上销售，而不是让限制供给的一个垄断的卖者来销售，可能更符合社会利益。这里就出现了最优政策的“时间不一致性”：在专利没有被发明出来以前，为了诱导人们进行发明创造，将来的最优政策是保护专利；在专利已经发明出来以后，为了使人们能够以更低的价格使用专利技术，最优的政策是不承认专利。

再以学生课程学习和考试为例。为了让学生努力学习，授课老师在一门课程开始时宣布课程结束以后要进行闭卷考试，但是在举行考试的当天如果取消这场考试将对老师和学生都有利。因为学习这门知识的目的已经达到，取消考试既免去了学生考试之苦，也免去了老师判卷之累。

这种最优政策的“时间不一致性”会造成什么样的后果呢？如果私人决策者知道政府政策总是时间不一致的，他们就不相信政府的政策承诺，这就会使政府政策失去信誉(reputation)，政府政策就不能达到它的预期目标。如果人们知道或预期到专利技术被发明出来以后得不到保护，发明创造活动就会急剧减少。

如果学生知道老师最终将不举行闭卷考试，逃课的人数将会增加，这个老师的话的可信度也将大打折扣。

“时间不一致性”问题最初由基德兰德和普雷斯科特提出。[①] 他们认为，在政府行为缺乏约束的环境中，最优的政策很可能是时间不一致的。这种政策的“时间不一致性”表现为政策多变，政府为表面上增进私人福利而破坏政策规则。

为什么会出现政策的“时间不一致性”呢？新古典宏观经济学家认为，这可能是因为环境或形势变了，政策会随之发生变化，例如，如果政府认为短期内的产出和通货膨胀之间存在一种替代关系时，政府就会改变政策；也可能是由于政府由宣布过的政策倒退所受到的惩罚小于由倒退所获得的利益，同时缺乏约束政府行为的有效机制或独立机构，这就为政府政策倒退提供了刺激或诱惑。这些原因造成政府在政策可信度与灵活性之间进行权衡选择，由此产生了最优政策的“时间不一致性”。

基德兰德和普雷斯科特的分析旨在说明，不能赋予政府制定和选择政策的相机抉择权，政府干预经济、试图稳定经济反而常常造成经济的不稳定。“时间不一致性”会使得政府政策的可信度降低；一旦经济当事人对政府政策的“时间不一致性”形成理性预期，他们会采取相应的行动来化解这种政策的“时间不一致性”给他们的利益造成的损害，其结果是政府政策失效。

由此得出的结论是：为了使政府取信于民，使政府政策具有可信度，必须从制度上对政府行为做出有效制约，这就需要制定一些长期不变的政策规则，而不能像凯恩斯主义者所说的那样根据经济形势的变化斟酌选择政策或政策组合。在上面专利的例子中，对政府来说，坚持保护专利的政策才是最优的政策；在学生考试的例子中，对于老师来说，兑现考试承诺才是最优的选择。

现在就“时间不一致性”问题给出形式化的说明。

假定政府在通货膨胀与失业之间做出选择，短期的菲利普斯曲线可以用式（4-57）表示：

$$u=u^{*}-\varepsilon(p-p^{e}) \tag{4-57}$$

式中，u 和 u^{*} 分别为失业率和自然失业率；p 和 p^{e} 分别为通货膨胀率和预期的通货膨胀率。

政府一般是通过操作货币政策和财政政策来间接控制价格总水平，但是这里假设政府可以选择通货膨胀率。

政府和公众都喜欢低失业率和零通货膨胀率。假定政府可以感觉到的失业与通货膨

① Finn E. Kydland & Edward C. Prescott, “Rules Rather than Discretion: the Inconsistency of Optimal Plans,” *Journal of Political Economy*, 85 (3), 1977, pp. 473-492.

胀的代价为：

$$L=u+\lambda p^2 \tag{4-58}$$

式中，系数 λ 为政府相对于失业来说对通货膨胀的厌恶程度。λ 越大，表明政府相对于失业来说对通货膨胀的厌恶越大。式（4－58）称作损失函数。政府的目标是使损失最小化。

政府制定货币政策可以在两种政策规则——固定规则或相机抉择中进行选择。按照两种不同的规则制定政策，其效果有什么不同呢？

首先，考察固定规则下的政策效果。

这种固定规则为政府规定了特定的通货膨胀率。只要公众知道政府信守这个规则，预期的通货膨胀率就将是政府承诺的通货膨胀水平。由于预期的通货膨胀率等于实际的通货膨胀率（$p^e=p$），所以，失业率将和自然失业率一致（$u=u^*$）。

在这种政策环境下，什么样的政策是最优政策呢？答案是：零通货膨胀政策。因为无论规则确定的通货膨胀率是多少，失业率都等于自然失业率，所以，把通货膨胀率提高到零水平以上没有什么好处。

其次，考察相机抉择下的政策效果。

在这种政策环境下，政府和公众要进行如下博弈：

(1) 政府选择并宣布一个通货膨胀政策（比如零通货膨胀）。

(2) 公众形成一个预期的通货膨胀率。

(3) 为了使损失函数最小化，政府实际推行一种通货膨胀政策。

经济中的失业率高低是由预期的通货膨胀水平与实际的通货膨胀水平的对比关系决定的。

由于政府是按照短期菲利普斯曲线来选择失业水平与通货膨胀水平的，因此我们把式（4－57）代入式（4－58），得到：

$$L=u^*-\varepsilon(p-p^e)+\lambda p^2 \tag{4-59}$$

由式（4－59）可以看出，政府的损失（L）与未预期到的通货膨胀（式（4－59）右边第二项）负相关，而与实际的通货膨胀（式（4－59）右边第三项）正相关。为了确定损失最小化时的通货膨胀水平，对式（4－59）求 L 对 p 的导数，并令这个导数值（边际损失）等于零：

$$dL/dp=-\varepsilon+2\lambda p=0 \tag{4-60}$$

解出 p，得到：

$$p=\frac{\varepsilon}{2\lambda} \tag{4-61}$$

式（4－61）就是政府选择的最优政策：通货膨胀率为 $\varepsilon/(2\lambda)$。公众想要的是零通货膨胀率，但是政府最终选择的是一个正数的通货膨胀率。

为什么最终结果是一个正数的通货膨胀率而不是一个零通货膨胀率呢？因为在相机抉择下，当公众形成了一个通货膨胀预期以后，政府就有一种违背自己承诺的激励，这就是要降低失业率。

这里要注意的是，对于任意水平的预期的通货膨胀，式（4－61）都可以成立。

当公众预期的通货膨胀率等于实际的通货膨胀率，即 $p^e=p=\varepsilon/(2\lambda)$ 时，失业率等于自然失业率，即 $u=u^*$。在这种情况下，如果公众预期的通货膨胀率是 $\varepsilon/(2\lambda)$，政府最终选择的通货膨胀率小于 $\varepsilon/(2\lambda)$，那么，经济衰退将会到来。

在以上两种情况下，失业率都等于自然失业率。但是相机抉择的政策引起的通货膨胀高于固定规则下的通货膨胀。因此，最优相机抉择比最优固定规则的效果差。虽然在相机抉择下，政府也力图使损失最小化。

由上述分析可以得出一个推论：如果一个国家的政府或中央银行对通货膨胀的厌恶远远大于对失业的厌恶（这时 λ 很大），那么，相机抉择的货币政策所产生的通货膨胀也接近于零，因为政府或中央银行没有提高通货膨胀的刺激。在这种情况下，相机抉择达到了与承诺零通货膨胀的固定规则同样的效果。这个研究结论为政府选择中央银行领导人提供了一些启示：要在相机抉择下取得和固定规则同样的结果，最好是任命一位极其讨厌通货膨胀的人。这可以解释为什么对失业的关注大于对通货膨胀的关注的自由主义政治家，如美国前总统吉米·卡特、比尔·克林顿，也任命了更关注通货膨胀的保守主义的中央银行领导人，如保罗·沃尔克、艾伦·格林斯潘。

第七节　新古典宏观经济学的影响与局限

早在1983年，当理性预期理论风头正劲的时候，美国加利福尼亚大学的谢弗林（Steven M. Sheffrin）在其《理性预期》一书中就指出："关于理性预期的著作不仅对理解宏观经济学和金融市场是重要的，对其他领域同样有重要和显著的意义。但这并不是说，现在在宏观经济学的主要问题上已取得一致意见——这里没有一致意见。但是，重新思考宏观经济理论的过程，已经明显地影响到该领域的方法和问题，并将进一步影响其他领域的经济研究。"① 20年过去了，在今天看来，谢弗林当年对理性预期理论的总体评价大致上还适合于对现在的新古典宏观经济学的评价。

一、新古典宏观经济学的影响

新古典宏观经济学对西方经济学的改造和发展产生了广泛而深远的影响，就其主要方面来说，可以把这些影响概括为以下几点：

（一）理性预期假说把微观经济学和宏观经济学连为一体

根据理性预期假说，人们会最优地利用他所获得的信息来指导其经济行为，人们不会重复犯错误。这个假说和理性人假说是一致的。因此，宏观经济学中的理性预期假说和微观经济学中的利润最大化、效用最大化的基本假设是平行的、对应的。著名的"卢卡斯批评"的含义是：经济学家应当从经济当事人的行为和动机出发来研究宏观经济问题。这种研究经济问题的理性预期方法启动了微观经济学和宏观经济学一体化的进程，理性预期假说在微观经济学和宏观经济学之间架起了一座桥梁。20世纪80年代以来，

① ［美］S. M. 谢弗林．理性预期．北京：商务印书馆，1990：1.

西方经济学发展的新趋势之一是微观经济学和宏观经济学的一体化——对宏观经济问题的研究从微观出发，微观经济学和宏观经济学的界线越来越不明显。①

（二）新古典宏观经济学的一些成果在某些领域得到成功应用

新古典宏观经济学提出的不少思想已经在一些市场上，如金融市场（包括股票市场和债券市场）、外汇市场和期货市场，得到了较为成功的应用，对于这些市场来说，连续的市场出清是较为合理的假设。有效市场（efficient markets）理论是理性预期假说在证券市场行为研究上的直接应用，行为经济学、行为金融学、实验经济学、信息经济学和行为宏观经济学是在理性预期假说的刺激下发展起来的。

今天，属于不同学派的西方经济学家——货币主义的、新凯恩斯主义的、供给学派的，大多都接受了理性预期假说，并把这个假说纳入他们的理论体系。理性预期假说已经不是新古典宏观经济学的专利和唯一特色，用“理性预期”已经不能完全概括新古典宏观经济学的特征。

（三）实际的经济周期理论突破了短期分析与长期分析的界限，把经济波动和经济增长问题纳入统一的分析框架

实际的经济周期理论淡化了实际产出水平与产出的自然率水平之间的区别，它主要是要解释为什么在产出的自然率水平上存在周期性的波动。20 世纪 90 年代后期实际的经济周期理论的研究成果说明，从季度数据来看，大部分产出波动是和长期经济增长运动联系在一起的，而不是单纯的短期波动。这些成果改变了经济学家们对经济的长期增长和短期波动之间的联系的认识，并且打破了消减经济波动的政策与促进经济增长的政策之间的二分法。

由新古典主义所发展起来的模型“校准”方法、“去趋”方法、时间序列分析方法、动态分析方法和一般均衡分析方法对宏观经济学的发展产生了深远的影响，这些方法在目前的宏观经济理论和政策研究中得到了普遍应用。

（四）对政府制定政策的思路和理念的影响

根据新古典主义的分析，人们不难得出这样的认识：经济当事人会按照理性预期来行动，政府政策只有在经济当事人的预期失误时才会有效；但是，中央银行和财政部不可能使经济当事人发生有规律的预期失误，因此，经济政策也就不可能对失业率等宏观经济问题产生有规律的影响。

新古典主义者认为，政府的反周期政策是无效的，政府没有必要干预经济；产出和就业的波动是理性经济主体对冲击的最优反应，市场机制本身有一种自动清除、自我修复的功能，可以自动地使经济恢复到充分就业的均衡，并且在由波动到恢复稳态的过程中自动清除过剩产能和落后的生产力，淘汰落后的技术、产品、生产方法和低效率企业，而政府干预则难以与经济周期在频率和时间上保持一致，并且还会降低人们的福利水平。因此，政府不应当通过政策来试图稳定经济。

既然政策不是像政策制定者所期望的那样有效，因此，为了使政府取信于民、使政

---

① 方福前．西方经济学发展的两个新趋势．经济学动态，1997（9）．

府政策具有可信度，必须从制度上对政府行为做出有效制约。这就需要制定一些长期不变的政策规则，而不能像凯恩斯主义者所说的那样，政府可以根据经济形势的变化斟酌选择政策或组合政策。中央银行和财政部应该设法消除货币存量和财政支出这些它们可以控制的变量的不规则波动，因为这些波动会引起预期失误，从而增加就业波动和经济波动。

新古典宏观经济学的一个重要思想是：政府或官员并不比理性的个人聪明；应当把预期到和意料之外的政策措施所产生的不同影响区分开来。这种观点为制定政策和评价政策确立了新的指导思想。

(五) 对经济实践的影响

新古典宏观经济学和其他新自由主义经济学一起推动了 20 世纪 80 年代以来在西方发达国家发生的私有化运动和取消或放松政府管制的运动，这些运动不但改变了西方发达国家的经济结构，而且在一定程度上调整了生产关系和所有制结构。

新古典宏观经济学对全球化浪潮也起到了推波助澜的作用。

二、西方学者论新古典宏观经济学的影响

大多数西方经济学家，不论是保守派的经济学家还是自由派的经济学家，都承认新古典宏观经济学对经济学发展所产生的积极影响。

S. M. 谢弗林在他的《理性预期》一书中认为，新古典宏观经济学使西方经济学取得了直接的和间接的两方面进展。直接的进展集中表现在提出了各种有关经济周期的新模型，以及有关货币政策短期效果的理论和经验著作；间接的进展是使经济学家们的研究计划发生了变化，从而影响到经济学未来研究的实际内容和风格。①

美国卡内基-梅隆大学的布赖恩·坎特（Brian Kantor）在理性预期假说出现后不久就认为："没有对预期的解释，经济理论就不能对一个把未来估计在内的世界中的宏观经济现象的理解做出贡献。理性预期的挑战和对这一挑战的反应将是一场为了迅速地改善宏观经济理论而对它进行的改造。"② 他还认为，理性预期方法可以对有关人们能够知道些什么和实际知道些什么以及他们怎样运用自己的知识这些问题，提供逻辑上一致和可以从经验上验证的答案。

保罗·萨缪尔森在谈到新古典宏观经济学时指出："新古典宏观经济学提出了许多颇有成效的见解。最重要的是，它提醒我们注意，经济中充满着聪明的信息处理者。他们对政策做出反应，有时甚至能够预期到政策。而这种作用和反作用实际上能够改变经济行为的方式。"③

日本经济学家伊贺隆认为，新古典宏观经济学的出现弥合了微观经济学和宏观经济学之间的鸿沟。他写道：根据理性预期理论，"人们对物价、景气这类宏观经济变动有所预期，并据此选择他们认为最合适的行动。这种微观范围的行动又会引起宏观范围的

---

① ［美］S. M. 谢弗林. 理性预期. 北京：商务印书馆，1990：160.

② 外国经济学说研究会. 现代国外经济学论文选. 第 7 辑. 北京：商务印书馆，1983：37.

③ ［美］保罗·萨缪尔森，威廉·诺德豪斯. 经济学. 16 版. 北京：华夏出版社，1999：513.

经济变动。这样一来就必须有一种理论来阐明这种宏观的变动和微观的变动是怎样相互作用的”。理性预期理论“是在宏观理论和微观理论之间架桥的一个尝试。看起来，这一尝试是很有希望的”①。

三、新古典宏观经济学的局限

在2001年度诺贝尔经济学奖颁奖仪式上，该年度的获奖者之一、美国著名经济学家、加州大学伯克利分校的乔治·阿克洛夫（George A. Akerlof）做了题为《行为宏观经济学和宏观经济行为》的演讲，这篇演讲的内容主要是围绕新古典宏观经济学的缺陷展开的。阿克洛夫认为，新古典宏观经济学虽然使价格和工资决策有了清晰的微观基础，但是其中的行为假设过于简单粗糙，以至于至少有6种经济现象不能得到解释。这6种经济现象是②：

（一）非自愿失业的存在

在新古典模型中，只要失业者愿意接受比市场出清水平略微低一点的工资，他们就很容易得到工作，因此，不会存在非自愿失业。但是，实际的情况是，非自愿失业的存在是一个不争的事实。

（二）货币政策对产出和就业的作用

在新古典模型中，货币政策对产出和就业是完全无效的。一旦货币供给变化被完全预期到，价格和工资就会发生相应的变化，实际工资和相对价格将保持不变，因而实际经济不会受到任何影响。新古典主义的这个观点和关于货币政策的经验证据以及人们对中央银行对经济作用的普遍信念是相矛盾的。行为宏观经济学以近似理性行为为依据，确认了货币政策对产出和就业影响的有效性。

（三）在高失业时通货紧缩并未加剧

新古典模型提供了一个与唯一的自然失业率相对应的不断加速（上升）的菲利普斯曲线。如果失业率低于这种自然率水平，通货膨胀将加速；当失业高于其自然率时，通货膨胀将持续地减速。但是，在20世纪30年代，美国的失业率大大超过了任何合理的自然率水平，但是并没有出现持续的通货紧缩。

（四）普遍的退休储蓄不足

根据新古典模型，个人为了最大化其跨期效用函数将决定储蓄多少和消费多少，因而个人的储蓄决策应当是最优的。但是，实际情况是，个人的储蓄数量往往是令人失望的，如果没有社会保险计划，许多人将无法度过他们退休后的岁月。

---

① 外国经济学说研究会．现代国外经济学论文选．第7辑．北京：商务印书馆，1983：100．

② George A. Akerlof, “Behavioral Macroeconomics and Macroeconomic Behavior,” *American Economic Review*, Vol. 92, No. 3, 2002, pp. 411-433.

（五）相对于经济的基本面来说，股票价格过度波动

新古典宏观经济学假定（有效市场理论），股票价格能够反映经济的基本面，它是未来收入流的贴现值。但是，近年来的理论研究和经验研究证明，资本市场并不是理性的和有效率的。

（六）长期存在着自暴自弃的低下阶层

新古典模型认为，贫困是较少的人力资本和非人力资本初始禀赋的反映。这种理论没有考虑到持续的、极端的贫困是和大量吸毒、高犯罪率、非婚生育、单亲（母亲）家庭和对福利制度的高度依赖相伴而生的。

实际的经济周期理论把经济波动仅仅理解为总供给及其决定因素的变动，没有把货币或其他需求方面的因素对经济波动的影响考虑在内。

从某种意义上说，新古典宏观经济学对当时主流经济学的挑战是早期凯恩斯主义与古典经济学家之间争论的重演。在新古典宏观经济学体系中，一个关键性的假设是价格和工资的弹性。凯恩斯主义和新凯恩斯主义经济学家都指出，许多证据表明，价格特别是工资在面临各种冲击时，其变动往往是缓慢的，很少有经济学家相信，劳动市场的充分就业均衡是一种常态。如果工资和价格不是完全弹性的而是黏性的，政策就会在短期内影响实际经济变量，而不是无效。

按照理性预期假说，经济当事人既是一位水平较高的经济学家，又是一个超级计算机，他能够熟练地运用经济模型，把最新的信息纳入他们的行为中。但是，许多心理学家和社会学家的实证研究表明，即使是最有经验的经济预测专家，也存在非理性预期的成分。

用错觉来解释经济波动的原因也与事实不符。用有关工资和价格的错觉来解释严重的衰退和持久性的大规模失业似乎过于牵强。整个 20 世纪 90 年代，欧洲的失业率都在10%上下，这种长期的高失业率用“错觉”来解释是不能令人信服的。

实际的经济周期理论认为，当工人辞职寻找更好的工作时会产生周期性失业，而现实表明，衰退期间失业工人的比重大大增加了。衰退期间失业之所以大量增加是因为失去工作的人数的增加和寻找新的工作需要更长的时间，而自己主动辞职寻找新的工作（即劳动者选择跨期替代）的失业者在总劳动力中所占的比例不到1%。

从技术上看，实际的经济周期模型的结论往往依赖于利率、资本产出比率、失业率等这样一些参数值的人为选取，这就使得模型结论的客观性大打折扣。如前所述，经过校准和数值分析得出的模型数据很难与实际经济的时间序列数据相吻合，这使得实际的经济周期理论的解释力还有很大的局限性。

实际的经济周期理论中的最大问题是它没有说清楚“什么是技术冲击”；“索洛剩余能够衡量或者代表技术冲击吗”；“技术冲击来自哪里，去向何方”。根据实际的经济周期理论，似乎像 20 世纪 70 年代那样的石油危机才会形成经济波动的技术冲击。但是，在整个 20 世纪，这样大的冲击屈指可数，而经济波动却时常发生；那么，为什么一些小的冲击也会导致经济周期波动呢？实际的经济周期理论的解释还是有不少漏洞的。

萨缪尔森在评论新古典宏观经济学时指出：“由于绝大多数古典理论存在类似的不合理成分，许多主流经济学家对新古典学派的有效性也表示怀疑。它是否有助于理解短

期产出、就业和物价的变动这些问题，目前还没有定论。”①

反对理性预期假说的两个最普遍的理由是：(1) 假定消费者或厂商可以像这种假说所设想的那样去理性地整理信息是不现实的。许多实证研究的结果并不支持理性预期假说。(2) 假定经济当事人在形成预期时使用了一切有关经济变量的信息也是不现实的，这种假说忽略了信息的成本问题。因为信息的收集是困难的、有成本的；并且有些变量对形成预期来说无关紧要，要得到每个有关变量的资料也是无利可图的。

理性预期假说比较适用于那些同质化、规则化和集中化的市场，如金融市场、证券市场、外汇市场和期货市场。在这些市场上，市场参与者几乎都是专家，比较容易形成理性预期。但是，在一般商品市场和劳动市场上，理性预期则不容易形成。因为：第一，商品质量有差异，不可能是同质的；第二，存在信息不对称或不完全的问题——在商品市场上，卖方积极推行价格歧视政策，大搞广告宣传促销，使得买方几乎不可能形成理性预期；在劳动市场上，由于存在信息不完全，供求双方都不可能形成理性预期。

在不同的市场上，由于交易方式的差异——如集中交易还是分散交易，现货交易还是期货交易，人们形成预期的方式是不同的。

经验证据并不支持巴罗-李嘉图等价定理。政府赤字虽然会引起居民储蓄增加，但是增加得很少，远不能抵消这些赤字的增加。在20世纪80年代末90年代初，当美国政府的赤字超过GDP的5%时，居民户的储蓄率只有3%～4%。如果巴罗的理论是正确的，那么，在没有政府赤字时，居民户的储蓄率应该是－2%～－1%。②

本章复习与思考题

1. 与其他预期假说相比，理性预期假说有何特色？你如何评价这种假说？
2. 试述“卢卡斯批评”的经济学含义。
3. 什么是卢卡斯总供给函数？它在新古典宏观经济学体系中起什么作用？
4. 什么是实际的经济周期理论？它对西方宏观经济学发展的意义如何？
5. 新古典宏观经济学是如何得出政策无效性命题的？
6. 什么是李嘉图等价定理？你如何看待这个定理？
7. 试述新古典宏观经济学与货币主义的关系。
8. 为什么说新古典宏观经济学具有“古典经济学”传统？
9. 你如何评价新古典宏观经济学？
10. 2008年美国爆发次贷危机以来，西方经济学界是如何评价新古典主义经济学的？

本章进一步阅读文献

[1] Akerlof, George A., “Behavioral Macroeconomics and Macroeconomic Behavior,” *American Economic Review*, Vol. 92, No. 3, 2002

① [美] 保罗·萨缪尔森，威廉·诺德豪斯. 经济学. 16版. 北京：华夏出版社，1999：513.
② [美] 斯蒂格利茨. 经济学. 北京：中国人民大学出版社，2000：825.

[2] Barro, Robert J., "New Classicals and Keynesians, or the Good Guys and the Bad Guys," *Swiss Journal of Economics and Statistics* 125 (3), 1989

[3] Cooley, Thomas F., ed., *Frontiers of Business Cycle Research*, Princeton University Press, 2005

[4] Dornbusch, Rudiger, Stanley Fischer and Richard Startz, *Macroeconomics*, 10th Edition, The McGraw-Hill Co., 2008

[5] Hartley, James, Kevin D. Hoover, and Kevin D. Salyer, eds. *Real Business Cycles: A Reader*. Routledge, 1998

[6] Hoover, Kevin D., "New Classical Macroeconomics," in David R. Henderson (ed.). *Concise Encyclopedia of Economics* (2nd ed.). Library of Economics and Liberty, 2008

[7] King, R., C. Plosser and S. Rebelo, "Production, Growth and Business Cycles: Technical Appendix," *Computational Economics*, 20, 2002

[8] Lucas, Robert E., Jr., and Thomas J. Sargent, "After Keynesian Macroeconomics," in Federal Reserve Bank of Boston, *After Phillips Curve: Persistence of High Inflation and High Unemployment*, Conference Series No. 19, 1979

[9] Lucas, Robert E., Jr., and Thomas J. Sargent, *Rational Expectations and Econometric Practice*. University of Minnesota Press, 1981

[10] Lucas, Robert E., Jr., *Models of the Business Cycle*, Basil Blackwell, 1987

[11] Mill, Preston J., ed., *The Rational Expectations Revolution*, The MIT Press, 1996

[12] Rebelo, Sergio, "Real Business Cycle Models: Past, Present, and Future," NBER Working Paper No. 11401, 2005

[13] Sargent, Thomas J., *Macroeconomic Theory*, Academic Press, 1979

[14] Sargent, Thomas J., *Rational Expectations and Inflation*, Harper & Row, 1986

[15] Sargent, Thomas J., *Dynamic Macroeconomic Theory*, Harvard University Press, 1987

[16] Sargent, Thomas J. & Velde, Francois R., "The Big Problem of Small Change," *Journal of Money, Credit and Banking*, Blackwell Publishing, Vol. 31 (2), May 1999

[17] Snowdon, Brian & Howard R. Vane, eds., *A Macroeconomics Reader*, Routledge, 1997

[18] Romer, David, *Advanced Macroeconomics*, 2nd Edition, The McGraw-Hill Companies, 2001

[19] 外国经济学说研究会. 现代国外经济学论文选. 第 7 辑. 北京：商务印书馆，1983

[20] [美] 史蒂文·M. 谢弗林. 理性预期. 北京：商务印书馆，1990 (Sheffrin, Steven M., *Rational Expectations*, 2nd ed., Cambridge University Press, 1996.)

[21] [美] 凯温·D. 胡福. 新古典宏观经济学. 北京：中国经济出版社，1991

[22] [英] 帕特里克·明福德. 理性预期宏观经济学. 北京：中国大百科全书出版社，1998

[23] [美] 小罗伯特·E. 卢卡斯. 经济周期理论研究. 北京：商务印书馆，2000

[24] 黄险峰. 真实经济周期理论. 北京：中国人民大学出版社，2003

第五章

供给学派

20世纪70年代末80年代初，当货币主义和新古典宏观经济学从不同的方向向凯恩斯主义发动进攻的时候，另一个学派也加入了对凯恩斯主义的战斗，这就是供给（方）经济学（supply-side economics）① 或供给学派。

供给学派强调对人们的工作、储蓄和投资的刺激，主张通过大规模削减边际税率和减少管制来降低人们进行生产的障碍，促进总供给增加，以扭转美国生产率和经济增长率下降的局面。

第一节　供给学派概览

供给学派经济学和货币主义、新古典宏观经济学同属于新自由主义经济学这个大家庭，它们产生的经济背景和经济学背景大体上是相同的。但是，供给学派有自己的特色，在对一系列经济问题的看法上，有许多不同于货币主义和新古典宏观经济学的观点。

---

① “供给（方）经济学”这个提法据说是 Jude Wanniski 在1975年首先使用的，但是据 Robert D. Atkinson 考证，是尼克松总统前经济顾问 Herbert Stein 首先使用了“供给方财政主义”（supply-side fiscalists），Jude Wanniski 借用了这个提法。Robert D. Atkinson，*Supply-side Follies：Why Conservative Economics Fails，Liberal Economics Falters，and Innovation Economics is the Answer*，Rowman & Littlefield，2006.

一、供给学派产生的背景

供给学派产生的背景是美国经济在20世纪70年代中后期生产率的增长速度只降不升，经济增长缓慢，通货膨胀压力日益加大。与此同时，凯恩斯主义的需求管理政策受到越来越多的怀疑和责难，新自由主义思潮逐渐在经济学界占了上风。

20世纪70年代折磨着美国经济的基本问题是生产率增长的减速。在第二次世界大战结束后的头20年里，美国经济中的生产率年均增长速度大约为3%。此后，生产率增长速度下降到年均1%，1977年以后生产率出现负增长。生产率增长的减速又引起通货膨胀加剧和经济增长率下降。到70年代末，美国的年通货膨胀率由60年代的2%～3%陡升到8%以上，而年均经济增长率则由五六十年代的4.2%下降到3%以下。

凯恩斯主义注重总需求分析，强调总需求管理，认为总供给会适应总需求的变化。当时的政策制定者信奉凯恩斯主义。根据凯恩斯主义的教义，当经济增长率下降时，政府应当刺激总需求。但是在通货膨胀加速的时候再刺激总需求，无疑将给通货膨胀火上浇油。显然，凯恩斯主义者在当时的经济形势下开出的政策处方是不对症的。而供给学派提出的诊断是，问题不是出在需求一方，而是出在供给一方；凯恩斯主义开错了药方，凯恩斯主义应当对滞胀承担责任。

1979年9月17日美国《商业周刊》上的一篇文章《为什么供给学派经济学突然广泛流行》较好地概括了供给学派经济学产生的背景。这篇文章写道："由于这10年经济增长无力，通货膨胀加剧——在此期间，美国经济一直苦于商品短缺、生产率增长迟缓、资本投资呆滞和制造业生产能力不足——现在的主要问题很清楚已经不是如何刺激需求而是如何刺激供给。而已被称作供给学派经济学的这种思潮则反映着生产率、资本形成、劳动供给、工艺技术、资源短缺以及管理有关的新关系。"

二、供给学派的主要代表人物

供给学派基本上是由一批当时年龄在40岁左右的中青年人组成，他们大多不是"学院派"或职业经济学家。其主要代表人物有：阿瑟·拉弗（1940年8月14日—　），1976—1984年任美国南加州大学商学教授，80年代中期转赴美国加州佩珀代因（Pepperdine）大学任教；丘德·万尼斯基（Jude Thaddeus Wanniski，1936年7月17日—2005年8月29日），1972—1978年任《华尔街日报》副主编和社论撰稿人，1978年创办综合经济咨询公司（Polyconomics）；罗伯特·蒙代尔（Robert Alexander Mundell，1932年10月24日—　），哥伦比亚大学教授，因提出"货币动态学"、"最优货币区"理论和开放的宏观经济中的"蒙代尔-弗莱明模型"而获得1999年诺贝尔经济学奖；乔治·吉尔德（George Gilder，1939年11月29日—　），"愤青"加空想式美国作家，共和党活动家和发现研究所（the Discovery Institute）的联合创始人；保罗·罗伯茨（Paul Craig Roberts，1939年4月3日—　），美国里根政府时期负责经济政策的财政部助理部长（1981—1982年），1980年以前任《华尔街日报》和《商业周刊》主编，1980年以后先后任（美国）战略和国际问题研究中心（the Center for Strategic and International Studies）高级研究员和乔治城大学教授；马丁·费尔德斯坦（Martin Stuart

Feldstein，1939 年 11 月 25 日—　），哈佛大学经济学教授，1982—1984 年任里根政府总统经济顾问委员会主席，1978—2008 年任美国国家经济研究局（the National Bureau of Economic Research，NBER）主席和首席执行官（Chief Executive Officer）；迈克尔·埃文斯（Michael K. Evans），1980 年至今任 Carroll & Associates 公司（以前叫埃文斯经济学社）主席等。

不过，拉弗、万尼斯基、吉尔德、罗伯茨等人自称是供给学派的"正统派"，而费尔德斯坦、埃文斯等人被认为是供给学派中的"非正统派"或"温和派"，蒙代尔则被认为是供给学派经济学的先驱者。供给学派成员的许多思想和观点就出自蒙代尔。

与当时其他的经济学流派不同，供给学派的代表人物中没有"大师级"的经济学家。供给学派并不认为蒙代尔或费尔德斯坦是他们的领袖人物。供给学派经济学也没有被大家公认的有重大影响的代表作（著作或论文）。

三、供给学派的主要特色

供给学派成员之一的史蒂芬·恩廷（Stephen J. Entin）认为供给学派经济学具有下列本质特征。

"供给学派经济学强调财政政策在决定经济增长和总供给方面的作用。我们的分析直接依赖于古典价格理论。根据供给学派经济学的观点，税率对经济的影响主要是通过它对生产要素税后报酬的影响，而非对收入和支出的货币流的影响；税率影响商品的相对价格，进而影响劳动和资本供给。我们的目的是提高劳动、储蓄和投资等经济增长性活动相对于休闲和消费性活动的报酬。

"分析税收变动对劳动、储蓄或投资收益率的影响，远比关注税收变化对可支配收入货币量的影响更为重要。通过降低对劳动报酬、利率或股息征收的税率，我们可以增进储蓄、投资和经济增长。"①

上述两段话实际上概括了供给学派的核心思想。从供给学派的一系列论著和演说来看，我们认为，供给学派经济学具有下列特色。

（一）认为资本主义经济制度是自然的制度

供给学派继承了亚当·斯密以来的经济自由主义传统，认为资本主义经济制度是合乎自然秩序的制度、是不断演进的制度——随着人均实际收入的不断提高，个人道德水准在提高，政治不满在减少；在这种制度下，增长是自然的、内生的——利润动机是动力，竞争机制是压力，两种力量的合力推动了增长；公私部门是有边界的，职能分工是明确的，如果公部门的职能"越界"，就会压抑和降低私部门的活力。对资本主义经济制度的这些基本认识或信念是供给学派对美国经济形势进行分析并提出政策主张的出发点。正如海尔布罗纳（Robert L. Heilbroner）所指出的："对资本主义制度本身性质的坚定信念是供给学派所有治疗方法的根本。"②

---

① Stephen J. Entin，"Comments on the Critics，" *Treasury News*，December 1985.

② 外国经济学说研究会. 现代国外经济学论文选. 第 17 辑. 北京：商务印书馆，1997：77.

(二) 强调（总）供给分析

无论是凯恩斯主义还是货币主义，都是需求一方的经济学，他们都着重从总需求的决定因素上去寻找通货膨胀和经济波动的原因。与此相反，供给学派强调供给分析。

供给学派的一个基本思想是：正是生产而不是消费产生收入，没有生产就不可能有消费；在供给与需求的关系问题上，供给是"因"，需求是"果"，供给决定需求而不是相反。因此，经济学和政府政策的重点应当放在供给一方而不是需求一方。吉尔德强调："资本主义的财富之源是经济的供给。在西方资本主义经济中，这个简单的认识是一切成功经济政策的核心。"① 供给学派的代表人物拉弗和蒙代尔都认为，引起美国经济停滞和通货膨胀的原因是供给不足；造成供给不足的主要原因是政府对经济活动干预过多——不断增加政府支出和税收，越来越多的规章制度；这些都妨碍了自由市场制度对工作、储蓄、投资和生产积极性的刺激。吉尔德则认为："在经济学中，当需求在优先次序上取代供给时，必然造成经济的呆滞和缺乏创造力、通货膨胀以及生产率下降。"②

供给学派认为，凯恩斯主义刺激总需求的政策是无效的并且是有害的，因为需求本身并不生产什么。在凯恩斯主义者看来，如果人们不购买，就没有人为市场进行生产；人们购买得越多，生产的产品就越多，因此，通过财政政策增加总需求将会增加 GDP。罗伯茨则认为，凯恩斯主义者把供给和需求的因果关系弄颠倒了，因为"不管总需求增加多大，只要工作努力和投资下降，生产就将下降。"③

供给学派成员、里根政府的经济顾问图雷（Norman Ture）在评价凯恩斯主义政策时说："巨额政府支出或减税不能直接增加总需求和总生产。如果政府用借债为它增加支出或补偿失去的税收融通资金，那只不过是把可支配收入的使用从购买债券的人转到那些由于支出计划或减税的受益人，而总支出和总收入却一点没有增加。同样，如果政府简单地用印钞票的办法来使债务的增加部分货币化，那只会使物价上涨，但总生产却不会增加。"④

在供给学派看来，由于长期推行凯恩斯主义政策，需求受到过度刺激，而供给却被窒息在不必要的管制、过高的税收和过多的规章制度之中，它们都成为阻碍生产发展的绞索。

(三) 复活萨伊定律，并把它作为其理论基础

凯恩斯"革命"可以理解为是对"供给会创造它自身的需求"的萨伊定律的"革命"。凯恩斯主义经济学家用理论（凯恩斯的有效需求原理）和经验事实（20 世纪 30 年代的世界经济大萧条）证明萨伊定律是不能成立的。供给学派为了给他们的政策主张提供理论根据，又重新拾起萨伊定律并加以包装，公开承认萨伊定律具有真理性。吉尔德强调，"萨伊定律的中心思想仍然是正确的：供给创造需求。不可能存在总商品供过

① 外国经济学说研究会. 现代国外经济学论文选. 第 17 辑. 北京：商务印书馆，1997：16.

② [美] 乔治·吉尔德. 财富与贫困. 上海：上海译文出版社，1985：45.

③ 同②2.

④ 外国经济学说研究会. 现代国外经济学论文选. 第 5 辑. 北京：商务印书馆，1984：61-62.

于求这样的事情”[①]。他确认萨伊定律是供给学派经济学的理论基础。他写道：“萨伊定律及其变种都是供给学派理论的基本规则。”[②]

拉弗认为，萨伊定律之所以重要，不仅是因为它概括了古典学派的理论，而且是由于它确信供给是实际需求得以支持的唯一源泉，即萨伊所说的“人们的生产是为了消费”。在吉尔德看来，“萨伊定律之所以重要是因为它把注意力集中在供给、集中在刺激的能力或资本的投资方面。它使经济学家首先关心各个生产者的动机和刺激，使他们从专心于分配和需求转过来，并再次集中于生产手段。”[③] 吉尔德分析说，萨伊定律本质上是坚持认为生产一件商品所支付的工资、利润和地租的总量足够购买这件商品。这并不意味着制造一件商品的人必须购买这件商品，而是说他们买得起这件商品。例如，制造和销售一辆汽车所支付给生产要素的货币总额，主要是地租、工资、薪水和利润，刚好足够购买这辆汽车。所以，吉尔德认为，就整个经济体系来说，“购买力与生产力始终能处于均衡状态。一个经济中的财富始终足够购买它的产品。由总需求不足引起的商品过剩不可能存在。概而言之，生产者在生产过程中创造出对他们商品的需求。”[④] 吉尔德强调：“这个观念显然从多方面看是简单的，但是它包含着许多至关重要的凯恩斯和其他人从未驳斥过的经济学真理和意义。这些真理是当代供给学派的理论基础。”[⑤]

吉尔德认为，在现代经济中，萨伊定律并没有过时，因为“生产者在引诱、形成和创造需求方面起了一个主要的开创性的作用。投资决策在决定消费者购买的数量和基本品种方面是至关重要的。”[⑥] 他分析说，在现代社会，大企业主要是依靠中间产品供给者来影响和操纵市场，创造它的需求。小企业也努力创造它们自身的需求。[⑦]

供给学派力图复活萨伊定律和古典经济学传统，这就使人们有理由把它看作是古典经济学的灵魂转世。1981 年美国《每月评论》在其 3 月号上发表编辑部评论指出：供给学派经济学“实质上是所谓萨伊定律所表述的古典公式教条的新翻版”“是名副其实的返祖现象”。萨缪尔森在他的《经济学（第 16 版）》中则把供给学派经济学称作“超古典主义”。

（四）倡导经济自由主义

供给学派是新自由主义学派的一个分支，它和古典自由主义的基本信念是类似的：资本主义市场经济具有自我调节、自我稳定的能力，人为干预则会破坏经济的固有稳定性。供给学派对 20 世纪 70 年代美国经济状况的一个基本判断是：经济体系如同弹簧，它本身是有张力的，现在政府给它施加的压力或负担（例如高税率和过多的规章制度）过大，它卷曲了、萎缩了，一旦解除了这些外在压力或负担，经济弹簧就会恢复其固有的张力。简单地说，现在只要给经济松绑、减负，恢复自由，经济就会活跃起来。马克斯·莫斯泽（Max Moszer）在评价拉弗曲线的贡献时认为，取消对经济的管制也许比减税有更大的产出和税收。“而且，这种政府干涉的取消是与我们限制政府作用的传统

① 外国经济学说研究会．现代国外经济学论文选．第 5 辑．北京：商务印书馆，1984：29．
② 同①30．
③ 同①61．
④ 同①21．
⑤ 同①21．
⑥ 同①25．
⑦ 同①25-26．

学说一致的。它们的作用和边际影响比拉弗教授和《肯普-罗斯法案》建议的那种大规模减税更可行、更有效。”[①] 吉尔德曾经说：“综观历史，从威尼斯到香港，增长最快的国家或地区不是产生于资源得天独厚的地区，却是出现在具有充分思想自由和财产私有权的国家（或地区）。世界经济最兴旺的国家中有两个在第二次世界大战中几乎丧失了它们的全部物质资本，但依靠解放企业家重新崛起。”[②]

与凯恩斯主义者的看法不同，供给学派认为，20世纪30年代的大危机并不是经济的固有不稳定性造成的，而是政府的不恰当干预造成的。在屠利看来，30年代大危机是政府一系列不明智的行动促使了经济下降并阻碍了复苏。这些行动包括：30年代惩罚性地抬高税率，货币供应量大幅度削减以及诸如故意销毁农产品等反供给措施。吉尔德也持有类似的看法，他认为：30年代大萧条的原因不仅是像凯恩斯所说的，由于企业家的信心崩溃导致投资锐减，“而且因为《斯穆特-霍利关税法》（Smoot-Hawley Tariff Act）导致的国际贸易体系的崩溃，银行的破产和中央银行的错误导致的货币供给的严重紧缩，以及实际利率的急剧上升和一系列损害性的税率提高等等”[③]。

需要指出的是，供给学派主张的经济自由主义与古典经济自由主义和新古典宏观经济学的经济自由主义有些不同，一些供给学派代表人物似乎并不赞同“看不见的手”的原理和自由竞争优越性的看法。吉尔德明确表示：“资本主义的创造力不是受‘看不见的手’支配，而是受管理机构与企业看得见的具有进取心的手支配。企业不断地改变它们的产品形式、销售技术、广告技巧和零售战略，以便在尽可能获得垄断利润这种制度中找到一个独特的位置，如果没有政府的帮助，没有专利权的保护，没有其他方法排斥竞争者，那么，这些垄断地位就是短命的。”[④] 他甚至认为：“垄断是好事。一种经济越是有生气和创造力，它就越会产生垄断。完全竞争的理想就像没有企业权力的经济的理想一样使经济成为没有革新的经济。”[⑤] 我们知道，古典经济自由主义是反对垄断、倡导自由竞争的，供给学派在这方面是对古典经济自由主义的离经叛道。

供给学派也不排斥使用财政政策，他们只是认为财政政策（主要是税收政策）是增加总供给的政策，这是通过降低税率来给劳动者和企业提供更大的刺激实现的，而不是扩大总需求的政策。这表明了供给学派的政策主张向传统的公共财政理论的复归。

有趣的是，同属于新自由主义经济学的奥地利学派也不完全赞同供给学派的观点。托马斯·W. 黑兹利特（Thomas W. Hazlitt）曾专门从奥地利学派的视角写了一篇批判供给学派的观点和政策主张的文章，他以揶揄的口吻说，只要浏览一下供给学派公开发表的文章和演讲稿，就不难发现，在供给学派的论著中，“凡是新颖的都不是真实的，凡是真实的都不是新颖的。”[⑥]

（五）偏重政策研究

与凯恩斯主义、货币主义和新古典宏观经济学相比，供给学派在经济理论上的建树

---

① 外国经济学说研究会．现代国外经济学论文选．第17辑．北京：商务印书馆，1997：227.

② 同①113-114.

③ 同①22.

④ 同①27.

⑤ 同①27.

⑥ 同①92.

不多，它没有一个统一的理论体系，也没有一个被这个学派内部成员公认的经济学“大师”。供给学派经济学家提出的主要是一些政策主张和应对当时经济形势的具体措施。供给学派经济学实际上是一种经济政策学。正如托马斯·黑尔思通尼斯（Thomas J. Hailstones）在他的《供给学派经济学导论》一书中所指出的：“供给学派经济学可以界定为通过影响商品和服务供给的各种政策措施，旨在刺激经济增长和促进物价稳定的一种政策研究。”①

四、供给学派经济学观点概要

供给学派经济学包括哪些主要观点？这是一个颇有争议的问题，供给学派成员对此也看法不一。我们认为，埃文斯对减税的供给效应的概括比较好地反映了供给学派经济学的主要观点，是对供给学派经济学含义较全面的解释。埃文斯概括的要点如下②：

（1）降低税率会提高个人所获得的资产报酬率，从而会增加个人储蓄的积极性。这种较高的储蓄会导致较低的利率和较高的投资率。

（2）降低公司税率或采取类似的措施，例如增加投资税减免或使折旧提取自由化，将提高纳税后的平均报酬率，其结果会直接促进投资。

（3）较高的投资率导致生产率提高，这意味着每单位投入能够生产出更多的产品和服务。结果，单位成本并未迅速增加，而通货膨胀上升得更慢。

（4）因为公共部门的生产率增长是很小的或者没有增长，所以把资源从公共部门转移到私人部门会提高整个经济生产率的增长率。

（5）生产率较快增长提供了生产更多产品和服务所需要的能力，以满足由于减税所带来的需求增加，因而使得经济平衡增长，而不至于出现供不应求或短缺的现象。

（6）较低的税率使增加工资的要求更有节制。因为减税使实际收入提高了，工人没有遭受由于进入较高的税收等级所带来的实际收入的损失。

（7）较低的通货膨胀导致实际的可支配收入增加，因而导致消费、产量和就业增加。

（8）较低的税率增进了工作的积极性，这会提高工作的数量和质量。而这又进一步提高了生产能力，因此有助于降低通货膨胀率。

（9）较低的通货膨胀率引起净出口增加，这会使美元的价值稳固。而这又将进一步降低通货膨胀率，因为进口品的价格下降了而不是提高了。

（10）生产能力提高能够生产出更多的用于出口和国内消费的产品，因此会进一步增强美元的实力，减少输入的通货膨胀。

第二节　税率、要素使用与产量

供给学派经济学的核心是强调对人们劳动和投资积极性的刺激，这种刺激来源于对

---

① Thomas J. Hailstones，*A Guide to Supply-side Economics*，Robert F. Dame，1982，p. 3.

② 外国经济学说研究会. 现代国外经济学论文选. 第5辑. 北京：商务印书馆，1984：75-76.

工作、储蓄（投资）、发明、创新和企业家才能的税后报酬；人们看重的是税后净报酬而不是税前报酬；在一般情况下，税后报酬率与人们的积极性同方向变化，因此，高税率会打击人们劳动、储蓄和投资的积极性。

供给学派经济学的基本逻辑结构是：税率的变化是一种相对价格的变化，因为对于劳动者来说，他的时间可以有工作和闲暇两种用途，每种用途都有一个与另一用途相比较的价格（用收入或成本来衡量）。闲暇的价格就是由于不工作而放弃的收入量，而收入受税率影响。税率越高，享受额外的闲暇而放弃的税后收入量就越小。换言之，税率越高，闲暇的相对价格就越低。当边际税率达到百分之百时，闲暇的相对价格就变为零，这个时候的闲暇就变成了自由取用物品（free goods），因为这个时候享用闲暇的（机会）成本为零。对于个人来说，他的收入可以有两种用途——消费和储蓄（投资），每种用途也都有一个与另一用途相比较的价格。增加当前消费的价格就是由于享受增加的当前消费而放弃的未来收入量。同样，这个收入量也受税率影响。税率越高，由享受当前增加的消费而放弃的税后收入量就越小。换言之，税率越高，当前消费的相对价格就越低。这种相对价格变化将会影响个人的选择、资源的配置和实际经济活动。具体来说，税收引起的相对价格变化将会影响人们在（1）工作与闲暇、（2）消费与储蓄（投资）、（3）市场活动与非市场活动之间的选择。税率降低会通过激励人们从闲暇转到工作、从消费转到储蓄和投资、从非市场活动转到市场活动来促进生产、总供给增加和经济增长。

一、基本模型：税率与总产出的关系

供给学派成员在他们的一系列论著中表述过上述基本思想。其中最有代表性的、形式化最为到位的是拉弗与他的两位南加州大学同事合写的《税率、生产要素使用与市场生产》一文①，这篇文章就税率、生产要素使用与产量之间的关系给出了一个理论模型。这个模型是供给学派经济学中为数不多的模型之一。

这个模型的基本假设有：

（1）经济中只有一个部门，只使用劳动和资本两种生产要素。

（2）税收均与生产要素的报酬成比例，即政府征收的是比例税。

（3）劳动和资本存量是一定的，这些劳动和资本不是用于家内生产就是用于市场生产。

（4）不考虑资本形成过程，即模型是静态的。

假定在市场生产部门，生产函数是科布-道格拉斯生产函数：

$$Q=K^{\alpha}L^{1-\alpha} \tag{5-1}$$

式中，Q 为市场生产的产量；L 和 K 分别为劳动和资本；α 和（$1-\alpha$）分别为资本和劳动的产出弹性，$0<\alpha<1$。

假定劳动和资本的报酬都等于各自的边际产量，并且政府对这些要素报酬都征收了

① ［美］拉弗，等．税率、生产要素使用与市场生产．经济政策的供给效应//外国经济学说研究会．现代国外经济学论文选．第5辑．北京：商务印书馆，1984：1-27.

税收，于是，劳动和资本的税后收益（W^* 和 R^*）分别是：

$$W^*=W(1-t_L) \tag{5-2}$$

$$R^*=R(1-t_K) \tag{5-3}$$

式中，W 和 R 分别为纳税前的劳动和资本的报酬；t_L 和 t_K 分别为对劳动和资本报酬所征收的税率。

如果对生产要素支付的报酬都用市场生产的产品 Q 来表示，那么，对资本和劳动的需求可以分别表示为：

$$K^d=\frac{\alpha Q}{R} \tag{5-4}$$

$$L^d=\frac{(1-\alpha)Q}{W} \tag{5-5}$$

市场生产使用生产要素的最优比例是：

$$\frac{K^d}{L^d}=\frac{\alpha}{1-\alpha}\times\frac{W}{R}=\frac{\alpha}{1-\alpha}\times\frac{(1-t_K)}{(1-t_L)}\times\frac{W^*}{R^*} \tag{5-6}$$

式（5-6）说明，W 对 R 的比率或 W^* 对 R^* 的比率发生变化，对市场生产或家内生产所需要的劳动与资本的比率随之会发生变化。如果 W^* 和 R^* 的绝对水平提高，即便 W^* 对 R^* 的比率保持不变，也将刺激居民户向市场生产部门提供更多的劳动和资本。

假定资本与劳动的供给函数采取下列形式：

$$K^s=\left(\frac{R^*}{W^*}\right)^{\sigma_K}(R^*)\beta,\ \sigma_K+\beta>0 \tag{5-7}$$

$$L^s=\left(\frac{W^*}{R^*}\right)^{\sigma_L}(W^*)\beta,\ \sigma_L+\beta>0 \tag{5-8}$$

假定政府的收入完全来自对生产要素的报酬课税，政府的预算是平衡的，政府通过征税所获得的收入又以中性的形式返回到经济中，即政府收支不产生任何收入效应。

合并式（5-7）和式（5-8），则供给市场生产部门的资本与劳动的比率是：

$$\frac{K^s}{L^s}=\left(\frac{R^*}{W^*}\right)^{\sigma_s},\ \sigma_s>0 \tag{5-9}$$

式中，σ_s 为生产要素供给的替代弹性，定义 $\sigma_s=\sigma_K+\sigma_L+\beta>0$。式（5-9）说明，供给市场生产部门的资本对劳动的比率仅仅决定于纳税后的资本收益与工资的比率。式（5-6）则说明，市场生产部门所需要的资本对劳动的比率仅仅决定于纳税前的工资与资本收益的比率。把这两个方程式合并起来，即当市场生产部门的生产要素供求均衡时，就分别得到纳税前的工资—收益比率和纳税后的工资—收益比率的均衡水平：

$$\frac{W^*}{R^*}=\left[\left(\frac{1-\alpha}{\alpha}\right)\left(\frac{1-t_L}{1-t_K}\right)\right]^{\frac{1}{1+\sigma_s}} \tag{5-10}$$

$$\frac{W}{R}=\left(\frac{1-\alpha}{\alpha}\right)\left[\left(\frac{1-\alpha}{\alpha}\right)\left(\frac{1-t_L}{1-t_K}\right)\right]^{\frac{-\sigma_s}{1+\sigma_s}} \tag{5-11}$$

式（5－10）和式（5－11）表明，无论是纳税前的工资与资本收益的比率还是纳税后的工资与资本收益的比率都决定于税率、生产要素的供给弹性和这两种要素的产出弹性。

可以证明，如果生产者的目标是追求利润最大化，那么市场产品的成本函数也将采取科布-道格拉斯生产函数形式：

$$1=\left(\frac{W}{1-\alpha}\right)^{(1-\alpha)}\left(\frac{R}{\alpha}\right)^{\alpha} \tag{5-12}$$

在这里，市场产品被定义为一个分数。

对式（5－12）进行移项并代入式（5－11），得到纳税前的工资水平：

$$W=(1-\alpha)\left[\left(\frac{1-\alpha}{\alpha}\right)\left(\frac{1-t_L}{1-t_K}\right)\right]^{\frac{-\sigma_s}{1+\sigma_s}} \tag{5-13}$$

同理，纳税前的资本收益为：

$$R=\alpha\left[\left(\frac{1-\alpha}{\alpha}\right)\left(\frac{1-t_L}{1-t_K}\right)\right]^{\frac{(1-\alpha)\sigma_s}{1+\sigma_s}} \tag{5-14}$$

把式（5－13）、式（5－14）、式（5－2）和式（5－3）代入生产要素供给函数中，可以得到资本和劳动的均衡数量以及均衡状态下市场生产部门所使用的资本对劳动的比率：

$$K=[\alpha(1-t_K)]^{\beta}\left[\left(\frac{1-\alpha}{\alpha}\right)\left(\frac{1-t_L}{1-t_K}\right)\right]^{\frac{\beta(1-\alpha)\sigma_s-\sigma_K}{1+\sigma_s}} \tag{5-15}$$

$$L=[(1-\alpha)(1-t_L)]^{\beta}\left[\left(\frac{1-\alpha}{\alpha}\right)\left(\frac{1-t_L}{1-t_K}\right)\right]^{\frac{\sigma_L-\sigma_s\alpha\beta}{1+\sigma_s}} \tag{5-16}$$

$$\frac{K}{L}=\left[\left(\frac{1-\alpha}{\alpha}\right)\left(\frac{1-t_L}{1-t_K}\right)\right]^{\frac{\sigma_s}{-1+\sigma_s}} \tag{5-17}$$

把式（5－15）和式（5－16）代入式（5－1），得到市场生产部门的均衡产量：

$$Q=[(1-\alpha)(1-t_L)]^{\beta}\left[\left(\frac{1-\alpha}{\alpha}\right)\left(\frac{1-t_L}{1-t_K}\right)\right]^{\frac{\sigma_L-\sigma_s(1+\beta)\alpha}{1+\sigma_s}} \tag{5-18}$$

这说明，市场的均衡产出水平是税率的一个函数，或者说，经济的总产出水平随着税率的高低而变化。

拉弗等人的这个结论是关于供给的一个“新观点”，因为西方主流经济学中的总供给函数只包括生产技术、要素数量等变量，现在供给学派又在总供给函数中添加了税率这个变量，税率成为决定总供给的一个因素。

二、劳动与资本“楔子”模型

为什么税率的高低会影响产量水平呢？拉弗等人认为，根据上面的式（5－13）、式（5－14）和式（5－11），税率提高将改变$\frac{W^*}{W}$的比率或（和）$\frac{R^*}{R}$的比率，从而改变$\frac{W}{R}$或

$\frac{W^*}{R^*}$的比率，这将引起劳动与资本之间的替代，影响劳动供给或（和）资本形成，最终影响总产出水平。

黑尔思通尼斯在他的《供给学派经济学导论》一书中进一步把拉弗等人的上述思想概括为“劳动与资本楔子模型”。

这里所说的“楔子”（wedge）是指政府税收，税收造成生产要素税前报酬与税后报酬的分离，所以拉弗等人把税收看作是打入生产要素税前报酬与税后报酬之间的一个“楔子”。所谓“劳动楔子”是指税前工资与税后工资的比例$\frac{W}{W^*}$，如果工人要求的税后工资水平W^*一定，那么当劳动报酬的税率提高时，税前的工资水平必须提高，工资—资本收益比率$\frac{W}{R}$必将提高，这种情况称作劳动楔子增大。可见，劳动楔子增大也意味着税后工资与税前工资的比例$\frac{W^*}{W}$减小。所谓“资本楔子”是指资本的税前收益与税后收益的比例$\frac{R}{R^*}$，如果投资者要求的税后收益水平R^*一定，那么当资本报酬的税率提高时，税前的收益水平必须提高，资本收益—工资比率$\frac{R}{W}$必将提高，这种情况称作资本楔子增大。可见，资本楔子增大也意味着税后收益与税前收益的比例$\frac{R^*}{R}$减小。

现在我们分析劳动楔子对劳动使用量的影响。

由于进入企业生产成本的是税前工资，所以在其他条件不变时，对工资征税的税率越高，企业的生产成本越高，这时企业愿意雇用的劳动数量就越少。也就是说，雇主对劳动的需求是税前工资的减函数。但是，工人是根据他所获得的税后工资或实际工资来提供劳动量的；他实际拿到手的工资越多，他愿意提供的劳动量就越多，即劳动的供给是实际工资的增函数。

在图 5－1 中，如果政府不对工资征税，就没有税前工资和税后工资之分，即在劳动报酬之间没有打入税收“楔子”，这时工人得到的实际工资等于雇主花费的劳动成本，在这种场合，雇主对劳动的需求也是实际工资的函数。假定这个工资水平为Y_0，这时对劳动的需求量等于其供给量，即市场生产部门使用的劳动数量为Q_2。如果现在对工资征税，由此造成税前工资与税后工资的偏离，假定税前工资水平为Y_2，税后工资水平为Y_1，即对工资征收的税收数量$T_L=Y_2-Y_1$，这时对劳动的需求量和劳动的供给量都减少到Q_1。

不难理解，对劳动报酬征税的税率越高，税前工资与税后工资的偏离就越大，市场部门使用的劳动量就越少。因为税收这个“楔子”越大，对劳动需求和劳动供给的积极性的打击就越大，市场使用的劳动量就越少。相反，如果降低工资税的税率，将会增加劳动的使用量。

如果政府对某些行业（如公共服务业）的就业提供补贴，雇主使用劳动的成本就会小于工人得到的实际工资，这会刺激劳动需求和劳动供给增加，比如增加到Q_3。

根据同样的思路，可以分析对资本收益征税对储蓄（资本供给）和资本形成的影响。

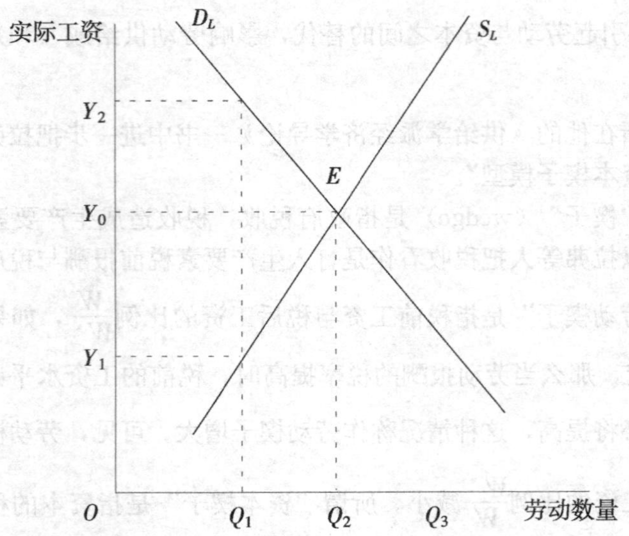

图 5-1　劳动“楔子”模型

总之，正数的税率同时削弱对生产要素需求和供给的刺激，税率越高，生产要素的使用量就越少；负数的税率（即补贴）既会刺激对生产要素需求量的增加，也会刺激生产要素供给量的增加。

第三节　拉弗曲线

拉弗曲线是一条描述税率与政府税收收入之间关系的曲线。它因拉弗在 1974 年提出而得名。[①] 如果说“供给学派经济学在相当大程度上是用作在税收负担上进行政治斗争的专门武器”[②]，那么拉弗曲线是为供给学派的减税主张提供理论根据的一个分析工具。这条曲线如图 5-2 所示。

在一个极端，当税率为 100%时，市场经济中的全部生产活动将停止。因为人们所有的劳动成果都被政府税收拿走了，他们就不愿意在市场经济中工作。在这种情况下，由于没有生产活动，政府也征不到税，因此政府的税收收入为零。

在另一个极端，如果税率为零，人们就可以获得在市场经济中的全部生产成果。税前收入和税后收入之间就没有加入政府税收这个“楔子”。在这种情况下，政府对生产活动就没有阻碍作用，产量因此最大化，产量只会受到工人选择闲暇的愿望的限制。但是，在这种情况下，由于税率为零，政府的税收收入也为零，政府就不可能存在。因此，当税率为 0 时，经济处在无政府状态；当税率为 100%时，经济完全通过物物交换或地下活动而运转。

拉弗曲线描述的实际上是上述两种极端之间的情形。当政府的税率较低，比如税率在 O 点和 F 点之间，政府税收收入和税率同方向变化，即税收随着税率提高而增加。

① 1974 年拉弗任职于福特政府的联邦预算局，一次在华盛顿一家饭店和时任白宫参谋长助理的理查德·切尼（Richard Cheney）共进午餐时，拉弗为了向切尼说明税收与税率的关系，在餐巾纸上画出了这条曲线。

② 外国经济学说研究会．现代国外经济学论文选．第 5 辑．北京：商务印书馆，1984：51.

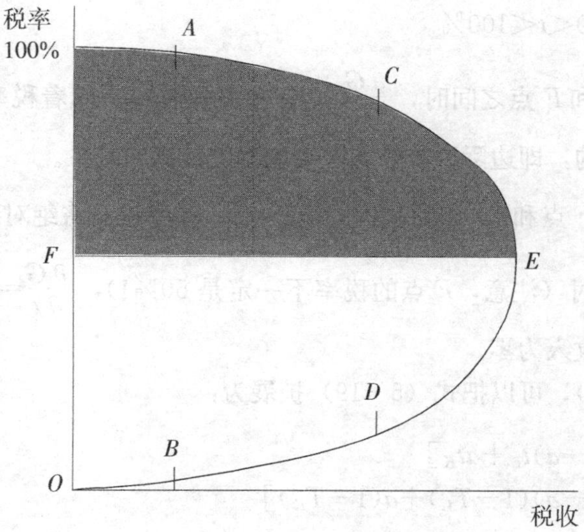

图 5-2 拉弗曲线

因为在较低的税率下，生产活动会增加，生产率会提高，流入国库中的税收随之增加。当政府要求较高的税率时，例如税率在 F 点和 100%之间，政府税收收入和税率反方向变化，即税率提高，政府的税收反而减少，因为过高的税率打击了人们生产的积极性，生产活动会减少，生产率会降低，逃税现象增多，从而政府获得的税收就减少。

在 E 点，产量和政府税收都达到最大。如果政府把税率降低到 E 点以下，产量将增加，但是政府税收会减少。如果政府把税率提高到 E 点以上，产量和税收都会减少。对于政府来说，图中阴影区域是税收禁区，因为在这个区域，税率越高，政府的收入减少得越多，这个区域内的税率对政府是有害而无利的。

拉弗曲线得出的主要结论是：

(1)“总是存在获得同样税收收入的两种税率。”在图 5-2 中，A 点和 B 点的税率不同，但是政府得到的税收是一样的。同样，在 C 点和 D 点，税率不同，但是税收收入是相同的。这说明政府要获得一定量的税收不一定要征收高税率。

(2)“税率并不总是与税收收入成正比。”如上所述，当税率低于 F 点时，税率与税收收入同方向变化；当税率高于某个水平（如 F 点）时，税收反而随着税率提高而减少。这说明，就政府税收来说，税率并不是越高越好。

(3)“用糖浆比用醋可以逮住更多的苍蝇。”拉弗曲线隐含的一个结论是：要增加政府收入，可以通过降低税率的办法，而不应采取提高税率的办法。万尼斯基认为，“用糖浆比用醋可以逮住更多的苍蝇。”这句谚语表达了拉弗曲线的实质。[①] 他还通过大量的历史事实说明，一些国家是在拉弗曲线的底部建立起来，而在这条曲线的上部灭亡的。

(4)“存在一种能获得最大政府收入的税收结构。”拉弗曲线表明政府税收收入（G）与税率（t）之间存在一种函数关系：

① 外国经济学说研究会．现代国外经济学论文选．第 5 辑．北京：商务印书馆，1984：39．

$$G=g(t),\ 0<t<100\% \tag{5-19}$$

当税率在 O 点和 F 点之间时，$\frac{\partial G}{\partial t}>0$，政府税收收入随着税率提高而增加，但是增加的速度是递减的，即边际税收收入随着税率的提高而减少。

当税率提高到 F 点和 100%之间时，$\frac{\partial G}{\partial t}<0$，税率提高将绝对减少政府税收。

当税率在 F 点时（注意，F 点的税率不一定是 50%!），$\frac{\partial G}{\partial t}=0$，政府税收收入最大，这时边际税收收入为零。

根据式（5－18），可以把式（5－19）扩展为：

$$\begin{aligned} G&=Q[(1-a)t_L+at_K] \\ &=Q[(1-a)(1-T_L)+a(1-T_K)] \end{aligned} \tag{5-20}$$

式中，$T_L=\frac{W^*}{W}$，$T_K=\frac{R^*}{R}$。政府税收收入 G 达到最大化的一阶条件是：

$$-A+(1-\alpha)(A+1)T_L+\alpha AT_K=0 \tag{5-21}$$

$$-B+(1-\alpha)BT_L+(B+1)\alpha T_K=0 \tag{5-22}$$

其中，

$$A=\frac{(1+\beta)(1-\alpha)\sigma_s-\sigma_K}{1+\sigma_s}$$

$$B=\frac{(1+\beta)\alpha\sigma_s-\sigma_L}{1+\sigma_s}$$

从式（5－21）和式（5－22）中可以分别解出劳动“楔子”（T_L）和资本“楔子”（T_K）：

$$\begin{aligned} T_L&=\frac{A}{(1-\alpha)(A+B+1)} \\ &=\frac{(1+\beta)(1-\alpha)\sigma_s-\sigma_K}{(1+\beta)(1-\alpha)(1+\sigma_s)} \end{aligned} \tag{5-23}$$

$$T_K=\frac{B}{\alpha(A+B+1)}=\frac{(1+\beta)\alpha\sigma_s-\sigma_L}{(1+\beta)\alpha(1+\sigma_s)} \tag{5-24}$$

根据式（5－23）和式（5－24）可以确定最大政府税收收入的税收结构——每一种生产要素报酬的边际税率是多少。由上面的式子可以看出，这种税收结构取决于每一种生产要素的供给弹性和每一种生产要素的产出弹性。

第四节　改革和政策主张

供给学派主张推行三大改革：（1）削减不必要的和过多的政府管制或再市场化；（2）税收体制改革，主要是削减过高的税率；（3）进行经济结构调整。其中，减税是供给学派经济学的核心。罗伯茨曾经说过："供给学派经济学的实质是把税率的变化看作是相对价格的变化。这些变化影响劳动、储蓄、投资以及看得见的经济活动的供给和形式。直到最近，宏观经济模型完全忽视了财政政策这个方面。"① 供给学派的政策重心仍然是财政政策。但是与凯恩斯主义的"财政主义"不同，供给学派把财政政策的重点放在供给刺激和长期增长上，而凯恩斯主义把财政政策的重点放在短期稳定总需求和收入分配上。

具体来说，供给学派的政策主张有：

一、减税，尤其是削减边际税率

拉弗的一个基本判断是：美国的税率已经达到了惩罚性的高水平，也就是进入了拉弗曲线所说的"禁区"。在这种情况下，如果降低税率，政府收入反而会增加。虽然一些供给学派成员（如罗伯茨）并不认为美国的税率已经进入拉弗曲线所说的"禁区"，但是，他们都认为，减税，尤其是削减边际税率，可以对经济产生许多积极的影响。这里所说的边际税率是指生产要素报酬（工资、利息、利润、租金等）每增加一单位（例如1美元）所多缴纳的税。当时美国对非劳动收入课征的边际税率已经高达70%，对劳动收入课征的边际税率为50%。

供给学派认为，个人和企业的积极性取决于税后净收入，税率越高，税后净收入就越少。因此，高税率会打击人们进行储蓄、投资和生产的积极性；减税可以激励人们加班加点、多参加经营活动、多做钟点工、推迟退休、缩短失业期限；通过这些途径，人们可以获得更多的收入；随着收入增加，人们将会增加支出和储蓄；能够得到更多的收入和储蓄又将刺激人们进行投资。于是，拉弗认为，减税的积极效果是普遍性的。

埃文斯对减税的效果做了进一步的研究。他认为，税率既影响个人储蓄的积极性，也影响个人工作的积极性。据他估计，税率降低10%可以使个人储蓄增加约2%，使劳动供给量大约增加1%。减税有如此功效，政府何乐而不为呢?

按照凯恩斯主义的观点，减税是一种刺激总需求的措施，在通货膨胀时期，减税将加剧通货膨胀。但是，拉弗等人认为，减税实际上不是通货膨胀性的，因为减税所带来的供给增加会使政府的收入净增加，即供给增加所增加的政府收入会大于税率降低所减少的政府收入。因此，减税的结果会减少政府赤字，而这有助于抑制通货膨胀。供给学派相信，减税可以达到"一石二鸟"的效果：一方面增加了供给，另一方面又减轻了通货膨胀。这样就可以把美国经济从滞胀中拯救出来。

为了使美国政府和公众接受他们的减税主张，供给学派把肯尼迪政府的减税作为一个成功的范例经常引用。

1962—1964年，肯尼迪政府实行大幅度减税，边际税率最高一级从91%削减到70%，最低一级从20%削减到14%。企业税也相应减低了。这次减税总额按1964年美元计算共计达120亿美元。根据拉弗、罗伯茨、万尼斯基等人的研究，肯尼迪政府的减税收到了很好的效果，美国经济经历了一次比实际经济活动的正常扩张更大的扩张。在减税前的1961年，美国的失业率是6.7%，生产设备的利用率是77.3%，而在减税后

① 外国经济学说研究会. 现代国外经济学论文选. 第5辑. 北京：商务印书馆，1984：62.

的1966年，失业率下降到3.8%，生产设备的利用率提高到90.9%。在此期间，美国实际的国民生产总值（GNP）每年增长7.5%，而联邦政府支出每年增长6.2%。结果，政府支出对国民生产总值的比率下降了。

肯尼迪政府的减税对政府收入的影响如何呢？拉弗等人提供的数据表明，从年收入超过10万美元的个人那里征收来的税收，1962年是23亿美元，1963年、1964年和1965年则分别增加到25亿美元、30亿美元和38亿美元。这说明减税前高收入者的税率处在拉弗曲线的“禁区”。不过，1963年和1964年，美国来自个人所得税的税收总额却是减少的。拉弗等人对此的解释是：这是因为个人所得税税率的加权平均数处在拉弗曲线的正常区域内。而支持供给学派政策主张的美国众议员肯普（Jack Kemp）和参议员罗斯（William V. Roth）则估计，从1963年财政年度到1968年财政年度，联邦政府的税收收入累计比1962年财政年度增加了540亿美元。

二、实行紧缩性的货币政策，逐步恢复金本位制

供给学派认为，要消除滞胀，不但要进行大规模减税，而且要实行坚定的货币紧缩政策，以达到货币数量的增长和经济的长期潜在增长相一致的目的。

在货币政策问题上，供给学派比货币主义走得更远。货币主义者主张通过控制货币供应量来控制通货膨胀，而供给学派则主张对中央银行加强管制，以约束货币主管当局的行为。为了有效地约束中央银行的行为，供给学派又进一步主张恢复尼克松政府在1971年放弃了的金本位制。

拉弗认为：“政府应当以美元可兑换黄金的办法来保证美元的购买力。在没有恢复金本位以前，我们不可能定出真正的反通货膨胀的政策。”① 蒙代尔则认为，在汇率不断变动、巨额无国籍货币在国际流动以及货币本身的构成尚在争论之中的当今世界上，实行货币管制是难以坚持的。供给学派相信，恢复金本位制就可以消除货币主管当局的任意行动，保障他们的行动不受政治压力所左右，并使货币政策获得新的信誉，而这些结果又将使预期的通货膨胀率和利率降低。

虽然一些供给学派成员也自称是货币主义者，但是供给学派不相信货币主义的单一规则会有效，即便这个政策主张只是为了控制通货膨胀。供给学派和货币主义在货币政策上的分歧主要集中在以下几个方面：

（一）关于“中央银行应否控制货币数量”

在正统的货币主义者看来，控制货币供应量是解决其他一切宏观经济问题的关键，而供给学派则认为，控制货币数量是不适当的政策目标。拉弗认为，在银行史上，没有任何金融机构对它的资产数量或负债数量（包括构成货币供应量的很大部分的银行存款）提供保证。相反，他们一直保证的却是资产或负债的“质量”。拉弗认为，这种质量控制只能用黄金来保证。因此，“政府要做的唯一事情是制造一种有质量的产品（货币供应量），而不是去管理市场上的货币数量”②。

---

① 外国经济学说研究会．现代国外经济学论文选．第5辑．北京：商务印书馆，1984：86.

② 同①89.

（二）关于“中央银行能否控制货币数量”

弗里德曼、梅尔泽等正统的货币主义者认为，只要中央银行致力于控制银行的准备金或基础货币，中央银行就能够控制货币供应量。供给学派则认为，控制货币供应量是不可能做到的。因为银行、个人和公司都在巧妙地创造各种新的货币凭证和信用凭证来充当货币，货币主义者所说的货币甚至连定义都无法确定，更不用说进行控制了。

供给学派的上述观点在一定程度上是20世纪七八十年代大量金融衍生产品出现导致货币供应量越来越难以控制的一种反映。

（三）关于“现行的货币政策能否使利率下降”

货币主义者坚信，货币增长、通货膨胀和利率之间存在密切的关系，并且有确实的经验证据来证明这种关系的存在；单一规则的货币政策可以产生较低的利率和较低的通货膨胀率，没有系统的证据表明信用需求对通货膨胀、利率或实际的经济增长有持续的影响，因为信用状况是由储蓄和资本的生产率决定的。供给学派则认为，现行的、按照货币主义思路制定的货币政策并不能使利率下降，它反而会使得利率在短期内变化无常；只有恢复金本位制才能使利率持续下降，因为只有在金本位制度下，人们才会对通货膨胀的长期前景抱有足够的信心，愿意持有那些低利率的长期债券。

一些供给学派成员还公开并且激烈地抨击货币主义的政策主张。万尼斯基在1981年7月27日的《华盛顿邮报》上撰文指出，货币主义注定会使美国经济陷入衰退。他甚至指名道姓地攻击米尔顿·弗里德曼，认为弗里德曼的货币主义应当被埋葬。

有趣的是，与一些供给学派成员的态度咄咄逼人不同，弗里德曼却对供给学派相当友好。他不认为货币主义与供给学派的观点是对抗性的或者是不可调和的，而是认为他们的目的是相同的、观点是互补的。弗里德曼在评价供给学派经济学时说：“货币主义与供给学派经济学是相互补充的，都是为了提高先进工业国的资本主义制度的生产率和效率。好的货币主义会使物价稳定，更有效地利用资源。……供给学派经济学与问题的另一个方面有关，基本上是为了消除政府对利用资源的干涉。我认为，在稳定的通货政策下，竞争和自由市场的作用如果能发挥得当，将有助于繁荣、自由和国际和平。”①

三、减少政府干预，更多地依靠市场自身的力量

供给学派把滞胀归咎于政府长期实行凯恩斯主义的政府干预政策：长期刺激需求的同时忽略了供给——劳动、储蓄和生产，供给被窒息在不必要的管制、高税收和国外竞争对手并不关心的经营法规等各种阻碍生产的绞索之中，结果，通货膨胀愈演愈烈，生产率增长日趋减速。供给学派也反对政府根据菲利普斯曲线进行政策选择。在他们看来，不一定要用更多的失业来控制通货膨胀，政府的政策目标应当是通过供给方面的刺激以提供更多的商品来与通货膨胀和失业做斗争。他们认为，这才是降低物价、增加就业的正确途径。

---

① 外国经济学说研究会．现代国外经济学论文选．第5辑．北京：商务印书馆，1984：128-129.

供给学派经济学家呼吁政府放弃通过财政政策和货币政策来调节总需求的做法，他们认为这些政策措施不能解决当前的经济滞胀。供给学派成员之一的奥托·埃克斯坦（Otto Eckstein）认为："财政金融政策会为改善通货膨胀造成建设性环境，但是，这本身并不能解决问题。""需求管理必须慎重……而通货膨胀的完全平稳则超出了需求管理的管理能力。"① 费尔德斯坦则进一步认为："作为繁荣措施的财政政策……如果扩大，就会过分刺激经济，如果收缩，又会加速使繁荣后退。"②

供给学派认为，政府对环境、农业、贸易等方面的干预和管制，不但增加了企业的成本，而且束缚了企业的手脚。还有的供给学派成员认为，政府对那些低效率行业给予越来越多的保护，使之不受外国竞争者的影响，这是美国生产率增长逐渐低落的一个原因。

基于上述认识，供给学派认为，除了减税，还需要控制政府支出，减少政府管制，取消或废除那些限制企业生产经营活动的不必要的甚至是过时的规章制度，以调动个人和企业的积极性。

在供给学派看来，政府支出有着排挤私人支出的趋势，而私人支出比政府支出有更大的生产性，因此法律上应该要求实现预算平衡，以此来对政府支出加以限制。供给学派认为政府转移支付对生产率和工作激励都有消极的影响，因此，政府的这个支出项目也应该大幅度削减。

四、用供给改革取代需求管理

供给学派主张用供给改革取代凯恩斯主义的需求管理政策。他们所倡导的供给改革政策的主要内容有：

（1）通过减税、加速折旧刺激投资和资本形成，奖励技术创新，以此促进生产率提高。

（2）进行结构性调整，促进资源（包括人力资源）从衰退部门向增长部门转移，促进资源由消费转向投资。

（3）降低政府支出在国民生产总值中的比重，把资源由政府部门转移到民间部门。

（4）取消对特定行业和部门的过度保护，减少政府管制和垄断，恢复和提高市场的竞争程度。

（5）消除劳动市场和产品市场的刚性，提高这些市场的流动性和竞争性。

其中，第一项供给改革措施是减税，第二三项措施是经济结构调整和优化，第四五项措施是再市场化改革。

第五节　里根经济学

所谓"里根经济学"（Reaganomics），是指里根就任美国第 40 任总统（1981—1989 年，共和党人）期间以供给学派经济学为主要理论根据制定并实施的一系列经济政策措施，其主要内容体现在里根政府制定的以"美国经济的新开端"为标题的《经济复兴计

①② 外国经济学说研究会．现代国外经济学论文选．第 5 辑．北京：商务印书馆，1984：118．

划》中。供给学派是伴随着里根就任美国总统而正式登上西方经济学和政府政策舞台的。

一、供给学派与里根政府的联姻过程

早在20世纪70年代初，拉弗和万尼斯基等人就提出了他们的供给学派纲领，并开始向当时的福特总统（1974—1977年，共和党人）和后来的卡特总统（1977—1981年，民主党人）兜售。如前所述，拉弗曲线就是拉弗在向福特总统的助手切尼兜售其减税方案的过程中在餐巾纸上画出来的。但是，福特政府和卡特政府似乎对拉弗等人的政策建议并不热心。

直到1976年初，拉弗和万尼斯基才找到一个政治上的靠山和政治家知音，这就是纽约州共和党众议员杰克·肯普。肯普把拉弗的减税方案交给他的经济助手罗伯茨来推敲，罗伯茨与拉弗、万尼斯基的思想一拍即合。

1977年肯普与特拉华州共和党参议员威廉·罗斯会晤。罗斯不但早就赞同拉弗等人的减税主张，并曾经向福特总统提过减税建议。于是，1977年肯普与罗斯联名向美国国会提出了一个3年内减税30%的提案，这就是后来鼎鼎大名的《肯普-罗斯减税法案》。

1978年，《肯普-罗斯减税法案》首先得到共和党的支持，共和党全国委员会同意把减税、刺激企业活动作为党的政策纲领。这是自1953年以来共和党第一次接受减税的思想。

由于得到一些共和党政治家的支持，供给学派名声大振，其代表人物也越来越活跃。

里根最初并不是一个供给学派的支持者。虽然里根早在好莱坞从影时就大声疾呼，反对没收性的高税率。但是，他在担任加利福尼亚州州长的8年时期内，为了平衡州政府的财政预算，不断增加税收，成为加州历史上最大的增税者。并且，他在讲话中还主张扩大政府支出，认为负担浪费性的政府支出是美国人不得不忍受的阵痛。

里根对供给学派思想的了解是在正式参加总统竞选前的1978年和1979年上半年。他通过两个途径了解到供给学派的思想。第一个途径是《人类纪事》周刊，当时这个刊物正在讨论《肯普-罗斯减税法案》。第二个途径是他后来的竞选运动的组织者、华盛顿的律师约翰·西尔斯（John Sears）。西尔斯是一位供给学派的支持者。为了增强里根对广大选民的号召力，他建议里根打供给学派减税这张牌，并游说肯普加入里根的竞选班子。到1979年初秋，里根就成为坚定的供给学派的支持者了。

1979年11月13日，里根正式宣布参加美国第40任总统竞选角逐。在里根宣布他的候选人身份的第二天，肯普就作为里根竞选班子的主要代言人在美国各地游说了。

为了使供给学派的主张成为新政府的政策，供给学派力荐34岁的密歇根州众议员大卫·斯托克曼（David Stockman）进入新政府内阁。斯托克曼是肯普在美国国会中的同盟者，是供给学派减税主张的积极支持者。里根竞选获胜后于1980年12月任命斯托克曼为新政府的行政管理和预算局局长。里根就职后，其减税和削减政府支出的方案大多就出自斯托克曼之手。与此同时，一些供给学派成员或支持者也进入新政府任职：费尔德斯坦出任总统经济顾问委员会主席，罗伯茨被任命为负责经济政策的财政部助理部长，图雷被任命为负责税务政策的财政部部长帮办。

1981年2月18日，里根在向美国国会参众两院联席会议发表演讲时，公开宣称供给学派的思想是革命的思想，并宣布了一个在3年内全面削减税率30%的美国历史上最大幅度的减税计划。这标志着供给学派经济学正式成为里根政府的“官方经济学”，其政策主张被正式付诸实施。

二、里根的《经济复兴计划》

里根于1981年2月向美国国会提交的《经济复兴计划》是新政府经济政策的纲领性文件，其主要内容是：

（一）减税，包括削减个人所得税和企业税的税率，重点是削减个人非劳动收入的税率

虽然由于利益集团的压力和党派的意见分歧，主张3年内减税30%的《肯普-罗斯减税法案》最终没有获得美国国会通过，但是这个提案中的主要内容再现在《经济复兴计划》之中，只是减税的力度由3年减税30%下调到25%。《经济复兴计划》提出的减税计划包括：（1）削减个人所得税的税率。1981年10月1日开始削减5%，1982年7月1日和1983年7月1日再分别削减10%，合计削减25%。从1982年开始，利息和红利等非劳动收入的最高边际税率由70.1%下调到50%，1986年又进一步削减到28.4%。从1981年6月开始，资本收益税的税率由28%降低到20%。（2）削减企业税。主要是通过加速固定资产折旧来减轻企业的税收负担。自1981年开始，厂房建筑物的折旧年限由32～43年缩短为10～15年，机器设备的折旧年限由5～15年缩短为5年，汽车等其他固定设备的折旧年限统一改为3年。对企业利润用于再投资给予减税6%～10%不等的优惠。同时，2年内中小企业所得税税率削减2个百分点。

（二）削减联邦政府支出，重点是削减社会福利开支，力求做到预算平衡

减税在短期必然会减少政府收入，为了平衡预算，势必要削减政府支出。《经济复兴计划》设计的政府支出削减的规模是：1982年削减352亿美元，1983年和1984年再分别削减440亿美元和514亿美元。1981年9月，里根又提出再把1982年财政年度的政府支出削减130亿美元。削减的内容涉及社会福利支出的约200个项目，如食品券、失业保障、新生儿家庭补贴、医疗保健、学生营养补贴、住房补贴、失业者培训等。

值得注意的是，《经济复兴计划》要削减的主要是社会福利支出，国防支出不但不削减，反而要增加，1982年增加72亿美元，以后逐年增加。主要是因为里根政府为了抗衡当时苏联的核打击力量和反导系统，提出并实施星球大战计划（Star Wars Program），又称战略防御倡议（Strategic Defense Initiative，SDI）[①]。因此，人们有理由说，《经济复兴计划》“是拿穷人和低收入者开刀”。

（三）大量减少或放宽管制企业的规章条例

撤销和放宽对企业的管制是为了减少政府干预，让市场机制更多地发挥作用；同时

① 1983年3月23日晚，美国总统里根通过电视向全国发表了战略防御倡议（SDI）的电视讲话，该倡议后来被人们形象地称为星球大战计划。

也是为了降低企业的生产成本和交易成本，更好地调动企业的生产经营和创新的积极性。这方面内容包括：(1) 暂停已经制定但尚未执行的一切规章条例。(2) 成立以副总统乔治·布什（George Bush）为首的总统特别工作小组来负责这项工作。1981 年这个特别小组就审核了 91 项管制企业的规章条例，其中撤销、放宽了 65 项，包括环境污染控制、生产安全管制、技术标准管制、企业购并、反垄断等。(3) 进一步放宽包括能源政策在内的政府管制。(4) 把一部分管制权由联邦政府下放给州政府和地方政府。(5) 取消民主党政府对工资和物价所实行的管制。(6) 1980 年和 1982 年国会颁布新的银行法案，放宽对金融市场的利率管制。这个法案要求，到 1986 年逐步取消对非交易账户的利率上限规定，并且对这类存款中的个人账户不规定任何准备金要求。

（四）紧缩通货，降低货币供应量增长率

由于美国中央银行——联邦储备委员会有独立制定货币政策的权力，所以里根只能要求联储实施和《经济复兴计划》相一致的货币政策。在里根就任总统以后，联储就执行紧缩性的货币政策，降低货币供应量 M1 的增长率。1980 年 12 月到 1981 年 11 月，M1 的增长率由原来的 6%～8.5%降低到 4.1%。

不过，美联储实际上早在里根入主白宫前的 1979 年就开始降低货币供应量的增长率。一般认为，1979 年开始就任联储主席的保罗·沃尔克（1989 年卸任）在上任伊始就实施“货币主义实验”：以控制货币供应量的增长而不是短期利率作为联储的中间目标，降低货币供应量增长率。

里根承诺，《经济复兴计划》的实施，将能解决失业、控制通货膨胀和提高经济增长率。到 1984 年他任期届满时，美国国民生产总值的实际增长率将提高到 4.5%（1980 年为−0.3%），失业率将降低到 6.4%（1980 年为 7.1%），通货膨胀率将下降到 5.5%（1980 年为 13.5%），联邦政府预算赤字逐年减少，1984 年实现预算平衡。

第六节　供给学派经济学的成败

20 世纪 80 年代，供给学派经济学在西方经济学和里根政府的政策舞台上占据了中心地位。供给学派经济学不但对美国里根政府时期的经济政策和经济产生了很大影响，而且对 80 年代的英国、西欧诸国的经济政策和经济也产生了重要影响。80 年代在西方发达国家掀起的私有化浪潮和放松甚至取消管制浪潮，很大程度上是供给学派和货币主义等新自由主义经济学思潮的影响所致。

从经济学的发展进程来看，供给学派是 20 世纪西方经济学中的一个短命的、昙花一现的学派。随着里根的卸任，供给学派的影响也逐渐消失。除了拉弗曲线，供给学派后来在经济学工具箱里几乎没有留下什么。甚至 20 世纪 90 年代以来的西方主流经济学教科书和经济思想史著作多数也不大提及这个学派，有些教科书和著作虽然也提到这个学派，但是所给的篇幅很小。这可能是因为供给学派提出的主要是一些政策建议，没有什么新理论，它的一些理论观点基本上是对古典学派经济学的复述，算不上是供给学派的“经济学”。早在供给学派兴起之初的 1979 年，美国《商业周刊》上一篇题为《为什么供给学派经济学突然广泛流行》的文章就指出：“与需求学派经济学不同，供给学派尚

缺少一个统一的理论；……就某种意义而言，供给学派经济学仍在寻找它的凯恩斯。”①

供给学派试图拯救美国经济的锐利武器是减税。但是，用减税来刺激经济并不是供给学派的发明，凯恩斯主义早就把它作为刺激经济的手段之一。不同的是，凯恩斯主义者认为，减税可以增加人们的可支配收入和企业的税后利润，从而可以导致人们的消费需求增加和企业的投资需求增加，即减税可以扩张总需求。供给学派虽然承认减税也可以影响需求，但是他们更强调减税的供给效应，并且认为这种供给效应远大于需求效应。拉弗认为，减税实际上不是膨胀总需求的一种措施，减税会刺激供给增加，供给增加会使政府的实际收入增加而不是降低。因此，减税会减少政府赤字，而这又有助于解决通货膨胀。

按照凯恩斯主义的观点，减税和扩大政府支出有同样的功效——都能够扩张总需求。但是，供给学派却认为，减税和扩大政府支出的效果是不同的：如果政府扩大支出，它花出去的钱都被用来扩大需求；如果减税，人们增加的收入中有一部分要被用作储蓄，因此需求并没有同量增加。所以，减税和扩大政府支出虽然最终都能够增加产量，但是减税的效果要大于扩大政府支出的效果。埃文斯写道：“削减公司所得税比削减个人所得税对经济有着更大的效应，而减税又比增加政府支出具有更大的效应。其理由全然基于供给方面的效应……”②

供给学派和里根政府的政策效果如何？20 多年后的今天我们可以根据经验事实做出判断。

从里根总统的第一个任期（1981—1985 年）来看，里根经济学的政策措施大多效果不佳。

供给学派预言，减税将会刺激供给增加，这会使得税源增加，因而政府收入不但不会减少，还会大幅度增加。然而美国的事实是，在税率降低以后的若干年，政府税收收入不但没有增加，反而大幅度下降了；同时，由于政府支出没有削减那么多，尤其是国防预算从 1979 年的 2 710 亿美元猛增到 1987 年的 4 090 亿美元，财政赤字进一步加大了，预算平衡根本就谈不上。1980—1982 年，美国联邦政府收入占 GDP 的比例是 19.7%，1985 年这个比例下降到 18.6%。1979 年美国联邦政府赤字为 400 亿美元，占 GDP 的 1.5%，但是到 1983 年，联邦政府赤字超过 2 000 亿美元，占 GDP 的比例上升到 6%。虽然里根在他连任总统的初年（1985 年）督促国会通过了限制赤字的《格莱姆-拉德曼法案》，然而“80 年代是美国历史上的高额赤字年代”则是一个不争的事实。

供给学派预言，减税可以刺激人们储蓄和投资的积极性，从而使储蓄和投资增加。但是，减税似乎并没有导致这样的效果。由表 5-1 我们可以看到，20 世纪 80 年代美国的国民储蓄率（个人、企业和政府储蓄之和占 GDP 的比例）大幅度下降，并在 1987 年达到第二次世界大战以来的最低水平。80 年代的投资率也比 70 年代下降很多。

通过采用货币主义和供给学派的货币紧缩政策，美国的通货膨胀在 80 年代初有了大幅度的下降，但是，正如凯恩斯主义者当时所预言的那样，这种通货膨胀的下降是要付出昂贵的代价的，这就是失业率的上升和 1981—1982 年的经济衰退。由表 5-2 我们看到，1982 年和 1983 年，美国的失业率已经上升到接近 10%了。

---

① 外国经济学说研究会．现代国外经济学论文选．第 5 辑．北京：商务印书馆，1984：54.

② 同①74-75.

表 5-1　　美国的国民储蓄和投资（占 GDP 的百分比）

类别	供给学派时代之前（1977—1980 年）	供给学派时代（1981—1988 年）	供给学派时代之后（1989—1996 年）
平均储蓄率			
个人	4.0	4.3	3.4
企业	12.4	12.3	11.5
政府	0.6	−2.9	−2.6
国内私人投资	18.0	16.4	14.0
国外净投资	−1.2	−2.6	−1.5

资料来源：［美］保罗·萨缪尔森，威廉·诺德豪斯．经济学．16 版．北京：华夏出版社，2002：525．

表 5-2　　美国 20 世纪 80 年代及前期的失业率和通货膨胀率

年份	失业率（%）	通货膨胀率（CPI，每年%）
1979	5.9	11.3
1980	7.2	13.5
1981	7.6	10.4
1982	9.7	6.2
1983	9.6	3.2
1984	7.5	4.4
1985	7.2	3.5
1986	7.0	1.9
1987	6.2	3.7
1988	5.5	4.1

资料来源：1997 年《美国总统经济报告》。

但是，从里根总统两个任期和后里根时代的美国经济形势来看，供给学派和里根政府的供给改革和政策措施的成效是明显的，这些改革和政策措施从里根总统的第二个任期开始显效。

美国经济学家尼斯卡兰（William A. Niskanen）和莫尔（Stephen Moore）在 20 世纪 90 年代中期专门对里根经济学的经济绩效进行过经验分析，他们在 1996 年联合发表的一篇文章[①]中认为，在他们考察的 10 个主要经济变量（经济增长、每个成年劳动人口的经济增长、中位数家庭收入、就业、工作时数、失业率、生产率、通货膨胀、利率和储蓄）中，在里根总统的两届任期内，只有生产率和储蓄率这两个指标不如前里根时代，其他 8 个指标都好于其前任和后继者。这 10 个指标的实际记录如下：

1. 经济增长

里根任期的 1981—1989 年美国 GDP 的年均增长率是 3.2%，高于此前 1974—1981 年的年均 2.8%，也高于此后 1989—1995 年的年均 2.1%。如果扣除 1981—1982 年由于卡特总统时期（1977—1981 年）的高通货膨胀政策导致的经济衰退，1983—1989 年

① William A. Niskanen & Stephen Moore, "Supply-side Tax Cuts and the Truth about the Reagan Economic Record," *Cato Institute Policy Analysis* No. 261, October 22, 1996.

美国经济获得了年均3.8%的高增长，其中1988年的增长率高达4.1%。这是20世纪下半期仅次于60年代和90年代的美国经济的第三个高增长时代。[①] 到里根总统任期结束时，美国经济规模比里根执政前差不多扩大了三分之一。

2. 每个成年劳动人口的经济增长

按20～64岁工作年龄的成年人口计算，每个成年劳动人口的经济增长是前里根时代和后里根时代的两倍，在卡特总统任期，每个成年劳动人口的GDP年增长率是0.8%，在里根总统任期，这个增长率提高到1.8%。

3. 中位数家庭收入

里根任期中位数家庭实际收入提高了4 000美元，由1981年的37 868美元提高到1989年的42 049美元，在前里根时代的8年里中位数家庭收入没有改变，在后里根时代的反供给学派的20世纪90年代，中位数家庭收入减少了1 438美元。

4. 就业

1981—1989年美国经济发展创造了1 700万个新工作岗位，差不多每年创造大约200万个新工作岗位，年均增长2.1%；在后里根时代，每年平均只能创造130万个工作岗位。

5. 工作时数

在里根任期，20～64岁成人劳动者的工作时数的增长也分别快于前里根时代和后里根时代。

6. 失业率

1981年美国的失业率是7.6%，在1981—1982年经济衰退时期上升到9.7%的高峰，此后不断下降，到里根卸任时，失业率下降到5.5%。在卡特总统和福特总统任期(1974—1977年)，美国的失业率分别是6.4%和7.8%，而里根总统任期是5.4%。

7. 生产率

在里根任期，美国生产率年均增长1.5%，这虽然低于20世纪50年代、60年代和70年代，但是比后里根时代高得多。

8. 通货膨胀

1980年美国的CPI上升到13.5%，这意味着里根不但接过了总统大印，也接过了两位数的通货膨胀。但是到里根就任总统的第二年，美国的通货膨胀率就下降了一半多，为6.2%；到里根任期的最后一年（1988年），美国的CPI进一步下降到4.1%。

9. 利率

1980年美国30年期抵押债券的利率是15%，1981年更是飙升到18.9%，随后6年最优惠贷款利率（prime rate）稳步下降，1987年下降到8.2%。国库券利率从1981年的14%下降到1988年的7%。

10. 储蓄

20世纪80年代美国的个人储蓄率由8%下降到6.5%，90年代平均储蓄率进一步下降到4.9%。

我们还可以根据其他一些指标来判断里根经济学的效果：

---

① 20世纪60年代肯尼迪政府和约翰逊政府时期美国经济创造了持续106个月的增长纪录，80年代里根政府时期创造了持续92个月的增长纪录，90年代老布什政府和克林顿政府更创造了持续120个月的增长纪录。

1. 联邦政府收入、支出与赤字

在里根任期，美国联邦政府收入由6 180亿美元增加到9 910亿美元，增长了60%；联邦政府支出由7 460亿美元增加到11 440亿美元，增长了53%；按通货膨胀调整的联邦政府支出年均增长率由卡特时期的4%下降到里根时期的2.5%。由于收入增长高于支出，并且支出增速不断下降，所以里根任期美国联邦政府赤字率（赤字占GDP的比率）是逐渐下降的：1983年、1987年和1988年美国联邦政府赤字率分别是6%、3.2%和3.1%。

2. 痛苦指数（通货膨胀率与失业率之和）

里根执政初期的痛苦指数（misery index）为19.33%，到他卸任时，这个指数急剧下降到9.72%。

3. 贫困与收入分配

由于税率和税收结构的调整，收入最高的10%的纳税人缴纳的所得税在所得税中所占的份额提高了，而收入最低的50%的纳税人缴纳的所得税在所得税中所占的份额降低了。按照2007年美元实际价值计算，在里根任期，年收入不到10 000美元的家庭占全部家庭的比例由1980年的8.8%下降到1988年的8.3%，而年收入超过75 000美元的家庭占全部家庭的比例则相应地由20.2%上升到25.7%。里根执政期间美国的贫困率（低于贫困线的人口占总人口的比率）下降了1.2个百分点，比1983年贫困率最高点（15.3%）下降了3.3个百分点。因此，供给经济学或里根经济学又被称作"涓流经济学"（trickle-down economics），意思是说里根政府的大规模减税惠及了穷人。

但是，供给经济学和里根经济学也有不少败笔：

由于里根政府在削减社会福利支出时大幅度增加了国防开支（特别是星球大战计划），使得美国政府财政赤字规模不断扩大，为了弥补不断扩大的赤字，政府不得不大举借债。1980年和1988年美国的内债规模分别为7 120亿美元和20 520亿美元；1980年和1988年内外债合计分别为9 970亿美元和2.85万亿美元，这意味着里根任内不论是美国内债还是全部国债都增长了2倍左右。1980年和1988年美国政府的债务率（债务规模占GDP的比率）分别是26%和41%。里根就任总统前，美国是世界上最大的债权国，到里根卸任时，美国成为世界上最大的债务国。里根后来承认，债务规模的大幅度扩大是他任内的"最大失败"。

里根任内美国政府的赤字率虽然是不断下降的，但是其年均赤字率（4.2%）仍然高于卡特政府的年均赤字率（2.7%）。

供给学派试图恢复金本位制的设想也成为泡影。这主要是因为恢复金本位制的条件已经不复存在。正如货币主义者梅尔泽在供给学派刚刚兴起时就指出的："供给学派关于金本位的观点是不切实际的，他们忘记了多少个国家为了从衰退中摆脱出来，而背离了金本位的基本原则。"①

我们注意到，20世纪90年代，当美国"新经济"时代②到来时，一些学者又想到

① 外国经济学说研究会. 现代国外经济学论文选. 第5辑. 北京：商务印书馆，1984：91.

② 1991年4月到2001年3月美国经济经历了120个月的超常规增长，同时伴随着财政赤字下降、通货膨胀率和失业率均保持在较低水平、经济增长方式转变和经济结构调整、国际竞争力增强。

了供给学派。他们认为，克林顿政府之所以能够获得高就业、高（经济）增长和低通胀的繁荣业绩，是与里根政府大力推行供给学派的刺激供给、放松管制的政策措施有关的，因为这些措施有助于激励个人的积极性，有助于发挥市场机制的功效，有助于优化经济结构和培养供给潜力。里根时代刺激总供给的措施之所以到克林顿时代才显露出效果，是因为改善和扩大总供给的措施起作用的时滞要长于改善和扩大总需求的措施起作用的时滞。

笔者认为，上述说法有一定的根据。事实证明，减少政府干预、放松政府管制，让市场机制发挥更多的作用，有助于激发个人的积极性和创造性，有助于提高资源的配置效率和利用效率，有助于提高生产率和经济增长率。但是，把美国“新经济”主要归功于供给学派和里根经济学，似乎言过其实。美国“新经济”很大程度上是20世纪80年代以来美国信息通信产业的迅速发展、金融衍生产品的发展和经济全球化的结果，这些技术发展、金融发展和国际经济关系的发展与供给学派经济学及其实践没有多少直接关系。

笔者认为，供给学派虽然是经济学发展史上的匆匆过客，它没有在主流经济学中留下多少遗产，但是它的有些观点和政策建议还是有价值的。从长期来看，促进生产率提高和经济增长的关键是如何调动人们的工作积极性和投资积极性，资源配置和利用效率的高低、经济增长的快慢都是与劳动者的积极性和创造力的大小成正比的。因此，供给学派强调通过为劳动者和投资者提供足够的刺激来增加工作、储蓄、投资和创新，这个思想从长期来看是正确的。只不过这些思想不完全是供给学派经济学家的发明，以亚当·斯密为代表的古典经济学家、熊彼特、马克思早就提出过类似的思想。

我国经济自1998年开始出现转型——由供给短缺型转向供给相对过剩型，由于经济中的总需求不足导致产品过剩和产能过剩，我国政府自1998年以来推行旨在扩大内需的积极的财政政策。实践证明，这种政策对于保证我国经济的持续高增长起到了积极的作用。没有扩大内需的政策，21世纪第一个10年很难有10%上下的年均经济增长率，我国的失业率可能会更高。但是，对于我们这样的发展中经济体来说，从供给一方来促进经济增长和经济发展仍然是一项长期的任务。从长期来看，生产和供给仍然是第一位的，生产决定消费，供给决定需求。① 对于我们这样一个体制上正在转轨、经济上正在转型的大国经济来说，不断推进体制机制改革和不断增强自主创新能力是保持生产和供给不断增长的根本之道。我们要在21世纪中期在经济发展水平和人均收入上赶上中等程度的发达国家，实现社会主义现代化强国的目标，必须从供给改革和需求管理两方面着手，既要在稳定内需的基础上扩大内需，又要促进总供给增加；既要保持适当的经济增长速度，又要不断调整和优化经济结构，提高经济发展质量，保证国民经济持续、健康和稳定发展。供给学派所倡导的一系列供给改革措施，如改革税制和税率，通过提高净报酬激励市场主体的积极性，刺激资本形成，奖励和促进技术创新，进行经济结构调整和优化，降低公共经济在国民经济中的比重，提高市场竞争程度和降低市场刚性，让市场机制在资源配置和经济运行中发挥更多更大更好的作用，对我们都有极高的参考意义和应用价值。

---

① 方福前．寻找供给侧结构性改革的理论源头．中国社会科学，2017 (7).

本章复习与思考题

1. 供给学派经济学有哪些特色？
2. 供给学派为什么认为减税可以增加供给？
3. 什么是拉弗曲线？它要说明什么？
4. 供给学派有哪些政策主张？这些政策主张的理论根据是什么？
5. 你认为减税在什么情况下可以刺激需求？在什么情况下可以刺激供给？请说出你的理由。
6. 什么是里根经济学？你如何评价它的经济绩效？
7. 供给学派与凯恩斯主义在政策主张上有哪些主要分歧？你如何看待他们之间的分歧？
8. 供给学派与货币主义在政策主张上有哪些共同点和不同点？
9. 如何借鉴供给经济学来做好我们的稳增长、调结构的工作？
10. 供给学派和里根经济学对中国供给侧结构性改革有哪些启发和可借鉴之处？

本章进一步阅读文献

［1］Akhtar，M. & Ethan Harris，"The Supply-side Consequences of U. S. Fiscal Policy in the 1980s，" *Federal Reserve Bank of New York Quarterly Review*，Spring 1992

［2］Canto，Victor A. *The Foundations of Supply-side Economics*：*Theory and Evidence*. Academic Press Inc.，1983

［3］Feldstein，Martin，*Capital Taxation*，Harvard University Press，1981

［4］Feldstein，Martin，*Inflation*，*Tax Rules*，*and Capital Formation*，The University of Chicago Press，1981

［5］Feldstein，Martin，*The Effects of Taxation on Capital Accumulation*，The University of Chicago Press，1987

［6］Feldstein，Martin，*Taxes and Capital Formation*，The University of Chicago Press，1987

［7］Finnk，G.，*Supply-side Economics*，American University Press，1982

［8］Klein，Lawrence R.，*The Economics of Supply and Demand*，Johns Hopkins University Press，1983

［9］Niskanen，William A.，*Reaganomics*：*An Insider's Account of the Policies and the People*，Oxford University Press，Oxford，1988

［10］Niskanen，William A. & Stephen Moore，"Supply-side Tax Cuts and the Truth about the Reagan Economic Record，" *Cato Institute Policy Analysis* No. 261，October 22，1996

［11］Roberts，Paul C.，*The Supply-side Revolution*：*An Inside's Account of Policymaking in Washington*，Harvard University Press，1984

［12］Wanniski，Jude，*The Way the World Works*：*How Economies Fail and Suc-*

ceed. Basic Books, 1978

[13] 外国经济学说研究会. 现代国外经济学论文选. 第5辑. 北京：商务印书馆，1984

[14] 外国经济学说研究会. 现代国外经济学论文选. 第17辑. 北京：商务印书馆，1997

[15] [美] 乔治·吉尔德. 财富与贫困. 上海：上海译文出版社，1985

[16] [美] 保罗·罗伯茨. 供应学派革命. 上海：上海译文出版社，1987

[17] 方福前. 寻找供给侧结构性改革的理论源头. 中国社会科学，2017 (7)

[18] 方福前. 中国式供给革命. 北京：中国人民大学出版社，2018

第六章

新凯恩斯主义

20 世纪 80 年代，在新古典宏观经济学风头正劲时，西方主流经济学中出现了一个新的流派，这就是以美国哈佛大学教授格里高利·曼昆和时任斯坦福大学教授的约瑟夫·斯蒂格利茨（Joseph Stiglitz）等人为代表的新凯恩斯主义（New Keynesianism, NK），也叫新凯恩斯主义经济学（New Keynesian Economics，NKE）。

一般来说，新凯恩斯主义者都接受以下四个命题：

（1）私人经济具有内在的不稳定性，经济由失衡走向均衡的自动调整过程是缓慢的。

（2）货币在短期是非中性的，在长期是中性的。

（3）短期向右下方倾斜的菲利普斯曲线是存在的。

（4）政府为稳定经济进行干预的政策是有效的。

新凯恩斯主义经济学家的共同特征是：继承凯恩斯主义传统，把失业和经济波动问题作为研究主题；与凯恩斯主义不同的是：他们力图从微观层面上，即从工资、价格和利率黏性上去寻找劳动市场、商品市场和资本市场不能出清以及宏观经济波动的原因。

第一节　新凯恩斯主义概览

一、新凯恩斯主义产生的背景

1980 年前后，正当卢卡斯等人得意地宣称“凯恩斯主义已经死亡了”之时，斯坦利·费希尔（Stanley Fischer）、艾德蒙·费尔普斯和约翰·泰勒（John Taylor）等一大批中青年经济学家又重新研究凯恩斯主义，并注意借鉴、吸收新古典宏观经济学的批评和有价值的内容，发表了一系列论文和学术演讲，其中心议题是工资、价格刚性与货币政策。据大卫·罗默回忆：20 世纪 80 年代，围绕着工资、价格刚性的论点，迈克尔·帕金于 1982 年在他的《宏观经济学》一书中首先使用"新凯恩斯主义"的提法，罗伯特·戈登于 1986 年在其教科书中首次增加了新凯恩斯主义经济学的内容，1988 年劳伦斯·鲍尔（Laurence Ball）、格里高利·曼昆和大卫·罗默在他们联名发表的《新凯恩斯主义经济学和产出—通货膨胀交替关系》一文中正式使用了"新凯恩斯主义经济学"（new Keynesian economics）的名称。1991 年格里高利·曼昆和大卫·罗默编辑出版了两卷本的《新凯恩斯主义经济学》，该书汇集了 20 世纪 70 年代以来新凯恩斯主义经济学的主要研究成果。[①]

新凯恩斯主义的产生主要与新古典宏观经济学本身的缺陷和其一些理论脱离现实有关。

萨缪尔森和诺德豪斯在他们合著的《经济学（第 16 版）》中认为，新古典宏观经济学主要有下列缺陷[②]：

1. 工资和价格完全弹性假设的非现实性

许多证据表明，价格特别是工资在对各种冲击做出反应时，其变动往往是缓慢的。这就使得劳动市场出清不是一种常态。而且，如果工资和价格不是完全弹性而是黏性的，经济政策在短期内就可以影响实际变量。

2. 理性预期假说的非真实性

按照理性预期假说，经济当事人的行为会像超级计算机一样，能够把最新的预测和信息结合到他们的行为之中。但是，许多关于个人行为的实证研究表明，即便是最有经验的经济预测专家，也会存在非理性预期的成分。

3. 许多理论与事实不符

新古典宏观经济学认为，经济周期波动起因于经济当事人的错觉或误解：他们把价格总水平的变动误解为他们所在市场的相对价格的变动，混淆了名义工资与实际工资变动，从而做出错误的决策。但是，无论是 20 世纪 30 年代的大萧条，还是 20 世纪 70 年代美国的经济滞胀和 20 世纪 80 年代欧洲的大规模失业，都不是用有关工资和价格的错觉所能够解释清楚的。此外，根据新古典宏观经济学的分析，当工人辞职寻找更好的工作时会产生周期性失业，但现实的情况是，经济衰退期间的失业率会大大提高。因此，人们有理由怀疑，新古典宏观经济学是否有助于理解短期就业、产出和价格总水平的波动这样一些宏观经济问题。

新古典宏观经济学除了主张规则的政策外，没有什么像样的政策建议。新古典宏观经济学的基本信条是"做得最少的政府是最好的政府"。因此，总的说来，新古典宏观经济学对经济实践的影响很小。

---

① 也有的西方学者把以萨缪尔森为代表的新古典综合派称作"新凯恩斯主义"，不过，这个"新凯恩斯主义"在英文文献中写作"neo Keynesianism"。［比利时］戈佩尔．诺贝尔奖的颁发公正与否？//中国人民大学书报资料中心编复印报刊资料．理论经济学，2000（3）：98－102.

② ［美］保罗·萨缪尔森，威廉·诺德豪斯．经济学．16 版．北京：华夏出版社，1999：512－513.

那么，自由放任可以保证经济良性运行吗？事实是最好的裁判员。

20世纪70年代，主要发达国家两度遭到石油价格暴涨所带来的供给冲击。到70年代末，多数发达经济体已从1973年石油危机的打击中恢复过来，1979年美国的实际GDP已经回升到潜在GDP水平。但是1979年的伊朗革命导致中东局势动荡，由此引发了70年代的第二次石油危机。1978年每桶石油价格为14美元，而到1979年每桶石油价格就飙升到34美元！石油价格暴涨引发了新一轮的经济衰退和通货膨胀。1978年美国的失业率不到6%，此后失业率开始上升，到1982年底，失业率达到10%。同期欧洲多数国家的失业率超过10%。与此同时，经济增长速度放慢。80年代初，美国实际GDP的增长率为−0.3%，英国的经济增长率只有60年代的1/2、70年代的3/4。通货膨胀又卷土重来。1979年和1980年美国的通货膨胀率每年以13%的速度上涨，1981年英国的通货膨胀率超过20%。

面对这种经济形势，政府显然不能坐视不管。自由放任只能使经济形势更糟。1980年前后，美、英等国相继实施政府干预。美联储主席沃尔克开始执行紧缩性的货币政策，减少货币供应量的同时大幅度提高利率，1979年上台的撒切尔夫人则推行货币主义的稳定货币供应量的政策。通货紧缩减少了总需求，从而成功地降低了通货膨胀率。1983—1988年，美国的通货膨胀率平均为4%，英国的通货膨胀率到1981年下降到8.9%，1982—1984年进一步下降到5%。但是，紧缩性的货币政策又引起失业率上升和产出进一步下降。1982年底，美国的实际GDP已经低于潜在GDP10%。

为了降低失业率、提高经济增长率，美国里根政府采纳了供给学派的政策主张，1981—1983年连续3年推行减税政策；英国的撒切尔政府则在1985年放弃通过稳定通货来稳定价格总水平的目标，转而把就业和经济增长作为政府追求的首要经济目标。里根政府的减税政策实际上刺激了总供给的增长，加上紧缩通货，美国经济自1983年开始步入复苏。

20世纪80年代的经济事实说明，政府干预对于经济复苏具有积极的作用，听任市场机制的自发运行，其后果是难以预料的，而持续的高失业和高通胀是政府和国民都难以接受的。

二、新凯恩斯主义的基本假设

（一）价格和工资黏性假设

这个假设来源于凯恩斯经济学。凯恩斯在《通论》中就是用货币工资、利率和价格黏性或刚性来否定“依靠市场价格机制的自动调节可以达到充分就业均衡”的古典经济学信条的。新凯恩斯主义认为，现实中的各类市场是垄断型的或垄断竞争型的，供给方有控制价格和工资水平的能力。面对供给冲击或需求冲击，价格和工资调整是缓慢的，至少需要一个过程。因此，无论是商品市场还是劳动市场，常常处在非完全出清状态，宏观经济均衡通常是非瓦尔拉斯均衡，而不是瓦尔拉斯均衡。

（二）不完全性假设

这里的“不完全性”是指市场不完全和信息不完全，主要是指市场不完全。新凯恩斯主义一般假定经济中的市场是不完全竞争（垄断竞争或寡头垄断）型的。在这种市场上，单个厂商面临的需求曲线是向右下方倾斜的，它对其产品价格有一定的控制力。因此，当需求发生变化时，它们的反应往往是进行数量调整（调整产量和就业量），而不是进行价格调整。迪克森（Huw Dixon）认为，“新凯恩斯模型中的关键的新思想是不完全竞争”。

（三）理性预期假设

新凯恩斯主义一般并不反对理性预期学派的理性预期假说，他们中的多数人接受了这个假说并力图把它纳入新凯恩斯主义的宏观经济模型。但是，与新古典宏观经济学不同，新凯恩斯主义者大多认为，短期内形成的预期是适应性预期而不是理性预期；并且，由于市场不完全和信息不对称，经济当事人的理性预期通常受到约束或限制，即这种预期通常是“理性约束预期”（rational constraint expectation）或“近似理性预期”（near-rationality）。

（四）最大化原则假设

这个假设也是对古典经济学传统的继承。新凯恩斯主义者力图把他们的模型建立在消费者效用最大化和生产者利润最大化的原则基础上，并且可以从中得出凯恩斯主义的理论结论和政策建议。他们在解释黏性价格和黏性工资时着力从个人利益最大化行为出发。

三、新凯恩斯主义的特色

曼昆和罗默在他们编选的两卷本《新凯恩斯主义经济学》（1991 年）中回答了“什么是新凯恩斯主义经济学”。他们认为，对以下两个有关经济波动的理论问题的回答，可以帮助我们界定“什么是新凯恩斯主义”。

（1）这种理论违反古典二分法吗？它断定名义变量（如货币供给）波动影响实际变量（如产量和就业）波动吗？

（2）这种理论认为经济中的市场实际不完全对于理解经济波动是至关重要的吗？诸如不完全竞争、不完全信息和相对价格刚性分析是这种理论的中心问题吗？

在当代西方经济学各种理论中，对上述两个问题给出肯定回答的只有新凯恩斯主义。[①]

对这两个问题的回答反映了新凯恩斯主义与新古典宏观经济学的主要区别。

笔者认为，新凯恩斯主义具有以下两个方面的特色：

（一）新凯恩斯主义是一种“新的综合”

这里所说的“新的综合”包括两层含义：第一，新凯恩斯主义既继承了凯恩斯主义的传统，又吸收了新古典宏观经济学的有用成果。第二，新凯恩斯主义着力寻找价格和

① N. Gregory Mankiw & David Romer（eds.），*New Keynesian Economics*，The MIT Press，Vol. 1，1991，p. 2.

工资黏性的微观基础，从而把凯恩斯主义的失业和非均衡理论建立在一系列微观分析的基础上。并且，为了从理论上论证价格和工资黏性的合理性，新凯恩斯主义者强化了对总供给一方的分析，例如对商品生产成本的分析、对劳动供给行为的分析、对总供给函数的分析，这些分析弥补了凯恩斯主义体系中的总供给分析薄弱的缺陷。事实上，新凯恩斯主义试图建立一个较为系统的总供给理论。

新凯恩斯主义继承了凯恩斯主义的传统，这表现在：新凯恩斯主义接受凯恩斯主义的“失业和非市场出清是经济的常态”的说法；认为货币在经济体系中的作用是重要的，货币是非中性的；认为古典二分法失效；重视短期分析；强调市场不完全性；赞成政府干预经济活动，认为总的说来，政府干预比自由放任要好。但是，新凯恩斯主义力图吸收货币主义、新古典宏观经济学的有用成果来修补凯恩斯主义的缺陷。这表现在：新凯恩斯主义愿意接受货币主义的分析框架，尤其在长期问题分析方面；承认理性预期假说；接受利益最大化原则；着重从微观层面上来解释失业和经济波动等宏观经济现象。美国学者詹姆斯·K. 加尔布雷思和小威廉·戴瑞提（W. Darity，Jr.）认为，新古典主义有三个基本假设：货币主义、理性预期和市场出清（价格和工资有完全伸缩性），“新凯恩斯主义者接受了三分之二的新古典主义的世界观：即货币主义（至少就长期而言）和理性预期。”[①]

新凯恩斯主义与新古典综合不同，后者主要是把凯恩斯的宏观理论和以马歇尔、庇古为代表的古典微观经济理论综合起来，强调在达到或接近充分就业以后古典理论仍然有效，财政政策和货币政策同样重要、同样有效。新凯恩斯主义则从市场缺陷出发，力图通过考察这些市场缺陷条件下的最优化行为来解释价格和工资黏性以及它们与失业和经济波动的关系。

新凯恩斯主义的这种“新的综合”使得当代西方经济学两大主要流派之间的差别越来越不明显，他们之间的对立和界限日益模糊。

由于新凯恩斯主义是一种新的综合，所以美国经济学家多恩布什和费希尔在他们合著的《宏观经济学（第6版）》中又把新凯恩斯主义者称作“第三代凯恩斯主义者”。

（二）新凯恩斯主义是一种研究按照非市场出清价格进行交易的经济的非均衡经济学

新凯恩斯主义和凯恩斯主义所研究的主题是一样的，这就是“什么原因引起失业，什么原因造成小于充分就业的均衡”。凯恩斯主义给出的答案是有效需求不足，而有效需求不足可以从消费倾向、资本边际效率和流动偏好上找到原因。虽然凯恩斯主义者也从价格和工资黏性上寻找失业和非充分就业均衡的原因，但是他们常常从制度和历史方面去寻找价格和工资黏性的原因。新凯恩斯主义则试图提供一套系统的价格和工资黏性的微观理论。

新凯恩斯主义者力图通过工资黏性理论来说明劳动市场失衡的原因，通过价格黏性理论来说明商品市场失衡的原因，通过信贷配给理论来说明资本市场失衡的原因。我们在新凯恩斯主义的论著中看到大量有关劳动市场、商品市场和资本市场的微观分析。

---

① ［美］詹姆斯·K. 加尔布雷思，小威廉·戴瑞提. 宏观经济学. 北京：经济科学出版社，1997：311.

四、新凯恩斯主义内部的两个学派

新凯恩斯主义的主要代表人物除了前面提到的三位经济学教授费希尔、费尔普斯和泰勒，还有美国哈佛大学经济学教授 N. 格里高利·曼昆（1958 年 2 月 3 日— ），哈佛大学商学院教授朱利奥·罗泰伯格（Julio Rotemberg，1953 年— ），美国加州大学伯克利分校经济学教授大卫·罗默（1958 年 3 月 13 日— ）、乔治·阿克洛夫（1940 年 6 月 17 日— ）和詹姆斯·德朗（James Bradford DeLong，1960 年 6 月 24 日— ），哥伦比亚大学教授约瑟夫·斯蒂格利茨（1943 年 2 月 9 日— ）和迈克尔·伍德福德（Michael Woodford，1955 年— ），美国西北大学教授戈登（1940 年 9 月 3 日— ），普林斯顿大学经济学教授保罗·克鲁格曼（1953 年 2 月 28 日— ）和艾伦·布林德（1945 年 10 月 14 日— ），纽约大学经济学教授马克·格特勒（Mark Lionel Gertler，1951 年 3 月 31 日— ），麻省理工学院教授奥利维尔·布兰查德（Oliver J. Blanchard，1948 年 12 月 27 日— ），曾任普林斯顿大学教授、2006 年 2 月至 2014 年 1 月任美国联邦储备委员会主席的本·伯南克（Ben Bernanke，1953 年 12 月 13 日— ），曾任加州大学伯克利分校经济学教授、现任美国联邦储备委员会主席的珍妮特·耶伦[①]（Janet Louise Yellen，女，1946 年 8 月 13 日— ），西班牙庞培法布拉大学（Pompeu Fabra University）经济学教授霍尔迪·加利（Jordi Gali，1961 年 1 月 4 日— ），英国卡迪夫商学院（Cardiff Business School）教授迪克森（Huw Dixon，1958 年 7 月— ）等人。其中，斯蒂格利茨和阿克洛夫是 2001 年诺贝尔经济学奖获得者，费尔普斯是 2006 年诺贝尔经济学奖获得者，克鲁格曼是 2008 年诺贝尔经济学奖获得者。

新凯恩斯主义的主要理论成果是价格和工资黏性分析。价格和工资黏性是名义黏性还是实际黏性，在新凯恩斯主义者之间存在分歧，由此形成新凯恩斯主义内部的两个学派，即名义黏性学派和实际黏性学派。名义黏性是指经济中的总需求变化时，名义工资和价格总水平作缓慢、较小的调整；实际黏性是指总需求变化时，实际工资、相对价格和厂商的利润作缓慢、较小的变化。名义黏性学派以曼昆和大卫·罗默等人为代表。实际黏性学派以斯蒂格利茨、布鲁斯·格林沃德（Bruce Greenwald）和安德鲁·威斯（Andrew Weiss）等人为代表。

名义黏性学派把失业和经济波动归因于名义工资和价格总水平的黏性。这一派新凯恩斯主义者认为，在经济面临总需求减少的冲击时，价格总水平和名义工资并不像新古典学派所说的那样会迅速下降，而是具有缓慢变动的特性；由于价格和货币工资不易向下调整，追求利润最大化的厂商只得进行数量调整——减少产量和就业量，从而导致非自愿失业和经济衰退。由于名义黏性的存在，宏观经济政策就具有实际效果。于是，名义黏性学派着重分析名义黏性的成因以及把名义黏性与一般均衡分析结合起来。他们解释名义黏性的理论主要有菜单成本论、长期合同论、价格交错调整论、弯折的需求曲线理论。

实际黏性学派认为，即便名义工资和价格总水平具有很大的伸缩性，非自愿失业和经济波动也会发生，因为经济中存在的不完全信息和不完全市场会产生实际黏性。

---

① 阿克洛夫和耶伦是夫妇，他们于 1978 年结婚。

由这种"不完全"所引起的不完全劳动合同和不完全供货合同会造成劳动市场和商品市场失衡，厂商和金融机构对风险的厌恶所带来的信贷配给制度会导致资本市场失衡。因此，这一派新凯恩斯主义者认为，即便价格和工资可以迅速调整，宏观经济政策仍然有效。他们解释实际黏性的理论主要有隐性合同论、效率工资论、局内—局外人理论。

格林沃德和斯蒂格利茨曾经把新凯恩斯主义划分为两派（第一派和第二派）、三个分支。他们所说的第一派就是我们上面所说的名义黏性学派，他们所说的第二派包括实际黏性学派和非黏性学派。他们把用不完全信息和不完全市场来解释非自愿失业和经济波动的新凯恩斯主义者称作非黏性学派，把实际黏性归因于其他原因的新凯恩斯主义者称作实际黏性学派。[①]

五、新凯恩斯主义发展的三阶段

新凯恩斯主义的发展可以划分为三个阶段，也可以说经历了三代[②]：第一代主要是借鉴和吸收了货币主义和理性预期学派的一些洞察，重新阐释了工资与价格黏性以及货币工资黏性如何阻碍了充分就业。第一代新凯恩斯主义以戈登[③]和泰勒[④]为代表。第二代新凯恩斯主义把研究重点由工资的名义黏性转向价格的名义黏性，他们讨论了垄断竞争或不完全竞争市场上的厂商定价行为，并从这个微观基础出发解释了货币变化的实际产出效应，即为什么货币是非中性的。第二代新凯恩斯主义以曼昆[⑤]、罗默[⑥]和罗泰伯格[⑦]为代表。第三代新凯恩斯主义的主要成果是提出了各种动态定价模型。在这些模型中，垄断竞争市场上的厂商按照两种规则来选择调整其价格：状态依存规则（state dependent rules）和时间依存规则（time dependent rules）。在前一种规则下，厂商可以选择调价时间和调价幅度，以回应经济状态（包括市场需求、平均的通货膨胀率和经济周期的阶段）的变化；在后一种规则下，厂商调价是按照固定的时间间隔或预先设定的日历时间（例如合同到期日）来进行的。由于状态依存的调价规则不能很好地解释经验事实，也不能很好地融入宏观经济模型，所以第三代新凯恩斯主义重点研究的是时间依存规则。这些新凯恩斯主义者认为，垄断竞争厂商之所以要选择时间依存规则来调整其价格，是因为收集关于经济状态变化的信息是要耗费成本的。

---

① Bruce Greenwald & Joseph Stiglitz, "New and Old Keynesians," *The Journal of Economic Perspectives*, Winter 1993.

② Cf：Goodfriend, Marvin & Robert King, "The New Neoclassical Synthesis and the Role of Monetary Policy," NBER Chapters, in *NBER Macroeconomics Annual* 1997, Vol 12, 1997, pp. 231－296, National Bureau of Economic Research, Inc.

③ Gordon, R. J. "Price Intertia and Policy Ineffectiveness in the United States, 1890—1980," *Journal of Political Economy* 90 (6), 1982, pp. 1087－1117.

④ Taylor, J. B. "Aggregate Dynamics and Staggered Contracts," *Journal of Political Economy* 88 (1), 1980, pp. 1－23.

⑤ Mankiw, N. G. "A Quick Refresher Course in Macroeconomics," *Journal of Economic Literature* 28 (4), 1990, pp. 1645－1660.

⑥ Romer, D. "The New Keynesian Synthesis," *Journal of Economic Perspectives*, 7 (1), 1993, pp. 5－22.

⑦ Rotemberg, J. J. "The New Keynesian Microfoundations," in *NBER Macroeconomics Annual* 1987, S. Fischer (ed.). The MIT Press, 1987, pp. 69－104.

六、新凯恩斯主义与新古典宏观经济学争论的主要问题

新凯恩斯主义和新古典宏观经济学之间既有经济理论上的分歧，也有政策主张上的分歧。他们之间争论的焦点问题有：

（1）价格和货币工资是弹性的还是黏性的？

（2）经济是否能够自行走向充分就业均衡（各类市场出清）？

（3）货币在经济体系中的作用是否为中性的？古典二分法是否有效？

（4）政府要不要对经济活动进行干预？在经济政策上采用相机抉择（斟酌运用）还是实行固定规则？

第二节　黏性工资理论

新凯恩斯主义的研究重点起初是工资黏性和劳动市场失衡问题，到 20 世纪 80 年代后期，他们中的一些人（如斯蒂格利茨）开始关注价格黏性与商品市场失衡问题。所以，我们首先讨论黏性工资理论，然后讨论黏性价格理论。

黏性工资理论主要分析工资黏性的原因以及它何以会造成持续性失业。

罗伯特·索洛曾经从六个方面概述了工资黏性的原因。这六个工资黏性的原因分析就是凯恩斯主义者和新凯恩斯主义者提出的六种黏性工资理论。这六个原因是①：

（1）工人反对名义工资的下降，因为这会影响不同行业的工人在工资结构中的相对地位。

（2）厂商为了提高劳动生产率情愿在非市场出清水平上支付工资，因为这可以迫使工人多干活。这就是效率工资假说。

（3）经济以外的社会因素也可能使工人团结一致抵制工资的降低，即使这可能不符合个别工人和个别行业的短期利益。

（4）工人可能会从雇主那里得到默许，以黏性工资率来补偿不断增加的失业危机，这便是隐性合同理论。

（5）工资合同的指数化是不完善的，经常无法跟上通货膨胀的步伐，这是一个制度方面的事实。

（6）由于改变工资的代价昂贵，所以工资呈黏性状态。这就是所谓的交易成本理论。

在上述六个原因中，凯恩斯在《通论》中已经用劳动市场不完全和工人是理性的人这两方面理由对第一个原因给出了解释。凯恩斯写道："由于劳动者的流动性不够完善，从而工资不能精确地反映不同行业的真正的有利之处，所以任何个人和集体如果允许他们的货币工资做出相对于其他人的货币工资的削减，那么，削减就会使他们的实际工资相对地下降。这已构成充分的理由来使他们抵抗货币工资的削减。"② 在凯恩斯看来，

① ［美］詹姆斯·K. 加尔布雷思，小威廉·戴瑞提. 宏观经济学. 北京：经济科学出版社，1997：316-317.

② ［英］凯恩斯. 就业、利息和货币通论（重译本）. 北京：商务印书馆，1999：18.

相对工资的下降会降低这部分工人的相对经济地位，损害他们的利益，因此，工人会抵制这种相对工资的下降，从而使货币工资在向下方向上失去弹性。

一、效率工资理论

效率工资理论（efficiency wage theory）由夏皮罗（Edward J. Shapiro）和斯蒂格利茨于1984年合作创立。① 因此，这个理论又称做“夏皮罗-斯蒂格利茨模型”（Shapiro-Stiglitz model）。这个模型试图通过劳动市场上的信息结构来解释非自愿失业。

效率工资（efficiency wage）是指一种足以消除工人偷懒或调动工人积极性的实际工资水平，这种工资一般高于与劳动市场充分就业均衡相适应的工资水平，或者高于劳动市场出清的工资水平。效率工资理论认为，工人的劳动生产率取决于实际工资水平，是工资率的增函数；付给工人的工资水平越高，工人就越努力工作，越少消极怠工，从而劳动生产率越高，给雇主带来的利润也就越高。

效率工资理论的基本假设是：（1）劳动是不同质的商品，不同的工人在能力上存在着差别；即便是同一个工人，他的劳动生产率也会因其努力程度的不同而不同。（2）工人有偷懒的倾向，如果没有刺激或约束，工人就会偷懒，而不会努力工作。（3）雇主与工人对工人努力程度的信息是不对称的，因而监督工人是否努力工作的监督成本很高。

工资水平高低为什么会影响工人的生产率？经济学家们的解释主要有以下几种②：

第一，更高的工资能够使工人的食物消费增加，从而使工人的营养状况得到改善，健康的工人会有更高的生产效率。因此，企业为了保证有健康的劳动力，愿意支付高于均衡水平的工资。这种情况在发展中国家尤其如此。

第二，高工资会减少工人的流动性或“跳槽”的频率，从而减少了企业寻找和培训新工人的成本。有许多原因导致工人“跳槽”，如改变职业，找到更好的职位，迁移到其他地方等。企业向工人支付的工资越高，工人留在企业的激励就越大。

第三，高工资会减少企业在雇用劳动力上的逆向选择，提高劳动者的素质，从而提高生产率。如果企业支付给工人的工资偏低，高素质的工人会“跳槽”到其他企业，而留下来的可能是那些素质较低、没有多少选择机会的工人，这会使得企业劳动力的平均素质降低。

第四，在厂商无法完全监督工人努力程度的情况下，高工资会提高工人的努力程度。在企业无法完全监督工人的努力程度的情况下，工人可能会出现道德风险——他可能会选择偷懒并有被抓住而被解雇的风险。企业通过支付高工资可以减少道德风险。工资越高，工人被解雇的代价就越大。企业通过支付高工资，可以诱使更多的工人不偷懒，从而提高生产率。

下面是效率工资的一般模型。

假定经济中有大量相同的竞争性厂商，其数量为 N。代表性厂商的目标是追求其实

---

① Shapiro, Carl and Stiglitz, Joseph E. “Equilibrium Unemployment as a Worker Discipline Device,” *American Economic Review*, Vol. 74, No. 3, June 1984, pp. 433-444.

② Janet L. Yellen, “Efficiency Wage Models of Unemployment,” *American Economic Review*, 74, May 1984.

际利润的最大化。实际利润（π）由下式给出：

$$\pi=Y-wL \tag{6-1}$$

式中，Y 为厂商的产量；w 为厂商支付的实际工资；L 为厂商雇用的劳动力数量。

厂商的产量取决于他雇用的工人的数量和工人的努力程度（e）。为了简化，假定可以不考虑其他投入，并假定劳动力的数量与工人的努力程度以相乘的形式进入生产函数。因此，代表性厂商的产量为：

$$Y=F(eL),\ F'(\cdot)>0,\ F''(\cdot)<0 \tag{6-2}$$

假定工资是工人努力程度的唯一决定因素，并且工人的努力程度与厂商支付的工资水平呈同方向变化。因此，

$$e=e(w),\ e'(\cdot)>0 \tag{6-3}$$

现在代表性厂商面临的问题是：

$$\max\pi=F(e(w)L)-wL \tag{6-4}$$

如果厂商未受到劳动市场供求条件的约束，L 和 w 的一阶条件分别为：

$$F'(e(w)L)e(w)-w=0 \tag{6-5}$$

$$F'(e(w)L)Le'(w)-L=0 \tag{6-6}$$

这里假定二阶条件满足。

式（6－5）可以改写为：

$$F'(e(w)L)=\frac{w}{e(w)} \tag{6-7}$$

将式（6－7）代入式（6－6）并除以 L，得到：

$$\frac{we'(w)}{e(w)}=1 \tag{6-8}$$

式（6－8）说明，在厂商利润最大化时，工人工作的努力程度对工资的弹性等于1，即 e 对 w 的弹性为1。根据式（6－2），厂商的产量是有效劳动的函数。因此，理性的厂商总是希望尽可能便宜地雇用有效劳动。当厂商雇用1个工人时，它以成本 w 获得 $e(w)$ 单位的有效劳动，因此每单位有效劳动的成本为 $w/e(w)$。当 e 对 w 的弹性为1时，w 的边际变化对有效劳动的单位成本没有影响，因此，弹性系数为1是厂商选择 w 以最小化有效劳动成本问题的一阶条件。满足式（6－8）的工资就是效率工资。

效率工资理论为失业（尤其是等待性失业）提供了一种微观解释。

如图6－1所示，如果一个厂商向其工人支付市场出清的工资 W_f，工人就有偷懒的激励。由于对工人的偷懒存在着信息不对称，偷懒不易受到惩罚。即便由于偷懒而被解雇，工人也能很快在其他企业找到工作，因为各个企业支付的都是大体相当的工资水平。在这种情况下，解雇并不能构成对工人偷懒的有效约束，因此，他们没有努力工作的激励。为了激发工人的干劲，厂商必须向工人支付高于 W_f 的工资，例如 W_e。在这种工资水平上，如果工人因偷懒而被解雇，他的跳槽成本就比较高，因为其他企业支付的工资水平都低于 W_e。这里的 W_e 就是效率工资。

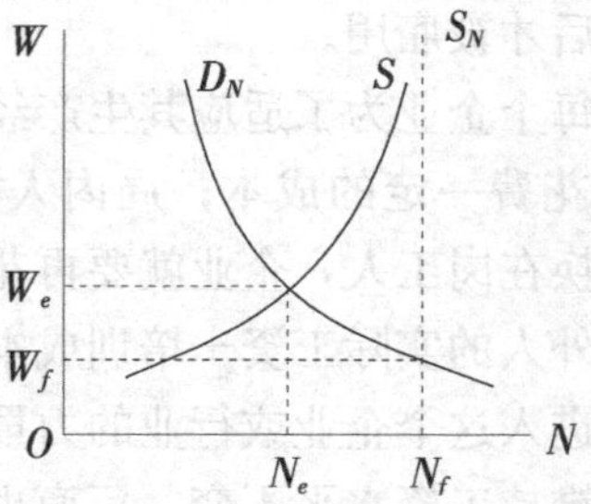

图 6-1 效率工资与失业

如果 W_e 与 W_f 的差距足够大，劳动生产率高的工人就会被吸引到这个企业中来，企业就可以降低花在劳动者身上的人力资本支出和培训支出，从而可以降低企业生产的长期平均成本。

如果所有的厂商都把工资水平提高到 W_e，工人会不会因为其他企业提供的工资水平也相当高而出现偷懒或跳槽呢？效率工资理论对这个问题的回答是否定的。因为全体厂商都提供相当于 W_e 的工资水平，对劳动的总需求就小于市场出清的劳动总供给量，经济中存在着非自愿失业。因此，工人如果因为偷懒而被解雇，他就不容易在其他企业找到工作，他将在一段时间里成为失业者。

在图 6-1 中，由于对劳动的需求取决于劳动的边际生产率，所以劳动的需求曲线向右下方倾斜。假定充分就业的劳动供给为 N_f。如果工人不偷懒，均衡工资率为 W_f，劳动市场完全出清，经济实现充分就业的均衡。但是，由于工人存在偷懒的动机，为了诱使工人有效率地工作，现在需要支付的工资水平为 W_e。这个工资水平由对工人的不偷懒约束曲线 S 给出。不偷懒约束曲线表示厂商为了避免工人偷懒而愿意支付给工人的最低工资水平。假定现在的效率工资水平为 W_e，在这个工资水平下的均衡就业量为 N_e，这时经济中的失业量为 $N_eN_f=N_f-N_e$。

由图 6-1 可以看到，不偷懒约束曲线不会与充分就业的劳动供给曲线 S_N 相交，这说明在工资水平为效率工资时，经济中总是存在一部分失业人口。

当经济中存在失业时，厂商会不会降低工资或用廉价的失业者来替代在岗工人呢？效率工资理论对这个问题的回答也是否定的。因为降低工资使得工人跳槽的机会成本降低，这等于是鼓励工人跳槽；用失业者来取代在岗者既会导致在岗者不好好干活，又可能使企业在雇用劳动人手时不得不进行逆向选择，从而使得企业在存在失业时按低于效率工资的工资水平来使用劳动力或雇用失业工人变得得不偿失。

二、局内—局外人理论

局内—局外人理论（insider-outsider theory）是 20 世纪 80 年代中期由林德贝克（Assar Lindbeck）和斯诺尔（Dennis Snower）等人率先提出的。① 这里所说的“局内人”是指受过专门训练的在岗工人，他们在谈判时与厂商有某种联系，因此他们的利益在合同中体现出来；“局外人”是指想到这个企业工作的失业者，他们一开始与厂商没

① Lindbeck, Assar, and Dennis J. Snower, “Involuntary Unemployment as an Insider-Outsider Dilemma,” Seminar Paper No. 309, Institute for International Economic Studies, University of Stockholm, Sweden, 1984.

有任何联系，只是在签订合同后才被雇用。

局内—局外人理论认为，每个企业为了适应其生产经营活动的需要都要对本企业的员工进行专门培训，为此必须花费一定的成本；局内人的工作就由这些培训成本保护着：如果企业要用新工人来替换在岗工人，企业就要再花费一笔这样的培训成本。也就是说，局内人的实际工资=局外人的实际工资+培训成本。由于存在这些培训成本，局内人就拥有一定的控制局外人进入这个企业或行业的力量；即便现在劳动市场上存在着失业，厂商和局内人也会设法维持工资水平不变，厂商也不会轻易地用局外人来替换局内人。

在局内—局外人理论看来，虽然局内人的工作受培训成本保护，但是局内人认识到，局外人是他们的潜在竞争者，如果企业培训了新工人（局外人），他们这些在岗工人（局内人）与企业讨价还价的能力就降低了。因此，局内人既拒绝与企业在培训局外人方面进行合作，也拒绝与局外人在谋求就业方面进行合作。

这种局内—局外人理论认为，企业虽然可以通过支付较低的工资来雇用局外人，但是，一旦局外人受过培训，成为熟练工人，他们就可能因其他企业支付高工资而被挖走。这种潜在的跳槽威胁也使得企业不愿意用低工资来雇用局外人，这使得局外人即便愿意接受低于局内人工资水平的工资也还是找不到工作。

上述原因造成了工资黏性和持续性失业。因为如果整个经济的劳动市场的特征是局内人占优势，强大的局内人力量会通过提高工资使厂商沿劳动力需求曲线向上移动来减少就业，从而使失业增加。

下面是布兰查德和萨默斯提出的局内—局外人模型。①

假定劳资谈判决定的是名义工资，厂商事后可以自由地选择就业量。经济中有很多厂商，每一个厂商面临的需求函数就是总需求函数，这个函数由实际货币余额和单个厂商的价格相对于价格总水平来决定。第 i 个厂商面临的需求函数由式（6-9）给出（变量都用对数表示）：

$$y_i=(m-p)-a(p_i-p),\ a>1 \qquad (6-9)$$

式中，y_i 和 p_i 分别为这个厂商的产出和名义价格；m 和 p 分别为名义货币余额和价格总水平。

每一个厂商都在规模报酬不变的条件下运行，所以 $y_i=n_i$，其中 n_i 是第 i 个厂商雇用的就业量；假定边际成本和需求弹性均为常数，利润最大化意味着 $p_i=w_i$，其中 w_i 是第 i 个厂商支付的名义工资。利用这些关系并注意到 $p=w$（w 是名义工资总水平指数），得到第 i 个厂商对劳动的派生需求：

$$n_i=(m-w)-a(w_i-w) \qquad (6-10)$$

式（6-10）说明，每一个厂商的劳动雇用量由用工资单位表示的实际货币余额和这个厂商支付的相对工资来决定。因此，沿着这条派生的劳动需求曲线所决定的就业量取决于工资设定（wage setting）的过程或机制。这可以分三种情况来讨论。

---

① Olivier J. Blanchard and Lawrence H. Summers, "Hysteresis in Unemployment," in N. Gregory Mankiw and David Romer (eds.), *New Keynesian Economics*, Vol. 1, The MIT Press, 1991, pp. 235-243.

(一) 纯粹内部人模型中的工资设定

所谓“纯粹内部人”的情况是指，工资完全由内部人设定，没有来自外部人对工资设定的压力。在这种情况下，内部人按照“使厂商预期的就业量（En_i）等于在职工人（内部人）规模（n_i^*）”这个条件来设定工资：

$$En_i = n_i^* \tag{6-11}$$

再结合式（6-10）可以看出，名义工资满足 $Em - Ew - a(w_i - Ew) = n_i^*$。假定所有的厂商和在职工人都是相同的，总的名义冲击是唯一的冲击，所有的在职工人都选择同样的名义工资，因此 $w_i = w = Ew$。代入式（6-10）并省略 i（因为所有厂商的就业量都是相同的），得到：

$$n = n^* + (m - Em) \tag{6-12}$$

式（6-12）说明，就业量等于内部人规模加上一个随机干扰项（未预期到的名义货币余额的变动）。

这个模型中的关键问题是：内部人规模是如何决定的？如果把这些工人看作是一个工会，在工资设定时工会代表谁？几乎可以肯定的是，工会将更关心当前的就业而不是其他问题。如果工会只关心劳资谈判时被雇用的工人，那么 $n_i{}^* = n_i(-1)$。代入式（6-12），得到：

$$n = n(-1) + (m - Em) \tag{6-13}$$

这个模型说明，就业量的决定遵循随机游走规则。对于既定数量的劳动力，均衡失业量等于上一期的实际失业量。经济没有回到任何固定均衡就业量的趋势。这个结果后面的机制是：在经济遭受减少就业的逆向冲击以后，在职工人不需要通过削减名义工资来增加就业；在经济遭受提高就业的正向冲击以后，一些局外人现在被雇用，他们不要求提高工资。在这两种情况下，工资都是黏性的。

(二) 局外人施加压力下的工资设定

这种情况是指，局外人对在职工人的工资设定有某些影响。例如，新厂商也许雇用局外人，并且通过产品市场上的竞争，迫使其他企业中的内部人接受较低的工资。

考虑到局外人的影响，式（6-11）现在修正为：

$$En_i - n_i{}^* = b(\bar{n} - En),\ b > 0 \tag{6-14}$$

式中，$\bar{n}$ 为劳动力的数量；E_n 为预期的就业量，所以（$\bar{n} - En$）是预期的失业量。式（6-14）说明，失业对工资设定的影响越强，第 i 个厂商预期的就业水平就越高，名义工资 w_i 就越低。假定 $n_i{}^* = n_i(-1)$，即没有局外人压力下的内部人规模决定规则导致了就业量的随机游走。解式（6-14），就业水平由下式决定：

$$n - \bar{n} = (1/(1+b))(n(-1) - \bar{n}) + (m - Em) \tag{6-15}$$

就业现在围绕劳动力的数量遵循一阶过程（a first-order process）。因此，如果劳动力随着时间的推移缓慢发展，失业也近似地遵循一阶自回归。持久程度（degree of persistence）是 b 的函数。如果 $b=0$，就业遵循随机游走。随着 b 提高，持久程度会降低。例如，在逆向冲击以后，实际的失业量增加，因而均衡的失业率提高。如果随后没有出现意外冲击，最终失业将回到一个既定的数量。但是在这个过渡阶段，将存在一个高的短期均衡的失业率。

（三）短期失业与工资设定

这种情况是指，不是全部局外人（失业者）、只是那些前不久还在工作的短期失业者形成对工资下降的压力。这种情况介于前两种情况之间。

假设短期的失业大体上等于失业的变化量，式（6-14）可以修改为：

$$En_i-n_i^*=b(n(-1)-En) \qquad (6-16)$$

假定内部人规模的决定规则仍然是 $n_i^*=n_i(-1)$，总就业量由下式给出：

$$n=n(-1)+(m-Em) \qquad (6-17)$$

可以看出，这里的就业量仍然遵循随机游走规则。这个结果是由内部人的行为和只有短期失业对工资施加压力这两个因素造成的。

局内—局外人理论强调的是在岗职工对劳动市场的控制力以及由此造成的实际工资黏性和劳动市场刚性。这个理论被认为可以解释 20 世纪 80 年代以来欧洲持续存在的高失业和高工资并存的现象。

三、隐性合同理论

阿克洛夫和霍尔等人在 20 世纪 80 年代初通过研究发现，在美国，普通工人从事一项工作的时间平均约为 10 年。这说明在劳动市场上占统治地位的是某种工资制度安排，而不是瓦尔拉斯拍卖人。那么，什么样的“经济胶水”将工人和厂商长期结合在一起呢？隐性合同理论（implicit contract theory）试图对这个问题做出解释。这种隐性合同理论最初是由贝利（M. N. Bailey，1974）、戈登（Gordon，1974）和阿扎瑞艾迪斯（C. Azariadis，1975）提出来的。①

隐性合同理论认为，实际工资黏性是因为雇主与雇员之间的一种非正式的合同造成的；这种非正式合同是由许多企业与工人之间长期形成的一种隐含的默契。之所以要形成这种默契，是因为它符合厂商和工人双方的利益：厂商为了自己的利益力图保持工人对他的忠心，而工人为了获得稳定的收入流和消费流也需要在各种情形下保证稳定的工作关系，于是厂商和工人都发现有必要在他们之间达成一种默契，这种默契实际上是劳资双方的“看不见的握手”。在这种隐性合同关系中，雇主愿意给工人支付稳定的并且较高的工资，这种较高的工资不仅是代表了对劳动服务的报酬，而且是对各种冲击下收入变动风险的一种保险，同时也作为雇主根据企业需要解雇工人的交换条件。

---

① M. N. Bailey，“Wages and Unemployment Under Uncertain Demand，” *Review of Economic Studies*，January 1974；David Gordon，“A Neoclassical Theory of Underemployment，” *Economic Inquiry* 12，December 1974；C. Azariadis，“Implicit Contracts and Underemployment Equilibria，” *Journal of Political Economy*，December 1975.

隐性合同理论假定：(1) 就业者宁愿选择有失业风险的高工资而不愿意选择低工资但是稳定的工作。而失业者不愿意通过降低工资标准来获得就业机会，他们宁愿等待高工资就业机会的到来。(2) 雇主和雇员都是风险厌恶者，但是雇主对风险的厌恶程度要低于雇员。因为工人的收入是有限的，他们要每月支付房租和为汽车等大件商品分期付款，所以他们不愿意自己的工资收入经常发生波动。而且，工人虽然希望为经济困难时期保险，但是他们进入保险市场和资本市场的途径是有限的，他们的人力资本不容易被多样化。而雇主通常是富人，他们融资或调节收入的余地很大。

在存在隐性合同的场合，工人得到的工资实际上包含两部分："市场"工资（或平均工资）和保险费。前一部分是工人在任何企业或行业都可以获得的工资收入，后者可以看作是一种失业保险或稳定工作的保险。当实际工资高于市场工资时，工人获得正数的差额，这个差额可以看作是一种失业保险；当实际工资低于市场工资时，工人获得负数的差额，这个差额可以看作是工人为工作稳定支付的保险费。隐性合同模型可以用图 6-2 来表示。

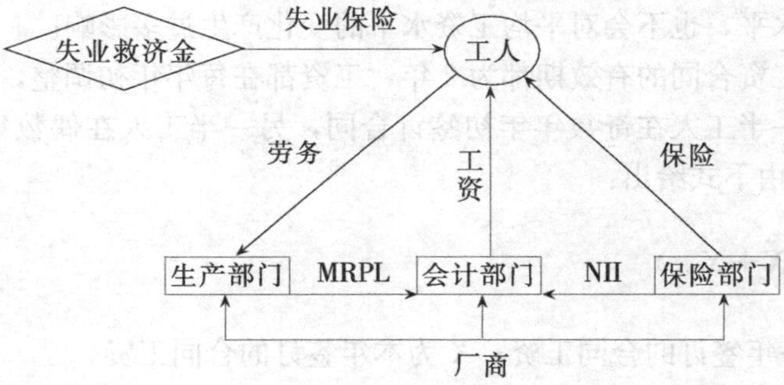

图 6-2　隐性合同模型

在图 6-2 中，企业由三个部门构成：生产部门——它向工人购买劳务，并把每个工人生产的边际收益产品（MRPL）记入这个工人的名下；保险部门——它提供公平的保险政策，并且根据自然状况，把有净保险赔偿（NII）的工人记入贷方，把有净保险费收入的工人记入借方；会计部门——它为每个工人支付工资 w，w=MRPL+NII。

在隐性合同模型中，工人工资不再由劳动的边际收益产品决定，工人工资通常高于劳动的边际收益产品，这种工资决定机制和工资黏性会导致失业。因为当总需求减少时，工资不能迅速下降，对劳动的引致需求会减少，从而引起失业。

四、长期合同理论或交错合同理论

交错合同理论（staggered contract theory）由斯坦利·费希尔（Fischer，1977）和约翰·泰勒（Taylor，1980）等人提出。[①] 这个理论认为，货币工资黏性是由于劳资之

① Fischer, Stanley, "Long-Term Contracts, Rational Expectations and the Optimal Money Supply Rule," *Journal of Political Economy*, February 1977, pp. 191-206; Taylor, John B. "Aggregate Dynamics and Staggered Contracts," *Journal of Political Economy*, Vol. 88 (1), February 1980, pp. 1-23.

间存在长期的劳动合同，这种劳动合同包含长期的工资协议（在美国通常是3年）和生活费用调整条款（cost of living adjustment，COLA）。这种理论把工会看作是劳动市场上的垄断力量，认为工会行动会造成劳动市场不完全。

为什么长期合同会造成货币工资黏性呢？其原因至少有四点。

(1) 由于劳动合同的有效期为若干年，在这若干年内，即便经济形势或劳动市场的供求状况发生了变化，工资标准也没有办法调整。

(2) 合同的谈判和签订是要花费成本（交易费用）的，罢工和毁约对合同双方当事人造成的损失可能会更大。因此，长期劳动合同对雇主和雇员都有利，追求自身利益最大化的厂商和工人都愿意签订为期几年的劳动合同。

(3) 由于存在COLA（美国于20世纪80年代把它并入社会福利制度），货币工资会随着通货膨胀率的变化而进行调整，虽然二者的变化不可能是同步的，但是大大减弱了通货膨胀对实际工资的影响，同时也无法通过实际工资的调整来出清劳动市场。

(4) 劳动合同无论是其谈判还是签订都不是同步的，而是交错进行的。在3年的周期里，每年都有新合同签订，同时也有合同到期。在这种情况下，即便一些企业因合同到期而调整工资水平，也不会对平均工资水平的变化产生过多影响。

假定所有的工资合同的有效期都为2年，工资都在每年年初调整，并且工资合同都是非指数化的。一半工人在奇数年年初签订合同，另一半工人在偶数年年初签订合同。平均货币工资W由下式给出：

$$W=\frac{1}{2}(X+X_{-1}) \tag{6-18}$$

式中，X_{-1}为上一年签订的合同工资；X为本年签订的合同工资。

每一期的合同工资（X）都按下列方式决定：

$$X=\frac{1}{2}(W+W_{+1})-\frac{\omega}{2}[(U-U^*)+(U_{+1}-U^*)] \tag{6-19}$$

式中，U为失业率；U^*为自然失业率；$+1$为下一年；ω为货币工资对失业变化的反应程度。

将式（6-18）代入式（6-19），得到

$$X=\frac{1}{2}\left[\frac{1}{2}(X+X_{-1})+\frac{1}{2}(X+X_{+1})\right]-\frac{\omega}{2}[(U-U^*)+(U_{+1}-U^*)] \tag{6-20}$$

整理式（6-20），得到

$$X=\frac{1}{2}(X_{-1}+X_{+1})-\omega[(U-U^*)+(U_{+1}-U^*)] \tag{6-21}$$

这个式子说明，每一期合同确定的名义工资由下列因素决定：(1) 上一年的合同工资，这说明过去的通货膨胀会影响现期的货币工资。(2) 预期的下一期的合同工资，这说明预期对名义工资决定的影响。(3) 失业率对自然失业率的偏离。(4) 预期的失业率对自然失业率的偏离。这些因素足以说明货币工资是黏性的，货币工资既不能随着劳动的边际收益产品的变化而及时调整，也不能随着劳动市场上供求关系的变化而及时调整。

第三节　黏性价格理论

黏性价格理论试图说明价格黏性的原因以及它何以会造成商品市场不能完全出清。由于在市场经济条件下，厂商的定价方式主要有两种："边际成本定价法"——完全竞争市场上厂商采用的定价方法和"成本加成定价法"——不完全竞争市场上厂商采用的定价方法；而成本主要由货币工资和投入品的价格构成，所以工资黏性和价格黏性是联系在一起的，名义工资黏性往往导致价格黏性。

新凯恩斯主义解释价格黏性的理论主要有：

一、菜单成本论

所谓"菜单成本"（menu cost），是指厂商调整（名义）价格所花费的成本，包括研究与确定新价格、编印价目表、通知销售人员、更换价格标签等所花费的成本，这类成本类似于餐馆打印新菜单所花费的成本，所以称作"菜单成本"。

菜单成本概念最初由谢欣斯基（Sheshinski）和威斯在 1977 年讨论通货膨胀对价格变化的频率的一篇文章[①]中提出。后来一些新凯恩斯主义者如曼昆[②]、阿克洛夫和耶伦[③]等人用菜单成本来解释名义价格黏性以及由此引起的福利损失。

菜单成本论者假定经济中的厂商是垄断竞争厂商，这种类型的厂商有一定的控制产品销售价格的能力；当需求发生变化时，厂商可以调整产量或调整价格，由于调整价格的成本和风险高于调整产量的成本和风险，所以厂商选择调整产量而不调整价格，从而导致价格黏性。

如图 6-3 所示，价格为 P_0 和 P_1 时厂商的利润分别为 $CFAP_0$ 和 $CGBP_1$，价格下降前后的利润变化量分别为 π_0 和 π_1。当需求减少时，厂商是把价格降低到 P_1 还是把价格维持在 P_0，就取决于利润变化量（$\pi_1-\pi_0$）与菜单成本（Z）的对比关系。如果（$\pi_1-\pi_0$）$>Z$，厂商就把价格降低到 P_1；如果（$\pi_1-\pi_0$）$<Z$，厂商则把价格保持在 P_0 不变。

曼昆等一些新凯恩斯主义者认为，小的菜单成本之所以会导致价格黏性，也因为存在着价格调整的外部性：单个厂商降价有利于经济中的其他厂商。当一个厂商降低对其产品索要的价格时，这会使平均价格水平或多或少地下降，从而增加了实际货币余额。实际货币余额的增加引起 LM 曲线向外移动，这会扩大总收入。经济的扩张又会增加对所有厂商产品的需求。这种单个厂商的价格调整对所有其他厂商产品需求的宏观经济影

---

① Sheshinski, Eytan and Weiss, Yoram "Inflation and Costs of Price Adjustment," *Review of Economic Studies* 44 (2), 1977, pp. 287-303.

② Mankiw, N. Gregory, "Small Menu Costs and Large Business Cycles: A Macroeconomic Model of Monopoly," *The Quarterly Journal of Economics* 100 (2), 1985, pp. 529-538.

③ Akerlof, George A. and Yellen, Janet L. "Can Small Deviations from Rationality Make Significant Differences to Economic Equilibria?" *American Economic Review* 75 (4), 1985, pp. 708-720; Akerlof, George A. and Yellen, Janet L. "A Near-rational Model of the Business Cycle, with Wage and Price Intertia," *The Quarterly Journal of Economics* 100 (5), 1985, pp. 823-838.

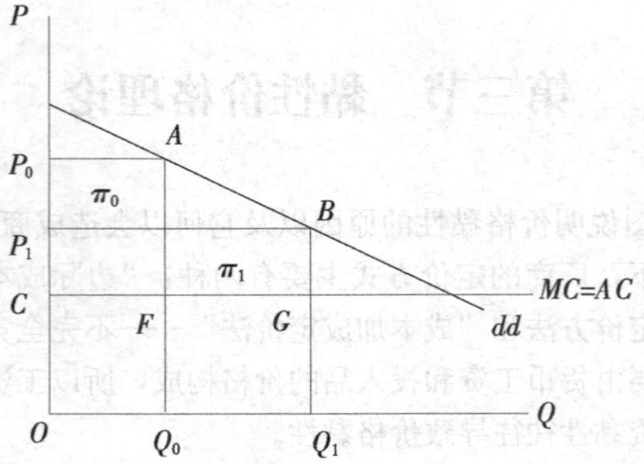

图 6-3　菜单成本与黏性价格

响称作总需求的外部性。正是由于存在这种总需求的外部性，小的菜单成本使价格具有黏性。

菜单成本理论旨在说明，当经济中的总需求发生变化时，厂商做出的反应是不调整价格而只调整数量（调整就业量和产量）——尽管调整价格对整个社会是有利的；如果全体厂商都做出这样的选择，就必然造成就业和产量的周期波动。曼昆因此把“小的菜单成本和大的经济周期”联系在一起。[①]

新凯恩斯主义者认为，以自身利润最大化为目标的厂商在微观层面上的这种定价行为导致了宏观层面上社会福利的巨大损失。例如：当总需求减少时，如果调整产品价格的菜单成本损失大于调价后的利润增加额，垄断竞争厂商则减少产量而维持价格不变。

这样做对厂商来说利润损失是很小的（在数学上被称为二阶小），而对于社会来说福利损失是较大的（在数学上被称为一阶大）。众多的厂商在总需求减少时都维持价格不变而减少产量，这会引发经济衰退，由此在宏观层面上导致的社会福利损失则是巨大的。这被称作“宏观经济的外在性”。

二、长期合同论或交错调整论

这种理论主要由泰勒（Taylor，1980）和卡尔沃（Guillermo Calvo，1983）[②] 提出。在卡尔沃模型中，由于存在交错合同，每一期只有那些合同到期的厂商可以调价或重新定价，其他厂商则无法改变其价格，因此，在任何一期，可以调整其产品价格的厂商在全部厂商中的比例是固定的。在泰勒模型中，厂商调整价格的时期间隔是固定的，例如单个厂商每隔 2 年或 3 年才能调整其价格。这就使得价格不能随着总需求的变化而及时调整。厂商之间签订的长期供货合同可以保证买主按照合同签订时的价格购买到所需要的任何数量的产品，长期合同也允许价格将来可以随着成本的变化进行调整，但是价格

---

① N. Gregory Mankiw and David Romer (eds.), *New Keynesian Economics*, Vol. 1, The MIT Press, 1991, pp. 29-42.

② Calvo, Guillermo A. “Staggered Prices in a Utility-maximizing Framework,” *Journal of Monetary Economics*, Vol. 12, No. 3, September 1983, pp. 383-398.

并不随着对这种产品需求量的变化而进行调整。

这种理论实际上认为企业的定价方式是“成本加成定价法”。在这种定价方式下，产品价格和生产成本之间存在一种稳定的关系：

$$P=C(1+r) \tag{6-22}$$

式中，P 为产品价格；C 为生产这种产品的成本；r 为成本加成的比率（加成率），rC 构成企业的利润。这个加成方程说明，价格随着成本的变化作同方向变化，但是与需求的变化没有关系。只要成本和加成率不变，即便需求发生了变化，价格也不会变化。

这种长期合同的签订和到期不是同步的，而是交错进行的，因此，对于单个厂商来说，它的产品定价和调价是不连续的，它无法根据市场需求的变化来迅速地调整价格；对于全体厂商来说，即便供货合同到期的那部分厂商根据需求变化调整了价格，这种产品的市场价格还是变化缓慢。

一些新凯恩斯主义者认为，企业之间即便不存在公开的长期供货合同，也不会轻易变动价格。因为企业为了建立长期稳定的客户关系，就有动力建立按成本定价的声誉。如果企业由于其他原因而变动价格，客户就会认为他们上当受骗了，原来的主客关系就可能难以维持。如果供货方要证实它调价的合理性，它必须花费大量的时间和精力，这对企业来说交易费用太高。因此，建立长期稳定的主客关系对企业和客户双方都有利。这种长期的主客关系可以看作是一种隐性合同。

可见，这种黏性价格理论是以单个厂商遵循“时间依存规则”来进行调价为基础的，因此，这类黏性价格模型又称做“时间依存模型”（time-dependent models）。

三、信息不完全、风险和不确定性

这种理论假定厂商是寡头垄断型的，厂商做出调价决策会面临“囚徒困境”，价格变动的后果有很大的不确定性。当一个厂商降低其产品价格时，它的销售量从而利润能否增加取决于这个市场上其他厂商和消费者的反应。如果竞争对手跟随它以相同的幅度降价，它的市场份额不会增加；如果竞争对手以更大的幅度降价，它的市场份额和利润将会减少。如果竞争对手不做出反应，它降价的后果也有很大的不确定性。因为厂商降价会使消费者认为这家厂商的产品质量下降了，对这种产品的需求量就会减少；消费者也可能把率先降价的行为看作是今后其他厂商也会降价或价格会进一步下降的信号，从而做出持币待购或推迟购买的决策。

一些新凯恩斯主义者认为，厂商一般倾向于回避风险；当需求变化时，调整产量的风险总是小于调整价格的风险。如上所述，厂商调整价格的后果有很大的不确定性。但是，当一家企业减少产量时，只要不是减少得太多，它的风险只是存货减少到正常水平以下，在这种情况下它下一期扩大生产把存货提高到正常水平就可以解决问题。如果生产成本一直变化不大，那么，减少产量的风险就很小。而且，产量减少导致存货减少的后果以及生产成本的变化是厂商自己可以控制和解决的，价格调整的后果是厂商自己无法控制的，因此产量调整的后果的不确定性要小于价格调整的后果的不确定性。

信息不完全也是造成价格黏性的一个原因。当需求变动时，企业并不清楚需求变动的原因是什么，它往往把这种需求变化看作是一种暂时的变化，因而认为没有调整价格的必要。企业通常是通过观察需求变动的程度和持续性来决定是否调整价格，这就使得价格的变化滞后于需求的变化。

四、弯折的需求曲线

这是斯蒂格勒（George J. Stigler）等人根据保罗·斯威齐（Paul M. Sweezy）的弯折的需求曲线理论[①]来解释价格黏性的一种理论。[②] 这种理论仍然被新凯恩斯主义者用来解释价格黏性。

这种理论假定厂商是寡头垄断厂商。这种厂商面临的是一条向右下方倾斜的并且带有一个弯折的拐点的需求曲线，如图 6-4 所示。P_1 为这个市场上的厂商接受的现行价格水平，与这个价格相对应，需求曲线在 K 点弯折向下倾斜。

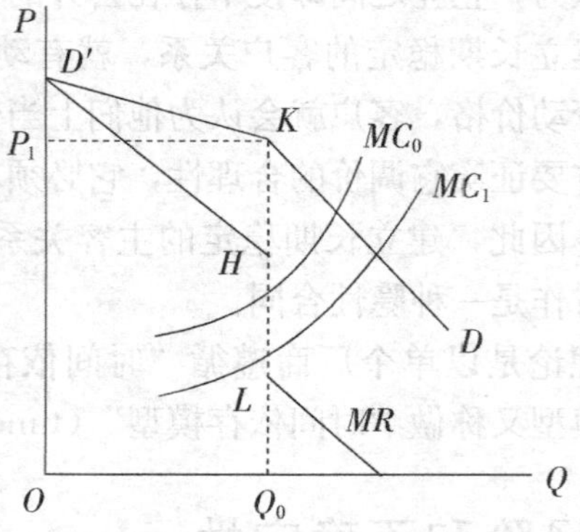

图 6-4　弯折的需求曲线与价格黏性

弯折的需求曲线理论试图说明，寡头市场对单个厂商提价和降价的反应有明显的差异，因而导致企业提价和降价的结果大不相同。(1) 如果一个企业提高价格，它的竞争对手不会跟随提价，顾客将大量购买价格保持不变的产品，提价的那个企业的销售量将因为提价而大量减少，即需求曲线在价格大于 P_1 的范围内有较大的需求价格弹性。(2) 当一个企业降价时，其他企业为了保持其市场份额将被迫跟随降价，因而通过降价所能增加的销售量很少，即需求曲线在小于 P_1 的范围内弹性较小。

由于这两个原因，厂商将倾向于把产品销售价格稳定在某一水平上，如图 6-4 中的 P_1。在这种情况下，厂商的边际成本变动只要不超过一定的范围（如图 6-4 中 MR 曲线的虚线部分），价格就不会变动。

布兰查德和费希尔认为，在不完全竞争市场上，从动态的角度来看，由于调整价格是有成本的，这使得企业在不连续的时间间隔内变动价格。这时企业按照两种不同的规则来调整价格。如果价格调整的成本主要来自收集信息，则企业使用"时间相关价格规则"，在固定的时间间隔内变动价格，可能是最优选择。相反，如果调整价格的成本主

① Paul M. Sweezy, "Demand Under Conditions of Oligopoly," *Journal of Political Economy*, 47 (4), 1939, pp. 568-573.

② George J. Stigler, "The Kinked Oligopoly Demand Curve and Rigid Prices," *Journal of Political Economy*, 55 (5), 1947, pp. 432-447.

要是物质的，例如“菜单成本”，那么，企业使用“状态相关价格规则”，即将价格变动作为状态的函数，可能是最优选择。

时间相关价格规则和状态相关价格规则的区别是：在时间相关规则下，价格是时间的函数，即价格随着时间的变化而调整。例如，在存在长期合同时，工资和价格随着固定的时间间隔加以调整。在状态相关规则下，价格是状态的函数，即价格随着状态的变化而调整。例如，对于大多数目录价格来说，调整的时间长度有很大的随机性，可以认为这类价格调整是状态的函数。

第四节　信贷配给理论

新凯恩斯主义的信贷配给理论试图证明为什么在金融市场上会出现信贷配给以及利率的自动调节并不能出清资本市场。

在宏观经济学中，通常用货币存量和利率这两个变量来描述金融市场，货币政策是通过这两个变量作用于其他宏观经济变量。新凯恩斯主义者认为，仅用这两个变量来刻画金融市场是不够的。因为货币存量是内生的，金融体系在发行经济正常运行所需要的内部货币时是充分灵活的，因此，货币存量对于决定价格水平和产出来说不是一个关键变量。并且，在经济活动中通常会出现这样的问题：货币政策虽然对资本市场上的利率影响很小，但是会对经济产生较大影响，这说明仅用利率不足以说明金融市场在经济体系中的作用。新凯恩斯主义者强调信贷的可得性和资产负债表的状况是投资率的重要决定因素，于是产生了信贷配给理论。

信贷配给理论建立在不完全信息的假设前提上。其基本观点是：资本市场不但是连接储蓄者和投资者的媒介，而且涉及借贷双方由于对投资项目所拥有的信息不对称所产生的许多问题。这些信息问题不仅形成了资本市场结构和债务手段，而且影响货币政策向商品市场传导的方式。

一、信贷配给及其原因

所谓信贷配给（credit rationing），是指金融市场即便处在正常运行的状态，借款者也不能从银行那里借到他想要借的那么多款项。布兰查德和费希尔区分了两种类型的信贷配给：第一种信贷配给发生在借款者不能在现行的利率条件下借到他想要借的那么多。第二种信贷配给发生在在同样的借款者中间，一些人能够借到而另一些人却借不到。①

发生信贷配给的原因在于：

（一）信息不对称和银行厌恶风险

在金融市场上，借款者和贷款者之间存在着信息不对称：借方总是比贷方有更多的关于还款或违约概率的信息；借方比贷方更多地了解投资项目的风险和预期收益；贷方

① ［美］奥利维尔·琼·布兰查德，斯坦利·费希尔．宏观经济学．北京：经济科学出版社，1992：521.

只能在事后确定哪些人违约和借款者有多大的还款能力，银行无法了解贷款的具体用途和具体用法。

无论从利润目标来看，还是从外部竞争来看，或者从银行资产的安全性来看，银行都是一个风险回避者。银行只有通过降低不良资产在总资产中所占的比例，才能使破产机会最小化，才能使自己稳定发展，才能使预期利润最大化。因此，银行并不是把利率高低作为是否贷款和贷款多少的唯一指标，也不论当前的利率是否能够使信贷市场出清。

（二）逆向选择

银行的利率既有正向选择作用，也有逆向选择作用。如果利率提高使得风险较小的投资项目或投资者获得贷款，银行的利润就会增加，这就是正向选择效果。如果利率提高吓跑了低风险的投资者，而提高了高风险投资者的借款比例，银行的利润会因为借款人还款能力低而减少，这就是逆向选择效果。

（三）道德风险

当贷方和借方之间的合同是一个允许破产的债务合同时，贷方提高利率会增加借方进行高风险投资的刺激。这是因为借款人与银行的利润函数不同，借款人的预期利润是投资风险的增函数，高风险往往有高回报；银行（贷款人）的预期利润则是投资风险的减函数，投资风险越大，还款的概率越低，银行收回贷款本息的可能性就越小。如果投资方破产，银行只能获得抵押品，而抵押品的价值总是低于贷款本金。

二、信贷配给模型①

由于存在逆向选择和道德风险，银行贷款的预期利润并不总是与利率的高低同方向变化。如图 6－5 所示，当利率 $r<r^*$ 时，银行预期利润 π 与利率 r 同方向变化；当利率 $r>r^*$ 时，银行预期利润 π 与利率 r 反方向变化。在 r^* 点，银行的预期利润达到最大化，r^* 称作银行内部最优利率或均衡利率。在这个利率下，银行没有增加或减少贷款的刺激。

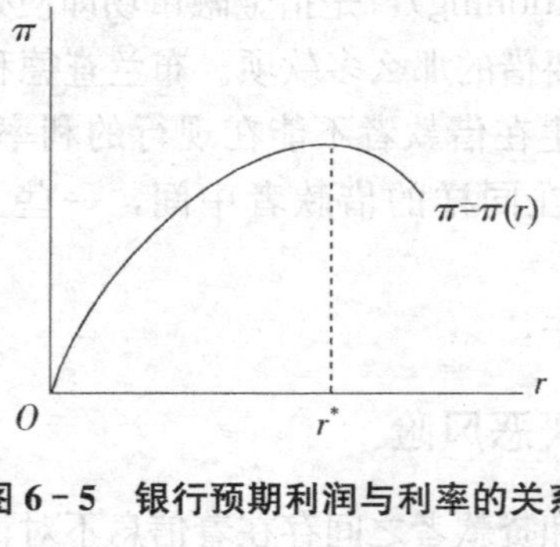

图 6－5　银行预期利润与利率的关系

① Joseph E. Stiglitz and Andrew Weiss, "Credit Rationing in Markets with Imperfect Information," *American Economic Review* 71, June 1981, pp. 393-410.

假定可以根据风险大小、资信度和行为可控制程度等特征变量把借款人（投资者或厂商）划分为 n 组，银行对每组借款人都有一个内部最优利率 r_i^*（$i=1$，2，…，n），$\pi_i(r_i)$ 表示银行向第 i 组借款人索要贷款利率 r_i 时的预期利润，因此，$\pi_i(r_i)$ 也是第 i 组借款人的借款函数。

在图 6-6 中，$\pi_1(r_1)$、$\pi_2(r_2)$ 和 $\pi_3(r_3)$ 分别表示第 1、2、3 组借款人的借款函数。当银行的预期利润为 π^* 时，第 1 组借款人不会获得贷款，因为任何利率水平都不能使他们向银行提供等于 π^* 的利润。对于第 3 组借款人来说，银行利润最大化的最优利率是 r_3^*，但是这一组借款人希望在 r_3 的利率水平上获得贷款，因为 $r_3<r_3^*$。由于贷款有利可图，各家银行为争夺这一组借款人而竞相降低利率，直到 $r=r_3$ 时为止。对于第 2 组借款人来说，只有那些在均衡利率为 r_2^* 时能够提供 π^* 的利润的借款人才能获得贷款，其他借款人则不可能获得贷款。因此，如果以银行预期利润水平 π^* 划一条分界线，第 1 组借款人全部不能得到贷款，第 2 组借款人中有一部分人可以获得贷款，第 3 组借款人都可以获得贷款，这时就出现了信贷配给。如果最优利率不变，银行的预期利润调低到 π^{**}，第 3 组、第 2 组借款人都可以获得贷款，第 1 组借款人中只有在最优利率为 r_1^* 时可以提供 π^{**} 的利润的借款人才能获得贷款。因此，现在信贷配给的“门槛”降低了。

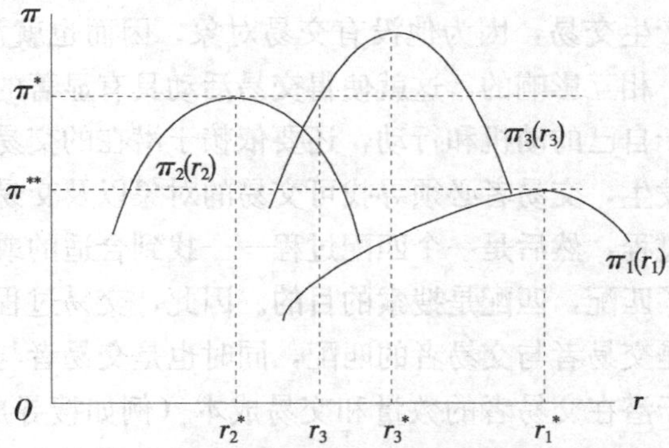

图 6-6　不同利率下的信贷配给

新凯恩斯主义者认为，信贷资金供给增加、贷款的成本降低、银行对借款人的投资风险和违约概率的乐观预期，都会使得银行的预期利润下调。在其他条件不变时，银行预期利润降低会使信贷配给面扩大，更多的借款人可以获得贷款。

在银行预期利润为 π^* 时，第 1 组借款人之所以被排除在信贷市场之外，可能是因为：(1) 银行认为他们的投资项目的风险过高；(2) 他们的资信度较低；(3) 银行认为难以控制他们的投资行为；(4) 银行难以识别他们的还款能力。

因此，在可以识别借款人的特征时，银行将愿意把资金贷放给那些风险小、还款概率大的借款人，在这种情况下，有些借款人即便愿意支付高于金融市场的利率或提供更多的贷款抵押或担保也得不到贷款。这说明，资本市场并不仅仅是在利率的调节下实现均衡，而且是在数量调节下达到均衡。当资本市场存在信贷需求大于信贷供给时，银行往往不是采用提高利率的办法而是采取信贷配给的办法强制使资本市场达到均衡。从宏观经济的层面来看，这时候的资本市场处在非出清状态。

第五节 协调失灵理论

协调失灵（coordination failures）理论是用经济当事人之间的市场协调失灵来解释经济衰退和就业不足均衡的一种理论。新凯恩斯主义者认为，市场机制在协调经济当事人的行为以获得更合意的宏观经济均衡（例如，充分就业）方面是失灵的。其原因是，在一个由众多经济当事人构成的分散经济中，经济当事人的行为是相互依存、相互制约的，虽然每个人都是追求最大化的理性人，但是每个人的市场力量都很小，而且每个人都出于自利动机行事，市场机制无法成功地协调整体的经济行动，宏观经济将会出现多重均衡（multiple equilibria），并可能陷入就业不足均衡。

戴蒙德（Peter A. Diamond）用协调失灵来解释失业现象的存在。[①] 戴蒙德认为，一些经济学家用工资和价格错觉来解释宏观经济中失业的原因，另一些经济学家则用工资和价格调整滞后（包括交错合同）来解释这种失业的原因；实际上，宏观经济中的失业还有第三种原因，这就是在一个人数众多的分散的经济中存在的交易协调困难或交易摩擦（trade frictions）。

戴蒙德认为，经济中的交易活动要能够发生，必须有潜在的交易者和交易机会，孤岛上的鲁宾孙不可能产生交易，因为他没有交易对象，因而也就没有交易机会。并且，交易活动是相互依存、相互影响的，这就使得交易活动具有显著的外部性，经济当事人的交易活动不但取决于自己的动机和行动，还要依赖于潜在的交易者的动机和行动。所以，交易活动要能够发生，交易者必须寻找可交易的对象以及交易机会，这就使得交易活动首先是一个搜索过程，然后是一个匹配过程——找到合适的或满意的交易对象及其交易机会；搜索是为了匹配，匹配是搜索的目的。因此，交易过程实际上是一个搜索匹配过程。这种匹配既是交易者与交易者的匹配，同时也是交易者与交易机会的匹配。而匹配成功的概率依赖于潜在交易者的数量和交易成本（例如搜寻成本）。潜在交易者的数量与匹配成功的概率成正比，而交易成本与匹配成功的概率成反比。

当交易者或交易机会匹配成功时，微观经济和（或）宏观经济就实现了均衡。那么，当均衡实现时，均衡的福利性质如何呢？这种均衡一定是帕累托最优均衡吗？戴蒙德的回答是否定的。戴蒙德把交易活动的搜索匹配过程看成是一个离散的泊松过程。他发现，在搜索匹配过程中，经济的均衡仍然是存在的，但这种均衡不一定是帕累托最优均衡或充分就业均衡。由于存在交易的外部性和交易成本，搜索匹配的均衡通常是多重均衡而不是唯一均衡；在多重均衡状态下，经济可能处在低效率或就业不足的均衡，甚至可能较长时期维持在低水平的均衡状态。

戴蒙德用他的搜索匹配理论解释了劳动市场上的失业现象。他发现，失业者的再就业过程就是一个搜索匹配过程。这个过程分为两步：第一步，失业者在劳动市场上搜寻

---

① Diamond, Peter A. "Mobility Costs, Frictional Unemployment, and Efficiency," *Journal of Political Economy*, The University of Chicago Press, Vol. 89(4), August 1981, pp. 798-812; Diamond, Peter A. "Aggregate Demand Management in Search Equilibrium," *Journal of Political Economy*, The University of Chicago Press, Vol. 90(5), October 1982, pp. 881-894.

空缺的工作岗位（就业机会）；第二步，考虑是否接受这一工作。那么，有了就业机会，失业者是否愿意接受这个工作呢？戴蒙德认为这要取决于劳动者的流动成本和培训成本。“在接受工作的决策上，流动成本和培训成本起着重要的作用。即便工人在所有的工作中都具有相等的生产性，这些成本的存在使得失业者有可能拒绝一些就业机会而等待更有吸引力的工作机会。”① 这就造成了劳动市场上的摩擦性失业。并且，“工人按不同的流动成本获得工作机会的速度取决于其他工人拒绝接受工作机会的决策。这种外部性意味着均衡一般来说不是有效率的。”② 综合起来，由于存在流动成本和培训成本以及外部性，摩擦性失业不可避免；这就使得在市场机制的自动调节下，一方面，存在不少的工作岗位空缺；另一方面，一部分失业者又找不到合适的工作，岗位空缺与失业并存，劳动市场上的匹配是不完全的。因此，劳动市场上的均衡可能不是帕累托有效率的。

戴蒙德在他的《搜索均衡（经济）中的总需求管理》一文（1982年）中认为：“在一个存在交易摩擦的竞争性经济中，自然失业率是多重的。”也就是说，宏观经济均衡状态下的自然失业率不是唯一的。戴蒙德的这个观点与弗里德曼不同，弗里德曼似乎把自然失业率看作是唯一的。由于均衡状态下的自然失业率不是唯一的，所以戴蒙德模型的政策结论是：“在宏观经济遭受大规模的冲击以后，政策的目标之一应当是引导经济走向最优的自然失业率（不一定是最低的自然失业率）。”③

库珀（Russell Cooper）和约翰（Andrew John）从博弈论的角度提出了一个协调失灵模型，用来说明宏观经济的就业不足均衡。④ 他们对这个模型给出的假定是：在经济活动中，经济当事人的行动是相互依存、相互影响的，一部分经济当事人的行动对其他经济当事人的决策的影响并不是微不足道的（外溢效应）；每个经济当事人的决策或最优行动依赖于其他人的行动，也就是说，他（们）会对对手的行动采取策略反应（策略互补）。外溢效应是指在收益分割（payoffs）层面上经济当事人是相互影响的，策略互补（strategic complemenarities）是指在策略层面上经济当事人是相互影响的。这个模型可以用图6-7来说明。

假定经济中有i个当事人，每个当事人的行动或决策都会对其他当事人的产量（或收益）产生影响，因而每个当事人的产量（或收益）都取决于其他当事人的行动。在图6-7中，纵轴Y_i衡量代表性厂商（或第i个当事人）的产量，横轴Y衡量所有其他厂商的（平均）产量；$Y_i^*(Y)$表示代表性厂商对其他厂商的（平均）产量决策做出的最优反应（代表性厂商可能的产量决策），也可以称之为代表性厂商对其他厂商决策的反应函数。如果Y_i^*与Y正相关，即当其他厂商采取行动增加或减少产量Y时，代表性厂商会作出相应的反应，同方向地增加或减少产量Y_i^*，因此，反应函数Y_i^*向右上方倾斜。图中的45°线是厂商之间博弈均衡点的轨迹，表示在45°线上的任何一点，如果其他厂商决定生产的产量为Y，代表性厂商选择的也是生产等量的产量，即$Y_i^*(Y)=Y$，这

①② Diamond, Peter A. “Mobility Costs, Frictional Unemployment, and Efficiency,” *Journal of Political Economy*, University of Chicago Press, Vol. 89 (4), 1981, p. 798.

③ Diamond, Peter A. “Aggregate-Demand Management in Search Equilibrium,” *Journal of Political Economy*, The University of Chicago Press, Vol. 90 (5), 1982, p. 882.

④ Cooper, Russell and Andrew John, “Coordinating Coordination Failures in Keynesian Models,” *Quarterly Journal of Economics* 103 (3), 1988, pp. 441-463.

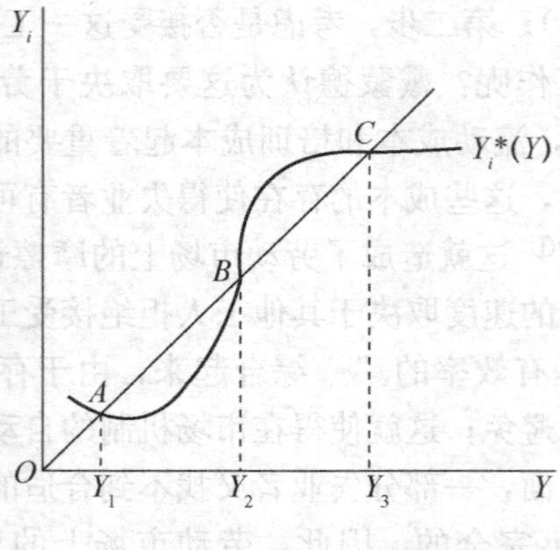

图 6-7　存在多重均衡的协调失灵模型

时的经济就达到对称的纳什均衡（symmetric Nash equilibria，SNE)，厂商既不会增加产量也不会减少产量。在图 6-7 中，单个厂商的反应函数与 45°线有三个交点 A、B、C，这三个交点的产量依次由低到高。这意味着经济可能在不同的产量水平上达到稳态均衡。如果更多的产量会使单个厂商和社会的境况变好，那么 C 点的产量组合就是最优的。也就是说，如果全体厂商之间能够相互协调在 C 点进行生产，资源配置就是最理想的、有效率的或充分就业的。但是，遗憾的是，由于单个厂商的产量决策取决于其他厂商生产多少的决策，这种协调往往是失灵的，厂商可能在低产量水平的均衡状态下进行生产。

图 6-7 说明，当经济陷入低产量水平的均衡状态时（如 A 点)，如果全体厂商能够相互协调，采取某个策略或行动，例如都增加产量，经济就会摆脱低产量水平的均衡状态而移动到对个人和社会都有利的较高产量水平的均衡状态，例如 B 点或 C 点。但是，经济体系并不存在这样做的激励或动力，市场机制无法协调所有的厂商采取这样的行动。结果，经济将会持续地处在一个低效率或非充分就业的均衡状态。

一些新凯恩斯主义者还认为，协调失灵也可能和“太阳黑子均衡”（sunspot equilibria）以及凯恩斯所说的“动物精神”联系在一起。所谓“太阳黑子均衡”是指变量对经济的基本面没有产生任何真实影响的一种均衡。

新凯恩斯主义者还从专业化和不完全信息[①]、预期[②]这些不同的视角分析了市场机制协调失灵的原因。

新凯恩斯主义者认为，协调失灵会导致“自我实现的预言”（self-fulfilling prophecy）。例如，如果代表性厂商认为衰退即将来临而解雇工人，其他厂商将由于代表性厂商的解雇决策而失去一部分需求，因此它们做出的策略反应也是相应地解雇工人，于是衰退真的发生，经济出现就业不足均衡。

协调失灵的政策含义是：财政政策可以减缓经济衰退，即便政府干预不能够完全避免衰退，也能够把经济提升到较高产出水平的均衡位置。

---

① Bryant，J. “A Simple Rational-Expectations Keynes-Type Model，” *Quarterly Journal of Economics*，98，1983，pp. 525-528.

② Woodford，Michael，“Self-Fulfilling Expectations and Fluctuations in Aggregate Demand，” in *New Keynesian Economics*，Vol. 2，1983，pp. 77-110.

第六节　新凯恩斯主义 *AD—AS* 模型

一、新凯恩斯主义总供给曲线

这条曲线的思想是由费希尔[①]、费尔普斯和泰勒[②]提出来的。

据以导出这条曲线的基本假设是：

（1）工资合同不是一期的，至少是两期的，即工资合同至少在两期有效，在 t 期签订的合同确定了（$t+1$）期和（$t+2$）期的名义工资。在每一期，一半的劳动力处在前一期签订的合同中。这说明工资合同的签订在时间上是交错的，不是同期的。

（2）只有在合同到期、重新签订合同时工人和厂商才能对当前的信息做出反应，所以名义工资和价格是非应变性的（黏性的）。

按照费希尔的思路，货币工资确定为两期的，预期的实际工资保持在一个“标准的”水平上不变。把在（$t-i$）期确定的 t 期工资（名义工资的对数）表示为${}_{t-i}W_t$，于是

$$ {}_{t-i}W_t = E_{t-i}p_t \tag{6-23} $$

假定标准工资的对数为 0。当前的名义工资为

$$ W_t = 0.5({}_{t-2}W_t + {}_{t-1}W_t) = 0.5(E_{t-2}p_t + E_{t-1}p_t) \tag{6-24} $$

令产出供给为实际工资的减函数：

$$ y_t = -q(W_t - p_t) + y^* \tag{6-25} $$

由式（6-24）、式（6-25）导出总供给函数：

$$ y_t = 0.5q[(p_t - E_{t-2}p_t) + (p_t - E_{t-1}p_t)] + y^* \tag{6-26} $$

这就是新凯恩斯主义的总供给函数。

为了便于比较，我们再次列出新古典主义宏观经济学中的萨金特-华莱士总供给函数：

$$ y_t = \beta(p_t - E_{t-1}p_t) + y^* \tag{6-27} $$

在萨金特-华莱士总供给函数中，假定：（1）货币工资可以随着预期价格的变化作迅速调整（工资富有弹性）。（2）经济当事人完全不能够从现行的当地价格获得关于价格总水平的有用信息；因而在这种情况下没有任何信号筛选，因此把预期表示为（$t-1$）期的预期。

---

① S. Fischer, “Long Term Contracts, Rational Expectations and the Optimum Money Supply Rule,” *Journal of Political Economy*, 85, 1977, pp. 191-205; S. Fischer, “Long-Term Contracting, Sticky Prices and Monetary Policy—A Comment,” *Journal of Monetary Economics*, 3, 1977, pp. 317-323.

② E. S. Phelps and J. B. Taylor, “The Stabilizing Powers of Monetary Policy under Rational Expectations,” *Journal of Political Economy*, 85, 1977, pp. 163-190.

图 6-8 说明了新凯恩斯主义总供给曲线的推导过程，也比较了新凯恩斯主义总供给曲线（S_{NK}）与新古典主义总供给曲线（S_{NC}）的差别。这两条曲线也分别叫作新凯恩斯主义菲利普斯曲线和新古典主义菲利普斯曲线。

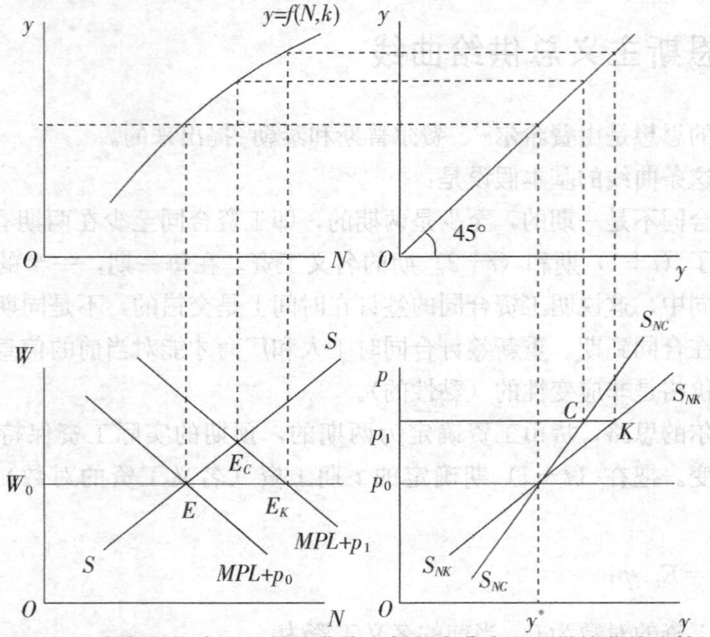

图 6-8　新凯恩斯主义总供给曲线（与新古典主义总供给曲线比较）

在图 6-8 中，左上图为总量生产函数，左下图为劳动市场上的供求函数，其中 MPL 表示劳动的边际产量的对数，$MPL+p$ 为支付给劳动者的工资；右上图为转换曲线，右下图为总供给曲线。最初名义工资和价格水平分别为 W_0 和 p_0，这时的总产出处在自然率（正常）水平 y^* 上。当价格 p 从预期水平 p_0 上升到 p_1，相应的 $MPL+p$ 曲线由 $MPL+p_0$ 上移到 $MPL+p_1$：在新古典主义情况下，名义工资沿着 SS 曲线抬高，劳动市场的均衡点在 E_C，相应的产量由总供给曲线上的 C 点确定；在新凯恩斯主义情况下，货币工资固定在合同水平 W_0 上，劳动市场的均衡点在 E_K 点，相应的产量由总供给曲线的 K 点确定。

由上述论述可以看出，预期价格上升相同的水平，新凯恩斯主义总供给曲线的产出弹性大于新古典主义总供给曲线的弹性。换句话说，稳定政策在前一种情况下的效果大于后一种情况下的效果。

二、新凯恩斯主义的 AD—AS 模型

新凯恩斯主义的 AD—AS 模型可以由下列几个方程构成：

$$y_t=-\alpha(R_t-E_{t-1}p_{t+1}+E_{t-1}p_t)+\mu_f(y_{t-1}-y^*) \quad (6-28)$$

$$y_t=0.5q[(p_t-E_{t-2}p_t)+(p_t-E_{t-1}p_t)]+y^* \quad (6-29)$$

$$m_t=p_t+y_t-cR_t+v_t \quad (6-30)$$

$$m_t=\bar{m}+\mu_m(y_{t-1}-y^*)+u_t \quad (6-31)$$

式中，α，μ_f，μ_m 和 c 为常数，在凯恩斯主义政策规则中，μ_f，μ_m 通常是负数（政府经

济政策“逆经济风向行事”，或经济政策是反周期性的)；u_t，v_t 为随机误差项；R_t 为名义利率。

方程（6-28）是总需求函数，其中 $\mu_f(y_{t-1}-y^*)$ 表示政府在支出或税率上的反周期变化的财政政策的反馈反应。

方程（6-29）是上面所说的新凯恩斯主义的总供给函数。

方程（6-30）是货币需求函数。

方程（6-31）是一个含有反馈反应 $\mu_m(y_{t-1}-y^*)$ 的货币供给规则。

根据穆思的求解方法[①]可以写出：

$$y_t=q(\pi_0 w_t+0.5\pi_1 w_{t-1})+y^* \tag{6-32}$$

模型解的方程可以写作：

$$\bar{m}+q\mu(\pi_0 w_{t-1}+0.5\pi_1 w_{t-2})+w_t=p_t+q(1+c/\alpha)(\pi_0 w_t+0.5\pi_1 w_{t-1})$$
$$-c(E_{t-1}p_{t+1}-E_{t-1}p_t)+(1+c/\alpha)y^* \tag{6-33}$$

这个模型可以用来说明：

(1) 总需求和（或）总供给的变动如何影响宏观经济活动水平。

(2) 在遭受总需求冲击以后经济波动的路径。

(3) 稳定政策是否有效？在什么条件下有效？

现在可以用图 6-9 来对这个模型进行说明。由于存在政策反馈，$\mu\neq0$，我们可以描绘出经济波动的路径。

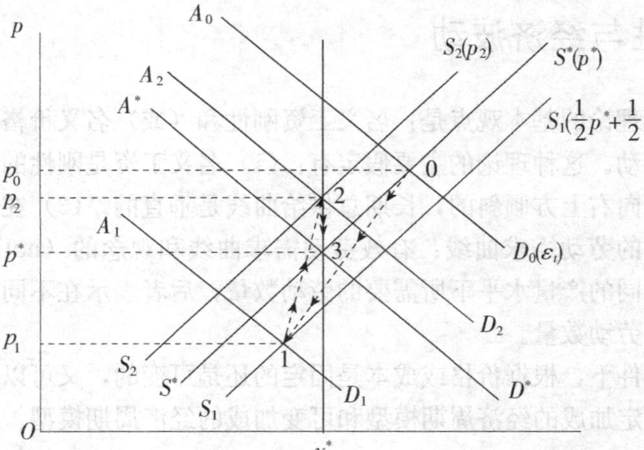

图 6-9 新凯恩斯主义 AD—AS 模型

假设经济的初始位置在 3 这一点，这时产量和价格分别为 y^*、p^*。现在在 $t=0$ 时有一个暂时的总需求冲击（例如政府为了扩大就业而扩张总需求），把 AD 移动到 A_0D_0；总供给曲线的位置（这个位置由 $E_{t-2}p_t=E_{t-1}p_t=p^*$ 给定）不变；经济到达 0 点。在 $t=1$ 期，由于价格上升的幅度过大，为了给过热的经济降温，政府压缩总需求（经济政策对 y_0 负反馈），总需求曲线移动到 A_1D_1。在 $t=0$ 时，由于 $E_0p_1=p_1$（在 0

① ［英］帕特里克·明福德．理性预期宏观经济学．北京：中国大百科全书出版社，1998：29-30，37.

期对 p_1 的预期），一半的工人现在重新谈判了工资，因此总供给曲线移动到 S_1S_1——由于另一半工人的货币工资没有通过谈判进行调整，价格上升使得实际工资下降；实际工资下降引起雇主对劳动的需求量增加，从而使总供给曲线向右下方移动；于是经济到达1点。在 $t=2$ 期，因为政策反馈因回应 y_1 的下降而提高总需求，AD 曲线移动到 A_2D_2；由于在这一期所有的工人都重新谈判了工资，完全预期到 $p_2=E_0p_2$，相应的总供给曲线移动到 S_2S_2；与工资谈判相比，价格方面没有更多的意料之外之处；因此，经济到达 $y_2=y^*$ 的2点。最后在 $t=3$ 期，政策反馈停止，总需求和总供给都回到正常状态，即回到 A^*D^* 与 S^*S^* 的交点3。

在这个模型中，经济波动的路径是“0→1→2→3”，经济波动的总趋势是收敛的。这说明稳定政策是有效的。稳定政策之所以有效，是因为货币工资调整落后于总需求和价格总水平的变化（即货币工资是黏性的），并且货币工资调整是交错进行的，不是同步发生的。

第七节　经济周期理论

新凯恩斯主义者认为，经济波动的根源既可能来自供给一方，也可能来自需求一方。供给冲击或需求冲击之所以演化为经济波动，是因为经济中存在着刚性和不完全性，这些刚性和不完全性会放大冲击的效果，从而导致就业和实际产出发生大的波动。

一、名义刚性与经济波动

这种经济周期理论的基本观点是：名义工资刚性和（或）名义价格刚性加上总需求冲击会导致经济波动。这种理论的主要假定有：(1) 名义工资是刚性的。(2) 短期总供给曲线是水平的或向右上方倾斜的，长期总供给曲线是垂直的。(3) 在劳动市场上，厂商面临着两条不同的劳动需求曲线：有效劳动需求曲线和观念的（notional）劳动需求曲线，前者表示不同的产量水平下所需要的劳动数量，后者表示在不同的实际工资水平下厂商愿意雇用的劳动数量。

在上述假定条件下，根据价格或成本是固定的还是可变的，又可以进一步把这种经济周期理论分为固定加成的经济周期模型和可变加成的经济周期模型。

（一）固定加成的经济周期模型

这种理论假定，货币工资和初级产品的价格都是固定的，因而厂商按照加成定价法来确定的产品价格也是固定的，实际工资因此也是固定的；在既定的价格总水平下的短期总供给曲线是水平的。

在图6-10中，图（a）表示总供给曲线，SAS 是一条完全有弹性的短期总供给曲线，LAS 是一条完全无弹性的长期总供给曲线；图（b）中的45°线是一条转换曲线；图（c）表示有效劳动需求曲线；图（d）表示劳动市场行为。D_L 为观念劳动需求曲线，NKL_1 为有效劳动需求曲线，S_L 为劳动供给曲线。如果冲击来自货币供应量的下降，图（a）中的总需求曲线将从 AD_0 下移到 AD_1。假定最初的货币工资固定为 W_0。如果菜单成本和实际刚性的共同作用使经济中的价格总水平固定在 P_0 水平上，那么，总需求下降使得经济的短期均衡点由 E_0 移动到 E_1（见图（a）），相应的产量由 y_0 下降到 y_1（见图（c）），产量下降引起对劳动的有效需求由 L_0 下降到 L_1（见图（d））。由于实际工资为 $\left(\frac{W_0}{P_0}\right)$，企业对劳动的需求偏离了观念劳动需求曲线 D_L，而位于有效劳动需求曲线 NKL_1 上。这时经济中的非自愿失业量为（L_0-L_1），相应的奥肯差距为 y_0-y_1。

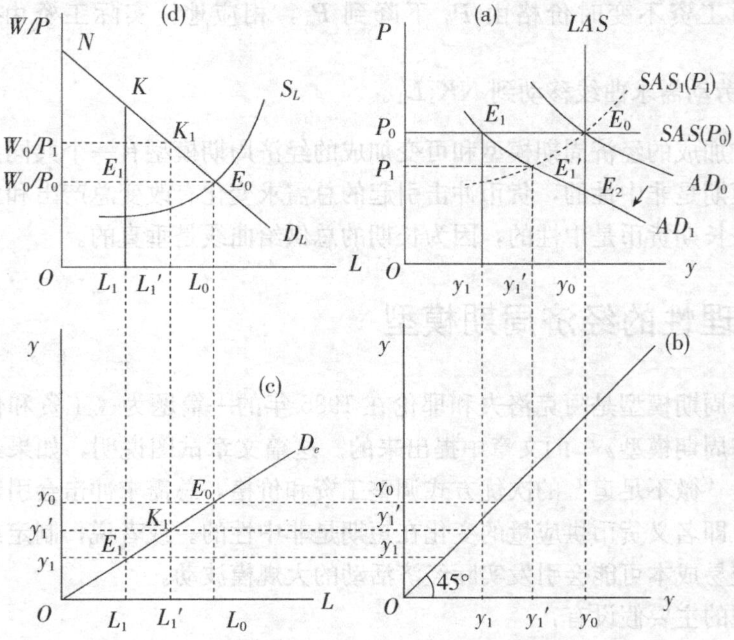

图 6-10　总需求冲击与经济波动：固定加成与可变加成

非自愿失业和经济衰退的存在造成价格和工资下降的压力。随着价格和工资的下降，经济将从 E_1 点移动到 E_2 点，产量和就业量将分别恢复到 y_0 和 L_0。但是新凯恩斯主义者认为，经济自行由 E_1 点移动到 E_2 点的过程可能是漫长的，且代价高昂。因此，新凯恩斯主义者和凯恩斯主义者一样，都主张政府积极干预，通过扩张总需求使总需求曲线移回到 E_0 点。

为什么经济自动恢复到充分就业水平的过程是漫长的？新凯恩斯主义的回答是“协调失灵”，即便降价最终对所有的企业都有利，企业也可能不降价。曼昆、鲍尔和大卫·罗默等一些新凯恩斯主义者认为，之所以存在协调失灵，是因为市场是寡头垄断型的。在这种市场上，企业之间处于“猜想中的相互依赖”，企业行为或决策是相互影响、相互依存的，如果其他企业都不采取行动，任何单个企业降低价格将会使它失去更多的市场份额而不是得到更多的市场份额，这就使得单个企业没有降低价格、增加产量的刺激。因此，在一个分散化的经济中，经济当事人无法成功地协调他们的行动。

（二）可变加成的经济周期模型

另一些新凯恩斯主义者认为，即便在短期内货币工资是刚性的，产品价格也不是完全固定的。如果初级商品市场上的价格随着总需求的下降而降低，根据加成定价法确定的最终产品的价格也会随着需求的变化而变化。因此，短期总供给曲线不是水平的，而是一条向右上方倾斜的曲线（图 6-10 中的 SAS_1）。

当货币冲击使总需求曲线由 AD_0 下移到 AD_1 时，新的均衡点是 E_1'，相应的总产量和总就业量分别为 y_1' 和 L_1'。与固定加成的情况相比，现在的产量和就业量都比较高，或者说，现在的奥肯差距和非自愿失业人数比较小。

由于货币工资不变时价格由 P_0 下降到 P_1，相应地，实际工资由 $\left(\frac{W_0}{P_0}\right)$ 上升到 $\left(\frac{W_0}{P_1}\right)$，有效劳动需求曲线移动到 NK_1L_1'。

上述固定加成的经济周期模型和可变加成的经济周期模型有一个共同点，即都认为货币冲击在短期是非中性的，货币冲击引起的总需求变化有改变总产出和就业量的实际效果；尽管在长期货币是中性的，因为长期的总供给曲线是垂直的。

二、近似理性的经济周期模型

这个经济周期模型是阿克洛夫和耶伦在 1985 年的一篇题为《工资和价格惰性的近似理性的经济周期模型》[①] 的文章中提出来的。这篇文章试图说明，如果经济当事人采用他们认为是“微不足道”的次优方式调整工资和价格，总需求冲击会引起产出和就业的重大变化，即名义货币供应量的变化在短期是非中性的。或者说，制定或变动价格决策的很小的交易成本可能会引发实际经济活动的大规模波动。

这个模型的主要假设有：

（1）经济当事人的行为是近似理性的。所谓近似理性行为是指经济当事人面对需求的变化缓慢地调整工资和价格。近似理性行为是一种非最大化行为，在这种行为方式下，来自最大化而不是非最大化的收益通常很小，或者说，与最大化（最优）行为相比，采用非最大化行为的损失很小，这里的“很小”定义为从长期、最大化均衡来看，近似理性行为给经济当事人造成的损失是二阶的。因此，近似理性行为是一种次优行为。但是，近似理性行为在实际经济活动中造成的变化是一阶的，即货币供应量变化可以引起就业和产出的一阶变化。

（2）经济是不完全竞争（垄断竞争）型的。

（3）价格和工资是惰性（inertia）的，即价格和工资不能随着需求的变化及时做出相应调整。

（4）厂商的目标函数（即利润函数）是可微（分）的。因为厂商的利润是其产品价格或工资的函数，在不完全竞争市场上，价格和工资是惰性或刚性的。

（5）效率工资假说。根据这个假说，削减实际工资会损害生产率。由于这个原因，厂商按照最小化每个效率单位的劳动成本而不是每个工人的劳动成本来确定工资水平。使得每个效率单位的劳动成本最小化的工资称作效率工资。厂商雇用劳动直到这样一点，在这一点，厂商的边际收益产品等于已经确定的实际工资。

---

① George A. Akerlof and Janet L. Yellen，“A Near-rational Model of the Bussiness Cycle，with Wage and Price Intertia，” *Quarterly Journal of Economics*，100 supplement，1985.

（一）基本模型

假定垄断竞争经济中有固定数量的完全相同的厂商。在初始均衡状态下，如果假定每个厂商改变其价格不会影响竞争对手索要的价格或平均价格水平，厂商将按照利润最大化原则来确定其价格和工资。再假定经济中存在两种不同类型的厂商，一类厂商在短期内凭借经验来确定价格和工资，这类厂商在所有厂商中所占的比例为 β。由于这类厂商是非最大化的厂商，所以与这类厂商有关的变量都标上上标 n。其余的 $(1-\beta)$ 厂商既是短期最大化者，也是长期最大化者，它们按照利润最大化原则来确定其价格和工资。与这类厂商有关的变量都标上上标 m。

令每个厂商面临的需求曲线为

$$X=(p/\bar{p})^{-\eta}(M/\bar{p}),\ \eta>1 \tag{6-34}$$

式中，X 为厂商的产出；p 为厂商产出的价格；$\bar{p}$ 为平均价格水平；M 为每个厂商的货币供应量。假定参数 $\eta>1$，以便每个厂商的收益随着它自己的产品价格下降而递增。平均价格是所有厂商索要的价格的几何平均数。在长期均衡状态下，所有的厂商都索要相同的价格，$p=\bar{p}$，因此，需求方程式（6-34）和货币数量论是一致的：

$$\bar{p}X=M \tag{6-35}$$

厂商根据下列生产函数进行生产：

$$X=(eN)^{\alpha},\ 0<\alpha<1 \tag{6-36}$$

式中，e 为被雇用的劳动者的平均努力程度；N 为被雇用的劳动者的数量。

假设努力程度 e 决定于实际工资 ω，即存在函数 $e=e(\omega)$。再假设在 ω 较高时函数 e 对 ω 的弹性小于 1，在 ω 较低时 e 对 ω 的弹性大于 1。下面是这种函数的一个简化形式：

$$e(\omega)=-a+b\omega^{\gamma},\ 0<\gamma<1,\ a>0,\ b>0 \tag{6-37}$$

在绝大多数效率工资理论中，实际上 e 不但决定于 ω，而且决定于失业率和其他企业支付的工资。在这些模型中，e 取决于失业率起着十分重要的作用：通过这种依从性，劳动供给增加引起更多的工人在均衡状态下被雇用。如果不存在其他的连锁反应，劳动供给增加引起失业率上升。这种失业率上升引起 e 上升，这反过来引起企业对劳动的需求上升。但是在阿克洛夫和耶伦提出的模型中，只把 e 看作是 ω 的函数，而不考虑失业和其他企业支付的工资对 e 的影响。

（二）长期均衡

由生产函数和需求函数可以求出利润函数，利润是收益（价格乘以销售的产量）减去要素成本（货币工资乘以被雇用的劳动）后的余额。因而，每个企业的利润是

$$\Pi=p(p/\bar{p})^{-\eta}(M/\bar{p})-(p/\bar{p})^{-\eta/\alpha}(M/\bar{p})^{1/\alpha}\omega(e(\omega))^{-1}\bar{p} \tag{6-38}$$

在长期均衡状态下，每个厂商选择自己产出的价格和付给它雇用的工人的工资，以便使得利润最大化（假设对劳动的需求小于劳动的供给），按照这个假定，平均价格水平 $\bar{p}$ 不受最大化决策的影响。

为了方便起见，令初始阶段的价格水平为 p_0；这是利润最大化厂商的价格和非利润最大化厂商的价格的平均水平。初始货币供应量为 $\overline{M}_0$，利润最大化的一阶条件和 $p=\overline{p}$ 的条件产生了一个均衡价格：

$$p_0=k\overline{M}_0\text{，其中 }k=\left(\frac{\eta\omega^*}{\alpha(\eta-1)e(\omega^*)}\right)^{\alpha/(1-\alpha)} \tag{6-39}$$

这里选定实际工资 ω 在最优水平 ω^* 上，其中努力程度对实际工资的弹性等于1。这表示这样的条件：厂商选择的实际工资使一劳动效率单位的单位成本最小化。

当厂商选择实际工资为 ω^* 时，对劳动的需求是

$$N_0=k^{-1/\alpha}/e(\omega^*) \tag{6-40}$$

假定每个厂商的劳动总供给超过对劳动的总需求。在这种情况下，经济中存在着失业，厂商能够按照它愿意支付的实际工资 ω^* 获得它想要的全部劳动。

这种初始（长期）均衡的特征为理解下面的问题奠定了基础：当一些厂商在短期是非最大化者时，如果货币供应量变化，就业将变化多少？它也可以用来计算非最大化厂商如果根据最大化原则来确定工资和价格，它的真实利润和其预期利润之间的差距。

（三）短期均衡

假定货币供应量的增长率为 ε，因此 $M=M_0(1+\varepsilon)$。假定在短期也存在非利润最大化和利润最大化两类厂商，与它们有关的变量分别用上标 n 和 m 表示。货币供应量增加诱导非利润最大化的厂商雇用更多的劳动，究竟多雇用多少劳动取决于产出的相对价格的下降、总的实际余额的增加和按照生产函数生产产量所需要的劳动数量。

在短期均衡中，关键的内生变量由式（6-41）到式（6-49）决定：

$$p^n=p_0 \tag{6-41}$$

显然，这是来自 $p_n=p_0$ 的假定。

$$\omega^m=\omega^* \tag{6-42}$$

设利润函数式（6-38）对 ω 的微分等于0，由此得出这样的最优条件：努力程度对实际工资 ω^m 的弹性等于1。因此，在均衡状态下，ω^m 是不变的，它等于其长期 ω^* 的数值。

$$p^m=p_0(1+\varepsilon)^\theta \tag{6-43}$$

其中，

$$\theta=\frac{(1-\alpha)/\alpha}{\beta(\eta/\alpha-\eta+1)+(1-\beta)(1-\alpha)/\alpha}\leqslant 1$$

设利润函数对 p^m 的微分等于0，且 $\omega=\omega^*$，得到作为 $\overline{p}$ 和 M 的函数的最优价格 p^m。由于 $\overline{p}$ 是各类价格的几何平均数，所以 $\overline{p}=(p^n)^\beta(p^m)^{1-\beta}$，并且设 $p^n=p_0$ 和 $M=M_0(1+\varepsilon)$，得到 $p^m=p_0(1+\varepsilon)^\theta$。

$$\overline{p}=p_0(1+\varepsilon)^{(1-\beta)\theta} \tag{6-44}$$

这个结果可以直接从 $\overline{p}=(p^n)^\beta(p^m)^{1-\beta}$ 和 $p^n=p_0$，$p^m=p_0(1+\varepsilon)^\theta$ 的数值中得到。

$$\omega^n = \omega^* (1+\varepsilon)^{-(1-\beta)\theta} \tag{6-45}$$

非最大化厂商支付的货币工资在其初始数值 w_0 上不变。相应的实际工资是 $w_0/\bar{p}$，它可以被重写为产品（w_0/p_0）（$p_0/\bar{p}$）。这个产品的第一项是 ω^*，第二项是 $(1+\varepsilon)^{-(1-\beta)\theta}$。

（四）计算 p^n，ω^m，p^m，$\bar{p}$ 和 ω^n

首先看非最大化厂商。它们在短期均衡时的真实利润 Π^n 由利润函数式（6-38）和 $p^n = p_0$，$\bar{p} = p_0(1+\varepsilon)^{(1-\beta)\theta}$，$\omega^n = \omega^*(1+\varepsilon)^{-(1-\beta)\theta}$ 以及 $M = \bar{M}_0(1+\varepsilon)$ 的数值给出。假定这些厂商的行为取决于它们最大化的预期利润与真实利润之间的差额。根据 $\bar{p}$ 是常数的假定，非最大化厂商索要的最优价格正好等于最大化厂商所索要的价格，后者索要的价格 $p^m = p_0(1+\varepsilon)^{\theta}$。因此，非最大化厂商的最大化的预期利润等于典型的最大化厂商所赚得的真实利润 Π^m。可以通过把 $p^m = p^m(\varepsilon) = p_0(1+\varepsilon)^{\theta}$，$\bar{p} = p_0(1+\varepsilon)^{(1-\beta)\theta}$，$\omega^m = \omega^*$ 以及 $M = \bar{M}_0(1+\varepsilon)$ 代入利润函数式（6-38）得到 Π^m。于是，Π^n 和 Π^m 可以分别写作 ε 的函数：

$$\Pi^n = (P_0)^{1-\eta} f(\varepsilon) - (p_0)^{-\eta/\alpha} g(\varepsilon) h(\varepsilon) \omega^* [e(h(\varepsilon)\omega^*)]^{-1} \tag{6-46}$$

$$\Pi^m = (p^m(\varepsilon))^{1-\eta} f(\varepsilon) - (p^m(\varepsilon))^{-\eta/\alpha} g(\varepsilon) \omega^* (e(\omega^*))^{-1} \tag{6-47}$$

$f(\varepsilon)$ 和 $g(\varepsilon)$ 的具体函数形式不重要，关键是它们在 Π^n 和 Π^m 函数中的作用是类似的。通过分别把 $\bar{p} = p_0(1+\varepsilon)^{(1-\beta)\theta}$ 和 $M = \bar{M}_0(1+\varepsilon)$ 代入利润函数式（6-38），它们可以计算出来。类似地，由于 $\omega^n = \omega^*(1+\varepsilon)^{-(1-\beta)\theta}$，$h(\varepsilon) = (1+\varepsilon)^{-(1-\beta)\theta}$，$h(\varepsilon)$ 具有 $h(0)=1$ 的特性。

Π^n 和 Π^m 没有很大差别。式（6-46）和式（6-47）中的第一项和第二项分别有共同的因子 $f(\varepsilon)$ 和 $g(\varepsilon)$。Π^m 对 p^m 的微分等于 0；当 $\omega = \omega^*$ 时，Π^m 对 ω 的微分等于 0。

Π^m 与 Π^n 之差对 ε 的微分可以划分为 4 项，每一项对应于式（6-48）中的一组大括号：

$$\begin{aligned}
\frac{\mathrm{d}(\Pi^m - \Pi^n)}{\mathrm{d}\varepsilon} = & \{(1-\eta)(p^m(\varepsilon))^{-\eta} f(\varepsilon) + (\eta/\alpha)(p^m(\varepsilon))^{-\eta/\alpha-1} g(\varepsilon)\omega^*(e(\omega^*))^{-1}\} \frac{\mathrm{d}p^m}{\mathrm{d}\varepsilon} \\
& + \{\omega^*[e(h(\varepsilon)\omega^*)]^{-1} - h(\varepsilon)\omega^{*2} e'(h(\varepsilon)\omega^*) \times [e(h(\varepsilon)\omega^*)]^{-2}\} \\
& \frac{\mathrm{d}h}{\mathrm{d}\varepsilon}(p_0)^{-\eta/\beta} g(\varepsilon) + \{(p^m(\varepsilon))^{1-\eta} f'(\varepsilon) - p^m(\varepsilon)^{-\eta/\alpha}\omega^*[e(\omega^*)]^{-1} g'(\varepsilon)\} \\
& - \{(p_0)^{1-\eta} f'(\varepsilon) - (p_0)^{-\eta/\alpha} h(\varepsilon)\omega^*[e(h(\varepsilon)\omega^*)]^{-1} g'(\varepsilon)\}
\end{aligned} \tag{6-48}$$

在式（6-48）中，第一个大括号的值等于 0，因为利润函数 Π^m 最大化的一阶条件（即 Π^m 对 p^m 的微分）等于 0；第二个大括号中的项目当 $\varepsilon=0$ 时趋于无穷小，由于 $h(0)=1$，并且为了使利润最大化，厂商必须选择 ω^*。这就使得 $\omega^* e'(\omega^*)\ [e(\omega^*)]^{-1} = 1$。当 $\varepsilon=0$ 时，第三个和第四个大括号的值相互抵消，因为 $p^m(0)=p^0$ 并且 $h(0)=1$。这些项目反映了 ε 对 Π^m 与 Π^n 的共同效果。既然这四个大括号中的项目当 $\varepsilon=0$ 时要么趋于 0，要么相互抵消，因而有：

$$\left.\frac{\mathrm{d}(\Pi^m - \Pi^n)}{\mathrm{d}\varepsilon}\right|_{\varepsilon=0} = 0 \tag{6-49}$$

式（6-49）的含义是：当 $\varepsilon=0$ 时，两类厂商的利润之差（$\Pi^m - \Pi^n$）对货币供应量的变化率的弹性等于 0。阿克洛夫和耶伦认为，这是他们这篇论文的一个关键结果。它说明，在这个模型里，如果不按照最大化原则进行决策，非最大化厂商的损失（就最大化的可能的利润对 ε 的导数来说）是二阶的。

（五）就业

总就业量对货币供应量的变化的弹性不等于 0。当 $\varepsilon=0$ 时，这个弹性可以按照式（6－50）来计算：

$$\frac{\mathrm{d}(N/N_0)}{\mathrm{d}\varepsilon}=(1/\alpha)(1-(1-\beta)\theta)+\beta(1-\beta)\theta \tag{6-50}$$

由式（6－50）可以得出两点认识：第一，由于 $\theta<1$，货币供应量增加引起就业量增加。这说明货币是非中性的。第二，由于当 $\beta=0$ 时 $\theta=1$，就业量对货币供应量的变化的弹性随着非最大化厂商的比例接近于 0 而趋于无穷小。由此也不难得出如下的推论：随着 β 接近于 0，这个模型就接近于货币中性模型。这也说明，货币中性论实际上假定经济中的厂商都按照最大化原则行事。

（六）结论

阿克洛夫和耶伦通过设定工资—努力程度函数中的参数 a、b 和 γ 分别为 1、2 和 0.5（以便 $\omega^*[e(\omega^*)]^{-1}=1$），并给定产出对劳动投入的弹性 α、每个厂商面临的需求弹性 η 和非最大化厂商在全部厂商中所占的比例 β 以不同的数值，然后对他们的模型进行了模拟，模拟的主要结果是：（1）当就业率变化 5%时，除了 $\eta=100$、$\alpha=0.75$ 和 $\beta=0.25$ 时非最大化厂商的利润损失为 1.304%以外，其余情况下的利润损失都小于 1%。（2）当就业率变化 10%时，非最大化厂商的利润损失在大多数情况下仍小于 1%，在少数情况下大于 1%，只在一种情况下（当 $\eta=100$、$\alpha=0.75$ 和 $\beta=0.25$ 时）达到 5.05%。这两个结果均说明，就业率的变化远大于非最大化厂商利润损失的比率。

根据以上分析，阿克洛夫和耶伦得出的结论是：在他们提供的这个模型里，总需求的变化会引起均衡产出的大幅度变化，短期内的货币是非中性的。因此，在一个不完全竞争的经济中，短期的经济波动是不可避免的。值得注意的是，阿克洛夫和耶伦的这个模型满足卢卡斯的“不存在 500 美元躺在路上无人捡”的理性预期标准。追求利润最大化的厂商总是会利用一切盈利机会，而不追求利润最大化的厂商通过改变它们的行为充其量只能获得很小的收益，这就造成了价格和工资刚性或惰性。

阿克洛夫和耶伦还认为，他们的这个模型也适用于非自愿失业的情况。因为这里的工资是根据效率工资标准确定的，这个工资水平高于市场出清的工资水平，因此造成非自愿失业的持续存在。

第八节　经济政策思想

新凯恩斯主义和新古典主义在宏观经济政策上的争论差不多是凯恩斯主义和古典学派在这个问题上争论的重演。这种政策争论主要围绕两个基本问题展开：第一，财政政策和货币政策在稳定经济中是起积极作用还是起消极作用？或者说，宏观经济政策是有效还是无效的？第二，在经济形势发生变化时，决策者是积极行动还是遵循一种固定的规则？第一个问题涉及经济政策的效果，第二个问题涉及政府对经济遭受冲击以后的反应方式的问题。总体上说，新凯恩斯主义在这两个问题上都持“积极”的观点。

一、财政政策效果

1988 年曼昆发表《不完全竞争和凯恩斯主义交叉》① 一文。他在这篇文章中试图为凯恩斯主义的收入决定论的基础理论，即“凯恩斯主义交叉”（Keynesian cross），提供一个微观经济学基础。他根据瓦尔拉斯均衡模型加上商品市场不完全竞争的假定推导出财政政策具有乘数效应。

（一）对经济的描述

1. 消费者

假定所有的消费者都是同质的。代表性的消费者最大化包含有单一产品消费（C）和闲暇（L）的科布-道格拉斯效用函数：

$$U=\alpha\log C+(1-\alpha)\log L \tag{6-51}$$

假定闲暇是不变尺度。如果 ω 是时间禀赋，那么 $\omega-L$ 就是劳动收入。总的税后收入（可支配收入）是（$\omega-L$）$+\Pi-T$，其中Π是利润，T 是政府征收的一次总付的税收。因此个人的预算约束是：

$$PC=(\omega-L)+\Pi-T,\ PC+L=\omega+\Pi-T \tag{6-52}$$

式中，P 为消费品的价格。

科布-道格拉斯效用函数意味着，在全部收入中有一个不变的份额 α 用于消费。即

$$PC=\alpha(\omega+\Pi-T) \tag{6-53}$$

式（6-53）是消费函数，α 是边际消费倾向。

2. 政府

政府筹措来的收入（T）用于两个目的：G 被用来购买产品，W 被用来雇用政府工作人员。政府预算约束要求政府支出等于政府收入。即，

$$T=G+W \tag{6-54}$$

在产品上的总支出是

$$Y=PC+G \tag{6-55}$$

把式（6-53）代入式（6-55），得到

$$Y=\alpha(\omega+\Pi-T)+G \tag{6-56}$$

因此，支出（Y）与利润和政府购买同方向变动，与税收反方向变动。

---

① N. Gregory Mankiw, “Imperfect Competition and the Keynesian Cross,” *Economics Letters*, 26, 1988, pp. 7-14.

3. 厂商

假定存在生产单一产品的 N 个厂商。由这些厂商组成的产业把经济中的支出看作是一定的。也就是说，产业需求函数是单一弹性的：

$$Q=Y/P \tag{6-57}$$

式中，Q 为总产出。

N 个厂商拥有同样的规模报酬递增的技术。这种技术要求有 F 个单位的管理费。在工厂建立起来以后，1 单位产出需要 c 单位劳动，因而每个厂商的成本函数是

$$TC(q)=F+cq \tag{6-58}$$

式中，成本按照闲暇这个不变尺度来衡量，q 为单个厂商的产出；c 为边际成本。

这 N 个厂商进行某种程度上的寡头博弈。这种博弈决定利润幅度

$$\mu=(P-c)/P \tag{6-59}$$

例如，如果厂商是古诺模型中的寡头（双寡头），那么 $\mu=1/N$。更一般地，寡头之间的猜想变化的均衡位置位于完全竞争（$\mu=0$）和完全勾结（$\mu\to 1$）之间；在每一种情况下，μ 仅仅由 N 和猜想变化决定。因此，对于 N 的任何数值来说，利润幅度 μ 都可以看作是一定的。

产出与支出之间存在下列关系：

$$Q=[(1-\mu)/c]Y \tag{6-60}$$

当 μ 和 c 一定时，在产品上的支出与产出是成比例的。在支出 Y 或产出 Q 中不包括政府工作人员 W；因此，这些衡量方法类似于衡量行业产量而不同于衡量 GNP。

总利润等于收益减去成本：

$$\Pi=PQ-NF-cQ \tag{6-61}$$

利用式（6-57）和式（6-59），总利润可以用支出 Y 和利润幅度 μ 来表示：

$$\Pi=\mu Y-NF \tag{6-62}$$

这说明总支出越大，总利润越高。

4. 劳动市场

以上讨论集中于商品市场。瓦尔拉斯定律保证，如果上述关系得到满足，劳动市场是出清的。是不是这样的呢？让我们首先来看劳动供给。劳动供给是时间禀赋减去对闲暇的需求：

$$\begin{aligned}\text{劳动供给}&=\omega-(1-\alpha)(\omega+\Pi-T)\\&=\alpha\omega-(1-\alpha)(\Pi-T)\end{aligned} \tag{6-63}$$

劳动需求是厂商对劳动的需求（$NF+cQ$）和政府对劳动的需求（W）之和。因此，

$$\begin{aligned}\text{劳动需求}&=(NF+cQ)+W\\&=(Y-\Pi)+(T-G)\\&=(\alpha(\omega+\Pi-T)+G-\Pi)+(T-G)\\&=\alpha\omega-(1-\alpha)(\Pi-T)\end{aligned} \tag{6-64}$$

由式（6－63）和式（6－64）可以看出，商品市场均衡（含政府预算约束）也意味着劳动市场上供求均衡。

在以上14个方程式中，关键的是式（6－56）和式（6－62）。这两个方程式说明，支出由利润和财政政策变量决定，虽然利润又由支出决定。

（二）财政政策及其相应乘数

这里主要考察财政政策的作用。由于是短期分析，所以可以把 N 个厂商的数量和利润幅度 μ 看作是固定不变的。

1. 平衡预算乘数

首先考察政府购买 G 和税收 T 按照相同的数量增加。由式（6－56）和式（6－62）得到：

$$\left.\frac{\mathrm{d}Y}{\mathrm{d}G}\right|_{\mathrm{d}T=\mathrm{d}G}=\frac{1-\alpha}{1-\alpha\mu} \tag{6-65}$$

这说明，平衡预算乘数由边际消费倾向 α 和利润幅度 μ 决定。在完全竞争（$\mu=0$）条件下，平衡预算乘数为 $1-\alpha$。在少数情况下，由于边际单位产品的收益完全转化为利润（$\mu=1$），平衡预算乘数等于1。

2. 税收乘数

现在假定税收增加为 T，政府购买水平 G 保持不变。政府预算约束式（6－54）意味着政府购买的劳动数量 W 必定增加 ΔT。政府雇员获得的劳动收入增加量恰好等于税收增加量；两相比较，个人放弃了他们的时间但是没有得到额外的收入。因此，这种政策干预与减少 $\omega/\Delta T$ 的禀赋是等价的。

根据式（6－56）和式（6－62），税收乘数是

$$\frac{\mathrm{d}Y}{\mathrm{d}T}=\frac{-\alpha}{1-\alpha\mu} \tag{6-66}$$

在完全竞争（$\mu=0$）条件下，税收乘数为 $-\alpha$。在不完全竞争（$\mu\to 1$）条件下，税收乘数为 $-\alpha/(1-\alpha)$。

3. 政府购买乘数

假设现在政府购买 G 增加，税收水平 T 不变。这里假定政府购买增加通过减少 W 来融通资金——这是为了使政府支出增加不对当前的个人预算约束立即产生影响。

由式（6－56）和式（6－62）得出政府购买乘数为

$$\frac{\mathrm{d}Y}{\mathrm{d}G}=\frac{1}{1-\alpha\mu} \tag{6-67}$$

在完全竞争条件下，$\mathrm{d}Y/\mathrm{d}G=1$。随着利润幅度趋向于1，$\mathrm{d}Y/\mathrm{d}G$ 趋向于标准的凯恩斯模型中的乘数 $1/(1-\alpha)$。

在图6－11中，支出 Y 是利润 Π 的线性函数，其斜率是边际消费倾向 α。利润也是支出的线性函数，其斜率是 $1/\mu$。在少数情况下，$\mu=1$，这个函数成为凯恩斯主义交叉的45°线。政府购买增加使支出函数上移 ΔG，这引起总支出成倍增加。

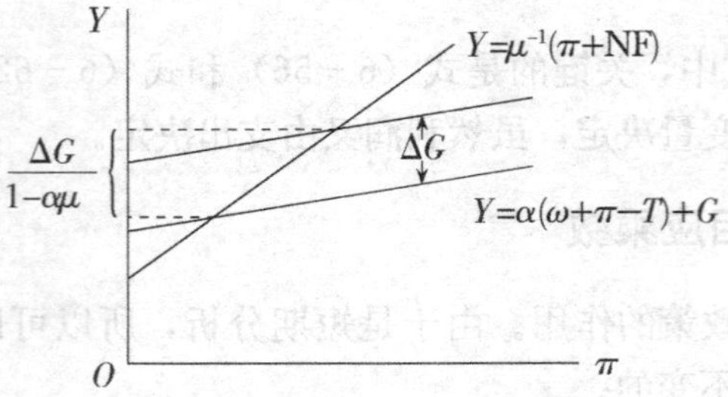

图 6-11　新凯恩斯主义交叉

4. 福利分析

下面考察财政政策对代表性消费者福利的影响，这里是通过消费者的效用函数来做出判断。假定政府购买不直接影响效用。全面评价财政政策的影响也应当考虑从公共支出中获得的收益。

只有当式（6-52）定义的个人预算增加时，他的效用才增加。既然相对价格不变，考察利润减去税收（$\Pi-T$）对效用的影响就足够了。财政政策变化对（$\Pi-T$）的影响可以表示为

$$\left.\frac{\mathrm{d}(\Pi-T)}{\mathrm{d}G}\right|_{\mathrm{d}T=\mathrm{d}G}=\frac{-(1-\mu)}{1-\alpha\mu} \tag{6-68}$$

$$\frac{\mathrm{d}(\Pi-T)}{\mathrm{d}T}=\frac{-1}{1-\alpha\mu} \tag{6-69}$$

$$\frac{\mathrm{d}(\Pi-T)}{\mathrm{d}G}=\frac{\mu}{1-\alpha\mu} \tag{6-70}$$

由这些方程式可以得出如下结论：（1）一般来说，平衡预算的财政刺激减少了福利。不过，在$\mu=1$的少数情况下，平衡预算增加对福利没有影响。正如教科书中的凯恩斯主义交叉所说的，政府购买增加没有社会成本。收入（在这里是利润）增加恰好抵消了税收增加。（2）政府购买增加和减税都增加了福利。按照标准教科书的分析，增加G或削减T都有后代人来融通资金。而在这里，增加G或削减T是通过减少政府用于雇员W的支出来融通资金。无论在哪种情况下，当前这一代人的个人福利都增加了。

我们看到，曼昆在这里提出的模型既非常类似于瓦尔拉斯一般均衡模型，也非常类似于凯恩斯主义的收入决定模型。曼昆模型与这两个模型的唯一区别是假定商品市场是不完全竞争的。

曼昆认为，他的模型还可以进一步扩展，用来说明更多的问题。首先，劳动市场可能是不完全竞争的。在这种情况下，扩张性的财政政策所产生的租金的一部分将转化为劳动收入。因此，乘数将通过劳动收入和厂商利润起作用。其次，这个模型也可以用于跨期分析。因为借债融资的财政政策的影响显然不能用一个静态模型进行研究。储蓄和投资在标准的凯恩斯主义分析中起重要的作用也说明要把这种模型扩展为动态模型。

二、货币政策的作用

针对萨金特和华莱士（Sargent and Wallance，1975）提出的“货币政策无效性”

命题，斯坦利·费希尔于 1977 年发表了《长期合同、理性预期和最优货币供给规则》一文。[①] 这篇文章的目的是要“论述货币政策在影响实际产出方面的作用，证明积极的货币政策能够影响短期实际产出的变化，而不论是否存在理性预期”。这个结论是建立在劳资之间存在长期的劳动合同和名义工资黏性的假定基础上的。费希尔在他的文章的一开始就提出了一个经验上的假定，即经济当事人就名义价格签订的劳动合同的有效期，要长于中央银行对变动着的经济环境做出反应的时间。他认为这个假定是合理的。

(一) 含有一期合同的模型

这里假定：(1) 所有的劳动合同的有效期都为 1 期（例如 1 年）。这样，每个时期都要签订劳动合同。(2) 名义工资是事先决定的，即名义工资在期初是已知的。因为从经验上观察，通常是工资确定在先，就业确定在后。

假定名义工资谈判的目的是为了保持实际工资的稳定性：

$$_{t-1}W_t=\gamma+{}_{t-1}P_t \tag{6-71}$$

式中，$_{t-1}W_t$ 为用对数表示的在（$t-1$）期末为 t 期规定的工资；$_{t-1}P_t$ 为（$t-1$）期末对 t 期价格所做的预期；γ 为决定实际工资的规模因素，为方便起见，设 $\gamma=0$。

再假设产出的供给是实际工资的递减函数：

$$Y_t^s=\alpha+(P_t-W_t)+u_t \tag{6-72}$$

式中，Y_t^s 为 t 期的产出；α 为参数；u_t 为随机变量。

如果令 $\alpha=0$，假定就业水平由企业对劳动的需求决定，并将式（6-71）代入式（6-72），得到

$$Y_t^s=(P_t-{}_{t-1}P_t)+u_t \tag{6-73}$$

这个方程式类似于卢卡斯总供给函数 $Y_t^s=\alpha+\beta(P_t-{}_{t-1}P_t)+u_t$。在卢卡斯总供给函数中令 $\alpha=0$，$\beta=1$，就得到式（6-73）。

如果考虑到需求因素，我们设定一个最简单的流通速度方程：

$$Y_t=M_t-P_t-v_t \tag{6-74}$$

式中，M_t 为用对数表示的 t 期的货币存量；v_t 为一个干扰项。

如果没有干扰因素，经济将处在充分就业水平上，货币的作用是中性的。现在由于存在干扰项 u_t，v_t，货币政策就具有潜在的作用，假定干扰项影响每一期的产量水平。再假定每一个干扰因素都具有一阶自回归的特征：

$$u_t=\rho_1u_{t-1}+\varepsilon_t,\ |\rho_1<1| \tag{6-75}$$

$$v_t=\rho_2v_{t-1}+\eta_t,\ |\rho_2<1| \tag{6-76}$$

式中，ε_t 和 η_t 为彼此序列不相关的随机项，其期望值为 0，并分别有有限变量 σ_ε^2 和 σ_η^2。

假定存在理性预期。消去式（6-73）和式（6-74）中的 Y_t——这意味着把每个时期的价格水平调整到使总供给和总需求相等，得到：

① Stanley Fischer, “Long-term Contracts, Rational Expectations, and the Optimal Money Supply Rule,” *Journal of Political Economy*, 85, No. 1, 1977, pp. 191-205.

$$2P_t = M_t + {}_{t-1}P_t - (u_t + v_t) \tag{6-77}$$

现在在式（6－77）中取（$t-1$）期的预期，并注意到 $E_{t-1}({}_{t-1}P_t) = {}_{t-1}P_t$：

$${}_{t-1}P_t = {}_{t-1}M_t - {}_{t-1}(u_t + v_t) \tag{6-78}$$

假定货币规则是建立在包括（$t-1$）期在内的已经发生的干扰的基础上：

$$M_t = \sum_{i=1}^{\infty} a_i u_{t-i} + \sum_{i=1}^{\infty} b_i v_{t-i} \tag{6-79}$$

这些干扰可以在事后识别出来，因此中央银行遵循诸如式（6－79）的规则或公式计算出下一期的货币供给应该没有困难。由式（6－79）可以推导出：

$${}_{t-1}M_t = M_t \tag{6-80}$$

因而有

$$\begin{aligned} P_t - {}_{t-1}P_t &= \frac{M_t}{2} - \frac{{}_{t-1}P_t}{2} - \frac{u_t + v_t}{2} \\ &= \frac{{}_{t-1}(u_t + v_t)}{2} - \frac{u_t + v_t}{2} \\ &= \frac{1}{2}\left[\rho_1 u_{t-1} + \rho_2 v_{t-1} - (\rho_1 u_{t-1} + \varepsilon_t + \rho_2 v_{t-1} + \eta_t)\right] \\ &= -\frac{1}{2}(\varepsilon_t + \eta_t) \end{aligned} \tag{6-81}$$

式（6－81）中的干扰因素是本期发生的冲击，无论是中央银行还是公众都不能预期到它们，因而它们的影响也不能被货币政策消除。

将式（6－81）代入式（6－73），得到：

$$Y_t^s = \left[-\frac{1}{2}(\varepsilon_t + \eta_t)\right] + u_t \tag{6-82}$$

由式（6－82）可以看到，式（6－79）中的参数 a_i 和 b_i 对产量变化没有影响。因此，在劳动合同为 1 期的模型中，“货币政策无效性”的命题是成立的。在这种经济中，货币是中性的，货币变化与产量变化无关，经济当事人在每一期都知道下一期的货币供应量将是多少。劳资谈判确定的只是实际工资，名义工资随着预期价格的变化而加以调整。

（二）含有两期非指数化劳动合同的模型

现在把黏性因素引入名义工资的变化中。假定所有的劳动合同的有效期都是 2 期，而且在 t 期末通过劳资谈判确定（$t+1$）期和（$t+2$）期的名义工资。仍然假定签订合同的目的是为了保持实际工资的稳定。假定有：

$${}_{t-i}W_t = {}_{t-i}P_t,\ i=1,2 \tag{6-83}$$

式中，${}_{t-i}W_t$ 为在（$t-i$）期签订的合同中规定的在 t 期支付的工资；${}_{t-i}P_t$ 为在（$t-i$）期末所做的对 t 期价格的预期。

在 t 期，一半企业在（$t-1$）期末签订的劳动合同的第 1 年经营，另一半企业在

$(t-2)$ 期末签订的劳动合同的第 2 年经营，即劳动合同是交错的。假定产品只有单一的价格。如果对每一个企业来说，工资都是预先决定的，则总产量供给由下式给出：

$$Y_t^s = \frac{1}{2}\sum_{i=1}^{2}(P_t - {}_{t-i}W_t) + u_t \tag{6-84}$$

$$Y_t^s = \frac{1}{2}\sum_{i=1}^{2}(P_t - {}_{t-i}P_t) + u_t \tag{6-84A}$$

$$Y_t = M_t - P_t - v_t \tag{6-84B}$$

$$2P_t = M_t - v_t - u_t + \frac{1}{2}\sum_{i=1}^{2}{}_{t-i}W_t \tag{6-84C}$$

现在再次利用理性预期，合并式（6-84）、式（6-84A）和式（6-84B），并注意到 $E_{t-2}({}_{t-1}P_t) = {}_{t-2}P_t$，则有

$${}_{t-2}P_t = {}_{t-2}M_t - {}_{t-2}(u_t + v_t) \tag{6-85}$$

$${}_{t-1}P_t = \frac{2}{3}{}_{t-1}M_t + \frac{1}{3}{}_{t-2}M_t - \frac{1}{3}{}_{t-2}(u_t + v_t) - \frac{2}{3}{}_{t-1}(u_t + v_t) \tag{6-86}$$

既然假定 M_t 仅仅是 $(t-1)$ 期末以前所获得的信息的函数，${}_{t-1}M_t = M_t$。将式（6-85）和式（6-86）代入式（6-84C），有

$$2P_t = \frac{4}{3}M_t + \frac{2}{3}{}_{t-2}M_t - (u_t + v_t) - \frac{1}{3}{}_{t-1}(u_t + v_t) - \frac{2}{3}{}_{t-2}(u_t + v_t) \tag{6-87}$$

解出 P_t 并代入式（6-84B），得到

$$Y_t = \frac{M_t - {}_{t-2}M_t}{3} + \frac{1}{2}(u_t - v_t) + \frac{1}{6}{}_{t-1}(u_t + v_t) + \frac{1}{3}{}_{t-2}(u_t + v_t) \tag{6-88}$$

再次令货币供给由式（6-79）的规则决定，于是有：

$${}_{t-2}M_t = a_1\rho_1 u_{t-2} + \sum_{i=2}^{\infty} a_i u_{t-i} + b_1\rho_2 v_{t-2} + \sum_{i=2}^{\infty} b_i v_{t-i} \tag{6-89}$$

$$\begin{aligned} M_t - {}_{t-2}M_t &= a_1(u_{t-1} - \rho_1 u_{t-2}) + b_1(v_{t-1} - \rho_2 v_{t-2}) \\ &= a_1\varepsilon_{t-1} + b_1\eta_{t-1} \end{aligned} \tag{6-90}$$

式（6-90）说明，t 期的实际货币存量与两期以前所预期的货币存量之差来源于中央银行对在这个期间发生的干扰 ε_{t-1} 和 η_{t-1} 所做出的反应。恰好正是这些干扰因素不会影响在 $(t-2)$ 期进入工资合同的第二阶段的名义工资。

把式（6-90）和式（6-79）代入式（6-88），则可以清楚地看到，由于 $i \geqslant 2$，货币供给规则参数 a_i 和 b_i 对产量变化没有影响，为了集中讨论产量的变化，设 $i \geqslant 2$ 时这些参数等于 0。于是有

$$\begin{aligned} Y_t &= \frac{1}{3}[a_1(u_{t-1} - \rho_1 u_{t-2}) + b_1(v_{t-1} - \rho_2 v_{t-2})] + \frac{1}{2}(u_t - v_t) + \frac{1}{6}{}_{t-1}(u_t + v_t) \\ &\quad + \frac{1}{3}{}_{t-2}(u_t + v_t) \\ &= \frac{1}{2}(\varepsilon_t - \eta_t) + \frac{1}{3}[\varepsilon_{t-1}(a_1 + 2\rho_1) + \eta_{t-1}(b_1 - \rho_2)] + \rho_1^2 u_{t-2} \end{aligned} \tag{6-91}$$

但是产量的变动是参数 a_1 和 b_1 的函数。现在的问题是，为什么这些参数值会影响产量的变动？其原因是，在合同有效期的 2 年时期内，中央银行有时间对有关最近的经济干扰的新的信息做出反应。假设劳资谈判确定的第二阶段的名义工资为已知，中央银行对干扰做出反应的方式将影响合同第二阶段的实际工资并进而影响产量。

根据式（6-91）计算 Y 的渐进变化（asymptotic variance），得到：

$$\sigma_Y^2=\sigma_\varepsilon^2\left[\frac{1}{4}+\frac{4}{9}\rho_1^2+\frac{\rho_1^4}{1-\rho_1^2}+\frac{a_1(4\rho_1+a_1)}{9}\right]+\sigma_\eta^2\left[\frac{1}{4}+\frac{1}{9}\rho_2^2-\frac{b_1}{9}(2\rho_2-b_1)\right] \tag{6-92}$$

使产量波动 σ_Y^2 最小化的 a_1 和 b_1 分别为：

$$a_1=-2\rho_1 \text{ 和 } b_1=\rho_2 \tag{6-93}$$

这引起的产量变化为

$$\sigma_Y^2=\sigma_\varepsilon^2\left[\frac{1}{4}+\frac{\rho_1^4}{1-\rho_1^2}\right]+\frac{1}{4}\sigma_\eta^2 \tag{6-94}$$

由式（6-91）中的第二个等号可以看到，影响产量水平的因素有：无法通过货币政策抵消的当前干扰（$\varepsilon_t-\eta_t$），现有的劳动合同中较老的合同签订以后出现的干扰（ε_{t-1}和 η_{t-1}），以及滞后的实际干扰（u_{t-2}）。式（6-93）说明，干扰项 ε_{t-1}和 η_{t-1}可以通过货币政策全部加以抵消。但是干扰项 u_{t-2}在较早的劳动合同签订之时即为已知并在工资协议中考虑到了，因而其影响不可能通过货币政策加以消除。

为了对货币规则做出更一般的解释，我们从式（6-87）可以看出，实际干扰因素 u 和名义干扰因素 v 都有降低价格水平的倾向。因此，货币规则必须适应倾向提高价格水平的实际干扰，同时反作用倾向提高价格水平的名义干扰。

货币规则也可以按照可观察的变量表述如下：

$$M_t=\rho_2M_{t-1}+(2\rho_1-\rho_2)P_{t-1}-(2\rho_1+\rho_2)Y_{t-1}-\rho_1({}_{t-2}W_{t-1}+{}_{t-3}W_{t-1}) \tag{6-95}$$

并且，也可以把式（6-95）中的工资率替换掉，仅仅按照货币存量、价格和收入来表示货币规则。

（三）含有指数化合同的模型

在存在长期劳动合同的情况下，使货币政策丧失其有效性的唯一办法是使单期合同效果再现的那种工资指数化。如果不是这种指数化而是其他类型的指数化，货币政策就会影响产量，从而有实际效果。

如果工资按下列方式确定：

$${}_{t-i}W_t={}_{t-1}P_t,\ i=1,2,\cdots \tag{6-96}$$

这与前面讨论的含有单期合同的模型的结果相同，这时产量由式（6-97）给出：

$$Y_t=\frac{1}{2}(\varepsilon_t-\eta_t)+\rho_1u_{t-1} \tag{6-97}$$

但是像式（6-96）那样的指数化方程实际上是见不到的。这时工资决定的一般指数化公式为：

$$W_t=-\rho_2 M+(\rho_1+\rho_2)P_{t-1}+(\rho_2-\rho_1)Y_{t-1}-\rho_1 W_{t-1} \tag{6-98}$$

其中，假定 M_t 为常数 M，因为货币规则对产出没有影响。由于 $\rho_1<0$（实际干扰的序列负相关），并且 $\rho_1+\rho_2>0$，所以这个方程描述的是一种类似于对价格水平和利润份额都实行指数化的工资合同。一般来说，这种合同在实际经济生活中是见不到的。其主要原因是，计算这个方程中的各项有困难。

与式（6-98）的工资决定相应的产量变动是：

$$\sigma_Y^2=\sigma_\varepsilon^2\left(\frac{1}{4}+\frac{\rho_1^2}{1-\rho_1^2}\right)+\frac{1}{4}\sigma_\eta^2 \tag{6-99}$$

这里的产量变化大于在两期合同的非指数化经济中实施最优货币政策所引起的产量变化（见式（9—94）），其原因是试图保持实际工资稳定的工资决定的标准与使产量变动最小化的标准不同。

如果采用与式（6-98）不同的工资指数化公式，并且合同的期限超过一期，那么，稳定化的货币政策就有了发挥作用的空间。例如，现在工资按照下述方式对价格水平实行指数化：

$${}_{t-i}W_t={}_{t-i}W_{t-i+1}+P_{t-1}-P_{t-i} \tag{6-100}$$

这说明，按照（$t-i$）期末签订的合同在 t 期所支付的工资等于合同第一年所确定的工资，再根据两个时期之间的通货膨胀进行调整。如果规定

$${}_{t-i}W_{t-i+1}={}_{t-i}P_{t-i+1} \tag{6-101}$$

这说明，合同第一年的工资使这个时期实际工资的变动减小到最低限度。

现在假定合同期限为 2 年，供给方程式（6-84）、流通速度方程式（6-74）和式（6-101）中决定预期价格水平的理性预期为已知，利用滞后运算因子 L，得到：

$$\begin{aligned}Y_t(6-4L+2L^2)=&2M_t(1-L)^2+\mu_t[3-(1-\rho_1)L+\rho_1L^2]\\&-v_t[3-(3+\rho_2)L+(2-\rho_2)L^2]\end{aligned} \tag{6-102}$$

上式利用了 $M_t={}_{t-1}M_t$ 这样的事实。

既然 M_t 进入产量方程式，显然货币政策确实影响产量。在这种情况下，通过采用下述规则，货币政策实际上可以抵消所有的滞后干扰的影响：

$$\begin{aligned}M_t=&Lu_t[-(1+4\rho_1)+(1+\rho_1)L-\rho_1L^2][2(1-L)^2]^{-1}\\&-Lv_t[(1-2\rho_2)+(-1+3\rho_2)L-\rho_2L^2][2(1-L)^2]^{-1}\end{aligned} \tag{6-103}$$

根据上式，得到

$$\sigma_Y^2=\frac{\sigma_\varepsilon^2}{4}+\frac{\sigma_\eta^2}{4} \tag{6-104}$$

面临实际干扰，与在非指数化的两期合同模型中实施最优货币政策相比，货币规则等式（6-103）对实际工资的影响是使实际工资不稳定；与含有单期合同的情况相比，这种非稳定化的作用更加强烈。如果劳动者的目标是要保持实际工资不变，那么式（6-103）那样的指数化合同比非指数化合同对劳动者的吸引力要小。

(四) 结论

由上面的三个模型分析可以得出这样的结论：如果经济当事人偏好长期劳动合同，这种合同确定的货币工资是黏性的，那么即便这种黏性能够被完全预期到，积极的货币政策也具有影响和稳定产量的作用。如果长期合同规定的货币工资率在每一期都能够按照价格水平的变化被完全指数化，实际工资在长期是高度稳定的，即单期合同的效果能够在长期合同中再现出来，那么，货币政策就会是无效的。事实上，这种合同结构在现实中是很少见到的。

费希尔认为："货币政策的有效性并不需要任何人上当受骗。"因为在存在长期合同的经济中，据以制定货币政策的信息，在劳动合同签订以后就成为唾手可得的东西，所以这种政策可以影响产量。如果中央银行想要稳定产量，它就能够做到这一点。在两期合同的模型里，从产量稳定的观点看，最优的政策是适应具有提高价格水平趋势的实际干扰，同时要反作用于具有提高价格水平趋势的名义干扰。当经济中出现实际干扰时，稳定产量意味着实际工资的稳定性比单期合同所能获得的稳定性要小；在经济面临名义干扰的情况下，稳定产量意味着实际工资的稳定性与单期合同所能获得的稳定性一样大。

但是，费希尔承认，应当重视"卢卡斯批评"，即经济结构会随着政策变化而进行调整，因为当政策发生变化时，经济当事人可能会改变他们的行为。如果中央银行试图利用现行的合同结构来创造出一种与合同签订时所预期的明显不同的变化，将会引起劳资双方对合同进行重新谈判；如果中央银行想保持这种新的变化，就会导致一种新合同结构。

三、最优政策选择[①]

(一) 附加预期的菲利普斯曲线与 NAIRU

如果考虑到通货膨胀预期，菲利普斯曲线就变成

$$P=f\frac{Y_{-1}-Y^*}{Y^*}+P^e \tag{6-105}$$

这就是附加预期的菲利普斯曲线。式中，P 为通货膨胀率，$P=(P_0-P_{-1})/P_{-1}$；Y_{-1}为上一期的总需求（或上一期的实际 GDP）；Y^* 为潜在的 GDP，因此 $(Y_{-1}-Y^*)$ 或 $(Y_{-1}-Y^*)/Y^*$ 衡量价格总水平变化的压力（市场需求压力）；f 为一个系数，它表示 GDP 每超过潜在的 GDP 一个百分点，经济中的典型企业把它产品的价格提高到超过上一期价格的百分数，即通货膨胀对 GDP 的敏感程度；P^e 为预期的通货膨胀率。

经济学家们根据附加预期的菲利普斯曲线得出两点共识：(1) 正数的通货膨胀预期导致菲利普斯曲线上移，这可以解释 20 世纪 70 年代美国经济所出现的高通货膨胀与高失业并存（滞胀）的现象。(2) 长期的菲利普斯曲线在失业率为 U^* 时是垂直的（见图 6-12）；如果政府想把失业率降到 U^* 以下，通货膨胀就会加速（附加预期的菲利普斯曲线上移），当实际的通货膨胀等于预期的通货膨胀时，附加预期的菲利普斯曲线就稳定下来。因此，一个经济不可能持久地把失业率降低到 U^* 以下而又不会出现日益提高

① [美] 罗伯特·霍尔，约翰·泰勒．宏观经济学．5 版．北京：中国人民大学出版社，2000：第 17 章．

的通货膨胀。这里的 U^* 称作“非加速通货膨胀的失业率”（non-accelerating inflation rate of unemployment，NAIRU）。后一点共识的政策含义是：政府不应该把失业率降低到 NAIRU 以下。

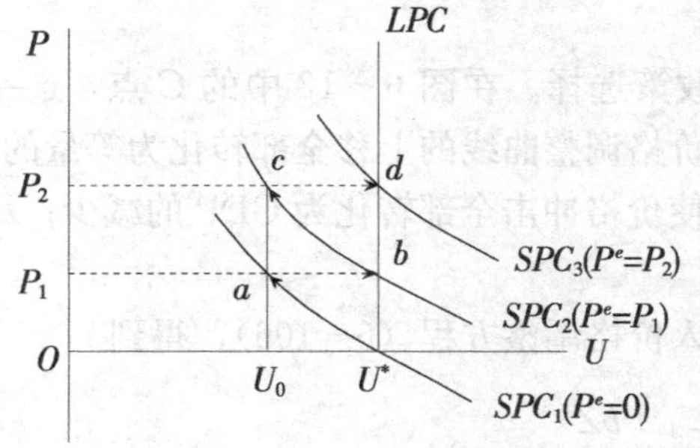

图 6-12 短期与长期菲利普斯曲线

由图 6-12 可以看出，如果政府要把失业率降低到 U^* 以下（比如 U_0），通货膨胀会高于预期的通货膨胀（如 a 点），从而引起附加预期的菲利普斯曲线上移（b 点）；如果政府继续把失业率保持在 U^* 以下（c 点），会加速提高预期的通货膨胀率，引起附加预期的菲利普斯曲线进一步上移（d 点）。

新凯恩斯主义者认为，虽然长期的菲利普斯曲线是垂直的，但是，在短期内，仍然存在通货膨胀与失业的替代关系，可以用更高的通货膨胀为代价来换取较低的失业。

（二）对付价格冲击的最优政策

为了简化，假定预期是适应性的或静态的，$P^e=P_{-1}$，令 Z 表示价格冲击（如石油价格上涨），则式（6-105）的附加预期的菲利普斯曲线可以改写为：

$$P=f\frac{Y_{-1}-Y^*}{Y^*}+P_{-1}+bZ \tag{6-106}$$

式（6-106）是价格调整方程。式中，b 为一个系数。

可以用图 6-13 来说明政府政策是如何对付价格冲击的。图中的曲线表示价格调整方程（6-106）。一个正向的价格冲击使价格调整曲线向左上方移动，在这种情况下，政府可以有三种选择：(1) 降低 GDP 而保持零通货膨胀（如 A 点），用总产量的减少来抵消价格冲击。(2) 容忍通货膨胀上升而把 GDP 保持在潜在的或自然率水平上（如 C 点）。(3) 允许一定的通货膨胀和一定的 GDP 减少（如 B 点）。

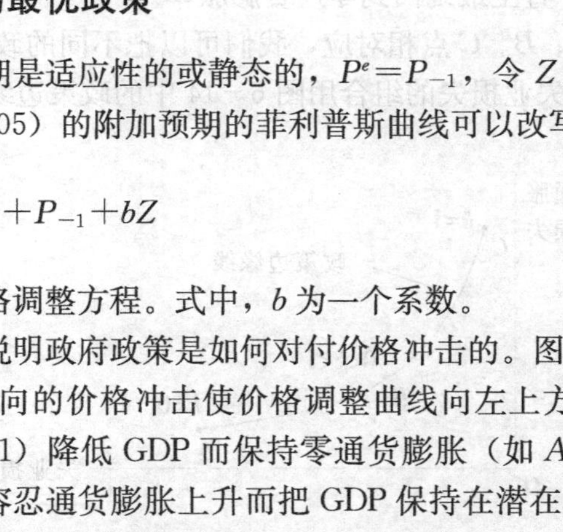

图 6-13 对付正向价格冲击的不同政策

令 g 表示反应系数，它用来衡量政府政策对价格冲击的适应程度。g 作为政策反应函数的一部分可以用来刻画政策规则：

$$\frac{Y_{-1}-Y^*}{Y^*}=-gP_{-1} \tag{6-107}$$

g 可以表示不同的政策选择。在图 6-12 中的 C 点，$g=0$，政策充分适应价格冲击，即价格冲击引起的价格调整曲线的上移全部转化为等量的通货膨胀；在 A 点，g 的数值很大，政策反应是使价格冲击全部转化为 GDP 的减少；B 点的 g 介于 A 点和 C 点的政策反应程度之间。

把式（6-107）代入价格调整方程（6-106），得到

$$P=(1-fg)P_{-1}+bZ \tag{6-108}$$

利用这个方程可以求出在不同的反应系数下通货膨胀率的降低程度。

如果把（$1-fg$）定义为 k，k 可以用来衡量一次价格冲击影响通货膨胀的时间长短和强度的大小。

如果 $g=0$（政府采用充分适应的政策），那么 $k=1-fg=1$，价格冲击 Z 就会持久地把通货膨胀提高到 bZ，价格冲击的影响永远不会从通货膨胀中消失。

如果 $k=0$（政府采用没有适应的政策），那么，价格冲击的影响将在一年后完全消失，即价格冲击的影响只是一期的。

如果 $0<k<1$，那么，价格冲击的影响会逐期递减：在冲击后的第 n 年，通货膨胀率是价格冲击的 k^n 倍，直至最终回到零通货膨胀率。

与图 6-14 中的 A、B、C 点相对应，我们可以把不同的政策规则（k 的不同数值）带来的通货膨胀损失与失业损失的组合用图 6-14 中的政策边缘线来表示。

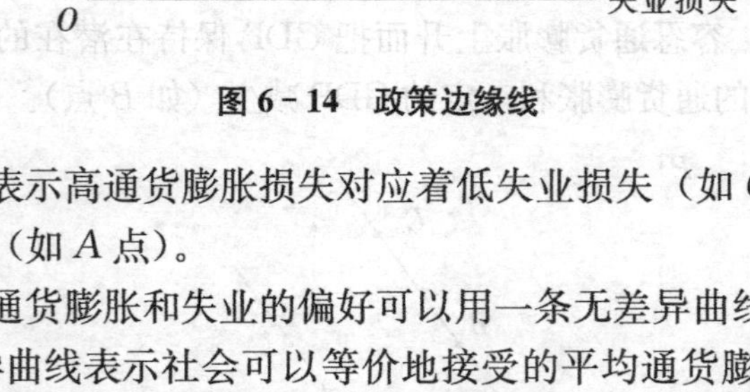

图 6-14　政策边缘线

这条政策边缘线表示高通货膨胀损失对应着低失业损失（如 C 点），低通货膨胀损失对应着高失业损失（如 A 点）。

假定社会成员对通货膨胀和失业的偏好可以用一条无差异曲线来表示（如图 6-15 所示），每一条无差异曲线表示社会可以等价地接受的平均通货膨胀损失和平均失业损失的组合的轨迹。距离原点越远的曲线表示两种损失的组合越大，距离原点越近的曲线表示两种损失的组合越小。

注意，这里的无差异曲线的弯曲方向与消费者行为理论中的无差异曲线的弯曲方向相反。因为消费者行为理论中的无差异曲线包含的是消费者喜欢的两种商品或服务，而

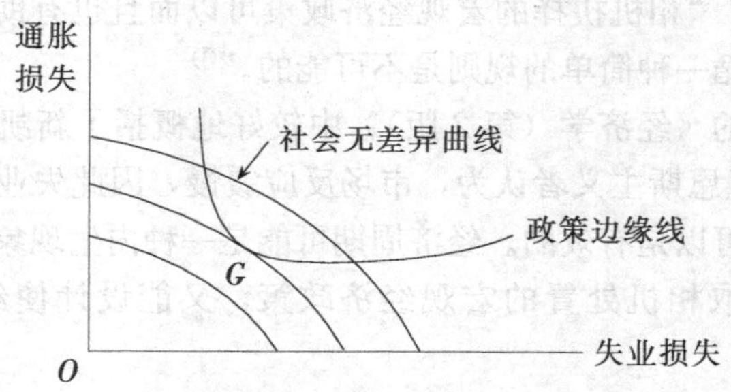

图 6-15　最优政策选择

这里的无差异曲线包含的是消费者所不喜欢的两种结果，所以它具有反向曲率。这种反向曲率的无差异曲线表示，在每一条无差异曲线上，越接近纵轴的点，通货膨胀的损失越大，社会越愿意更多地增加失业损失来换取适当地减少通货膨胀的损失。相反，越接近横轴的点，失业的损失越大，社会越愿意更多地增加通货膨胀损失来换取适当地减少失业的损失。

最优政策选择应当是政策边缘线与无差异曲线相切的政策组合（图 6-15 中的 G 点）。

一些新凯恩斯主义者（例如霍尔和泰勒）承认，使宏观经济政策以最优的方式实施并不是一件容易的事。但是他们认为，上述分析至少可以得出两个关于对经济中的冲击做出适当反应的结论。

(1) 如果冲击仅仅影响总需求，那么在总需求政策（财政政策和货币政策）中的补偿性变化可以同时消除通货膨胀损失和失业损失。

(2) 如果冲击影响价格调整曲线，那么最优政策是按照超过目标的通货膨胀率每年下降比例为 k 的规则，在通货膨胀和失业下降之间分摊其影响。

四、新凯恩斯主义经济政策观点小结

新古典宏观经济学认为政府需求管理政策是无效的。新凯恩斯主义的模型证明，这种"政策无效性"命题是建立在市场即时出清的假设前提上，根据理性预期假设则不一定能够得出这一命题。新凯恩斯主义的黏性工资理论和黏性价格理论说明，经济自发运行并不能保证各类市场即时出清，市场机制在协调供求关系方面是失灵的。在一个工资和价格黏性的经济中，当经济遭受需求冲击或供给冲击以后，等待工资和价格的调整使经济由失衡走向均衡不但是一个缓慢的过程，而且可能是一个高成本或痛苦的过程。因此，总的说来，稳定政策可以发挥积极的作用。本节的曼昆模型和费希尔模型分别证明了财政政策和货币政策都是有效的，货币并不是中性的。一些新凯恩斯主义者（例如斯蒂格利茨和格林沃德）进一步证明，即使价格像新古典主义者所说的那样是灵活的而非迅速调整的，需求管理政策也是有效的，因为价格的灵活性会加剧经济的波动而不会自动矫正经济波动。

新凯恩斯主义赞同新古典主义的如下看法：造成经济波动的冲击是随机的，因而波动是不规则的、不可预测的。但是，新凯恩斯主义认为，正是由于冲击的随机性和经济波动的不规则性，才需要政府采取应变的政策，而不应使政府行动受制于固定的规则。尤其是当经济陷入严重衰退和失业率较高时，政府不可能坐视不管而墨守某种固定的规则。

在新凯恩斯主义看来："相机抉择的宏观经济政策可以而且也有助于稳定经济。……历史记录表明为什么遵循一种简单的规则是不可能的。"①

斯蒂格利茨在他的《经济学（第2版）》中较好地概括了新凯恩斯主义的经济政策主张。他写道："新凯恩斯主义者认为，市场反应缓慢，因此失业的时期会拖长。相机抉择的宏观经济政策可以是有效的。经济周期可能是一种内生现象，而且存在扩大波动的力量。政府既能采取相机处置的宏观经济政策，又能设计使经济更稳定的内在稳定器。"②

霍尔和泰勒把新凯恩斯主义的经济政策思想概括为以下五个命题③：

(1) 当人们做决策时，他们要考虑未来，并且在假定他们能觉察到经济的波动并且能够利用他们所掌握的信息进行无偏（但不是没有错误）预测的条件下，他们对未来的预期是可以用模型来描述的。

(2) 把宏观经济政策有效地描述和评价为一种政策规则，而不是把这些手段当作外生的并且只考察这些手段的一次性变动。

(3) 为了使一项特殊政策运行顺畅，有必要建立对这一规则的承诺。

(4) 经济基本上是稳定的；在一次冲击之后，经济最终会回到产出和就业的正常趋势路径上。然而，由于经济结构的刚性，这个过程可能是缓慢的。

(5) 宏观经济政策的目标是保持低通胀，减少经济遭受冲击之后产出、就业和通货膨胀波动的幅度（或持续时间）。这一目标的实现需要很长一段时间，一般会经历更多的经济周期。未来的经济周期波动和现在的经济周期波动被看作是同等重要的。

新凯恩斯主义认为，货币政策能够起到稳定总产出和就业的作用，货币变动会对真实的经济增长产生影响；经济当事人对未来货币政策的预期行为至关重要，因而要重视货币政策的可靠性和稳定性。

一些新凯恩斯主义主张实行通货膨胀目标制的货币政策（inflation-targeting policy），认为盯住通货膨胀目标的货币政策是最优的货币政策。他们主张通过调整名义短期利率进而改变实际利率以适应经济的变化，从而抵消通货膨胀预期的变化。

凯恩斯主义的财政政策有效性的判断是建立在价格刚性基础上的。新凯恩斯主义则认为，财政政策有效性的前提条件是不完全竞争以及价格黏性。在不完全竞争条件下，价格高于边际成本；由于存在不完全信息，工资的调整往往滞后于价格的调整，这会给企业带来超额利润，因而企业有扩大产量的激励。这是积极的财政政策有效性的前提。扩张性的财政政策能成倍扩大总需求（总支出），从而活跃了市场、提高了利润，这就刺激了企业扩大就业和产量。同时，利润提高又会增加总支出，因而扩张性的财政政策能促进经济增长。

不难看出，新凯恩斯主义的经济政策思想与凯恩斯主义的经济政策思想还是有区别的，这主要是由于在政策争论过程中，新凯恩斯主义吸收了新古典主义的一些思想观点。

---

① ［美］斯蒂格利茨．经济学．2版．下册．北京：中国人民大学出版社，2000：776.

② 同①775.

③ ［美］罗伯特·霍尔，约翰·泰勒．宏观经济学．5版．北京：中国人民大学出版社，2000：379-383.

第九节　对新凯恩斯主义的简评

曼昆把新凯恩斯主义看作是“新生”的凯恩斯主义。他写道：“新凯恩斯主义是凯恩斯主义的再生（reincarnated）而不是凯恩斯主义的复活（resurrected）。”[①] 新凯恩斯主义是通过从其反对派那里吸取“营养”而获得“新生”的。到20世纪70年代中期，一些凯恩斯主义者已经把通货膨胀预期和供给冲击的影响纳入其理论模型。大多数美国凯恩斯主义者已经承认长期的菲利普斯曲线是垂直的。1975年以后，凯恩斯主义模型的新版本不但融入了垂直的菲利普斯曲线，而且包含了供给冲击变量。把供给冲击变量纳入凯恩斯主义模型是非常重要的，因为它承认了短期内通货膨胀与失业之间存在同向变动关系（“滞胀”）的可能性。这使得凯恩斯主义模型对当时的“滞胀”有了一定的解释力，从而在一定程度上拯救了凯恩斯主义。与此同时，新凯恩斯主义者继续为在短期内斟酌使用总需求政策来稳定经济进行辩护，其理由是，经济恢复到自然失业率水平需要花费很长时间，因为经济当事人对来自需求方和供给方的重要经济干扰的识别和反应是滞后的。

与凯恩斯主义相比，新凯恩斯主义主要“新”在以下几个方面：

（1）在解释经济周期波动方面，新凯恩斯主义强调的是名义价格刚性，而不是名义工资刚性。这和凯恩斯、凯恩斯主义者形成鲜明的对比。在把作为价格接受者的厂商、新古典生产技术和名义工资黏性结合在一起的传统的凯恩斯主义模型中，衰退过程中的总需求收缩和实际工资提高是联系在一起的，即实际工资是反周期变化的。经验事实似乎不支持这种实际工资反周期变化的理论。正是这种实际工资困惑促使曼昆和其他新凯恩斯主义经济学家再度把他们的注意力集中到不完全竞争市场上的厂商的定价行为上。于是，“菜单成本”理论、“近似理性”（near rational）模型、长期合同理论或价格交错调整理论成为新凯恩斯主义经济学的重要内容。

（2）新凯恩斯主义强调各种实际的不完全性（real imperfections）。这是新凯恩斯主义与凯恩斯主义、货币主义和新古典主义的一个重要区别。曼昆和大卫·罗默在谈到新凯恩斯主义宏观经济学与其他学派的宏观经济学的区别时指出：“多数老的宏观经济理论反对古典二分法，但是他们通常并不强调实际不完全是他们理论的关键所在。例如，20世纪70年代的凯恩斯主义经济学大多把工资和价格刚性加到非瓦尔拉斯经济上。因此，名义与实际不完全的相互作用是新凯恩斯主义经济学的一个显著特征。”[②] 这里的实际不完全主要是指不完全竞争和不完全信息。新凯恩斯主义者用这些实际不完全来解释工资刚性和价格刚性。狄克森认为，“在新凯恩斯主义模型中，关键的新思想是不完全竞争”[③]。曼昆也确认，“不完全竞争是新凯恩斯主义经济学的核心”[④]。

（3）新凯恩斯主义宏观经济学最重要的贡献之一是提出了具有逻辑一贯的微观基

---

① Brian Snowdon & Howard R. Vane, *Conversation with Leading Economists*, Edward Elgar, 1999, p. 46.

② N. G. Mankiw and D. Romer, eds., *New Keynesian Economics*, Vol. 1, The MIT Press, 1991, p. 2.

③ Brian Snowdon & Howard R. Vane, *Conversation with Leading Economists*, Edward Elgar, 1999, p. 46,.

④ ［英］布赖恩·斯诺登，霍华德·文，彼得·温纳齐克. 现代宏观经济学指南. 北京：商务印书馆，1998: 405.

础，这就是价格和工资刚性及其缓慢调整，以及信息不完全。自20世纪70年代新古典宏观经济学开始猛烈攻击凯恩斯主义经济学缺乏微观基础以来，新凯恩斯主义者就把他们的研究重点集中在以经济当事人的最大化行为和理性预期为基础来探索严密可信的工资和价格刚性模型。曼昆甚至声称，由于新凯恩斯主义已经提出了好几个关于工资和价格刚性的微观经济学模型，所以，“卢卡斯及其追随者的理论挑战已被击败了”[①]。

新凯恩斯主义与新古典综合派的关键区别是，后者的模型只是假定存在一个固定的名义工资，而前者试图为解释工资和价格黏性提供一个微观基础；后者确认市场不能对干扰做出迅速调整，前者进一步研究了市场不能对干扰做出迅速调整的各种原因。

还应当强调的是，新凯恩斯主义主要是从供给方来解释工资和价格黏性以及经济波动、非充分就业。因此，我们有理由认为，在凯恩斯主义创建了系统的总需求理论的基础上，新凯恩斯主义力图再建立一个从微观分析出发的系统的总供给理论。

通过把名义不完全与实际不完全的相互作用和理性预期假说、自然率假说或“非加速通货膨胀的失业率”假说结合在一起，新凯恩斯主义力图说明，名义总需求的波动如何能够对产出和就业产生重大的实际效果。在此基础上进一步说明干预政策如何可以稳定经济，积极行动的政策并非无效。与凯恩斯主义相比，新凯恩斯主义者对稳定政策的有效性的看法要温和一些，他们中的一些人不提倡政府对经济实行“微调”（fine-tuning）[②]。但是，新凯恩斯主义者几乎都赞成政府对经济进行“粗调”（coarse tuning or rough-tuning）。所谓粗调，是指政府采用旨在消除或避免严重的宏观经济波动的政策，其中也包含政府适度或有限度干预经济的意思。这与货币主义、新古典宏观经济学主张经济活动的自由放任或规则管理有着明显的区别。

（4）为了解释经济波动和评价宏观经济政策，新凯恩斯主义开发了动态随机一般均衡模型（dynamic stochastic general equilibrium，DSGE）[③]，用来取代新古典宏观经济学中的实际的经济周期理论。

自20世纪80年代中期以来，新凯恩斯主义成为西方宏观经济学中与新古典主义—实际的经济周期研究思路相抗衡的主要力量。这两大主流派的争论左右着西方主流经济学的发展方向，也在一定程度上调整着发达国家政府制定经济政策的思路。

作为凯恩斯主义的“精灵”复活（曼昆语），作为一种正在发展中的经济学体系，新凯恩斯主义还存在许多不足或问题。这些问题主要有[④]：

（1）新凯恩斯主义经济学严重偏向于理论发展，经验研究相对贫乏。新凯恩斯主义者提出了各种各样的理论模型。可以说，在和新古典主义的论战中，新凯恩斯主义在理论上是成功的。但是，这些新凯恩斯主义模型，除了其中的少数模型，如企业定价模型、效率工资模型和黏性价格模型，做了一些初步的经验研究以外，大多数都没有经过经验检验。而一种理论是否能够成立，往往需要通过经验事实来验证。因此，可以说，新凯恩斯主义的许多理论还是有待进一步检验的理论。曼昆似乎不回避这一点。他承

① ［英］布赖恩·斯诺登，霍华德·文，彼得·温纳齐克. 现代宏观经济学指南. 北京：商务印书馆，1998：403.

② 新古典宏观经济学家一般主张对经济实行“微调”。所谓微调，是指对经济运行进行微小的、精细的调整，不主张对经济进行大的干预。

③ DSGE模型请见本书第七章“新新古典综合”。

④ 同①395-398.

认，新凯恩斯主义在理论层次上是成功的，但是，“在经验问题上是否会成功比较难说。……现在已经有了一些经验研究，但迄今为止研究工作受经验推动的程度还达不到我希望的水平”①。

(2) 新凯恩斯主义提出了许许多多的理论，但是这些理论之间的相关性和统一性较差。新凯恩斯主义经济学的一大部分内容是解释企业定价行为和工资黏性。就价格黏性和工资黏性的原因，新凯恩斯主义者提出了各种价格黏性模型和工资黏性模型。但是，就造成市场失衡来说，是名义黏性重要还是实际黏性重要？就价格黏性和工资黏性来说，究竟哪一种因素是主要的？新凯恩斯主义者对这些问题的回答还是莫衷一是。

(3) 有些新凯恩斯主义模型对宏观经济的特征事实的解释力似乎较弱。一般来说，新古典宏观经济学的逻辑力量较强，而新凯恩斯主义经济学的现实感较强；虽然新凯恩斯主义模型也无法解释经济周期的所有特征事实，但是在解释非自愿失业的原因方面，基于不完全竞争的新凯恩斯主义模型要明显优于新古典主义模型或实际的经济周期模型。但是，这不意味着新凯恩斯主义模型的解释力都较强。新凯恩斯主义在 20 世纪 70 年代和 80 年代初热衷于名义工资黏性理论，遗憾的是，这个理论与经济周期中的特征事实有抵触。根据名义工资黏性理论，当经济遭受负向的总需求冲击时，总需求收缩、经济衰退使得物价下降；由于交错的劳动合同导致名义工资黏性，因此，从理论逻辑上说，实际工资会提高。这意味着实际工资是逆经济周期运动的，这似乎与经验数据和事实逻辑不符。曼昆曾经说：如果（名义工资黏性理论）这个说法成立，经济衰退将是一种很受人们欢迎的事情：因为经济衰退、失业增加时人们还可以享受更高的实际工资！正是由于名义工资黏性理论未能很好地解释经验事实，所以到 20 世纪 80 年代中后期，新凯恩斯主义又转向名义价格黏性理论。

曼昆用小的“菜单成本”来解释大的经济周期波动的模型也受到不少责难和批评。巴罗对价格调整的小成本可以解释产量和就业的大的波动表示怀疑。另一些批评者认为，对于单个企业来说，菜单成本可能是重要的，但是在宏观经济层面上，菜单成本的影响可能很小甚至不存在。

(4) 理性预期假说的非现实性。我们在前面说过，新凯恩斯主义也接受了理性预期假说，并把这个假说纳入自己的模型。因此，我们在第四章对理性预期假说的讨论也适用于对新凯恩斯主义有关模型的讨论。费尔普斯（Phelps，1992）认为，理性预期假说是“无法令人满意的”。布林德（Blinder，1992）的说法更激进，他认为，支持理性预期假说的证据“说得好听一点是比较弱，说得难听一点是胡扯”②。

(5) *IS*—*LM* 模型的缺陷。新凯恩斯主义经济学继承了凯恩斯主义经济学的传统，仍然把 *IS*—*LM* 模型作为理解总需求的决定因素的一个有用工具。但是，自 20 世纪 90 年代以来，这个模型受到越来越多的批评。批评者认为，这个模型没有包含预期因素；假定价格刚性；它只适合于静态分析或比较静态分析，不能进行动态化。甚至有人主张抛弃 *IS*—*LM* 模型。大卫·罗默指出：“由于这个模型所做的假定和对复杂现象所做的简化，这就不可避免使它更适合于分析某些问题而不是其他问题，使它更适合于描述某

① [英] 布赖恩·斯诺登，霍华德·文，彼得·温纳齐克. 现代宏观经济学指南. 北京：商务印书馆，1998：403-404.

② 同①397.

些经济环境而不是其他的经济环境。实际上，无论是争论的问题还是宏观经济波动的环境都不是一成不变的。”① 罗默和泰勒等人试图用“总需求—价格调整模型”（*AD—PA* 模型）或“总需求—通货膨胀调整模型”（*AD—IA* 模型）来取代 *IS—LM* 模型。

由于存在上述种种问题，一些新凯恩斯主义的反对者认为，新凯恩斯主义经济学除了一些新包装以外，与凯恩斯主义没有多大差别，新凯恩斯主义不过是“新瓶装旧酒”。巴罗甚至断定，新凯恩斯主义经济学“还没有成功地救活凯恩斯主义理论”。

不过，20 世纪 80 年代以后，发达经济体再次出现了失业和通货膨胀之间的替代关系，两者的正相关性消隐了。特别是始于 1997 年的亚洲金融危机和始于 2008 年的国际金融危机，这些经验数据和经济现实支持了新凯恩斯主义，从而使凯恩斯主义获得了解释力，凯恩斯主义获得新生和回归。②

本章复习与思考题

1. 你认为新凯恩斯主义“新”在哪些方面？
2. 新凯恩斯主义者为什么仍然坚持政府干预经济活动？
3. 新凯恩斯主义是如何解释失业的原因的？
4. 新凯恩斯主义是如何分析资本市场失衡的？
5. 新凯恩斯主义与新古典宏观经济学的总供给曲线有什么不同？为什么不同？
6. 新凯恩斯主义与新古典宏观经济学有哪些相同点和不同点？
7. 为什么说新凯恩斯主义是对新古典主义的“反革命”？
8. 你如何看待新凯恩斯主义对凯恩斯主义的继承和发展？

本章进一步阅读文献

[1] Akerlof，George and Janet Yellen，*Efficiency Wage Models of the Labor Market*，Cambridge University Press，1986

[2] Blanchard，Olivier and Jordi Galí，“Real Wage Rigidities and the New Keynesian Model，” *Journal of Money，Credit，and Banking* 39（1），2007

[3] Dornbusch，Rudiger，Stanley Fischer and Richard Startz，*Macroeconomics*，8th Edition，The McGraw-Hill Book Co.，2001

[4] Farmer，Roger E. A.，*Macroeconomics*，2nd Edition，South-Western，2002

[5] Gordon，Robert J.，“What Is New Keynesian Economics?”，*Journal of Economic Literature*，1990

[6] Greenwald，Bruce & Joseph Stiglitz，“New and Old Keynesians，” *Journal of Economic Perspectives*，1993

---

① David Romer，“Keynesian Macroeconomic without the LM Curve，” *Journal of Economic Perspectives*，Vol. 14，No. 2，2000，p. 149.

② ［英］布赖恩·斯诺登，霍华德·文，彼得·温纳齐克. 现代宏观经济学指南. 北京：商务印书馆，1998：398.

[7] Mankiw, N. Gregory & David Romer, eds., *New Keynesian Economics*, The MIT Press, 1991

[8] Mankiw, N. Gregory, *Macroeconomics*, 7th Edition, Worth Publishers, 2010

[9] Romer, David, "The New Keynesian Synthesis," *Journal of Economic Perspectives*, 1993

[10] Romer, David, *Advanced Macroeconomics*, 4th edition, McGraw-Hill/Irwin, March 2011

[11] Snowdon, Brian & Howard R. Vane, eds., *A Macroeconomics Reader*, Routledge, 1997

[12] Tobin, James, *Full Employment and Growth: Further Keynesian Essays on Policy*, Edward Elgar, 1996

[13] Woodford, Michael, *Revolution and Evolution in 20th Century Macroeconomics*, mimeo, Columbia University, 1999

[14] Woodford, Michael, *Interest and Prices: Foundations of a Theory of Monetary Policy*, Princeton University Press, 2003

[15] [英] 布赖恩·斯诺登，霍华德·文. 现代宏观经济学起源、发展和现状. 南京：凤凰出版传媒集团和江苏人民出版社，2009

[16] [英] 布赖恩·斯诺登，霍华德·文. 现代宏观经济学发展的反思. 北京：商务印书馆，2000

[17] [美] 詹姆斯·K. 加尔布雷思，小威廉·戴瑞提. 宏观经济学. 北京：经济科学出版社，1997

[18] [英] 帕特里克·明福德. 理性预期宏观经济学. 北京：中国大百科全书出版社，1998

[19] [美] 罗伯特·霍尔，约翰·泰勒. 宏观经济学. 5 版. 北京：中国人民大学出版社，2000

第七章

新新古典综合

20 世纪 90 年代中后期以来，实际的经济周期理论（RBC）与新凯恩斯主义（NK）出现了融合化的趋势，在西方主流经济学中形成了一种新的流派，这就是新新古典综合（new neoclassical synthesis，NNS），简称“新综合”（new synthesis）。[①] 这是经济学发展的一个新趋势和新阶段。

第一节　新新古典综合概述

“新新古典综合”这一提法或称谓最早见于古德弗兰德（Marvin Goodfriend）与金（Robert G. King）1997 年合作发表的一篇论文，该文首次以“新新古典综合”作为标题。[②]

这个学派的主要代表人物除了古德弗兰德与金以外，还有伍德福德、克拉瑞达（Richard Clarida）、加利、盖特勒（Mark Gertler）、库珀（Russell Cooper）、霍逖韦格（John Haltiwanger）、达福特（Frederic Dufourt）、林勒曼（Ludger Linnermann）、谢

① 在新综合形成的早期，有的学者（Hairault and Portier，1993）把这个新的主流派仍然称为新凯恩斯主义，大卫·罗默则称之为新凯恩斯主义综合（new Keynesian synthesis），金保尔（Miles S. Kimball，1995）则称作新货币主义（neomonetarist），伍德福德在其《利息与价格》（2003 年）一书中称之为“新威克塞尔主义”（neo-Wicksellian）。

② Goodfriend，Marvin & Robert King，“The New Neoclassical Synthesis and the Role of Monetary Policy，” NBER Chapters，in *NBER Macroeconomics Annual 1997*，National Bureau of Economic Research，Inc.，Vol. 12，1997，pp. 231－296.

波特（Andreas Schabert）、芬戴尔（Ralf Fendel）、伯南克等人。

新新古典综合是新古典宏观经济学（主要是实际的经济周期理论）和新凯恩斯主义这两个主流派的融合。它从实际的经济周期理论那里吸收了跨期优化方法和理性预期假说，并把它们融入动态宏观经济学模型；它从新凯恩斯主义那里吸收了不完全竞争和价格调整是有成本的假设，并力图研发出各种经济波动的数量模型。因此，新古典宏观经济学为新新古典综合贡献的主要是实际的经济周期理论所包含的方法，新凯恩斯主义为新新古典综合贡献的主要是各种名义价格黏性。虽然新新古典综合是新古典宏观经济学（实际的经济周期理论）和新凯恩斯主义的融合，但是新新古典综合的主要成分还是新凯恩斯主义，或者说，新新古典综合是以新凯恩斯主义为主体和基调，吸收、融合了新古典宏观经济学的一些有用成果而形成的。也正是由于这个缘故，所以新新古典综合的主要特征还是体现了新凯恩斯主义的基因，新综合的一些代表人物也是新凯恩斯主义者。

不难看出，新新古典综合很像是20世纪50年代新古典综合的重演。不过，现在重演的剧本换了，演员也换了。

一、为什么会出现新综合

实际的经济周期理论与新凯恩斯主义由对立和争论而走向融合和趋同，是因为二者之间有共同的基础，并且相互吸引和相互需要。新综合的原因类似于两个陌生男女最后组合成一个家庭的动因。

实际的经济周期理论和新凯恩斯主义具有共同的方法论基础：他们都认同宏观经济学应该建立在微观基础之上，他们都接受理性预期假说和“卢卡斯批评”。但是，微观基础只是这两个主流派走向融合的必要条件而不是充分条件。

在长期的学术争论中，实际的经济周期理论和新凯恩斯主义都发现了自身的不足和对方的优势，从而推动二者渐行渐近，最终走向融合。

从实际的经济周期理论这一方来看，它之所以需要新凯恩斯主义，其主要原因是实际的经济周期模型不能很好地解释一些特征事实，尤其是劳动市场上的特征事实。例如，通过经验数据可以观察到，就业的标准差大致上等于总产出的标准差，例如普雷斯科特根据美国1954年1月到1982年4月的宏观经济数据计算出，这个时期美国的就业（按劳动投入时数衡量）标准差和GNP标准差分别是1.7%和1.8%；但是根据一些实际的经济周期模型数值模拟的结果，就业标准差只有总产出标准差的1/2～1/3。实际的经济周期模型不能很好地解释这个观察到的特征事实，这被普雷斯科特（Prescott，1986）称作“就业变异之谜”（employment variability puzzle）。[①] 再例如，在实际的经济周期模型中，劳动生产率和总产出之间的同期相关性太高。由于劳动生产率的变化和总产出的变动都是由生产率冲击引起的，因而在实际的经济周期模型中，劳动生产率的标准差与总产出的标准差之间的相关系数差不多等于1，但是实际数据小得多。根据基德兰德和普雷斯科特的实际的经济周期模型（Kydland and Prescott，1982）中的表3和表4，劳动生产率变动与总产出变动之间的相关系数是0.9，然而美国的相关数据却是

① Prescott，Edward C.“Theory Ahead of Business Cycle Measurement，” *Quarterly Review*，Federal Reserve Bank of Minneapolis，Vol. 10，No. 4，1986.

0.1。因此，实际的经济周期理论要想存在下去，必须修正其标准的理论框架，吸收新凯恩斯主义的一些假设。正是这种需要使得逐步的（而不是连续的!）价格调整和不完全竞争假设堂而皇之地被融合到优化的一般均衡理论中。

从新凯恩斯主义这一方来看，它之所以要和实际的经济周期理论融合，主要是因为，其一，新凯恩斯主义在其发展过程中遇到了和凯恩斯主义经济学一样的重要问题，即除了动态的工资—价格设定模型外，都与动态学不相容。以不完全竞争为基础的新凯恩斯主义一般均衡模型仍然是静态模型，像 Blanchard-Kiyotaki 模型（1987）。① 其二，在经验研究基础上提出宏观经济学的新观点这方面，新凯恩斯主义是不太成功的。正如曼昆（Mankiw，1999）早就指出的，"人们现在可以说，新凯恩斯主义经济学，即工资和价格刚性经济学，比较好地建立在微观经济学模型基础上，从这个意义上说，新凯恩斯主义经济学在理论层面上是成功的。……但是，这条研究路线是否在经验研究上也将获得成功？这一点就不大清楚了。也就是说，它在何种程度上能产生新的洞察来帮助我们理解实际的经济波动？它为我们提供了观察数据和政策的新方法吗？我们仍然无从判定。在新凯恩斯主义范围内，虽然有少量的经验研究成果，但是其数量屈指可数。我希望经验研究领域成为新凯恩斯主义的一个增长点，但是到目前为止，经验研究还没有像我所期望的那样定位。"②

既然实际的经济周期理论开发了一系列的经验研究工具，并在实证宏观经济学中得到了应用，那么，采用主要以定量的动态的模型为基础的实际的经济周期理论的方法论，新凯恩斯主义经济学就能够在一般均衡框架下来评价各种名义刚性和实际刚性的动态效应。20 世纪 90 年代以来，新凯恩斯主义采用实际的经济周期理论实证研究方法的文献越来越多。

二、新新古典综合的核心、基础、特色和标志性成果

新新古典综合的核心思想是：市场经济是一种动态随机一般均衡体系，由于存在工资和价格黏性以及市场和信息不完全性，它短期会偏离资源的有效率配置；但在长期，市场机制仍然是配置资源、调节经济运行和促进经济增长的最优机制。

新新古典综合的基础主要是新凯恩斯主义和实际的经济周期理论这两个对立的思潮在理性行为原则、宏观经济学需要经验研究和动态分析这三个方面达成的共识。

新新古典综合的主要特色是：接受理性预期假说、垄断竞争假设、不完全性假设和名义价格黏性假设，运用动态随机一般均衡模型和跨期动态优化方法，力图把微观经济学与宏观经济学一体化，并重新解释当代宏观经济中的一些重大问题，如就业或失业问题，短期波动问题，菲利普斯曲线所描述的关系问题，财政政策与货币政策的有效性问题。

新新古典综合的标志性成果是新古典宏观经济学和新凯恩斯主义在长期争论中就解释经济短期波动的最优方式达成的共识，这就是动态随机一般均衡模型（dynamic sto-

① Blanchard，O. J. and Kiyotaki，N. "Monopolistic Competition and the Effects of Aggregate Demand，" *American Economic Review*，77 (4)，1987，pp. 647-666.

② Mankiw，G. "Interview，" in Snowdown，B and Vane H. (eds)，*Conversations with Leading Economists. Interpreting Modern Macroeconomics*，Cheltenham，Edward Elgar，1999，pp. 106-123.

chastic general equilibrium，DSGE)。

三、新新古典综合的五个要素

伍德福德认为，经过 20 世纪 60 年代和 70 年代初期凯恩斯主义与货币主义的争论，再经过 70 年代后期到 80 年代新古典宏观经济学与新凯恩斯主义的争论，90 年代以来主流宏观经济学家们至少就以下五个问题达成共识，这五个共识就是构成新新古典综合的五个要素。①

1. 宏观经济分析应当使用以逻辑一致的跨期一般均衡原理为基础的模型

这些模型可以使短期波动和长期增长在一个单一的、内在一致的框架内进行分析。

新新古典综合经济学家们现在都认识到，经济增长模型和经济周期模型应当是有机联系在一起的，宏观经济分析和微观经济分析所使用的原理应当是相通的，这些原理既可以用来分析单个居民户的行为或单个厂商的行为，也可以用来分析单个市场的运行，还可以用来构建总体经济模型。就这方面来看，新古典宏观经济学的方法论已经成为主流。但是凯恩斯主义的基因被保留下来了，这就是短期、总体、动态的结构模型；在现在的动态一般均衡模型中融合了各种类型的调整摩擦，使这些模型能够更真实地刻画经济在短期和长期对扰动的反应。

2. 政策量化分析以计量验证的结构模型为基础是可取的

在这方面，二战后发展起来的凯恩斯主义宏观经济计量方法仍然有其生命力和用武之地。不过，出于政策评价实践的需要，新新古典综合现在更多地关注把计量经济模型作为“结构”模型来处理的依据。在过去的凯恩斯主义时代，计量模型中的结构关系往往是根据松散的经济理论来加以说明；现在，结构关系的说明是从家庭或企业的决策问题推导出来的，并且认可存在调整时滞，这些时滞被设定为经济当事人追求最大化的约束条件。新新古典综合认识到观测到的数据的重要性。

3. 把理性预期作为内生变量纳入模型，特别是在做政策分析时，考虑到不同的政策会导致不同的预期是至关重要的

这个共识来源于著名的“卢卡斯批评”。不过，新新古典综合认为，接受理性预期假说和“卢卡斯批评”不意味着也接受“稳定政策必然是无效的”或“货币是完全中性的”这个新古典观点，因为存在各种黏性价格和其他刚性。

4. 实际干扰或不同类型的冲击是经济波动的根源

这个观点既超越了货币主义，也超越了凯恩斯主义。货币主义认为经济波动源于货币变量的无规则变动，凯恩斯主义认为总需求波动引起经济波动，总供给是稳定的。这个观点也与新古典宏观经济学和新凯恩斯主义不同。实际的经济周期理论不承认存在产出缺口，而是使用效率产出（efficient output）② 的变化来解释产出波动，他们认为效

---

① Woodford, Michael,“Convergence in Macroeconomics: Elements of the New Synthesis,” *American Economic Journal: Macroeconomics*，1 (1)，2009，pp. 267-279.

② 效率产出是边际社会成本（marginal social cost，MSC）等于边际社会收益（marginal social benefit，MSB）时的产出，这时社会净收益（net social benefit，NSB）最大。社会净收益等于社会总收益（total social benefit，TSB）与社会总成本之差（total social cost，TSC）。David N. Hyman. *Public Finance* (6th edition)，The Dryden Press，1999，pp. 54-55.

率产出的变化是由对经济的冲击引起的。新凯恩斯主义反对实际的经济周期理论的这种观点，认为效率产出的变化不足以解释更广泛的经济波动。新综合认可存在产出缺口，但是他们认为这种产出缺口不是凯恩斯主义所说的实际产出（增长）与生产能力或潜在产出（增长）之间的差距，而是实际产出与效率产出之间的差距，潜在产出并不是持续增长的，而是在各种冲击的作用下增长或下降。

现在已经没有多少人坚持认为经济波动主要是由货币政策的外生随机变动造成的。货币政策冲击虽然对宏观经济波动有影响，但是这种影响不是很大。奥尔蒂格等人（Altig et al.，2005）[①] 通过研究得出的结论是：货币政策冲击（用 VAR 来界定）只占总产出波动方差的 14%；斯梅茨和沃尔特斯（Smets and Wouters，2007）[②] 发现，货币政策冲击在总产出的预测误差方差分解中所占的比重不到 10%。

新新古典综合所说的"实际干扰"不仅仅限于实际的经济周期模型所说的技术冲击，还包括偏好、政府政策（包括财政政策冲击）以及引起总的时间序列变化的那些冲击；只不过在这些实际干扰中，技术冲击是最重要的。

5. 货币政策是有效的，特别是作为一种控制通货膨胀的手段是有效的

中央银行如果想控制或者被允许控制通货膨胀，它就能够控制通货膨胀已经成为不争的事实。新新古典综合认为，赋予中央银行把通货膨胀率保持在合理的范围内的职责是有道理的。这个共识一部分是货币主义的胜利，但是新新古典综合根据新凯恩斯主义的相关思想提出了菲利普斯曲线的新版本。

四、新新古典综合的六个原则

法国经济学者阿卜杜拉·朱艾奇（Abdallah Zouache）认为，可以根据新新古典综合的模型特征来界定"什么是新新古典综合"，而新新古典综合的模型特征可以解读为四个方法论原则，这些原则又构成新新古典综合体系的硬核。

1. 动态原则

新新古典综合模型都是动态模型。在这些模型中，最优行为的含义被放在一个跨期结构中进行考察。动态原则来源于实际的经济周期理论中的跨期替代机制：消费者为了终生效用最大化在消费与投资之间进行跨期替代；劳动供给者为了自身利益最大化在工作与闲暇之间进行替代；这些替代都是在一个随机的环境下进行的。

在新新古典综合模型中，动态的概念就是一个脉冲传播分析，经济周期被视为对经济的外生冲击的传播所产生的一组波动。

2. 代表性当事人原则

所谓"代表性当事人原则"（principle of representative agent）是指在研究单个经济当事人的决策过程时假设这种微观经济行为代表了经济中所有经济当事人的行为。这与新凯恩斯主义模型不同。新凯恩斯主义模型不认可代表性当事人原则。新凯恩斯主义

① Altig，David，Lawrence Christiano，Martin Eichenbaum，and Jesper Lindé，"Firm Specific Capital，Nominal Rigidities，and the Business Cycle，" NBER working paper no. 11034，January 2005.

② Smets，Frank R. and Raf Wouters，"Shocks and Frictions in US Business Cycles：A Bayesian DSGE Approach，" *American Economic Review*，97 (3)，2007，pp. 586-606.

者认为，在一个不完全竞争的经济中，经济当事人是不同质的，因为生产者对市场有控制力，消费者有各种各样的偏好。

3. 一般均衡原则

在新新古典综合模型中，宏观经济变量的路径（消费、投资、产出、就业）都是经单个家庭和单个厂商选择的市场出清的结果，新新古典综合模型考虑了个人决策之间的相互影响、相互依存。新新古典综合的一般均衡模型的明显特征首先是它的建模策略：它可以运用动态方法，并且考虑到经济的随机增长环境。随机动态一般均衡模型是新综合的标志物。

4. 经验证实原则

新新古典综合模型的结果必须面对经验事实，由经验事实来证实。经验证实原则（principle of empirical verification）是用来拒绝错误的理论，所谓错误的理论是指那些无法解释事实的理论。经验证实原则来源于实际的经济周期理论的经验方法，例如各种滤波方法、参数校准、模型的统计数据与特征事实的比较等。

除了上述这些原则以外，新新古典综合模型还认可各种名义和（或）实际刚性，而这些刚性又与市场不完全和信息不完全联系在一起。这个建模策略来自新凯恩斯主义。

因此，新新古典综合的建模原则实际上是六个，它们是动态原则、代表性当事人原则、一般均衡原则、经验证实原则、价格黏性原则和不完全性原则。正如加利指出的："直到最近，新（综合）模型主要还是在与实际的经济周期范式联系在一起的动态一般均衡框架里融入了凯恩斯主义的要素——不完全竞争和名义黏性。它们能够被用来（并且正在被用于）分析货币、通货膨胀和经济周期之间的关系，还可以用于评价不同货币政策的可行性。"①

第二节　新新古典综合的模型结构

新新古典综合的理论体系或模型结构有许多不同的表述，这些表述往往从代表性居民户行为和代表性厂商行为界定开始，内容多且复杂②，不适合在流派教科书中再现。本节主要参考了两位德国学者的表述③，这个表述比较简洁，并且较好地体现了我们上面概括的新新古典综合的特色。

一、模型结构

如前所述，新新古典综合是由实际的经济周期理论和新凯恩斯主义发展演化而来的，但是新新古典综合的模型结构又有它自己的"新颖"之处，这就是"新"*IS* 曲线、"新"*LM* 曲线和"新"非利普斯曲线，以及由这些新曲线发展出来的"新"*IS*—*LM*

① Galí, Jordi, "New Perspectives on Monetary Policy, Inflation and the Business Cycle," CEPR Discussion Papers 3210, C. E. P. R. Discussion Papers, 2002.

② 参见本章第三节的 DSGE。

③ Giese, Guido and Helmut Wagner, *Graphical Analysis of the New Neoclassical Synthesis*, Fern University, Fachbereich Wirtschaftswiss, 2007.

模型和“新”AD—AS模型。

1.“新”IS曲线

新新古典综合中的IS曲线方程可以用式（7-1）表示：

$$y_t = E_t y_{t+1} - a_1(r_t - \bar{r}_t) \tag{7-1}$$

式中，y_t为t期的产出（或对产品的需求）；$E_t y_{t+1}$为预期的未来产出（或收入）；r_t为实际利率（real interest rate）[①]；$\bar{r}_t$为自然利率（natural rate），它是对产品的需求（y_t）等于产出的自然率水平时的利率；a_1为一个大于零的系数。式（7-1）表明，当期的产出由预期的未来产出和当期的实际利率决定；预期的未来产出与当期的产出同方向变化，当期的实际利率与当期产出反方向变化。

这条IS曲线是由代表性家庭的效用函数推导出来的。对于这个效用函数来说，消费和实际货币余额是内生变量，有些新综合经济学家还把家庭劳动供给看作是内生变量，并存在跨期预算约束；由于家庭在每一期都要在消费和储蓄之间进行选择，这就把家庭的前瞻性行为导入经济的需求方分析。

之所以说式（7-1）是一条“新”IS曲线方程，是因为：(1) 这是一条动态化了的IS曲线，它包含了跨时选择；而传统的IS曲线描述的是一种静态关系。(2) 在传统的IS—LM模型中，IS曲线描述的是当期产出与当期利率的关系，而式（7-1）说明当期产出决定于预期的未来产出和实际利率。所以，新综合中的IS曲线又称作“前瞻性”的IS曲线（a forward-looking IS curve）。

为什么说“当期产出决定于预期的未来产出和实际利率”？新新古典综合的解释是：预期的未来产出增加会提高当期产出，因为代表性家庭为了追求一生效用最大化，偏好平滑自己在整个生命周期中的消费，与预期未来高产出相关的是预期高消费，平滑消费的行为导致当前消费增加，消费增加带动总需求上升，在黏性价格条件下，当前产出会相应提高。而利率对当期产出的负效应则反映了家庭消费的跨期替代行为。这条IS曲线的利率弹性反映了消费的跨期替代弹性。影响IS曲线从而总需求的利率是实际利率。

2.“新”LM曲线——MP曲线

新新古典综合体系中的LM曲线是一条货币政策曲线（monetary policy curve），即MP曲线，它刻画了中央银行的利率政策。

$$r_t = r_0 + c_1\pi_t + c_2(y_t - \bar{y}) \tag{7-2}$$

式中，π_t为通货膨胀率；$\bar{y}$为不存在价格黏性条件下可以达到的自然产出；c_1和c_2为两个大于零的系数。式（7-2）表示，t期的利率由基期的利率（r_0也可以看作是一个参数）、通货膨胀率和产出缺口共同决定。

这条MP曲线表明，货币政策具有典型的泰勒式利率规则[②]的特征，其中，产出和通货膨胀是内生变量，中央银行的短期利率取决于产出和通货膨胀变化。

中央银行制定货币政策可以在两种规则——货币供给（函数）规则和利率规则中进行选择，货币主义大多主张货币供给规则，例如弗里德曼的单一规则；新凯恩斯主义大

① 在新新古典综合的文献中，这个利率大多是名义利率，为了下面的作图方便，这里把它定义为实际利率。

② Taylor，John B. “Discretion Versus Policy Rules in Practice，” Carnegie-Rochester Conference Series on Public Policy，39，1993，pp. 195-214.

多主张利率规则。在新新古典综合体系中，泰勒利率规则已成为货币政策的标准规则。这既有理论方面的原因——相应的模型体系可以解析式地加以分析，包括稳定性分析，也有现实方面的原因——因为泰勒规则和多数国家中央银行实行的通货膨胀目标制相一致。

3. “新”菲利普斯曲线——IA 曲线

$$\pi_t=\beta E_t\pi_{t+1}+\varphi(y_t-\bar{y})+\varepsilon_t \tag{7-3}$$

式中，贴现因子 $\beta\leqslant 1$；φ 为一个大于零的系数，它衡量产出波动对厂商定价行为从而对通货膨胀的影响；ε_t 为通货膨胀冲击。式（7－3）刻画的是一条通货膨胀调整曲线（inflation-adjustment curve），即 IA 曲线，也就是新综合体系中的菲利普斯曲线。式（7－3）说明，t 期的通货膨胀决定于对未来通货膨胀的预期、产出缺口和随机的通货膨胀冲击。

式（7－3）的新意在于：它表明，当期的通货膨胀与预期未来的通货膨胀有关，而与过去的通货膨胀无关，也就是说，它不认可通货膨胀惯性的影响；并且，通货膨胀与产出缺口正相关；随机冲击是影响通货膨胀的重要因素。

这种“新”菲利普斯曲线的微观基础是本书第六章所说的卡尔沃模型。由于存在长期合同或交错合同，并且调整价格是有成本的，这就使得厂商调整其商品价格的频率受到约束，当前能够重新设定自己商品价格的厂商认识到它们选择的商品价格可能要持续存在一期以上，因此，它们发现，在做出目前的定价或调价决策时，参考对未来成本和需求状况的预期可能是最优的。既然价格总水平（通货膨胀）的变化是当前厂商定价或调价决策的结果，而厂商定价或调价又取决于对未来的预期，厂商的目标是追求未来利润的现值最大化，这就把厂商的前瞻性行为纳入经济的供给方分析，因而通货膨胀也就包含有重要的前瞻性的成分。

从交错合同和不完全竞争的视角来看，厂商不能灵活（或连续）调整价格而使厂商定价行为具有泰勒所说的交错的特点。由于价格调整具有交错的特点，通货膨胀的变动就主要取决于当期能制定新价格的厂商的定价决策。由于存在不完全竞争，厂商普遍采用成本加成（mark-ups）定价模式，这就使得加成和边际成本的变化在通货膨胀变化中具有重要作用；在每一期，调价厂商的定价决策既受当前和预期未来的边际成本的影响，也受加成比例的影响，而边际成本和加成比例原则上都与过去的通货膨胀不相关，因此，通货膨胀的滞后值或惯性并不影响当前的通货膨胀。

我们看到，新综合中的菲利普斯曲线与 IS 曲线一样，都具有“前瞻性”的特征，理性预期在其中起着重要的作用。

式（7－1）、式（7－2）和式（7－3）构成新综合体系中的 IS—MP—IA 模型，它类似于目前宏观经济学中流行的 IS—LM—AS 模型。需要注意的是，IS—MP—IA 模型中的变量都经过了对数线性化处理。

4. 稳定条件

根据式（7－3），如果产出高于其自然率水平，即当 $y_t>\bar{y}$ 时，厂商将面临边际成本提高（因为厂商需要增加劳动投入，这会使实际工资提高），由于在垄断竞争条件下厂商采用的是对边际成本的固定加成定价模式，因此，它们提价的速度将快于产出等于其自然率水平的情况。这时价格调整的情况取决于 φ 的大小。当 $\varphi=0$ 时，表明价格完全没有弹性，即全体厂商都保持其价格不变；如果每一期调价厂商的比例为（$1-\omega$），

这时 $\omega=1$。如果 $\varphi=\infty$，表示价格有完全的弹性，即全体厂商都可以在每一期调整其价格，这时 $\omega=0$。在这种情况下，通货膨胀对需求波动有无限弹性，这意味着在任何时候都有 $y_t=\bar{y}$ 的产出水平。这表明，为了保证经济体系的稳定性，利率规则系数要满足下列条件：

$$c_1\varphi+c_2(1-\beta)>0 \tag{7-4}$$

简言之，稳定条件（7-4）确保中央银行通过提高实际利率或按费雪方程提高名义利率来应对通货膨胀。式（7-4）也称作泰勒条件，因为它体现了泰勒规则。

二、稳态

如果没有冲击发生，由式（7-1）、式（7-2）和式（7-3）构成的体系处于非随机稳态。即

$$\bar{r}_t=:\bar{r},\ \varepsilon_t^s=0,\ \forall t$$

并且，模型中内生变量的数值不会随时间而变化，即

$$E_t y_{t+1}=y_t=:y,\ E_t\pi_{t+1}=\pi_t=:\pi,\ r_t=:r,\ \forall t$$

把这些变量的值应用于式（7-1）中的 IS 曲线，得到

$$y=y-a_1(r-\bar{r})\Rightarrow r=\bar{r}$$

因此，稳态条件就是中央银行确定的利率等于经济中的自然利率。利用式（7-2）和式（7-3）得到下列方程：

$$r_0=\bar{r}-c_1\pi-c_2(y-\bar{y}) \tag{7-5}$$

$$\pi(1-\beta)=\varphi(y-\bar{y}) \tag{7-6}$$

由这两个方程得到：

$$\bar{r}=r_0+\left(c_1\frac{\varphi}{1-\beta}+c_2\right)(y-\bar{y}) \tag{7-7}$$

式（7-7）是在 $r-y$ 平面坐标中的一条线，表示实际利率 $r=\bar{r}$ 与产出 y 的组合，在这条线上的每一点，都有经济主体对这些变量的预期值等于这些变量的值，因此，在没有冲击发生时，这些内生变量都是常数。式（7-7）也指明了，如果中央银行参数 r_0 没有调整到等于自然利率，产出 y 将偏离其自然产出有多远。类似地，方程（7-6）确定了在 $\pi-y$ 平面坐标中的通货膨胀和产出的组合，在每一个组合点，经济主体的预期值等于没有冲击发生时这些变量的观测值。这种关系也可以写成长期菲利普斯曲线形式：

$$\pi=\frac{\varphi}{1-\beta}(y-\bar{y}) \tag{7-8}$$

长期菲利普斯曲线（式（7-8））要比短期菲利普斯曲线（即式（7-3）表示的 IA 曲线）陡峭。如果 $\beta\to1$，长期菲利普斯曲线就是垂直的，即不存在通货膨胀与产出之间的替代。

下面将对冲击作出图解分析，我们总是假定经济最初处于稳态，其特征是 $r_0=\bar{r}_t$，$y_0=\bar{y}$，$\pi_0=0$（根据式（7-5）得出）。

三、从 *IS*—*MP* 模型到 *AD*—*IA* 模型

根据前面的模型，我们可以在 r—y 平面图中绘出 *IS* 曲线（即式（7-1）），它描述的是需求方的行为。货币政策曲线（*MP* 曲线，即式（7-2））也可以绘制在同一个图中，其中通货膨胀率 π 是 *MP* 曲线的另一个参数，它决定了 *MP* 曲线在 r-y 空间的位置。与传统的 *IS*—*LM* 模型类似，我们可以在 π—y 平面中通过不同的通货膨胀率（π）水平下的一组 *MP* 曲线与 *IS* 曲线相交作出总需求曲线（*AD* 曲线）。*IA* 曲线（即式（7-3））也可以在 π—y 平面中绘出，它描述了供给方的定价行为。在达到稳态时，*IA* 曲线和 *AD* 曲线在自然产出水平 $\bar{y}$ 和通货膨胀率 $\pi_0=0$ 处相交（见图 7-1）。图 7-1 就是新综合体系中的 *IS*—*MP* 模型和 *AD*—*IA* 模型，这两个模型类似于现在宏观经济学教科书中的 *IS*—*LM* 模型和 *AD*—*AS* 模型。

需要注意的是，图 7-1 有上下两个图，上图的纵轴是实际利率 r 而不是名义利率 i，两者的关系是 $i=r+\pi$（费雪方程）。之所以把纵轴标为实际利率，是为了使 *IS* 曲线不包含通货膨胀率，而通货膨胀率的高低决定了 *MP* 曲线的位置，这样可以比较简便地画出下图中的 *AD* 曲线。如果上图的纵轴是名义利率，画出 *AD* 曲线就比较复杂，因为 *IS* 曲线也必须根据通货膨胀率 π 的变化而移动。把上图的纵轴标为实际利率也方便了下面对冲击的分析。

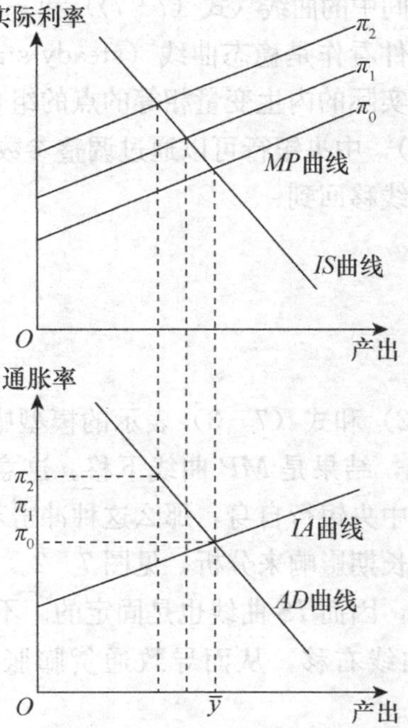

图 7-1　新综合体系中的 *IS*—*MP* 模型和 *AD*—*IA* 模型

在图 7-1 中，上图的纵轴是实际利率（r）轴，横轴是总产出或总收入（y）轴。*IS* 曲线表示对产品的需求，它取决于实际利率和预期的未来收入；当预期收入 Ey 提高

时，IS 曲线会向右移动。MP 曲线表示中央银行以通货膨胀率 π 作为位置参数（a position parameter）来设定实际利率，当通货膨胀率上升时，MP 将上移。根据上图中不同的通货膨胀率下的 MP 曲线与 IS 曲线的交点可以在下图的 $\pi—y$ 空间中绘出 AD 曲线。IA 曲线表示企业的定价行为，当预期未来的通货膨胀 $E\pi$ 上升时，IA 曲线将上移。IA 曲线和 AD 曲线的交点决定了产出和通货膨胀。如果没有冲击发生，产出将等于自然产出 $\bar{y}$，通货膨胀率将是 $\pi_0=0$。

四、对冲击发生后的经济行为的分析

下面我们要分析货币扩张（冲击）、需求冲击和生产率冲击分别在短期、中期和长期对经济行为的影响。根据新综合体系，这些分析建立在下列假设条件上：

假设一：模型体系是稳定的，即泰勒条件（7-4）可以满足。这意味着经济当事人预期的改变不会导致体系发散。

假设二：意外冲击发生后，经济当事人按照下列方式调整他们的预期：他们知晓经济的基本模型方程，并且知道系统是稳定的，即假如冲击持续足够长的时间让经济来调整预期，经济将最终稳定在一个新的稳态。因此，具有理性预期的经济当事人将会预期经济将达到一个具有下列特征的稳态：

$$\begin{aligned} y_t &= E_t y_{t+1} \\ \pi_t &= E\pi_{t+1} \end{aligned} \qquad (7-9)$$

条件（7-9）由 $r—y$ 空间中的曲线（式（7-7））和 $\pi—y$ 空间中的曲线（式（7-8））来表示，下面我们把这个条件看作是稳态曲线（steady-state curves），这条曲线是在没有发生新的冲击时预期的与实际的内生变量相等的点的组合。

另外，根据条件（7-7），中央银行可以通过调整参数满足 $r_0=r_t$ 来适应需求冲击，这使得经济沿着这些稳态曲线移回到

$$\begin{aligned} \pi &= 0 \\ y &= \bar{y} \end{aligned} \qquad (7-10)$$

1. 货币扩张分析

在式（7-1）、式（7-2）和式（7-3）表示的模型中，货币扩张意味着产出和通货膨胀一定时实际利率降低，结果是 MP 曲线下移。这意味着式（7-2）中的参数 r_0 变小了。既然这种冲击源是中央银行自身，那么这种冲击对经济当事人从而对经济的影响就可以区分为短期影响和长期影响来分析，见图 7-2。

在短期，预期是固定的，因而 IS 曲线也是固定的。不过，由于参数 r_0 降低了，这引起 MP 曲线下移、AD 曲线右移，从而导致通货膨胀上升（$\pi_1>\pi_0$）和产出增加（$y_1>\bar{y}$）。

之所以如此，是因为利率降低导致对产品的需求增加（AD 曲线右移），需求增加刺激厂商把产量提高到自然水平以上，这会导致边际成本上升和通货膨胀提高（假定厂商的加成定价模式不变）。这样一来，在短期结束时，经济就脱离了稳态曲线，因为通货膨胀和产出的预期值都和这两个变量实际增加了的数值不一致。

在中期，经济当事人将调整他们的理性预期，他们将考虑到货币扩张的影响，预期产出增加（如果 $\beta<1$），因而预期未来收入增加，这会使当前的需求增加，结果 IS 曲线和 AD 曲线都向右移动。特别要注意的是，在 r—y 空间的稳态曲线（式（7-7））也向右移动，因为 r 是位置参数。此外，在供给一方，厂商也调整它们的预期，即它们把预期通货膨胀率提高纳入目前的定价决策，从而使当前的通货膨胀提高。由于通胀预期是 IA 曲线的一个位置参数，所以 IA 曲线向上移动，正像 MP 曲线向上移动一样。其结果是产出降低，通货膨胀上升。不过，如果 $\beta<1$，产出仍然会保持在原来的水平以上，即 $\bar{y}<y_2<y_1$。只有在长期菲利普斯曲线垂直（即 $\beta=1$）时，才不存在产出和通货膨胀之间的替代，经济将回到原来的产出水平 $y_2=\bar{y}$。在经过预期调整以后，经济回到稳态曲线 $\pi=E\pi$ 和 $y=Ey$。

由上面的分析可以看出，在短期内，货币扩张明显地增加了产出，提高了通货膨胀。从长期来看，如果我们假设稳态曲线是垂直的（这时 $\beta=1$），在需求方和供应方的预期都进行了调整以后，就不存在产出和通货膨胀之间的替代了，货币扩张仅仅提高了通胀率，几乎没有任何产出效应。一些经验研究已经证明，在长期 $\beta=1$ 或接近于 1。①

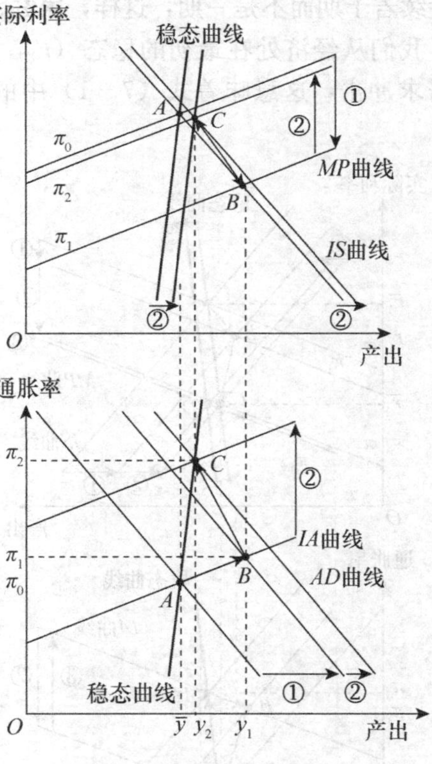

图 7-2　货币扩张的经济效应

在图 7-2 中的上图，在稳态点 A，通货膨胀率为 π_0，产出为自然产出水平 $\bar{y}$。如果发生货币扩张——通常情况是中央银行在既定的产出水平下降低其政策函数中的利率，MP 曲线向下移动（移动的距离如①所示），这表示利率降低的短期后果，这个时

① King, R. "The New IS—LM Model: Language, Logic and Limits," *Federal Reserve Bank of Richmond Quarterly* Vol. 86 (3), 2000; Woodford, M. *Interest and Prices*, Princeton University Press, 2003.

候经济主体还没有调整他们的预期。此外，下图中的 AD 曲线右移（移动的距离如①所示），因为 r_0 是其位置参数。在短期内，由于对产出和通货膨胀的预期还没有发生变化，所以 IS 曲线（预期的未来收入为其位置参数）和 IA 曲线（预期的未来通胀率为其位置参数）均保持不变。因此，在短期，经济沿着既定的 IS 曲线移动到 B 点，这一点的产出和通货膨胀都比以前提高了。然而，在中期，经济主体会调整他们的理性预期，他们会预期到经济将稳定在一个新的稳态。因此，根据其对经济体系和货币政策变化的理解，他们会预期到产出将增加（IS 曲线右移，预期的产出是其位置参数），通货膨胀上升（IA 曲线上移）。同时，在上图中，因为对于既定的产出，预期利率降低了，所以稳态曲线右移。结果，随着预期调整，经济移动到 C 点，这一点的通货膨胀和产出都高于 A 点。不过，由于（对经济体系的实际参数值而言）稳态曲线是（或接近于）垂直的，上图中的 A 点和 C 点相接近或相重合，因此如果在理性预期调整了以后，没有相关的对产出的刺激，货币扩张就成为通货膨胀上升的主要原因。

2. 需求冲击分析

在这个模型中，需求冲击表现为对实际的自然利率的影响，因此使得 IS 曲线移动。假定需求冲击在时间上持续若干期而不是一期，这样，家庭、厂商和中央银行对冲击的反应过程就可以观察到。我们从经济处在最初的稳态（$\bar{r}_0$，$\bar{y}$，π_0）开始分析，假定现在发生的是一个负向的需求冲击，这意味着式（7－1）中的自然利率从 $\bar{r}_0$ 下降到 $\bar{r}_2$，见图 7－3。

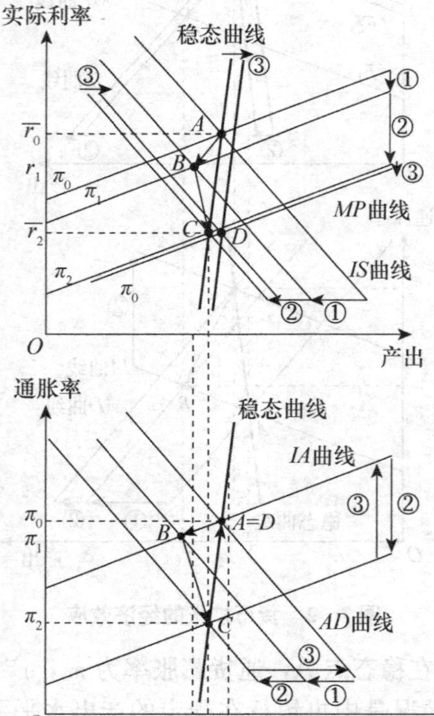

图 7－3 （负向的）需求冲击的经济效应

在很短的时期（very short term），由于冲击是意外发生的，所以经济当事人的预期不变，在这种情况下，自然利率降低使 IS 曲线左移，因为在实际利率既定时，对产品的需求下降了。结果，AD 曲线也左移，对产品的需求降低导致产出水平下降($y_1<\bar{y}$)和通货膨胀率下降（$\pi_1<\pi_0$）。其原因是，产出降低引起厂商的边际成本降低，因此厂商提价的刺激减少了（根据卡尔沃的不变加成定价模型）。另外，在很短的时期，中央银行根据其反应函数（式（7-2））对需求冲击做出反应，由于通货膨胀和产出都降低了，它将把实际利率降低到 $r(\pi_1,\ y_1)<r(\pi_0,\ \bar{y})$。于是，通货膨胀降低使得 MP 曲线下移。这就导致经济脱离稳态曲线，既然 $y<Ey$，$\pi<E\pi$。在这个时期结束时，经济处在（r_1，y_1，π_1）的状态。

在中期，具有理性预期的经济当事人将预期到需求冲击对经济的影响（假设冲击持续足够长的时间)，从而降低他们对通货膨胀和产出的预期值。假设经济当事人将通过协调达到一个稳态（即 $\pi=E\pi$ 和 $y=Ey$)，因而经济将返回到稳态曲线（在 r—y 空间的式（7-7）和在 π—y 空间的式（7-8））上。这意味着 IS 曲线左移（因为预期的未来产量是其位置参数）和 IA 曲线下移（位置参数为 $E_t\pi_{t+1}$）。由于通货膨胀水平下降，MP 曲线再次下移，实际利率等于新的自然利率水平，$r_2=\bar{r}_2<r_1<\bar{r}_0$。

如果需求冲击是长期的或持久的，中央银行可以按照泰勒规则设定 $r_0=\bar{r}_2$ 来调整其利率政策，这将会消除需求冲击对产出和通货膨胀的影响：参数 r_0 下降使 MP 曲线下移，使 r—y 空间的稳态曲线右移，结果，实际利率下降增加了对产品的需求，从而提高了产出。同时，由于边际成本提高了，厂商提价的刺激增加了，导致通货膨胀上升。因为产出和通胀预期同时增加（假定政策函数变化是透明的，经济当事人会立即把这些变化纳入预期)，IS 曲线和 AD 曲线将右移，而 IA 曲线将因为越来越高的通货膨胀预期而上移。经济将达到这样一种均衡状态（$\bar{r}_2$，$\bar{y}$，π_0），即通货膨胀和产出将回到冲击发生前的水平，但是实际利率降低已经完全被中央银行化解了。

总之，经济回到自然产出水平 $\bar{y}$ 和原来的通货膨胀率 $\pi=0$，但是实际利率降低了。这里我们要关注两个重要结论：

其一，如果消费者预期到需求冲击及其对经济的影响要持续一段时间，这将会放大冲击对通货膨胀的影响。

其二，中央银行可以通过化解自然利率的变化来恢复自然产出水平和通货膨胀率。

在图 7-3 中，在稳态 A 点，通货膨胀率为 π_0，实际利率为 $\bar{r}_0$，产出为自然率水平 $\bar{y}$。现在假定发生一个负向需求冲击，这意味着 IS 曲线和 AD 曲线左移。从 A 点到 B 点移动的距离①表示需求冲击的短期后果，即在消费者调整其理性预期以前的后果：既然对产出和通货膨胀的预期还没有改变，那么 IA 曲线就仍然不变，经济离开稳态曲线沿着既定的 IA 曲线移动到状态 B，这时产出、通胀率和实际利率都降低了，MP 曲线（通货膨胀是其位置参数）则下移。然而，在中期，消费者会调整他们的理性预期，他们将预期到经济将稳定在一个新的稳态（移动的距离用②表示)。因此，他们会预期到产出减少（IS 曲线和 AD 曲线进一步右移，因为预期的未来产出是这两条曲线的位置参数）和通货膨胀降低（IA 曲线下移，因为预期的通货膨胀率是其位置参数)。经济从 B 点运行到稳态曲线上的 C 点（移动的距离用②表示)，这时产出、通货膨胀和实际利率都低于 A 点。其原因是消费者的前瞻性预期行为，即预期未来收入的降低将减少当前的需求，预期未来通胀降低将减少当前提价的刺激。此外，如果负向的需求冲击是持久性的，中央银行可以调整其政策函数来回应经济中的自然利率已降至 $\bar{r}_2$ 这一事实。因此，中央银行通常会在既定的产出水平下调低利率，即 MP 曲线将下移。因此，图 7-3 上图中的稳态曲线将右移，因为在稳态，对于任何给定的预期产出水平，预期利率更低。由于中央银行已经通过把新的自然利率纳入其政策函数对冲击作出了回应，经济将回到自然产出水平和原来的通货膨胀率 π_0。在最终状态 D 点，只有实际利率发生了变化（与冲击发生前的初始状态 A 点比较），而需求冲击对产出和通货膨胀的影响被中央银行的政策效果冲销了。

3. 生产率冲击分析

生产率冲击是对经济的供给方的冲击。在现在的模型中，生产率冲击表现为突然而持久的（或至少是长期的）产出的自然率水平由 $\bar{y}$ 提高到新的水平 $\bar{y}_2$，且 $\bar{y}_2 > \bar{y}$，这可能是由于技术进步。为了简化起见，在下面的分析中，我们假设与自然产出水平相适应的自然利率 $\bar{r}$ 保持不变。我们仍然分短期、中期和长期三种情况进行分析，见图 7-4。

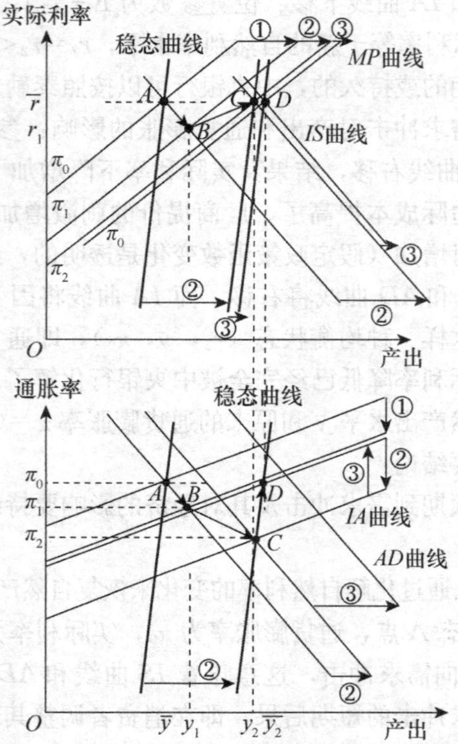

图 7-4　生产率冲击的经济效应

在很短的时期，消费者和厂商的预期及中央银行的反应函数是固定的，即中央银行还按照其反应函数（式（7-2））中“老”的 $\bar{y}$ 值运行。因此，我们假设源于技术进步的生产率冲击所提高的自然产出在短期只影响经济的供给方，即 IA 曲线（式（7-3））下移（因为 $\bar{y}$ 是其位置参数），这使得通货膨胀率降低到 π_1，产出增加到 y_1。由于通货膨胀率下降，MP 曲线右移，中央银行把实际利率降低为 r_1，简言之，在很短的时期内，生产率提高会降低厂商的边际成本，减少了依据基本的卡尔沃模型（在这个模型中，厂商按照边际成本不变加成定价）进行提价的刺激，因此降低了通货膨胀并增加了产出。

在中期，消费者认识到生产率冲击并把它纳入理性预期，即他们会降低通胀预期和提高产出预期，而预期未来收入提高会增加对产品的需求，这引起 *IS* 曲线和 *AD* 曲线右移，结果是产出水平进一步增加到 y_2。另外，因为我们假设只有模型中的需求方发现自然产出水平提高到 $\bar{y}_2$，但中央银行还没有把这个变化纳入其反应函数（式（7－2）），稳态曲线（式（7－7））变得更复杂了。即通过赋予式（7－5）老的参数值 $\bar{y}$ 和式（7－6）新的参数值 $\bar{y}_2$，我们得到

$$\bar{r}=r_0+c_1\frac{\varphi}{1-\beta}(y-\bar{y}_2)+c_2(y-\bar{y}) \tag{7-11}$$

因此，我们由式（7－11）得出结论：在中期，在 r—y 空间中的稳态曲线右移，同时，在 π—y 空间中的稳态曲线（式（7－8））也右移。而且，由于厂商的前瞻性定价行为，供给方的通货膨胀预期降低将再次把当前的通货膨胀降低到 π_2，*IA* 曲线进一步下移、*MP* 曲线进一步右移。我们再次看到，消费者和厂商的预期调整放大了冲击对通货膨胀的影响。既然经济位于稳态曲线上，实际利率再次回到其初始值 $r=\bar{r}$。

如果生产率冲击是持久的或长期持续的，中央银行将调整其反应函数式（7－2），用新的参数值 $\bar{y}_2$ 来替换参数 $\bar{y}$，这使中央银行降低既定的通货膨胀和产出水平下的利率，*MP* 曲线进一步右移，导致产量提高到新的自然率水平 $\bar{y}_2$。假设货币政策的变化是透明的，并同时被消费者和厂商纳入其理性预期，由于消费者的预期是前瞻性的，*IS* 曲线和 *AD* 曲线将右移，这就导致预期的未来产出增加到 $\bar{y}_2$，预期的通货膨胀率为 π_0。同时，r—y 空间的稳态曲线（式（7－11））再次右移。

最后，经济达到新的自然产出水平 $\bar{y}_2$，自然利率水平为 $\bar{r}$，通货膨胀率回到原来的水平 π_0。

在图 7－4 中，在稳态 *A* 点，通货膨胀率为 π_0，实际利率为 r_0，产出为自然率水平 $\bar{y}$，现在发生一个有利的生产率冲击，产出的自然率水平由 $\bar{y}$ 移动到 $\bar{y}_2$。在短期内，生产率冲击尚未被消费者和中央银行认识到，因而预期的产出和通货膨胀没有发生变化。由于预期保持不变，因此 *IS* 曲线和 *AD* 曲线在短期不会从 *A* 点移动到 *B* 点。然而，*IA* 曲线下移了，因为自然产出是其位置参数。因此，经济沿着既定的 *IS* 曲线和 *AD* 曲线移动到 *B* 点，这时产出提高了，通货膨胀率降低了。通货膨胀率的下降将使 *MP* 曲线右移（因为通货膨胀率是其位置参数）。不过，在中期，消费者会认识到生产率冲击并把它纳入其理性预期，因而预期到经济将稳定在一个新的稳态点，与 *A* 点相比，现在生产率提高了、通货膨胀率降低了。因此，*IS* 曲线和 *AD* 曲线右移，因为预期的产出是这两条曲线的位置参数。既然预期的通货膨胀率是其位置参数，*IA* 曲线下移。而且，稳态曲线右移，因为在一个稳态，对于既定的通胀预期值和实际利率预期值，预期的产出会提高。因此，经济沿着稳态曲线由 *B* 点运行到 *C* 点，与 *B* 点相比，新的状态 *C* 点的产出增加了、通货膨胀率降低了。同时，由于通货膨胀率是 *MP* 曲线的位置参数，*MP* 曲线右移。此外，如果生产率冲击是持久性的，货币政策制定者可以调整其政策函数以反映自然产出水平已经提高的事实。因此，中央银行通常是在任何既定的产出水平下降低利率设定，即 *MP* 曲线右移。同时，r—y 空间的稳态曲线右移，因为在稳态条件下，对于任何既定的实际利率水平，消费者预期的产出会提高。因此，经济在稳态曲线上从 *C* 点运行到 *D* 点。由于消费者认识到，中央银行将会根据生产率的提高采取行动，因此他们将会对产出和通货膨胀的变化作出理性预期，即他们预期产出会提高到新

的自然率水平 y_2，这使得 IS 曲线和 AD 曲线右移，与 C 点相比，现在通胀率提高了；这引起 IA 曲线上移。因此，在生产率冲击已经被中央银行通过政策调整化解以后，只有（自然）产出比初始状态 A 点提高了，通货膨胀率和实际利率还和冲击发生前一样。

由上面的分析我们看到，新综合模型与传统的 IS—LM—AS 模型的最大差别是，前者融入了理性预期（前瞻性预期）；当经济当事人的预期调整和（或）冲击发生时，相关的曲线会发生移动，从而使模型的内生变量——产出、通货膨胀率和实际利率发生改变。由此，我们可以得出下列几点重要认识：

（1）由于存在理性预期和预期是否调整，所以无论是对需求方的冲击还是对供给方的冲击，冲击在短期、中期和长期所产生的经济效应是不同的。

（2）就长期来看，对需求方的冲击（货币冲击和需求冲击）和对供给方的冲击，其最终结果是不同的：如果发生的是货币冲击，长期不存在产出与通货膨胀之间的替代，货币扩张或收缩仅仅是提高或降低了通胀率，几乎没有任何产出效应；如果发生的是需求冲击，长期的结果是，通货膨胀和产出将回到冲击发生前的水平，实际利率降低（负向的需求冲击）或实际利率提高（正向的需求冲击）；如果发生的是生产率冲击，长期的结果则是，只有产出的自然率水平比冲击发生前的初始状态提高了（如果发生的是正向的或有利的生产率冲击）或降低了（如果发生的是负向的生产率冲击），通货膨胀和实际利率还和冲击发生前一样。这说明，经济遭受不同类型或不同性质的冲击，其宏观经济后果是不同的。

（3）就货币政策来看，货币扩张或收缩能在短期内对产出产生明显的影响；然而在经济当事人具有理性预期并进行预期调整以后，货币政策变化对产出的影响为零或其影响可以忽略不计，这时货币政策能够影响的仅仅是通货膨胀率。在这种情况下，古典二分法和货币中性论再度有效。

不难看出，新新古典综合模型中的大部分内容其实并不是新的，这些内容及其形式我们都比较熟悉。但是，值得注意的是，新综合现在是用新的方式把这些内容综合在一起，从而形成了新的理论体系结构。如果说这些内容及其形式是建筑材料，那么新综合经济学家现在把其中的一些材料做了重新处理，用新的方法把它们组合在一起，盖了一栋新房子。

第三节　动态随机一般均衡模型

动态随机一般均衡模型（DSGE）是在一般均衡理论框架内融入跨期优化选择和外生随机冲击而构建的一种宏观经济学模型，主要用来解释经济增长和经济波动这样一些重要的宏观经济现象，评价货币政策和财政政策的效果。DSGE 的一个显著特色是，它本质上是一种以微观经济学原理（特别是最大化原则和理性预期假说）为基础推导出来的宏观经济学模型，同时接受了新凯恩斯主义的一些基本假设（如不完全性假设和价格黏性）。它是一种计量经济学模型，但是与主要用于预测的计量经济学模型不同，它从代表性家庭和厂商出发寻找行为方程中的结构参数，从而回应了“卢卡斯批评”。本质上，DSGE 是一种研究宏观经济问题和评价经济政策的新方法、新思路。

DSGE 模型经历了两个主要发展阶段：20 世纪 80 年代的实际的经济周期模型和 90

年代以来新凯恩斯主义的DSGE模型。① 在结构上，DSGE模型类似于实际的经济周期模型，但是DSGE建立在垄断竞争、价格调整是非连续的并且是有成本的假设之上。因此，基德兰德和普雷斯科特（Kydland and Prescott，1982）的文章既被看作是实际的经济周期模型的起点，也被认为是DSGE模型的发端。但是，经济学界一般认为，DSGE的分析框架是由罗泰伯格和伍德福德在1997年发表的那篇题为《基于最优化的货币政策评价的计量经济学框架》的论文中率先提出来的。② 伍德福德（Woodford，2003）、沃尔什（Walsh，2003）以及 Jesus Fernandez-Villaverde & Juan F. Rubio-Ramirez（2007）提出的DSGE模型现在成为引用率较高的基准模型。

一、DSGE模型的结构

DSGE模型一般具有“偏好—技术—体制”这样的结构。典型地，家庭根据自身的偏好和预算约束选择消费和劳动供给以实现跨期最优化（一生效用最大化）；厂商根据自身的生产技术选择最优的投资和劳动需求从而实现利润最大化；经济当事人相互交易所赖以存在的体制约束主要有政策规则和预算约束。经济当事人在某些外生的约束条件下做出其决策，价格不断（非连续）调整，直至市场出清，家庭和厂商的行为共同决定“一般均衡”时的产量和价格。这就是目前颇为流行的DSGE的建模思想。

下面是DSGE建模过程的一个例子。

经济：假定经济中存在三类行为主体——家庭、厂商和中央银行。家庭通过向厂商供给劳动获得工资收入，并且拥有一定数量的货币和厂商发行的证券，也就是厂商由家庭所有。厂商处在垄断竞争市场，每个厂商都生产具有一定差异性的产品（differentiated goods）并为自己的产品定价。假定每一期只有一部分厂商可以对其产品重新定价，剩余的厂商需维持原有价格不变。这就决定了厂商的决策过程是跨期的动态过程。因为厂商在 t 期的定价行为不仅影响当期的利润，还可能影响到未来几期的利润。和传统模型一致，假定家庭的目标是最大化其一生的预期总效用，而厂商的目标是最大化其预期总利润。为了简化模型，假设中央银行的目标是控制名义利率，而不是作为行为最优化的主体存在于经济中。

家庭：假定家庭的效用函数为 $U_t=u\left(C_t,\dfrac{M_t}{P_t},\ 1-N_t\right)$。其中 C_t 为最终消费品，$\dfrac{M_t}{P_t}$ 是实际的货币存量（P_t 为当期的价格总水平，其定义将在下面的厂商行为部分给出），N_t 是劳动时间，因此 $1-N_t$ 为闲暇（假设代表性家庭每一期拥有1单位劳动的禀赋）。这种效用函数表明家庭同时注重消费、货币持有量和闲暇，因为它们都会给家庭带来效用。代表性家庭的目标是最大化如下的预期总效用：

$$E_t\sum_{i=0}^{\infty}\beta^i\left[\frac{C_{t+i}^{1-\sigma}}{1-\sigma}+\frac{\gamma}{1-b}\left(\frac{M_{t+i}}{P_{t+i}}\right)^{1-b}-\chi\frac{N_{t+i}^{\ 1+\eta}}{1+\eta}\right] \tag{7-12}$$

---

① 也有西方学者把实际的经济周期模型与新凯恩斯主义DSGE模型说成是DSGE模型的两个相互竞争的学派。本书没有采用这一说法。因为DSGE模型虽然是对实际的经济周期模型的继承（主要是继承了实际的经济周期模型的建模方法），但更是对实际的经济周期模型的发展。从目前的发展趋势看，实际的经济周期模型已经无法和DSGE模型相竞争，而是被DSGE模型逐步取代。

② Rotemberg，Julio J. and Woodford，Michael，“An Optimization-Based Econometric Framework for the Evaluation of Monetary Policy，” *NBER Macroeconomics Annual* 12，1997，pp. 297-346.

$$C_t=\left[\int_0^1 c_{jt}^{\frac{\theta-1}{\theta}}\mathrm{d}j\right]^{\frac{\theta}{\theta-1}} \tag{7-13}$$

式中，σ、b 和 η 分别决定了消费、货币余额以及闲暇的跨期替代弹性；γ 和 χ 决定了三者之间的期内替代弹性。家庭的最优化问题可以分两步来实现：消费一定量商品的支出最小化以及一定预算约束条件下的效用最大化。首先，假设家庭消费一定量的消费品 C_t，代表性家庭的问题是通过选择差异性消费品来实现支出最小化。①

$$\begin{aligned}&\min_{c_{jt}}\int_0^1 p_{jt}c_{jt}\,\mathrm{d}j\\&\text{s. t. }\left[\int_0^1 c_{jt}^{\frac{\theta-1}{\theta}}\mathrm{d}j\right]^{\frac{\theta}{\theta-1}}\geqslant C_t\end{aligned} \tag{7-14}$$

解这个最小化问题，可得拉格朗日乘子和单个产品消费的表达式②：

$$\begin{aligned}&\lambda_t=\left[\int_0^1 p_{jt}^{1-\theta}\mathrm{d}j\right]^{\frac{1}{1-\theta}}\equiv P_t\\&c_{jt}=\left(\frac{p_{jt}}{P_t}\right)^{-\theta}C_t\end{aligned} \tag{7-15}$$

不难看出，随着 θ 的增大，单个产品表现出越来越强的替代性，因此单个厂商的市场份额将会变得越来越小。

家庭的预算约束可以表示为：

$$C_t+\frac{M_t}{P_t}+\frac{B_t}{P_t}=\left(\frac{w_t}{P_t}\right)N_t+\frac{M_{t-1}}{P_t}+(1+i_{t-1})\left(\frac{B_{t-1}}{P_t}\right)+\Pi_t \tag{7-16}$$

式（7-16）右边是家庭当期的实际收入，分别来源于工资收入 $\left(\frac{w_t}{P_t}\right)N_t$、上一期的货币存量在当期的实际价值 $\frac{M_{t-1}}{P_t}$、债券收入（$1+i_{t-1}$）$\left(\frac{B_{t-1}}{P_t}\right)$ 以及企业当期的利润 Π_t，因为假设厂商由家庭所有。

这样就得出了家庭选择消费品的支出最小化决策和预算约束。接下来家庭要通过选择消费品、劳动供给和债券购买数量来最大化其一生的预期总效用。解这个最优化问题，可以得到如下欧拉方程：

$$C_t^{-\sigma}=\beta(1+i_t)E_t\left(\frac{P_t}{P_{t+1}}\right)C_{t+1}^{-\sigma} \tag{7-17}$$

---

① 为了描述家庭的消费品，首先需对垄断竞争市场做出概括，因为经济中垄断竞争厂商的产品虽然具有差异性，但更具有替代性。假设经济中存在连续为 1 的厂商连续统，c_j 代表厂商 j 的产品。$\theta>1$ 是家庭对单个厂商个体产品的需求弹性。

② 用拉格朗日方法计算一阶条件：

$$L=\int_0^1 p_{jt}c_{jt}\,\mathrm{d}j-\lambda_t\left(\left[\int_0^1 c_{jt}^{\frac{\theta-1}{\theta}}\mathrm{d}j\right]^{\frac{\theta}{\theta-1}}-C_t\right)$$

对 c_{jt} 求导，可得：

$$p_{jt}=\lambda_t\left[\int_0^1 c_{jt}^{\frac{\theta-1}{\theta}}\mathrm{d}j\right]^{\frac{\theta}{\theta-1}}c_{jt}^{\frac{1}{\theta}}=0\text{，即 }c_{jt}=\left(\frac{p_{jt}}{\lambda_t}\right)^{-\theta}C_t$$

代入约束方程：

$$C_t=\left[\int_0^1\left[\left(\frac{p_{jt}}{\lambda_t}\right)^{-\theta}C_t\right]^{\frac{\theta-1}{\theta}}\mathrm{d}j\right]^{\frac{\theta}{\theta-1}}=\left(\frac{1}{\lambda_t}\right)\left[\int_0^1 p_{jt}^{1-\theta}\mathrm{d}j\right]^{\frac{\theta}{\theta-1}}C_t$$

$$\frac{\gamma(M_t/P_t)^{-b}}{C_t{}^{-\sigma}}=\frac{i_t}{1+i_t} \tag{7-18}$$

$$\frac{\chi N_t{}^{\eta}}{C_t{}^{-\sigma}}=\frac{w_t}{P_t} \tag{7-19}$$

式（7－17）至式（7－19）描述了家庭的最优化行为。式（7－17）描述了消费的跨期最优配置；式（7－18）描述了持有货币的机会成本应等于货币和消费的边际替代率，也就是货币需求方程；式（7－19）表示闲暇的机会成本（实际工资）应等于闲暇和消费的边际替代率，也就是家庭的劳动供给方程。

厂商：类似地，厂商的最优化行为也分为两部分。[①] 首先，单个厂商面对家庭的需求 c_{jt} 要实现生产一定量产品的成本最小化，即

$$\begin{aligned}&\min_{N_t}\left(\frac{w_t}{P_t}\right)N_t+\varphi_t(c_{jt}-Z_tN_{jt})\\&\text{s.t. } c_{jt}=Z_tN_{jt},\ E(Z_t)=1\end{aligned} \tag{7-20}$$

这里假设厂商拥有规模报酬不变的生产函数，劳动是生产的唯一投入要素，Z_t 是生产率扰动项，期望值为 1。解这个最优化问题可得到厂商的实际边际成本 φ_t（因为 w_t/P_t 是实际工资）：

$$\varphi_t=\frac{w_t/P_t}{Z_t}$$

接下来，厂商通过选择价格 p_{jt} 来最大化其预期总利润：

$$\begin{aligned}&E_t\sum_{i=0}^{\infty}\omega^i\Delta_{i,t+i}\left[\left(\frac{p_{jt}}{P_{t+i}}\right)c_{j,t+i}-\varphi_{t+i}c_{j,t+i}\right]\\&E_t\sum_{i=0}^{\infty}\omega^i\Delta_{i,t+i}\left[\left(\frac{p_{jt}}{P_{t+i}}\right)^{1-\theta}-\varphi_{t+i}\left(\frac{p_{jt}}{P_{t+i}}\right)^{-\theta}\right]C_{t+i}\end{aligned} \tag{7-21}$$

式中，$\Delta_{i,t+i}=\beta^i\left(\frac{C_{t+i}}{C_t}\right)^{-\sigma}$ 是贴现因子，因为厂商归家庭所有，所以它需要将利润转化为家庭的消费价值。公式中的 ω 用于度量名义价格刚性。假设每一期有 ω 部分的厂商被随机选定，它们需维持价格不变，即当期的产品价格等于上一期的价格；另有（$1-\omega$）部分的厂商可以重新给自己的产品定价。因为所有当期做出价格调整的厂商面临同样的最优化问题，因此可以假设这些厂商将制定统一价格 p_t^*。p_t^* 满足如下的一阶条件：

$$E_t\sum_{i=0}^{\infty}\omega^i\Delta_{i,t+i}\left[(1-\theta)\left(\frac{p_t^*}{P_{t+i}}\right)+\theta\varphi_{t+i}\right]\left(\frac{1}{p_t^*}\right)\left(\frac{p_t^*}{P_{t+i}}\right)^{-\theta}C_{t+i}=0 \tag{7-22}$$

将 $\Delta_{i,t+i}=\beta^i\left(\frac{C_{t+i}}{C_t}\right)^{-\sigma}$ 代入上式，得

$$\left(\frac{p_t^*}{P_t}\right)=\frac{\theta}{\theta-1}\frac{E_t\sum_{i=0}^{\infty}\omega^i\beta^i c_{t+i}^{1-\sigma}\varphi_{t+i}\left(\frac{P_{t+i}}{P_t}\right)^{\theta}}{E_t\sum_{i=0}^{\infty}\omega^i\beta^i c_{t+i}^{1-\sigma}\left(\frac{P_{t+i}}{P_t}\right)^{\theta-1}} \tag{7-23}$$

---

① 关于垄断竞争厂商的最优化行为的描述，参见 Dixit & Stiglitz，“Monopolistic Competition and Optimum Product Diversity，” *The American Economic Review*，Vol. 67，No. 3，1977.

又因为价格总水平 P_t 满足下面的条件：

$$P_t^{1-\theta}=(1-\omega)p_t^{*1-\theta}+\omega P_{t-1}^{1-\theta} \tag{7-24}$$

从而经济中的通货膨胀率，即新凯恩斯主义菲利普斯曲线可以表示为：

$$\pi_t=\beta E_t\pi_{t+1}+\tilde{\kappa}\hat{\varphi}_t\text{，其中 }\tilde{\kappa}=\frac{(1-\omega)(1-\beta\omega)}{\omega} \tag{7-25}$$

新凯恩斯主义菲利普斯曲线意味着实际边际成本是驱动通货膨胀的力量。① 厂商调整价格时必须考虑对未来的通胀预期，因为厂商在随后几期可能无法继续调整价格。用迭代方法可以得到更加直观的结果：通胀率是当期和未来实际边际成本贴现后的现值。

$$\pi_t=\tilde{\kappa}\sum_{i=0}^{\infty}\beta^i E_t\hat{\varphi}_{t+i} \tag{7-26}$$

式（7-25）说明通胀率依赖于实际边际成本而没有说明通胀与产出缺口②（或就业缺口）的关系。从式（7-25）我们可以进一步得出通胀与产出缺口之间的直接联系：

$$\pi_t=\beta E_t\pi_{t+1}+\kappa x_t \tag{7-27}$$

其中，$\kappa=\gamma\tilde{\kappa}=\gamma(1-\omega)(1-\beta\omega)/\omega$，$x_t=\hat{y}_t-\hat{y}_t^f$ 为实际产出对自由伸缩价格下均衡产出的偏离程度。③

这样我们就通过求解家庭和厂商的最优化行为得到了新凯恩斯主义菲利普斯曲线。运用类似的过程可以得到新凯恩斯主义 IS 曲线。因为这一简单的经济中没有政府支出，且劳动是唯一的生产投入，因此市场出清条件意味着消费等于产出。将式（7-27）在稳态附近进行对数线性化可得：

$$\hat{y}_t=E_t\hat{y}_{t+1}-\frac{1}{\sigma}(\hat{\imath}_t-E_t\pi_{t+1}) \tag{7-28}$$

再将产出缺口引入上式，即可得到附加预期的“前瞻性”的 IS 曲线：

$$x_t=E_t x_{t+1}-\frac{1}{\sigma}(\hat{\imath}_t-E_t\pi_{t+1})+u_t\text{，其中 }u_t=E_t\hat{y}_{t+1}^f-\hat{y}_t^f \tag{7-29}$$

---

① $\hat{\varphi}_t$是偏离稳态的百分比，用于度量实际边际成本。

② 产出缺口等于实际产出和潜在的自然产出的差额；就业缺口等于实际就业和自然就业水平的差额。

③ 上面的计算基于 $\omega\neq0$ 的假设。当 $\omega=0$ 时，可以得到自由价格下均衡的产出水平 $\hat{y}_t^f$。

单个厂商的相对价格可以简化为：

$$\left(\frac{P_t^*}{P_t}\right)=\frac{\theta}{\theta-1}\varphi_t=\mu\varphi_t$$

即单个厂商的定价方法类似于成本加成（mark-up）。也因为 $\mu>1$，单个产品的价格大于边际成本，所以经济中的总产量是非效率的，这是垄断竞争带来的结果。不难得出，当价格完全灵活变动时，所有厂商都必须制定同一价格，这一价格就是所有产品的平均价格水平，即经济的总价格，因为没有及时调整价格的厂商将失去所有市场份额，因此可以得出 $\varphi_t=1/\mu$。将其代入边际成本，得到：$\frac{w_t}{P_t}=\frac{Z_t}{\mu}=\frac{\chi N_t^\eta}{C_t^{-\sigma}}$。这是灵活价格下的均衡条件。第二个等号来源于家庭的跨期最优化行为：实际工资应该等于闲暇和消费的边际替代率。定义 $\hat{x}_t$是 X_t 偏离稳态的百分比，f 表示灵活价格下的均衡。将上式在稳态处展开可得：$\eta\hat{n}_t^f+\sigma\hat{c}_t^f=\hat{z}_t$。

生产函数告诉我们$\hat{y}_t^f=\hat{n}_t^f+\hat{z}_t$，市场出清告诉我们$\hat{y}_t^f=\hat{c}_t^f$。综合这些条件就可以得出灵活价格下的均衡产出水平：$\hat{y}_t^f=\left(\frac{1+\eta}{\sigma+\eta}\right)\hat{z}_t$。显然，当价格黏性存在时，产出水平不同于灵活价格下的均衡产出$\hat{y}_t^f$。

附加预期的“前瞻性”的 *IS* 曲线和新菲利普斯曲线类似于凯恩斯主义宏观经济学中的总需求曲线和总供给曲线，且二者分别代表了均衡条件。不同于凯恩斯传统的总供给—总需求模型的是，这里是从最基础的家庭偏好和厂商技术出发用数量模型推导出这两条曲线，而不是直接给出主要变量间的关系（Walsh，2003）。从这个意义上说，这个具备微观基础的简单模型为凯恩斯主义宏观经济学和货币政策分析提供了数量和结构上的依据，DSGE 模型为凯恩斯主义的思想和政策主张注入了时代特征。

二、DSGE 模型的应用

目前，DSGE 模型主要被用于宏观政策分析和评估，特别是对货币政策的评价。

定义：y_t 为实际产出水平，z_t 为产出的自然率水平，$x_t=y_t-z_t$ 为产出缺口。π_t 为当期的通货膨胀率，i_t 为名义利率，g_t 和 u_t 为扰动项，且服从一定的随机分布。和前面介绍的 DSGE 模型相似，现在的目的就是用这些基本变量建立两条曲线：附加预期的 *IS* 曲线和新凯恩斯主义菲利普斯曲线。

模型：首先，过程同上，解消费者效用最大化问题和最终消费品的市场出清条件得到消费者问题的欧拉方程，即 *IS* 方程：

$$x_t=-\varphi[i_t-E_t\pi_{t+1}]+E_tx_{t+1}+g_t \qquad (7-30)$$

$$g_t=\mu g_{t-1}+\hat{g}_t$$

与传统的 *IS* 方程相比较，新的 *IS* 方程表明当期产出不仅与实际利率相关，还与预期的下一期产出有关。当期产出和下一期的预期产出呈正向变动关系，即对未来产出较高的预期可以提高当期产出，因为消费者会通过增加当期消费来实现一生效用最大化。同时当期产出和实际利率呈反向变动关系，也就是较高的实际利率会降低产出，这是源于利率所带来的消费的跨期替代作用。因此模型中的 φ 既是跨期替代弹性又是利率弹性。经济中的冲击来自 g_t。把上述方程简化成迭代方程就是：

$$x_t=E_t\sum_{i=0}^{\infty}\{-\varphi[i_{t+i}-\pi_{t+1+i}]+g_{t+i}\} \qquad (7-31)$$

这个方程直观地表明对未来的信念影响当期的宏观经济。

其次，解垄断竞争厂商的最优化行为，我们可以用所得到的滞后的名义价格设定机制来定义菲利普斯曲线：

$$\pi_t=\lambda x_t+\beta E_t\pi_{t+1}+u_t \qquad (7-32)$$

$$u_t=\rho u_{t-1}+\hat{u}_t$$

这一方程表明当期的通胀率与产出水平以及对下一期通胀的预期有关，因此，它所展现的经济关系和传统模型中附加预期的菲利普斯曲线相一致。但是当我们用迭代方法得到新的方程时，通货膨胀的惯性消失了：

$$\pi_t=E_t\sum_{i=0}^{\infty}\beta^i[\lambda x_{t+i}+u_{t+i}] \qquad (7-33)$$

换言之，厂商通过对未来边际成本的预期来制定价格。x_t 代表由需求变动所产生的边际成本的变动，u_t 代表其他推动成本变动的因素。

上述模型虽然简单，但是蕴涵着新凯恩斯主义的名义价格黏性、垄断竞争厂商以及实际的经济周期模型的建模方法；并且可以用来做政策评估。例如，由于名义价格刚性的存在，货币政策可以在短期内发挥有效的作用。更为重要的是，不同于传统的宏观计量经济模型，家庭和厂商对货币政策的预期在模型中起着重要作用。

最后假设用名义利率作为货币政策的工具。这一假定的好处是不需要单独推导出 *LM* 曲线来表示货币市场均衡。假设中央银行的政策目标如下：

$$\max -\frac{1}{2}E_t\left\{\sum_{i=0}^{\infty}\beta^i\left[\alpha x_{t+i}^2+\pi_{t+i}^2\right]\right\} \tag{7-34}$$

如前，x_t 是产出缺口，π_t 是通胀率，α 是权重。这样的目标函数意味着中央银行盯住两个指标：自然产出和零通胀。被选取的政策工具是短期利率，相应的政策设计就是刻画利率如何调节和设定以适应当前的经济形势。央行通过选取利率的时间序列 $\{i_t\}_{t=0}^{\infty}$ 来最大化上面的目标函数。但是目标变量不仅依赖于当期的政策，也依赖于对未来政策的预期，因此有必要考虑央行对未来政策的承诺是否必要，这是克拉瑞拉等人（Clarida et al.，1999）的重要贡献之一。他们通过分别刻画坚持规则（rule）和相机抉择（discretion）政策条件下的最优政策来比较两种政策体制的效果。

首先，在相机抉择的条件下，央行的行为可以用如下最优化问题概括：

$$\max_{\{x_t,\pi_t,i_t\}_{t=0}^{\infty}} -\frac{1}{2}E_t\left\{\sum_{i=0}^{\infty}\beta^i\left[\alpha x_{t+i}^2+\pi_{t+i}^2\right]\right\} \tag{7-35}$$

$$\begin{aligned}\text{s. t. } x_t &= -\varphi\left[i_t-E_t\pi_{t+1}\right]+E_tx_{t+1}+g_t\\ \pi_t &= \lambda x_t+\beta E_t\pi_{t+1}+u_t\end{aligned}$$

因为这里不存在内生的状态变量，中央银行每一期都可以根据经济形势重新设置利率，因此这个动态问题可以转化成静态问题来求解。克拉瑞拉等人（Clarida et al.，1999）的结论是：当存在成本推动型通货膨胀时，短期内存在通胀和产出变动之间的权衡；最优政策已包含了通胀目标，因为它要求通胀水平应趋近目标值；在最优政策下，为了应对预期通胀的增加，名义利率应该提高足够大的幅度以提高实际利率；最优政策要求调整利率来完全抵消需求冲击，但完全容纳供给冲击。用类似的方法可以得到存在承诺的规则条件下政策安排的特征：如果中央银行想把实际产出提高到自然产出以上，在相机抉择的条件下就会出现通胀率长期高于目标水平并且不能带来任何产出增长的情况，即通胀偏差（inflation bias）；但是在存在承诺的情况下，如果当前的价格设定依赖对未来的预期，这种通胀偏差就可以得到缓解（Clarida，1999）。

三、DSGE 模型的求解

绝大多数 DSGE 模型是含有预期的非线性动态方程体系，除了少数特例之外，这些模型的求解在技术上相当困难，一般难以获得显示解。目前，经济学家们主要使用两种方法来刻画 DSGE 模型的数值特征（numerical analysis）：校准方法和计量方法。校准方法和计量方法本身的弊端加上 DSGE 的特殊性，使得为 DSGE 模型寻找数值解的过程既复杂而又必要。除去基德兰德和普雷斯科特（Kydland and Prescott，1982）对校准方法的使用，目前常用的计量方法包括 GMM（广义矩估计）、MLE（极大似然率估计）、SVAR（结构向量自回归）以及贝叶斯估计（Bayesian analysis）。下面我们将简要介绍 DSGE 模型常用的校准方法和贝叶斯方法。

20 世纪 90 年代，在 DSGE 发展的早期阶段，校准方法常被用于刻画 DSGE 模型的数量特征，对于校准方法利弊的争论也集中在这一时期。

进入 21 世纪，随着 DSGE 模型趋于复杂化和计量方法的新发展，学者们开始转而重视 DSGE 模型的估计方法（计量方法）。越来越多的学者认为，鉴于 DSGE 模型的特殊性，相比于极大似然估计和广义距估计，贝叶斯估计是较为优越的方法。例如，DSGE 本身的特性决定了用极大似然估计法求解需要最大化复杂的高阶方程，而使用贝叶斯估计可以适当简化计算过程。对于任何一个模型，研究者只需要写下似然方程，引出前验分布，然后得出后验分布，再根据后验信息（数据）运用最大似然估计方法去推断未知参数。此外，贝叶斯估计的优势也表现在很多细节之处，例如贝叶斯计量用一种很自然的方法处理或回避模型的误设定问题（misspecified model），贝叶斯方法并不是旨在寻找真实模型，而是致力于如何更好地描述数据特征（Monfort，1996）。

贝叶斯计量体现着贝叶斯推断的思想。克里斯·西姆斯（Cris Sims）说：“贝叶斯推断是一种思考模式，而不是一‘篮子’方法”。贝叶斯推断来源于贝叶斯定理：

$$\pi(\theta \mid y^T, i)=\frac{p(y^T \mid \theta, i)\pi(\theta \mid i)}{\int p(y^T \mid \theta, i)\pi(\theta \mid i)\mathrm{d}\theta}$$

$p(y^T \mid \theta,\ i)$：$R^{N\times T}\times\Theta_i\rightarrow R^+$ 是似然方程，表明了给定参数值，模型赋给每个观察值的概率。其中 $i\in M$ 是方程，$\Theta_i\in\mathbb{R}^{k_i}$ 是参数空间，$\pi(\theta \mid i)$：$\Theta_i\rightarrow R^+$ 描述先验分布，表明样本的先验信息（prior information）对参数值的信念。上面的式子就是对参数的后验分布的描述。它表明了如何通过整合先前的信念与似然函数中蕴涵的样本信息来调整对参数值的信念。为了分析结构性参数的后验分布和评估 DSGE 模型，贝叶斯方法一般采取以下步骤：

(1) 为 DSGE 所描述的经济做对数线性近似，并且转化成状态空间模型。

(2) 为结构性参数 θ 设置先验分布。

(3) 执行先验分析来得出模型结果的可能范围。

(4) 使用梅特罗波利斯-黑斯廷（Metropolis-Hasting，MH）算法（马尔科夫链蒙特卡罗模拟的一种方法）从 θ 的联合后验中抽取序列，并检查收敛性。

(5) 为被选模型和参考模型计算边际似然，计算贝叶斯因子或者其他可用作衡量预测能力的指标。

(6) 用从步骤（4）得到的抽取序列构造统计量，用基于损失的量度计算模型与实际数据的差异。

(7) 检验结果对先验分布选择的敏感度。

下面借用卡诺瓦（Canova，2007）的例子简要说明如何用上述步骤实现对新凯恩斯主义 DSGE 模型的估计。根据卡诺瓦（Canova，2007），可以将沃尔什（Walsh，2003）的模型改写成类似形式：

$$x_t = E_t x_{t+1} - \frac{1}{\varphi}(i_t - E_t \pi_{t+1}) + g_t$$

$$\pi_t = \beta E_t \pi_{t+1} + \kappa x_t + v_t，其中\ \kappa = \frac{(1-\omega)(1-\beta\omega)(\varphi+\theta_N)}{\omega}$$

$$i_t = \varphi_r i_{t-1} + (1-\varphi_r)(\varphi_\pi \pi_{t-1} + \varphi_x x_{t-1}) + e_t$$

$\theta=(\beta,\ \varphi,\ \vartheta_N,\ \omega,\ \varphi_\pi,\ \varphi_x,\ \varphi_r,\ \rho_g,\ \rho_v,\ \sigma_g^2,\ \sigma_v^2,\ \sigma_i^2)$ 为要估计的主要参数。[①]

假设 θ 的先验分布如下：$\beta\sim Beta(98,\ 3)$，$\varphi\sim N(1,\ 0.375^2)$，$\vartheta_N\sim N(2,\ 0.75^2)$，$\omega\sim Beta(9,\ 3)$，$\varphi_r\sim Beta(6,\ 2)$，$\varphi_\pi\sim N(1.7,\ 0.1^2)$，$\varphi_x\sim N(0.5,\ 0.05^2)$，$\rho_g$，$\rho_v\sim Beta(17,\ 3)$，$\sigma_g^2$，$\sigma_v^2$，$\sigma_i^2\sim G(4,\ 0.1)$。接下来使用 MH 算法抽取候选对象，使用实际数据[②]来估计模型。先验和后验分布统计量的比较如下：

	先验均值	先验标准差	后验中值	后验均值	后验标准差
β	0.98	0.01	0.978	0.976	0.007
φ	0.99	0.37	0.836	0.841	0.118
ϑ_N	2.02	0.75	1.813	2.024	0.865
ω	0.75	0.12	0.502	0.536	0.247
φ_r	0.77	0.14	0.704	0.666	0.181
φ_π	1.69	0.10	1.920	1.945	0.167
φ_x	0.49	0.05	0.297	0.305	0.047
ρ_g	0.86	0.07	0.858	0.857	0.038
ρ_v	0.86	0.07	0.842	0.844	0.036
σ_g	0.017	0.01	0.017	0.017	0.007
σ_v	0.016	0.01	0.011	0.012	0.008
σ_i	0.017	0.01	0.015	0.016	0.007

资料来源：Canova (2007), Ch. 11, p. 450.

比较先验和后验统计量可以发现，主要参数的后验分布是比较合理的，除了极端的情况，大多数参数都是对称分布。同时 ρ_g 和 ρ_v 的后验值接近 0.85 说明冲击是持久的。

关于贝叶斯方法和 DSGE 模型更详细的应用可以参见斯梅茨和沃尔特斯（Smets and Wouters，2003，2007）。斯梅茨和沃尔特斯（Smets and Wouters，2007）选取 1966 年 1 月到 2004 年 4 月间的美国季度数据[③]，使用贝叶斯估计方法，检验了新凯恩斯主义 DSGE 模型的解释能力。他们从众多的冲击变量中选取 7 个主要变量作为随机动态的驱动力量。[④] 斯梅茨和沃尔特斯（Smets and Wouters，2007）的主要贡献体现在如下三个

---

① 参数的定义：ω 用于度量价格黏性，β 是贴现因子，φ 是风险规避系数，ϑ_N 是劳动供给弹性，φ_r 是名义利率的持续性，φ_π 和 φ_y 分别衡量利率对滞后一期的通胀和产出的反应程度，g_t、v_t 和 e_t 是扰动项，其中 g_t 和 v_t 分别服从由（ρ_g，σ_g^2）和（ρ_v，σ_v^2）描述的 AR(1) 过程，$e_t\sim \mathrm{iid}(0,\ \sigma_i^2)$。

② 卡诺瓦（Canova，2007）使用了 1948 年 1 月到 2002 年 1 月的美国季度数据。

③ 他们选用了 7 个变量的时间序列，分别是实际 GDP、工作时间（小时）、消费、投资、实际工资、价格和短期名义利率。

④ 7 个冲击变量分别是全要素生产率冲击（TFP）、风险溢价冲击、投资技术冲击、工资加成冲击、价格加成（mark-up）冲击、外生的政府支出冲击和货币政策冲击。

方面。首先，新凯恩斯主义 DSGE 模型逐渐成为备受关注的货币政策分析工具，但是少有研究从正面证实这类模型能很好地解释美国的经济数据。斯梅茨和沃尔特斯（Smets and Wouters，2007）的研究结论证实，它至少和贝叶斯 VAR（BVAR）模型有一样好的解释能力，并且一定程度上有更优秀的预测能力，从而从实证的角度支持新凯恩斯主义 DSGE 模型作为可靠的政策分析模型。其次，在以往的研究中，很多摩擦都被用来解释宏观经济，但并非每一个摩擦都是必要的。斯梅茨和沃尔特斯（Smets and Wouters，2007）通过使用贝叶斯方法比较不同模型的边际似然估计，对各种类型的摩擦进行了精炼，从而得出价格和工资黏性对于解释宏观经济同等重要的结论。最后，他们的研究结果还间接回答了美国生产率的主要驱动力是什么等重要问题。

四、DSGE 模型的意义与局限

DSGE 模型是新新古典综合的标志性成果，它除了具有我们在本书第四章所概括的实际的经济周期模型的优势以外，还有以下意义：

(1) DSGE 模型建立在经济当事人偏好和他面临约束时做出最大化决策的微观经济学原则基础上，因此 DSGE 模型具有逻辑上的内在一致性。而且，正是由于 DSGE 模型建立在经济当事人偏好的假设之上，所以，它又可以用来评价体制变革和政策调整是否满足帕累托标准和其他社会福利准则。

(2) DSGE 模型明确界定了偏好、技术和体制，也就是说明了经济当事人“需要什么”、“能够生产什么”以及“相互交易的方式”，因此，从理论上说，我们能够通过求解 DSGE 模型来预测一个经济实际上生产了什么、交易了什么和消费了什么。

(3) DSGE 模型的主要参数均来源于经济当事人的偏好和经济的技术特征，因此很有可能符合卢卡斯对“结构性参数”的定义。另外，DSGE 并不依赖于实际的经济周期模型关于价格灵活变动和市场出清的假设，因此可以和凯恩斯主义、新凯恩斯主义体系相融合，可以被应用到其他学派的理论中。

(4) 就数量方法来说，实际的经济周期模型主要使用校准方法，而新凯恩斯主义 DSGE 模型主要使用贝叶斯方法。除此之外，新凯恩斯主义 DSGE 模型还常用其他一些方法，主要是一些结构性宏观计量方法，包括广义矩估计、结构向量自回归、极大似然率估计。

(5) 与瓦尔拉斯一般均衡理论、应用一般均衡（applied general equilibrium，AGE）模型和可计算的一般均衡（computable general equilibrium，CGE）模型中的静态模型不同，DSGE 模型是“动态”模型，同时又引入了“随机”冲击。在 DSGE 模型中，“动态”强调的是家庭（或厂商）的当期决策可能对未来几期造成影响，因此家庭的决策过程也是跨期最优化的过程；从宏观层面来说，这里的“动态”是研究宏观经济在长期是如何发展变化的；“随机”是考虑到经济受随机冲击的影响这一事实，主要用来模拟宏观经济中各种类型的冲击，例如斯梅茨和沃尔特斯（Smets and Wouters，2003）将 10 种类型的冲击引入模型中，这些冲击分别体现在生产率（技术）、劳动供给、偏好和货币政策等方面。至于 DSGE 模型的“一般均衡”框架，那是因为模型从最原始的经济学假设和前提出发，分别刻画消费者和生产者的最优化行为，而后利用市场出清条件得出总体均衡时的价格和资源配置。

（6）与传统的计量模型包含成千上万个变量不同，DSGE理论模型只包含一些为数不多的变量，它是一种小型化、简约化的模型，包含的变量较少，目前一些中央银行建立的DSGE预测模型最多也只包含大约100个变量。并且，与传统的计量模型相比，DSGE模型所要求的数据信息要少得多。在20世纪70年代以来发展起来的三类主要的应用宏观计量模型——VAR模型、LSE模型和DSGE模型中，DSGE模型所包含的信息量最小。因此，DSGE符合“尽量使模型简单化”（keep it sophisticatedly simple，即“KISS理论”）这一计量模型发展的新趋势。

20世纪90年代以来，DSGE模型的迅速发展这一事实本身证明了DSGE的潜力和优势，它逐渐成为在预测能力上能媲美于VAR模型和LSE方法的又一宏观经济定量分析的基准模型。DSGE所拥有的数量分析特征使其迅速成名并且相继成为一些中央银行和国际货币基金组织评析宏观政策的模型依据。

但是，和任何经济学理论或模型一样，DSGE模型也不是完美的。首先，如何把金融市场上的“动物精神”（凯恩斯语）和“羊群效应”这样一些因素纳入模型？而这些因素很可能就是经济波动的“元凶”。其次，DSGE模型中的一些参数还不能很好地与微观经济数据相吻合，这使得DSGE模型目前还只能用于货币政策分析。再次，DSGE模型的预测能力特别是对经济周期的拐点的预测能力还较差，包括DSGE模型在内的主流经济学对2008年爆发的美国次贷危机以及随后的国际金融危机的“漏报”和“失声”就是例证。看来，人的行为的主观能动性、随机性、不确定性、复杂性和非线性不是那么容易被把握和刻画的。最后，DSGE所用的校准方法和其他的估计方法也需要进一步完善。托瓦（Tovar）指出，虽然很多研究证明贝叶斯估计较GMM和MLE有着明显的优越性，但是贝叶斯估计本身存在两个问题：如果似然函数包含的信息很少，那么先验分布就可能扭曲结果；对结构性参数的后验估计依赖于某些特定的分析算法（例如梅特罗波利斯-黑斯廷算法），这会给重复验证他人结果带来一定的困难。安和肖尔菲德（An & Schorfheide，2007）则认为，和其他流行的估计法一样，贝叶斯估计需要着重解决两个难题：潜在的误设定（misspecification）和识别（identification）。他们呼吁学者们在DSGE模型的数量估计和实证研究方面做进一步改进。伊斯科雷夫（Iskrev，2008）指出，一些新凯恩斯主义DSGE模型由于模型结构的原因，其中相当一部分行为参数的识别是很弱的。

第四节　新综合的政策共识

新新古典综合既体现了经济学家们对微观经济学领域消费者行为、厂商行为的观点与对宏观经济学领域总量关系的观点之间的调和，也体现了自凯恩斯“革命”以后经济学两大主流派——从货币主义到新古典宏观经济学与从凯恩斯主义到新凯恩斯主义——的思想和政策主张的调和。微观经济学与宏观经济学的融合预示着二者已经不是完全不同、彼此分离的两个领域，DSGE模型就是反映了微观与宏观经济分析一体化这一现代经济学发展趋势的代表性模型。经济学两大主流派的调和，说明主流派之间在理论观点和政策主张上的共识已经多于分歧。正如伍德福德（Woodford，2009）指出的：“在过去10～15年间，经济学家们的观点已经达成相当多的共识。”

新综合的政策共识又称做“新共识宏观经济学”（new consensus macroeconomics, NCM）或简称“新共识”。新共识把货币政策的地位置于财政政策之上，强调货币政策的作用而淡化财政政策的作用；主张货币政策有一个目标——稳定通货膨胀，一个工具——政策利率（policy rate）；认为只要通货膨胀是稳定的，产出缺口就会小而且是稳定的，货币政策就实现了它的稳定经济和保证效率的目的。

新共识宏观经济学主要包含以下几方面政策共识：

一、一种政策：货币政策比财政政策重要

在20世纪30年代大萧条以后，由于信奉凯恩斯思想，财政政策被看作是宏观经济政策的核心工具。在20世纪60年代和70年代，财政政策和货币政策差不多被看作是同等重要的，它们常常被认为是实现经济的内部平衡和外部平衡这两个目标的两个主要的政策工具。但是，自20世纪90年代以来，财政政策的地位被降到货币政策之下。

新综合经济学家们为什么看重货币政策而看轻财政政策？其原因是多方面的：（1）从货币主义到实际的经济周期学派，经济学家们对财政政策的效果普遍持怀疑态度，其理论依据主要是李嘉图等价定理。（2）如果货币政策可以保持一个稳定并且小的产出缺口，那么再使用另一个政策工具就没有必要了。（3）金融市场的发展增强了货币政策的效果，因此也没有必要再把财政政策作为反经济周期的工具。（4）在发达国家，追求稳定并不断降低高债务水平成了经济政策的优先目标；而在新兴市场经济国家，国内债券市场的发展不足限制了反周期财政政策作用的空间。（5）设计和实施财政政策存在时滞，而经济衰退的时间长度又在缩短，应对衰退的财政政策措施很可能出台太晚。（6）与货币政策相比较，财政政策更可能被政治约束扭曲，更可能受政治家的意愿左右。（7）由于存在大稳健（Great Moderation）①，所以政府干预还是越少越好。

那么，货币政策有哪些优势呢？（1）就稳定经济来说，货币政策优于财政政策，因为由于存在调整成本和（或）长期合同，工资和个别价格的调整是缓慢的而不是及时的、是交错的而不是连续的，因此，货币政策行动可以对实际经济活动产生重要影响，货币在短期是非中性的。（2）货币政策可以通过消除通货膨胀和减少相对价格扭曲来提高交易效率和配置效率。（3）中央银行实施旨在保持低通货膨胀甚至零通货膨胀率的中性货币政策，这种货币政策可以解决“动态不一致性”问题。（4）根据DSGE模型，可以根据社会福利最大化目标来设计货币政策。（5）可信度和中央银行的独立性是决定货币政策效果的两个关键维度。（6）如果中央银行致力于稳定物价并保持低通货膨胀，就可以稳定人们的预期，从而宏观经济的稳定性将会持续。

二、一个经济政策架构：通货膨胀目标制

新共识主张的经济政策架构（framework）是通货膨胀目标制（inflation targeting,

① 大稳健是指20世纪80年代中期开始美国经济波动的次数减少了、波动幅度变小了。

IT)。这种政策架构的首要目标是保持低的和稳定的通货膨胀。其特点是在确定某个时期的通货膨胀控制目标以后实施前瞻性操作和透明化操作——中央银行根据模型预测提前确定中长期通货膨胀控制目标，在公众的监督下运用相应的货币政策工具使通货膨胀的实际值和预测目标值相吻合。

自1990年新西兰率先采用通货膨胀目标制到2007年美国次贷危机爆发以前的近20年时间里，大多数发达国家中央银行都把通货膨胀目标定在2%上下，而且保持了低且相对稳定的通货膨胀。这种政策实践进一步强化了新综合的政策共识：要提高货币政策的可靠性和效果，需要采取简单、透明的货币政策架构。

三、一种政策体制：中性的货币政策

实际的经济周期理论持有者认为经济对外生冲击的任何反应都是最优的，因此他们反对实施反周期的经济政策。他们认为政府干预经济的政策不仅是徒劳，而且会使得经济波动加剧，稳定政策往往成为经济不稳定的根源。

新凯恩斯主义认为经济不会自行走到自然率状态，因此需要政府对经济进行适当干预或调节。

新综合接受了新凯恩斯主义政府适当干预的观点，主张实行中性的货币政策。

所谓中性的货币政策（neutral monetary policy）是指使货币利率与自然利率相等的货币政策。这种中性的货币政策是19世纪末20世纪初的威克塞尔（Knut Wicksell）倡导的“中性的货币制度”的现代版。威克塞尔所期望的中性的货币制度是指产品的相对价格决定就像在一个没有纸币的假设世界中一样。他所说的自然利率是指不存在货币时实物市场（real market）上的自然价格，或者说是实物市场上供求均衡时的利率。威克塞尔认为，中性的货币制度需要满足三个均衡条件：其一，市场利率（货币利率）应当等于实物资本借贷时通行的利率；其二，储蓄与投资相均衡的利率；其三，保持价格水平稳定的利率。

简单地说，中性的货币政策就是一种保证货币因素不对经济运行产生实质性影响，保证市场机制不受干扰地在资源配置过程中发挥作用的货币政策。

中性的货币政策和货币非中性并不矛盾，前者是一种政策体制，后者是指货币的作用。新综合强调，中央银行可以通过盯住通货膨胀目标，使不完全竞争厂商的加成（定价）稳定在利润最大化的加成水平上，从而使货币变化在短期近似中性。在具体操作上，中央银行主要是通过短期名义利率调整使实际利率趋向于威克塞尔所说的自然利率，使利率水平能够适应潜在产出的趋势变化，缩小实际产出与自然产出之间的差距，从而保持物价稳定和接近于零的通货膨胀率。

四、一种工具：政策利率

如何稳定经济、稳定物价？新共识主张，货币政策主要使用一种工具——政策利率。政策利率就是中央银行可以通过适当的公开市场操作直接控制的短期利率。

这种共识的背后包含有两个假定：其一，货币政策通过利率和资产价格发挥实际作用，而不是通过任何货币总量的直接作用。其二，各种利率和资产价格都是通过套利活动联系在一起的。所以，对经过风险调整的未来短期利率进行适当的加权平均就可以确定长期利率，而经济的基本面以及资产回报的贴现值经过风险调整就可以确定资产价格。在这两个假定下，中央银行需要的仅仅是影响当前和未来的短期利率：所有其他的利率和价格都会跟随这种短期利率。因此，中央银行可以公开地或隐含地通过采用透明的、可预测的规则，例如泰勒规则，把政策利率设定为当前经济环境的一个函数。

需要指出的是，新综合虽然看重的是货币政策，但是在财政政策上也提出了一些新看法。

(1) 财政政策不应当被用来追求短期经济稳定，因为短期存在排挤效应（crowding-out effect）；财政政策只用于实现中长期目标。

(2) 假如货币供给是适应需求变化的，那么如果中央银行不对产出变化作出过于强烈的反应，正向的财政冲击能够提高通货膨胀和实际工资。如果中央银行只是对通货膨胀预期作出反应而设定利率，实际利率的提高将会最小，因此，财政冲击对产出的扩张效应将会最大；反之亦然（Linnemann and Schaberty，2003）。

(3) 关于财政政策的效应。凯恩斯主义认为财政政策（政府支出）冲击主要影响的是总需求（总需求效应），总供给变化是被动跟随的；相反，古典经济学强调财政政策的总供给效应（通过财富效应），认为总需求是跟随总供给的变化而被动调整的。新综合模型实实在在地“综合”了这两种观点：财政政策的（总）供给效应伴随着（总）需求效应，需求效应可以减少、逆转或加剧初始的供给反应，而需求效应如何作用于供给效应则取决于货币政策（Linnemann and Schaberty，2003）。

(4) 当消费者和厂商预期的实际产出等于产出的自然率水平时，一个一次性的财政冲击会导致产出、通货膨胀、工资、名义利率和实际利率上升，家庭消费则会下降。

(5) 在一个货币非中性的经济中，财政政策冲击会引起经济偏离其效率位置；经济随后在向稳态调整的过程中，存在一个理性预期均衡。

第五节　国际金融危机后的新争论

2007年美国爆发次贷危机和随后升级为国际金融危机以后，新共识宏观经济学遭遇了理论上和实践上的双重挑战。发达国家纷纷动用财政刺激，甚至是大力度的刺激；一些经济学家也从理论上对货币政策的优先和决定性作用提出质疑。例如，英国利兹（Leeds）大学的方坦纳（Fontana，2009）认为：在新共识宏观经济学模型中，财政政策至少和货币政策同样重要。他在联系美国次贷危机进行进一步研究后得出的结论是：“不难想象，未来不论流行什么形式的宏观经济学模型，都不能忽视现代经济中公共部门的作用和不断提高的财政政策的作用。”也有学者认为，这场大危机告诉我们，有约束的相机抉择（constrained discretion）——既不是纯粹的相机抉择也不是规则的政策——应当成为通货膨胀目标制政策架构的重要内容。

一些激进的学者甚至认为，主流经济学家之间的新共识已经破灭了。不但主流经济学家中几乎没有人预测到这场危机，而且，甚至在金融危机冲击发生以后，在如何应对这次危机的问题上，他们也没有达成共识。许多人认为，甚至主流经济学家一致认为，危机源于经济泡沫，但是主要的宏观经济学流派没有重视金融或资产泡沫理论：泡沫是如何形成的，如何认识泡沫，以及如何才能控制泡沫。现代经济理论应对本次危机是失败的。

国际金融危机爆发以后，新古典主义者坚信财政政策无助于经济复苏，仍然强调货币政策重要、货币政策有效。但是新凯恩斯主义者认为，零利率限制和流动性陷阱导致货币政策失效。而且，低的名义利率使财政政策更加有效。许多新凯恩斯主义者主张财政刺激措施，而新古典主义者反对这些措施，暂时的宏观经济学共识被打破了。

针对新新古典综合的一些理论和政策主张，一些学者提出了不同的看法。

1. 关于DSGE模型

有学者认为，DSGE模型的思想意味着，宏观经济分析不应关注像繁荣和衰退这些可观察的现实，而是关注纯粹理性的消费者、厂商和工人最优化行为的理论后果。美国麻省理工学院经济学系的卡巴勒罗（Caballero，2010）指出："当前的宏观经济学的核心——我主要指的是所谓的动态随机一般均衡方法，由于其自身的内在逻辑性已经使人如此神魂颠倒，以至于把其模型世界想要描述的精确性与现实世界实际具有的精确性混为一谈。这样做，无论在方法上还是政策建议上都是危险的。"奥地利经济学家奎金（Quiggin，2010）则指出：当金融危机爆发时，DSGE的精致（宏观经济学有其微观基础）被证明是无用的。DSGE模型不能预测这次危机，也不能对政策反应的讨论提供什么，所有的政策都是参考简单的凯恩斯主义和古典主义模型制订实施的。我们需要的是更现实的宏观经济分析。但是金融危机并没有终止DSGE在学术界发展的步伐。根据Google检索，2009—2010年，发表的有关DSGE的文章有2 600篇，并且更多的文章还将陆续发表。罗伯特·索洛在2010年7月20日美国国会的一个委员会上作证时批评了DSGE模型中的核心假设之一——一个单一的"代表性当事人"，他认为这种"代表性当事人"不能代表那些构成现实世界经济的各式各样的当事人的复杂的交互作用。他呼吁建立一种适合真实世界的经济科学（"Building a Science of Economics for the Real World"）。

2. 关于低的和稳定的通货膨胀

有学者认为，稳定的通货膨胀是必要的，但是仅有稳定的通货膨胀是不够的。通货膨胀的行为比简单模型中假设的要复杂得多，我们对经济活动和通货膨胀之间的关系知之甚少，特别是在低通货膨胀率的情况下。一个明显的事实是，在次贷危机发生以前，美国的通货膨胀和产出缺口二者都是稳定的，但是一些资产价格和信用总量的行为，或产出构成，也许是不合理的，例如住宅投资水平太高、消费水平太高，或现金账户赤字规模太大，从而为后来的大的宏观经济波动埋下隐患。

低通货膨胀虽然有好处，但是它限制了货币政策在衰退阶段的作用空间。当2007年爆发危机时，总需求崩溃了，大多数中央银行很快把政策利率调低到接近于零。如果可能的话，它们将会进一步降低政策利率。但是，零名义利率的界限使中央银行不能这么做。这里得出的一个主要的政策含义是：与没有零名义利率的界限相比，需要更多地依靠财政政策和更大的赤字。

3. 关于财政政策

有学者提出，反周期的财政政策是一种重要的工具。金融危机恢复了财政政策作为一种宏观经济政策工具的中心地位有两个主要理由：首先，就货币政策来说，包括信用宽松和数量宽松，很大程度上已经达到了它的极限，政策制定者除了依靠财政政策已经没有选择余地了。其次，从危机的早期来看，人们预期衰退将会持续很长时间，所以很清楚，财政刺激措施将会有足够的时间来产生有利的影响，虽然这些措施有实施时滞。

还有许多财政政策措施的效果是我们现在还未知的，例如财政篮子的最优构成，财政支出增加与税收削减的使用，影响公债可持续性的因素。

新共识遭遇了新挑战，但是，这不意味着新共识都应该随着金融危机的爆发而全部埋藏。多数学者还是认为，危机以前经济学家们达成的共识，包括宏观经济学得出的主要结论，绝大多数仍然有效。例如，政策的最终目标还是要保持产出和通货膨胀稳定，自然率假说还是成立的，通货膨胀与失业在长期不存在替代关系，稳定的通货膨胀必须保留为货币政策的主要目标之一，政府财政的可持续性至关重要，不仅对于长期来说至关重要，而且对于短期影响预期来说也至关重要。

本章复习与思考题

1. 新新古典综合"新"在何处？
2. 新综合从实际的经济周期那里继承了什么？
3. 新综合和新凯恩斯主义是什么关系？
4. DSGE 为什么被看作是现代宏观经济学的核心？
5. 与实际的经济周期模型相比，DSGE 模型有哪些优势？
6. 目前的 DSGE 模型还存在哪些需要进一步完善的问题？
7. 什么叫新共识宏观经济学？你如何评价它？
8. 新新古典综合与新古典综合有哪些相似之处和不同之处？
9. 你如何评估新综合对经济学发展的影响？
10. 你如何看待国际金融危机后经济政策的新争论？

本章进一步阅读文献

［1］Álvarez，L. "What Do Micro Price Data Tell Us on the Validity of the New Keynesian Phillips Curve?" *Economics：The Open-Access，Open-Assessment E-Journal*，2：2008-19

［2］Álvarez，L. and P. Burriel，"Is a Calvo Price Setting Model Consistent with Micro Price Data?" Banco de Espana Working Paper No. 1010，Available at SSRN：http://ssrn.com/abstract=1586829，2010

［3］Allen，G. and B. Morzuch，"Twenty-five Years of Progress，Problems，and Conflicting Evidence in Econometric Forecasting，What about Next 25 Years?" *International Journal of Forecasting*，2006，22（3）：475-492

［4］An，S. and F. Schorfheide，"Bayesian Analysis of DSGE Models，" *Econometric Reviews*，2007，26（2）：113-172

［5］Beneš，J.，T. Hlédik，M. Kumhof，and D. Vávra，"An Economy in Transition and DSGE：What the Czech National Nank's New Projection Model，" *Czech National Bank，Working Paper Series*，2005

[6] Bernanke, B., M. Gertler and S. Gilchrist, "The Financial Accelerator in a Quantitative Business Cycle Framework," *Handbook of Macroeconomics*, 1999

[7] Bierens, H. "Econometric Analysis of Linearized Singular Dynamic Stochastic General Equilibrium Models," *Journal of Econometrics*, 2007, 136 (2): 595-627

[8] Blanchard, O. and J. Gali, "Real Wage Rigidities and the New Keynesian Model," *Journal of Money, Credit and Banking*, 2005, 39 (1): 35-65

[9] Blanchard, Olivier, Giovanni Dell Ariccia, and Paolo Mauro, *Rethinking Macroeconomic Policy*, IMF, Feb. 12, 2010

[10] Brunnermeier, M. "Deciphering the 2007—2008 Liquidity and Credit Crunch," *Journal of Economic Perspectives*, 2009, 23 (1): 77-100

[11] Caballero, Ricardo J., "Macroeconomics after the Crisis: Time to Deal with the Pretense-of-Knowledge Syndrome," MIT Department of Economics Working Paper No. 10-16, 2010

[12] Carvalho, C. "Heterogeneity in Price Stickiness and the Real Effects of Monetary Shocks," *Frontiers of Macroeconomics*, 2 (1), Article 1, 2006

[13] Canova, F. *Methods for Applied Macro Research*, Princeton University Press, 2007

[14] Chari, V., P. Kehoe, and E. McGrattan, "New Keynesian Models: Not Yet Useful for Policy Analysis," *American Economic Journal: Macroeconomics*, 2009, 1 (1): 242-266

[15] Christiano, L. and M. Eichenbaum, "Current Real-Business Cycle Theories and Aggregate Labor market Fluctuations," *The American Economic Review*, 1992, 82 (3): 430-450

[16] Christiano, L., M. Eichenbaum, and C. Evans, "Nominal Rigidities and the Dynamic Effects of a Shock to Monetary Policy," *Journal of Political Economy*, 2005, 113 (1): 1-45

[17] Clarida, R., J. Gali, and M. Gertler, "The Science of Monetary Policy: A New Keynesian Perspective," *Journal of Economic Literature*, 1999, 37 (4): 1661-1707

[18] Colander, D., P. Howitt, A. Kirman, A. Leijonhufvud and P. Mehrling, "Beyond DSGE Models: Towards an Empirically-Based Macroeconomics," *American Economic Review: Papers and Proceedings*, 2008, 98 (2): 236-240

[19] Cooley, T., eds. *rontiers of Business Cycle Research*, Princeton University Press, 1995

[20] DeJong, D., and C. Dave, *Structural Macroeconometrics*, Princeton University Press, 2007

[21] Diebold, F. "The Past, Present and Future of Macroeconomic Forecasting," *Journal of Economic Perspectives*, 1998, 12 (2): 175-192

[22] Dixit, A. and J. Stiglitz, "Monopolistic Competition and Optimum Product Diversity," *The American Economic Review*, 1977, 67 (3): 297-308

[23] Erceg, C., L. Guerrieri, L. and C. Gust, "SIGMA: A New Open Economy

Model for Policy Analysis," Board of Governors of the Federal Reserve System Research Paper Series; IFDP Discussion Paper No. 835.

[24] Farmer, R. "Aggregate Demand and Supply," NBER Working Paper, No. 13406, 2007

[25] Favero, C. *Applied Macroeconometrics*, Oxford University Press, 2001

[26] Fernández-Villaverde, J. "The Econometrics of DSGE," *SERIEs: Journal of the Spanish Economic Association*, 2009, 1 (1-2): 3-49

[27] Fontana, Giuseppe, "Whither New Consensus Macroeconomics? The Role of Government and Fiscal Policy in Modern Macroeconomics," The Levy Economics Institute of Bard College, Working Paper No. 563, 2009

[28] Galí, Jordi, *Monetary Policy, Inflation, and the Business Cycle*, Princeton University Press, 2008

[29] Gertler, M. and N. Kiyotaki, "Financial Intermediation and Credit Policy in Business Cycle Analysis," Prepared for the Handbook of Monetary Economics, 2009

[30] Gertler, Mark and Peter Karadi, "A Model of Unconventional Monetary Policy," New York University Unpublished Working Paper, 2009

[31] Giese, Guido and Helmut Wagner, *Graphical Analysis of the New Neoclassical Synthesis*, Fern University, Fachbereich Wirtschaftswiss, 2007

[32] Gilchrist, S., A. Ortiz and E. Zakrajšek, Working Paper Prepared for the FRB/JMCB Conference "Financial Markets and Monetary Policy," FRB, Washington D. C., 2009

[33] Goodfriend, M. and R. King, "The New Neoclassical Synthesis and the Role of Monetary Policy," *NBER Macroeconomic Annual*, 1997, 12: 231-283

[34] Goodfriend, Marvin, "Monetary Policy in the New Neoclassical Synthesis: A Primer," *Federal Reserve Bank of Richmond Economic Quarterly*, Vol. 90/3, 2004

[35] Grauwe, P. "DSGE Modeling When Agents Are Imperfectly Informed," ECB Working Paper No. 897. Available at SSRN: http://ssrn.com/abstract=1120763, 2008

[36] Hairault, Jean-Olivier & Portier, Franck, "Money, New-Keynesian Macroeconomics and the Business Cycle," *European Economic Review*, Elsevier, Vol. 37 (8), December 1993

[37] Hansen, L. and J. Heckman, "The Empirical Foundations of Calibration," *Journal of Economic Perspective*, 1996, 10 (10): 87-104

[38] Iskrev, N. "How Much Do We Learn from the Estimation of DSGE Models—A Case Study of Identification Issues in a New Keynesian Business Cycle Model," mimeo, University of Michigan, 2008

[39] Jesus Fernandez-Villaverde & Juan F. Rubio-Ramirez, "Estimating Macroeconomic Models: A Likelihood Approach," *Review of Economic Studies*, Oxford University Press, Vol. 74 (4), 2007

[40] Karagedikli, Ö., Troy Matheson and Christie Smith, "RBCs and DSGEs: The Computational Approach to Business Cycle Theory and Evidence," Norges Bank

Working Paper, 2008

[41] Kimball, Miles S. "The Quantitative Analytics of the Basic Neomonetarist Model," *Journal of Money, Credit and Banking*, Blackwell Publishing, Vol. 27 (4), pp. 1241-1277, November 1995

[42] King, R. "The New IS-LM Model: Language, Logic and Limits," *Federal Reserve Bank of Richmond Quarterly*, Vol. 86 (3), 2000

[43] Kydland, F. and E. Prescott, "Time to Build and Aggregate Fluctuation," *Econometrica*, 1982, 50: 1345-1370

[44] Kydland, F. and Prescott, E., "The Computational Experiment: An Econometric Tool," *Journal of Economic Perspectives*, 1996, 10 (1): 69-85

[45] Levine, P. and J. Pearlman, "Estimating DSGE Models under Partial Information," CDMA Working Paper No. 0722. Available at SSRN: http://ssrn.com/abstract=1112082, 2007

[46] Linnemann, Ludger and Andreas Schaberty, "Fiscal Policy in the New Neoclassical Synthesis," *Journal of Money, Credit and Banking*, Vol. 35, No. 6, 2003

[47] Lubik, T. and M. Marzo, "An Inventory of Simple Monetary Policy Rules in a New Keynesian Macroeconomic Model," *International Review of Economics and Finance*, 2007, 16: 15-36

[48] Lucas, R. "Econometric Policy Evaluation: A Critique," in Brunner, K., Meltzer, A. *The Phillips Curve and Labor Markets*, *Carnegie-Rochester Conference Series on Public Policy*, 1, American Elsevier, 1976, pp. 19-46

[49] Mankiw, G. and D. Romer, eds. *New Keynesian Economics*, MIT Press, 1991

[50] Milani, F. and D. Poirier, "Econometric Issues in DSGE Models," *Econometric Reviews*, 2007, 26 (2-4): 201-204

[51] Mishkin, F. "Inflation Targeting in Emerging-Market Countries," *The American Economic Review*, *Papers and Proceedings of the One Hundred Twelfth Annual Meeting of the American Economic Association*, 2000, 90 (2): 105-109

[52] Murchison, S. and A. Rennison, "To TEM: the Bank of Canada's New Quarterly Projection Model," Bank of Canada Technical Report No. 97, 2006

[53] Pagan, A. "Report on Modeling and Forecasting at the Bank of England," Bank of England Working Paper, 2003

[54] Quiggin, John, "Five Zombie Economic Ideas That Refuse to Die," *Foreign Policy*, October 15, 2010

[55] Quiggin, John, *How Dead Ideas Still Walk Among Us*. Princeton University Press, 2010

[56] Romer, D. *Advanced Macroeconomics*, 2nd edn, McGraw-Hill Higher Education, 2001

[57] Romer, David, "Dynamic Stochastic General Equilibrium Models of Fluctuations," *Advanced Macroeconomics* (Fourth ed.). McGraw-Hill Irwin, 2012

[58] Rotemberg, J. and M. Woodford, "An Optimization Based Econometric

Framework for the Evaluation of Monetary Policy," *NBER Macroeconomic Annual*, 1997, 12: 297-346

[59] Ruge-Mucia, F. "Methods to Estimate Dynamic Stochastic General Equilibrium Models," *Journal of Economic Dynamics and Control*, 2007, 31: 2599-2636

[60] Smets, F. and R. Wouters, "An Estimated Dynamic Stochastic General Equilibrium Model of the Euro Area," *Journal of European Economic Association*, Vol. 1, 2003, pp. 1123-1175

[61] Smets, F. and R. Wouters, "Shocks and Frictions in US Business Cycles: A Bayesian DSGE Approach," *The American Economic Review*, 2007, 97 (3): 586-606

[62] Tovar, C. "DSGE Models and Central Bank," BIS Working Paper, No. 258, 2008

[63] Walsh, C. *Monetary Theory and Policy*, 2nd edition, MIT Press, 2003

[64] Woodford, M. "Revolution and Evolution in 20th Century Macroeconomics," Presented at a conference, Frontiers of the Mind in the Twenty-First Century, U. S. Library of Congress, Washington, D. C., 1999

[65] Woodford, Michael, *Interest and Prices: Foundations of a Theory of Monetary Policy*, Princeton University Press, 2003

[66] Woodford, Michael, "Convergence in Macroeconomics: Elements of the New Synthesis," *American Economic Journal: Macroeconomics*, 1 (1), 2009

[67] Yu, X. "Measurement Errors and Policy Evaluation in the Frequency Domain," Unpublished Working Paper, University of Wisconsin-Madison. Available at SSRN: http://ssrn.com/abstract=1585083, 2010

[68] Zouache, Abdallah, "Towards a 'New Neoclassical Synthesis'?: An Analysis of the Methodological Convergence between New Keynesian Economics and Real Business Cycle Theory," *History of Economic Ideas*, Vol. 12 (1), 2004

[69] 方福前，王晴. 动态随机一般均衡模型：文献研究与未来展望. 经济理论与经济管理，2012 (11)

第八章

新制度经济学

20世纪70—80年代，一个引人注目的新的经济学流派在西方经济学界崛起，它的一些代表人物在90年代初被授予诺贝尔经济学奖，这大大提高了它在世界范围内的影响力，这个学派就是以科斯、诺思等人为代表的新制度经济学（new institutional economics）或新制度主义（new institutionalism）。

新制度经济学力图利用西方正统经济理论（主要是新古典经济学）去分析制度的构成、运行和演化，并去发现这些制度在经济运行中的地位和作用，分析制度对经济的影响。它摈弃了制度是外生的或中性的新古典假设，强调制度重要。

第一节　新制度经济学的思想渊源

新制度经济学的思想渊源至少可以追溯到18世纪英法古典经济学。古典经济学家大卫·休谟、詹姆斯·斯图亚特和亚当·斯密等人都认识到制度的重要性。斯密的《国富论》主要是要论证自由竞争的资本主义制度是一种“自然的自由制度”，与重商主义制度相比，这种制度能够增进国民财富。这种“自然的自由制度”之所以有这种优越性，是因为它是个人自发选择的结果，它合乎人的天性；这种制度的基础是个人享有一系列不可剥夺的天赋的权利和自由，例如个人的财产权、人身的自由权、从事劳动的权利、自由交易的权利、不妨碍他人追求自由的权利等等。在《国富论》中，斯密在论述了劳动分工的优点以后，又进一步证明在合理的法律和制度秩序下，劳动分工是受市场发展程度控制和导向的，而市场又是通过对单个生产者和消费者的利益进行刺激来引导资源配置的。可以说，斯密等人的古典经济学的一个核心思想就是个人选择的自由和生产组织的自由，这些自由是以一定的法律和制度秩序的存在作为前提的。

斯密等人的历史—制度主义传统没有被继承发展下去。斯密以后的李嘉图和西尼尔强调抽象和演绎分析，他们以非历史主义的态度对待资本主义制度。李嘉图甚至把原始社会的渔夫和猎人都看作是资本家，原始人捕杀猎物所使用的棍棒和石头也被看作是资本。

19 世纪 70 年代由杰文斯、门格尔（Carl Menger）和瓦尔拉斯等人掀起的“边际革命”改变了西方主流经济学的发展方向，它创造了一种新的经济学分析范式，这种范式把人们的注意力由分析资本主义社会的制度基础转向分析如何在稀缺条件下在各种目标中做出选择。在以马歇尔为代表的新古典经济学（neo-classical economics）体系中，制度被设想为是既定的或不变的，制度因素被当作是外生变量；新古典经济学家对制度本身以及制度与经济绩效的关系很少进行研究。

在主流的新古典范式不研究制度的同时，一些非主流经济学流派却在关注和研究制度。这些流派主要有：

（一）德国历史学派

以施莫勒（Gustav von Schmoller）等人为代表的（新）历史学派认为，经济学不应当是一门抽象演绎的科学，而是一门历史的科学；经济学研究必须建立在广泛的地理和历史材料的基础之上，不存在普遍适用的一般的经济学原理，只有适合于特殊国家和特殊历史时期的经济学原理。历史学派强调制度和文化对于分析经济现象的重要性，他们主张要用特殊的历史因果联系来解释经济现象；他们强调法律对经济的制约关系，认为个人的经济地位由法律制度决定，而法律制度本身是历史的产物；他们强调伦理道德因素在经济中的地位和作用。他们认为，经济组织是为伦理道德规范所制约的一种秩序，经济现象只有和伦理道德联系起来才能得到说明。在 19 世纪的后 30 年里，历史学派的经济学家们发表了大量关于德国等一些国家的各种经济制度、组织和生活的研究成果。施莫勒的代表作《国民经济学大纲》（1900—1904 年）实际上是一部历史和制度经济学的大纲。这使得熊彼特有理由把施莫勒看作是美国制度主义之父。

（二）奥地利学派

这里所说的奥地利学派包括以门格尔和米塞斯等人为代表的奥地利学派和以拉赫曼（Ludwig Lachmann）、哈耶克等人为代表的新奥地利学派。“奥地利学派的贡献在于将对规则的分析置于人类的有限知识以及方法论上的个人主义和主观主义语境之中。”[①] 方法论上的个人主义认为，所有的行为都是单个个人的行为，而不是像国家、种族或社会阶级一类抽象集体的行为；一切社会现象都是个人行为的结果，因此，科学的任务是研究个人行为的基础。方法论上的主观主义则主张，只有个人才能主观地认识世界，许多经济范畴都具有主观性质，但是个人在偏好、能力和环境条件方面都是不相同的，因

① ［德］柯武刚，史漫飞．制度经济学：社会秩序与公共政策．北京：商务印书馆，2002：40.

而个人有着不同的愿望、知识和价值判断。因此，人与人之间的差异必须受到尊重，个人目标不可能被汇总为集体目标。

由方法论上的个人主义和主观主义出发，奥地利学派经济学的基本目的是根据个人的目的和计划来理解社会现象。但是个人绝不是万能的“计算器”，而是错误不断、知识有限的生物，他遭受不确定性的困扰。为了克服有限知识和不确定性带来的局限，个人会在交易过程中自发地遵循某种规则或制度，从而使得经济活动和社会活动形成某种秩序。哈耶克认为：“人类智识远不足以领会复杂人类社会的所有细节，我们没有充分的理由来细致入微地安排这样一种迫使我们满足于抽象规则的秩序。”①

制度就是协调不同的个人之间相互作用的方式，制度通过影响个人计划之间的相互作用来影响人类行为。在奥地利学派看来，一个市场是一种制度，一种法律体系也是一种制度；货币是一种制度，价格也是一种制度。奥地利学派主要关注人们如何协调他们不同的个人目标，什么样的制度演化能使人们在缺乏知识的条件下仍然能够设法达到其个人的目标。

（三）美国制度学派

这里所说的美国制度学派或制度经济学是指以凡勃仑（Thorstein Veblen）、米契尔、康芒斯（John Rogers Commons）等人为代表的一批经济学家在20世纪二三十年代所形成的松散的学术团体。艾尔斯（Clarence E. Ayers）和加尔布雷思（John Kenneth Galbraith）被认为是这个学派的后继者，也有人将他们称为“新制度经济学”（neo-institutional economics）。新制度经济学流行以来，这种制度经济学往往被称为旧制度经济学。

与新古典经济学的主流范式强调人的理性和完备知识不同，制度学派强调习惯和习俗的重要性。在制度经济学家们看来，经济学的任务不是寻求不变的自然规律，而是研究习惯和习俗；制度就是在一定时期所通行的思维习惯；经济学家通过研究这些习惯或制度的形成和演变来解释经济决策和行为是如何在不同的时间和地点上进行的。

凡勃仑把“制度”定义为“广泛存在的社会习惯”，他认为，“制度具有一种习惯特征，它通过习惯和一般认可变得具有公理性和不可或缺性。”② 私有财产、市场、价格、货币、竞争、企业、政治机构、法律和逐利行为等都是习惯或制度。社会经济根源于有关的制度，而又为制度的发展所制约。因此，制度对于理解人的经济行为和经济决策的制定方式是至关重要的。

凡勃仑认为，社会习惯是逐渐形成的，所以制度本身有着一个历史演化的过程；要了解当前社会经济和其将来的发展趋向，必须从了解制度的演化过程入手；社会经济的发展过程实际上就是制度的演化过程。

米契尔的研究主要集中于经济的周期性波动和总量失衡，他把波动原因的量化和测度作为主要的方法论目的或标准。如果说凡勃仑寻求的是为某些类型的制度和制度

---

① Hayek, Friedrich A. *Studies in Philosophy*, *Politics and Economics*, Routledge & Kegan Paul, 1967, p. 88.

② ［德］埃瑞克·G. 菲吕博顿，鲁道夫·瑞切特. 新制度经济学. 上海：上海财经大学出版社，1998：41.

变迁建立文化的和心理的基础，那么米契尔的目标是使金钱的制度和商业波动客观化。

康芒斯强调经济分析的基本单位应该是交易，而不是产品或服务。康芒斯的研究集中在经济活动或交易的框架上，尤其是集体主义和集体行动上。在康芒斯看来，制度是“控制个人行动的集体行动”。

艾尔斯是一个技术决定论者，他认为技术是经济进步的决定因素，技术具有绝对价值。艾尔斯虽然把制度看作是经济变化的动因，但是他认为制度价值与技术价值相比，技术具有最终价值。艾尔斯使制度经济学成为研究技术和技术变化的学问。

加尔布雷思把市场供求双方——供给者和需求者之间的竞争称作“抗衡力量”。他把这种抗衡力量看作是一种过程，它是作为对从竞争的初始破坏中产生的私人经济力量的反应而发展出来的。这种抗衡力量催生了许多新的制度或组织，如工会、消费合作社和连锁店等。但是，由于垄断的发展，这种抗衡力量往往会失败。加尔布雷思把抗衡力量的失败视为政府对私人经济进行干预的理由。他写道：“对抗衡力量的发展提供一种国家帮助便成为政府的一项主要职能——也许是政府的主要的民主职能。”①

我们看到，虽然制度经济学为科斯、诺思等人为代表的新制度经济学提供了不少素材和思想，但是科斯等人不承认他们是制度经济学的直接继承者。科斯曾经说，20 世纪 30 年代的制度经济学家及其当代传人加尔布雷思“不是直接走在我们前面的人”。他认为制度经济学“不是理论性的，而是反理论（指新古典理论）的”，制度经济学家的著作只是一些“描述性的材料”。柯武刚和史漫飞在他们合编的《制度经济学：社会秩序与公共政策》一书中也认为：“新制度经济学，如本书所定义的，与美国的旧制度主义者及其欧洲的‘历史学派’伙伴没有什么共同之处。”②

科斯等人之所以对制度经济学不抱好感，主要是因为制度经济学在理论上的攻击对象是当时的西方主流经济学——新古典经济学，而新制度经济学则是以新古典理论为其基本分析工具的。

第二节　新制度经济学概览

如同旧制度经济学一样，新制度经济学也是一个松散、混杂的经济学家的团体。新制度经济学究竟包括哪些主要理论？这个问题在新制度学派内部也没有一个一致的看法。威廉姆森最初把新制度经济学定义为交易费用经济学，科斯似乎把新制度经济学看作是产权经济学，诺思则把新制度经济学看作是新经济史学。从现有文献来看，新制度经济学是一个庞杂的、理论边界并不清晰的体系，它似乎包括交易费用经济学、企业理论、产权经济学、合约（合约或契约）经济学、新经济史学、制度变迁或演化经济学、国家理论等。

---

① Galbraith，J. K. *American Capitalism：the Concept of Countervailing Power*，Houghton Mifflin，1952，p. 128.

② ［德］柯武刚，史漫飞. 制度经济学：社会秩序与公共政策. 北京：商务印书馆，2002：47.

一、新制度经济学的特色

我们可以通过对新制度经济学与新古典经济学、新制度经济学与旧制度经济学进行比较分析来把握新制度经济学的特色。

新制度经济学是运用新古典经济学的一些方法和理论来分析制度的起源、演化和作用的一种理论，它和新古典经济学一样，都强调个人自由选择的重要性，都笃信市场机制的有效性。因此，新制度经济学和新古典经济学都可以划归新自由主义经济学的门下。但是，新制度经济学又不同于新古典经济学。后者实际上假设制度是外生的或中性的，它在制度一定的条件下研究单个经济主体的行为和资源配置，而前者则是对制度本身所做的一种研究，它强调制度是影响人的经济行为和经济绩效的一个重要变量。

新制度经济学除了坚持方法论上的个人主义和主观主义以外，它的多数理论还从以下两个假设出发，这两个假设是新古典经济学体系所没有的。这两个假设是：

（一）有限理性假设

所谓有限理性（bounded rationality），是指在现实经济活动中，由于复杂环境中不可避免地存在着不确定性和不完全信息，加上人的认识能力和计算能力的局限性，人不是新古典经济学所说的那种具有完全信息、稳定的偏好次序、有精确的认识能力和计算能力、无阻碍地趋利避害的完全的经济人，而是只具有有限理性的行为人；人不是无所不知、无所不能的，人不可能不受约束地追求自身利益的最大化。一般认为，“有限理性”最初是由美国著名的管理学家西蒙（Herbert Arthur Simon）提出来的。

（二）机会主义假设

所谓机会主义（opportunism），是指个人具有“欺诈性地追求自己利益”的倾向。威廉姆森认为，个人在追求自己利益的过程中，往往会采用微妙的、隐蔽的、不诚实的甚至欺诈的手段，会玩弄投机取巧的伎俩。芝加哥学派的先驱者奈特（Frank H. Knight）把机会主义看作是“微妙的而又无所不在的人类本性的表现”。

新制度经济学家认为，由于存在有限理性和机会主义，制度就变得十分重要。为了把有限理性的约束降低到最小，同时保护交易免于受机会主义的影响，经济当事人就会寻求一种制度安排。制度于是就产生了。

新制度经济学与旧制度经济学不同的地方主要在于：旧制度经济学没有形成一个系统的理论，而且它被普遍地认为具有“反理论”“描述性”的特点，新制度经济学则试图建立一套制度分析的理论框架。

英国著名经济学家霍奇森（Geoffrey M. Hodgson）认为新制度经济学的研究方法（approach）具有以下几个方面的特色：第一，新制度经济学强调制度和文化因素，而主流经济学并不强调这些因素。第二，新制度经济学的分析对许多学科都是开放性的，如政治学、社会学、心理学和其他学科。第三，新制度经济学不依赖于理性的、效用最大化的经济当事人模型。虽然新制度经济学包括单个经济当事人的概念，但是他们谈到这些个人时，强调的是个人具有习惯的普遍性和反复无常的好奇心的可能性。第四，数学和统计技术被认为只是经济理论的辅助工具，而不是经济理论的核心内容。第五，新制度经济学的分析不需要从建立数量模型开始，而是从特征事实（stylized facts）出发，对因果机制进行理论推测（theoretical conjectures）。第六，新制度经济学广泛利用了关于社会—经济制度的历史的和比较的经验材料。①

霍奇森概述的这几个方面也可以说明新制度经济学与西方主流经济学存在着很大的差别。

二、关于制度的观点

新制度经济学的“新”很大程度上体现在它对“制度”的理解和分析上。新制度经济学家对“什么是制度”“制度的功能或作用是什么”做出过不同的回答。

（一）制度的含义

新制度经济学所说的“制度”（institutions）是指约束人的行为的规则体系。在诺思的定义中，“制度是为约束在谋求财富或本人效用最大化中的个人行为而制定的一组规章、依循程序和伦理道德行为准则。”② 柯武刚和史漫飞在他们合编的《制度经济学：社会秩序与公共政策》一书中把“制度定义为用于共同体内的、众所周知的规则”③。这些规则成为引导人们行动的手段。舒尔茨（Theodore W. Schultz）在《制度与人的经济价值的不断提高》（1968 年）一文中将制度定义为“一种行为规则，这些规则涉及社会、政治及经济行为”④。

有些新制度经济学家也把“制度”定义为人与人之间的一种合约关系，这种合约关系可以是正规的或成文的，也可能是约定俗成的；这种合约关系可以是自愿性的，也可以是非自愿性的；这种合约关系对有关当事人可以是平等的，也可以是不平等的，例如封建领主和农奴的关系。

制度一般具有两个特点：其一，它们在过去被证明是有用的；其二，它们是人们为追求其个人目标而与他人交往时所必需的。第一个特点是说“制度”是人们在过去的交易过程中的知识积淀，第二个特点是说“制度”使人们在交易过程中对行为的后果可以预期。

制度可以按照不同的标准来分类。

舒尔茨按制度的经济功能把制度分为四类：

（1）用于降低交易费用的制度，如货币、期货市场。

（2）用于影响生产要素的所有者之间配置风险的制度，如合约、分成制、合作社、公司、保险、公共社会安全计划。

（3）用于提供职能组织与个人收入流之间的联系的制度，如财产，包括财产法，资历和劳动者的其他权利。

---

① Geoffrey M. Hodgsom, “The Approach of Institutional Economics,” *Journal of Economic Literature*, vol. XXXVI, March 1998, p. 173.

② ［美］道格拉斯·C. 诺思. 经济史上的结构和变革. 北京：商务印书馆，1992：195-196.

③ ［德］柯武刚，史漫飞. 制度经济学：社会秩序与公共政策. 北京：商务印书馆，2002：110.

④ ［美］罗纳德·科斯，等. 财产权利与制度变迁. 上海：上海三联书店，上海人民出版社，1994：53.

(4) 用于确立公共物品和服务的生产与分配的框架的制度，如高速公路、机场、学校和农业试验站。

柯武刚和史漫飞根据制度的构架方式把制度划分为“指令性的制度”和“禁令性的制度”。所谓“指令性的（prescriptive）制度”是指主动地指示和命令人们去干什么，这种制度创立了一种由领导人强加的行为秩序。所谓“禁令性的（proscriptive）制度”是指禁止人们去干什么或告诫人们不应该干什么，这种制度在“干什么”的问题上给人们留下了很大的自由和空间。

按照制度的起源不同又可以把制度划分为“内在制度”和“外在制度”。“内在制度可以被定义为群体内随经验而演化的规则，而外在制度被定义为外在地设计出来并靠政治行动由上面强加于社会的规则。”①

根据制度对人们行为的约束强度，又可以把制度划分为三类：

(1) 宪法规章。这类制度是指为规定财产所有权的基本结构和控制国家而制定的一些根本性的规章，它的约束力最强。一个国家的宪法包括确立生产、交换和分配的一整套政治、社会和法律的基本规则，它的约束力具有普遍性，是制定规则的规则。

(2) 制度安排。这类制度是指约束个人或群体特定行为模式和关系的一套行为规则。制度安排实际上是在宪法秩序下界定个人进行交易的条件的一系列具体的操作规则，是对宪法规章所确立的基本规则的具体化和细化，它包括宪法以外的许多成文法、习惯法和自愿性合约。

(3) 伦理道德行为准则。这类制度是一个社会在其长期发展过程中形成的主流价值观、行为规范和意识形态。它的约束力要弱于以上两类制度，但它仍然是构成制度约束的一个重要方面。一个社会的主流意识形态是与对现实合约关系的正义或公平的价值判断联系在一起的，它对于维护、保障宪法秩序和制度安排的合法性是至关重要的。一致的意识形态可以替代规范性规则和服从程序，降低交易费用。

新制度经济学家认为，人是有理性的，人总是在给定的约束条件下追求自身利益最大化，为减少交易活动中的不确定性，降低交易费用，解决竞争与合作问题，必须对人的行为加以约束。这种约束条件从广义上说就是人们共同遵循的交易规则。这些规则是人们在长期交易（经济活动）过程中经过多次博弈而“发明”出来的。制度提供了人们相互影响的框架，确立了竞争与合作的准则。

制度作为一种约束人们行为的规则具有公共物品的某些性质。制度一旦形成就是一种公共规则，它不是专用于某一个人的，一个人使用了某种规则并不会减少其他人对这种规则的使用，在制度的使用或“消费”上具有非竞争性。因此在制度创新和制度“消费”上存在有“搭便车”（free rider）行为。但是制度又不同于一般的公共物品，有些制度具有明显的排他性，例如有些制度（如廉政制度、禁毒制度）对多数人有益而可能对少数人不利。这是因为一些制度不是根据一致同意投票规则而是根据多数票规则制定出来的。

（二）制度的构成

诺思认为，制度作为界定人们的选择空间、规范人们行为的一套规则，一般由社会

① ［德］柯武刚，史漫飞．制度经济学：社会秩序与公共政策．北京：商务印书馆，2002：119.

认可的非正式规则、正式规则和这两者的实施特征构成。

1. 非正式规则

非正式规则主要包括价值观念、伦理道德、社会习惯和意识形态等。其中意识形态处于主导地位。意识形态是人们关于现实世界的一套信念或总的看法，是一个民族或国家中的多数人所认可和遵从的行为准则，它可以为人们的行为提供一种价值判断。意识形态的制度功能主要表现为它作为一种世界观、作为个人与其环境之间达成的“合约”可以简化决策过程，降低社会运行费用；它有助于减少人们在相互对立的理性之间进行选择时所花费的时间和费用。

一定的意识形态总是和某种基本制度以及人们当时对现实世界或周围环境的认识从而和一定的价值观念、伦理道德联系在一起的，当基本制度发生变革以及人们的认识随着世界的变化而发生变化时，意识形态也会发生变化，这时人们会发展出一种新的意识形态来节约认识世界和处理交易关系的费用。

社会习惯可能是强制性最弱的非正式规则，它是一个民族或国家在长期的发展过程中所形成的标准行为和行为样式。新制度经济学认为，如果一种行为能成功地处理反复出现的某种环境，就可能被人类理性固定下来成为习惯。某种习惯一旦形成，就成为这个民族或国家的文化的一部分，从而起着规范人们行为的作用。

一般来说，非正式规则没有正式规则那样高度的强制性和刚性，但是非正式规则仍然是制度的重要组成部分。从历史上看，在没有形成正式规则以前，人们之间的交易关系主要是靠非正式规则来维持的；在现实生活中，人们的大多数行为或生活空间都是由非正式规则来规范的，正式规则只占全部规则的一小部分。虽然在现代社会正式规则越来越多、越来越详尽，但是它们仍然不能完全取代非正式规则。因为正式规则和非正式规则所约束的范围、空间和力度是不同的。并且，正式规则往往需要非正式规则来细化、扩展和支持；意识形态往往是制定正式规则和实施规则的指导思想。

2. 正式规则

正式规则是指用法律条文、司法判例和政策法规确立的各种规则和合约，以及由这些规则形成的等级结构。正式规则为个人在复杂的社会分工中进行交易确定选择空间的边界，它界定个人在社会分工中的责、权、利，界定个人在某种环境中可以做什么、不可以做什么以及违反规则要付出什么样的代价。

一个社会的制度性质可以通过它的正式规则反映出来；一种制度的效率高低主要决定于正式规则能否有效地约束个人的行为，能否降低交易费用。正式规则中的政治规则尤为重要。新制度经济学认为，有效的政治规则可以降低政治活动中的交易费用，可以形成有效率的产权制度，从而避免过度的政治投机和过多的非生产性活动，将资源在政治活动和经济活动中作适度配置。遗憾的是，政治规则往往受政治、军事、历史、文化等因素左右，并不总是按有效率的原则产生出来，一个民族有可能长期陷于低效率的制度中。

新制度经济学认为，正式规则必须和非正式规则相容才能有效地发挥作用，二者不协调、不兼容往往会造成经济、政治和社会混乱。正式规则虽然可以由其他国家“进口”，但是它们必须有合适的“土壤”才能生根开花，否则会夭折甚至会产生有害的结果。因此，正式规则不能生搬硬套。

3. 实施特征

实施特征由规则的实施环境、实施措施、监督违规的力度和违规的代价等因素构成。再好的规则必须被贯彻实施才能发挥作用；有了规则而不实施，规则就形同虚设；有了规则而不能有效地实施，规则就不能发挥应有的作用。实施规则往往比制定规则更重要。“有法不依”“知法犯法”“执法犯法”比“无法可依”更坏。因此，新制度经济学家普遍强调“按制度办事”。

新制度经济学是根据有限理性和机会主义动机假说来强调实施程序和实施措施的重要性的，是根据违规收益与违规成本的对比关系来判断一个国家的规则的实施特征的。在违规收益大于违规成本的地方，违规违法和机会主义行为就会盛行，这说明实施机制软弱无力；而在实施机制强有力的地方，违规成本很高，违规违法会得不偿失，违规违法现象会大大减少。

新制度经济学认为，正式规则、非正式规则和实施特征三者共同界定社会的尤其是经济的激励结构，因而共同决定着经济绩效。正式规则可以在一夜之间改变，但是非正式规则通常只能逐渐变化；不同的国家如果正式规则相同而非正式规则和实施环境不同，它们的经济绩效就会不同。这就提示我们，正式规则必须和非正式规则、实施环境相配套，否则规则不一定能发挥它应有的作用。

（三）制度的特性

制度具有普适性、约束性、协调性和连续性的特性。所谓普适性是指制度规则是一视同仁的，任何经济当事人（或交易者）都必须遵守这些规则，任何交易活动都必须按照这些规则来进行，在制度规则面前人人平等，没有例外、没有特殊。所谓约束性是指制度规则对交易者的行为具有约束力甚至强制力，不允许有规则不依或违规交易的情况存在，违规者将遭受利益损失和信誉损失，甚至是法律制裁。所谓协调性是指制度规则具有协调参与交易的各方当事人的行为的功能。一方面，遵从制度规则的交易者可以实现自己的利益目标；另一方面，违背制度规则或不按制度规则行动将会受到惩罚，当事人将为他的违规行为付出代价。制度规则正是通过这种受益或受损机制（奖惩机制）来协调各方当事人的行为的。通过制度规则的协调，出于自利目的进行交易的各方当事人才会形成一种合约关系和合作关系，利益竞争转化为利益协调。所谓连续性是指制度规则在时间上或动态上具有一致性。一种制度规则一旦形成就具有相对稳定性，它在一定时期内都是有效的，交易者可以在同样的制度规则下进行反复多次的交易，不会出现“此一时，彼一时”的情况。

（四）制度的功能

制度有哪些功能？它在社会和经济活动中发挥什么作用？新制度经济学家们在这个问题上似乎还没有取得一致意见。

综合起来，新制度经济学认为，制度的功能是为个人追求自身利益最大化的行为提供一个框架结构和约束规则，减少由于分工和专业化的发展而引起的交易费用的增加，解决人们在社会和经济活动中所面临的竞争和合作问题，把外在性问题内在化，为人们的活动提供一种激励机制。在诺思看来：“制度提供人类在其中相互影响的框架，使协作和竞争的关系得以确定，从而构成一个社会特别是构成了一种经济秩序。”①

① ［美］道格拉斯·C. 诺思. 经济史上的结构和变革. 北京：商务印书馆，1992：195.

舒尔茨认为，制度的基本功能是为经济活动提供便利和服务，每一种制度都有其特定的功能，因而具有特殊的经济价值。货币制度的作用是为商品交换提供便利；期货市场和保险公司的作用是可以减少风险、降低交易费用；学校可以提供公共物品；农业试验站可以为农业生产提供服务；市场不但可以确立生产者和需求者之间的联系，而且可以为市场参与者提供信息。

新制度经济学认为，制度一般具有以下功能或作用：

1. 提供激励机制，确立有效率的经济组织

在新制度经济学家看来，有效率的经济组织是经济增长的关键，而有效率的组织需要在制度上做出安排并确立所有权以便形成一种激励机制。没有一种能够提供和保证个人从事经济活动刺激的制度，一个国家的经济就不可能发展起来。诺思和托马斯（Robert P. Thomas）在他们合著的《西方世界的兴起》一书中分析近代西方世界兴起的原因时得出结论说："……有效率的经济组织是经济增长的关键；一个有效率的经济组织在西欧的发展正是西方兴起的原因所在。""有效率的经济组织需要在制度上做出安排和确立所有权以便造成一种刺激，将个人的经济努力变成私人收益率接近社会收益率的活动。"①

私人收益率是指个人或单个经济单位从事一种活动所获得的净收入量，社会收益率是指社会从这一活动中所获得的总收入量（正的或负的），它等于私人收益与这一活动给社会上其他人所带来的净收益之和。一种经济活动的私人收益率和社会收益率可能相等，也可能不相等；相等是偶然的，不相等是经常的。例如一种新技术发明，它给发明者个人带来的净收入往往小于给社会带来的总收入；而一个化工厂在生产过程中所造成的环境污染给这家工厂带来的损害通常小于给社会带来的损害。

使私人收益率接近社会收益率，就是使经济单位（个人或企业）为一种经济活动所花费的成本与他由这种活动所获得的收益对应起来，减少经济活动的外在性，防止收益或成本外溢给他人，防止他人"搭便车"。

要保证私人收益率接近社会收益率，必须改革和完善所有权制度；有效率的所有权制度是使私人收益率接近社会收益率的前提条件。这里所说的"所有权"是指个人对他所生产的产品（包括物质产品、专利产品和知识产品）的专有权，他拥有他所生产的产品的占有权、使用权、处置权和收益权。这些权利必须通过法律法规和习惯固定下来。在制度上确立了个人劳动产品的专有权，并为这种专有权提供有效的法律保护，就会提高个人对他的劳动产品的预期收益率，从而为个人从事经济活动和发明创造提供刺激，个人就有了致力于经济活动和发明创造的积极性，人们就会努力工作、积极创造发明，经济增长于是就获得了持续不断的源泉和动力。新制度经济学认为，一种制度保证个人劳动成果的专有程度越高，私人收益率越接近社会收益率，这种经济的增长就越快；私人收益率不断接近社会收益率的过程就是一种制度创新过程；一种能够给个人提供持续的刺激、激励个人勤奋努力和发明创造的制度就是有效率的制度。

2. 降低交易费用

交易费用（transaction cost）是新制度经济学的核心概念。新制度经济学以交易作为研究的起点，以交易费用的存在和节约来说明制度的起源、创新和变迁。

---

① ［美］诺思，托马斯．西方世界的兴起．北京：华夏出版社，1989：1.

交易费用是不同于生产费用的一个概念，这个概念并不是新制度经济学的发明，在贸易理论和货币理论中早就存在这个概念。但是，这个概念现在成了新制度经济学的标志。可以说，新制度经济学的理论创新主要集中在对交易费用概念的阐释和运用上，如果抽掉交易费用概念，新制度经济学的理论大厦就将垮塌。

什么是交易费用？新制度经济学家们对此并无统一的说法。科斯把交易费用说成是“使用市场价格机制的成本”。使用市场价格机制的成本包括：(1) 获取市场信息、准备合约的成本；(2) 达成合约的成本；(3) 监督和实施合约的成本。德姆塞茨把交易费用定义为“交换所有权的成本”。阿罗（Kenneth J. Arrow）则把交易费用说成是“经济制度的运行费用”。威廉姆森把交易费用分为事前的交易费用和事后的交易费用。所谓事前的交易费用是指为达成一种交易进行谈判和缔约所发生的费用；所谓事后的交易费用是指交易达成后所发生的费用，它包括修改合约条款、解决合约纠纷、确保合约关系或退出合约关系所付出的费用。威廉姆森认为交易活动中存在交易费用就如同物体运动存在摩擦力一样，交易活动中不存在交易费用是不可想象的。威廉姆森认为，交易费用的发生与人的有限理性和机会主义倾向有关。人的有限理性使得交易合约不可能是完全的，由此就产生了交易费用。机会主义倾向的存在使得达成合约的难度增加，履行合约的风险加大，从而产生和增加了交易费用。

现在，更多的新制度经济学家倾向于把交易费用定义为包括所有与：(1) 制度或组织的建立或变迁，以及 (2) 制度或组织的使用有关的成本。

新制度经济学家们虽然至今尚未发明出一种公认的、可行的计算或测量交易费用的方法，但是他们都断定经济活动中的交易费用是相当高的。诺思估计美国的交易费用占 GNP 的 45%～50%，香港大学的张五常教授则断定交易费用占香港 GNP 的比例高达 80%。

交易费用的存在是制度产生的原因，制度的存在可以节约交易费用。由于人具有有限理性和机会主义的特性，就需要相应的制度来减少交易中的不确定性，约束人们的机会主义行为，降低交易费用。没有制度约束，交易不可能顺利、正常地进行，交易的结果不可能是可预期的和有效率的。科斯在《企业的性质》一文中认为，如果没有企业制度，每个生产要素所有者都用自己的要素来生产产品并直接参与市场交易，那么市场上交易者的数目将非常之大，交易摩擦将极为剧烈，交易费用将非常高，甚至使得交易无法达成。企业就是为了减少交易费用而产生的经济组织。在《社会成本问题》一文中，科斯又认为，交易费用的高低与产权明晰程度有关：产权越明晰，交易费用越低；反之则越高；产权制度就是人们为了节约交易费用而发明出来的。汉斯曼（H. B. Hansman）认为，非营利组织是为降低生产者和消费者之间就监督产品质量所发生的交易费用而发展起来的一种制度。

3. 促进并保证合作

自亚当·斯密以来，新古典经济学一直强调在分工和专业化基础上的竞争的优点，竞争可以带来活力和效率，市场的完全竞争可以使资源配置达到帕累托最优。新制度经济学则通过“囚徒困境”（prisoner's dilemma）模型和博弈论进一步说明，当事人之间的合作可以减少摩擦、增加效用、提高效率。这是因为，在分工和专业化广泛发展的基础上，人与人之间的行为及其结果是相互影响、相互依存的，个人效用的大小不但取决于他自己的选择，还取决于他人的选择；个人追求自身利益最大化的理性行为可能会导致集体非理性或产值非最大化的结果，如同“囚徒困境”模型中两个囚犯都选择坦白策略而导致加重判刑一样。要解决个人理性和集体理性之间的矛盾，必须做出相应的制度安排，在保证个人理性的基础上达到集体理性。由于个人具有有限理性和机会主义倾向，个人不可能自发地解决竞争与合作的关系问题，必须通过制度安排，减少无序竞争，形成合作博弈，实现集体理性。因此，制度的功能和作用之一便是，规制人们之间的相互关系和行为，告诉人们在什么条件下可以做什么、不可以做什么，以及违约和违反规则要付出什么代价，为人们在分工和专业化基础上的合作创造条件。

第三节　企业理论

新制度经济学的企业理论是一种解释企业产生的原因和企业组织的经济学意义的理论。它主要要回答这样一些问题：企业是什么（企业的性质）？企业组织是如何出现的和演化的？企业的经济功能有哪些？企业的边界如何确定？

在新古典微观经济学中，有大量的篇幅是论述企业和企业行为的。但是新制度经济学家认为真正的企业理论是科斯首创的，新古典经济学对企业的解释不能算作真正的企业理论。因为新古典微观经济学中的企业理论实际上是生产理论，是在假定企业已经存在并以最有效率的方式进行生产的前提下的价格和产量决策理论。这种理论主要讨论的是投入—产出关系，而对使用投入和生产产出的企业本身则没有进行讨论，企业被缩减为生产函数的同义词，或者说简化为一个“利润最大化”模型。企业成了一个“黑箱”(black box)——企业是怎么出现的？企业与市场的关系如何？我们在新古典经济学中找不到这些问题的答案。因此，新制度经济学家认为，新古典经济学实际上是没有企业理论的。

一、科斯的企业理论

新制度经济学家一般把科斯 1937 年发表的《企业的性质》一文视为现代企业理论的开山之作，因为它解释了企业的起源和决定企业规模的因素。科斯后来认为，他的这篇论文第一次成功地把组织（企业）和费用相联系，说明了企业在一个专业化的交换经济中出现的根本原因，给出了一种可用新古典经济理论去分析的企业的定义，填补了新古典经济学体系中没有企业理论的空白。

亚当·斯密在《国富论》中给出了分工和交易的理由，认为分工和专业化生产能减少生产成本，再通过市场的交易，整个社会获得的利益将比个人想要增进的利益大得多。在斯密的理论中，分工是由市场来组织和协调的，资源配置是通过市场价格机制来完成的。但是在现实经济生活中，企业也在协调着分工，也在进行资源配置。例如，一个工人从一个车间调配到另一个车间并不是由于其相对价格（工资）的变化，而是因为他被命令这样做。根据新古典理论，既然可以由市场来协调生产，似乎生产就能在没有任何企业组织的情况下进行，那么为什么还要有企业呢？在科斯之前，西方经济学家中没有人思考过这个问题。

科斯的企业理论的出发点是把企业也看成是一种配置资源的方式。

西方经济学家对市场作为一种配置资源的方式已经进行了长期、系统的研究，新古典经济学在这方面已经形成了一套系统的理论。但是在科斯以前，很少有经济学家能从理论上解释企业的资源配置功能，微观经济学关注的实际上是企业的生产功能。

科斯提出的问题是：既然资源配置能够通过价格机制来完成，那么，为什么还需要企业组织呢？科斯的发现是：在企业外部，价格变动引导着资源的流向、决定着生产，这是通过一系列市场交易来协调的；而在企业内部，市场交易被取消，替代市场机制的是企业家的命令，企业家协调着资源配置和指挥生产。这说明，存在着与市场机制不同的配置资源和协调生产的替代方法。进一步的问题是：企业组织出现和存在的原因是什么？

科斯对这个问题的回答是："建立企业有利可图的主要原因似乎是，利用价格机制是有成本的。通过价格机制'组织'生产的最明显的成本就是所有发现相对价格的工作……市场上发生的每一笔交易的谈判和签约的费用也必须考虑在内……当存在企业时，合约不会被取消，但却大大减少了。某一生产要素（或它的所有者）不必与企业内部同它合作的一些生产要素签订一系列的合约。当然，如果这种合作是价格机制起作用的一个直接结果，一系列的合约就是必需的。一系列的合约被一个合约替代了。"①

科斯这里所说的"利用价格机制的成本"就是一种交易费用。企业之所以会产生，一定是因为企业在协调生产时所花费的成本比通过市场交易所花费的成本低的缘故。为了证实企业的这种性质，科斯还推测了从市场交易活动发展到企业组织经营的过渡形式，并考察了它在企业形成中的作用。这种过渡形式就是长期合约。为了避免风险，节省签订合约的费用，人们宁愿签订长期合约而不是短期合约。由于预测未来的困难，买方很难在长期合约中预先详细规定卖方必须做什么。于是合约中只能对卖方即物品或劳务的提供做出一般性的规定，而把具体细节留待以后解决。"当资源的流向（在合约规定的范围内）变得以这种方式依赖于买方时，我称之为'企业'的那种关系就流行起来了。"②

这样，科斯就用费用的节约解释了企业出现的原因。企业具有节约费用的功能和作用。企业存在的显著特征是作为市场价格机制的替代物，企业是不同于市场的另一种资源配置方式。

既然由于存在"合约的成本"和"发现相对价格的成本"，出现了用企业组织协调取代市场机制协调的趋势，既然企业的出现可以降低这些费用，那么，为什么企业不会无限制扩大，将所有的资源配置和生产活动都交由一个大企业去完成呢？科斯对这个问题的回答是：首先，当企业扩大时，收益可能会递减，也就是说，在企业内部组织追加交易的成本可能会增加。其次，当企业组织内部的交易增加时，企业家可能不能成功地把生产要素使用到其价值最大化的地方，即不能导致生产要素的最优利用。再次，企业内部交易增加必须达到这样一点，即资源浪费带来的亏损等于在公开市场上进行交易的成本，或者等于由另一个企业组织这笔交易的亏损。最后，一种或多种生产要素的供给价格可能会上升，因为小企业的其他优势大于大企业。由于存在这些原因，所以企业的规模并不是越大越好，企业规模的扩大有一个边界。那么，这个边界在哪里？它如何确定呢？科斯的结论是："企业的扩大必须达到这一点，即在企业内部组织一笔额外交易的成本等于在公开市场上完成这笔交易所需的成本，或者等于由另一个企业家来组织这

① ［美］罗纳德·科斯．企业、市场与法律．上海：上海三联书店，1990：5-6.

② 同①7.

笔交易的成本。”[①]

科斯认为，企业替代市场机制是由于存在市场交易的成本，而企业不能无限扩张成一个大企业则是因为企业组织交易也有成本。所以，根据经济学的边际原理，企业规模是有边界的。市场与企业的边界由以下原则确定：增加一笔交易通过市场来实现所耗费的成本与通过企业来实现所耗费的成本相等。

这一原则的含义很容易理解：如果一个企业再多组织一项交易所引起的成本大于市场机制组织这项交易的成本，意味着市场组织这笔交易比企业组织这笔交易有效率，这项交易应由市场来组织。当组织交易的这两种方式所耗费的成本相等时，全部交易在企业与市场之间以及在各个企业之间的分配才达到一种成本最小化的状态，即资源配置达到帕累托最优状态。在这种状态下，调整资源配置不可能使成本进一步降低，因而这种状态成为一种稳定状态或均衡状态。

但是，这并不意味着市场与企业的边界是固定不变的。如果有动态因素加入，例如，某种技术创新使企业组织交易的成本比过去下降了，那么原来的均衡状态就会被打破。这时交易在企业与市场之间以及在企业之间的分配格局将做出调整，采用了这种新技术的企业的规模将会扩大。企业规模的扩大和企业与市场的这种边界调整过程一直到上述原则再次被满足时为止，这时稳定的均衡状态会再次出现。

二、威廉姆森的企业理论

威廉姆森的企业理论是对科斯企业理论的细化和发展，使后者具有可操作性。科斯承认他在《企业的性质》一文中的论点之所以未被广泛使用是由于它缺乏可操作性。威廉姆森在他的一系列论著中阐发了企业理论，这些著作主要有：《市场与等级制》（1975年），《规制经济学》（论文，1984年），《资本主义经济制度》（1985年），《交易费用经济学》（1987年），《经济组织的逻辑》（论文，1988年）。威廉姆森对企业理论的贡献主要有两个方面：一是把科斯在《企业的性质》中隐含的交易费用概念显性化和系统化，并把交易费用结合到对企业的经济分析之中，使交易费用经济学成为新制度经济学的一个分支，为分析企业的产生提供了一个有用的框架；二是系统地考察了企业的内部组织问题，发展了不同类型的企业模型（如著名的M型假说），推动了交易费用理论在垂直一体化、企业规模极限、技术转让、企业联合、工作组织体制、劳工组织、现代公司内部组织及管理、跨国公司等领域中的应用。

威廉姆森的企业理论是以交易费用为基础的，所以我们首先讨论威廉姆森在交易费用理论上的观点。

与新、旧制度经济学家一样，威廉姆森也把交易而不是产品或服务作为经济学的基本分析单位。什么是“交易”？威廉姆森下的定义是：“当一种物品或劳务越过技术上可分的结合部而转移时，交易就发生了。”[②] 技术上可分的结合部是指技术上不可分的实体之间发生联系的区域。或者说，交易是货物或服务在两个技术上可分离的单位之间的转移。威廉姆森认为技术上的可分离性比人们通常想象的要普遍得多。

---

① ［美］罗纳德·科斯. 企业、市场与法律. 上海：上海三联书店，1990：9.

② Williamson, O. E. *The Economic Institutions of Capitalism*, Free Press, 1985, p. 1.

威廉姆森的交易概念是对康芒斯和科斯的交易概念的继承和发展。康芒斯所说的“交易”是泛指人与人之间的一切“相互影响的行动”，是不考虑交易类别、方式和时间的“一般交易”。需要特别指出的是，康芒斯的“交易”似乎是一种无成本的交易，因为康芒斯没有讨论交易的成本问题。科斯则明确提出了“合约的成本”“发现相对价格的成本”，这些成本就是交易费用。

在威廉姆森的理论中，交易是通过某种明确或不明确的合约进行的，经济组织问题就是一个合约问题，企业为什么会产生就是交易者为什么要订立合约的问题。所谓交易费用就是从合约的角度定义的经济制度的运行费用。威廉姆森常常将交易费用比喻为经济世界中的摩擦力。

货物或服务在两个技术上可分离的单位之间的转移（即交易）既可以用市场方式来组织，也可以用组织内部的行政方式来组织。与交易的这两种组织方式相对应，威廉姆森区分了两种交易费用：一种是市场（或合约）组织方式中的交易费用。这些费用包括起草和签订合约的费用、根据环境的变化对合约关系进行调整所发生的费用，以及解决合约纠纷所引起的费用。另一种是行政组织方式中的交易费用。这些费用包括行政管理费用、行政组织方式引起的效率损失。

威廉姆森又进一步认为，无论是市场还是行政组织中的交易费用，都包含事前的交易费用和事后的交易费用两个部分。

上述组织交易的两种方式也就是组织分工的两种方式。那么，是什么决定着分工的组织方式呢？威廉姆森的回答是：人的特性和交易的特性共同决定了分工的组织方式，或者说决定了完成交易或实施合约的规制结构。所谓“规制结构”（governance structure）指的是一些组织性框架，它的主要形式是市场和企业，还包括介于二者之间的一些形式。各种不同形式的规制结构的共同功能是节约交易费用。以节约交易费用为目的，不同特性的交易应当和不同的规制结构相匹配。

交易过程中的“人”具有什么样的特性？威廉姆森接受了有限理性和机会主义倾向这两个关于人类行为的基本假设。

由有限理性假设可以得出一个推论：由于交易的复杂性和未来的不确定性，任何合约都不可能是包罗无遗的，都不可避免地是不完全的。

由机会主义假设可以得出另一个推论：合约关系仅仅建立在承诺的基础上是不够的。虽然交易双方通过谈判都做出了承诺、签订了合约，但是合约能否完全执行是不可预知的。

威廉姆森又把机会主义进一步区分为事前的机会主义和事后的机会主义。前者是指交易双方或其中一方在谈判和签约过程中有意隐瞒自己的真实风险，甚至提供虚假信息。后者是指不以完全负责的态度履行合约。为了减轻机会主义行为的影响，有必要建立一些规制结构来实现监督、强制执行等功能。人的机会主义倾向直接影响了交易的效率，交易双方都要随时提防对方的机会主义行为。每一方都不知道对方是否诚实，都不敢轻率地把对方提供的信息作为自己决策的依据。因此，机会主义行为的存在必然导致交易费用增加。如果不能建立有效的监督和强制执行的机制，交易就不能达成，交易费用就会无穷大。

任何组织（例如企业）的产生和演进都是以降低交易费用为主要动因的。机会主义行为是交易费用产生和增加的重要因素之一，从而也是组织（企业）产生和演进的重要原因之一。

交易的特性是什么？威廉姆森对这个问题进行了系统分析，他用交易的维度（dimensions）来刻画交易的特性。交易的维度主要包括资产专用性（asset specificity）、不确定性和交易发生的频率。

资产专用性是指当投资一旦形成，某种资产（资本存量）就很难再作重新配置使用，如果要把它们改作他用便要遭受重大的经济价值损失。也就是说，当某些耐久性投资被用于支持某些特定的交易时，由此所形成的资产即具有专用性。

与专用性资产相对应的是通用性资产。通用性资产是指那些容易重新配置到其他用途中去或转移到其他交易中去的资产，并且这样做的结果不会引起经济价值的重大损失。

威廉姆森还进一步把资产专用性划分为以下五种类型：（1）场所专用性（site specificity）。这是指两种同处一地、生产上具有前后向（或垂直）联系且不能轻易移动的资产。（2）人力资产专用性（human asset specificity）。这是指一个企业拥有某种专门的技术或某种特有的信息。（3）物质资产专用性（physical asset specificity）。这是指资产在技术和性能（如设计、构造）上只能用于某种专门用途的特性。（4）特定用途的资产（devoted assets）。这是指为了履行某种合约而专门投资形成的资产。（5）品牌商标资产专用性（brand asset specificity）。品牌商标也是一种资产，它为其所有者所专有。

由于有些资产具有专用性，这就产生了如下问题：如果与资产专用性相联系的合约关系在交易完成之前终止，所形成的资产就很难改作他用，因而此项资产就包含了一部分沉没成本。因此，在考察交易合约关系时，必须考虑合约所涉及的资产是否具有可转移配置的性质。如果合约双方在交易过程中有一方投入了专用性资产，一旦另一方采取机会主义行为提前终止交易，投资一方就可能蒙受损失。为了减少这种损失（交易费用），交易者必须设计出合约的或组织的保障机制。企业、法庭或仲裁机构就是这种保障机制的组织形式。威廉姆森认为，在交易过程中，之所以要用非市场（如企业）的规制结构替代市场的规制结构，其基本原因就在于前者比后者能为这类涉及资产专用性的交易提供更可靠、更有效率的保障。

交易的不确定性既指交易环境的不确定性，也指交易者行为的不确定性。威廉姆森特别强调后一种不确定性。交易者的行为之所以是不确定性的，是因为交易者有机会主义倾向，并且这些机会主义行为发生的方式是千差万别的，因而无法对这种行为及其后果进行预测。

人的有限理性决定了合约不可能是完全的，交易的不确定性又使得在交易过程中无法避免发生预料不到的事情，这就使得交易关系更加复杂化。因此，在这种不确定性条件下，为了节约交易费用，就要求合约具有应变性，交易各方要以灵活可变的"关系性合约"代替死板刚性的"古典合约"。这就要求不确定性程度不同的交易要配以不同的规制结构，因为不同的规制结构有不同的应变能力。

交易发生的频率（或简称交易的频率）是指在一定时间内交易发生的次数。任何规制结构的建立和运行都是有成本的，是否为某项交易设置专门的规制结构取决于它带来的利益（例如提高合约的稳定性和应变能力）是否能补偿它的成本。在资产专用性和不确定性一定的条件下，这取决于交易发生的频率。经常发生的交易比不经常发生的交易更容易补偿规制结构的成本。因此，一般说来，针对高频率发生的交易建立专门的保障机制才是合算的。

根据上面的分析，威廉姆森认为，市场作为一种组织交易的规制结构，在有限理性、机会主义行为、资产专用性、交易的不确定性和交易的频率等因素的作用下，在组织交易时可能会失败，即市场会失灵。在市场失灵的情况下，企业作为另一种组织交易的规制结构或协调机制就有其产生的客观必然性。于是，威廉姆森根据有限理性和机会主义假设，通过分析交易维度的决定因素，发现了交易费用、规制结构和资源配置效率之间的关系，从而由市场失灵得出了企业为什么会存在的结论。

威廉姆森发现，市场交易与企业组织内部交易的特点和结果是不同的。市场交易的特点是人人为己，每个人谋求自己的利益最大化；企业内部交易的特点是交易双方的利益协调和基本一致，机会主义行为对谁都没有好处。在企业内部，资源的配置不是靠谈判来完成的，而是通过行政命令完成的。企业组织通过决策的专业化和内部信息的沟通会削弱理性的有限性；企业组织采用更具选择性的方式会提供附加的激励和控制技术，从而可以约束机会主义倾向；企业组织通过行政命令和内部协调可以减少交易的不确定性。在企业内部，企业家被赋予了指挥的权力，对交易进行事后调整的费用较低，从而使企业具有较强的应变能力。资产的高度专用性对合约关系的持续性和应变能力提出了更高的要求，这类交易更适合于用企业制度来组织。因此，企业组织不仅能有效地约束机会主义行为，而且有较强的应变能力。于是，企业组织的出现节约了交易费用。

威廉姆森企业理论的一个基本思想是，为了节约交易费用，特定类型的交易要用特定的规制结构（或组织管理结构）来进行组织和管理；企业理论的一个基本任务是要分析交易如何与其规制结构相匹配的问题。交易费用的节约就是通过把不同特性的交易分配于相应的规制结构来实现的。按照这个思想路线，威廉姆森不但解释了企业的产生，而且说明了企业边界的确定，或企业与市场的边界划分问题。

威廉姆森认为，市场和企业是两种不同的规制结构，它们各有长处和短处，它们在产生激励和应变能力方面有不同的功能，因此，分别适合于组织不同的交易。市场和企业组织的主要区别是：在价格机制的作用下，市场能产生很强的刺激动力；在一定的条件下，市场可以把需求加总到有利可图的水平，从而有效地实现规模经济和范围经济；与企业组织相比，市场更能够有效地约束官僚主义行为。市场组织交易的缺点是对机会主义行为的约束力较弱，并且不能够有效地克服交易的不确定性。

企业组织交易的优点已如上所述，但是企业组织也有不足之处。这主要表现在：企业内部的交易主要是靠管理和控制来维系的，利益刺激的作用被削弱了；企业的出现虽然使机会主义行为受到了约束，但是在企业内部产生了行政费用和官僚主义。因此，用企业制度来组织和管理交易，会带来刺激动力的削弱和官僚主义费用（bureaucratic cost）的增加。

总体上看，市场在生产成本控制方面占优势，企业在应变性方面占优势。企业和市场组织交易各有优势和劣势。因此，交易既不可能全部通过市场来进行，也不可能全部通过企业来进行。市场和企业都是组织交易的方式。交易是采用市场方式还是采用企业组织方式，关键取决于交易本身的特性和由此产生的交易费用。

同一种交易在不同的规制结构中进行所产生的交易费用是不同的。制度分析的目的是根据交易的特性设计出恰当的规制结构，以节约交易费用，使交易费用最小化。一种

交易如果可以通过 n 种规制结构来组织，制度分析的目的就是要寻找一种交易费用最小的规制结构。

不同形式的规制结构的共同功能是节约交易费用，因而它们之间是可以相互替代的。市场和企业是规制结构的两种基本形式。市场的特征是交易各方完全独立，彼此之间进行的是外部交易，企业的特征是交易完全内部化，交易各方的关系为内部行政关系。介于市场与企业之间的其他的规制结构可以看作是这两种基本规制结构的不同的混合形式。这些基本形式和混合形式就构成了规制结构集。所有交易都在这个规制结构集下进行。

这样，威廉姆森就把市场、企业以及介于两者之间的不同规制结构看成是一个连续的谱系。把各种规制结构按照交易各方的独立性强弱排列起来，便可以得到一个完整的规制结构（或称交易的组织形式）系列。

市场制度	混合组织制度	等级结构制度（企业）
（交易各方高度独立）		（交易各方为内部行政关系）

三、阿尔奇安和德姆塞茨的企业理论

阿尔奇安（Armen A. Alchian）和德姆塞茨从不同于科斯企业理论的视角论述了企业的性质和功能。科斯在《企业的性质》一文中把市场和企业看成是两种不同的资源配置方式或交易协调方式。1972 年，阿尔奇安和德姆塞茨在《美国经济评论》第 62 卷上发表《生产、信息费用和经济组织》一文，在这篇论文中他们认为，市场交换与企业内部组织交易没有什么本质上的不同，企业本质上也是一种市场。他们写道："一般认为，企业的特征是通过比普通的市场拥有更为优越的权利（如命令、强制或对行动的纪律约束等）来解决问题的。这是一种幻觉。企业并不拥有自己所有的投入，它也不具有命令、强制及对行动的纪律约束等权利，这同任何两个人之间普通的市场合约没有丝毫不同。"①

阿尔奇安和德姆塞茨的企业理论把企业的动力问题置于核心地位，他们用团队生产（team production）的有效性和团队生产过程中监督的必要性来解释资本主义企业的起源和性质，揭示产权结构、激励机制、经济行为与经济绩效之间的关系。

与科斯和威廉姆森不同，阿尔奇安和德姆塞茨并不把企业内部的交易关系看作是一种长期合约关系，他们认为："雇主和雇员之间的长期合约不是我们所说的企业组织的实质。"②那么，企业与市场的差别在哪里呢？他们的回答是："差别就在于一个团队对投入的使用……"③也就是说，企业的实质是对团队生产的采用。

阿尔奇安和德姆塞茨的企业理论的中心思想是：团队生产是一种合作性生产，这种生产会诱导出一种合约形式，合约形式形成了所谓的企业。所谓团队生产，是指这样一种生产：（1）使用两种以上类型的资源；（2）其产品不是每一参与合作生产的资源的分产出之和，由一个追加的因素创造了团队的组织问题；（3）团队所使用的所有资源不属

① ［美］罗纳德·科斯，等. 财产权利与制度变迁. 上海：上海三联书店，上海人民出版社，1994：59-60.

②③ 同①60.

于一个人。如果团队生产 Z 至少包括两种投入 X_i 和 X_j，那么就有 $\partial^2 Z/\partial X_i \partial X_j \neq 0$。团队生产 Z 的生产函数不能被分解成仅包括投入 X_i 或 X_j 的两个生产函数，即不能将 Z 的两个分生产函数之和作为团队生产函数 Z。“在团队生产条件下，如果仅仅观察总产出，就很难确定单个人对他们联合投入的产出所做出的贡献。按照定义，产出应该属于一个团队，而且它还不是每个成员的分产出之和。”[①] 团队生产的意义在于多项投入在一起合作生产的产出要大于各项投入分别生产的产出的总和。

由于团队生产具有上述特点，所以我们只能观察到团队生产的总产出，而无法确定每个团队成员对总产出贡献的大小或分离出每个团队成员的生产率，因而团队生产中就必然存在如何将集体成果分配给每个参加合作的成员（或生产要素的供给者）这样的难题。这就是阿尔奇安和德姆塞茨所说的团队生产的“计量问题”（metering problem）。

阿尔奇安和德姆塞茨认为，团队生产的效率取决于向每个成员支付的报酬在多大程度上与其生产率（贡献率）相一致。如果报酬的支付是随机的，与团队成员的生产努力无关，这种经济组织就没有提供生产努力的激励；如果报酬的支付与团队成员的生产率负相关，这种组织就是具有破坏性的。“因此，在经济组织问题上有两个至关重要的需求——计量投入的生产率以及对报酬的计量。”[②] 团队生产能否成为一个有效率的经济组织，关键在于能否在团队成员的生产率与其报酬（不仅仅是货币收入）之间建立起某种一致性。

在分散的市场上，上述计量问题有时候可以通过竞争性市场上的产品交易来很好地解决，因为在许多情况下，市场可以使各项投入的生产率与报酬之间建立很密切的联系。市场的特征之一是直接计量产出贡献。在市场制度下，生产要素的生产率和要素供给者的报酬都是通过市场交换直接决定的。市场在提供激励、促进生产方面有神奇的作用，因为市场是一种能使报酬的变化和产出贡献的变化相一致的制度。如果一位农民在现行市场价格下使小麦的产出增加 10%，他的收益也就会增加 10%。这种组织经济活动的方式是对产出贡献的直接计量，它反映了边际产品及分配给资源所有者的报酬正好同它们对其产出贡献的直接衡量相一致。

但是在团队生产中，参与合作生产的成员的边际产出并不能够直接地观察到和无代价地计量出来。因为团队生产向市场提供的是整个团队的产品，而不是每个成员的边际产品，每个成员对产出的贡献份额难以从总产出中分离出来。例如，当两个人联合将一重物抬上卡车时，我们只能观察到他们每天装载的总重量，但是无法确定每个人的生产率（每个人出了多大的力气）。在这种情况下，如果支付给每个人的报酬是随意的，与各个人的贡献无关，就会打击个人的生产积极性，这种经济组织的生产率就会较低。

新古典经济学没有正面讨论经济组织以及计量生产率与报酬的经济方式问题。新古典经济学的边际生产率分配理论贯穿着这样一个内在的假定：存在一种经济组织（市场或企业）能使各项投入所获得的报酬与它们的生产率相一致。这种假定似乎认为生产率能自动地创造出它的报酬。其实，这正好把因果关系给颠倒了。生产率的高低是由报酬支付制度的效率高低决定的，而报酬支付制度的效率高低又是由经济组织的计量能力的

---

① ［美］罗纳德·科斯，等. 财产权利与制度变迁. 上海：上海三联书店，上海人民出版社，1994：62.

② 同①61.

强弱决定的。“特定的报酬支付制度依赖于对特定生产率刺激的反应。如果经济组织的计量能力很差，报酬与生产率之间只有松散的联系，生产率将较低；但是如果经济组织的计量能力很强，生产率就较高。”①

那么，经济组织的计量能力又由什么决定呢？答案是：由经济组织的产权结构决定。

由于团队生产存在着计量的困难，这就难免导致其成员的偷懒行为，刺激其成员“搭便车”。因此，就需要对团队生产过程中团队成员的行为进行观察和监督。例如，当两个人将一重物抬上卡车时，通过观察每个人的动作有多快，他吸了几口烟，被抬起的重物有多大程度向他那边倾斜，来判断他使出的力气的大小。但是，这种观察和监督是有成本的。如果对团队成员行为的监察没有成本，就没有人会产生偷懒的激励，因为在自愿合作的情况下，谁也无法将他偷懒的费用强加给别人。正是由于团队生产监督是要花费成本的，所以，团队生产能否被采用，不但取决于节约生产成本，而且取决于节约组织成本（或交易成本或计量成本）。“如果通过团队生产所获得的产出大于 Z 的分别生产之和加上组织约束团队生产成员的成本，就会使用团队生产。”②

问题在于，应怎样组织团队生产才能使监督其成员“实绩”（即边际生产率）的费用较低？对于团队整体来说，可以用市场竞争或者说通过市场机制来对团队整体绩效进行评价。但是，对于团队内部来说，就有一个对减少“偷懒”的监督问题。“减少偷懒的一种方式是，由某人专门作为监督者来检查团队成员的投入绩效。”③为了减少偷懒，团队成员之间就会达成一个合约，由某人专门作为监督者来监督成员的劳动绩效。合约形式形成了所谓的企业。这里所说的“监督”是指除这个词所含的纪律以外的一些活动，包括对产出绩效的衡量、按比例地分配报酬，以及作为监察与估计投入的边际生产率的方式来观察投入者的投入行为，并给出应该做什么和怎么做的分派与指令。

但是，由谁来监督监督者呢？对监督者的一种约束是由其他监督者所提供的市场竞争，但这种约束不是完全有效的。另一种约束是对监督者施加影响，授予他对于团队的净收入以及向其他投入支付报酬的权利。为了使监督者的监督是有效的，团队成员会同意授予他这些权利。“如果合作投入的所有者同意监督者可以获取规定的数额以上的任何剩余产品（可望是其他投入的边际价值产品），这样监督者就获得了一种作为监督者不再偷懒的追加的激励。监督的专门化加上他对作为一个剩余索取者身份的依赖，将使偷懒减少。”④

进一步的问题是，享有剩余索取权的人将如何监督投入呢？阿尔奇安和德姆塞茨对这个问题的回答是，监督者应当拥有下列一组权利：（1）享有剩余索取权；（2）观察成员的投入行为；（3）这个集权的团体对于所有投入的合约是共同的；（4）改变团队成员的资格；（5）出售企业所有制的权利。“这些权利已经产生了结合，因为它能比非集权的合约安排更好地解决团队生产中的偷懒—信息问题。”⑤

这样，阿尔奇安和德姆塞茨就解释了资本主义古典企业的产权结构的经济学意义。

① ［美］罗纳德·科斯，等. 财产权利与制度变迁. 上海：上海三联书店，上海人民出版社，1994：62.
② 同①63.
③④ 同①67.
⑤ 同①69.

这种产权结构的基本特征是：各种资源的所有者组成团队生产，一个人（或一个团体）专门负责监督各合作成员的行为，这个监督者拥有获取剩余的权利，并有权单独与团队中的某些成员进行再谈判，他也有权将这些权利出售给其他人。

阿尔奇安和德姆塞茨通过上述分析得出的结论是：企业的形成有两个必要条件：(1) 通过团队导向的生产可能提高生产率，它所使用的生产技术在直接衡量合作性投入的边际产品时是有费用的，它使得合作性投入之间通过简单的市场交换更难对偷懒予以限制；(2) 通过观察或确定投入的行为来估计边际生产率是经济的。这两个前提条件的同时存在导致了众所周知的古典资本主义企业的合约组织：(a) 联合投入的生产；(b) 有几个投入的所有者；(c) 有一个团体对所有联合投入的合约是共同的；(d) 享有这些权利的人可以独立于其他投入所有者的合约，而与任何投入合约进行再谈判；(e) 他拥有剩余索取权；(f) 他具有出售他的集权的合约的剩余地位的权利。[①] 在这种合约组织中，集中的代理人被称为企业的所有者和雇主。在阿尔奇安和德姆塞茨看来，“企业是一种增进投入资源的竞争的装置，同时又是一种能更有效地向投入支付报酬的装置。”“我们可以认为企业和传统的市场是两种竞争性的市场形式，是私人所有的市场与公共的或共同的市场的竞争。”[②]

四、张五常的企业理论

张五常的企业理论是对科斯企业理论的重新解释和发挥。1983 年 4 月，张五常在《法和经济学杂志》上发表《企业的合约性质》一文，这篇文章的目的是要根据作者“关于合约，尤其是关于件工合约的发现来解释科斯的观点”。张五常在企业理论上的一个基本思想是，“‘企业’这个词只是简略地描述了在不同于普通产品市场所提供的合约安排下组织活动的一种方式”[③]。

在张五常看来，科斯企业理论的中心论点是，(市场) 制度运作的成本（交易费用）差异导致了用企业取代市场。一方面，市场交易涉及产品或商品；另一方面，企业交易涉及生产要素。因此，可以把企业的成长看作是由要素市场代替产品市场，从而节约交易费用。但是，张五常认为，科斯的这个观点不容易理解，因为科斯没有给“企业”下定义，而且产品市场和要素市场之间也没有明确的区分。

如前所述，科斯企业理论的基本观点是，使用市场价格机制是要花费成本的，其中最明显的成本是发现相对价格的成本，建立企业有利可图的主要原因是节约了这种成本。张五常非常推崇科斯的观点，他进一步从四个方面解释了发现价格的成本：(1) 市场大量交易的成本。在没有企业的情况下，市场需要进行多得多的交易，每一次交易都需要有不同的价格。如果消费者要为每一份贡献或商品的每一组成部分付款，而不是为单一的制成品付款，那么成本就常常高得吓人。(2) 了解产品的信息成本。当分开来考虑一种产品的各个零件而不易识别其用途时，生产者与消费者之间为产品的每一零件协商价格，要比就整个产品协商价格付出更高的成本。(3) 度量成本。在每一笔交易中，

---

① ［美］罗纳德·科斯，等. 财产权利与制度变迁. 上海：上海三联书店，上海人民出版社，1994：69.

② 同①87.

③ 张五常. 经济解释：张五常经济论文选. 北京：商务印书馆，2000：353.

都必须对商品的特征或特性进行度量。不管这种交易是在代理人与消费者之间、代理人与投入所有者之间，还是投入所有者与消费者之间进行都是如此。(4) 谈判成本。在达成价格协议时，把各种贡献区分开也是要花费成本的。张五常认为，企业就是为了节约这四种成本而产生的。他总结说："从原则上说，投入所有者的全部贡献和协调者的劳务，都能够通过直接度量与每一贡献有关的不同性质而分别定价和出售给消费者。在这种情况下，产品市场和要素市场是合二为一的。但是确定价格是要花费成本的，因为存在大量的交易，因为消费者缺乏有关商品的每一部分的用途或其作用的详细信息，因为很难度量变化不确定的各种活动，因为需要把各种贡献区分开来。"① 降低发现价格成本的一种有效方式是用某种办法代替，而不是直接和分别为各种活动定价。这种替代的一种简单方法就是件工合约。"这种替代使私人投入所有者的使用权授予他人，以致可以不为每种贡献或活动直接定价。这就意味着通过代理人来度量。由此，便出现了'企业家'。"② 因此，张五常认为，确切地说，企业的出现实质上是用一种合约替代了另一种合约，说"企业"取代了"市场"并不完全正确。理解这个问题的关键是："在自由企业的社会里，一种组织安排是合约安排的一种形式，而组织的选择必定是一种合约选择。"③

张五常企业理论的另一个基本思想是认为难以确定企业与市场的边界，企业规模具有模糊性。

张五常认为，既然企业本质上也是一种合约，那么企业内部交易与市场交易的区别就变得模糊了。在张五常看来，不仅可以把企业内部的交易看成是市场交易，也可以反过来，把市场交易看成是企业内部交易。如果说有区别，二者的区别在于交易对象的不同：企业内部交易的是投入或生产要素——企业家用货币购买劳务，企业家是劳务的需求者或消费者；市场上交易的是产品——消费者用货币购买产品。在市场交易中，消费者是一般按件购买的，所以可以把产品的交易看作是消费者向生产者支付计件工资；因为生产受市场机制引导，所以消费者对产品的需求可以看成是给生产者下达的生产命令。承包制中的计件合约和企业中的计件合约不过是承包商和企业家对消费者需求的分解，也是对市场价格的传递。因此，可以把市场交易看成是企业内部交易。"企业可以小到只是两个投入所有者之间的合约关系，或者如果允许合约的链条展开的话，也可以大到包括整个社会经济。"④

由于市场交易与企业内部交易都有成本，因此，市场与企业的划分取决于这样的条件："当产品市场上交易（定价）成本的节省与正在形成的要素市场上代理成本（也是交易成本）的增加在边际上相等时，就达到了均衡。"⑤ 张五常的这个观点其实和科斯关于企业边界的观点是一致的。但是，张五常认为，这个均衡条件决定的实际上并不是企业的规模，确切地说，它决定的是合约替代的程度。

张五常认为，根据科斯的方法，如果能够满足下面的条件，就可以清楚地断定企业

---

① 张五常．经济解释：张五常经济论文选．北京：商务印书馆，2000：362.

② 同①362-363.

③ 张五常．关于新制度经济学//［美］科斯，哈特，斯蒂格利茨，等．契约经济学．北京：经济科学出版社，1999：72.

④ 同①374.

⑤ 同①375.

是什么及其规模有多大：第一，生产者或代理人在当场银货两讫的交易中直接向消费者出售产品。第二，代理人或企业家只持有与投入所有者签订的工资或租借合约。第三，代理人之间不存在任何合约关系。如果不考虑拥有全部投入资源的生产者，这些条件就导致了以下两种极端的情况：(1) 消费者从代理人（产品市场）那里购买商品；(2) 每个代理人都与投入所有者（企业）签订有工资和租借合约。假设代理人之间不存在任何合约关系，企业就一个一个地识别。“因此，说一种合约替代了另一种合约，就等于说企业替代了产品市场。一旦合约的替代被确定了，企业的规模也就确定了。”①

但是，现实世界要比上述情况复杂。以上两种极端的情况因中间商和转包商的介入而复杂化；代理人之间是签订合约的；任何一种投入都能支撑各种不同的合约安排。“正是这些复杂因素使‘企业’模糊不清，这些复杂因素产生于想要节约交易成本的尝试，而交易成本在极端情况下是不可避免的。”② 张五常后来对他的这个观点作了进一步的说明，他写道：“从任何经济学意义上，一个企业是不能单独被识别的。这是因为在一个自由企业的社会中，大多数经济活动是由契约联结的，而要告诉人们一个企业从哪里开始从哪里结束是困难的。因此，在通常的情况下，企业的规模是不确定的，因为不存在分界点。”③

五、企业理论的发展

企业理论在 20 世纪 80 年代以后有了进一步发展，这些理论在不同程度上偏离了科斯等人建立在交易费用基础上的企业理论和阿尔奇安等人建立在团队生产基础上的企业理论。这些新的企业理论主要有：

(一) 人力资本的企业理论

这种理论把 T. W. 舒尔茨的人力资本概念和小贝利（Adolf A. Berle，Jr.）的“两权（财产所有权和管理权）分离”思想引入企业治理分析，认为现代企业是建立在物质资本和人力资本这两种资本的基础上，现代企业制度的核心是物质资本产权和人力资本产权，企业所有者拥有物质资本产权，企业经营管理者拥有人力资本产权，企业剩余既来自物质资本也来自人力资本，因此所有者和管理者共同分享企业剩余。

有学者④还进一步认为，如果在法律上允许资本所有者和劳动者（雇员）合作管理企业，共同制定企业决策，会调动劳动者的积极性，使他们更多地在人力资本上进行投资。要做到这一点，在企业治理结构上应安排雇员代表进入监事会或董事会。

(二) 利益相关者理论

这是由斯蒂格利茨⑤等人提出来的一种企业理论，也称作“多重委托—代理理论”

① 张五常．经济解释：张五常经济论文选．北京：商务印书馆，2000：377.

② 同①377.

③ 张五常．关于新制度经济学//［美］科斯，哈特，斯蒂格利茨，等．契约经济学．北京：经济科学出版社，1999：72.

④ Gorton，Gary and Frank Schmid．“Class Struggle Inside the Firm：a Study of German Codetermination，” NBER Working Paper，No. 7945，October 2000.

⑤ ［美］斯蒂格利茨．转轨过程中公司治理的失败，1999，http://nobel. 126. com.

(multiple principal agent theory)。这种理论认为，现代企业的真正所有者不是股东，而是利益相关者。利益相关者既包括股东、债券持有人和贷款者这些企业债权人，也包括经营管理者和工人，甚至还包括与企业活动相关的某些政府部门、供应商和大顾客。在这种企业治理结构中，不但在企业所有者和管理者之间存在委托—代理关系，而且在企业的利益相关者之间存在一系列委托—代理关系；企业的目标不再是股东利益最大化或股票市值最大化，而是相关者的利益最大化，企业的控制权和剩余应当在利益相关者之间合理分配，这样才能调动利益相关各方的积极性。为了让利益相关者真正拥有企业的控制权和收益权，企业的董事会或监事会应当由利益相关者组成，让利益相关者参与企业的重大决策和监督经营管理者。

第四节　产权理论

产权理论是新制度经济学的主要内容之一，也是新制度经济学影响最大的理论。科斯 1959 年发表的《联邦通讯委员会》一文和 1960 年发表的《社会成本问题》一文被认为是现代产权理论的奠基之作。此后，阿尔奇安、德姆塞茨、诺思、张五常、威廉姆森等都对产权理论的发展做出了贡献。

一、有关产权的基本概念

（一）产权

什么是产权（property rights）？新制度经济学家对此并没有给出一个公认的定义。一般认为，产权可以定义为个人或（和）组织拥有的一组受法律或习惯保护的权利，这些权利使其所有者可以通过购买、使用、转让和抵押资产的方式持有或处置某种资产，并享有运用这种资产所获得的收益或损失。也就是说，产权既可能给使用者带来收益，也可能给使用者或他人带来损失（负收益）。在新制度经济学文献中，“财产”是一个宽泛的概念，它不限于有形资产或具体物品。凡是可以增加（或减少）使用者的收益（效用）的对象都可以看作是资产，房屋、资本设备固然是资产，作品、软件也是资产，甚至相貌、特长也是资产。但是，产权不等于资产本身，资产只是产权的附着物或载体，产权是一组权利和责任。柯武刚和史漫飞特别强调：“产权并非物质对象，而是一些在社会中受到广泛尊重的权利和义务。”①

不同的新制度经济学家对产权的界定是不同的。以下是几种有代表性的产权定义。

科斯认为产权是资产所有者行使一定行为的权利，这些权利是一定的而不是无限的；使用产权可以给使用者带来收益，同时也会产生一定的成本或损失。他写道：“我们会说某人拥有土地，并把它当作生产要素，但是土地所有者实际上所拥有的是实施一定行为的权利。土地所有者的权力并不是无限的。”“如果将生产要素视为权利，就更容易理解了，做产生有害效果的事的权利（如排放烟尘、噪音、气味等）也是生产要素。

① ［德］柯武刚，史漫飞．制度经济学：社会秩序与公共政策．北京：商务印书馆，2000：212．

正如我们可以将一块土地用作防止他人穿越、停汽车、造房子一样，我们也可以将它用作破坏他人的视野、安逸或新鲜空气。行使一种权利（使用一种生产要素）的成本，正是该权利的行使使别人所蒙受的损失——不能穿越、停车、盖房、观赏风景、享受安谧和呼吸新鲜空气。”①

阿尔奇安给产权下了一个内涵较窄的定义：“产权是一个社会所强制实施的选择一种经济物品的使用的权利。”②

埃瑞克·G. 菲吕博顿（Eirik G. Furubotn）和 S. 配杰威齐（S. Pejovich）从经济关系和社会关系的角度来定义产权，他们认为理解产权的中心点是，“产权不是指人与物之间的关系，而是指由物的存在及关于它们的使用所引起的人们之间相互认可的行为关系。产权安排确定了每个人相应于物时的行为规范，每个人都必须遵守他与其他人之间的相互关系，或承担不遵守这种关系的成本。”③

德姆塞茨给产权下的定义是：“产权包括一个人或其他人受益或受损的权利”，“产权的所有者拥有他的同事同意他以特定的方式行事的权利。”④

阿莱希（Louis De Alessi）认为：“产权是人们拥有的对资源的用途、收入和可让渡的权利。”⑤

斯韦托扎尔·平乔维奇⑥在《产权经济学》一书中给产权下的定义是：“产权是人与人之间由于稀缺物品的存在而引起的、与其使用相关的关系。”他进一步认为，产权这一定义有两个重要的含义：“第一，把人权与产权割裂开来是错误的。我的选举权和我发表言论的权利就是我的产权，因为它们明确了我与别人之间的关系。换句话说，这一产权定义适用于所有个人相对于别人所拥有的权利。第二，……产权是个体之间的关系。假如我得到了一台计算机，所有权确定的并不是我与计算机之间的关系。它确定的是我与其他人在使用电脑的权利问题上的关系。产权具体规定了与经济物品有关的行为准则，所有人在与其他人相互作用的过程中必须遵守之，否则就必须要承担不遵守所带来的惩罚成本。”⑦

从上述各种各样的定义可以看出，产权的概念至少包括以下要点：

（1）产权是一组通过社会强制实施的权利。这里的“社会强制”是指由法律、法规、政策和习惯所界定的个人在使用资产过程中的行为规范。

（2）产权表现为人对物（经济物品）的所有，但是实质上它是人与人的关系——人与人之间的行为关系和权利关系。

（3）产权是一组权利（a bundle of rights），不是一项单一的权利。产权中的每一项权利都可以独立出来，不同的权利可以进行重组。

（4）排他性和可让渡（可交易）性是产权的重要特征。产权本质上是一种排他性的权利。市场上的交易不过是两组权利的交换。

---

① ［美］罗纳德·科斯．企业、市场与法律．上海：上海三联书店，1990：123.

② ［美］罗纳德·科斯，等．财产权利与制度变迁．上海：上海三联书店，上海人民出版社，1994：166.

③ 同②204.

④ 同②97.

⑤ ［德］埃瑞克·G. 菲吕博顿，鲁道夫·瑞切特．新制度经济学．上海：上海财经大学出版社，1998：55.

⑥ 即配杰威齐，不同的译者把同一个外国学者译成了不同的名字。

⑦ ［南斯拉夫］斯韦托扎尔·平乔维奇．产权经济学．北京：经济科学出版社，1999：29.

（5）产权界定了资产所有者或使用者受益或受损的权利，或者说，产权界定了一个人在使用其资产的过程中的权利、责任和利益。

产权有四种不同的存在形式：私有产权——这是将经济物品（资产）的使用权利配置给一个特定的个人。共有产权——部分或全体社会成员“共有”的组织所拥有的产权，它排除了这个组织以外的其他成员享有这种权利，也不允许这个组织内的单个（或部分）成员在没有征得全体成员或其代理人同意的情况下单独转让产权和产权所产生的利益。这种共有组织的例子有互助会、俱乐部甚至整个社会。国有产权——由国家所拥有、由政府及其代理人来行使的产权。国有产权可以看作是共有产权的一种特殊形式。混合产权——在一个组织（例如公司企业）内私有产权和国有产权按照一定的比例组合起来。

不过，新制度经济学家或产权经济学家在他们论著中所论及的产权一般是指私有产权。

（二）产权与所有权

产权和所有权（ownership）是两个难以截然分开的概念，似乎现在还没有一位经济学家能够从理论上说清楚二者之间的关系。之所以存在这样的难点，是因为在罗马法系（大陆法系或民法法系）和英美法系（英吉利法系或普通法系）中对所有权或产权的界定是不同的；新制度经济学中的产权概念所包含的一组权利本来是用来界定所有权的。因此，科斯最初在《社会成本问题》一文中使用的还是“所有权”的概念，而不是产权概念；德姆塞茨和阿尔奇安在他们的论著中往往将“所有权”和“产权”交替使用，并不做严格区分。

试图对“所有权”和“产权”做明确区分的西方学者是斯韦托扎尔·平乔维奇。他在《产权经济学》一书中把产权看作是一般概念，把所有权看作是产权的一部分。根据他的研究，罗马法详细规定了以下五类产权：所有权（在法律限度内使用其财产的权利），邻接权（穿过他人土地的权利），用益权（使用属于他人的物品，或者将其出租但不改变其质量或者出售给别人的权利），使用权（使用他人物品的权利，但不得将其出租、出售或者改变其质量），以及抵押权（保留他人物品但不使用的权利）。根据他的解释，所有权则包含以下四种权利：（1）使用权——使用资产的权利；（2）用益权——获得资产收益的权利；（3）处分权——改变资产形态和实质的权利；（4）让渡权——以双方一致同意的价格把所有或部分由（1）、（2）、（3）项规定的权利转让给他人的权利。他认为：这里的最后两项权利（即处分权和让渡权）是私人产权最为根本的组成部分，“它们确定了所有者承担资产价值的变化的权利”①。

二、合约、产权与交易费用

交易费用是产权经济学的基本概念和主要理论支柱。从产权经济学的角度来看，资本主义市场经济中的交易从现象上看是物品或劳务之间的交换，但实质上是产权的交换。交易是放弃某一物品（或劳务）的产权以换取对另一物品（或劳务）的产权。因

① ［南斯拉夫］斯韦托扎尔·平乔维奇．产权经济学．北京：经济科学出版社，1999：29.

此，交易费用就是交换产权的费用，“交易费用是在产权从一个经济主体向另一个主体转移过程中所有需要花费的资源的成本”①。

合约理论是新制度经济学的主要理论之一。合约条款、合约安排和合约订立过程是新制度经济学家感兴趣的热点问题。从合约理论来看，交易费用是指达成有关交易的合约和保证合约执行的费用。

新古典经济学基本上忽视了合约问题，也没有重视产权问题。新古典体系假设存在一种理想化的产权制度，在这种产权制度下，信息是完全的，交易费用为零。这种产权制度支配着经济活动中的资源配置，因而资源配置总是可以达到帕累托最优。

新制度经济学家认为，新古典经济学的假设是脱离现实的；如果要对经济过程进行现实的分析，就需要同时考虑产权结构和交易费用；在这种分析中，合约问题十分重要，因为产权是通过合约进行让渡的，合约是交换资产权利的有效方式。当前的产权结构决定着合约的内容，并且对让渡的具体权利束施加约束。“如果现有的产权关系与新的合约不相一致并且无法强制实施新的合约，产权（法律安排）必须改变以允许这些新合约得以正确实施。”②

当两个经济当事人签订一项商品交换的合约时，交易就发生了。在合约规定的时间和地点，商品的产权就转让了。在这个转让过程中将发生一系列费用，如用于商品贮存和运输的费用，用于谈判、签约及履行合约的费用。前一类费用一般被看作是生产费用，因为商品储存和运输是生产过程的一部分，或者是生产过程的延续，而后一类费用则是交易费用，是为了完成商品交易而对资源的消耗，它们与生产过程无关。因此，交易费用与交换产权的方式有直接关系，也与签订合约的具体性质有关。

产权经济学家认为，产权和交易费用是经济制度的两个决定性因素。产权制度是一种基础性的经济制度，它不仅对经济效率有重要影响，而且构成了其他许多制度安排的基础。交易费用是衡量一种制度效率高低的主要指标。没有交易费用，也就没有制度选择问题；如果交易费用为零，一切制度都是一样好的，就不存在制度的优劣问题。交易费用的高低与产权明晰程度有关，一般说来，产权越明晰，交易费用就越低，经济制度（资源配置）就越有效率。

三、科斯的产权理论

科斯是新制度经济学产权理论的创始人，也是新制度经济学的领军人物。科斯的产权理论中最有影响力的是他提出的、1968 年由斯蒂格勒命名的“科斯定理”③（Coase theorem）。

（一）科斯定理

科斯是通过他的两篇论文阐释产权理论的。一篇是他 1959 年发表的《联邦通讯委员会》，另一篇是 1960 年发表的《社会成本问题》。在《联邦通讯委员会》一文中，科斯

① ［南斯拉夫］斯韦托扎尔·平乔维奇．产权经济学．北京：经济科学出版社，1999：43.

② ［德］埃瑞克·G. 菲吕博顿，鲁道夫·瑞切特．新制度经济学．上海：上海财经大学出版社，1998：17-18.

③ Stigler，George，*The Organization of Industry*，Homewood，Ill，Richard D. Irwin，1968.

通过分析无线电频率的使用与政府管制得出这样的结论：面对人们争相广播引起的相互干扰，应通过在频率分配中运用私有财产观念和价格制度，让市场来解决这一问题。只要确定了私有频率产权，减少社会总产出损失的目标就可以通过市场本身轻而易举地达到，这样做比政府管制更有效。他认为："一旦建立了当事人的法律权利，谈判就能够改变法律规则程序，只要有迹象表明在谈判中所花费的费用有益于问题的解决。""对产权的界定是市场交易的基本前提……"① 在这篇论文中，他已阐述了后来被称为"科斯定理"的基本思想。

科斯的《社会成本问题》一文试图为解决经济活动中存在的负外在性问题提供一种新的思路。

科斯认为，为人们所普遍接受的解决负外在性问题的庇古税方案是不合适的，因为这种方案所导致的结果不是人们所需要的，甚至通常也不是人们所满意的。具体来说，庇古税方案至少存在两个问题：(1) 这种方案忽视了外在性问题的"相互性"。当A企业进行经济活动对B企业造成了外在损害时，如果只考虑限制A企业，那么势必会给A企业造成损害，因为这限制了A企业的自由和行动，从而减少了A企业的效用或产量。(2) 这种方案没有从社会总产值最大化或损害最小化这个角度去思考问题。因为对A企业进行限制所造成的损失可能会大于不对A企业进行限制的情况下A企业对B企业所造成的损害。科斯认为，思考外在性问题的正确方法应当是当事人所遭受的损失尽可能小，而不能局限于私人成本与社会成本的比较。他写道："当经济学家们在比较不同的社会安排时，适当的做法是比较这些不同的安排产生的总社会产品，而私人产品与社会产品之间的比较则是题外之语。"② "必须决定的真正问题是：应该允许甲损害乙，还是允许乙损害甲？关键在于避免较严重的损害。"③

那么，如何解决这种负外在性造成的市场失灵呢？科斯提出的思路是：如果交易费用为零，只要权利（产权）初始界定清晰，并允许当事人进行谈判交易，就可以实现资源的有效配置或社会产值最大化的安排。这就是后来被斯蒂格勒命名的"科斯定理"。

科斯定理要说明的是：只要交易费用为零，无论根据法律A企业有权或无权污染（损害）B企业，或者法律要求A企业补偿B企业还是B企业补偿A企业，最终都可以获得资源的最优配置；因为与（负）外在性有关的各方当事人可以进行私下交易谈判，达成对各方最优的合约安排。

在《社会成本问题》一文中，科斯是通过一系列案例来说明他的上述思想的，并没有给出这种思想的定理式表述或总结性表述。这就为不同的人对科斯定理作不同的理解从而给出不同的表述留下了很大的想象空间。新制度经济学的代表人物之一库特(Robert D. Cooter) 在谈到科斯定理时指出："正如法官的言论一样，对于他（指科斯——引者）论文中的每一个解释，都有另外一种似乎说得通的看法。"④ 根据库特的研究，科斯的《社会成本问题》发表以后，经过20多年的争论，现在形成了对科斯定

① ［美］罗纳德·科斯. 联邦通讯委员会//企业、市场与法律. 上海：上海三联书店，1990：51.

② ［美］罗纳德·科斯. 企业、市场与法律. 上海：上海三联书店，1990：112.

③ 同②76.

④ 新帕尔格雷夫经济学大辞典：第1卷. 北京：经济科学出版社，1992：498.

理的三种有代表性的解释①：

第一种解释可以称作“自由交易论”。按照这种解释，科斯定理可以表述为：法定权利的初始分配从效率角度上看是无关紧要的，只要这些权利能够自由交易。也就是说，最初由法律所界定的权利分配不当会在市场上通过自由交易得到校正。

第二种解释可以称作“交易费用论”。按照这种解释，科斯定理可以表述为：法定权利的初始分配从效率角度看是无关紧要的，只要交换的交易费用为零。这种解释把注意力集中在对法定权利交易的某些障碍上，特别是谈判和履行私人合约的成本。根据这种解释，如果不存在交易费用，或者私人交易没有障碍和摩擦，市场是会有效率运行的；高的交易费用妨碍了市场的有效率运行。

第三种解释可以称作“完全竞争论”或“市场机制失灵论”。按照这种解释，科斯定理可以表述为：法定权利的初始分配从效率角度来看是无关紧要的，只要这些权利能够在完全竞争的市场上进行交易。也就是说，要保证资源配置达到帕累托最优，就要保证有一个法定权利交易的完全竞争市场，而垄断会造成市场失灵。

这三种解释所要求的前提条件是不同的，第一种解释的前提条件最弱，第二种解释的前提条件较强，第三种解释的前提条件最强。根据第一种解释，只要允许自由交易，就能够实现社会总产值最大化或资源的最优配置。但是事实上，仅有自由交易这个条件并不一定能够保证资源配置达到帕累托状态。除了自由交易以外，还需要具备一些其他条件，才能使市场有效率地配置资源。条件之一是交易费用为零。当交易费用是一个正数时，“自由交易论”的科斯定理就不能成立。为了克服这种解释的不足，有人提出了“交易费用论”的科斯定理。但是，妨碍私人自由交易的不仅仅是交易费用，还有其他的障碍，例如垄断。当存在垄断时，市场机制会失灵。在这种条件下，“交易费用论”的科斯定理就不能成立，于是又有人提出了“完全竞争论”的科斯定理。显然，“完全竞争论”的科斯定理所要求的前提条件最强。因为完全竞争的条件包括一个市场上存在大量的买者和卖者，没有外在性，信息是完全的，交易费用为零。因此，“完全竞争论”的科斯定理已经把“交易费用论”的科斯定理包含在内了。但是，如果一个市场或一个经济是完全竞争的，资源配置一定可以达到帕累托最优。新古典经济学要证明的一个核心结论就是如此。因此，“完全竞争论”的科斯定理实际上和新古典经济学的核心结论说的是同一个意思。

那么，究竟什么是科斯定理或如何表述科斯定理呢？在《社会成本问题》一文发表31年以后，科斯在1991年获得诺贝尔经济学奖发表演说时才给这个问题做了一个明确的回答。他说：“在交易费用为零的世界里，也就是在标准经济理论的假设里，不管权利的初始安排怎样，当事人之间的谈判都会导致那些使财富最大化的安排，这就是由斯蒂格勒命名并加以表述的著名的科斯定理。”②

根据科斯本人的表述，科斯定理包含三个构件：(1) 交易费用为零；(2) 产权或法定权利界定清晰；(3) 产权或法定权利可以在有关当事人之间自由交易。其中，第一点是前提条件，第二、三点是实现资源有效率配置的途径或手段。而产权界定又是产权交易的前提或基础。没有这种权利的初始界定，就无法进行交易谈判，就不存在权利转让

① 新帕尔格雷夫经济学大辞典：第1卷. 北京：经济科学出版社，1992：497-500.

② ［美］罗纳德·科斯. 生产的制度结构. 经济社会体制比较. 1992 (3).

和产权重新组合的市场交易。

因此，根据科斯定理，只要产权界定清晰，无论产权的初始界定如何——A企业有权利产生污染（从而A企业不必承担赔偿B企业的法律责任）或A企业无权利产生污染（从而A企业必须承担赔偿B企业的法律责任），在交易费用为零时，只要让当事人各方进行自由谈判和交易，就会获得最优的结果。

科斯定理可以这样来理解：如果最初的产权界定给B企业，即A企业无权排放污染物来损害B企业。在这种产权安排下，A企业必须对B企业做出赔偿，实际上就是A企业向B企业购买污染权，或B企业把污染权交易给A企业。在这种情况下，只要A企业在生产后有足够的利润，使得在补偿解决污染问题的成本之后还有利可图，即使要做出污染赔偿，A企业的生产经营活动还是会继续下去。反之，如果最初的产权界定给A企业，即A企业有权排放污染。在这种产权安排下，B企业要想避免污染损害必须向A企业购买污染权——例如B企业花钱为A企业安装一套净化污染装置。在这种情况下，无论B企业是否愿意花钱去向A企业购买污染权，A企业的经济活动都可以照常进行。总之，根据科斯定理，如果不存在交易费用，最终的资源配置（在这里是A企业生产与否）和有效率的资源配置（总产值最大化）与初始的权利配置无关。因为市场的自由交易过程对不当的初始法律权利安排有一种纠偏和矫正的效应。

由上我们可以看到，在解决负的外在性问题上，科斯提出了一个不同于庇古的思路。与庇古的方法相比，我们发现科斯提出的解决负的外在性的方法有下列特点：

（1）科斯是从经济活动的总体目标（社会总产值最大化）和边际原则（边际收益等于边际成本）的视角来讨论外在性问题，而不是从法律责任的视角来讨论这个问题。他处理外在性问题的标准是经济学的目标和原则，而不是法律（法学）的标准和原则。按照科斯的逻辑，判断一种经济活动是否达到最优状态，首要的是经济学的效率标准，而不是法律的公正（或公平）标准。并且，法律对某种经济活动责任的裁定或做出某种权利安排是否为最优，要依据经济学的效率标准来判定。

（2）科斯把权利或产权看作是一种生产要素或资源，这种要素或资源有市场价格，因而可以给其所有者带来收益。既然是要素，它也可以在市场上进行交易。通过产权交易，可以使产权关系得到调整和重组。由于当事人是理性的，他要追求自身利益的最大化，因此，通过交易必将使产权这种要素得到最优配置。

（3）由于产权是一种可以交易的生产要素，因而只要产权初始界定是清楚的，不论产权的初始安排如何，总是可以实现资源的有效率配置。这意味着在产权界定清晰和产权可以自由交易的条件下，市场机制本身可以有效率地解决外在性问题，不需要政府插手其间。也就是说，庇古认为需要通过政府干预（征税或补贴）来解决外在性问题，而科斯认为市场本身就可以解决这个问题。

（二）科斯第二定理

我们注意到，科斯的上述结论是以“交易费用为零”作为假设前提的。由交易费用为零得出的解决外在性问题的思路后来又被称作“科斯第一定理”。

显然，“交易费用为零”不是一个现实的假设，而是一个虚幻的假设，因为在现实世界里，一切交易总是要耗费资源的，交易过程总是有障碍、有摩擦的。于是，由交易费用大于零又得出“科斯第二定理”。其内容是：“一旦考虑到进行市场交易的成本……

合法权利的初始界定会对经济制度运行的效率产生影响。”① 或者说，当交易费用不为零时，产权的初始分配将影响最终的资源配置。

我们看到，科斯定理和科斯第二定理是不同的。那么，科斯的本意是什么？在1991年科斯获得诺贝尔经济学奖以前，经济学家们和法学家们对这个问题的回答见仁见智。

科斯认为，他真正要表达的思想是科斯第二定理，而科斯第一定理不过是“对交易费用大于零的经济进行分析的道路上的垫脚石”②，但是在西方和中国流行的是“科斯定理”，即“交易费用为零时，自愿交易可以解决外在性问题”。对此，科斯抱怨说，他要说明的实际上是将正的交易费用引入经济分析的必要，从而使我们得以研究现实的世界。但是他的文章并没有达到这样的效果，各种杂志上充斥的是关于交易费用为零的科斯定理的讨论。

科斯第二定理的含义是，由于在现实经济生活中，交易费用大于零，产权的调整和重组是有代价的，因此在存在外在性时，产权交易能否发生，要取决于产权的一种安排是否比其他安排产生更多的产值，或者说，产权调整和重组后的产值是否大于产权交易所发生的成本。否则，产权最优配置以及由此导致的资源最优配置就不会实现。

科斯第二定理是要说明，要降低交易费用，提高资源的配置效率，如何界定初始产权和产权初始界定的合法性就很重要。不同的产权安排其经济后果可能是不同的，合法权利的初始界定会避免在合约的谈判、签订和执行过程中的许多扯皮、纠纷、摩擦，甚至毁约或无法达成协议。最优的产权配置应当是交易费用最低的产权安排。

因此，如果说科斯第一定理说的是完全竞争的市场机制可以自动导致资源的有效率配置，那么，科斯第二定理则是说，不同的产权制度和法律制度安排会导致不同的资源配置效率，在存在正数的交易费用的情况下，法律在决定资源如何利用方面起着极为重要的作用，产权制度是决定经济效率的内生变量。在A企业对B企业造成外在损害的例子中，污染权界定给A企业还是界定给B企业，初始界定是否合法、是否恰当，界定是否清晰，会有不同的效率结果。“权利的一种调整会比其他安排产生更多的产值。但除非这是法律制度确认的权利的调整，否则通过转移和合并权利达到同样后果的市场费用如此之高，以至于最佳的权利配置以及由此带来的更高的产值也许永远也不会实现。”③

四、阿尔奇安的产权理论

在产权学派中，阿尔奇安是一位多产的经济学家，他撰写了一系列关于产权经济学的论著，如《产权经济学》（1961年）、《生产、信息成本和经济组织》（1972年，与德姆塞茨合著）、《产权范式》（1973年）、《交易和生产》（1983年）、《产权》（1987年）等，这些论著大大丰富了产权经济学的内容。

阿尔奇安非常重视产权安排对人的行为的影响。他认为，对成本和收益的计算，是

① ［美］罗纳德·科斯．企业、市场与法律．上海：上海三联书店，1990：92.

② ［美］罗纳德·科斯．生产的制度结构．经济社会体制比较，1992（3）.

③ 同①92.

人们进行经济决策的基础，当某种资源没有明确的产权归属时，利用这一资源，就要冒不能获取由使用这一资源而产生的收益的风险，或者说，你为别人付出了成本，这就是外在性问题。在这种情况下，人们无法对其经济活动的后果形成理性预期，人们将不愿意冒风险从事创新性活动和投资活动，资源的利用将是无序的、无效率的。私有产权制度的出现可以使这种外在性内在化，使人们对其经济活动的后果形成理性预期，使人们对自己冒风险从事创新性活动感到自信。因为在私有产权制度下，经济当事人要承担他使用资源（或经济物品）所产生的成本，并获得他使用资源（或经济物品）应获得的收益。因此，私有产权制度的形成为经济当事人有效运用资源提供了刺激，从而有助于提高资源配置的效率。

不同的产权安排会给当事人带来不同的成本和收益，这会改变他们的经济计算，从而改变他们的预期和经济行为。例如，在科斯定理的例子中，污染权界定给A企业还是B企业，这两家企业的成本和收益变化是不同的。因此，阿尔奇安赞同科斯的观点：如何界定产权和产权明晰是非常重要的。但是，阿尔奇安认为，并不是在任何情况下，界定产权都是有利可图的。因为界定产权本身也是有成本的。当界定产权的费用高于它所带来的利益时，人们可能就不去界定产权和建立产权制度了。阿尔奇安通过对西方发达国家经济史的分析认为，人们之所以要建立私有产权制度，其根本原因不是人们变得聪明了，而是由于条件和环境发生了变化——或者是出现了某种新的技术，使得界定产权和达成合约的费用降低了，或者是产权制度所带来的利益增加了，这就使得产权制度的建立变得有利可图了。他写道："在一个知识发散的社会，人们必须对生产资源拥有可靠的、可以让渡的私有产权，并在可信赖的合约交易的谈判中在一个共同协议的价格和较低的成本下进行产品交换，这一体制协调发散信息的能力使得更有价值的物品的可得性增加，并使生产它们的成本变得越来越低。"①

既然产权如此重要，那么如何衡量产权呢？在产权学派中，阿尔奇安是较早对这个问题做出回答的经济学家。阿尔奇安认为，一种将要进行交易的私有物品，其产权的量是用它可以交换到的价值量来衡量的。他写道："物品的权利量就是愿意交易的量，在这里所持有的私有产权则是对价值的衡量……"② 阿尔奇安还进一步区分了较强的私有产权与较弱的私有产权。他认为这两类产权的价值量是不同的，较强的私有产权比较弱的私有产权更有价值。如果拥有某种物品的一个卖主与两个拥有相同物品的买主进行交换，卖主对私有产权较弱的人的要价会高于对私有产权较强的人的要价。

阿尔奇安不但强调私有产权对于从生产的专业化中实现较大的收益的重要性，而且强调私有产权的可分割性、可分离性和可让渡性对于现代法人企业组织合作生产的重要性。根据他的"团队生产"的企业理论，阿尔奇安认为，现代企业组织中的生产活动是一种合作性的联合生产活动，这种合作性的生产高度依赖于私有产权各组成部分的分割与专业化。现代公司组织提高生产率的一个独特的来源是它的"团队"生产率，而"团队"生产率取决于那些对企业的一批投入中的专有资源进行了投资的所有者之间的长期的制约性合约。尤其是，有些投入是团队所专有的，一旦它们进入企业，它们的可选择的（残值）价值就比在企业中更低。在现代企业中，企业特有的投入是共同所有的，企业所有者之间的长期合约限制了单个所有者的机会主义和道德风险。在现代社会，"一

①② ［美］罗纳德·科斯，等．财产权利与制度变迁．上海：上海三联书店，上海人民出版社，1994：168.

个企业就是一个企业特有的与一些受到合约约束的一般性投入组合起来的团体，它生产了一个无法分解的最终产品价值。”①

在阿尔奇安看来，产权各部分的自愿分割与让渡可以在以下方面实现有利的专业化：（1）实施决定资源使用的权利；（2）承担作为结果的市场或交换价值。前者有时被称为“控制”，后者则被称为“所有”，即现代公司制度中的控制权与所有权的分离，这种分离其实就是专业化。这种专业化大大提高了“团队生产”的生产率，从而增加了企业的收益。阿尔奇安总结说：“现代公司为了从指导对生产活动和技能的大规模专门化中获取收益，它依赖于有限责任增进了私有产权各部分的可让渡性和可分割性，它并没有损害或削弱私有产权的有效性，‘分割’作为一种控制和协调的方式使得私有产权能够实施有效的生产‘专门化’。”②

五、德姆塞茨的产权理论

德姆塞茨的产权理论主要包括三部分内容：产权的概念与作用；产权的形成；产权的结合与所有制结构。

（一）产权的概念与作用

产权是什么？德姆塞茨认为是一种社会关系，他承认在一个鲁宾孙的世界里，产权是不起作用的，因为在那里不存在交易；市场上的交易实际上是两束权利的交换。他在《关于产权的理论》一文（原载《美国经济评论》，1967 年 5 月号）中对产权概念的界定常常为人们所引用：“产权的所有者拥有他的同事同意他以特定的方式行事的权利。”“产权包括一个人或其他人受益或受损的权利。”“产权是界定人们如何受益及如何受损，因而谁必须向谁提供补偿以使他修正人们所采取的行动。”③

从德姆塞茨的论述中可以看出，他把产权的作用概括为以下两个方面：

一方面，产权有助于其所有者形成理性预期。由于产权界定了一个人使用其财产（或资产，或经济物品）时受益或受损的权利，以及如何受益或受损，因此，当一个人使用其财产时，他就可以预见到这种使用的经济后果和法律后果。这种预期会影响他现在的经济行为。德姆塞茨写道：“产权是一种社会工具，其重要性就在于事实上它们能帮助一个人形成他与其他人进行交易时的理性预期。这些预期通过社会的法律、习惯和道德得到表达。”④

另一方面，产权有助于把外在性问题内在化。产权的这种功能是和上面产权的作用联系在一起的。由于产权界定了相关的当事人如何受益或如何受损，因此，在资源或产权运用过程中，谁受益、谁受损、谁补偿、如何补偿这些问题是清晰的，这就使得解决外在性问题就是产权概念的题中应有之义。德姆塞茨认为：“产权的一个主要功能是引导人们尽可能地把外在性内在化。”⑤

---

① ［美］罗纳德·科斯，等. 财产权利与制度变迁. 上海：上海三联书店，上海人民出版社，1994：170.

② 同①172.

③④ 同①97.

⑤ 同①98.

产权把外在性问题内在化的逻辑是这样的：当经济活动中存在外在性时，意味着有一部分成本或收益没有进入当事人的效用函数或成本函数，资源的使用者对有些成本和收益没有加以考虑。如果允许自由谈判和自由交易，权利配置格局将发生变化，产权将得到调整，这使得那些与外在性相关的成本或收益将进入当事人的决策考虑之中，也就是使外在性的成本或收益内在化。由于当事人承担的成本或收益发生了变化，所以他的行为也将发生变化，从而使得资源配置的状况得到改进。德姆塞茨在《关于产权的理论》一文中举例说，一个企业在使用奴隶劳动时就没有承认他的活动的全部成本，因为他只向奴隶劳动者支付维持生存的工资。如果允许谈判，情形就不会如此，因为奴隶会要求企业向他们支付以作为自由人的预期报酬为基础的补偿。这样，奴隶的成本在企业的计算中就被内在化了。欧洲封建社会中的农奴向自由人的转变就是这一进程的一个例子。

（二）产权的形成

关于产权的形成，德姆塞茨的一个基本观点是："新的产权的形成是相互作用的人们对新的收益—成本的可能渴望进行调整的回应。"① "当产权对外在性内在化为收益和成本的影响更为经济时，它们就产生了。"② 他认为，如果产权的主要配置性功能是将受益和受损效应内在化，那么产权的形成就可以通过它们与新的或不同的受益与受损效应的形成的联系而得到最好的说明。

既然新的产权关系或产权安排是由于收益—成本的变化推动的，那么，是什么因素引起收益—成本的变化呢？德姆塞茨认为，是知识的变化、新技术的出现、新市场的开发、新的事物和做同一件事的新的方式。因为知识和技术的变化、新事物的出现会导致生产函数、市场价值和预期的变化，从而会产生社会所不习惯的受益和受损效应，社会成员为了适应这些变化，合理地分担受益和受损，将对产权关系进行调整。这些调整一般是社会道德和普通法的惯例逐渐变迁的结果。

经济史专家利科克（Leacock）曾经对加拿大魁北克周围山区的狩猎区域与皮革贸易进行研究，他于 1954 年发表《关于山区的狩猎区域与皮革贸易》一文。在这篇文章中，利科克明确证实了土地私有产权的发展与商业性皮革贸易之间无论在历史上还是在地理上都存在着一种密切的关系。但是，利科克并没有从理论上论证这种关系。德姆塞茨试图根据利科克的研究成果，从理论上来论证产权的形成过程。

根据德姆塞茨的分析，在皮毛贸易没有发展以前，狩猎者进行狩猎的主要目的是为了吃肉以及狩猎者家庭所需要的少量皮毛，这时显然存在着外在性。狩猎可以自由地进行，不需要估价对其他人的影响。不过，这个时候的外在效应的重要性很小，没有人想到或要求对外在效应做出补偿。这个时候不存在土地私有权——狩猎者无须划分他们之间的狩猎边界，狩猎区域是共有的，狩猎资源是共享的。

皮毛贸易的出现产生了两个直接的结果：第一，皮毛价值大大增加了；第二，由于皮毛价值的增加，狩猎活动的范围明显扩大了。这两个结果都大大提高了与自由狩猎相联系的外在性的重要性。由此引起了产权制度的变化，其变化的方向主要是要求考虑由

---

① ［美］罗纳德·科斯，等．财产权利与制度变迁．上海：上海三联书店，上海人民出版社，1994：100．

② 同①105．

皮革贸易变得重要了的经济效应。为了阻止过度捕猎，避免狩猎者之间的冲突，在狩猎者之间划分狩猎边界就是一件值得做的事情了。最初，这种狩猎边界的划分可能是暂时性的，例如将狩猎区域划分成条带状或方格状，后来这种狩猎区域的分配就变成季节性的，最终，狩猎场所就相对固定了，于是，土地私有权制度便建立起来了。

(三) 产权的结合与所有制结构

在说明了产权是如何形成的以后，接下来的一个问题就要说明为什么产权有不同的组合形式——所有制结构？是什么力量支配着特定的权利所有制的形式？

德姆塞茨把所有制划分为三种形式：共有制、私有制和国有制。他把共有制定义为"一种由共同体的所有成员实施的权利"，共有制意味着共同体否定了国家或个人干扰共同体内的任何人行使共有权利的权利。私有制则是指"共同体承认所有者有权排除其他人行使所有者的私有权"。"国有制则意味着只要国家是按照可接受的政治程序来决定谁不能使用国有资产，它就能排除任何人使用这一权利。"①

德姆塞茨感兴趣的是共有产权是如何发展成私有产权的。他的基本思想是：私有产权比共有产权有效率，他论证这个思想的基本方法是"共有地悲剧"和"交易费用"。

首先假定土地是公有的，每个人都有在土地上狩猎、耕作或开采的权利。这种共有制有很大的外在性——每个人实施他的共有权利时无须承担由此所产生的全部成本，一些成本是由其他人来承担的。如果一个人最大化地追求他的共有权利的价值，他将会在土地上过度狩猎和过度劳作，动物的存量以及土地的丰瘠程度就会迅速减低。并且，在这种所有制形式下，全体成员就合理利用土地进行协商的谈判成本很高，如果考虑到这种所有制不能将后代人的全部预期收益和预期成本由现在的土地使用者来承担，谈判成本会更高；即便这种谈判可以成功，监督协议履行的成本也很高。

土地私有制的结果会使与共有制相联系的许多外部成本内在化，因为对现在的所有者来说，他能够凭借排除其他人的权利，对有关的可实现的报酬进行全面的计算。这种收益与成本向所有者的集中，产生了更有效地使用资源的激励。"私有权利的发展能更经济地使用资源，因为他具有排斥其他人的权利。大量的内在化就是通过这一方式来实现的。"② 虽然在私有制下也存在外在性，但是，与财产私有制相联系的外在性并不影响所有的人，至少比共有制下影响的人要少得多，谈判和达成协议只需要考虑少数人的外在影响就可以了，因此把外在效应内在化的成本就大大降低了。

用同样的方法，德姆塞茨解释了现代股份公司制的形成。

在公司制下，如果每个所有者都要参与公司必须做出的每一项决策，那么公司经营的规模经济将很快被较高的谈判成本所压倒。因此，在大多数决策中产生了一个控制代表，并且在大多数情况下，一个小的管理团体成了事实上的所有者。因此，有效的所有制即对财产的有效控制现在在法律上集中到了管理者的手中。这是法律的第一次修正。这种修正从法律上确认了所有权与控制权（管理权）的分离。但是，在两权分离的情况下，如果要股东承担无限责任，这将给股东带来很大的外在性。于是又有了法律的第二次修正，这就是股东只需要承担有限责任。这两次法律修正的经济后果是使股份公司的

---

① ［美］罗纳德·科斯，等．财产权利与制度变迁．上海：上海三联书店，上海人民出版社，1994：105.

② 同①108.

经营成本最小化。

德姆塞茨认为，支配共有制向私有制演变的是规模经济、外在性、交易费用和产权配置等因素。他写道："规模经济、谈判成本、外在性以及产权的改变可能被视为那种认为所有制倾向于是个人的事情……"①

六、张五常的产权理论

美籍华人经济学家张五常对新制度经济学的主要贡献是他的《佃农理论》以及与这种理论相联系的合约理论。他在产权理论上的主要观点可以概述如下：

（1）"不管是什么合约安排……只要产权是排他的和可以转让的，这些安排就不存在不同的资源配置效率。"② 张五常对这个观点所持的基本理由是：资源的产权性质明确以后，资源的使用方式就确定了；在私有产权条件下，给定了资源可自由转让（可市场化）的权利后，对资源的所有权的竞争会诱致有效率的合约。

分成租佃是一种分成合约。原来经济学家们一直认为，土地的分成制与固定租金制相比，前者会降低佃农生产的积极性，从而降低资源的配置效率。因为在分成制下，佃农在他承租的土地上投入得越多、生产得越多，被地主作为地租拿走的就越多。张五常的博士学位论文《佃农理论》（1969 年）以及他后来的许多论著都力图证明：在土地产权明确界定为私有的情况下，分成租佃与固定租约一样，都能实现资源配置的帕累托条件。其理由是，在分成制下，只要土地产权明确界定为私有，地主和佃农就会根据市场情况进行谈判，因而租金率的高低、佃农在租约期内对土地的投入，都由双方通过合约来议定。地主可以通过佃农的劳动市场来对佃农的投入进行约束，佃农则可以根据不同地主所规定的地租额来选择所承租的土地。如果佃农付给土地所有者的土地报酬的年租金低于利率，土地所有者可能会进行适当的调整，把土地转租给其他的佃农，从而选择一个不同的合约安排。如果合约的安排是佃农的分成收入低于他的可供选择的收入，则他会转向承租其他土地所有者的土地。张五常还进一步得出推论：在私有产权下，不管土地所有者是自耕土地、是雇佣农民来耕种，还是以一个固定的租金出租给租地者，或是与他的佃农分享实际产出，它们所暗含的资源配置效率是相同的。

（2）私有产权制度"是按照生产资源本身的某些特点来规定权利的"，因而交易费用最低、配置效率最高。在《共有产权》（1987 年）一文中，张五常认为，产权结构可以采取各种不同的形式，私人产权为一个极端，共有产权为另一个极端。大多数产权安排都处于这两者之间，这两者很少以纯粹的形式出现。他在后来的《论新制度经济学》一文中又把产权（权利）结构划分为三种：私有产权、共产主义国家的共有产权和"印度综合征"。所谓印度综合征是指，腐败的权利通过管制和许可证而被制度化，这种情况在印度比较普遍。

张五常认为，就私人财产来说，其使用权是根据财产本身固有的特性或特征来划定的。这种权利是某个私人当事人专有的，可以自由转让，由这种权利获得收入是不能通过法律或法规来减少的，亦不受其约束或侵犯。因此，价格管制、征税和对产权转让的

① ［美］罗纳德·科斯，等. 财产权利与制度变迁. 上海：上海三联书店，上海人民出版社，1994：110.

② 张五常. 私有产权与分成租佃//罗纳德·科斯，等. 财产权利与制度变迁. 132.

限制，都可以看作是对私人产权的侵犯。就共有财产来说，则没有把其使用划分给任何私人当事人。任何人都无权排斥其他人使用它，大家都可以为使用它而自由地进行竞争。因此，没有排他性的使用权，也没有转让权，在这种情况下，使用共有财产不可能获得净收入。

为了论证共有产权的经济后果，张五常又提出租金消散命题。所谓租金消散是指，由于没有排他性使用权，人人争相使用某项共有财产，结果会把其租金的价值或净值降为零。这个命题实际上是“共有地悲剧”命题的另一种表述。

根据租金消散命题，如果大多数稀缺资源都是共同所有的，那么一个社会的经济就不可能维持下去。虽然法规可以减少租金消散，但是在这个过程中，它们不但会扭曲资源的运作，而且会招致腐败和特殊利益集团的出现。“严格地说，一项没有任何约束的公共财产是没有所有权的；如果把这一产权结构扩展至一切资源，其结果必然是所有的人都挨饿。”①

第五节　新经济史学

1993年10月12日，瑞典皇家科学院宣布把该年度的诺贝尔经济学奖授予美国芝加哥大学教授罗伯特·福格尔（Robert William Fogel）和华盛顿大学教授道格拉斯·诺思，以表彰他们运用经济理论和计量方法，解释经济及其制度的变化而更新了经济史研究所做出的开创性贡献。瑞典皇家科学院在颁奖公告中把福格尔和诺思称作“新经济史研究”的开拓者。本节主要讨论福格尔和诺思的新经济史学。

一、什么是新经济史学

新经济史学创立于20世纪60年代。1960—1966年诺思担任《经济史杂志》编辑，这个著名的学术期刊为新经济史学的发展提供了一个平台。在60年代，诺思、福格尔、托马斯等人出版了一系列关于新经济史学方面的论著。1966年诺思在他的《美国历史上的发展和福利：新经济史》一书中率先使用“新经济史”（a new economic history）这个概念。1973年诺思和托马斯合著的《西方世界的兴起》一书出版，该书的副标题也是“新经济史”。

对经济史的研究由来已久。经济史既是一门历史科学，同时也是一门经济科学。它主要是要阐明各国经济发展的历史过程，揭示其规律性和各自的特点。

西方主流经济学（如新古典主义经济学）研究经济史的传统方法是描述一个国家或各个国家经济发展的历史，这种经济史实际上是以重大的经济事件为纽带而串起来的经济编年史，它一般不对长期的经济变化和经济增长的原因做出解释和分析。简单地说，在福格尔和诺思以前的经济史研究是“描述性”的，而不是“分析性”的。

诺思等人具体说明了他们的“新经济史”究竟“新”在何处。

在《西方世界的兴起》一书中，诺思和托马斯认为，他们的“新经济史”著作是要

① 张五常．经济解释：张五常经济论文选．北京：商务印书馆，2000：430.

为“欧洲经济史研究提供新的途径”，他们“发展了一种复杂的分析框架用来考察西方世界的兴起”。在《经济史上的结构和变革》（1981 年）一书中，诺思认为，“新经济史”为分析经济史提供了一个新的框架。为什么需要一个新的框架呢？诺思解释说：“之所以需要新的框架，是因为经济史学家们所运用的分析工具，已不能解决经济史上那些主要的问题：即如何说明作为经济系统成就的基础的制度结构和获得这一成就的原因，以及如何说明此种结构的变革。”①

诺思进一步认为，自亚当·斯密以来，经济学家都把他们的经济模型建立在收益来自贸易的坚实基石之上。也就是通过市场交易可以增加个人收益、增进国民财富。专业化和分工是《国富论》的关键。《国富论》用了大量篇幅来论证专业化和分工的利益。但是，经济学家们在构建他们的模型时，对于这种专业化和分工所需要的成本一直忽略不计。“新经济史”的“新颖”之处就在于：它把交易费用（成本）作为一个基本分析工具，“这些交易成本支撑着决定政治—经济体制结构的那些制度”，“并把政治组织和意识形态看作是解释制度变革的基本成分”②。

与传统的经济史研究不同，“新经济史”的任务是要解释经济在整个时期的结构和绩效。按照诺思的解释，所谓“绩效”，是指经济学家们所关心的、有代表性的事物，如生产多少、成本和收益的分配或生产的稳定性。在解释经济绩效时，诺思主要强调的是总产量、人均产量和社会收入分配。所谓“结构”，是指基本上决定绩效的一个社会的那些特点。诺思所说的“结构”主要是指一个社会的政治和经济制度、技术、人口统计学和意识形态，也就是制度结构。这里的“整个时期”是表示经济史应能解释制度结构和绩效的短暂变化。这里所说的“解释”是指明晰的推理和潜在的可反驳性。

“新经济史”（尤其是诺思的新经济史学）主要由以下部分构成③：

(1) 所有权理论，描述个人和团体的激励制度。

(2) 国家理论，因为国家规定和实施着所有权。

(3) 意识形态理论，解释各种不同的关于现实的观念如何影响个人对变革“客观”环境的反应。

二、诺思对决定经济绩效（或经济增长）的原因的分析

由上面的内容可以看出，诺思定义的经济绩效就是经济学家们通常所说的经济增长，其含义是人均收入的持续增长。要研究人均收入的增长，必须研究社会总产量（GDP 或 GNP）、人口变化和社会收入分配。

对决定一个国家经济绩效或经济增长的原因的研究是经济学的传统和经济学家的老本行。亚当·斯密最初创立政治经济学体系的基本动因就是要揭示决定经济增长（国民财富增长）的原因。虽然从 19 世纪中期开始，由于资本主义经济增长势头强劲，西方经济学家们的研究兴趣逐渐转向对市场需求和微观经济问题的研究，从而淡化了对经济增长问题的关注，但是经济增长问题并没有从经济学家们的视野中消失。经济学家们实

---

①② ［美］道格拉斯·C. 诺思. 经济史上的结构和变革. 北京：商务印书馆，1992：1.

③ 同①9.

际上是从需求一方、从微观视角来分析经济增长。“凯恩斯革命”的成果之一是创立了宏观经济学体系。现代宏观经济学体系的形成促进了现代经济增长理论的发展，如哈罗德-多马经济增长模型、新古典经济增长模型（索洛模型）、罗马俱乐部经济增长模型等。

在各种各样的现代经济增长理论中，有代表性的、影响最大的是新古典增长模型。这个模型是以新古典主义经济学为其理论基础的。

诺思在《西方世界的兴起》一书中强调，他的“新经济史”的分析框架与标准的新古典主义经济理论保持一致并互为补充。因此，诺思在展开他的“新经济史”的框架之前，必须对新古典增长理论进行讨论，以便让读者明了“新经济史”与新古典增长理论的区别和联系。

诺思认为，新古典主义用以分析经济绩效的方法具有下列特征：

这一方法假定存在普遍的稀缺性，个人做出的选择反映了一组欲望、需要或偏好。这些选择是根据所放弃的机会做出的。人们多工作一小时的机会成本（和所得到的增加的收入）等于放弃的闲暇。效用（或福利）最大化要求个人对收入、闲暇等有一组固定的偏好，因而边际选择（即当个人决定多工作一小时时所做的选择）是指在得到（更多收入）还是应当放弃（闲暇）之间所做的权衡。新古典主义假定这一行为在各种经济制度（无论资本主义还是社会主义）中都起作用。

既然最大化假定宣称个人宁可选择较多的而不是较少的商品（和劳务），既然提高生产潜力（要牺牲为现期消费而进行的生产）可以生产较多的商品，因而在整个社会，人人都将为增加资本存量贡献他们的部分成果，因为资本存量的大小决定着构成一个经济系统产生的商品和劳务的流量。资本存量的规模由人力资本（劳动）、实物资本（机器、工厂、农业改良等）和自然资源的数量构成。这些又取决于可以利用的技术（即人对自然的支配）。换言之，可用的技术决定着劳动体现的技艺（人力资本）、实物资本的质量和自然资源的构成。技术变革被认为是内生的，并被看作是社会成员投资于发明和创新的结果。不过，发明的潜力又取决于知识的存量（对自然环境的认识）。

因而，决定产量的资本存量是实物资本、人力资本、自然资源、技术和知识的函数。最大化假设将导致对具有最高收益率的那部分资本存量进行投资，那部分存量相对于其他存量在数量上将会增长，从而保证使收益率逐渐拉平，而后，新的实物资本和人力资本将会被创造出来，而新的自然资源将会被发现，这时，把放弃的消费（即储蓄）投资于发明或发现那些特别的技术和自然资源而得到的收益率超过了现有各种机器和技艺的扩张而得到的收益率。如果劳动力规模相对于资本存量在增长，那么，调整人力资本和实物资本的形式以适应资本—劳动力比率的变动，将是有利可图的。同样，也可以对自然资源存量进行某些调节。

在这些情况下，总产量的增长和人均产量的增长，是由已储蓄的（和已投资的）收入部分和人口增长率所决定的。如果已储蓄的收入部分导致的产量增长正好等于人口的增长，那么，人均收入增长为零。如果储蓄率高于人口增长，那么，将导致实际人均收入的增长。

诺思对这种新古典增长模型不满意，他对这种模型的批评是：这种模型“似乎是用未证实的假设来解释一切令人感兴趣的问题。它所涉及的社会是一个无摩擦的社会，在这种社会中，制度不存在，一切变化都通过完善运转的市场发生。总之，获得信息的成本、不确定性和交易费用都不存在。”①

诺思认为，新古典增长模型建立在下列几个重要假定之上，而这些假定是值得怀疑的。

第一，新古典增长模型假定西方国家的经济中存在一种刺激结构，这种刺激结构使个人按全部差额得到投资的社会收益，也就是说，使私人收益率和社会收益率相等。

第二，这个模型假定，新知识的获得和利用的收益不会出现递减，因为在成本固定的条件下能够增加自然资源的存量。

第三，这个模型假定储蓄有实际收益。

第四，这个模型假定生育后代的私人费用和社会费用是相等的。

第五，这个模型假定人们的选择和预期的结果是一致的。

诺思认为，零交易费用是第一个假定所必需的。这一假设意味着所有权或产权的界定和实施都是不需要花费成本的，经济组织的计量能力极强，它能准确地计量每一项投入的边际贡献，并使每一项投入的报酬和其贡献相符。但是这样的条件从来没有具备过。现在和过去一样，许多资源更接近于公有财产而不是专有财产。因此，新古典增长模型所假设的条件，无论是罗马共和国，还是20世纪的美国或苏联，从来就不曾有过。从历史上看，最好的情况不过是把个人收益率提高到与社会收益率相当接近的程度，以便提供足够的刺激来达到经济增长。然而，“增长与停滞或衰退相比要少见得多。这一事实表明，‘有效率’的所有权在历史上并不常见。特别是个人向来不具备从知识和技术存量的增加中获得社会收益的能力，或者说，这种能力很不完善。因此，不仅技术进步在整个历史的大部分阶段是缓慢的，而且，自然资源存量的收益递减也是人类最重要的经济难题。”②

关于第二个假定，诺思认为，科学和技术仅仅在现代才合而为一，真正克服了收益递减。虽然西方国家在19世纪不曾经历过自然资源的收益递减，但这些国家必定在更久远的往昔经历过。人类的不断迁徙和新的地理大发现就是最好的证明。

关于第三个假定，诺思认为，储蓄的实际收益的存在也取决于所有权结构。对所有权的担保是储蓄和资本构成比率的一个重要的决定因素。在历史上，储蓄和资本构成的比率（实物资本和人力资本）通常是极低的，有时甚至为零或负数。

新古典增长模型的第四个假定不仅意味着人口出生率可以由人来控制，而且意味着已有的刺激和抑制结构随时可以调整个人的生育政策，以适应人口增加所需社会成本的变化。但是，马尔萨斯危机在人类历史上反复出现就充分证明了这一条件尚不具备。

新古典增长模型的最后一个假定是说人们的选择和预期结果相一致。诺思认为，在一个非市场社会，政治结构低效率的决策方式的确持续了很长时间。另外，个人、团体和阶级对现实的看法各不相同，解释它们周围社会的理论各不相同，推行的政策也各不相同，甚至彼此冲突。因此，要使人们的选择符合其预期要受到许多限制。

---

① ［美］道格拉斯·C. 诺思. 经济史上的结构和变革. 北京：商务印书馆，1992：7.

② 同①7-8.

正是由于新古典增长模型存在上述缺陷，所以诺思主张重新构建经济史的分析框架。这种重新构建（即“新经济史”）的方向是：“解释历史上的经济绩效需要有一个人口统计变动理论、知识存量增长理论和制度理论，以便弥补上述新古典模型的缺陷。”①

诺思的新经济史学包括以下主要内容：

（一）经济结构理论

如上所述，诺思所说的“经济结构”主要是指一个社会的政治和经济制度、技术、人口统计学和意识形态，也就是一个社会的制度结构。经济结构理论是要说明这些因素为什么是经济绩效的决定力量。

诺思认为，新经济史学和传统的经济史学的研究出发点和中心点是相同的，这就是人口和资源之间的紧张关系。经济结构就是由这种紧张关系发展起来的。但是，新经济史学和传统的经济史学在对这种紧张关系形成的原因和缓解的途径的解释上是不同的。

通过对欧洲经济史的研究，诺思得出两个明确的论点：

（1）在人口与资源的比率方面，历史上有过两次大的中断，诺思把它们称作第一次经济革命和第二次经济革命。所谓“经济革命”，是指一种经济制度中的两种不同的变革：“一种是知识存量的重大变化引起的社会生产潜力的重大变化，另一种是为实现那种生产潜力而在组织上必然发生的、同样是基本的变化”。② 第一次经济革命是指人类从狩猎和采集过渡到固定农业，农业文明出现，这次革命大约发生在一万年前。第二次经济革命是指由工业革命导致的工业文明的出现，这次革命发生在 19 世纪下半期，它在时间上比工业革命要晚。“这两次经济革命都称得上是革命，因为它们改变了产量的长期供给曲线的斜率，使人口的不断增长不致承受古典经济模型的悲观后果。”③

（2）在这两次革命之间为马尔萨斯人口压力时期，这一压力有时被生理上和社会上的反应所抵消，有时则是被经济制度效率的改变（它改变了资源基础）所抵消。根据诺思的研究，在第二次经济革命以前，人口的增长总是受自然资源报酬递减的威胁。因此，面对这种现实，人口要增长，就必须扩大资源基础；而资源基础的扩大取决于技术进步，从而最终取决于知识存量的增长。

那么，又是什么决定着知识和技术增长从而决定着经济绩效呢？诺思是用新制度经济学的理论和方法来回答这个问题的。诺思认为：“决定经济绩效和知识技术增长率的是政治经济组织的结构。人类发展的各种合作和竞争的形式及实施将人类活动组织起来的规章的那些制度，正是经济史的中心。这些规章不仅阐明了指导和决定经济活动的激励制度和抑制制度，而且决定着一个社会基本的福利和收入分配。理解结构有两个必不可少的工具，那就是国家理论和所有权理论。”④

诺思把制度作为经济史的研究中心，也就是要研究制度和经济增长之间的关系。这

① ［美］道格拉斯·C. 诺思. 经济史上的结构和变革. 北京：商务印书馆，1992：9.

②③ 同①168.

④ 同①18.

种研究视角是新古典主义增长理论所没有的。由于要研究制度、制度变革对经济增长的影响，所以国家理论和所有权理论就是两种重要的理论或分析工具。

诺思解释说，国家理论之所以不可缺少，是因为国家规定着所有权结构。国家最终对所有权结构的效率负责，而所有权结构的效率则导致经济增长、停滞或经济衰退。因此，国家理论不仅要为产生低效率所有权的政治经济单位的固有的趋势提供解释，而且必须说明历史上国家的非稳定性。

“所有权理论对于说明人类为减少交易费用和组织交易而发明的各种经济组织是必不可少的。”① 而所有权的出现是“国家统治者的期望与交易双方为减少交易费用所作的努力之间紧张状态不断加剧的后果”②。

政治组织和经济组织（即制度）都具有一些共同的基本特点，这是“新经济史”研究的中心。人类之所以要发明这两种组织，是为了利用专业化带来的交易收益而使资本财富最大化。这两种组织（即制度）都具有下列基本特点：

(1) 用法规和章程来建立一组对人的行为的约束；

(2) 设计出一套程序，以便对违反法规、章程的行为进行检查，保证人们遵循法规和章程；

(3) 辅之以一组道德伦理行为规范，以减少实施费用。

（二）新经济史学概要

诺思运用上述制度结构理论，从人口与资源的紧张关系出发，分析了西欧国家历史上的制度结构与经济增长（经济绩效）的关系，从而初步形成了他的新经济史学的理论框架。我们依据诺思的《经济史上的结构和变革》一书把这个理论框架概括如下：

在过去一万年间，人口增长是一种普遍的长期趋势。由于技术不变，资源报酬不可避免地出现递减，结果最后出现了马尔萨斯危机。此外，只要所有的资源都是公有财产(共同所有权)，改进技术只不过导致更快地耗尽资源基础。这就导致人均生活水准下降。在这种状况下，部落之间的生存竞争的后果是大部落把一些小部落排除在资源的使用之外，于是，资源的专一所有权（专一的公社所有权）就出现了。“所有权的演进，从历史上看包括两个步骤，先是把局外人排除在利用资源的强度以外，而后发明规章，限制局内人利用资源的强度。”③ 专一所有权的出现使得获得资源的知识的收益率上升。由此就发生了第一次经济革命。

并不是所有的群体都实现了从狩猎到农耕文明、经济增长的转变，只有一些群体有幸或碰巧设法完成了这种转变。而且，这种转变是渐进的，其过程是漫长的。

专一的公共所有权的发展导致专业化和分工的扩大，以及国家作为一种规定、裁决和实施所有权的特殊组织形式的出现。国家，这个在强制方面具有比较利益的团体，一方面发明出一组使统治者的收益最大化的所有权，例如，用专一的国家所有权或个人的私有权取代专一的公社所有权；另一方面发展出一套旨在提高经济效率从而增进税收的法律及其实施机构。

---

①② ［美］道格拉斯·C. 诺思. 经济史上的结构和变革. 北京：商务印书馆，1992：18.

③ 同①85.

自然地理条件、区域资源和国家的军事技术在决定国家的规模和特点以及在塑造经济组织的形式方面起到决定性的作用。从农业起源到罗马帝国衰落，其间经历了 8 000 年，这一阶段的特点是人口增长、日益复杂和有效的经济组织形式的出现以及国家规模的扩大。国家的规模一直扩大到整个西方世界被并入罗马帝国。

罗马帝国的贡献之一在于，罗马法以要素和产品市场上专一的个人所有权为其基础得到了发展和阐释；精心设计了一个完整的民法体系，从而使高度发达的交易经济的契约关系得以巩固；制定了奴隶所有制的财产法，而奴隶是早期的罗马帝国劳动力的主要来源。

政治经济组织的成功与意识形态的发展有关，这些意识形态令人信服地将现存所有权结构以及相应的收入分配合法化了。如果这些结构是在一场广泛的宗教运动中建立起来的，那是最成功的；统治者与神合为一体是最令人信服的合法形式。

在这 8 000 年间，出现了周期性的人口压力和对这种压力的反应，如努力降低出生率、殖民以及创造更有效的制度和技术。其中，有些周期是成功的，例如公元前 5 世纪的雅典、公元前 4 世纪的罗得斯，或公元后头两个世纪的罗马帝国。在这些周期中出现了空前的繁荣，经济有了大幅度的增长。但是这些国家都先后衰落或被毁灭了。无论衰落是由外部入侵引起的，还是由于内部腐朽引起的，其根源都在于城邦之间的冲突或政治经济组织结构所固有的内在不稳定性。“为财富和收入进行的斗争，是这种变革和衰落的最重要的原因。”①

从西方历史的角度看，罗马帝国的衰落对经济增长、日益复杂的经济组织、技术进步以及政治经济单位规模的扩大是一次显著的破坏。但是，“罗马法的遗产保留下来了，并在近代欧洲所有权结构的形成中再度充分发挥了作用。”②

在古典时代，人口变化通过它对土地和劳动的相对价格的影响，引起制度结构的变革；其中有些变革则是和意识形态的变革联系在一起；而军事技术及其变化支配着政治组织在规模和结构方面的变化。一个武士阶级建立有生气的经济组织的能力，受到土地和劳动力的相对价格以及交易费用的制约。封建庄园制度的出现导致贸易的复兴和人口增长，也引起了 14 世纪的危机。军事技术的变化使封建贵族逐渐落伍，并导致适度规模的政治单位的增加和所有权的根本变革。“人口变化和战争为解释有关结构的变革提供了锁钥。战争是政治单位规模和结构的决定因素，人口变化通过它对土地和劳动的相对价格的影响，在经济组织和所有权的变革中起着同样有决定性的作用。”③

从封建制度终结到工业革命这段时期，是地理大发现和商业扩张的时代（17 世纪），也是国家控制发生危机的时代。地理大发现和商业扩张的后果，最终是使世界上的其他部分与西欧的扩张的经济融为一体，并将母国的各种所有权结构强加于它们的殖民地，对这些殖民地的活力产生了长远的影响。在国家控制上发生的冲突，不但造就了比较有效率的经济组织的国家，而且创造出在相对或绝对意义上都已经衰落的国家。统治者和选民的相对议价力量在这些后果中具有决定性的意义。

---

① ［美］道格拉斯 · C. 诺思. 经济史上的结构和变革. 北京：商务印书馆，1992：111.

② 同①122.

③ 同①124.

地理大发现和商业扩张引起市场规模扩大；市场规模的扩大促进了专业化和分工的发展，后者又导致交易费用的增加。交易费用增加引起经济组织的变革，这些变革又反过来降低了技术变革的成本、加速了经济增长。这些变革为更大的变革即第二次经济革命铺平了道路。

荷兰之所以在近代初期成为欧洲的经济领袖，是因为它地处中心，又有一个政府以转让和保护私人所有权及阻止限制性做法来鼓励有效率的经济组织。英国经济成功地摆脱了17世纪的危机，这可以直接追溯到已经形成的私人所有权制度。“17世纪时，英国得以摆脱马尔萨斯抑制而法国和西班牙则未能幸免，原因就在于，英国确立的私人所有权和商业贸易的竞争引起了交易费用下降。”①

第二次经济革命是在科学和技术相结合的基础上发生的。但是，“与工业革命有关的技术变革需要优先发展一组提高发明和创新的私人收益率的所有权”②。在专利制度和保护所有权的契约出现以后，技术变革的速度才加快了。“总之，技术进步速度的加快，不仅应归因于市场规模的扩大，而且应归因于发明者在其发明所创造的收益中占有较大份额的能力的提高。”③

在第二次经济革命的发展中，第一阶段是科学上各学科的发展，第二阶段涉及工业革命期间科学家和发明者之间的知识交易，第三阶段是形成所有权使私人收益率接近社会收益率。第二次经济革命在技术上的特点是，生产过程与大规模固定资本投资具有一定的不可分性。

这次革命产生了新知识的弹性供给曲线、资本密集型的技术以及进行经济组织剧烈变革以便实现这些技术潜力的必要性。在这以前和以后为延长生产和分配过程的链条而增加衡量和实施规章的费用相比，第二次经济革命产生了大得多的专门化，因而需要有新的组织形式来约束当事人和代理人。于是，新的有效率的（交易费用更低的）经济组织被发明出来。

通过对西方经济史的重新解读，诺思和托马斯得出结论：“有效率的经济组织是经济增长的关键；一个有效率的经济组织在西欧的发展正是西方兴起的原因所在。”④ 什么是有效率的经济组织？“有效率的组织需要在制度上做出安排和确立所有权以便造成一种刺激，将个人的经济努力变成私人收益率接近社会收益率的活动。”⑤

诺思和托马斯认为，经济学家们通常把创新、规模经济、教育和资本积累等看作是经济增长的原因，实际上，它们本身就是增长，而不是增长的原因。经济增长的真正原因是制度结构。“除非现行的经济组织是有效率的，否则经济增长不会简单地发生。个人必然受刺激的驱使去从事社会需要的活动。应当设计某种机制使社会收益率和私人收益率近乎相等。”⑥

如果一个社会不能激励人们去从事能引起经济增长的那些活动，便会导致经济停滞。换句话说，如果一个社会没有经济增长，那是因为没有为经济创新和生产活动提供足够的刺激。

---

① ［美］道格拉斯·C. 诺思. 经济史上的结构和变革. 北京：商务印书馆，1992：155.

② 同①145.

③ 同①163.

④⑤⑥ ［美］诺思，托马斯. 西方世界的兴起. 北京：华夏出版社，1989：1.

三、福格尔的计量经济史学

福格尔（Robert William Fogel）的主要贡献被认为是把经济模型和统计方法应用于分析经济发展的长期趋势，他对铁路和奴隶制度在美国经济长期增长中的作用的研究在学术界引起了激烈的争论。他的主要著作有：《联合太平洋铁路：成熟之前的企业实例》（1960年），《铁路与美国的经济增长：计量经济史论文集》（1964年），《美国经济史的重新解释》（与S. L. 英格尔曼等合著，1971年），《处在十字路口的年代：美国黑奴经济学》（与S. L. 英格尔曼等合著，1974年），《"科学"历史与传统历史》（与G. R. 埃尔顿合著，1982年）等。

福格尔和他的追随者把他们的研究方法称作"计量经济史学"（cliometrics）。他们试图运用现代统计方法和计量技术重新考察人类过去的经济发展史。借助于西方主流经济学，福格尔发现了在历史发展过程中各经济变量之间的相关关系，然后将历史上的各种原始数据重新组合成符合经济学定义的数据，再通过使用数学工具在这些经济变量之间建立起计量模型，最后将重新定义过的数据代入这些模型进行检验，推导出结论。

福格尔试图在大量借助于经济理论和数学模型的前提下，根据历史残存的零星数据来重新描绘或编制制度结构与经济过程的历史面貌。福格尔曾经形象地比喻说，计量经济史学家们在研究方法上与力图根据骨骼碎片和生物学理论去复原史前动物的古生物学家非常类似。

史学家们的传统是遵循"历史不能假设"的研究规则，而计量经济史学则主张使用非现实假设的研究方法。福格尔的研究工作往往从一些非现实假设或违反事实的假设开始，如"假设没有铁路……"，"如果没有南北战争……"

福格尔特别关注某项制度、技术进步或重大历史事件对整个人类经济增长和历史进程的影响。为了能够计量出这种"纯影响"究竟有多大，福格尔通常采用一种非现实的模拟方法：计算出实际的产出水平与"没有这项制度、技术或事件"时所能够达到的水平之间的差异。由于这些制度、技术或事件在历史上确实存在过或发生过，所以"没有这项制度、技术或事件"的情景只能是虚拟的假设。

这里我们要特别提到福格尔的"计量经济史学"的两个新奇观点，这两个观点与经济学家们和史学家们的主流观点大相径庭，从而引起了大量争议。

第一个观点是关于铁路对美国经济增长的影响。

一般认为，火车和铁路的出现对于推动社会经济的发展发挥了十分重要的作用。因为铁路的出现大大缩短了运输劳动力、原材料和产成品的空间距离，大量地节约了运输时间，从而极大地降低了运输成本、扩大了市场空间，并在其他产业部门引起了一系列技术变革，如电报、电话的发明和使用，新的炼钢法的发明和使用等。因此，美国经济学家罗斯托（W. W. Rostow）把包括铁路在内的交通运输业的创新看作是一个国家经济实现"起飞"（take-off）的主要标志之一。就美国来说，人们大多赞同这样的观点，即美国的工业革命或经济起飞肇始于铁路的出现，准确地说是横贯美国东西部的大铁路竣工之时。

在《铁路与美国经济的增长：计量经济史论文集》中，福格尔把新古典经济学原理和统计计量方法结合在一起，试图研究这样的问题：如果当时没有铁路，美国的社会经济情况又当如何？如果没有铁路，会对美国工业化的进程产生何种影响？福格尔通过对当时美国铁路运费与水路运费的比较，并考察由于修筑铁路而引起的对钢铁需求的变化，以及铁路的出现对相关产业发展的影响，得出如下结论：在其他条件不变的情况下，即使自 19 世纪中叶以来没有铁路，到 1890 年美国的国民生产总值也不会比这一年的实际产量低 3%以上；也就是说，假如没有铁路，美国的工业化和经济起飞至多只是推迟两年。从美国历史的发展进程来看，两年实在只是一瞬间！因此，福格尔认为，铁路在美国经济的发展中并没有起重大的作用；工业化国家的经济发展依赖的是一系列小的变化，而不是大的技术创新。

第二个观点是关于奴隶制的效率。

历史上的奴隶制把人当作牲口、当作会说话的工具，奴隶要遭受奴隶主最残酷的剥削和非人的待遇，因而，长期以来，人们一直憎恨奴隶制，把这种制度看作是一种不人道、不经济的制度。

在《处在十字路口的年代：美国黑奴经济学》一书中，福格尔等人重新考察了美国奴隶制经济，试图否定美国奴隶制种植园是一种无效率和不盈利的生产方式的主流观点。根据福格尔等人的研究，美国南北战争以前的南部奴隶制经济并不是萧条的、无效率的和无利可图的，恰恰相反，它是非常有效率的、利润丰厚的。这表现在，不但奴隶主平均每年得到 10%～12%的利润，而且美国南部奴隶制经济在 1840—1860 年间，其资本收入的增长速度大大超过了全国平均水平。更重要的是，在 19 世纪上半期的大部分时间里，美国南部农业利用生产资源的效率比北部农业高出近 40%！正因为如此，所以美国南部奴隶制种植园经济在 19 世纪上半期不是衰落了，而是发展了、进一步繁荣了。因此，福格尔等人认为，美国历史上的黑人奴隶制度在经济上是有效率的，以至只有像南北战争这样的超经济力量才能摧毁这种制度。

第六节　制度变迁理论

新制度经济学的制度变迁理论是要说明制度变迁的原因、机制和过程。这里所说的“制度变迁”（institutional change）是指在一段时间里制度的建立、变革或破坏，包括制度选择和制度创新。在新制度经济学文献中，“制度变迁”和“制度创新”（institutional innovation）这两个概念是交替使用的。

一、舒尔茨的制度变迁理论

作为长期研究农业经济和人力资本投资问题的经济学家，舒尔茨特别看重人的经济价值，他把人的经济价值的不断提高看作是制度变迁的初始动因。他在《制度与人的经济价值的不断提高》一文中写道：“人的经济价值的提高产生了对制度的新的需求，一些政治和法律制度就是用来满足这些需求的。它们是为适应新的需求所进行的滞后调整，而这些滞后正是一些重大的社会问题的关键所在……”①

① ［美］舒尔茨．制度与人的经济价值的不断提高//［美］罗纳德·科斯，等．财产权利与制度变迁．上海：上海三联书店，上海人民出版社，1994：251.

在舒尔茨以前，现代主流西方经济学一般不研究制度变迁与经济增长之间的关系。他们要么假定制度不发生变迁，或者认为制度是一个与经济增长动态相适应的变量；要么假定制度是一个外生变量，认为制度变迁虽然重要，但是制度变迁与经济增长无关。舒尔茨则试图把制度和制度变迁作为内生变量纳入经济增长模型，他认为大多数制度变迁都可以用这种方法来分析。他提出："我视这些制度为经济领域里的一个变量，而且这些是对经济增长的反应。"①

作为一位农业经济学家，舒尔茨分析制度变迁的切入点是农业中的制度变迁。他对制度变迁的分析所使用的方法是供求均衡分析法。这种分析方法建立在两个关键概念的基础上：一个是制度功能的经济价值，另一个是经济均衡或制度均衡。舒尔茨首先假设制度是某些服务的供给者，制度可以提供便利，可以提供一种使交易费用降低的合约，可以提供信息，可以分散风险，可以提供公共物品等；对每一种制度提供的服务都有需求，因而可以用供求分析来探讨决定每一种服务的经济价值的因素。当这些制度所提供的服务与其他服务所显示的报酬率相等时，这些制度的每一经济服务就达到了均衡。

当人类的经济增长进程改变了对制度服务的需求时，上述制度均衡就被打破了，以长期成本与长期收益来衡量的制度供求之间的非均衡就出现了；制度创新是对这种非均衡的一种反应；人们进行制度创新是为了改变制度的服务供给，从而实现新的制度均衡。制度变迁就是发生在制度的均衡——非均衡——均衡……的过程中。

那么，是什么因素导致制度由供求均衡走向非均衡从而引起制度变迁呢？舒尔茨认为，主要是一些改变了对制度服务的需求的因素。这些因素主要有②：

（1）在一个实现增长的市场经济中，人们对货币的便利需求已经转向对权利的需求。

（2）在一个每户收入都在提高的经济中，相对于与农场部门相关的合约与财产权利的需求来说，服务于非农业部门的经济活动的合约与财产安排的需求会增加。

（3）随着经济增长日益依赖于有益的知识进步，对那些能够生产与分配知识的制度的需求会转向对其权利的需求。

（4）当经济发展达到需要越来越多的高技术阶段，对需要通过培训而获得的高技术的需求，包括高等教育，相对于对低技术的和再生的非人力资本形式的需求会增加。

（5）在一个由增长提高了人的经济价值的经济中，对大量不同制度的服务的需求会被这种增长形式所改变。随着人类生活水平的提高，劳动者对使其免于事故的额外保障性需求转向对权利的需求；对个人人身权利的法律保障的需求也转向对权利的需求；人作为生产的一个要素，他在获取工作方面要求有更大的平等；人们在通过在职培训和高等教育以获取高技术的工作方面要求有更小的歧视；人们作为消费者，要求在获取消费品与服务，尤其是住房和家庭计划信息方面拥有更大的平等。

由于人的经济价值的提高引起对制度服务需求的变化，从而引起法律法规的改变，"这些立法和法律是为适应由人的经济价值提高所致的制度的压力与限制而做出的滞后调整"③。

---

① ［美］罗纳德·科斯，等. 财产权利与制度变迁. 上海：上海三联书店，上海人民出版社，1994：256.

② 同①259.

③ 同①260.

舒尔茨具体考察了三种情况下人的经济价值提高所引起的制度变迁：[1]（1）制度是对劳动力的市场价格提高的反应；（2）制度是对人力资本投资的报酬率提高的反应；（3）制度是对消费者可支配收入增加的反应。

二、戴维斯和诺思的制度创新理论

1971年，戴维斯（L. E. Davis）和诺思合著的《制度变迁与美国的经济增长》一书出版，这本书的目的是要通过对美国经济史的研究，为制度的产生、成长、成熟和衰亡提供一个粗略的理论框架，为制度变迁提供理论上的解释。

（一）制度创新的基本理论

戴维斯和诺思分析制度变迁与制度创新的方法是新古典经济学的理性人假设和供求均衡分析法。他们把"制度"看作是一种特殊物品，并假设存在一个"制度市场"。这个市场上的供给者就是从事制度创新的那些人，需求者就是要求进行制度创新的那些人。与一般商品市场上的情况不同，在制度市场上，供给者和需求者之间存在着叠加性，因为一部分制度需求者同时也是制度供给者。在制度市场上，当制度的边际收益等于边际成本时，将出现制度供给与需求之间的均衡。因为在这种情况下，制度的供给者和需求者都在现行制度下实现了收益最大化，他们没有变更制度的激励和刺激。

当人们对制度的预期收益和预期成本发生改变时，制度市场将由均衡状态进入非均衡状态。为了降低使用制度的成本或为了获得现行制度下不可能获得的利润，人们将变革制度或重新选择制度，进行制度创新。戴维斯和诺思写道："我们假定经济制度会被创新，产权会得到修正，因为它表现为个人或团体渴望承担这类变迁的成本，他们希望获得一些在旧有的安排下不可能得到的利润。"[2] 如果预期的净收益超过预期的成本，一项制度安排就会被创新。只有当这一条件得到满足时，人们才有改变现有制度和产权结构的企图。例如，如果一种产品的生产在大企业内完成比在小企业内完成更为廉价，则公司制就会被创新出来。

制度安排可以有多种形式。在一个极端是纯粹自愿的形式，在另一个极端是完全由政府控制和经营的形式，在这两个极端之间存在着广泛的半自愿半政府的制度结构。

既然制度创新的动因是预期净收益的增加或预期成本的降低，那么，哪些因素会导致预期净收益或利润增加呢？戴维斯和诺思认为，从理论上说，有许多外部事件可以导致利润形成；但是在现有的制度安排下，这些利润无法获得。这些收益因此可以称作"外部利润"。戴维斯和诺思主要分析了促成利润增加从而诱致制度创新的四种因素：

（1）规模经济。规模经济就是企业实行大规模生产可以降低生产的平均成本。生产

---

① ［美］罗纳德·科斯，等. 财产权利与制度变迁. 上海：上海三联书店，上海人民出版社，1994：261-263.

② 同①274.

要获得规模经济效果，企业的规模可能就需要很大，这就要求有更为复杂的企业组织形式来取代单个业主制或合伙制的企业组织形式。股份制这种现代企业制度的组织形式就被创新出来。具有无限寿命和有限责任的公司的创新既突破了自有资本对企业扩张的限制，又提高了从企业外部获取资本的能力，从而使得创新者获得了内含于规模经济中的利润。

(2) 外在性。经济活动的外在成本或外在收益的存在将使资源配置无法达到帕累托状态。在存在外在性的情况下，一些允许对私人成本和社会成本、私人收益和社会收益进行重新计算的新的制度安排将会使社会净收益增加。制度创新的方向之一就是使外在性内在化。

(3) 风险。大多数人都厌恶风险。经济活动中的风险盛行会导致人们减少从事高风险的经济活动。但是，由于风险越高，预期利润就会越高，如果有些能够克服厌恶风险倾向的制度被创新出来，社会的总利润就会增加。于是，保险公司和各种分散风险的合约便发展起来。因此，制度创新的另一个方向是克服对风险的厌恶。

(4) 交易费用。由于存在较高的信息成本和搜寻成本，市场是不完全的，市场的自发运行往往不能实现资源的有效率配置。如果新的制度安排降低了交易费用，市场运行的摩擦力将会减少，资源配置的效率将会提高。

戴维斯和诺思总结说："当在现有的制度结构下，由外在性、规模经济、风险和交易费用所引起的收入的潜在增加不能内在化时，一种新制度的创新可能允许获取这些潜在收入的增加。"①

潜在利润的改变是制度创新的一种诱因，制度创新的另一种诱因是创新成本的降低。根据戴维斯和诺思的研究，在美国发展史上，有四种因素对制度创新成本的影响较大。它们是：(1) 组织成本降低或有人愿意承担这种组织成本。(2) 技术创新降低了某些制度安排的操作成本。(3) 知识的积累和教育的发展降低了某些与制度创新相联系的成本。因为知识积累和教育发展导致了社会和技术信息的广泛传播，以及与工商业和政府机构的发展密切相关的统计资料储备的增长。(4) 联邦政府权力的稳固上升和它对美国生活更多方面的渗透，明显减少了政府性安排制度创新的成本。

(二) 制度创新的过程

如果在现有的条件下，现存制度安排的任何改变都不能给经济中的任何个人或任何集团带来额外的收益，制度就处于均衡状态。如果制度创新的潜在利润发生了变化，或者制度创新的成本发生了变化，或者法律上或政治上的某些变化改变了制度环境，使得某些集团实现一种再分配或把外部利润内在化成为可能，制度非均衡就出现了，制度创新就是必要的了。

制度创新的过程一般包括下述五个步骤：

第一步，形成"第一行动集团"。第一行动集团是一个决策单位，它们的决策支配着制度创新的进程。这个集团可能是单个的个人或由个人组成的团体，他们是一些能够预见到潜在利益，又认识到只要改变现行制度安排便可以增加收益的决策者。在他们中间，至少有一个人是熊彼特所定义的那种企业家。戴维斯和诺思举例说，纽约的制造商

---

① ［美］罗纳德·科斯，等．财产权利与制度变迁．上海：上海三联书店，上海人民出版社，1994：291.

于1811年非正式地联合成院外集团以通过一般的合并法，是一个成功的第一行动集团的例子。

第二步，“第一行动集团”提出制度变迁（或制度改革）方案。这种方案有可能是第一行动集团中的政治企业家提出来的，也可能是集团集体反复协商的结果。一般来说，这种创新方案不是一个，而是若干个。

第三步，选择制度创新方案。“第一行动集团”根据最大化原则对若干可供选择的制度创新方案进行比较，最终选择一种方案并付诸实施。被选择的方案在当时的条件下一般是最优方案——制度创新的净收益最大，或创新成本最低。

第四步，形成“第二行动集团”。第二行动集团也是一个决策单位，它主要是帮助第一行动集团实施制度变迁和制度创新。戴维斯和诺思举例说，如果纽约法已经由公司委员会办公室确立，由它来承担法人许可证的接收、复审和批准的任务，则委员加上他们的助手就构成了一个第二行动集团。第二行动集团一般不会增加制度创新的收益，但是有可能把一部分额外收益转移到自己手里。

第五步，第一和第二行动集团共同努力，促成制度创新。

一旦制度创新得以实现，增加的收益在社会成员之间得到恰当的分配，又将形成新的制度均衡。除非新的外在事件改变了预期的潜在收益，否则制度均衡将保持下去。

但制度创新不一定总是成功的。如果创新方案选择不当，或者第一行动集团夭折，或者新制度安排并不能从根本上改变旧制度的基本结构，制度创新就会失败，或者新制度安排就会难产。

戴维斯和诺思的制度创新模型是一种“滞后供给”模型。所谓制度的滞后供给，是指对制度变迁的需求产生在先，制度供给的反应在后，制度需求和制度供给之间存在一定的时滞。“产生于制度安排变迁后的潜在利润的增加，只是在一段滞后以后才会诱致创新者，使之创新出能够获取潜在利润的新的安排。”① 戴维斯和诺思认为，有许多因素使得制度供给滞后，但最重要的相关因素是现存的法律和制度安排的状态。其中特别重要的是三个方面：一是现有的法律（普通法和成文法）限制了制度安排的演化范围；二是由于制度技术本身有一个生命周期，新制度安排代替旧制度安排需要一定的时间；三是制度上的新发明尤其是制度形式上的发明需要有一个过程。

三、拉坦的诱致性制度变迁理论

诺思、托马斯、舒尔茨和戴维斯等人的制度创新理论是一种诱致性制度变迁理论：预期的潜在收益的增加诱导出对制度变迁的需求，对制度变迁的需求又诱导出制度供给。在诺思和戴维斯等人分析的基础上，拉坦（V. W. Ruttan）结合农业中的制度变迁实践，进一步发展了诱致性制度变迁理论。

在技术与制度的关系问题上，是技术变迁决定着制度变迁，还是制度变迁决定着技术变迁，经济学家们在这个问题上存在着分歧。拉坦在这个问题上主张“制度决定论”。他写道：“导致技术变迁的新知识的产生是制度发展过程的结果，技术变迁反

① ［美］罗纳德·科斯，等．财产权利与制度变迁．上海：上海三联书店，上海人民出版社，1994：297.

过来又代表了一个对制度变迁需求的有力来源。”“……制度在技术变迁的形成与扩展中起着重要的作用，而且它们是技术努力与生产率增长方向发生偏差的重要原因。”①

如本章前面所述，一些新制度经济学家把制度定义为一套行为规则，这些规则支配着经济当事人的行为模式和相互关系，他们把制度与组织区分开来。拉坦所说的“制度”主要是指“组织”。拉坦所说的制度创新或制度发展主要是指：（1）一种特定组织的行为的变化；（2）这一组织与其环境之间的相互关系的变化；（3）在一种组织的环境中支配行为与相互关系的规则的变化。

拉坦认为，制度变迁是由一系列因素诱导出来的，对制度变迁需求的诱导因素又不同于对制度变迁供给的诱导因素。具体来说，“对制度变迁需求的转变是由要素与产品的相对价格的变化以及与经济增长相关联的技术变迁所引致的；对制度变迁的供给的转变是由社会科学知识及法律、商业、社会服务和计划领域的进步所引致的。”②

在制度变迁的需求理论方面，拉坦主要是继承和肯定了诺思和托马斯、舒尔茨等人的研究成果。他认为，诺思和托马斯主要根据支配产权的规则的制度变迁解释了西欧在900—1700年间的经济增长，他们的结论是：制度变迁是由人口对稀缺的资源赋予的压力增加所引致的。舒尔茨通过对近代经济史的研究，证明了在经济发展进程中，人的经济价值的上升是制度变迁的主要原因。拉坦把技术变迁所释放的新的收入流看作是对制度变迁需求的一个重要原因。从新的和更为有效的技术中获取潜在收益，是私部门的研究与发展以及公部门对自然资源的探索与发展科学技术的一个强有力的动机。拉坦认为，制度变迁是由对与经济增长相联系的更为有效的制度绩效的需求所引致的。“新的收入流的分割所导致的与技术变迁或制度绩效的增进相联系的效率收益，这是进行进一步的制度变迁的一个主要激励。”③

拉坦在制度变迁理论上的主要成果是提出了制度变迁的供给理论。诺思、托马斯、舒尔茨和其他的新制度经济学家都没有试图提供一种制度变迁的供给理论。

拉坦认为，制度变迁的供给与技术变迁的供给有类似之处。当科学技术知识进步时，技术变迁的供给曲线会右移；类似地，当社会科学知识和有关的商业、计划、法律和社会服务专业的知识进步时，制度变迁的供给曲线也会右移，这是因为社会科学和有关专业知识的进步降低了制度变迁的成本。拉坦举例说，与凯恩斯革命相联系的对宏观经济关系的新的理解更新了社会科学知识，这些新知识对制度创新和效率产生了影响。第二次世界大战结束以后，由于美国政府的政策干预，无论是统计资料和分析能力还是制度可信度都是无法得到的。商务部的统计能力的制度化以及总统经济顾问委员会的分析能力的制度化，就是与凯恩斯革命相联系的经济学知识进步的直接产物。

但是，拉坦强调，说制度变迁的供给是由社会科学和有关专业知识进步诱致的，并不表明制度变迁完全依赖于社会科学和有关专业的新知识的研究成果。“制度变迁

① ［美］罗纳德·科斯，等. 财产权利与制度变迁. 上海：上海三联书店，上海人民出版社，1994：327，328.

② 同①328.

③ 同①335.

也可能是由政治家、官僚、企业家及其他人指导他们的日常活动时所实施的创新努力的结果。”①

第七节　对新制度经济学的评论

制度安排决定着人们的行为模式、人与人之间交易的准则和人们的利益关系，决定着个人的努力或贡献与其报酬（货币的和非货币的报酬）的对应程度，从而影响着个人的积极性和创造性，进而影响着资源配置效率和长期经济增长，所以，从这个角度来说，新制度经济学强调制度重要是正确的和必要的，新制度经济学家对制度与效率、经济增长的系统研究是有价值的。新制度经济学填补了新古典经济学体系中没有制度分析的空白。

把制度与经济增长联系起来进行分析并不是始于新制度经济学。我们在本章前面说过，古典经济学家和马克思、恩格斯都做过这方面的研究。亚当·斯密在《国富论》中就讨论过自由竞争的资本主义市场制度与重商主义制度对国民财富增进的影响，他的一个结论是：前者比后者更能促进国民财富的增进。斯密系统地论述了建立在私有产权基础上的自由竞争的市场制度，如何通过分工与交易的发展来促进经济增长。马克思从更广阔的视角来分析制度与社会发展的关系。在马克思主义经典文献里，“制度”包括生产关系与上层建筑两个层次，马克思和恩格斯主要是从生产力与生产关系、经济基础与上层建筑这两个方面来讨论制度与经济增长和社会发展的关系，他们通过分析生产力与生产关系、经济基础与上层建筑的相互关系与矛盾运动来阐明资本主义生产方式的产生、发展直至被新的社会制度所取代的历史规律。

一些新制度经济学家也承认马克思在制度分析方面的贡献。拉坦曾经说：“马克思比他的同时代学者更深刻地洞见了技术与制度变迁之间的历史关系。”② 他认为马克思强调了生产方式的变化（技术变迁）与生产关系的变化（制度变迁）之间的辩证关系。诺思对马克思的制度分析给予了很高的评价。他认为，马克思主义的理论框架是在他以前对长期制度变革最有力的论述，这主要是因为这个框架包含了新古典理论框架所舍弃的全部要素，这就是制度、所有权、国家和意识形态。“马克思所强调的所有权在有效率的经济组织中的重要作用以及现存所有权体系与新技术的生产潜力之间的紧张关系在发展的观点，堪称是一项重大的贡献。”③“马克思强调意识基本上受人对生产方式的关系的制约，堪称是一个重要的贡献。”④

不过，新制度经济学的制度分析与马克思、恩格斯的制度分析至少有三点区别：(1) 马克思、恩格斯主要分析的是整个社会制度结构的变迁（或变革），即从原始社会制度到封建主义制度、从封建主义制度到资本主义制度、从资本主义制度到社会主义（共产主义）制度的发展变革；而新制度经济学主要分析的是一个特定制度安排（主要

---

① ［美］罗纳德·科斯，等．财产权利与制度变迁．上海：上海三联书店，上海人民出版社，1994：336.
② 同①329.
③ ［美］道格拉斯·C. 诺思．经济史上的结构和变革．北京：商务印书馆，1992：61.
④ 同③179.

是资本主义制度安排）的变革。（2）马克思、恩格斯所说的制度变革主要是指制度的“突变”或“质变”，这种制度变迁需要依靠暴力革命，用暴力手段推翻旧制度，建立新制度；而新制度经济学所说的制度变革主要是指“制度演化”，这种制度变迁是一种渐进的过程。虽然在这个过程中也可能使用暴力手段，但是制度变迁主要还是通过组织结构改变、合约调整和产权变更等途径来实现。（3）马克思、恩格斯主要是从所有制关系上来研究制度问题，他们把生产资料所有制的性质看作是决定制度结构或制度性质的关键；而新制度经济学则是从产权、合约和交易费用等方面来研究制度，他们所说的制度既包括一个社会的根本制度结构，也包括一个社会的具体制度安排，但主要是研究具体的制度安排。因此，马克思、恩格斯的制度分析与新制度经济学的制度分析既有交叉，又有区别。

我国的经济改革自最初的放权让利开始，到20世纪80年代末90年代初深入经济体制改革。这种体制改革实际上就是经济制度改革——既包括所有制结构改革，也包括企业组织结构改革，以及其他一系列配套改革。由于这场伟大的改革是史无前例的，它本身就是一项伟大的创新，所以没有多少现成的理论可用，这场改革只能是“摸着石头过河”。马克思主义经典作家虽然对生产力与生产关系、经济基础与上层建筑的辩证关系做过系统的论述，揭示了社会制度发展的规律和发展趋势，他们也研究了诸如股份公司、银行这样的具体制度结构，但是从总体上看，他们对具体的制度或组织结构问题的研究远没有新制度经济学研究得那么多、那么系统。正是由于这些原因，所以自20世纪90年代初开始，新制度经济学在我国就一直非常流行，成为这一时期对我国理论和实践影响最大的西方经济学流派，以致我国有些学者把新制度经济学看作是主流经济学。

新制度经济学关于制度功能的分析，关于制度与人的行为的分析，关于制度绩效的分析，关于制度变迁的动因分析，关于制度选择的准则的分析，以及它的企业理论、产权理论、交易费用理论和合约理论，对我国的经济体制改革都有一定的启发作用和借鉴意义。我国长期实行的计划经济体制严重阻碍了个人积极性的发挥，阻碍了市场的发育和经济发展。不从根本上打破这种体制，社会主义市场经济体制就无法建立起来，要把我国建设成为屹立于世界民族之林的经济强国、使人民走向富裕之路也是一句空话。正是这种现实需要促成了新制度经济学在我国的流行。实际上，我国理论界不少人就是根据新制度经济学的有关理论来论证我国经济体制改革的必要性，分析我国体制发展演化的路径，设计我国的体制改革方案。新制度经济学的核心概念，如产权、科斯定理、交易费用、制度创新，成为我国理论界使用频率最高的概念。大约从1990年到2010年，新制度经济学在很大程度上主导了我国经济学界乃至整个理论界的话语权。

在这个过程中，我们注意到有两种倾向。一种倾向是，盲目崇拜和照搬新制度经济学。在一些人看来，新制度经济学是完全科学的、是唯一科学的，除了新制度经济学，我国的体制改革似乎没有什么理论可用。这些人在他们的论著中只谈科斯、诺思、德姆塞茨和威廉姆森等人的理论，包括马克思在内的其他人的理论则很少提及。另一种倾向是，以西方的制度模式作为我国体制改革的目标模式。这些人把西方的制度模式看作是最有效率或最优的模式。为了走向这种模式，他们主张在我国实行彻底的私有化。

笔者认为，这两种倾向都有片面性，都是在新的形势下的“崇洋媚外”。

就是在多数西方经济学家看来，新制度经济学也不能算作西方主流经济学。根据我们在本书绪论中的划分标准，新制度经济学是西方经济学中的非主流派，因为它主要研究的是“市场制度是如何产生的”这一类问题。并且，新制度经济学主要是一些逻辑分析和理论论证，数量分析很少，这与西方主流经济学的数学化的发展趋势不相一致。

新制度经济学本身也有许多缺陷和问题，它的一些概念、方法和理论明显地存在“漏洞”，需要“纠错”和“修补”，它的一些理论和其他经济学流派的理论一样，都只是“一家（派）之言”。

新制度经济学把“制度”界定为包括“习俗、法律、规章”等在内的约束人的行为的规则，是一套人与人之间的合约，并把这些规则的形成和演变看作是由人的需要的变化引起的，他们否认科学技术和生产力的发展是制度建立和变革的推动力。新制度经济学家虽然承认制度是可变的，但是他们很少谈制度的突变，很少谈制度被颠覆和对一种制度进行革命。他们所说的“制度变迁”只是渐变，不是革命。新制度经济学家也否认制度是统治阶级的工具，他们不讨论在阶级社会里，同一种制度下会存在人与人、阶级与阶级、阶层与阶层之间的不平等。新制度经济学实际上只是从一个侧面、一个视角解释了人类社会的制度形成和制度演进，并不能够完全解释人类社会的发展史。历史唯物主义在解释经济发展和社会发展上仍然有它的优势。

“交易费用”是新制度经济学的核心概念，是新制度经济学家进行制度分析的关键工具，也是新制度经济学的制度分析区别于古典经济学的制度分析、区别于旧制度经济学的制度分析的主要标志。可以说，没有交易费用概念，就没有新制度经济学。但是，交易费用概念很难说是一个科学的概念。因为在新制度经济学文献中，“交易费用”有十几种定义，没有一个相对统一的说法。并且，交易费用很难计量，很难用于数量分析。新制度经济学家也承认交易费用概念存在缺陷，他们对这个概念也不甚满意。《新制度经济学》这本论文集的两位编者在谈到交易费用时说：对交易费用“虽然已进行了各种经验研究，但一些定义上的模棱两可依然存在，所取得的结果也并不总是让人十分满意。沃里斯和诺思试图直接从国民账户的数据中分离出交易费用。他们把交易费用定义为美国经济中的交易部门发生的成本。德姆塞茨通过分析卖出价和买入价间的差额及经纪人的收费对使用有组织的金融市场的成本进行了直接测算和估计。威廉姆森则采用了一种间接测算方法。他把专用性投资间的某些关系（如所采用的合同类型）作为对交易费用的测度。其中心观点是制度结构（和产权）的特征严重影响交易费用的大小。”①

显然，建立在这样一个定义不一、无法计量的概念基础上的新制度经济学虽然有一定的用处，但是我们对它不应估价过高。

新制度经济学的产权理论分析了产权安排的形式和产权明晰与人的积极性的关系，分析了产权交易对于改进资源配置效率的意义。这些分析有其理论价值和实践意义。因为不同的产权关系确定了不同的权、责、利关系，从而确定了个人的贡献与其回报的关系，确定了个人利益与社会利益的关系。这些关系涉及个人从事经济活动的动力和刺激

① ［德］埃瑞克·G. 菲吕博顿，鲁道夫·瑞切特. 新制度经济学. 上海：上海财经大学出版社，1998：11.

问题，这个问题又是经济发展和社会发展的基本问题。没有足够的动力和刺激来激励人们进行投资、发明创造和从事有风险的活动，一个社会的发展就没有足够的推动力。

但是，新制度经济学的产权理论至少有两方面缺陷。其一，这种理论只承认私有产权有效率，有存在的合理性和必然性，否认其他产权制度（如共有产权和公有产权）存在的合理性。我们知道，与私有产权相比，公有产权的历史还很短。公有产权有没有效率、有没有存在的必要、有没有发展前途，还需要历史和实践来做出回答。即使从西方主流经济学的观点来看，我们也应当允许不同的产权制度进行公平竞争，通过竞争决定胜负，而不是人为地宣判哪一种产权制度不应该存在，根据一己的价值观人为地给某种产权制度判“死刑”。其二，产权理论讨论的主要是财产权利，它关心的实际上是企业财产所有者的权利和利益，至于企业普通劳动者的权利和利益，则不在这个理论研究的范围内。很显然，忽视劳动者的利益，不但不利于处理好企业所有者、管理者和劳动者的关系，从而不利于企业成长和发展，而且也不能保证企业有持续的活力和竞争力。因为劳动者是企业的主体，是企业生产活动的主要贡献者。无论如何明晰产权，如果只有财产所有者的积极性，没有广大劳动者的积极性，一个企业要想搞好搞活也是不可能的。

新制度经济学的新经济史学弥补了西方主流经济学在研究经济增长问题和经济发展史时不考虑制度因素的片面性，把制度作为经济增长的内生变量加以考察，说明制度变迁与经济增长的关系，从而把制度因素纳入经济增长理论的框架，这在很大程度上恢复和发展了亚当·斯密的古典经济学传统。诺思等人对制度变迁的动因的研究、对制度绩效的研究、对制度变迁的路径依赖的研究都是有价值的、有启发性的。

新经济史学的主要缺陷是，诺思等人是根据西方资本主义发达国家的经济发展的历史经验得出他们的结论的，这些结论不一定适用于发展中国家。因为各个国家、各个民族在历史、文化、生产力状况和社会制度等方面各有其特色，经济模式和增长路径不可能一样。其他国家可以学习发达国家的长处，但是没有必要跟着发达国家的发展模式去“邯郸学步”。

新经济史学作为一门新学科，形成的时间还太短，它还有许多不足之处。诺思本人在谈到他的新经济史理论时承认：“我在理论部分并未建立一种经济史理论。”他认为他的理论还有这样一些缺陷：没有关于人口统计变化的理论；没有关于军事技术发展的理论，军事技术及其变革对历史上国家的结构和规模有重要影响；国家模型还有缺陷；没有讨论新制度安排的供给函数；还没有一种关于知识社会学的实证理论。①

笔者在前面说过，新制度经济学填补了西方主流经济学研究的一些空白，推动了西方经济学的发展，它使用的分析方法和得出的结论，其中有一些是有价值的，可以为我们借鉴、吸收和利用。但是这不意味着我们可以不顾中国实际，不顾中国的国情，不加区别、不加分析地照搬照抄。我们认为，新制度经济学并不是当今世界上最科学、最灵验的经济学，我国的体制改革也不能简单地复制西方国家的制度。我国的历史、文化、社会制度和国情与西方国家有很大差异。尤其是东西方国家的文化习俗大不相同。如果在制度问题上生搬硬套是要吃大亏的。而且，制度移植还有“水土不服”和“本体排异”的问题。美国的麦当劳虽然风靡全球，但是它来到中国也必须根据中国人的“口

① ［美］道格拉斯·C. 诺思. 经济史上的结构和变革. 北京：商务印书馆，1992：68-69.

味”和饮食“习惯”进行改造，否则它就不能够在中国存在下去。所以现在中国的麦当劳餐厅也在卖中国的粥、面条和豆浆。一种“洋”快餐尚且需要进行“中国化”，何况是制度呢？

值得注意的是，诺思和科斯对他们的理论和西方制度的看法比我们有些人要清醒得多。诺思承认私有化并不能够解决一切经济问题。诺思在 1993 年度诺贝尔经济学奖颁奖仪式上发表演讲时警告说：“把取得成功的西方市场经济的正式政治和经济规则搬到第三世界和东欧国家并不是它们取得良好经济绩效的充分条件。私有化并不是解决经济绩效不好的灵丹妙药。”① 科斯在他的《企业、市场和法律》中译本前言中也对中国读者提出这样的忠告：“中国读者应该注意的是，这些论文中叙述的事例是相对于英国或美国的制度而言的，而中国的社会制度（包括法律体系）与这些西方国家是不一样的。因此不能假定在生产的现行制度结构的决定过程中，生产要素在中国就如同在英国或美国那样有着类似的重要性。”诺思和科斯的这些话值得我们深思。

本章复习与思考题

1. 什么是制度？制度有哪些功能？
2. 新制度经济学是如何论述制度与经济绩效的关系的？
3. 根据新制度经济学，什么是企业？企业是如何出现的？企业的功能是什么？
4. 什么是科斯定理？你如何理解它？
5. 什么是交易费用？为什么新制度经济学家非常重视这个概念？
6. 什么是产权？产权制度与资源配置效率之间的关系如何？
7. 产权经济学的基本思想是什么？
8. 新经济史学“新”在何处？
9. 根据新经济史学，制度因何、如何变迁或演化？
10. 你如何评价新制度经济学？
11. 你如何看待新制度经济学与新古典经济学的关系？
12. 你认为新制度经济学对我国的理论和实践产生了哪些影响？

本章进一步阅读文献

[1]［德］柯武刚，史漫飞．制度经济学：社会秩序与公共政策．北京：商务印书馆，2002

[2]［德］埃瑞克·G. 菲吕博顿，鲁道夫·瑞切特．新制度经济学．上海：上海财经大学出版社，1998

[3]［美］道格拉斯·C. 诺思．经济史上的结构和变革．北京：商务印书馆，1992

[4]［美］罗纳德·科斯，等．财产权利与制度变迁．上海：上海三联书店，上海人民出版社，1994

[5]［法］亨利·帕勒日．美国新自由主义经济学．北京：北京大学出版社，1985

① ［美］道格拉斯·C. 诺思．历时经济绩效//中国人民大学报刊复印资料理论经济学，1995（3）：160.

[6]［美］诺思，托马斯．西方世界的兴起．北京：华夏出版社，1989
[7]［美］罗纳德·科斯．企业、市场与法律．上海：上海三联书店，1990
[8]［美］科斯，哈特，斯蒂格利茨，等．契约经济学．北京：经济科学出版社，1999
[9]［南斯拉夫］斯韦托扎尔·平乔维奇．产权经济学．北京：经济科学出版社，1999
[10] 张五常．经济解释：张五常经济论文选．北京：商务印书馆，2000
[11]［美］哈罗德·德姆塞茨．所有权、控制与企业．北京：经济科学出版社，1999
[12]［英］G.M. 霍奇逊．现代制度主义经济学宣言．北京：北京大学出版社，1993
[13]［美］曼库尔·奥尔森．国家兴衰探源．北京：商务印书馆，1993
[14]［美］曼库尔·奥尔森．集体行动的逻辑．上海：上海三联书店，上海人民出版社，1995
[15]［美］Y. 巴泽尔．产权的经济分析．上海：上海三联书店和上海人民出版社，1997
[16]［冰岛］思拉恩·埃格特森．新制度经济学．北京：商务印书馆，1996

第九章 公共选择学派

20 世纪 60 年代末 70 年代初，当货币主义在西方经济学界风头正劲的时候，另一个非主流派加入反凯恩斯主义的阵营，这就是以美国著名经济学家、1986 年诺贝尔经济学奖获得者詹姆斯·布坎南为领袖的公共选择理论（或学派）。公共选择学派经济学家力图运用新古典经济学的基本原理和方法来研究集体选择问题和政府行为，研究经济与政治的相互依存和相互影响。

第一节 公共选择学派产生的背景和思想渊源

一般认为，英国经济学教授邓肯·布莱克（Duncan Black，1908—1991）1948 年发表的《论集体决策原理》一文（载《政治经济学杂志》，1948 年 2 月）是公共选择理论的开篇之作，但是，研究公共选择问题的经济学家形成一个学派则是 20 年以后的事了。

一、公共选择学派产生的背景

公共选择理论是由于第二次世界大战以后经济学领域尤其是福利经济学领域中的一些争论和需要而产生和发展起来的。公共选择学派的形成则与 20 世纪五六十年代发达国家长期推行凯恩斯主义国家干预政策有关。

1938年，当时还在哈佛大学做研究生、年仅24岁的伯格森（Abram Bergson）发表了《福利经济学某些方面的重新系统论述》一文（载《经济学季刊》，1938年2月），提出把社会福利函数表述为社会所有个人的效用水平的函数。但是，如何解决效用的测量和人际比较呢？伯格森主张用序数来表示效用的“较多”或“较少”，同时求出每个人的福利权数。由于每个人的福利权数不是通过市场机制而是通过集体选择机制来形成的，也就是一个社会的收入分配机制决定了每个人的福利权数，所以，伯格森认为，社会福利最大化不仅要满足帕累托效率的三个边际条件，还要取决于收入分配状况。由于收入分配问题是一个规范问题，各个人的偏好次序不同，对收入分配的判断标准就不同。因此，只有从各个人的偏好次序推导出社会偏好次序，才能确定社会最大化的福利。

能否从各个人的偏好次序推导出全社会一致的偏好次序呢？1951年阿罗出版了《社会选择和个人价值》一书（1963年又出版了修订版），试图回答这个问题。根据阿罗的研究，由于信息获取的差别和利益的矛盾，每个人的偏好是不同的，因此，试图在任何条件下从个人偏好次序推导出社会偏好次序是不可能的。阿罗论证了不能依靠多数票规则产生出一种协调一致的社会决策方案，不可能达成社会一致同意的收入分配方案。这就是阿罗的“不可能性定理”。

阿罗的“不可能性定理”的提出，推动了一批经济学家研究这样的问题：如何将个人偏好进行加总来实现社会福利函数的最大化，或满足某种规范的标准体系？也就是集中研究在单个投票者的偏好既定的情况下，应当选择怎样的一种社会形态的问题。这种对最优加总偏好的实际程序的特点的研究，很自然地刺激了人们对在不同的投票规则下相对于给定的一组偏好将会选择出怎样的结果这一问题的兴趣。因为找出一个满足某种规范标准的社会选择函数的问题与在不同的投票规则下建立一种均衡的问题非常类似。这方面的研究导致了规范的公共选择理论的产生。布坎南等人就是直接受到阿罗定理的刺激才想到要研究公共选择问题的。

从伯格森开始的新福利经济学都致力于揭露市场机制的缺陷。凯恩斯主义的出现从理论上打破了市场神话。新福利经济学和凯恩斯主义都认为，市场机制并不像古典经济学所说的那样，是一架运转良好、能够自动调节、完美无缺的机器，市场的解决办法并不总是最优的解决办法。集体（或政府）干预应该插手纠正市场机制的缺陷。这些缺陷是由于经济生活中存在的垄断、外部性、公共物品、信息不完全和规模经济造成的，完全竞争模型并没有把这些情况纳入它的分析框架。因此，他们提出国家应当更多地担负起纠正市场机制的缺陷、使资源得到最优配置的责任。

到20世纪五六十年代，凯恩斯主义无可争议地成为西方经济学的正统，成为发达国家政府制定经济政策和进行宏观经济管理的指导思想。长期推行凯恩斯主义政策使得资本主义经济结构和经济生活发生了一系列变化：政府在经济生活中的作用越来越强，公共部门在经济结构中的比重不断上升，政府支出规模不断扩大，政府债务和财政赤字不断增加，60年代后期开始出现通货膨胀。公共选择理论就是作为反凯恩斯主义的一个学派出现的。

公共选择理论致力于揭示政府干预和福利经济学的缺陷和局限。他们提出这样两个问题：“首先，什么东西能保证国家做出的决策确实最符合集体偏好的结构？其次，有什么东西能保证——即便这些决策是好的且是最符合公共利益的——国家行动的结果确实符合立法者的意愿?”[①] 于是，公共选择理论致力于探讨这样的问题：在外部性、公共物品和规模经济存在的情况下，如何确立对资源进行有效率配置所需要的条件？这就促使他们直接研究在这些情况下显示个人偏好的非市场决策过程。这方面的研究成果构成了实证的公共选择理论。

公共选择学派的主要代表人物有美国著名经济学家、1986 年度诺贝尔经济学奖获得者詹姆斯・布坎南，美国著名经济学家戈登・塔洛克、丹尼斯・C. 缪勒（Dennis C. Mueller)、查尔斯・K. 罗利（Charles K. Rowley）等人。

公共选择学派的学术大本营是设在美国弗吉尼亚州的乔治・梅森（George Mason）大学的“公共选择研究中心”。公共选择学派的学术阵地是由塔洛克于 1966 年创办的《公共选择》杂志。

二、公共选择学派的思想渊源

公共选择学派的思想渊源最早可以追溯到 18 世纪的孔多塞（Marquis De Condorcet，1743—1794)。这位法国数学家、经济学家和哲学家发现了“投票悖论”或“投票循环”。不过，公共选择理论的思想渊源主要还是来自 19 世纪的欧洲大陆。

公共选择理论最初孕育产生于财政理论，财政理论是公共选择的理论之源。财政理论是关于政府税收和政府支出的理论。税收和政府支出是政府或集体的活动，而不是单个的个人行为。在政府的收支过程中，消费者面对的是国家或政府，而不像在经济市场上面对的是企业。这些特点把财政学与经济学中的其他分支区别开来，后者大都集中研究非政府的决策人（如消费者、生产者）的活动，前者则把公共经济引入解释私人经济活动的分析体系。为此必须研究税收和支出选择的政治决策机制，而政治决策则是公共选择理论研究的主题。

在 19 世纪英法经济学家的经济理论模型中，国家被视为一种“不生产”的活动，是一个不可避免的负担。与这种“国家（或政府）缺位”的模型不同，19 世纪末欧洲大陆一些经济学家强调政府收支以公民互相同意为基础的思想，把税收看作是对政府服务的“回报”，并开始运用古典经济学的分析方法来分析决定公共活动的结构，这种分析内容构成他们的公共财政理论的一部分。

19 世纪末，瑞典经济学家威克塞尔提出了政治的自愿交易学说和一致性原则。威克塞尔在他 1896 年的论文《公平赋税的新原理》中认为，传统的公共财政理论在经济学和政治学这两个学科之间竖起了一道隔墙。这种传统理论认为，在一般经济领域（经济市场）和公共经济领域（政治市场），同一个人会按两种完全不同的行为方式进行活动。在经济市场上，个人受利己心支配追求自身利益的最大化；而在政治市场上活动的个人则是超个人利益的、奉行利他主义的人。威克塞尔认为，政治是一种个人之间进行复杂交易的结构，在这种结构里，个人追求集体地得到他们私自限定的、不能通过简单的市场交易而有效率地获得的目标。没有个人利益就没有任何利益。人们正是基于自身利益，通过自愿的交易来形成所需要的政治过程的结构。在市场上，个人用一种物品交易另一种物品；在政治上，个人交易他们同意的公共需要的成本份额。政治市场上的

① ［法］亨利・勒帕日. 美国新自由主义经济学. 北京：北京大学出版社，1985：121.

交易同样是自愿的、从个人利益出发的。"如果一个人为某项活动的成本进行支付，而这项活动并不促进他的利益，或者甚至会损害他的利益，这似乎是一种露骨的不公正。"①

威克塞尔认为，由于政治行为人是在一定的规则内做出选择的，所以规则是极其重要的。改革的方向必须集中于改变决策规则，而不是通过对决策行为人施加影响来改善预期的结果。

要判断规则的改变是否有效率，就需要确立某种标准进行检验，威克塞尔提出这种标准就是一致性原则。他认为，如同市场交易一样，要使公共部门的交易有效率，一致性原则是不可缺少的。用全体一致的原则来检验政府活动的效率是最好的检验原则。假如每个人都赞成政府活动的现状，那就说明这样的活动肯定是有效率的。威克塞尔写道："如果一项公共支出要被批准的话……一般地，它必定含有这样的假定，即这种支出准备用于一种对全社会有益的活动，并且所有社会成员都无一例外地这样认为。"②

布坎南在 1986 年 12 月诺贝尔经济学奖颁奖仪式上发表的演讲中以及他的一系列著作中都承认威克塞尔的思想对他的影响很大。他认为："威克塞尔应得到现代公共选择理论最重要的先驱者的称号，因为我们在他 1896 年的论文里发现了提供公共选择理论的全部三个构成要素：方法论上的个人主义，经济人，以及看作交易的政治。"③ 他回忆说，他 1948 年在芝加哥古老的哈珀（Harper）图书馆积满灰尘的书库里发现威克塞尔的未被人们所知和未被翻译的著作《财政理论研究》(《公平赋税的新原理》即是该书的一部分——引者)，是他学术生涯中最令人激动的显示智力的时刻之一。在诺贝尔奖颁奖演说中，布坎南开宗明义地说："如果我不承认伟大的瑞典人纳特·威克塞尔对我本人著作的影响，那就未免太粗心大意了。没有他的影响，我就不会在这里发表这个演讲。我的许多著作，尤其是政治经济学和财政理论方面的著作，可以看作是威克塞尔论题的复述、推敲和扩展；这篇论文也不例外。"④

在威克塞尔之后，另一位瑞典经济学家林达尔（Erik Lindahl）提出了公共物品理论。林达尔在 1919 年发表的《公平的赋税》一文中，根据威克塞尔的自愿交易学说，认为公共物品的生产同私人物品的生产一样，都是社会成员通过交易各自获益的行动的结果。人们通过公共物品的消费获得满足，人们缴纳的税款则是为公共物品的生产支付的成本价格。政府在一定时期提供的公共物品的数量不是任意的，而是由不同利益的社会成员进行相互交易的均衡点来决定的。

20 世纪初，意大利经济学家庞塔雷奥尼（Pantaleoni）、德·维蒂（De Viti）、德·马尔科（De Marco）、萨克斯（Sax）等人的公债理论和国家学说，成为公共选择理论的又一个理论来源。意大利财政学派否认当时的民主秩序，认为总是要由一个小集团为集体做出决策的观点，对公共选择理论产生了较大的影响。同时，意大利学者分析公债问题的方法，试图把古典边际价值论分析的模式扩大到对决定公共行动结构的理解，对

①② R. A. Musgrave and A. T. Peacock, eds., *Classics in the Theory of Public Finance*, The Macmillan Press Ltd., 1958, p. 89.

③④ J. M. Buchanan, "The Constitution of Economic Policy," *The American Economic Review*, Vol. 77, June 1987, p. 243.

布坎南和布莱克的公共选择观点的形成起到了积极的作用。布坎南曾经在一篇题为《公共选择与财政理论》的论文中追述公共选择理论的产生过程时说："毫不奇怪，现代公共选择理论的主要创始人都是一些受过欧洲财政理论传统训练的经济学家。"①"布莱克在他写的第一本书中严格地按照传统财政理论的主题论述了所得税的征收范围。布莱克阅读了意大利作者有关财政的著作和威克塞尔的书，并且由此写出了他论证委员会理论的经典著作，这个理论已经被广泛运用于解决财政之外的问题。我的情况也是如此。最初，我所受的教育使我完全成了财政经济学家。一个偶然的机会，我拜读了威克塞尔的书，接着开始对意大利学者的著作进行研究。这使得我的注意力从正统的财政学问题逐渐转移到了分析政治决策机构、研究宪政规则上。"②

19 世纪在欧洲大陆流行的霍布斯、洛克等人的政治学说尤其是社会契约理论，也构成公共选择理论的思想来源之一。社会契约理论家们认为，人类曾经生活在一种没有法律和政府的自然状态之中，生命、自由与财产等自然权利是天赋的，人们的活动受体现理性的自然法支配，人们彼此相互为敌。由于这种自然状态缺少一个公正的、强有力的裁判者而有许多不便，于是人们便通过相互订立契约，把部分自然权力让给社会，从而产生了国家或政府。国家的目的主要是保护私有财产和公民的自然权利。国家是不同于自然物体的人工物体。政府的权力不是无边无际的，它受宪法的制约或限制；统治者也必须遵守社会契约，否则选民有权推翻他。这种自然法思想和有限的政府学说构成公共选择理论中的国家学说的潜在基础。布坎南曾说道："现代公共选择理论……是和传统理论或政治哲学的重要思想，即社会契约理论，密切相关的。"③

在美国本土，对公共选择理论尤其是对布坎南的思想有较大影响的，是芝加哥学派的创始人之一的弗兰克·奈特的经济自由主义学说。1945—1948 年，布坎南在芝加哥大学攻读博士学位，受业于奈特教授。奈特的经济自由主义观点，尤其是奈特认为经济学不是一门选择科学，而是一门研究经济制度、研究社会组织是怎样为有关的集体、为社会而运行的学科，在布坎南的思想上打下了深深的烙印。

第二节　公共选择学派的特色

公共选择学派不同于 20 世纪 70 年代的西方经济学主流派，它是西方经济学的非主流派，但是它与其他的非主流派又有很大区别。

一、与西方主流经济学的分歧

公共选择理论认为，人类社会由两个市场组成，一个是经济市场，另一个是政治市场。在经济市场上活动的主体是消费者（需求者）和厂商（供给者），在政治市场上活动的主体是选民、利益集团（需求者）和政治家、官员（供给者）。在经济市场

①② ［美］J. M. 布坎南. 经济学家应该做什么. 成都：西南财经大学出版社，1988：161.

③ J. M. Buchanan, *The Theory of Public Choice Ⅱ*, University of Michigan Press, 1984, p. 11.

上，人们通过货币选票来选择能给他带来最大满足的私人物品；在政治市场上，人们通过民主选票来选择能给他带来最大利益的政治家、政策法案和法律制度。前一类行为是经济决策，后一类行为是政治决策，个人在社会活动中主要是要做出这两类决策。

西方主流经济学主要研究经济市场上的供求行为及其相应的经济决策，而把政治决策视作经济决策的外生因素或既定因素。西方主流经济学的传统是以完全不同的假定来讨论个人在经济市场和政治市场中的活动以及相应的决策过程。它认为：在经济市场上，个人受利己心支配追求自身利益最大化；而在政治市场上，个人的动机和目标是利他主义的、超个人利益的。

公共选择理论认为，在经济市场和政治市场上活动的是同一个人，没有理由认为同一个人会根据两种完全不同的行为动机进行活动；同一个人在两种场合受不同的动机支配并追求不同的目标，是不可理解的，在逻辑上是自相矛盾的；这种政治、经济截然对立的"善恶二元论"是不能成立的。经济和政治是相互依从、相互影响的；正确地理解经济必须对政治有一定的了解，同样，理解政治必须能够理解经济。经济市场上存在供求双方力量的相互作用，政治市场上也同样存在供求双方力量的相互作用。公共选择理论试图把人的行为的这两个方面重新纳入一个统一的分析框架或理论模式，用经济学的方法和基本假设来统一分析人的行为的这两个方面，从而拆除传统的西方经济学在经济学和政治学这两个学科之间竖起的隔墙，创立使二者融为一体的新政治经济学体系。

与西方主流经济学和政治学相比，公共选择理论的主要特点是：(1) 试图建立一种严谨的、原理式的政府一般理论；(2) 把政治看作是一种个人相互交易的市场，并且用新古典经济理论对其进行分析；(3) 分析有关的政治活动，通过这些分析使人们对政府产生怀疑，进而使人们相信要缩小政府活动的范围。

二、公共选择学派的方法论特色

公共选择学派的特色也体现在他们的方法论上。公共选择学派的方法论有以下特色。

(一) 经济学是一门交易科学

西方主流经济学把经济学界定为一门选择科学。根据罗宾斯的定义，经济学是研究在各种可供选择的或有竞争性的目标中怎样配置稀缺资源的科学。根据这个定义，人们的选择行为和选择结果似乎与制度结构和宪政秩序无关，或者说，制度结构和宪政秩序不会影响人们的选择行为和选择结果；人们在进行市场选择时似乎并不关心选择环境的宪政问题。

公共选择学派认为，经济学不是一门选择科学或资源配置理论，而是一门交易科学 (science of exchange) 或市场理论。他们特别推崇亚当·斯密在《国富论》第二章所说的一段话。斯密在谈到人们从分工中获得更多的利益，并进而分析产生分工的缘由时说道：分工不是人类智慧的结果，而是一种人类倾向缓慢而逐渐造成的结果，"这种倾向就是互通有无，物物交易，互相交易"[①]。公共选择理论认为，斯密的这句话就是他对什么是经济学或政治经济学这一问题的回答。经济学的主题本来是研究个人的交易倾向、交易过程和个人在自由交易中自发产生的秩序。经济学的基本命题是个人之间的交易。经济学是关于交易的契约的科学。在布坎南看来，"经济学家应当研究的特定主题就是人们在市场关系中的行为，这种行为反映了交易和交易物品的倾向，并研究这些市场关系在结构上能采用的多种变化形式"[②]。

政治市场上的基本活动也是交易，政治是个人、集团之间出于自利动机而进行的一系列交易过程。政治过程和经济过程一样，其基础是交易动机、交易行为，是利益的交换。集体行动是以个人行为为基础的，集体行动可以看作是一个集团（或组织）全体成员之间的复杂交易或契约。市场是自动交易过程的制度体现，个人是按照各自的交易能力进入自动交易过程的。经济学就是研究具有不同利益的个人之间的交易或协商的关系，人们在不同的社会组织下通过交易来谋取相互利益，而不同的社会组织就是人们进行合作行动的结果。因此，集体选择应当列为交易经济学的研究对象。

（二）方法论上的个人主义

方法论上的个人主义（methodological individulism）认为，一切社会现象都应追索到它们的个人行为基础，都必须从个人的角度来分析、阐发；个人的目的或偏好是经济学分析的出发点和基石，必须把个人的有目的性放在首位。因为个人根据他们自己的利益采取行动，个人的有目的性乃是一切社会行为的充分的起因。

公共选择学派把个人作为分析的基本单位，把社会存在看作是个人（而不是集团或阶级）之间的相互作用，认为应当根据个人来解释社会和政治，而不是根据社会来解释个人。布坎南曾经把他的公共选择理论看作是"政治过程的个人主义理论"。

公共选择学派方法论上的个人主义，体现在他们对社会秩序和个人行为的看法上，以及对政府和政治的见解上。在公共选择经济学家看来，个人是社会秩序的基本组成单位，而政府只是个人相互作用的制度复合体，个人通过制度复合体做出集体决策，去实现他们相互期望的集体目标，同时他们也通过制度复合体开展与私人活动相对立的集体活动。政治就是在这类制度范围内的个人活动。

（三）经济人范式

西方主流经济学的传统是在经济分析中坚持经济人范式：无论是单个消费者还是单个厂商，他们都是具有利己心的，都要追求自身利益的最大化。

公共选择理论模型的基点是把经济人范式扩大到个人在面临"非商品"选择时所采取的行为和态度：个人参与政治活动的目的也是追求个人利益最大化，也以成本—收益分析为根据。贯彻在这些模型中的原则是：人就是人，人并不因占有一个总经理职位或拥有一个部长头衔就会使"人性"有一点点改变。一个人不管他是在私营企业里领薪水，还是由政府机关发给工资，或在其他什么地方，他还是他。假如有可能，他宁可选

① ［英］亚当·斯密．国民财富的性质和原因的研究．上卷．北京：商务印书馆，1972：12.

② ［美］J.M. 布坎南．经济学家应该做什么．成都：西南财经大学出版社，1988：3.

择能为自己带来更大个人满足的决策、公共物品和政治家，这些满足包括物质上的满足和纯粹心理上的满足。

公共选择学派把政治制度看作是一个普通的市场——政治市场。在政治市场上，人们建立起契约交易关系，一切活动都以个人的成本—收益计算为基础。在公共选择理论看来，没有理由认为单个选民在投票箱前的动机与单个消费者在超级市场中的动机有本质上的不同：在其他条件相同的情况下，他一般宁愿投票赞成这样的政治家，他希望这个政治家的行动将给他个人带来“更多的东西”，而不愿投票赞成另一类政治家，后者的纲领将使他付出的成本高于给他带来的收益。政治家的基本行为动机也是追求个人利益最大化。政治家的效用函数中包括的变量有权力、地位、名声、威望等。虽然增进公共利益也可能是政治家目标函数中的一个变量，但是这个变量不是他的目标函数中的首要变量或权重最大的变量。因此，政治家追求他的个人目标时未必符合公共利益或社会目标。塔洛克认为，在政治市场上，在日益膨胀的政府机构中，选民仍然是一个有理性的经济人。他写道：“人绝不会因为处于森严的等级制度之中而放弃生存。他仍然是具有个人的动机、刺激和愿望的人。”“人们追寻的权利、福利，不是来自官员的恩惠，不是来自他对公共利益的考虑，而是出于他自利的打算。”① 布坎南认为：“如果把参与市场关系的个人当作是效用最大化者，那么，当个人在非市场内行事时，似乎没有理由假定个人的动机发生了变化。至少存在一个有力的假定，即当人由市场中的买者或卖者转变为政治过程中的投票人、纳税人、受益人、政治家或官员时，他的品行不会发生变化。”②

个人对自身利益最大化的追求并不是没有限制的，这种限制就是宪政规则的约束。没有宪政约束，个人对自利的追求将会导致公开的冲突，个人选择也难以有一个公正的秩序。政治的基本任务就是提供这种宪政秩序。在宪政秩序范围内，应当给个人以充分的选择自由并捍卫这种自由。公共选择理论认为，确保个人最佳选择的前提之一是最大化他们的选择自由。人不是为了求他的效用最大值才要求自由，也不是为了求社会福利函数的最大值才要求自由，而是要求最大的选择自由，即根据自己的愿望选择任意替代方案的自由。“人们要求有使他变成他希望变成的那样的人的自由。”③ 布坎南等人认为，使用经济人范式，不但有助于解释市场失灵，而且可以直接论证政府失灵或政治失败。庇古学派把市场失灵归因于外部性的存在。公共选择理论认为，即使在经济活动中不存在外部性，市场失灵也会发生。因为纯粹的个人利益的实现必定要受到一定的限制。个人必须遵守某些行为规范，这些行为规范受法律左右；个人必须尊重财产权和个人权利，履行契约规定的义务。在特定的情况下，可能与可以客观衡量的个人经济利益出现不一致。在政治方面，扭转市场崩溃的各种办法遇到了参与者可衡量的个人经济私利，也会一筹莫展。没有人会自愿承担组织成本，这些成本是产生调整改革所代表的公共利益所必需的。并且，被选举、经任命当政的政治家和官员与其他人一样，他们的行为至少有一部分是受个人利益驱使的，而不是受社会利益之类的崇高思想支配。这便是政府失灵或政治失败的原因。

---

① ［美］J. M. 布坎南．经济学家应该做什么．成都：西南财经大学出版社，1988：142-143.

② ［美］J. M. 布坎南．宪政经济学//经济学动态（北京），1992（4）：68-69.

③ 同①94.

第三节　公共选择学派的主要理论

公共选择学派的理论是一个庞杂的体系，它涉及经济学、政治学、财政学、法学等学科，其主要内容包括公共物品理论、投票理论、政党（政治家）理论、利益集团理论、官员理论、寻租理论、政府失灵理论和宪政经济学等。限于篇幅，本章主要讨论公共选择理论的以下内容。

一、投票理论

投票理论主要研究在直接民主制下，现行的集体选择规则（投票规则）是如何运行的，其效果如何。

在西方发达国家，投票规则通常有两种：一致同意规则和多数票规则。

在一致同意规则下，一项议案只有获得全体投票人的一致赞成才能获得通过。这种规则实行的是一票否决制。根据这种规则做出的集体决策可以满足所有投票人的偏好。如果一项决策使其中的任何一个人的利益受到损害，它便不能获得通过。因此，从理论上说，按照一致同意规则做出的集体选择可以达到帕累托最优状态。威克塞尔早在19世纪末就论述过这一点。

但是，在实际生活中，除了像联合国安理会常任理事国会议决议、欧盟成员国首脑会议做出财政预算等重大问题的决议这些少数场合以外，一致同意规则很少被使用。为什么理论上是有效率的选择机制却不经常使用呢？这是因为：(1) 使用这种规则进行决策的成本太高。在一致同意规则下，任何一项议案要获得有关各方的一致赞成，就需要大量的协商、磨合和讨价还价。有人证明，一致性在三个人以上的场合就难以达成，不消说在成千上万人的大社会了。因为人们的偏好千差万别，仅是这些人共同寻找交易契约曲线上的一点所花费的时间就可能是无穷大。(2) 这种规则会刺激人们的机会主义行为，甚至会引起威胁和敲诈。如果一个人认识到某项决策他不点头就不能获得通过，那么他就可能敲诈那些想使这项决策获得通过的人。(3) 这种规则往往使得多数人拥护的议案不能获得通过，这使得很多公共选择有过程而没有结果，由此造成资源的白白浪费。

多数票规则是民主国家经常使用的投票规则。这种决策规则就是少数服从多数。这里的“多数”可以是简单多数（1/2以上），也可以是特定多数（如3/4多数、4/5多数等）。多数票规则可以反映多数人的偏好、满足多数人的愿望，但它也不是一种理想的公共选择规则。

首先，按照多数票规则进行选择往往难以获得均衡的结果。这就是18世纪的孔多塞和博尔达（Jean-Charles de Borda）所观察到的“投票悖论”（paradox of voting）或“投票循环”现象。可以用下面的例子来说明投票悖论。

假定有三个投票者（张三、李四和王五）在三种政策提案（A、B和C）中进行选择，这三种提案分别表示建一片公共绿地的三种不同的计划支出水平：A低，B中等，C高。在这三种提案中三个人的偏好用不等号表示。如果要在A和B之间选其一，张三宁愿要提案A而不要提案B，李四宁愿要提案B而不要提案A，而王五宁愿要提案A而不要提案B，如此等等（见表9-1）。

表9-1　　　　　　　　　　　　　投票悖论

	政策提案						
	A		B		C		A
投票者	低支出		中等支出		高支出		低支出
张三		>		>		<	
李四		<		>		>	
王五		>		<		>	

在本例中，如果在任意两个提案中进行选择，其中一个提案总是会赢得多数票而获胜。但是，如果在这三种提案中进行选择，投票的结果则是循环的。当在提案A和B之间进行选择时，提案A将以2∶1获胜，因为张三和王五赞成，只有李四反对。如果对提案A和C进行表决，提案C将以2∶1获胜。但是在对提案C和B进行投票时，B又将以2∶1获胜。于是我们看到，低支出胜过中等支出；中等支出胜过高支出；而高支出又胜过低支出。社会选择在这三种方案中无穷无尽地循环。在随后的投票中，任何最初被决定的选择都可能被另一种选择所击败，任何均衡都不能达成。

投票悖论说明，当各个人的偏好不同时，任意加总或总合这些偏好时，其结果可能是不相容的。

需要指出的是，投票悖论只在备选方案超过两个时才会发生，在只有一个或两个备选方案时，多数票规则可以获得一个均衡的结果。这就是为什么社会生活中常用的投票规则是多数票规则。

其次，多数票规则没有如实反映各个人的偏好强度。在私人物品市场上，个人可以通过多买或出高价购买来显示他的偏好强度。一个偏好抽烟的人经常整条整条购买香烟；如果他喜欢抽的那种牌子的香烟短缺，他可能愿意出高价来购得这种香烟，而一个没有抽烟嗜好的人根本就不会去买香烟。但是，在公共物品市场上，民主制度赋予人们的选择权是“一人一票”。无论一个人对某种议案或某个候选人的偏好多么强烈，他也只能投一票，没有机会表达他的偏好强度。并且，按照多数票规则做出选择虽然可以满足多数人的偏好，但是无视少数人的偏好或利益，即便少数人所偏好的议案可以带来更多的社会净收益。这又会导致另一个结果：处于少数派的投票人为了使得自己偏好的议案获得通过将进行选票交易或互投赞成票。选票交易的结果可能是否决有效率的议案，而通过那些有利于少数人或某个利益集团的议案。

再次，采用多数票规则进行集体选择有可能导致对选择程序控制权的争夺。因为在多数票规则下，如果首先确定一个表决程序，按照多数票规则进行选择会产生一个均衡的结果；表决程序安排不同，选择的结果就可能不同。因此，在多数票规则下，最终的选择结果往往取决于表决程序安排；谁控制了投票程序，谁就可以控制投票结果。在表9-1的例子中，如果我们先在A和B之间进行表决，胜者再与C进行表决，显然C将最终获胜。如果改变选择程序，先在B、C之间进行选择，胜者再与A进行表决，显然A将最终获胜。如果把表决程序改为先在A、C之间进行选择，然后胜者再与B进行表决，显然B将最终获胜。因此，在多数票规则下，究竟鹿死谁手，往往取决于表决程序安排；确定投票程序的权力常常就是决定投票结果的权力。

最后，多数票规则会导致选民对公共选择活动的冷漠。在多数票规则下，选择的结果取决于多数人的偏好，单个个人的偏好对选择结果影响很小，“一票定乾坤”的情况绝少出现；并且，选择结果所产生的收益或成本是在投票人中间广泛分摊的，他所投的一票对于他的福利所产生的影响是微不足道的。譬如在一个有100万人口的城市投票选举一位市长，每个选民对选择结果的影响力只有一百万分之一；无论是选出了一位杰出的市长还是选出了一位无能的市长，单个市民都有理由把他所获得的好处或所遭受的损害想象为无穷小或零。但是，对于参与集体选择的个人来说，他参加集体选择活动是要耗费或付出的——他需要事先获取待表决议案或候选人的有关信息，他需要了解投票程序和投票日期，他需要去投票站投票或寻找一位委托人代替他去投票……这就使得个人参加公共选择所付出的成本往往大于选择结果给他所带来的收益，更不必说是损害了。这种成本—收益的不对称会刺激众多选民对公共选择保持一种冷漠态度。这也可以解释为什么投票选举活动的参与率往往只有60%～70%。

二、政党（政治家）理论

政党（政治家）和选民是政治市场上的两个行为主体，他们是政治市场上的供给者和需求者。在公共选择理论中，政党是指通过合法的方式在大选中获得政权、统治政府的人的联合体，政治家是他所在的那个政党的领袖或代表（议员、总统或首相等），政治家的动机和行为与他所代表的那个政党的动机和行为是一致的。那么，政党或政治家的动机和目标是什么?

（一）政党的动机：唐斯假说

1957年，唐斯（Anthony Downs）在他的《民主的经济理论》一书中提出这样的假说：政治家或政党也是理性的经济人，他和消费者、生产者具有同样的行为动机。“民主政治中的政党与追求利润经济中的企业家是类似的。为了达到他们的个人目的，他们制定他们相信将能获得最多选票的政策，正像企业家生产将能获得最多利润的产品一样……”① 这就是说，政党从事活动是为了使政治支持最大化，这种政治支持最大化具体体现为获得选票最大化。作为执政党，他追求的目标是再次当选，连选连任；作为在野党，他所追求的目标是在选举中击败执政党而夺得政权。

唐斯认为，政党所追求的目标不是某种真理或理想，而是当选执政，“政党是为了赢得选举而制定政策，而不是为了制定政策而赢得选举”②。

为了实现他所追求的目标，政党必须在许多方面和不确定性做斗争。一个政党不能确定特定的政策选择将如何影响政治支持率。因为他事先不但很难确定哪些集团、哪些个人从他的纲领和政策中获得利益，而且很难了解在野党的纲领和政策有多大的政治支持率。

唐斯得出的结论是，政党在其政策决策中一般将遵循多数原则（majority principle）：政党所追求的只是能给他赢得更多选票而不是失去更多选票的那些政策。而且，他推行这些政策直至达到这样一点，在这一点，由这项政策获益的这些人的选票的边际

①② A. Downs, *An Economic Theory of Democracy*, Harper & Row, 1957, p. 295, 28.

收益等于由这项政策而遭受损害的这些人的选票的边际损失。政治支持最大化和利润最大化服从同样的原则。

(二) 政党的目标函数

在唐斯假说的基础上，艾纳森（P. H. Aranson）、赫里奇（M. J. Hinich）和奥德舒克（P. C. Ordeshook）进一步认为，政党（候选人）的目标函数是多种多样的，不是单一的。[①] 他们同意唐斯关于政党的最终目标是为了在选举中获胜的假说，但是他们认为，当候选人的数量和选举环境不同时，政党的目标函数有下列不同的形式。

1. 追求得票数量最大化

在竞争对手众多的场合，或在对竞争对手的情况知之甚少的场合，每个政党追求的是它尽可能获得更多的选票。

如果我们用 Q_i 表示政党的得票数，它的政纲或政策为 P，它预期的得票数为 V_i，那么，它的目标函数可以表示如下：

$$Q_i = V_i(P) \tag{9-1}$$

2. 追求得票差额最大化

在两党（或两个候选人）竞争的场合，总选票数在两党之间的分配呈此长彼消的变化，一个政党获得的选票越多，它的竞争对手获得的选票就越少，它获胜的可能性就越大，因此，在这种场合，每个政党追求的目标是使自己获得的选票与竞争对手获得的选票之间的差额最大化。

如果我们用 Φ_i 表示政党 i 的得票差额，它的竞争对手的得票数为 V_j，那么，政党 i 的目标函数可以写作：

$$\Phi_i = V_i(P) - V_j(P),\ j \neq i \tag{9-2}$$

3. 追求得票率最大化

在实行比例代表制和比例多数制的选举中，一个政党所获得的选票在总选票中所占的比例越高，它获胜的可能性就越大，因此，在这种场合，它追求的目标是得票率最大化。

令 R_i 表示政党 i 的得票率，参与竞争的政党有 n 个，每个政党的得票数为 V_j，政党 i 的目标函数可以写作：

$$R_i = V_i(P) / \sum_{j=1}^{n} V_j(P),\ j = 1, 2, \cdots, n \tag{9-3}$$

4. 追求得票率超过一定标准的概率最大化

当一个政党在竞选中的实力不强或它感到自己与竞争对手相比有某种劣势时，它的最优选择是使得票率超过一定标准的概率（可能性）最大化。

令政党 i 的目标函数为 G_i，它获得选票的概率为 F，它获得选票的最低标准为 μ_i，则

$$G_i = F\left[V_i(P) / \sum_{j=1}^{n} V_j(P) \geqslant \mu_i\right] \tag{9-4}$$

---

① Peter H. Aranson, Melvin J. Hinich and Peter C. Ordeshook, "Election Goals and Strategies: Equivalent and Non Equivalent Candidate Objectives," *American Political Science Review*, Vol. 68, 1974, pp. 135-152.

5. 追求得票差额超过一定标准的概率最大化

在众多竞争对手中，如果只有两个实力最强、势均力敌的竞争者，那么这两大竞争对手中的任何一个所追求的目标都将是使它的得票差额（与那个势均力敌的对手相比）超过一定标准的概率最大化。在这种场合，这个概率越大，它战胜那个势均力敌的对手的把握就越大。

令政党 i 的目标函数为 G_i，那个势均力敌的对手得票数为 V_j，则

$$G_i = F[V_i(P) - V_j(P) \geqslant \mu_i],\ j \neq i \tag{9-5}$$

6. 追求得票数超过一定标准的概率最大化

在众多竞争者中，实力较弱的政党在本次选举中取胜的可能性较小，为了从长计议，稳定自己的支持者的数量，争取在下次或以后的竞选中获胜，它往往追求的是使自己的得票数超过一定标准的概率最大化。

在这种场合，实力较弱的政党 i 追求的目标是：

$$G_i = F[V_i(P) \geqslant \mu_i] \tag{9-6}$$

由上可见，艾纳森、赫里奇和奥德舒克把唐斯假说进行了一般化，唐斯假说现在只是上述六种情况中的一种。

（三）两党竞争模型

两党制是西方民主政治的典型特征，如美国的民主党和共和党，英国的工党和保守党。这里主要介绍唐斯的两党竞争模型。

在两党民主制下，竞争均衡是如何形成的？政党纲领或政策是如何确定的？其结果的性质如何？唐斯在《民主的经济理论》一书中对这个问题进行了系统的探讨，后来，布莱克等人又对这个问题做了进一步研究。

唐斯是从政党和选民的关系这个角度来说明政党纲领和政策是如何确定的。由于这个问题与选民的偏好有关，所以根据选民的偏好是单峰的、双峰的还是多峰的，可以把唐斯模型划分为两种类型：

1. 单峰偏好下的两党竞争

在唐斯模型中，政党的政治观点是沿着一维的自由—保守（左派—右派）维度进行分布的。所谓“一维”，是指政党或候选人只对某一个问题（议题）表明观点。

假定每个选民对于他的候选人或政党所持的态度都有一个表现在这个维度范围内的他最偏好的位置，也就是假定选民的偏好是单峰值的。候选人离这个位置越远，这个投票者就越不愿意对他投赞成票（见图 9-1A）。

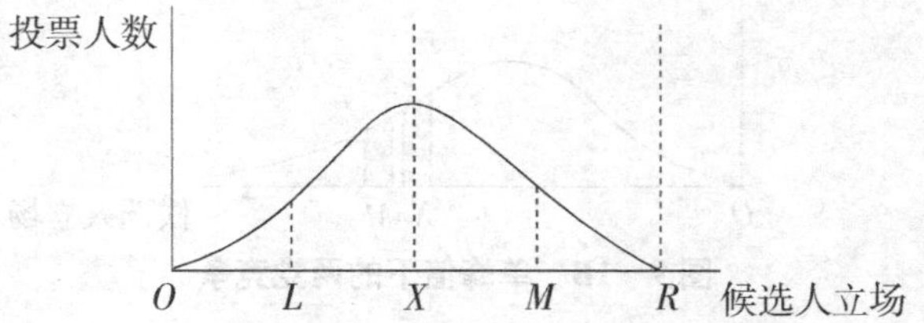

图 9-1A　单峰值下的两党竞争

图 9－1A 的纵轴表示选民所偏好的政党或候选人立场（或议题、政策）的频率分布。假定这个频率分布是单峰而且对称的（呈正态分布）。横轴表示政党或候选人的立场（或议题、政策）。如果每个选民都投票，并且对最接近选民的最偏好位置的政党投赞成票，那么，两党竞争的结果是两党都采取中间投票者最偏好的位置；如果是通过集体选择来确定一个对公共物品的支出规模，那么这个规模就与中间投票者所偏好的支出规模相一致。在这种场合，投票者别无选择，因为两党走的都是中间道路。

在图 9－1A 中，如果 A 政党担心失去位于横轴左侧的那部分选民的支持，将它的政策定在 L 点上；如果 B 政党为了争取横轴左侧选民的支持也把政策立场移到 L 点；结果，A 政党获得 O 至 L 之间选民的支持，B 政党虽然失去了 M 点以右的选民的支持，但是获得了 L 至 M 之间选民的支持。所以，两党竞争的结果必将是两党都把政策调整到 X 点。这时，虽然两党各自失去了横轴两端的那部分选民的支持，但是这种政策定位使两党各自失去的选票最少，符合最小差别原则。

由上可以看出，当选民对政党政策的偏好是单峰值时，两党为了获得选票最大化，会投中间投票人的偏好之所好，提出极为类似的政策。因此，在这种情况下，不论哪个政党上台执政，都不会引起较大的政策变化，这就使得社会的政治得以稳定。

但是，这种政治稳定是建立在两党政策一致的基础上，而同样的政策使得广大选民丧失了自由选择权，选民面对相同的政策没有了可供选择的余地。可见，在单峰偏好下的两党竞争与民主制度下的自由选择是相矛盾的。

有些西方学者对唐斯的这个模型提出了批评。① 批评者认为，这个模型的假定，如一维议题、单峰且对称的偏好分布、所有选民都投票、两个政党或候选人，是不现实的。如果议题是多维的，并且一些选民对某些议题持激进态度，而对另一些议题持保守态度，那么就无法对中间投票人加以定义，这种政治过程将出现循环，从而就没有均衡位置的存在。如果选民的偏好分布是非对称性的或呈多峰形状的，中间投票人的结果就可能不复存在。如果投票人的偏好分布是非对称性的但是呈单峰形状的，政党立场的中数（表示中间投票人的立场）与众数（表示多数投票人的立场）不同，在这种情况下，距众数位置近的政党将获得多数票，这使得每个政党的最优位置都将被拉向众数。在图 9－1B 中，假定两个政党都位于偏好分布的中位数 M 点。一个政党向 X 移动就会降低位于 M 点右边阴影区内的投票者给他投赞成票的概率。但是这一移动也在相同数量上提高了位于 X 左边阴影区内的投票者给他投赞成票的概率（因为这两个阴影区有相等的底）。由于 X 左边的区域比 M 右边的区域拥有更多的投票者，因此，向众数移动按疏远效应计算的净效应一定会增加政党的预期得票数。

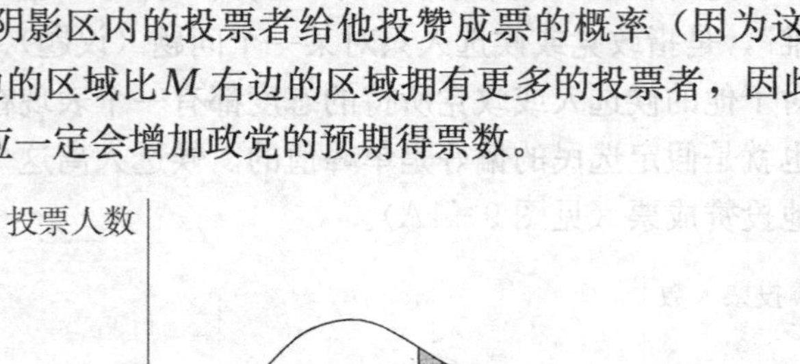

图 9－1B　单峰值下的两党竞争

① Dennis C. Mueller, *Public Choice II*, A Revised Edition of Public Choice, Cambridge University Press, 1989, p. 180.

唐斯模型还忽视了参与政治过程的成本问题。参与政治过程是有成本的。作为选民，他要参与投票，就必须掌握必要的有关待表决的议案或候选人的信息，而搜寻信息的成本往往是很高的，这种成本对选民的影响十分重要。如果一个选民认识到他这一票对最终的结果无足轻重，他就不愿意花费时间和精力去搜集信息，从而把搜寻信息的成本减少到最小化，同时对集体选择过程保持一种忽视的状态。选民的这一行为在逻辑上是和追求个人利益最大化的理性人的假定相一致的。这被称作"合乎理性的忽视"（rational ignorance）。

特别是对那些接近中间投票者的选民来说，当他们认识到这种政治过程无论如何都将要反映他们的偏好时，他们就缺乏参加政治活动的刺激。

2. 双峰偏好下的两党竞争

如果议题仍然是一维的，而选民偏好是双峰值的（如图 9－2 所示），两党竞争的结果会怎样呢？

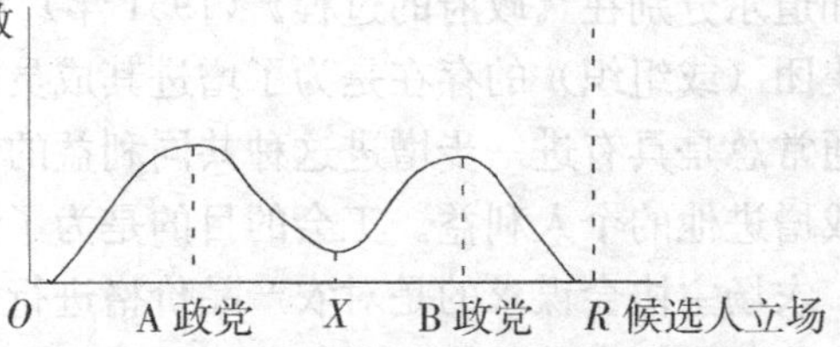

图 9－2　双峰值下的两党竞争

假定最初 A、B 两党位于图 9－2 所表示的位置，这时它们各自获得最多的选民支持。如果 A 政党想获得更多的选票，把它的政策立场向 X 点的右侧移动，使之更接近于 B 政党的政策立场，而 B 政党不改变它的政策立场，这就使得两党的中心点向右移动，于是 A 政党争取到更多的选民支持。

但是在一个政党改变其政策立场而另一个政党的政策立场不变的情况下，改变其政策立场的那个政党不一定能获得更多的选票。这如同在双寡头市场上率先降价的寡头不一定获得更多的市场份额一样。

政党政策调整能否获得更多的选票取决于选民的反应，即选民对政党政策的需求弹性。在 A 政党将它的政策立场向右移动时，如果选民发现 A 政党的政策立场不是自己最期望的（偏离了选民的偏好峰值），选民就会在选举中弃权，于是 A 政党在得到一部分选票时会失去更多的选票，从而导致在选举中败北。

由于一党改变政策的结果具有不确定性，所以在选民偏好是双峰的情况下，两党竞争的结果是两党都不改变自己的政策立场。

由于这时两党的政策立场有明显的分歧，因此，在这种情况下，哪个政党上台执政，所推行的政策会大不相同。由于这个原因，所以我们常常在一些西方国家看到，左派政党还是右派政党执政，政府所推行的政策是有明显差别的。

与单峰偏好下的两党竞争不同，在双峰偏好下，两党制的社会往往是政局不稳、社会不安定。

三、利益集团理论

在西方政治学中，利益集团（interest group），又称压力集团（pressure group），

通常被定义为“那些有某种共同的目标并试图对公共政策施加影响的个人的有组织的实体”①。在公共选择文献中，利益集团既包括由自愿的成员构成的组织，也包括由非自愿的成员构成的组织，前者如美国的青年人俱乐部，后者如禁止非工会会员雇用的工会组织。利益集团可以由普通公民、非营利性组织、公共部门组织组成，也可以由寻利的厂商组成。不同的利益集团在其规模、资源、权力和政治倾向等方面存在明显的差别。

为什么会存在利益集团？特别是，当公民或厂商可以“搭便车”时，为什么还需要有利益集团呢？对于这个问题主要有三种解释。这三种解释分别形成三种不同的利益集团理论。

（一）传统的利益集团理论

这种理论以大卫·特鲁曼（David Truman）和罗伯特·道尔（Robert A. Dahl）等人为代表。特鲁曼和道尔分别在《政府的过程》（1951 年）和《谁是统治者》（1961 年）这两本书中认为，集团（或组织）的存在是为了增进其成员的利益，有共同利益的个人或企业组成的集团通常总是具有进一步增进这种共同利益的倾向，个人可以通过代表其利益的集团来实现或增进他的个人利益。工会的目的是为了给工会会员争取更高的工资和更好的工作条件，农场主协会谋求的是对农产品价格进行保护的法律和政策，卡特尔被认为是为其成员企业争取更高的价格，股份公司的存在是为了增进股东的利益，国家则被认为是为了增进全体国民的共同利益。

这种由有共同利益的个人所组成的集团谋求的是集团的共同利益的理论，实际上是“个人行动的目的是追求他自身利益最大化”这一命题的推广。在这种理论看来，理性的经济人可以通过纯粹个人的、没有组织的行动来有效地增进他的个人利益；但是，如果仅仅依靠没有组织的个人行动，要么根本无法增进共同利益，要么不能有效地增进共同利益。尤其当社会变得更复杂、更动态和当政府经常干预经济时，更是提高了人们对集体行动的需要。于是，理性的经济人便通过结成利益集团来追求和实现他的共同利益要求。集团或组织的存在是为了谋求个人不能通过他的纯粹个人行动来增进的那一部分利益。

这种理论认为，社会中的每一个人总是归属于某一个或几个利益集团，这些利益集团的目的各不相同，而这些相互竞争的集团所施加的压力汇总起来就决定了社会政治活动的进行。

持这种传统观点的人一般假定，社会决策或公共选择是通过许多强大的特殊利益集团的相互作用做出的。这些集团可能通过竞选捐款、友情、对特殊议题的较多知识，或者通过直接的贿赂手段，对政治家产生影响。无论通过什么手段，这些压力集团被假定是立法制度的主要铸造者。这种观点又被称作多元论或复数论（pluralism）。

有些公共选择理论家积极评价西方民主政治的多元性质，认为在某种意义上，数量众多的压力集团的相互作用，将会产生一种令社会满意的结果。最终被通过的法律和政策表示在数量众多的压力集团中间的一种均衡。因为没有哪一个单独的集团有足够大的或有效的力量来影响所有的备选议案，所以，最终的均衡一般是代表全社会利益的。

多元论在政治哲学上强调各种私人社团的自发性、自由性和自愿性，主张各种社团在社会中都应有合法的地位，反对国家对这些社团的干预和强制。

① Jeffrey M. Berry, *The Interest Group Society*. 2nd ed. Scott, Foresman, 1989, p. 4.

（二）奥尔森的集体行动理论

首先对传统的利益集团理论提出强有力挑战的是美国马里兰大学的经济学教授奥尔森。奥尔森在他 1965 年出版的《集体行动的逻辑》一书中提出，认为从理性的和寻求自身利益的这一前提可以逻辑地推出集团会从自身利益出发采取行动，这种观念事实上是不正确的。如果一个集团中的所有个人在实现了集团目标后都能够获利，由此也不能推论出他们会采取行动来实现这一目标，即便他们都是有理性的和寻求自身利益的。“实际上，除非一个集团中人数很少，或者除非存在强制或其他某些特殊手段以使个人按照他们的共同利益行事，有理性的、寻求自身利益的个人不会采取行动来实现他们共同的或集团的利益。换句话说，即使一个大集团中的所有个人都是有理性的和寻求自身利益的，而且作为一个集团，他们采取行动实现他们共同的利益或目标后都能获益，他们仍然不会自愿地采取行动来实现共同的或集团的利益。”①

之所以这样，奥尔森认为，是因为集团或组织的基本功能是向其全体成员提供不可分的、普遍的利益，这种利益是一种具有非排他性的公共物品或集体物品。这种集团利益的共有性意味着，任何单个成员为这种共同利益做出的贡献或牺牲，其收益必然由集团中的所有成员分享。正是由于这个原因，集团的规模大小与其成员的个人行为和集团行动的效果密切相关。

奥尔森认为，就集团行动的效果——提供的公共物品数量接近最优水平或增进集团利益来说，小集团比大集团更有效。

奥尔森根据获取集体物品所需的成本与分配给集团成员的利益的关系以及集团成员对这种关系的认知程度来分析集团规模与其行动效果。

对于小集团来说，每个成员不难发现他从集体物品获得的个人收益会超过他为这种集体物品所付出的总成本；即便有些成员要承担提供集体物品的全部成本，他们得到的利益也比不提供集体物品时多。所以，在一个小集团中，由于成员人数很少，每个成员都可以得到总收益的相当大的一部分。在这种场合，集体物品可以通过集团成员自发、自利的行为来提供。

但是，奥尔森认为，这不意味着小集团提供的集体物品总是可以达到最优水平；相反，小集团提供的公共物品通常会低于最优水平。这是因为公共物品的非排他性导致了集团成员“搭便车”。

奥尔森认为，由于以下三个因素，大集团提供的集体物品离最优水平更远；集团越大，就越不可能去增进它的共同利益。第一，集团越大，增进集团利益的个人在集团总收益中占有的利益份额就越小，增进集团利益的行动所获得的报酬就越少，这样即使集团能够获得一定量的集体物品，其数量也会大大低于其最优水平。第二，由于集团越大，任何一个成员在集团总收益中占有的利益份额就越小，他们从集体物品获得的收益就越不足以补偿他们为集体物品所付出的成本。第三，集团成员的数量越大，组织成本就越高，因而为获得集体物品所需要跨越的障碍就越大。②

根据以上分析，奥尔森得出结论：“大集团或‘潜在’集团不会受到激励为获取集

① ［美］奥尔森. 集体行动的逻辑. 上海：上海三联书店，上海人民出版社，1995：2.

② 同①40，41.

体物品而采取行动，因为不管集体物品对集团整体来说是多么珍贵，它不能给个体成员提供任何激励，使他们承担实现潜在集团利益所需的组织成本，或以任何其他方式承担必要的集体行动的成本。”①

因此，大集团的行动一般都不是依靠它所提供的集体利益来取得其成员的支持，而是通过采用“选择性刺激手段”来驱使单个成员采取有利于集团的行动。这里的选择性刺激手段是指集团或组织有权根据其成员有无贡献来决定是否向他提供集体利益。选择性刺激手段既可以是积极的，也可以是消极的。积极的刺激手段是指通过正面的奖励来诱导个人对集体利益做出贡献，例如，加入工会的会员与非工会会员相比，在就业机会和工资待遇等方面都享有更多的好处；消极的刺激手段是指通过反面的惩罚来对没有或不愿意承担集团行动成本的个人进行惩处或停止其权利。国家税收就是一种反面的选择性刺激手段，逃税的个人将受到补税和罚款的双重惩罚。

由上又得到一个推论：有选择性刺激手段的集团能比没有这种手段的集团更容易、更有效地组织集体行动。

根据奥尔森的上述分析，在一个多元社会里往往存在几类压力集团操纵国家权力的局面；尤其是会出现代表狭隘的特殊利益的压力集团，而代表“公共利益”的压力集团要么力量弱小，要么就根本不可能存在。存在这种情况的原因在于压力集团向其成员提供集体物品的性质。一方面，在一个组织严密的集团内，每个成员都能认识到集团行动的利益所在，而且存在一种强有力的约束来阻止其成员成为搭便车者，因而这类集团会获得相当大的成功。因为这类集团的每个成员将从参与压力集团活动中看到他或她的利益所在。另一方面，松散的公共利益集团获得成功的可能性极小，因为这类集团的单个成员不能指望获得他们活动的大部分利益；如果对其成员没有一种有效的约束，这类集团的集体行动往往不可能发生。

（三）政治企业家理论

根据奥尔森的理论，大集团获得集体利益相当困难，但是现实情况有时候并非如此；许多人经常做的恰恰是奥尔森模型认为不可能做的事情，如人们去投票，人们愿意做出牺牲，人们愿意参加集体行动，甚至当可以“搭便车”时人们还愿意为集体行动做出贡献。继奥尔森以后，罗伯特·萨利兹伯里（Robert Salisbury）等人提出政治企业家模型②，用来弥补奥尔森理论的不足。

萨利兹伯里等人把利益集团的组织者看作政治企业家，这种政治企业家一方面愿意为集体行动负担必要的成本，另一方面期望从集体行动中获得利润和利益。他们强调这种政治企业家在集团形成和集团有效行动方面的重要性，强调政治企业家在集体行动中战胜其单个成员“搭便车”问题的能力。

萨利兹伯里等人把集团提供给成员的利益区分为三种类型：一种是物质利益（material benefit）。这是一些有形的、看得见的并且具有排他性的利益，如环保组织定期向其成员提供印刷精美的出版物，退休人员协会会员可以享受全免费医疗保障、半费乘车

① ［美］奥尔森．集体行动的逻辑．上海：上海三联书店，上海人民出版社，1995：40，41.

② Robert H. Salisbury, “An Exchange Theory of Interest Groups,” *Midwest Journal of Political Science*, Vol. 13, February 1969, pp. 1-32.

旅游等。第二种是观念利益（purposive benefit）。这是一种无形的、看不见的、与意识形态目标或价值取向联系在一起的利益。第三种是团结一致的利益（solidary benefit）。参加集体行动可以使人获得一种归属感，享受社会化的利益。这种利益与集团行动获得的社会报酬联系在一起，只有献身集体行动的人才能获得这种利益。萨利兹伯里认为，奥尔森模型强调的是物质利益，而忽视了后两种利益；但是，只向成员提供一种利益的集团毕竟很少，大多数集团同时提供的是多种利益。萨利兹伯里认为，这些利益大多是与参与集体行动联系在一起，因此，大集团可以通过利益诱导有效地行动，并不一定需要采取刺激性的手段或强制性的措施。

在萨利兹伯里看来，政治企业家之所以愿意作为集团行动的组织者，是因为政治企业家不但可以从集体行动中获得物质利益，而且可以从集体行动过程中获得非物质利益。政治企业家既可以向其成员收费和征收其他资源，也可以通过集团的有效行动从政府那里获得利益（例如通过游说使政府制定对本集团有利的政策），还可以通过组织集团行动获得成就感、名声和荣誉等非物质利益。

这样，政治企业家也好，集团成员也好，在集团行动过程中，都有一个承担成本和分享利益的关系问题；集团的绩效和发展方向就取决于集团成员和政治企业家对这种成本分摊和利益分配的关系的认可程度。如果双方对这种关系不满意，将会作出调整。

四、官员理论

政府由不同部门的官员组成。官员和政治家构成政治市场上的供给方，他们向选民和利益集团提供公共物品。那么，官员的动机和目标是什么？

(一) 官员预算最大化模型

这个模型是由尼斯卡兰（William A. Niskanen，Jr.）在他1971年出版的《官员与代议制政府》一书中提出来的。

尼斯卡兰模型中的“官员”（bureaucracy，也可以译作“官僚”）可以定义为一组司、局，即负责提供政府服务的各个部门。因此，这里的“bureaucracy”不是指某个具体的政府官员，而是指“官员机构”，是一个被人格化了的机构，这就如同微观经济学中的“厂商”或“企业”不是指某个企业主，但它是一个具有动机和目标的经济主体一样。在其他公共选择理论家的论著中，“官员”也指在各级政府机构中任职的个人。布坎南曾经把“官员”称作“公家人”（public man）。

尼斯卡兰认为，官员具有以下两个特征：(1) 官员是一个非营利性的组织或机构，它的资金主要来自一次性拨款，而不是它的产出销售（它所提供的服务）；(2) 官员机构中的主管和雇员不会将预算拨款扣除支出费用后的余额私分装入腰包。①

官员的目标是什么？马克斯·韦伯（Max Weber）在1947年出版的《社会和经济组织理论》一书中认为，官员的目标是权力，这如同经济人的目标是利润一样。尼斯卡兰则认为，官员追求的目标是在他的任期内获得最大化预算。官员的效用函数包括薪

① William A. Niskanen，Jr.，*Bureaucracy and Representative Government*，Aldine-Atherton，Inc.，1971，p. 15.

金、机构或职员的规模、社会名望、额外所得、权力或地位。尼斯卡兰列举说，一个官员可能追求下列目标："薪金、职务津贴、公共声誉、权力、任免权、机构的产出、容易改变事物、容易管理机构"①。除了最后两项外，其余的目标都与政府预算规模有单调正相关关系。因此，作为效用最大化者的官员将也是预算最大化者。

在尼斯卡兰模型中，官员和政府之间的关系被看作是一种双边垄断。官员只把他的服务"卖给"政府（政治家），而政府只从官员那里"购买"服务。不过，在这个市场上，发生的是用某种产出来交换预算：官员每年从财政部或国家预算局获得一次性拨款，同时允诺提供一定量的总产出来交换预算。与经济市场上的交换不同，政治家与官员之间的交换不是按照产出的单位价格来进行的。

官员的预算是由政治家确定的。那么，政治家又根据什么来决定这个预算规模呢？政治家主要是根据预期官员提供的产出量的大小来决定它所偏好的预算额的。也就是说，政治家批准给官员的预算额（B）是官员产出预期数量（Q）的函数：

$$B=aQ-bQ^2 \qquad (9-7)$$

式中，$0\leqslant Q<\frac{a}{2b}$；$a$，$b$ 为参数，且 $b>0$。

这个预算—产出函数可以用图 9-3 来表示。

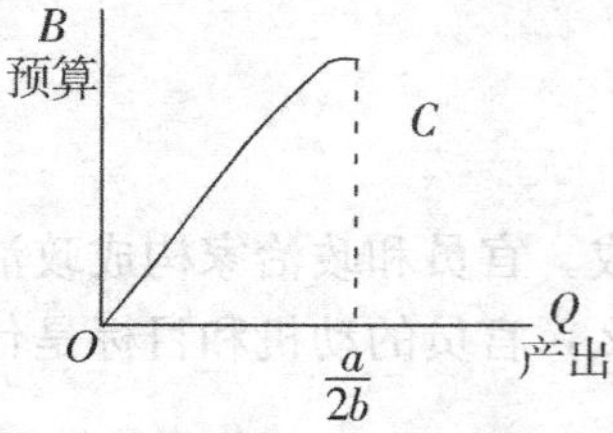

图 9-3 预算—产出函数

增加一单位产出所增加的预算称作政治家对产出价值的"边际评价"（V），它也是预期产出量的函数：

$$V=\frac{dB}{dQ}=a-2bQ \qquad (9-8)$$

如图 9-4 所示，边际评价与产出成反比，即产出越低，政治家的边际评价越高；产出越高，政治家的边际评价越低；边际评价曲线也服从收益递减规律。

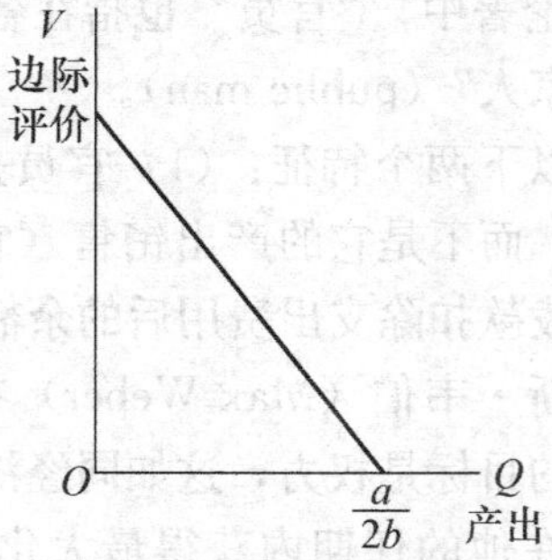

图 9-4 边际评价函数

① William A. Niskanen, Jr., *Bureaucracy and Representative Government*, Aldine-Atherton, Inc., 1971, p. 38.

假定官员面临的是下列线性需求曲线和供给曲线：

$$P=a-bQ$$
$$AC=c+dQ \tag{9-9}$$

式中，P 为单位价格；AC 为单位成本；c 和 d 为参数，其中 $d>0$。

政治家批准给官员的预算额构成官员的总收入：

$$预算额(B)=总收益(TR)=PQ=aQ-bQ^2$$

边际收益$(MR)=\frac{dB}{dQ}=a-2bQ$，即政治家的边际评价等于官僚的边际收益；

$$总成本(C)=AC\times Q=cQ+dQ^2$$
$$边际成本(MC)=c+2dQ$$

预算最大化的官员最大化的是 B，其约束条件是 B 必须至少等于 C，即 $C\leqslant B$。因此，B 最大化的一阶条件是 $dB/dQ=0$，即 $a-2bQ=0$。最大化的二阶条件得到满足，因为 $d^2B/dQ^2=-2b<0$ $(b>0)$。

如果不考虑约束条件，根据预算最大化的一阶条件，

$$Q=\frac{a}{2b} \tag{9-10}$$

如果考虑约束条件 $B=C$，则

$$aQ-bQ^2=cQ+dQ^2 \text{ 或 } Q=\frac{a-c}{b+d} \tag{9-11}$$

根据式（9-10）和式（9-11），如果$\frac{a}{2b}=\frac{a-c}{b+d}$，那么

$$a=\frac{2bc}{b-d} \tag{9-12}$$

因此，如果 $a<\frac{2bc}{b-d}$（预算约束范围），官员生产的产量为

$$Q=\frac{a-c}{b+d}$$

如果 $a\geqslant\frac{2bc}{b-d}$（需求约束范围），官员生产的产量为

$$Q=a/2b$$

相反，追求利润最大化的厂商是使利润 π 最大化，

$$\pi=B-C$$

为了使 π 最大化，令 $d\pi/dQ=0$（一阶条件），即

$$\frac{dB}{dQ}-\frac{dC}{dQ}=0$$

即 $a-2bQ=c+2dQ$。

$$Q=\frac{a-c}{2(b+d)} \tag{9-13}$$

利润最大化的二阶条件得到满足，因为

$$\frac{d^2\pi}{dQ^2}=-2(b+d)<0(b>0, d>0)$$

比较式（9-11）和式（9-13）不难发现，预算约束下官员生产的产量恰好是完全竞争下厂商生产的均衡产量的两倍。

一方面，这意味着，在多数票规则下，官员提供的产出量将比中间投票人（消费者）所愿意消费的数量大得多。因此，在给定预算的情况下，官员将过多供给这种物品，由此造成福利损失。在这种情况下，消费者（选民）倾向于削减预算规模。

另一方面，如果政治家提供给官员的预算小于官员生产的总成本，那么官员的产出水平将低于消费者所需要的产出水平。在这种情况下，政府将处于消费者（选民）要求增加预算规模以满足需求的压力之下。

这样，在官员、政治家和选民之间形成了三角博弈：官员为了自身利益的最大化，将从政治家那里寻求预算规模最大化；而政治家为了获得政治支持或选票最大化，将尽可能扩大预算规模以便满足选民的需求，只要这种预算规模不是大到把选民闹翻。

在官员与政治家的博弈中，最终的结果取决于权力分配和两方在交易中的影响。虽然政治家拥有立法权和法律赋予的其他职权，但是他们常常在很大程度上要依靠官员提供与服务供给有关的信息。这些信息包括有关服务供给状况、各种投入的价格、对公共服务需求的趋势等。由于存在信息不对称（asymmetric information），因此，实际上是这些官员通过他们的政治上司来提出预算请求，而政治家往往没有充分的信息对官员的预算请求提出异议。

这就出现了这样的结果：一方面，政治家对拨出使产量最大化的预算感兴趣，因为这将有助于保证他再次当选。另一方面，官员希望最大化他的预算规模，因为这为他提供了使他的效用最大化的资源。

由于与政治家相比，官员对公共物品的生产函数和成本函数具有更多的知识，因此，在对预算进行讨价还价谈判时，官员能够榨取消费者剩余并把这种剩余转化为更多的产出以及由此而来的更大的预算。既然官员的效用是预算规模的增函数，那么官员就有扩大预算规模的刺激。

（二）官员效用最大化模型

《官员与代议制政府》一书出版后，尼斯卡兰的官员预算最大化模型在西方经济学界和政治学界引起了不小的轰动，但是批评意见也随之而来。主要的批评意见有两条：(1) 官员机构（bureau）的预算最大化明显与官员（bureaucrat）的效用最大化不一致。米盖（Jean-Luc Migue）和贝兰格（Gerard Belanger）指出，尼斯卡兰模型假定官员把政治家批准的预算全部用于公共物品的供给，即不会把预算结余纳入私囊，这个假定与实际情况不符；官员会把预算结余作为"自由支配的预算"纳入自己的效用函数。①

① Jean-Luc Migue and Gerard Belanger, "Toward a General Theory of Managerial Discretion," *Public Choice*, Spring 1974, p. 17.

（2）这个模型没有在官员机构所偏好的产出与政府所偏好的产出之间找出均衡产出的条件。因为在尼斯卡兰模型中，官员的供给决定的只是官员机构所偏好的产出，这个产出是按照官员预算最大化的原则决定的；政府所偏好的产出是按照多数票原则决定的，即按照中间投票人的偏好决定的。因此，尼斯卡兰模型确定的只是官员机构和立法者（政治家）之间谈判的边界。1975 年，布雷顿（Albert Breton）和温特布（Ronald Wintrobe）提出了一个评议程序（review process）模型。他们认为，立法机构可以使用各种控制手段——包括直接监管、使官员机构重叠、（不同的官员机构）提供同样的服务、从不同的渠道购买和获取信息——来减少官员机构供给的配置不当和无效率。由于使用这些控制手段是有成本的，因此，它们将被使用到这一点：其边际价值等于其边际成本。[①]

这些批评意见是正确的，并且是有价值的。于是，尼斯卡兰在 1975 年又发表了《官员与政治家》一文[②]，根据批评者提出的修改意见，进一步提出了官员（个人）效用最大化模型。

假定单个官员机构的主管具有下列效用函数：

$$U=\alpha_1 Y^{\beta_1} P^{\gamma_1} \tag{9-14}$$

式中，Y 为官员由他的职位所获得的收入（现值）；P 为由他的职位带来的非货币的额外收入的集合，包括闲暇时间、他的职位的社会和物质设施、其他报酬等。在这个方程中，没有假定官员对预算、产出或官员机构的效率有直接的偏好。对每一个官员来说，这个效用函数中的参数可以是不同的，虽然共同的报酬结构可能使得全体官员对额外收入有相对高的偏好。

官员估价的社会地位和官员机构的业绩之间的关系由这个机构的报酬结构决定，报酬结构由政府评议组（government review group）确定。这种报酬结构对于一个特殊职位的所有潜在的候选人来说都是相同的，虽然不同的职位这种报酬结构不同。报酬结构定义为

$$Y=\alpha_2 Q^{\beta_2}(B-C)^{\gamma_2} \tag{9-15}$$

以及

$$P=\alpha_3 Q^{\beta_3}(B-C)^{\gamma_3} \tag{9-16}$$

式中，Q 为官员机构的产出；B 为由政府评议组批准的最大预算；C 为生产 Q 所耗费的最小成本，因此，$(B-C)$ 是官员机构“自由支配的预算”。

式（9-14）、式（9-15）和式（9-16）这三个方程的总体结构可以用来分析任何形式的经济组织的管理行为。官员行为的特殊理论必须建立在官员制度环境中的报酬结构的特殊性上。例如，在寻利厂商的环境中，企业主的报酬结构的显著特征是参数 γ_2 有相对高的数值。相反，官员的报酬结构以相对低的 γ_2 的数值为其特征。一个官员不能挪用官员机构的自由支配的预算作为他的个人收入，除非他被提拔到一个报酬更高的职位。不过，在官员制度环境中，参数 β_2、β_3 和 γ_3 的数值相对较高。

---

① Albert Breton & Ronald Wintrobe, “The Equilibrium Size of a Budget-Maximizing Bureau,” *Journal of Political Economy*, 1975, p. 83.

② William A. Niskanen, Jr., “Bureaucrats and Politicians,” *Journal of Law and Economics*, December 1975, p. 18.

将式（9－15）和式（9－16）代入式（9－14）并化简，得到一个用 Q 和（$B-C$）表示的效用函数表达式：

$$U=\alpha Q^{\beta}(B-C)^{\gamma} \tag{9-17}$$

其中

$$\alpha=\alpha_1\alpha_2^{\beta_1}\alpha_3^{\gamma_1}$$
$$\beta=\beta_1\beta_2+\gamma_1\beta_3$$
$$\gamma=\beta_1\gamma_2+\gamma_1\gamma_3$$

显然，官员机构自由支配的预算（$B-C$）是机构产出的函数，在前面的官员预算最大化模型中，

$$B=aQ-bQ^2 \tag{9-18}$$
$$C=cQ+dQ^2 \tag{9-19}$$

因而

$$(B-C)=(a-c)Q-(b+d)Q^2 \tag{9-20}$$

将式（9－20）代入式（9－17），得到如下的仅仅用官员机构产出来定义的官员效用函数：

$$U=\alpha Q^{\beta}[(a-c)Q-(b+d)Q^2]^{\gamma} \tag{9-21}$$

求式（9－21）的最大值，得到一个使官员效用最大化的官员机构的产出水平：

$$Q=\left(\frac{\beta+\gamma}{\beta+2\gamma}\right)\left(\frac{a-c}{b+d}\right) \tag{9-22}$$

如果 $\beta=0$，即如果官员机构的产出对官员机构的效用不产生影响，那么

$$Q=\frac{1}{2}\left(\frac{a-c}{b+d}\right) \tag{9-23}$$

这个产出水平对于政府来说是最优的，但是是在较高的额外收入成本下和整个官员机构低效率的情况下生产出来的。相反，如果 $\gamma=0$，即官员不会挪用自由支配的预算作为其收入或额外收入，那么

$$Q=\frac{a-c}{b+d} \tag{9-24}$$

这个产出是最优产出的两倍，但它是按最低可能的成本生产出来的。这个产出就是官员预算最大化模型中官员所偏好的产出（见式（9－11））。

一般产出函数式（9－22）说明，产出是产出对官员报酬边际影响的增函数，是官员挪用的自由支配预算的边际份额的减函数。对预算参数和成本函数的直接影响与官员预算最大化模型相同，虽然在每一种情况下，部分影响的程度要乘以常数 $\left(\frac{\beta+\gamma}{\beta+2\gamma}\right)$。

将一般产出函数式（9－22）代入预算函数式（9－18），得到下列用需求和成本状况以及报酬函数参数表示的一般预算函数：

$$B=a\left(\frac{\beta+\gamma}{\beta+2\gamma}\right)\left(\frac{a-c}{b+d}\right)-b\left(\frac{\beta+\gamma}{\beta+2\gamma}\right)^2\left(\frac{a-c}{b+d}\right)^2 \tag{9-25}$$

这个函数说明，官员机构的预算也是产出对官员收入和额外收入边际影响的增函数，是官员挪用的自由支配预算的边际份额的减函数。对需求和成本状况变化的预算的直接影响也与官员预算最大化模型相同，虽然官员报酬中自由支配的预算的重要性越大，整个的部分影响越弱。

将一般产出函数式（9－22）代入自由支配预算函数式（9－20），得到下列用需求和成本状况以及报酬函数参数表示的自由支配预算的函数：

$$B-C=\left(\frac{\beta+\gamma}{\beta+2\gamma}\right)\left[1-\left(\frac{\beta+\gamma}{\beta+2\gamma}\right)\right]\left[\frac{(a-c)^2}{b+d}\right] \tag{9-26}$$

当$\beta=0$，也就是说，当官员机构的产出不影响官员的收入或额外收入时，自由支配的预算最高。这时，自由支配的预算与最低的潜在成本的比率为：

$$\frac{B-C}{C}=\frac{(a-c)(b+d)}{2c(b+d)+d(a-c)} \tag{9-27}$$

如果政府评议组使用的是按照每单位产出批给一个稳定不变的预算的策略，那么，上述表达式可以化简为

$$\frac{B-C}{C}=\frac{a-c}{a+c} \tag{9-28}$$

这个式子说明官员机构的生产低效率是单位成本（a）（政府可以按照这个成本从其他途径购买这种服务）的增函数。如果（$a-c$）较小，即便$\beta=0$，官员机构也将相当有效率。

上述几个表达式给出了当政府可以测量出一种特殊服务的产出和预算时，官员机构生产低效率最大的百分数。随着β与γ相比提高，自由支配的预算会减少。在其他情况下，当$\gamma=0$时，自由支配的预算便不复存在，更大的产出按照最小的要素成本被生产出来。

以上给出了适合于每一个官员机构和官员的一般产出函数和一般预算函数。但是这两个函数在不同的官员之间是不同的，这种不同决定于官员对收入和几种额外收入的偏好。不过，有两种方法可能使得这些函数在不同的官员之间更多地相同：对于给定的报酬结构来说，潜在的官员集体可能对额外收入比其他经济组织的管理者有更高的偏好；政府评议组可以根据他们掌握的每一个官员的偏好，给每一个官员设计出一个特殊的报酬结构，以便使官员的行为更敏感。

五、政府失灵理论

政府失灵（government failure）是指政府行动不能增进效率或政府把收入再分配给那些不应当获得这种收入的人。萨缪尔森给政府失灵下的定义是："当国家行动不能改善经济效率或当政府把收入再分配给不恰当的人时，政府失灵就产生了。"①

① Paul A. Samuelson and William D. Nordhaus, *Economics*, 13th Edition, McGraw-Hill Book Company, 1989, p. 769.

根据福利经济学的市场失灵分析，在市场失灵的地方需要政府介入，以便提高资源配置效率；在市场经济社会，实行的是按（要素）贡献分配原则，但是由于各个要素所有者的起点和机会不同，做出同样的努力未必有同样的贡献，因而未必有同样的收入，按贡献分配的结果必然是收入和财富分配悬殊、贫富两极分化，政府为了实现公平的目标，有必要干预收入分配。现在，公共选择理论认为，政府干预的结果未必能矫正市场失灵，政府行动本身也不灵，甚至有可能把事情弄得更糟。

西方传统的经济学和政治学认为，政府是由一些追求社会福利或公共利益最大化的政治家统治的，这些政治家或者如同慈善家一样，是乐施好善的；或者是超个人主义的，一心为人民谋福利。公共选择理论则认为，面对社会成员不同的偏好和不同的利益集团的压力，政府不可能计算出社会福利函数的最优解。政府机构和其他社会机构一样，都是由具有个人动机和个人利益的个人组成的；由这些个人组成的政府自然要把个人利益带进政府和政府决策中。于是，政府失灵就是必然的了。

斯蒂格利茨把政府失灵的原因归结为三个方面①：

（一）信息不完全

如同私部门的决策面临信息不完全一样，公部门制定和实施决策时也有信息不完全的问题。例如，政府难以确定把公共福利给予了那些真正需要关怀或帮助的人。如果要把真正应该享受福利的人与不应该享受福利的人区分开来，其成本可能很高。这就使得政府有时候把福利给了那些不该享受这种福利的人。

（二）政府官员的动机

政府官员是为自己的利益工作的，而政府政策具有公共物品的性质，这就使得政府官员没有足够的动力去设计符合公共利益的政策。

政府官员是在一套既定的公务员规则下工作。这种规则往往不够灵活，它很难给好的官员相当于私部门中做类似工作的人的那种工资水平，或者很难给他们提供迅速提升的机会；更为困难的是，难以解雇能力低下的官员或将他们降职。因此，难以给政府官员提供有效的激励。

立法者对选票和连任的关心会导致有利于利益集团的立法和政策出台。

（三）难以预期私部门对政府计划的反应，从而使政府行为的后果具有不确定性

政府行动的成败不仅取决于政府官员的动机，而且取决于私部门的反应。私部门对政府行动的意外反应有时候使政府计划南辕北辙。例如，政府通过医疗保健计划向老年人提供近乎免费的医疗保健，但是这项计划导致老年人对医疗服务的需求大量增加，由此导致政府在这方面的开支远远高于原先预期的水平。对有未成年子女家庭的援助计划（AFDC）往往导致家庭解体，因为这项计划规定，接受这项福利援助的家庭必须是没有成年男子的家庭。政府给老年人提供足够的养老金会导致老年人与他们的子女分灶吃饭，这或者是因为老年人现在有独立生活的经济能力，或者是因为子女想卸掉养老的包

① ［美］斯蒂格利茨．经济学．北京：中国人民大学出版社，1997：503-505.

袱。其结果是，养老金的真正受益者是养老金领取者的子女，因为他们现在无须花费养老支出。

公共选择理论把政府失灵又称作官员政治的无效率（bureaucratic inefficiency）或政治失灵，它表现为浪费、冗员和低生产率。官员制度不是在生产可能性边界上运行，而是在生产可能性边界以内运行。

政府失灵的表现主要有：

（一）没有代表性的政府

在现代民主社会，民主应当是“一人一票”。但事实上是金钱赢得选举。政治家需要金钱来资助选举，因而能够在政治上说话的是金钱而不是选民的偏好。因此，在西方民主制度下，通过政治程序做出的公共选择，如立法、政策方案，往往体现的是财力雄厚的极少数人的利益和偏好，并不能代表广大选民的利益和愿望。

（二）政府目光短浅和行为短期化

在西方民主制下，当选的政治领袖们必须经常面临着选举——每隔 2、4 或者 6 年，并且他们是在竞争十分激烈的选区争取再度当选的。而且，政治竞争与市场竞争不同。市场竞争是延续的，私人厂商只要没有关门或退出这个市场，它在市场竞争中就会存续下去，它在这一轮竞争中是失败者，在下一轮竞争中可能会反败为胜。但是，政治竞争是间断的，某种政策只适用于某个政治家当政的那个时期，台上的主角换了，所唱的内容也就随之改变；政治家即便可以连选连任，他也不可以终身当政，他要受法律规定的最高连任次数的限制。竞选的压力和政治竞争的间断性必然导致政治决策上的近视眼或目光短浅，政治家往往重视的是眼前的地位和未来的选票，很少看重国民的未来利益。

这种政治上目光短浅的趋势导致政府采用那些在短期内见效的政策方案，回避那些现在花费而在未来获益的政策方案。政治家往往不愿干那种“前人栽树，后人乘凉”的事。

政治家把目光盯在下一届选举上的倾向会产生一种“政治的经济周期”（political business cycle）：政治家为了赢得选举往往在竞选中向选民承诺，当选后将降低失业率，扩大社会福利；但是一旦当选后，面临庞大的政府支出、大量的财政赤字、巨额政府债务和通货膨胀压力，政治家往往选择的是用削减政府支出、提高失业率为代价来换取通货膨胀率的降低，抑制通货膨胀预期；当下一届大选临近时，政治家又故伎重演：通过扩大政府支出来降低失业率，以便赢得更多的选票，而这又潜伏着新一轮的通货膨胀。在这种周期性的失业和通货膨胀交替过程中，由于预期的作用，长期的通货膨胀率提高了。也就是说，短期的菲利普斯曲线是向右下方倾斜的，而长期的菲利普斯曲线则是垂直的。

目光短浅的倾向会导致政府施政方案中的超前消费偏向。就是说，那些促进现在消费而不是未来消费的方案将获得拥护，而那些长期投资（基础研究、水土保持、环境保护）在临近政治选举的阶段会经历磨难。因此，政府的政策方案往往只体现今日公民的要求，而无视未来公民的需要。

图 9-5 是诺德豪斯的最优政治经济周期模型。[①]

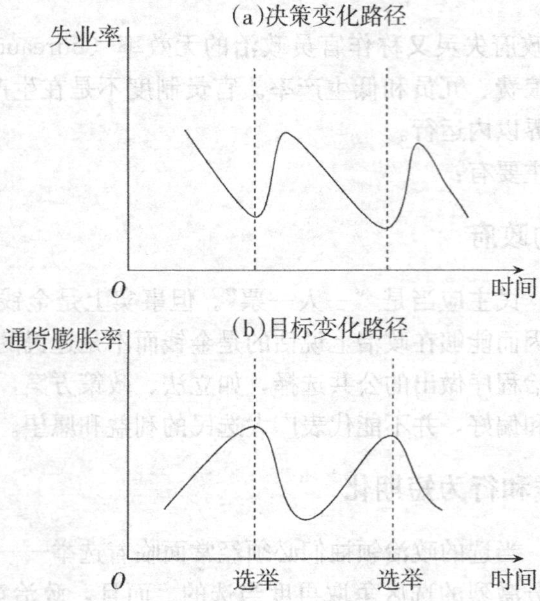

图 9-5　最优的政治经济周期

(三) 政府规模不断膨胀

政府规模不断膨胀表现在政府规模增长上。政府规模增长既可以表现为绝对规模增长，也可以表现为相对规模增长，前者用税收和政府支出绝对量的扩大来刻画，后者用人均纳税额和人均公共支出额或税收和公共支出分别在 GDP 中所占的比例来表示。

翻开发达国家的经济史，我们不难看到，自 20 世纪以来尤其是第二次世界大战结束以来，发达国家的税收和政府支出（从而政府规模）有了令人瞩目的增长。在 18 世纪和 19 世纪，一般美国人所交纳的税收不到他的收入的 5%，20 世纪初这个比例也不到 10%，但是今天这个比例已经上升到 35%左右。

在第一次世界大战前的 1913 年，美国政府（联邦、州和地方政府）支出不到国民产出的 1/10，1946 年为 13%，而到 1998 年财政年度，美国联邦政府支出高达 16 875 亿美元，约占国内生产总值（GDP）的 21%；美国政府支出约占 GDP 的 1/3。英国政府支出早在 1960 年就占 GDP 的 35%（按 1980 年的价格水平计算为 5 000 万英镑），1975 年达到高峰，占 GDP 的 48%，20 世纪 80 年代这个比率则下降到 45%左右。

除了第一、第二次世界大战期间政府支出有超常增长外，整个 20 世纪美国的税收和政府支出在 GDP 中的比例是持续走高的，如图 9-6 所示。[②]

与其他发达国家相比，美国政府支出在 GDP 中所占的比例还不算最高。英国、德

① William D. Nordhaus, "The Political Business Cycle," *Review of Economic Studies*, 42, 1975, pp. 169-190.

② ［美］保罗·萨缪尔森，威廉·诺德豪斯. 经济学. 16 版. 北京：华夏出版社，1999：228.

国、法国、瑞典和意大利等国政府支出往往高于美国。图 9-7 所列的是 1996 年若干发达国家的政府支出占其 GDP 的比例。

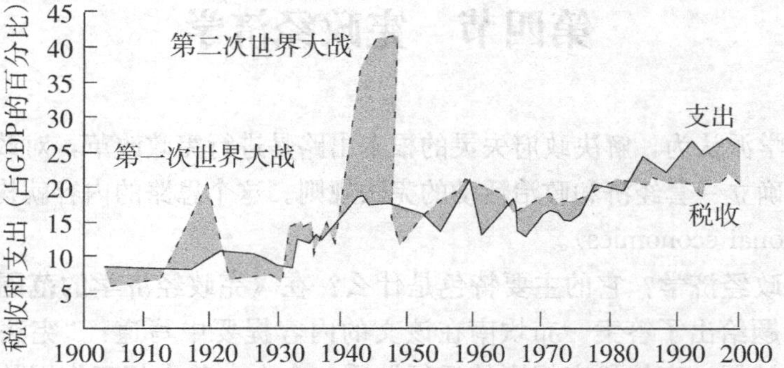

图 9-6　20 世纪美国政府规模的增长，1902—2000 年

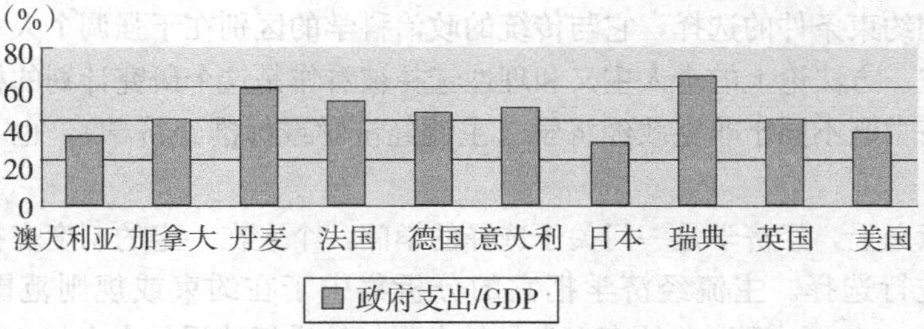

图 9-7　若干发达国家的政府规模比较（1996）

说明：加拿大、法国和德国为 1997 年数据。
资料来源：National Accounts，OECD，Paris，1999.

（四）政府活动的低效率

政府介入经济活动的理由是市场失灵，但是事实说明，政府干预往往并不能矫正市场失灵。例如失业、经济波动、通货膨胀、环境污染、生态破坏、收入和财富分配不平等，市场不能解决，政府也不能解决；有些问题虽然政府可以解决，但是要么成本很高，要么副作用很大，20 世纪七八十年代西方经济中的滞胀就是一例。

政治家为了扩大其权力范围和政府支出，往往有意夸大市场失灵，甚至创造市场不完全，这就使得“看不见的手”的作用和政府规模呈此消彼长的变化，其结果是政府干预越多，效率损失越大。

公共选择学派通过对政府行为和政府失灵的分析旨在说明，西方政治民主制度中的公共选择总是短视的、受金钱支配的和违反社会利益的。在这种民主制度下，政治竞争的结果有可能是无效率的甚至是有害的。在政治市场上，没有一种选择机制可以称得上是最优选择机制或有效率的选择机制。布坎南认为：“在政治市场上不存在亚当·斯密所说的‘看不见的手’的对应物。”① “民主制度中的公共选择不是由一只总是导致最优或有效率结果的看不见的手来支配。民主制度选出了林肯、丘吉尔和肯尼迪，也选出了希特勒、

① James M. Buchanan，“The Constitution of Economic Policy，” *The American Economic Review*，June 1987，Vol. 77，No. 3，p. 244.

墨索里尼和庇隆。”[①]

第四节　宪政经济学

公共选择学派认为，解决政府失灵的根本出路是进行宪政改革，对政府权力施加宪法约束，重新确立一套经济和政治活动的宪法规则。这个思路的内容就构成了宪政经济学（constitutional economics）。

什么是宪政经济学？它的主要特色是什么？在《宪政经济学的范围》一文中，布坎南对这些问题给出了答案。布坎南在该文的内容提要中写道：“宪法政治经济学是这样一种研究计划：直接研究规则的运行性质，个人在其中相互作用的制度，以及这些规则和制度被选择的过程或规则和制度的产生。这个研究计划与主流经济学的不同之处在于强调约束条件的选择，它与传统的政治科学的区别在于强调个人相互作用的合作而不是对抗。方法论上的个人主义和理性选择被看作是这个研究计划的核心内容。”[②]

宪政经济学既不同于非宪政经济学（主流经济学或标准经济学），也不同于宪法政治学。

在某种意义上，经济学是一门关于选择的学问，个人在一定的制度安排下在各种可能的方案中进行选择。主流经济学把它的分析集中于在约束或规则范围内做出选择（choice within rules），而这些约束本身是外在强加给进行选择的个人的。那么，这些约束是谁强加的呢？答案是，这些约束是由自然、历史、过去的选择结果、其他人、法律和制度安排，甚至风俗和习惯强加的。例如，在微观经济学的消费者行为理论中，消费者是在商品价格和收入（预算）约束下对一组商品的消费量进行选择，以期使他的效用最大化。在这里，价格和预算约束本身对消费者来说是外在的、是消费者不能进行选择的。消费者只能在这种外在约束范围内追求效用最大化。

与主流经济学的分析结构不同，宪政经济学把它的分析重点放在在各种约束或规则之间（choice among rules）进行选择。宪政经济学的全部研究内容包括“研究规则，规则如何运行，以及应当如何选择规则”[③]。对于主流经济学来说，仅仅因为稀缺这种基本事实才使选择成为必要，如果不存在稀缺，就不需要进行选择。从方法和叙述上看，引入这种人为创造的稀缺作为行为分析的目标似乎是愚蠢的。由此可以明了为什么大多数主流经济学家对宪法问题不关心、不感兴趣。

宪政经济学既研究约束个人行为的规则，也研究约束集体行为的规则，重点是研究约束政府行动的规则。俱乐部、工会、公司、政党、大学、协会等在宪法范围内的存在和运行也是宪政经济学的研究内容。

布坎南认为，如果用交易范式（exchange paradigm）而不是最大化范式（maximizing paradigm）来描述宪政经济学的研究计划，那么，经济学的内容就包括研究人类相

① Paul A. Samuelson and William D. Nordhaus, *Economics*, 13th Edition, McGraw-Hill Book Company, 1989, p. 770.

② James M. Buchanan, “The Domain of Constitutional Economics,” *Constitutional Political Economy*, Vol. 1, No. 1, 1990, p. 1.

③ Ibid., p. 2, 9.

互作用的合作安排，这种合作从最简单的两个人、两种商品的交易过程到最复杂的多个国家组织的准宪法安排。这种合作观（cooperative perspective）可以扩大推广到非商业活动或政治活动上。这又把宪政经济学与政治学区别开来了。政治学用对抗观（conflictual perspective）来看待政治过程，它认为在政治组织的成员之间、集团之间总是存在潜在的对抗。因此，在政治学模型中，不能直接引入合作观。但是，在社会的相互作用中，合作的必要条件为有关各方当事人获取正数的收益提供了前景，或者用收益—损失的术语来说，为没有人遭到净损失提供了前景。所谓宪法政治学（constitutional politics）就是使用合作分析结构的政治学，它与使用对抗模型的通常的政治学明显不同。布坎南认为，他之所以把这个研究领域称作“宪政经济学”或“宪法政治经济学”而不是“宪法政治学”，是因为考虑到经济学与合作在科学传统上的联系，考虑到参考与对抗范式相反的交易范式更为恰当。

我们可以把布坎南的宪政经济学的要点概括如下：

一、经济学是一门研究规则选择的科学

经济学或政治经济学不是研究稀缺的资源在不同用途中的选择，而是研究约束人们行为的不同规则的选择；不是研究在规则约束内的选择，而是研究在不同的规则之间的选择。由于规则决定选择的结果，所以规则本身成为宪政经济学的研究对象。主流经济学试图在现存的政治—法律—制度规则下解释经济当事人的选择，并根据外在的效率标准对这种选择进行评价。宪政经济学则试图对约束经济当事人和政治行为人的选择与活动的不同的政治—法律—制度规则的运行性质做出解释。所以，布坎南认为，宪政经济学的研究层次要高于主流经济学的研究层次。

二、规则决定政策

任何一项政策都是在一定的决策规则下做出的，政策本身的好坏和好的政策能否出台取决于决策规则。不同的决策规则会带来不同的决策结果和性质不同的政策。经济政策的好坏不取决于经济学家的建议和政治家的行为，而取决于制定政策的规则。就货币政策与货币制度来说，货币制度重要，因为一定的货币政策是在相应的货币制度下制定的。同理，就税收政策与税收制度来说，税收制度重要。对于一个国家或一个社会来说，关键不是要选择出好的政策和好的领导人，而是要建立一套公平的决策规则。人们不能把他的希望和命运寄托在精英贤哲以及他们所做的英明决策上，而应当寄托在宪法制度上。所以，布坎南认为，经济学家的任务不是向政治家们提供政策建议，而是关注进行政治决策的结构。

三、选择规则的标准是一致同意标准

既然规则是至关重要的，那么，应当选择什么样的决策规则呢？布坎南提出的标准是一致同意标准或威克塞尔标准。因为有了一致同意，才能产生良好的社会秩序，才能

产生互利的交易，才能保证个人的自由与权利不受他人侵犯，才能防止一部分人对另一部分人的强制和掠夺。在布坎南看来，除非采取某种措施使所有的人和集团达成一致同意，否则，没有任何变革可以被认为是有效率的。交易总是在一套既定的规则范围内进行的。如果人们一致同意对现行的规则进行变革，那么就意味着在现行规则下所发生的交易的结果或资源配置是无效率的。如果人们一致同意选择某种规则，那么就意味着这种规则比原有的规则有效率。因此，一致性是检验配置效率的最终尺度。

那么，存在使所有的人都一致同意的决策规则吗？布坎南追随罗尔斯（John A. Rawls），对这个问题的回答是肯定的。因为在宪法选择阶段，每个人都处在对未来无知的状态，每个人并不清楚他在未来的决策规则运行中处于什么位置、扮演什么角色，因此每个人都希望创造一套公正的博弈规则。虽然当事人的目标和利益是不可调和的，但是他们在不能准确地知道自己未来状况的情况下，从其自身利益出发，都会按照某种公正的标准来评价和选择博弈规则。

一旦规则确立下来，个人只能在这些规则的约束范围内做出选择，个人将可以认清他在社会中的位置或状况。因此，个人将以最大化他所获得的收益为其目标，无论这种收益是什么。在这种情况下，最恰当的模型是一种最大化策略。

四、过程比结果重要

主流经济学是一种目的论，它特别关注决策的结果或政策的效果，这可以从它向政府或政治家提出的政策建议中看出来。公共选择理论试图描述不同的个人利益如何通过自愿的交易过程得到协调。这是一种有关社会秩序和社会中人们相互作用的理论。这种理论主要不是关注人们的行为相互作用的结果，而是集中注意人们行为的相互作用过程以及人们的相互作用赖以发生的社会制度的基础，即集体选择的制度结构和程序。布坎南等人根据主观主义过程论和契约论认为，一种选择或活动是否有效率，应从选择或活动的过程来检验，不应根据其结果来评判。检验是否有效率的标准是看这个过程是否为自愿交易过程，它离一致同意有多远。只有自愿交易才会增加个人的效用；在集体选择中，如果没有人受到强制，每个人都是自愿行动，那么这个选择就是有效率的。因此，这里的效率标准是一种主观标准，而不是一种客观标准。

五、政府失灵的根源是宪法约束失灵

西方现行的宪法制度是在 19 世纪根据适合产业革命初期的政治技术条件设计的，现在已经不能对政府行为形成有效的约束，因而导致了政府失灵。掌握政府权力的人凌驾于他人之上，掠夺他人；政府活动排挤了个人自由交易；平等关系变成了主仆关系，自由变成了奴役。结果是社会总产量减少了，分配状况恶化了。

六、改革的重点是改革规则，是宪法改革

政治活动和经济活动都是在一定的规则下进行的，政治腐败、效率低下和不平等都能从制度规则上找到原因。因此，要改善政治和经济，必须改革规则。宪政经济学认

为，改革的努力应当放在那些约束决策或政策制定的规则上，而不是放在通过对行为人的行为施加影响来改变预期结果上。由于宪法是根本性的规则，因此改革的最高阶段是宪法改革。是制定政策的宪法而不是政策本身成为改革的对象。宪法的目的是制约政府与个人，防止各种形式的掠夺行为。宪法约束可以形成一种宪法秩序，出现有秩序的社会、组织和活动，从而为自由交易和个人自由提供保证。

博弈规则的改革与博弈策略的改革其结果是不同的。博弈规则的改革可能符合所有当事人的潜在利益，而博弈策略的改变只是在既定的或现行的规则范围内有利于某些当事人。

七、判断政治—法律—制度符合“契约论”的准则

判断政治—法律—制度符合“契约论”的准则是：(1) 个人和公共代理人的行动受法律尤其是受宪法规则的约束。(2) 在宪法范围内，政治组织中的所有成员都有平等进入决策结构的机会，在做出集体决策的过程中都有平等的分量。(3) 在宪法范围内的集体行动和改革宪法的集体行动之间必须明确划分出一条公认的界限；前者可以采用多数票规则，后者必须使用一致同意规则。①

八、对政府权力施加宪法约束

宪政经济学认为，人们在立宪阶段根据一致同意原则缔结的宪法契约应受到后立宪阶段政府的遵守，并用来制约政府行为和政治过程。政府的任务是保护每一个社会成员的自由和权利不受侵犯，防止任何人通过使用暴力、偷窃或诈骗手段获取财富和权利，消除各种形式的掠夺和强制。布坎南根据大卫·休谟和约翰·斯图亚特·穆勒的观点②，认为政治家和官员有一种“自然的”倾向和动力去扩张政府行动的范围和规模，去追求自身的利益和利益集团的特殊目标，现行的宪法不能有效地控制政治家和官员利用决策程序来对他人进行掠夺。于是，布坎南等人提出，改变这种宪法约束失灵和限制这种超过公众需要的政府扩张的根本途径是宪法改革，通过这种改革来对政府权力施加宪法约束。布坎南认为：“只有政治、集体、政府或国家活动的范围受到可强制执行宪法的约束，方可阻止此种过分的扩展。……除非对政治可能超越运用的活动范围施加限制，否则人们对民主选择程序本身的支持看来不会很积极。”③

九、宪政改革目标：宪政民主

布坎南主张用一种宪政民主（constitutional democracy）政治来取代美国等西方发达国家现行的民主政治。之所以要在“民主”前面加上“宪政”一词，是因为“民主”

① ［美］J.M. 布坎南. 自由、市场和国家. 北京：北京经济学院出版社，1989：250-251.

② 休谟曾经认为，立法的前提是假定每一个人都是无赖、都是唯利是图者。J.S. 穆勒则认为，宪制政府的绝对原则需要把政治权力假设为完全用于促进统治者特殊目标的实现。新帕尔格雷夫经济学大辞典：第1卷. 北京：经济科学出版社，1992：636.

③ 同①260.

一词可以用来描述结构、目的和作用十分不同的政治；而"宪政民主"是在一些特定的环境中，作为独一无二、合乎理想的人们相互交易的政治秩序而出现的。具体地说，他的观点是："只有在个人自由本身具有价值，同时在有效的政治平等（这是民主发挥作用的原则）得到保证的前提下，'民主'才能具有评价的重大意义，而只有宪法的条文规定能约束或限制集体政治行动的规模和程度，政治平等才能得到保证。""政治的基本任务在于提供法律框架，在框架内个人可以从事一般事业，从中寻求他们想要寻求的更大价值而不会产生公开冲突。"①

为了实现他的宪政民主，布坎南提出的宪法设计的基本思路是：在维持秩序（保护国家）方面，政府的行动是合法的；在规定和控制纯私人的行为和私人选择方面，政府的行动是非法的；而介于二者之间的活动，由于市场的作用不能理想地处理它们，政府必须介入，但这方面的政府行动必须根据其预期成本和预期收益来加以慎重选择。

那么，宪法能够约束政府或者政府会受宪法约束吗？布坎南对这个问题的回答是肯定的。

布坎南区分了三种不同阶段或三个不同层次的集体行动：(1) 执行现行宪法的那些行动。这个层次的行动属于"保护性国家"的行动。这如同在体育比赛中指定裁判员来执行规则、监督比赛进行一样。(2) 在宪法范围内进行集体行动的那些活动，包括制定普通法、提供公共物品、进行再分配等。这些活动属于"生产性国家"的活动。(3) 修改宪法的行动。这是对比赛规则所作的修改。由这三个层次的集体行动我们看到，国家或政府的作用是不可或缺的。除了修宪以外（修宪不是经常发生的），至少还需要有"保护性国家"和"生产性国家"。布坎南认为，西方发达国家的政治秩序之所以混乱，是因为混淆了这三个不同层次的行动，本该从事第一层次行动的公共代理人却介入第二或第三层次行动，并且还给他们的"越轨"行动披上合法的外衣。更为糟糕的是，正在比赛当中，裁判员却在不断改变比赛规则，而且公开声称这是他承担的社会任务。②

第五节　对公共选择学派的简评

公共选择理论是一个具有独特内容、在西方经济学和政治学中占有独特地位的流派，对它的观点和改革方案、对它的学科归属，在西方学术界还存在颇多争议，但是它的发展势头似乎是有增无减。

公共选择学派与西方主流经济学不同，它以揭露资本主义矛盾和批判资本主义制度为其特色。公共选择理论根据分析得出的结论是：现代西方资本主义社会的种种矛盾和困难，与其说是反映了市场经济的破产，不如说是反映了现行资本主义制度结构的失败。现行的资本主义制度结构是在19世纪根据适合产业革命初期条件的政治技术设计的，现在它已经过时了。

诚然，公共选择理论对资本主义制度和政治的批判，其目的是要发明一种新的政治技术和新的表现民主的方式来改良资本主义，从而保证资本主义制度的长治久安。但

---

① ［美］J.M. 布坎南. 自由、市场和国家. 北京：北京经济学院出版社，1989：252-253，259-260.

② 同①244-245.

是，与正统派相比，公共选择理论毕竟敢于对资本主义进行制度分析。公共选择理论对资本主义政治过程的矛盾性、投票制度的虚伪性、少数利益集团对决策过程的操纵性的揭露和分析，都是有一定深度的，也是有一定价值的。通过公共选择理论的分析，我们可以窥视到现代西方民主政治生活的弊端和虚伪成分，从而可以帮助我们进一步认识西方民主。

公共选择理论提出了许多有价值、有启发性的思想和观点。譬如，他们对政治与经济的相互关系的论述；用经济学的方法和假设来研究政治；认为“制定政策的程序和宪法而不是政策本身应成为改革的重点”，“要改善政治，首先必须改革规则”，“政府失灵的原因不应当从政治家和政府官员品质上去寻找，而应当从宪法规则上去寻找”；纠正市场失灵不是要用政府来取代市场，而是需要另一套规则来纠正市场失灵，因为市场失灵的根源是现行的法律—政治规则的失灵；要规范政府行为、要矫正政府失灵，必须进行宪政改革。

但是，公共选择理论的一些理论和主张是有片面性的，有些观点过于极端。

公共选择理论否认政府干预的必要性似乎不合时宜。如今的社会已不同于18世纪的亚当·斯密时代，垄断早已取代自由竞争，外部性和公共物品在社会生产和社会生活中占有相当大的比例，社会再生产各个环节和行业间的联系日益密切、越来越复杂，经济日益全球化。在这种背景下，要返回到18世纪的完全自由放任时代，只能是一厢情愿而不会成为现实。

在现代市场经济中，政府已成为不可或缺的经济主体，问题已经不是要不要政府干预，而是政府如何进行干预，这种干预是否符合经济运行的客观要求。事实上，市场经济离开政府干预已经无法正常运行。20世纪30年代资本主义经济大萧条、70年代西方国家发生的石油危机、1997年爆发的亚洲金融危机和2008年以来的国际金融危机，都说明要保证经济的正常运行，不但需要政府干预，有时还需要多国政府的联合干预和协调行动。美国著名经济学家保罗·克鲁格曼在1997年7月泰国爆发货币危机后提醒世人注意：“现在应该重新认识自由市场主义，特别是全球化的兴起对人类的作用。在这种情况下，我们还能在多大程度上保留和扩大自由市场的好处。……只是通过不停地重复坚持自由市场政策，是无法捍卫经济全球化的。”①

在当今世界上，发达经济和发展中经济成为世界经济的两极，在这两者之间存在着不平等竞争和不平等交换，不要政府干预、不要国家保护，而让各国市场一律对外开放进行自由竞争，其结果无疑是发展中经济将面临灭顶之灾。因此，笔者认为，公共选择理论的自由主义思想表达的是发达国家在国际舞台上的一种愿望。

至于把希望寄托于宪政改革，这个设想似乎有些过于天真。因为包括宪法在内的任何法律都是统治阶级意志的体现。古往今来，没有哪一个阶级会制定一个束缚自己手脚的法律。统治阶级可以制定法律，当然也就可以修改甚至废除某种法律，因此，宪法约束能否达到公共选择理论所企求的目的，是值得怀疑的。让政府行动受政策规则约束的设想也是靠不住的。一个明显的事实是，当失业率或通货膨胀率上升为两位数时，没有哪一国政府会坐视不管而信守既定的政策规则。在20世纪30年代经济大衰退期间，富兰克林·罗斯福一就任美国总统，就要求美国国会授予他以“紧急全权”，推行“新

① ［美］保罗·克鲁格曼. 萧条经济学的回归. 北京：中国人民大学出版社，1999：217-218.

政”。随后，《紧急银行法》《紧急救济法》《全国产业复兴法》等70多个“新政”法令被国会批准实施。在一套新的法律、政策规则下，美国濒临绝境的经济得到治理和复苏。如果罗斯福政府信守他的前任胡佛政府所遵从的政策规则，美国经济的前景是不难想象的。

布坎南的理想社会是一种宪政民主下的无政府社会——在一套公正的宪法规则下，人们能够一起生活于和平、繁荣与和谐之中，而保留作为能够和必须创造人们自己价值的自主的个人的自由，政府则退回到亚当·斯密所说的“守夜人”的位置上。①这种社会可以看作是布坎南为人类遥远的未来所设计的一种蓝图，至少在眼下很难成为一种社会工程或社会现实。

本章复习与思考题

1. 简述公共选择理论的思想渊源。
2. 公共选择理论的方法论有什么特色？
3. 多数票规则有哪些优点和缺点？
4. 根据公共选择理论家的分析，政治家（政党）的动机和目标有哪些？你如何评价这些理论？
5. 尼斯卡兰认为，政府官员（僚）的动机和目标是什么？你如何看待尼斯卡兰的分析？
6. 公共选择理论得出的主要结论是什么？
7. 简述宪政经济学的要点。

本章进一步阅读文献

[1] Buchanan, James M., *The Limits of Liberty: Between Anarchy and Leviathan*, The University of Chicago Press, 1975

[2] Buchanan, James M. & R.D. Tollison, eds., *The Theory of Public Choice Ⅱ*, University of Michigan Press, 1984

[3] Buchanan, James M. and G. Brennan, *The Reason of Rules*, Cambridge University Press, 1985

[4] Buchanan, James M., *Constitutional Economics*, 1st Edition, Basil Blackwell Ltd., 1991

[5] Rowley, K. Charles ed., *Public Choice Theory*, Vol. 1-3, Edward Elgar Publishing Company, 1993

[6] Stevens, Joe B., *The Economics of Collective Choice*, Westview Press, 1993

[7] Tullock, Gordon, *The Politics of Bureaucracy*, Public Affairs Press, 1965

[8] Tullock, Gordon and R.B. Mckenzie, *Modern Political Economy: An Introduction to Economics*, McGraw-Hill, Inc., 1978

---

① James M. Buchanan, "Constitution of Economic Policy," *American Economic Review*, June 1987, p. 673.

[9] Tullock，Gordon，*The Economics of Special Privilege and Rent-seeking*，Kluwer，1980

[10] [美] J.M. 布坎南和戈登·塔洛克. 同意的计算. 北京：中国社会科学出版社，2000

[11] [美] 丹尼斯·C. 缪勒. 公共选择理论（第二版）. 北京：中国社会科学出版社，1999

[12] 方福前. 公共选择理论：政治的经济学. 北京：中国人民大学出版社，2000

[13] [澳] 休·史卓顿，莱昂内尔·奥查德. 公共物品、国有企业和公共选择. 北京：经济科学出版社，2000

[14] [美] J.M. 布坎南. 民主财政论. 北京：商务印书馆，1993

[15] [美] 布坎南，瓦格纳. 赤字中的民主. 北京：北京经济学院出版社，1989

[16] [美] J.M. 布坎南. 自由、市场和国家. 北京：北京经济学院出版社，1989

[17] [美] J.M. 布坎南. 经济学家应该做什么. 成都：西南财经大学出版社，1988

[18] [法] 亨利·勒帕日. 美国新自由主义经济学. 北京：北京大学出版社，1985

第十章
奥地利学派①

20世纪70年代，以货币主义、理性预期学派和产权经济学为代表的新自由主义经济学思潮开始在西方流行起来，在这个过程中，一个老的但是与新古典经济学存在较多分歧的经济学流派加入了这股新自由主义思潮，这就是奥地利学派。奥地利学派对经济问题的思考持有独特的视角和独特的方法。这种独特性主要表现在他们主要关注主观性、时间、不确定性、非均衡、过程、知识和协调的影响和作用。

第一节　奥地利学派的主要代表人物和特色

当代著名的新生代奥地利学派经济学家波尔惕克（Boettke，Peter J.）和利森（Peter Leeson）认为，自19世纪70年代门格尔创建奥地利学派以来，奥地利学派的发展共经历了七代。继门格尔之后的第二代代表人物为维塞尔（Friedrich von Wieser）和庞巴维克（Eugen von Böhm-Bawerk），第三代的领袖为米塞斯和迈耶（Hans Mayer），第四代的主要代表人物包括哈耶克、哈伯勒（Gottfried Haberler）、摩根斯特恩（Oskar Morgenstern）、马克卢普（Fritz Machlup）、罗森斯坦-罗丹（Paul N. Rosenstein-Rodan）等，第五代的代表人物为罗思巴德（Murray N. Rothbard）、拉赫曼（Ludwig M. Lachmann）、柯兹纳（Israel M. Kirzner）等，第六代的代表人物为里佐（Mario J. Rizzo）、拉沃耶（Lavoie Don）、加里森（Roger W. Garrison）、怀特（Lawrence White）等，第七代的代表人物为

① 我的研究生古元峰为本章提供了初稿，特此注明。

波尔惕克（Peter J. Boettke）、塞尔金（Gorge A. Selgin）、豪威斯（Steven Horwitz）、普莱克科（David L. Prychitko）等。西方学术界一般把第五代之后的奥地利学派称为新奥地利学派。从奥地利学派的第三代开始，它的成员在西方世界就一直流动频繁，不少人都在英国和美国工作或访问过较长时间。奥地利学派早已不是一个地域概念，它的影响早已越出奥地利国界。20世纪下半期，在美国也形成了一个奥地利学派，其大本营是米塞斯曾经执教过的纽约大学和乔治·梅森大学。现在，美国的新奥地利学派的领袖是柯兹纳。不过，新奥地利学派在美国兴起以后，在这个学派的故乡奥地利，特别是在维也纳大学，仍有许多人在从事奥地利学派经济学的研究工作，例如继门格尔、维塞尔和迈耶之后担任教授职位的施特赖斯勒（Erich Streissler）。

目前，新奥地利学派的主要工作是根据米塞斯和哈耶克在20世纪40年代提出的一些理论和方法，试图建立一个可以代替西方主流经济学的分析框架。

奥地利学派的主要代表作有门格尔的《国民经济学原理》《经济学和社会学问题》[①]，庞巴维克的《资本与利息》，米塞斯的《货币与信用原理》《人的行动》《经济学的最后基础》，哈耶克的《物价与生产》《货币理论与经济周期》《个人主义与经济秩序》以及他1945年在《美国经济评论》上发表的《社会中知识的使用》和《作为一个发现程序的竞争》。20世纪70年代以来，新奥地利学派的研究取得了一些新的进展。在市场过程理论方面有柯兹纳的《竞争与企业家精神》《市场过程的含义》《市场的推动力：奥地利经济学论文集》，加里森的《时间与货币：资本结构宏观经济学》试图建立一个新的奥地利学派的分析框架，这个框架旨在取代凯恩斯主义基于*IS*—*LM*模型对于主要的宏观经济关系所进行的描述。

从20世纪30年代中期，奥地利经济学的发展就开始走上了一条与西方主流经济学不同的道路，这使得奥地利经济学形成了自己的特色。这些特色主要有：

第一，方法论上的个人主义和主观主义。奥地利学派一直把人的最终需求和价值判断视为给定的，他们认为，对经济现象的解释需要诉诸个人的感觉。他们把经济学看作是人类行动学，强调分析经济问题需要关注人的主观特性如心理活动、动机等等。在他们看来，经济学作为一门社会科学，其目的是解释作为个人计划相互作用结果而出现的现象。各个个人行动的特定方面构成了所谓的社会或'大社会'。但社会本身既不是实体，也不是力量或行动者。行动的只有个人。个人的某些行动带有与他人合作的意图。而个人间的合作则产生了由社会这个概念所描述的那种状态。社会并不能脱离个人的思想和行动而存在。社会实在的本质在于个体之间的互动，因此，对于社会经济现象的本质的理解必须回归到有意识的个人行动，经济学的研究是对个人行动及其结果的理解和理论重述。

第二，拒绝把数学建模和统计推断作为经济分析的基本工具。奥地利学派反对把经济学提高到古典物理学与数学这些自然科学的高度，反对把数学作为一个真实的研究工具来使用。这是因为，一方面，他们认为个人行动本质上是个人主义的，不能够用精确的数学工具来表述；另一方面，他们对于新古典主义经济学的均衡理论所表现出的工具主义观点感到不满，因为均衡已经达到的工具主义假设掩盖了解释在他们看来是至关重

① 这是英译名（*Problems of Economics and Sociology*），直译为《社会科学特别是政治经济学方法研究》（*The Investigations into the Method of Social Science and Political Economy in Particular*）。

要的问题的必要性，即初始的非均衡状态是如何趋向均衡的。

第三，强调消费和生产的时间结构。他们把时间因素引入经济分析中，这表现为时间偏好和生产的“迂回性”。较之于未来的消费，人们更偏好现在的消费，这被奥地利学派称为时间偏好或时间优先；如果要使人们放弃现在的消费而进行储蓄，必须给他们补偿，这种补偿就是利率。生产者为了使同样的生产要素能生产出更多的东西，他们会采取迂回生产的方式而不是直接生产的方式，这就形成了生产的时间结构。

第四，竭力倡导自由主义，崇尚不受干预的自由市场经济，认为个人的自由高于一切。哈耶克认为经济学应成为有理想的科学，而这种理想就是经济自由主义。他认为私有制是最好的制度，个人的经济自由是政治自由的基础；对自发的个人行动干预得越少越好。奥地利学派不相信社会主义制度会有经济效率。所以在某种程度上，奥地利学派的理论内核是与政治上的自由主义的意识形态联系在一起的。

奥地利学派重视对知识和信息的区分。他们引入知识来讨论主观的成分、发现的因素和默识的领域。他们认为，知识是不断变化的并且是多面性的，而信息则是某种固定的东西，换句话说，信息是已经知道的东西、是一种存量，而知识则是对已知领域的拓展、是全新的。奥地利学派强调的不是对于已经存在的知识的熟练运用，而是发现和使用新知识。

第二节　奥地利学派的主要理论

奥地利学派的经济学主要由两大理论组成，即市场过程理论和经济周期理论，本节依次讨论这两个理论。

一、市场过程理论

20世纪70年代以来，在美国兴起了一个研究奥地利学派经济学的新高潮。特别是最近30年来，奥地利学派经济学提供了一种研究微观经济学问题的新方法。这种方法对于奥地利学派思想的复活是至关重要的。新奥地利学派继承了古典经济学的早期主观主义传统，特别是继承了20世纪中期以来由米塞斯和哈耶克所创立的传统。直到20世纪30年代，奥地利学派一直被视为统治着20世纪初期的西方主流经济学的方法的变体。但是从30年代开始，米塞斯和哈耶克的工作使得奥地利学派传统朝着完全不同于主流微观经济学发展方向的方向发展。与主流经济学的均衡分析方法形成鲜明对比的是，新奥地利学派提供了一个分析市场的独特视角，它把市场看作是一个不断趋向均衡（equilibrating）的过程。由于这个原因，奥地利学派拒绝使用均衡分析方法中大量采用的现代数学和计量经济学的技术。需要指出的是，新奥地利学派由早期奥地利学派传统、特别是米塞斯和哈耶克的理论发展而来的对于市场的系统性的或者说是有效率的结果的认同与新古典经济学是一致的，只是在解释这种结果是如何达到时提出了一个完全不同的分析路径。在某种意义上，正是这个差别集中体现了奥地利学派与主流微观经济学的分野。因此，我们将以此为着眼点，阐述奥地利学派的市场过程理论，并将其与新古典经济学对市场本质的认识进行比较。另外，我们将在这一部分的最后讨论奥地利学派内部对于这个理论的不同意见。

（一）对完全信息假设的批评

新古典经济学有一个经常遭到批评的假设——完全信息，新古典经济学家也发现了这个致命之处，但是他们无力超越这个假设，因为这是建立整个主流经济学体系的基础。在新古典经济学的框架内，信息被视为一种客观物品，经济当事人必须获得这些分散在经济系统中的据以决策的物品。标准的搜寻模型认为，经济当事人要获得这种信息物品，就需要进行搜寻并且在搜寻的过程中依据贝叶斯大数法则进行调整，这种搜寻信息的过程一直要进行到搜寻的边际成本等于边际收益为止。这个模型实际上预设了经济当事人对基本事件的概率分布状况是知晓的，也就是说，完全信息是可以实现的，只是经济当事人不完全知晓，需要通过收集信息来实现。在新古典经济学体系里，经济当事人其实是一个机械的学习者，用奈特的话来说，这是一个在存在风险的情况（condition of risk）下而非在不确定（uncertainty）下的信息搜寻问题。新古典经济学的这个假设使得市场如何导致经济当事人的决策相互协调这一问题变得毫无意义，因为协调问题已经隐含在概率分布条件下的完全信息假设中。因此，新古典经济学想要继续维系均衡分析方法在市场理论中的中心地位，只能在均衡模型中加入诸如“除去无知的”（ignorance-removal）成本等变量来弥合理论模型与现实的巨大差异。奥地利学派看到了这种差异并清醒地认识到新古典方法无法消除这种差异。因此，他们的研究重点转向了市场过程。在奥地利学派看来，经济系统是一个不断变化的过程，从来没有处于均衡状态；市场均衡是一个系统的进程，在这个过程中，市场参与者获得关于潜在的需求和供给数量的准确的和完整的共同知识，在这个系统进程背后的驱动力则是企业家的发现。为了分析市场过程，他们区分了两种不同的变化：一种变化是基础变量的变化，如偏好、资源可得性和技术的变化，另一种变化是引致变量的变化，这种变化是由市场力量引致的。市场力量在任何时刻都是系统地趋向均衡的，而这种趋向均衡的力量在被基础变量的变化破坏之前并不能形成均衡，正是后一种变化决定了市场经济的效率。由市场力量产生的这些变化并不是由这些相关力量的大小和方向决定的，这与主流经济学的分析方法是完全不同的。奥地利学派从更弱的决定性（less deterministic）因素上看待市场过程：经济当事人获得信息更可能是由于意外和发现，而主流经济学则机械地在一个完全没有意外和发现的世界中将其分析建立在所谓的理性决策上。正是由市场力量产生的后一种变化构成了奥地利学派所说的市场过程。奥地利学派承认，这两种变化的区分只是由于理论分析的需要，在现实中，引致变量的变化不仅仅表现为市场过程，它也反映了基础变量的变化，而基础变量的变化又会引发新的趋于均衡的市场过程，所以引致变量的变化是各种分离且相互作用的市场过程的总结果。

奥地利学派把市场过程看作是一个未被发现的利润机会不断被发现的过程。他们认为这与知识和发现在市场过程中所扮演的角色有关。一部分潜在市场参与者相互无知的状况被描述为一种非均衡的状态。正是由于相互无知才导致未被发现的、对经济当事人有利的机会的存在，而这种机会不能持久存在下去，它迟早会被发现。一系列这样的发现构成了趋向均衡的进程。但是，市场过程的这种趋向均衡的特征显然是以这种发现的正确性或者说发现以前未被发掘的机会为前提的。最后，无知一旦被完全消除，市场就处于均衡状态。但是市场过程的这种趋于均衡状态的性质并不意味着均衡可以达到。在现实世界中，这种趋于均衡的进程往往频繁地被基础变量的变化所打断，所以均衡进程是不能完成的。并且，市场过程具有趋于均衡的特质并不意味着市场过程的每个部分都是趋于均衡的，因为有一部分发现是不正确的，这些发现不但不能消除无知，甚至可能会增加无知。之所以说市场过程具有趋向均衡的性质，是因为总的来看，经济系统的趋势是朝向均衡的。企业家的市场过程确实反映了一个系统趋向均衡的趋势，但是这绝不构成一个确定了的单向的和完美无缺的向均衡收敛的路径。由于基础变量的不断变化，即使是正确的发现也不见得就必然使经济当事人在做出决策时更理性。这是因为经济当事人对基础变量的变化趋势的预测不可能完全准确。

（二）静态和动态分析框架

为了更好地把握奥地利学派的市场过程理论，现在我们把新古典经济学的分析思路和奥地利学派的分析思路做一个简单的比较。新古典经济学使用的是静态的、均衡的分析方法，这种方法把经济当事人严格限定在有序的目标和手段的框架中做出系统性配置决策。目标虽然可以变化，但是旧的目标集被新的目标集所取代是完全处在经济选择这一行为之外的。经济当事人的选择实际上是一种机械的选择，他在做出决策时实际上已经没有了选择权，其他的选择机会已经被给定的有序的目标和手段排斥了。新古典理论排除了个人选择本质上是不确定性的这种特征。这种理论意味着，在任何时候根据相应的成本，生产结构和消费者做出的决策都无法改进了，因为一切可以利用的机会都已经被经济当事人即刻抓住了。对于奥地利学派来说，这个论点是不可接受的。奥地利学派认为，新古典框架的严重缺陷在于：如果不知道其他经济参与者的决策或选择，经济当事人就不能把排序的目标和手段视为给定的，选择就不能简化为一个限制条件下的最大化问题。也就是说，经济当事人必须预期其他经济当事人现在正在做的选择，因为这种选择本身也是有序的目标和手段的框架的一部分。在这种情况下，一个严重的问题就出现了：可能经济当事人的选择是正确的，也就是说，这种选择与被其他市场参与者的决策所建立的排序的目标和手段是一致的，所有具有选择性的决策都是成功的，他的预期没有出现失误，因而这种决策可以顺利地实施，其结果一定是最优的；但是，也可能出现另外一种情况，即经济当事人会发现他不能完成自己选定的行动路线，因为他所预期的其他经济当事人要做出的决策实际上并没有做出，或者他发现就市场上其他经济当事人的决策构建的排序的目标和手段结构来看，他自己的选择并非最优的。这后一种情况在新古典的分析框架里是不存在的。因为新古典经济学已经完全把经济当事人限定在一个决策是完全协调的世界里。显然，这种假设不仅与现实世界不符，更重要的是，它回避甚至否认了经济学的一项重要功能：在理论上解释如何通过调整以使经济当事人各自的决策更加协调，也就是要解释市场过程。这就是奥地利学派坚持市场过程分析方法的原因。市场过程的分析方法本质上是一种动态分析方法。奥地利学派认为，一个由追求最大化的经济人组成的市场是不可能产生出我们所要理解的市场过程的。正是以此为切入点，奥地利学派认为，必须超越完全信息的假设，才能够说清楚如何通过对选择的修改和调整，使市场由非均衡趋向均衡。换句话说，市场经验是如何向经济当事人揭示新的相关排序的目标和手段的框架以取代旧的排序的目标和手段的框架，以便使他们发现已经存在的但是从前被他们忽视了的获利机会。对于哈耶克来说，市场过程意味着市场参与者获得有关他们市场伙伴所做出的决策的更充分信息的过程。他的知识观是他阐述市场过程理论的基础。对于米塞斯来说，市场均衡进程是由企业家的勇敢的、富有想象力的和冒风险的行动所推动的，这些行动旨在在非均衡的条件下发现纯利润机会。

哈耶克在他的两篇重要论文《经济学和知识》（1937 年）和《社会中知识的使用》（1945 年）中阐明了他的知识观。哈耶克认为市场均衡的性质就是经济当事人具有共同的知识（mutual knowledge），这种定义了均衡状态的共同知识是在趋向均衡的市场过程中出现的，而不是市场过程以前就存在的。新古典经济学所讨论的是作为结果的均衡状态，市场的本质并没有在这个静态的分析中被揭示出来。哈耶克认为竞争性的过程就是市场的本质。对新古典经济学来说，最完美的竞争是由完全竞争的概念来表示的。在新古典经济学的术语里，如果供给和需求曲线不具有完全弹性，那么这种市场将对应于某种程度的垄断力量，也就是说，在垄断中产生的价格实际上不是通过竞争得出的。米塞斯不赞成这种说法。他强调竞争通过“卖者必须通过提供更好的或者更便宜的价格来互相胜过对方，而买者则通过提供更高的价格来胜过对方这一事实”[①] 表现出来。后来哈耶克又把竞争的性质强调为发现的过程，这个过程产生了“如果不诉诸此进程，就不能为人们所知道的这些知识”。哈耶克认为，选择的逻辑对于市场过程的分析是重要的，但不是充分的，经济当事人的选择必须结合各种具体制度环境来分析。只有在一个私有产权的秩序里，竞争性市场过程才能使经济当事人做出与其他经济当事人经济行为相符的经济决策。在《社会中知识的使用》一文中，哈耶克又强调知识有普遍的和特定地点特定时间的区别，在一个特殊制度环境之外，经济当事人不具有他可以据以决策的相关信息。

（三）市场过程的推动力

在一个严格界定和实施了私有产权的经济系统内，究竟是什么驱动力能保证竞争性市场的效率呢？奥地利学派的回答是：企业家的机敏。企业家的机敏是指对于可利用的但迄今为止被忽视的机会的理解力或者感悟性。人类一直在本能地寻找迄今为止未被注意到的环境的特色，而后者将引起新的行动。米塞斯的人类行动的概念隐含着一个不确定性的分析框架，在这个框架内，所有的个人决策都具有推测的特征，企业家精神可以在每个行动中所固有的不确定性中看出来。在新古典经济学的世界里，奥地利学派意义上的企业家实际上没有存在的空间，也没有存在的必要。因为纯利润机会根本不存在，个人决策的不确定性也就无从谈起。[②]

柯兹纳指出，在市场过程中企业家的机敏指的是“对于可获得的但迄今为止被忽视的机会的接受的态度”[③]。这种态度会造成对机会的发现，因而推动市场系统朝更大程度的市场参与者之间的共同知识的方向前进。他强调了对机会的主观感知。一个利润机

---

① Mises，Ludwig von，*Human Action*：*A Treatise on Economics*，Yale University Press，1949，p. 274.

② 在新古典的均衡理论中，实际上不存在企业家的角色，因为在均衡中不存在纯利润的机会。教科书提到企业理论中的企业家，仅仅是指公司的所有者，他们在一个每时每刻都处于均衡状态的市场中活动，固然可以实现最大化，但是没有在超过成本的价格上卖出产品获得纯利润的机会。

③ Kirzner，Israel M. *The Meaning of Market Process*：*Essays in the Development of Modern Austrian Economics*，Routledge，1992，p. 48.

会如果被所有人都知道就不能算作机会了，尽管经济当事人可能都具有企业家机敏的某一部分，但他们对相同机会不可能有相同水平的企业家机敏。存在利润机会意味着，或者是卖者或者是买者过于悲观，买者为商品支付的比他必须支付的更多，或者是卖者在一个比他们可以卖出的价格更低的价格上卖出，因而导致了短缺、过剩和不当的分配，也就是说，这些机会产生于更早期的企业家的错误。勇敢、警觉的企业家发现了这些更早期的错误，在价格过低的地方购买并且在价格过高的地方卖出。这样，低的价格便被推向更高，高的价格则被推向更低；价格的差异在趋于均衡的方向上被缩小了。短缺被弥补了，而过剩则被削减了；数量缺口也在趋于均衡的方向上逐渐被消除了。拉沃耶把市场看成是一个认知的过程、是一个文化的过程，“不仅价格系统节约了经济当事人据以做出决策的信息，而且这个市场体系会产生一个单个人或一组人的智力无法接近的社会智力。”①

（四）发现的性质

把市场过程理解为发现未被发掘的盈利机会的过程，这种发现是什么性质的发现？奥地利学派认为，人的无知有两种，一种是理性的无知（rational ignorance），即我们认识到是我们不知道（We know that we don't know）；另一种是完全的无知（utter ignorance），即我们没有认识到我们不知道（We don't know that we don't know）。西方主流经济学的搜寻理论把人们的认识状况限定为理性的无知，这种无知意味着，当人们知道在什么方面缺乏知识时，人们也就会知道如何并且以何种成本通过学习来弥补这些不足，甚至知道学习的收益会大于成本。这种学习的过程不会出现丝毫的意外因素。奥地利学派则强调人的无知是完全的无知。因此，正是“发现”才构成了市场过程。这种发现隐含有意外的因素出现，市场过程含有发现过程中的意外。在奥地利学派看来，主流经济学的搜寻模型是一个最优无知程度决定模型，市场均衡是一个从高一些最优无知程度的均衡到低一些最优无知程度的均衡，而不是从非均衡到均衡的过程，所以说在新古典的情况下，决策从来不会被修正，因为没有一个决策是真正错误的。经济当事人改变决策的原因只能从给定的框架的外生因素变化中去寻找。但是在奥地利学派的企业家发现理论看来，由于早期的计划忽视了可以利用的盈利机会，企业家可以通过警觉和勇敢来发现这些机会，从而形成新的计划。但是在这个过程中，企业家并不知道要寻找的是什么，也没有有意识地运用任何搜寻技术，每一个发现都是对早期无法解释的无知的顿悟。企业家的态度是时刻准备着感到意外，他总是在不停地观察并思考着市场状况。

由于这个理论关注的是市场过程中的企业家的角色，因而也被称为企业家发现的理论。

（五）拉赫曼等人的拓展与批评

拉赫曼及其追随者对市场过程理论所描述的市场趋于均衡的特征表示质疑。拉赫曼的分析依据的是米塞斯的人类行动的框架，他对米塞斯的主观主义方法论作了进一步的发挥。他分析了个人计划形成过程中的主观预期的作用，认为知识不是简单的发现的问

① Boettke, Peter J. "Information and Knowledge: Austrian Economics in Search of its Uniqueness," working paper of George Mason University, No. 1, 2002.

题，而是一个创造的问题。他强调市场过程的结果的不确定性。

拉赫曼将个人行动延伸到预期。也就是说，知识有两种类型，一种来源于对于过去经验的解释，另一种是直接朝向未来的知识。拉赫曼反对将给定的经济状况与一个特定形式的预期联系起来。在他看来，预期是个人智力的创造，是不可预测和不可形式化的。他主张回到兰格（Oskar Lange）在1935年提出的“实际范围”的概念上去。“实际范围”表示根据当事人的评价而确定的变量的可能预期值的范围。当事人对变量的反应依赖于变量的变化，只要变量的变动维持在个人定义的区间以内，当事人的主观解释就会被确认，他也就不会改变其预期。相反，如果变量的变化实际上已经超出了某种界限，这证明当事人对经济状况的解释是错误的，于是他将重新考虑这个区间，他的预期就会随之发生变化。在拉赫曼看来，“实际范围”的确定是当事人基于对目前和未来状况的判断，而这种判断是当事人根据导致变量变化的动态推动力所做的分析，因而这种判断是主观的。这就意味着，一般来说，当事人对于现行市场状况的理解并不是一致的，由此就导致了不同的个人有不同的实际范围。根据市场过程理论，计划是基于个人主观的知识做出的。而在拉赫曼看来，计划是知识和预期两个因素共同作用的结果。基于这种分析，在市场过程中就充满着不能预期到的变化和不一致的计划。这种未预期到的变化不仅是指外生的变化，也包含内生的主观评价的变化。由于主观预期建立在对“不知道但不是不可想象的未来”进行推测的基础上，所以计划不能够得到协调。竞争可以导致知识的传播，但未必能创造出正确的预期，主观预期是不能够被传播的。经济当事人在任何时候对未来经济状况的想象都可能是完全不同的，经济系统中也不存在一种趋于均衡的力量强于趋于非均衡的力量的机制，所以，市场过程是否能够趋向均衡就是值得怀疑的。

二、经济周期理论

奥地利学派的经济周期理论把货币的管理不善作为资源跨期配置扭曲的一个主要原因，他们把注意力集中于货币扰动导致的相对价格效应以及相应的数量调整，而不是像凯恩斯主义宏观经济学那样关注掩盖了相对价格效应的宏观经济总量的变动及其总量关系的变动。奥地利学派在讨论经济周期时试图将短期分析和长期分析融合到一个统一的分析框架中。

奥地利学派的经济周期理论继承了门格尔在《国民经济学原理》中开创的理论传统，以庞巴维克在《资本与利息》一书中提出的迂回生产的资本理论为基础。这种经济周期理论最早由米塞斯在其《货币与信用原理》一书中提出，后来由哈耶克在《物价与生产》一书中做了进一步扩展。这个理论融合了瑞典学派的货币均衡理论，并从英国的货币学派中吸收了重要的养分。威克塞尔揭示了价格如何对银行利率和真实利率之间的差异做出反应，奥地利学派的经济周期理论吸收了这一点。英国货币学派揭示了由信贷扩张导致的错误的国际资源配置如何由贸易并因而由黄金的流动所消除，奥地利学派的市场过程理论则揭示了资源跨期配置不当以及这种不当如何使得经济由高涨转入衰退，这与货币学派的分析类似。新奥地利学派经济学家如罗思巴德、加里森和豪威斯等人为了完善和拓展这个理论做了许多工作，特别是加里森在其《时间与货币：资本结构宏观经济学》一书中发展起来的以资本为基础的宏观经济学，提供了一个更为系统的奥地利学派的经济周期理论。在当代西方经济学界，这个理论已经成为众多宏观经济理论中的一支重要流派。①

奥地利学派的经济周期理论的逻辑可以简单地表述如下：利率机制是一个交流传递信息的系统，中央银行任意扩张货币供给使得货币利率不能反映市场自然利率水平，这种扭曲的信号会使得经济在一个内在不可维持的增长路径上增长；如果消费者偏好和资源可用性没有发生变化，这种政策引致的经济高涨本身就意味着未来的衰退，因为现在的资源配置的型式与消费者偏好的型式不一致，这种不一致使得衰退不可避免。

（一）理论基础：资本和利息理论

奥地利学派的经济周期理论是建立在其资本理论基础上的。这种资本理论在很大程度上反映了奥地利学派强调消费和生产的时间结构的特色，这种时间结构表现为时间偏好和生产的"迂回性"。奥地利学派主要关心的是使得跨期的生产过程与跨期的消费者偏好相匹配的市场力量以及阻碍这种匹配的人为的扰动因素。

在奥地利学派看来，现代生产大多采用"迂回生产"的生产方式。生产过程是一个耗费时间的、单向的进程，这个过程包括从投入最初的生产要素，经由一个或者数个中间品，最终生产出消费品。每个阶段的产出是下一个阶段的投入，而处于原料与最终消费品之间的中间品就是资本品。由于资本品分布在不同的生产阶段中，所以，资本品与最终消费品在时间上的"距离"是不同的，这就表现为不同的资本"等级"，距离越远，资本等级越高，"更高等级"的资本品与"更高阶段"的生产阶段相对应，"更低等级"的资本品与"更低阶段"的生产阶段相对应，这就形成了特定的资本时间结构。虽然某些资本品与某些特定的生产阶段相联系，但是其他的资本品可以从一个阶段转移到另一个阶段。与此相对应，对于一个给定数量的劳动，它既可以投入持续时间较长的生产过程，也可以投入持续时间较短的生产过程，如果生产过程越长，投入在生产中的每单位劳动的平均时间就越长，这就引出了庞巴维克的"生产的平均周期"的概念。所谓"生产的平均周期"是指投入不同的生产期间（指从劳动投入到取得最终消费品）的劳动的加权平均数（以各自的生产期间作为权数）。通过这个方法，奥地利学派的资本理论家们将物质形态上异质的中间品以一维的生产平均周期来取代，这样就可以用时间的长度来衡量生产的"迂回性"。当初始的生产资料和最终消费品之间的时间距离增加时，生产就变得更资本主义化了、更有效率了，反之亦然。不仅如此，生产的效率还要受到庞巴维克称之为"具有更迂回性质的生产的优越性的法则"的支配：平均生产周期越长，每单位劳动的消费品产出就越大；在其他条件不变时，当迂回的生产过程在时间的长度上增加时，边际的产出增加就越少。

奥地利学派的利息理论是建立在威克塞尔的工作基础上的。威克塞尔对自然利率和货币利率的差异的探讨为奥地利学派寻找经济周期根源提供了一个分析思路。威克塞尔认为，在一个没有货币的经济中，自然的（均衡的）利率是直接由储蓄供给和投资需求决定的，在投资的成本等于投资的边际生产率时，均衡就达到了。在一个货币经济中，

① 柯赫兰（John P.，Cochran，2001）认为，奥地利学派的经济周期理论之所以被主流经济学忽视，一方面是由于米塞斯和哈耶克关于经济周期理论的文章是用英语写的，而他们本身不是英国人；另一方面是由于他们的模型太复杂，不能有效地、清楚地表达出来。

存在着货币的（市场的）利率，这种利率是由银行所扮演的角色所导致的。在货币经济中，资本的供给和需求是以货币的形式来表现的，并且可以通过银行信贷的创造来改变资本需求者可获得的数量。如果银行增加对企业家的信贷，则货币利率会下降到自然利率之下，反之亦然。储蓄率则反映了经济当事人在现在和未来消费之间的跨期偏好。利率是使得人们的现期消费意愿和他们为未来消费进行储蓄达到平衡的价格。奥地利学派把这种现期消费和未来消费的替代关系称为时间偏好。时间偏好可以改变，例如当人们增加对未来生活的期望或者变得更关心他们子女的福利时，他们就会进行未来偏向的调整。时间偏好的降低或者说储蓄意愿的增加有两个相互加强的效应：一方面，它降低了自然利率；这就向企业家传递出这样一种信号，即更多的和生产周期更长的投资项目是有利可图的；另一方面，它释放了能使这些项目得以进行投资的资源，这些资源原来是用于现期消费的。也就是说，虽然每个生产阶段都要由不同的生产者做出计划，但是这些计划会通过价格系统来协调。利率不仅会影响投资水平，也会决定资本的时间结构。当储蓄增加引起利率下降时，会使得消费者更加偏好投资而不是更加偏好现期消费，更进一步地，他更加偏好高等级的资本品而不是低等级的资本品。这种资本品时间结构的变化使得产出从满足较近期的未来的需求转向满足较远期的未来的需求，于是，平均生产周期延长了，这种延长与消费者时间偏好的变化是一致的。

（二）经济周期的过程

奥地利学派认为，在一个有中央银行和比较完善的信贷市场的货币经济系统中，货币通常通过可贷资金的变化进入这个系统，如果中央银行通过创造货币来增加可贷资金的供给，货币利率就会降低，这和储蓄增加导致的结果一样。如果利率信号的变化和资源可用性的变化不一致，一个人为的繁荣就会出现。如果在这个过程中，消费者的时间偏好没有变化，也没有可以支持经济高涨的资源被释放出来，而实际的情况可能是，在更低的利率上，人们将减少储蓄并且增加现期的消费。这样，一方面，由于看起来存在有利的信贷条件，资源会由满足较近的未来需求的生产转向满足较远的未来需求的生产，投资水平和投资类型都发生了变化，投资项目在边际上既更迂回也有更高的生产率，资源会由低的生产阶段转向高的生产阶段。因而，消费品产出将相对地减少。但是，当企业家为了获得更迂回的生产方式而对所必需的资源展开竞争时，生产要素所有者的货币收入增加了，因此他们对消费品的需求不是减少了而可能是增加了，这时经济中就会出现充分就业甚至是过度就业。但是经济均衡并没有达到，因为现在的利率不在其均衡水平上。在没有储蓄增加的情况下，新的生产时间结构并不能够实现和得以维持。通过银行系统注入的额外货币也许可以掩饰和推迟调整的需要，但是由于在这个阶段，能使得投资项目顺利完成的资源却被用于增加消费，企业家的努力超过了可利用的资源的限制。当生产进行到较低的阶段时，企业家会发现，并不是所有的投资项目都是有利可图的。在衰退来临前夕，当过量使用资金的生产者为日益稀缺的资金抬高买价时，利率会上升，亏本的借款会使得一部分生产者完成他们的项目，由这些亏本借款所支持的高利率使得人们削减消费以便增加投资。这种释放出来的资源就构成了强制储蓄，也就是与消费者时间偏好不一致的储蓄。这个时候，企业家会发现，生产周期更短的和生产率更低的资源使用型式，与真实的时间偏好和资源可得性更具有一致性。于是，缩短生产的时间结构的趋势将会逐步凸显出来，这种趋势就是衰退的开始。另一方面，当经济高涨继续发展时，银行需要继续实行宽松的货币政策以补偿投资利润率的损失。但是，由于流动头寸日益减少和害怕出现通货膨胀，银行会限制信贷的发放，这会使得市场利率提高。一部分企业会因此而发生财务危机，这时投资的形式和水平又将发生变化，投资将转向周期更短、耐用性更差的商品生产过程，资源也将由高的生产阶段转到低的生产阶段，对适用于这些周期较短的生产过程的投入品的需求将增加，对适用于更长周期的生产过程的投入品的需求将减少，其结果将导致投资品行业的净需求下降，失业和闲置的资源将会出现，经济走向衰退。奥地利学派认为，经济低迷是不可维持的增长的结果，是货币信贷增长超过自愿储蓄增长的结果。

当投资的刺激是资源储蓄增加的结果时，经济系统就会无痛苦地逐步发展到新的静态均衡。在这种均衡状态下，新的资本时间结构与新的跨期消费偏好相符。当投资的刺激来源于银行的信贷创造，真实的储蓄并没有相应增加时，经济系统的调整机制会被人为地扰乱，这时形成的资本时间结构与不变的跨期消费偏好并不一致，生产要素特别是劳动会在无利可图的情况下被投入使用，从而造成人为的繁荣。

奥地利学派认为，要阻止危机的发生，必须防止大量不当投资发生，而避免不当投资的途径是避免银行信贷和货币的任意创造。经济衰退是经济周期中的一个自我矫正阶段。如果市场过程没有被价格黏性干扰，危机之后的衰退应该是消除和修正过去错误和不当投资的必要程序。从长期来看，在经济周期的这个阶段采取扩张政策将达不到预期的目标，只有当生产计划与消费者跨期偏好相适应时，经济才能回复到可维持的增长路径上。

第三节　奥地利学派的三次大辩论

由上面的内容可以看出，奥地利学派的理论和方法是独特的，它在许多方面偏离了西方主流经济学，其中有些论点是相当晦涩难懂或深奥的。奥地利学派的非正统理论导致了许多智力上的论战。下面主要介绍奥地利学派发展史上三次著名的论战。

一、与德国历史学派关于经济学方法论的辩论

门格尔的《国民经济学原理》旨在重建经济科学的基础。他虽然反对古典学派的价值学说，但是在方法论上仍然坚持古典经济学所运用的抽象演绎法。门格尔的著作虽然说是献给德国和奥地利说德语的学术界的，但它在本质上是与当时在德国占统治地位的历史学派的研究方法相抵触的。德国历史学派虽然也反对古典经济学，但是它主要批评的是古典经济学抽象的理论特征。历史学派主张采用历史分析的研究方法。他们认为经济学理论只能从经验中衍生出来，也就是主张进行历史研究。他们在很大程度上接受了英国古典经济学家的结论，但是他们宣称，对于德国历史所进行的研究将会产生一个完全不同的结果。简而言之，他们反对把经济法则看成是普遍正确的，认为历史学是唯一适合研究人类行为的科学。因此，门格尔的著作在德国受到了严厉的抨击。这场战火由德国历史学派的掌门人施穆勒点燃。在门格尔的《国民经济学原理》出版后，施穆勒写

了一篇措辞严厉的书评，以一种煽动性的和令人不快的语言攻击门格尔和他的著作。对于施穆勒的挑战，门格尔在1884年以一本具有煽动性标题《在德国政治经济学中历史相对论的错误》的小册子来回应。于是，一场持续10年的论战拉开了帷幕。加入这场争论的，在德国历史学派阵营中主要有布兰塔诺（Lujo Brentano）和桑巴特（Werner Sombart），庞巴维克、维塞尔和米塞斯则是奥地利学派的主角。有趣的是，正是这场方法论上的争论才使得"奥地利学派"这一术语应运而生。"19世纪80年代，当庞巴维克和维塞尔热情洋溢的著作开始问世时，这一新学说虽然被冠以'奥地利学派'的称号，但与其说是一种尊称，倒不如说是傲慢的德国经济学家对它的蔑视。"①

庞巴维克认为，如果现在把误解放在一边，争论的本质可以被简化为下面简单的说法：问题不在于是历史的方法还是精确的方法是正确的，而是在于除了毫无疑问是正当的经济学的历史方法之外，我们是否认同"孤立的"方法，即抽象演绎法。奥地利学派主张应该认同这种方法，而历史学派对这个问题的回答则是否定的。

历史学派反对抽象演绎法的理由有两个方面。一方面，他们认为社会现象具有复杂具体的性质，每个给定的情形都有不同的历史背景，这种差异应该被承认。抽象演绎的方法并不能有效地揭示这种性质。另一方面，并且是更为重要的一个方面，他们从经验得出反对这种方法的论据：古典政治经济学是由这个方法形成的，而古典政治经济学体系在当时已备受质疑，因此，他们得出结论：这个方法应用于政治经济学的研究是不适合的。

对上述历史学派的看法，奥地利学派的回应是，历史学派的错误是由于他们过分夸大了经验主义的功能，他们的观点实际上是不切实际的，因为他们假定在古典经济学那里，抽象演绎法的运用已经成功地完成了那时所能完成的工作，所以他们很自然地推断出对于旧的材料进行提炼不可能得到任何新的东西，他们认为阻碍政治经济学进步的仅仅是缺乏描述性的经验性材料，因而，经验性材料的充实不但被视为是有益的，而且被视为是在目前状况下达到研究目标的唯一方法。奥地利学派认为这种判断是草率的。历史学派赋予了古典经济学家以超人的能力，这种能力使得用抽象演绎法得到的知识达到了一个完美的境界，以至于再次运用这种方法不能有任何改进的余地。但实际情况是，在很多情形下，古典学派根本不能从相似的事实和假定中提炼出所有可以由他们的方法所得出的东西，也就是说，他们提炼的工作做得既不完全也并非没有错误。古典学派理论中的许多错误是由于他们在运用这种方法时犯下的，而不是方法本身的问题。

奥地利学派进一步指出，政治经济学的问题可以分为两类，第一类是大部分的实际问题和细节上属于理论问题的问题，这一类问题在很大程度上要依赖于历史方法，比如零售贸易对价格的影响。但是即便是在这个问题上也不能完全没有演绎推理。庞巴维克曾经认为，在纳西（Nasse）、康莱德（Conrad）、米尔斯科维斯基（Miaskowski）、斯坎斯（Schanz）、斯康博格（Schönberg）这些历史方法的倡导者的著作中，他们把演绎推理和经验主义巧妙地结合起来。当然，对于这类问题，如果一个人想要更进一步地解释它，他就必须扩充有关经验事实的知识。在这种情况下，每一个经验事实的补充都是

① Mises, Ludwig von, *The Ultimate Foundation of Economic Science: an Essay on Method*, Van Nostrand, 1962, p. 40.

有价值的。对于第二类问题——我们在生活中已经无数次观察到的那些问题，所有可以收集到的经验资料都已全部或者几乎全部收集到了，进行进一步的经验调查无非只能得出相似的结果。所以，这时的关键不在于获取经验事实，而在于如何正确地解释这些经验事实，并从这些经验事实中提炼出一般的原理。以价值学说为例，我们在日常生活中会天天观察到人们对于商品价值的评估，相应地，经济学必须回答什么是我们估价的尺度，是劳动，是生产成本，还是人们对商品带来的边际效用的主观评价？这个问题的答案的原理就蕴涵在我们观察到的这些经验事实中，但是我们将不会因为我们又收集了许多对商品价值的评估的事例而离这个问题的答案更近。我们会发现，有些证据看起来会支持前一种说法，有些证据看起来更支持后一种说法。在这里，起作用的并不是可以观察到的实例的积累，而是对问题的洞察力。因而像供给和需求对价格影响的真正的性质，在生产中资本的真正作用，利率的起源以及储蓄和资本积累的关系这类一般的基本的理论问题都属于第二类问题。对于第二类问题，经验事实并不是以一个从最特殊的事实上升到最一般的事实的程度来排列呈现在研究者面前的，即便存在这样一个序列，也很少或者不能被完全看到，所以必须通过运用抽象演绎法来完成这个序列的内在的构建，表面上的观察根本无法完成这个工作。所以，历史学派虽然公开地在一般意义上抵制抽象演绎法，并且拒绝任何抽象演绎法的进一步应用，但是他们离开这种方法就无法对经济学问题做出自己的回答，也就不能发现那些被深深隐藏在复杂的经验事实中的一系列因果联系。由于这个缘故，历史学派只得不情愿地使用前人已经演绎出来的东西，这就是古典学说。

奥地利学派指出，说抽象演绎法是反经验主义的，这是历史学派强加给奥地利学派的。实际上，由门格尔、庞巴维克和维塞尔所展示的抽象演绎法在本质上是一个名副其实的经验主义的方法。这种方法并没有把先验的公理作为其推论的基础，也没有把自己局限于推断和演绎，相反，它和历史学派一样以对实际状况的观察作为研究的起点，并且努力从这些经验事实中得出一般的法则。更重要的是，抽象演绎法不但是从特殊到一般，而且为了进行假说检验，也从一般到特殊。门格尔同意并且主张：对于经济政策来说，说明历史的差异是绝对必要的。奥地利学派强调，他们并不是要把抽象演绎法变成统治经济学的唯一方法，而是不能容忍德国历史学派把在几乎所有科学中都应用的并取得了丰硕成果的抽象演绎法排除在经济学领域之外。

二、与市场社会主义者关于社会主义经济计算可能性问题的辩论

关于社会主义经济计算可能性问题的辩论在 19 世纪末期就已经开始。当时马克思主义者指出自由资本主义制度不能消除自身蕴涵的经济危机的可能性，他们主张应由政府来控制生产和分配，以消除资本主义的基本矛盾，更有效地和更公平地配置资源。当时的自由市场的信奉者声称自由市场制度至少可以和政府一样有效率。

西方学者现在一般认为，第一位比较正式地讨论社会主义经济计算的可能性问题的人是瓦尔拉斯主义经济学家恩里克·巴罗内（Enrico Barone），他在 1908 年发表的《集体主义国家的生产部门》一文中指出，至少在原理上，社会主义经济可以和资本主义经济做得一样好，因为价格仅仅是瓦尔拉斯体系中一系列方程组的解，至于这个解是由政府解出的还是由市场解出的并不重要。不过，社会主义经济系统能否做得更好？这个问

题是由纽莱斯（Otto Neurath）提出来的。他观察到，在第一次世界大战时期，欧洲国家实施战时经济维持了高就业，消除了经济波动。他认为这是由于生产不再是由追求利润来驱动的，以及战争的努力确保了生产能力始终得到充分的运用。他发现，战时经济的另一个特点是不使用价格系统，而代之以中央政府对资源管理的大范围的计划。那么，在和平时期是否会出现同样的结果呢？纽莱斯认为是有可能的。他提出应该就像管理一个巨大的企业一样建立一个自然的计算中心来管理经济。他进一步提出了一个引起争议的主张，这就是消除货币。他认为，如果存在集体控制，生产是由客观需求决定的而不是由对利润的追求驱动的，有关产出和投入的合适的水平的计算都可以用自然的而非货币的术语来处理。泰勒（Fred M. Taylor）也指出，社会主义国家至少和私有产权的经济一样有效率，并且，在社会主义国家，初始禀赋的分配是由国家掌握的，而在资本主义国家则不是如此。

米塞斯不同意纽莱斯的上述看法。作为一个货币主义理论家，他认为纽莱斯的主张非常荒谬。为了能在更一般的意义上反对社会主义，米塞斯提出了这样的论点：如果国家拥有生产资料，资本品就不能有价格，因为它们仅仅在内部进行转移而不像最终商品那样是交换的对象，所以，即便保留货币，要素价格在社会主义国家也不会存在。但是，迪金森（Henry D. Dickinson）不同意米塞斯的说法。迪金森认为，在社会主义条件下理性计算至少在理论上是可能的，资本主义经济和社会主义经济都可以用瓦尔拉斯方程组系统来形式化地加以表述，不存在不能对资本品定价的问题。对此，哈耶克做出了回应。他列举了与数学解决方案有关的许多困难，例如，需要收集的数量信息大得惊人；正确地给出方程组系统存在巨大的困难；成千上万个方程不是只解一次，而是需要反复求解；任何价格变化的机制都不能简单地复制。

多布（Maurice Herbert Dobb）支持纽莱斯和迪金森的观点。他指出，如果消费者决策也由中央计划控制，大部分与中央计划相联系的经济问题都会变得易于解决。哈耶克则认为，对消费者权利的废除将会受到大部分英国人的排斥，并且，即便是在社会主义制度下，价格对于指导生产仍然是必要的。哈耶克设想了市场社会主义的一种形式——对垄断行业的经理来说，生产在价格等于边际成本上进行，以复制竞争性市场的结果，但是在这种情况下，一个重要的问题出现了：在现实世界中，很难知道边际成本曲线究竟在什么位置。并且在这种情况下，另一个不利之处是，中央计划者还要扮演原来由企业家扮演的角色。最后，哈耶克还注意到，在市场经济中提供的经济刺激不能在集体经济系统中得到有效的复制。

泰勒、奥斯卡·兰格和阿巴·勒纳（Abba Lerner）认为，如果中央计划者可以使用像市场经济中的价格系统一样的价格系统，国家控制的经济至少可以与市场经济一样有效率。也就是说，他们承认在某种条件下，竞争性市场机制有合意的效率特征。但是，现代资本主义的市场结构与完全竞争相去甚远，不完全竞争、外部性等市场失灵现象使得价格机制难以进行有效率的配置，中央计划的市场社会主义则可以复制完全竞争的市场的优点，修正与效率有关的问题并且避免资本主义不利的分配效应。他们通过标准的价格理论来证明市场社会主义在理论上的可能性，又通过显示资本主义的弊病来论证社会主义的必要性。

在赞同社会主义这一派方面，兰格的意见最引人注目。他的第一个看法是直接针对米塞斯的。他同意价格对于理性的计算是必需的，但是他认为，米塞斯的错误之处在于认为价格必须是在市场上形成，而实际上，价格是一种“可供选择的商品得以提供的条件”[①]（terms on which alternatives are offered)，并且它们在市场上的决定只是一个特别制度环境下的特别形式，而不是一个实质的东西，价格可以由中央计划当局来提供，价格不一定仅仅是指市场价格；由中央政府公布的被社会主义国家经营者作为“参数”的非市场价格也可以指导经济计算。因此，在社会主义制度下进行理性的计算就不是不可能的。兰格还进一步说明了社会主义国家如何能产生和竞争性市场一样的结果。在他的模型中，存在消费品和劳动力的自由市场，但不存在要素市场，因为生产资料是公有的。虽然劳动收入存在着不平等性，但是因为资本所有权也是收入的来源，所以，生产资料的公有制将有助于减少不平等。这样，个人收入中也包括一些社会红利，这些红利以前是支付给资本所有者的。这种市场社会主义的关键问题在于缺乏追求利润最大化的企业和非劳动资源的市场。兰格设想由中央计划当局对所有的商品和要素提供临时的价格，国有企业的经理以这些给定的价格作为其制定决策的参数，并被要求按照一个成本最小化的方案来行动。接下来的问题是如何寻找正确的价格以及是否存在市场的稳定性。兰格认为，让政府充当虚构的瓦尔拉斯拍卖者通过试错法来寻找价格，就像在市场上所做的那样，在短缺或过剩存在时提高或降低要素或产品的价格。通过这种方法，正确的价格集合将会被找到。在社会主义经济缺乏刺激的问题上，兰格认为，在现代资本主义经济中，随着所有权与控制权的日益分离，这类问题既困扰资本主义也困扰社会主义，它是现代经济生活中的一个共同问题，而不是社会主义所特有的。在他看来，这类代理问题并不是经济学家要研究的合适的问题，而应该留给社会学家们去解决。兰格强调，在资本主义晚期，早期接近于完全竞争的市场模式已经很难找到了。

米塞斯没有直接回击兰格，但是在后来的著作中，他反对兰格把价格仅仅看作是可供选择的商品被提供的一种条件。在米塞斯看来，从本质上看，价格反映了行动着的个人在特定的时间对商品的评价及其所做的计划，人们计划的变化会使得价格结构也发生变化，因而企业家必须在这个不断变化的结构中做出有关资源使用的决策。由于价格结构是在不断变化的，错误不可避免，而每个错误对企业家来说又是一个追求利润的机会，因而，价格结构的演变最终会趋向一个可以揭示真实相对稀缺性的有效系统。对米塞斯来说，虽然企业家是至关重要的，但是他们行动的制度环境也同样重要，缺乏良好界定和实施的私有产权，企业家既没有信息也没有动机去寻找利润机会和修正错误，所以在他看来，虽然兰格将竞争引入社会主义系统，但是由于缺少这些制度环境，最终的结果只能归于失败。

哈耶克对兰格的回击主要是从两个方面展开的。一方面，他认为兰格提出的计算和试错法是以静态均衡理论为基础的，他关注的是由给定的数据所描述的最终均衡状态，而在现实世界中，趋于均衡的进程是永不停止的；兰格使用均衡模型来进行分析是不恰当的，因为这容易使人们误认为朝向最终均衡价格的调整是一次性的。另一方面，哈耶克从他所关注的信息视角出发，或者说从他的知识观出发，认为是一系列的发现组成了市场过程，标准的均衡理论假设所有的经济当事人都可以知道相同的、正确的、客观的知识，但是在现实世界里，知识是分散的，每个人只拥有少量的不同的知识，这些知识

① Caldwell，Bruce，“Hayek and Socialism,” *Journal of Economic Literature*，Vol. 35，No. 4，Dec. 1997，pp. 1856-1890.

又是主观的，包括对未来和其他人信念的设想，经济当事人是以这些主观的知识为基础来做出决策的。所以关键的问题在于这些分散的知识如何加以运用，不同当事人的行动如何进行协调。市场就是一个由发现和计划的协调所构成的竞争性过程。哈耶克认为，兰格假设这些知识自动地为计划当局所拥有，这就使得最需要经济学理论来解释的问题变得不需要了。哈耶克进一步指出，许多知识是特定时间、特定地点的知识，还有一些知识是默识的，即难以用明确的语言来表达的知识，这两类知识很难传递，只能由企业家凭借其警觉性和努力来把握，而在社会主义经济中，这种知识会被浪费。因而，在企业家凭借其警觉性和努力来发现机会时，由市场价格机制进行的分散的知识的传递和应用要比在社会主义条件下有效得多。在社会主义条件下，任何一个计划者都不可能获得这样的知识。

后来一些经济学家试图运用数学工具具体试验兰格的建议，这导致了线性规划技术的迅速发展及其在经济学领域里的应用。康特罗维奇（Leonid Kantorovich）发现，在计划经济中，有效的资源分配也需要使用和在竞争性市场经济中使用的一样的价格机制，换言之，只要在计划经济中使用价格机制，计划经济是可以和以私有产权为基础的市场机制做得一样好的。新奥地利学派仍然坚持米塞斯和哈耶克在这个问题上的看法，并且他们认为这场辩论的理论意义对于奥地利学派来说是至关重要的，因为正是这场辩论才使得米塞斯和哈耶克发现他们的观点与主流经济学有本质的不同，并且得以系统地阐释这一理论，这对于奥地利学派经济学的复兴是非常重要的。

三、哈耶克与凯恩斯的辩论

20 世纪 30 年代是西方经济学界异常活跃的时期。在英国，以剑桥大学和伦敦经济学院为中心，在不同传统熏陶下的学者相互交流、共同工作，当时的经济问题的严重性吸引了许多人来研究经济学，秉承奥地利学派传统的哈耶克和在马歇尔主义传统下熏陶出来的凯恩斯就属于这群人中的代表者。他们都认为阐释在当时经济现实中起作用的因果关系要比单纯地关注最终的均衡状态重要，都认为货币经济不同于物物交换的经济。他们认识到，货币经济与物物交换的经济的重要区别与货币的使用和货币在经济进程中实践的角色有关系。古典学派理论通过把数量方程式加入对实际交换经济的分析，试图使货币因素进入其模型中，这是不够的。他们都使用了威克塞尔式的储蓄—投资方法作为基本的分析工具。但是，凯恩斯明确放弃了方法论上的个人主义的立场，转而研究宏观经济总量之间的关系，他对市场机制的自发调节功能表示怀疑。哈耶克和米塞斯把相对于自然利率的货币利率变化作为经济周期的起源，并且用消费和生产的时间结构来分析这个货币起源的效应。在《通论》中，凯恩斯得出了与哈耶克完全对立的政策建议。凯恩斯认为，只有通过扩大政府支出才可以达到充分就业，应该使用财政政策和货币政策来消除经济萧条。哈耶克则认为，自由市场应该被允许支配经济周期，供给和需求是由单个经济当事人决定的。哈耶克也不赞同凯恩斯的总量概念和他的经济周期理论。

20 世纪 30 年代初期正是凯恩斯《通论》思想体系形成的时期。凯恩斯和他的剑桥“马戏团”[①]在经济学界拥有越来越多的追随者。但是在这个时期，也有一些凯恩斯思想

① 这是一个学术沙龙的别称。

的反对者。反对者中的代表人物有庇古和伦敦经济学院的罗宾斯。为了壮大反对者的势力，1931年，罗宾斯邀请哈耶克来伦敦经济学院主持该学院的图克讲座。1931年8月和1932年2月，哈耶克在伦敦经济学院的刊物《经济学丛刊》（*Economica*）上连续发表两篇文章，对凯恩斯的《货币论》大加批评，由此拉开了这场论战的帷幕。

哈耶克在《经济学丛刊》上的两篇文章以一种近乎煽动性的语言批评了凯恩斯在《货币论》中阐述的理论。在哈耶克看来，凯恩斯的分析是混乱的、矛盾的并且缺乏坚实的资本理论基础。他试图说明，凯恩斯在《货币论》中的理论无非是古典学说的一个变体，并没有什么实质性的和新的内容。在《货币论》中，凯恩斯和当时传统的观点一样，认为是货币因素阻碍了市场机制的完美运行。但是，古典学派把对长期均衡的背离视为短期的现象，凯恩斯认为这种背离可以持续更长的时间，因而货币利率对于自然利率的偏离也会持续更长的时间。凯恩斯对于哈耶克不能理解他努力去做的工作感到困惑和不满，他认为这个奥地利人严重地误解了他的看法。凯恩斯在《经济学丛刊》上以一篇题为《货币的纯理论：答哈耶克博士》回应了哈耶克的攻击。

为了说明他的理论和哈耶克理论的分歧所在，凯恩斯决定讨论哈耶克新出版的《物价与生产》一书，因为据说这本书的观点要比那两篇评论性文章的观点清楚得多。这样，凯恩斯对哈耶克批评的回应就转化为对《物价与生产》的批评。在凯恩斯看来，在某种情况下，货币数量可以变化而不妨碍储蓄和投资相等，货币数量的增加既不是投资超过储蓄的必要条件，更不是对这两个变量之间差异进行度量的尺度，因而哈耶克把货币的扰动作为经济周期的起源的说法就不能成立。他进一步分析说，即便银行系统没有通过信贷创造来增加货币供给，储蓄和投资也可能会不相等，因为公众改变了他们的储蓄率或者企业家改变了他的投资率，而在有效货币供给不发生变化的情况下，并不存在保证两者相等的市场机制。因此，和哈耶克一样，他也批评对方的理论充满了错误和混乱。凯恩斯承认他在《货币论》中没有把自己的分析建立在一个令人满意的资本和利息理论的基础上，但那完全是因为“现在不存在这样的理论”。

对凯恩斯的回答，哈耶克又做了答复。他重申反对凯恩斯理论的理由是他的分析缺乏一个合适的资本理论基础。他进一步指出，即便不存在完全令人满意的资本理论，但也存在比凯恩斯在《货币论》中所依据的资本理论好得多的理论，也就是庞巴维克和威克塞尔的理论。凯恩斯没有能够利用这些理论并不是因为他认为这些理论是错误的，而是他根本就没有努力去理解和掌握它。他认为凯恩斯对《物价与生产》的批评无非是没有办法的办法，因为凯恩斯并不能对他的批评提出有力的反驳，而且他认为凯恩斯实际上没能够很好地掌握他的方法。

在《经济学丛刊》上的论战之后，凯恩斯和哈耶克通了数封信，主要围绕怎样定义储蓄和投资的问题展开了讨论。凯恩斯在一封给斯拉法（Piero Sraffa）和卡恩（Richard Kahn）的有关这场辩论的信中写道：“下一步是什么？我感到深渊正在裂开——并且我确实感到这样。”“我不得不发现在这之中有些令人感兴趣的东西。”① 这说明凯恩斯对哈耶克的某些思想感兴趣。

这场争论一直持续到凯恩斯的《通论》出版才停止，《通论》完全改变了这场争论

① Keynes，J. M. *The Collected Writings of John Maynard Keynes*，edited by D. Moggridge，Vols. Ⅻ，Macmillan Ltd.，p. 265.

的方向。

在《通论》出版以后，尤其是在1974年和缪尔达尔共同获得诺贝尔经济学奖以后，哈耶克成为凯恩斯学说的主要批评者。他尤其反对凯恩斯的政府干预经济活动的主张，他认为这种干预会导向社会主义，他坚持“最少干预”的学说。

从总体上看，在这场争论中，哈耶克是一个败北者，因为凯恩斯和他的《通论》影响实在太大了。

第四节 奥地利学派与其他新自由主义学派

奥地利学派是一个绵延了一个多世纪、横跨旧自由主义和新自由主义的自由主义学派，但是它和其他自由主义学派既有区别也有联系。本节主要讨论它和芝加哥学派、弗莱堡学派的关系。

一、与芝加哥学派的关系

在新自由主义思潮中，弗里德曼领导的芝加哥学派无疑是声望最高、影响最大的一个学派，它在西方经济学界赢得了相当的赞誉。芝加哥学派的成员已经数次站在诺贝尔经济学奖的领奖台上。芝加哥学派有三个重要的特色：一是主张经济自由主义，二是重视实证研究，三是重视货币理论的研究。弗里德曼的著作绝大部分阐述的都是关于货币理论的看法。以弗里德曼为主要代表的货币主义宏观经济学打破了第二次世界大战后凯恩斯主义宏观经济学一统天下的局面，他们的经济自由主义理论对经济学界和政府经济政策都产生了重大的影响。芝加哥学派对于推动新自由主义思潮在世界范围内的传播发挥了重要的作用。因而，奥地利学派与这个影响最大的新自由主义学派之间的关系应当引起我们关注。特别需要指出的是，这两个学派都与雷德（Leonard Read）领导的经济学教育基金会有关，这个基金会旨在推动自由市场理论的传播，自成立伊始，它就积极支持这两个学派的发展。在第二次世界大战后初期，这两个学派都没有流行起来，因为那时的西方经济学界是凯恩斯主义的天下。但是经过几代人的努力，芝加哥学派在西方主流经济学中赢得了一席之地并占据了重要的位置，与之形成对比的是，奥地利学派仍然被排除在主流经济学之外。尽管最近30年来，对于奥地利学派经济学的研究出现了一个新的高潮。

作为新自由主义的两个流派，芝加哥学派和奥地利学派在很多方面有共同或相似之处，但是他们在理论特色、方法论和政策主张等方面也存在诸多差异。就共同点来看，这两个学派都是经济自由主义的极端鼓吹者和维护者，都反对凯恩斯主义的政府干预政策，都非常重视货币的作用。这两个学派在基本立场上也非常相近。

芝加哥学派和奥地利学派的差异主要表现在以下几个方面：

第一，奥地利学派的经济周期理论和货币主义的经济周期理论之间有着重要的差异。这首先体现在对于宏观经济总量的使用上。货币主义者使用的是由凯恩斯开创的总量分析方法。货币主义者认为，经济学研究的主要目的是要揭示宏观经济总量之间的关系，特别是货币供给、实际现金余额、非现金资产、价格总水平、失业和收入的长期变化和这些总量之间的相互关系。菲利普斯曲线反映的是价格总水平和失业之间的变化关系，而这些宏观经济总量并不为奥地利学派所关注，他们关心的是货币的变化对生产的资本时间结构的影响。虽然这两个学派都认为货币是非中性的，但是在货币对真实经济的传导机制上，因而在失业的原因和类型上，这两个流派的分歧是非常明显的。在货币主义者看来，货币对实际经济的影响主要是通过资产组合调整机制，货币供给增加会导致现金资产收益率（相对于非现金资产收益率）减少，这又将导致对商品支出的增加。他们认为，经济周期中的失业是周期性的失业，它只是发生在朝向长期均衡的暂时调整期间；这种失业是一种“自然失业”，是对一般真实工资水平上升的一种合理反应。奥地利学派则认为，银行通过信贷创造来增加可贷资金的供给，这会在消费者的跨期偏好没有发生变化的情况下导致货币利率偏离实际利率，从而导致失业和经济衰退。他们并不像货币主义者那样采用总投资的概念，而是认为由原材料到最终消费品要经过一系列时间上排序的生产阶段，这些阶段构成了资本的时间结构。在奥地利学派看来，失业是独立于投资总量的变化之外的，衰退时期的失业不是投资总量变化的结果，而是结构性的失衡。货币主义学派认为，经济会在长期中回复到原来的均衡状态，而奥地利学派则否认存在这种可能性。对于奥地利学派来说，在经济扩张时期的不当投资将永久地改变财富的分配，使得初始均衡不能被重建，货币的扩张会产生永久性的效应。

第二，这两个学派对于货币市场和货币政策的看法也有差异。在货币市场方面，奥地利学派主张实行自由银行制度，取消中央银行发行货币的垄断权，将货币发行权下放给商业银行，让它们各自发行货币以便相互竞争。他们认为，这样做的结果是，如果商业银行不控制货币发行量，其发行的货币必然要贬值，这些货币就不会被经济当事人选择而被排斥在市场流通之外。他们还认为，也可以实行货币国际化，让各国货币相互竞争。芝加哥学派则主要针对中央银行控制货币发行权的制度。他们主张政府应该稳定货币供应量增长率，用单一的货币规则来替代斟酌使用的货币政策。在具体的货币规则上，这两个学派有着微妙的差别。对于数量方程式，奥地利学派认为不变的 MV 对于宏观经济的协调是最佳的，应该增加 M 以抵消 V 的下降，当 Y 增加时应允许 P 下降来保持 MV 的稳定。也就是说，即便是在真实产出增长时期，也应该抑制货币的扩张，价格的下降应该与产出的增加相适应。在货币主义者看来，只要价格水平是稳定的，货币的扩张就不具有破坏性，在真实经济增长时期，货币扩张是必要的，因为这可以阻止价格的下降。货币主义者建议，在经济增长时，中央银行应当增加货币供给以使之与长期的实际产出增长相匹配。

第三，在方法论上，弗里德曼和他的追随者们与奥地利学派的差异更为明显。虽然这两个学派都主张使用抽象演绎的方法，但是芝加哥学派强调实证分析和对理论进行经验检验。弗里德曼和施瓦茨对美国货币史的研究、对20世纪30年代大萧条的研究，都是实证研究的例证。奥地利学派的理论分析主要是基于演绎法。米塞斯的“人类行动学”就是关于人类行动的先验性的演绎科学。奥地利学派的代表人物喜欢用逻辑说理的方式来表达经济范畴和经济思想，而不愿意用数学方式来陈述他们的理论，他们反对把数学作为一种经济学的研究方法。他们认为人类行动本质上是个人主义的，不能够用精确的数学工具来刻画或用统计数据加以检验。他们对于数学、计量经济学和统计学的怀疑和抵制被视为奥地利学派的重要特征。这也是奥地利学派不能获得西方主流经济学认同的一个基本原因。这一点也可以在一定程度上解释，为什么同为新自由主义的两个重要学派，他们在西方经济学界的地位却有如此大的差别。

二、与弗莱堡学派（秩序自由主义）的关系

弗莱堡学派（Freibury School）也是当代的新自由主义学派之一。它的主要代表人物有欧肯（Walter Eucken）、伯姆（F. Bohm）和艾哈德（L. Erhard）等人。这个学派主要关注的是市场经济的制度问题，即他们通常所说的秩序问题，所以它也被称为秩序自由主义（ordo liberalism）。在他们看来，秩序是市场经济有效运行的基本保证。这个学派的基本倾向是自由主义，并根据这个原则来制定经济政策，而这些经济政策是以维护市场经济正常运行的法律秩序为基础的。这种有秩序的市场经济（即社会市场经济）不同于现存的资本主义经济，因为它克服了现实中的资本主义经济的缺点和弊端，完美地体现了自由市场经济的理想状态。在这种经济体制下，既要发挥自由市场机制配置资源的作用，又需要国家通过公共政策以及一些经济发展计划来维持市场的稳定，保证市场的充分竞争。[①]

虽然奥地利学派和弗莱堡学派有着不同的传统，并且采取了不同的方法，但是作为新自由主义的两个重要学派，它们在许多方面都有共同的基础，并且奥地利学派的代表人物哈耶克对弗莱堡学派的发展也有着不小的影响。

这两个学派的共同之处在于：

首先，两派都赞成个人自由主义，对经济和政治秩序问题都有着浓厚的兴趣。他们都认为个人自由和社会秩序不是对立的，个人对有关行为的社会规则的遵守是达到自由的经济和政治秩序的前提条件。奥地利学派和弗莱堡学派都强调制度的作用，虽然哈耶克强调的是与知识问题有关的制度的协调功能，而欧肯强调的是与力量问题有关的控制功能，但这只是侧重点的不同。他们双方都对对方强调的社会规则的基本功能表示赞同。在政策主张上他们都同意公共政策不应该承担维持正当的经济秩序的任务，虽然奥地利学派看起来更强调限制公共政策的范围。两派都严格抵制追求明确的市场结果的政治上的能动主义。因为在他们看来，市场结果是任意的，具有不确定性，能动主义是对个人自由的威胁。

其次，这两个学派在对待价值判断的问题上也持有相似的立场。他们都认为经济学的研究不能回避价值判断。哈耶克认为，自发秩序是遵守合理的行为规则的结果，避免涉及规范是一个不合理的抽象，因为正式的和非正式的规则既反映了个人自由的基本价值观，也被个人自由的价值观所支持。欧肯的主张更是直截了当的，他认为社会科学家必须思考什么才是合理的和公正的社会秩序，价值判断对我们选择要研究什么问题以及之后的研究都有指导作用。更重要的是，价值和规范是制度结构的本质部分。总而言之，这两个新自由主义学派都认为社会科学不能与道德哲学分开。

最后，两派都对占统治地位的主流经济学的愈演愈烈的模型化趋势表示忧虑和不满。奥地利学派在这方面表现得尤为突出。我们可以通过奥地利学派的市场过程理论看出这个特色。弗莱堡学派为了刻意拉开与历史学派的距离，采用了一些现代新古典经济

① 在某种意义上，弗莱堡学派的“社会市场经济”概念是指一种混合型的经济，但是就其基本理论和主要政策主张来说，它仍然属于“自由市场经济”的范畴，是新自由主义经济的一个重要组成部分。

学的概念，因此，它与主流经济学方法的差异没有奥地利学派那么明显。但是它强调制度和秩序的特色使得它与热衷于完善分析工具而忽略对假设框架的研究的新古典经济学又保持着较大的距离。

虽然这两个学派在一些基本理论问题上持有一致或者相近的看法，但是由于奥地利学派主要关注的是由发现组成的市场过程，强调知识问题，而弗莱堡学派则关注私人经济力的问题，因此双方就在理论上产生了许多分歧。这些分歧主要有：

第一，关于竞争。奥地利学派把市场过程看成是一个由企业家的勇敢和机敏产生的一系列的发现所组成的过程，这是对传统的均衡理论的背离，这也使得奥地利学派放弃了新古典学派的竞争的概念。在奥地利学派看来，竞争主要是在动态的意义上起作用的，要利用在这个动态竞争中企业家固有的机敏，并不需要使得企业像新古典框架下的完全竞争的企业那样行动，因为完全竞争的模型恰恰排除了企业家的勇敢和想象力，只需要并且也只能够要求保证企业家自由地进入和退出市场。因此，在新古典经济学中被视为不完美竞争的一些“垄断”行为，恰恰被奥地利学派认为是反映了推动动态的竞争过程的企业家的主动精神。弗莱堡学派的完全竞争的概念与新古典学派的完全竞争的概念类似。但是，弗莱堡学派的竞争概念完全没有把市场过程理论中的企业家精神和主动性纳入其中。他们认为竞争会扰乱均衡并且造成经济的不稳定性或短缺。所以，弗莱堡学派主张价格应该被固定在使得供给和需求达到均衡并且同时与边际成本相等的水平上。这无疑与奥地利学派的论敌——市场社会主义的观点有着某种共同之处。由这一点也可以看出，弗莱堡学派在分析市场时，偏向于或者说至少在某种程度上采取了构建主义的立场，这个立场刚好是奥地利学派特别是哈耶克所反对的。哈耶克认为，一切试图把市场看成是有意图地组织起来的组织都是错误的，因为市场秩序是自发的，市场过程的结果是不能够被人为支配的。

第二，关于社会规则的来源。奥地利学派认为，竞争性秩序的规则会自发地出现和被维持。他们强调，对自由市场体系的威胁首先来自政府试图指导无意识的、自组织的和复杂的秩序的努力。在这个问题上，奥地利学派更靠近进化（演化）主义的立场，并对有意识的制度变迁表示怀疑。弗莱堡学派则对奥地利学派的这个观点提出了批评。他们认为，虽然市场过程并不是能够规划的，但是仅仅意识到某些法律规则是自发产生的并听任经济秩序自发地发展是不够的，因为对经济自由的主要威胁是一个软弱的、不能维持竞争性秩序的国家。在他们看来，只有在一个组织即国家的帮助下，经济秩序的规则才能建立起来并得到维持，制度是减少私人力量的工具；自发形成和维持的规则秩序将不会有成效，因为这将导致私人利益对国家利益的束缚。他们主张经济政策应该带来自由和自然的秩序。弗莱堡学派更多地诉诸组织国家经济生活的一般的政治决定，换句话说，应该由政府通过各种道德、法律和经济手段来保护和维持社会经济秩序。

第三，关于社会公正。弗莱堡学派试图把社会公正的问题并入他们的竞争秩序的概念之中。对于他们来说，社会问题不是像马克思和历史学派的其他成员所认为的，是竞争过度的结果，相反是竞争不足的结果，这些问题反映了国家建立和维护竞争性秩序的失败，一个良好的竞争秩序是社会公正的前提条件。对弗莱堡学派来说，收入水平对于市场状况的依赖会导致严重的不公平，并且肯定会带来许多问题，因而他们主张采取一些收入再分配的政策。在奥地利学派的理论中，通过发现取得的收入是要归因于发现者的机敏，而且企业家的利润并不是发现之前可获得的投入和产出中的一份，而完全是真正的新的东西，这些收入不能由新古典框架下的公正原则来判断，因而也就无所谓公正还是不公正。奥地利学派只关注程序的公正，而不关注结果的公正。他们把个人自由作为公正的唯一基础，进而作为正当行为的准则。

由上可以看出，弗莱堡学派似乎更强调走中间道路，它主张经济自由，但同时又认为毫无限制的绝对经济自由也是不可取的，它承认一定程度的国家干预对市场经济运行是必要的，而奥地利学派的经济自由主义要激进得多，他们把国家干预看成是最大的危险。

本章复习与思考题

1. 奥地利学派有哪些特色？
2. 简述奥地利学派的主要理论。
3. 奥地利学派与其他的新自由主义学派有哪些相同之处和不同之处？
4. 奥地利学派的经济周期理论与西方主流经济学的经济周期理论有什么不同？
5. 你如何评价关于社会主义经济计算可能性的争论？
6. 你如何评价奥地利学派与历史学派关于方法论的争论？
7. 如何理解奥地利学派的市场过程理论？

本章进一步阅读文献

[1] Allin Cottrell and W. Paul Cockshott, "Calculation, Complexity and Planning: The Socialist Calculation Debate Once Again," http://ricardo.ecn.wfu.edu/, 1993

[2] Boettke, Peter J. and Peter Leeson, "The Austrian School of Economics: 1950—2000," working paper of George Mason University, 2001

[3] Boettke, Peter J. and Peter Leeson, "Information and Knowledge: Austrian Economics in Search of its Uniqueness," working paper of George Mason University, 2002 (1)

[4] Boettke, Peter J. and Peter Leeson, "Towards a History of the Theory of Socialist Planning," working paper of George Mason University, 1999

[5] Boettke, Peter J. and Peter Leeson, "Economic Calculation: The Austrian Contribution to Political Economy," *Advances in Austrian Economics*, Vol. 5, 1998

[6] Boettke, Peter J. and Peter Leeson, *The Elgar Companion to Austrian Economics*, E. Elgar, 1994

[7] Bruce Caldwell, "Hayek and Socialism," *Journal of Economic Literature*, Vol. 35, issue 4, 1997

[8] Cochran, John P., "Capital-Based Macroeconomics: Recent Developments and Extensions of Austrian Business Cycle Theory," *The Quarterly Journal of Austrian Economics*, Vol. 4, No. 3, 2001

[9] Garrison, Roger W., "Austrian Capital Theory and The Future of Macroeconomics," in *Austrian Economics: Perspectives on the Past and Prospects for the Future*, Vol. 17, Richard M. Ebeling, ed., Hillsdale College Press, 1991

[10] Garrison, Roger W., "Time and Money: The Universals of Macroeconomic Theorizing," *Journal of Macroeconomics*, Vol. 6, No. 2, Spring 1984

[11] Garrison, Roger W., *Time and Money: The Macroeconomics of Capital Structure*, Routledge, 2001

[12] Gerold Blümle and Nils Goldschmidt, "From Economic Stability to Social Order: The Debate about Business Cycle Theory in the 1920s and its Relevance for the Development of Theories of Social Order on the Example of Lowe, von Hayek, and Eucken," Albert-Ludwigs-Universitat Freiburg in Breisgau discussion paper, 2002

[13] Gloria-Palermo, Sandye, *The Evolution of Austrian Economics: From Menger to Lachmann*, Routledge, 1999

[14] Hayek Friedrich A. von, "Competition as a Discovery Procedure", in *New Studies in Philosophy, Politics, Economics and the History of Ideas*. The University of Chicago Press, 1978

[15] Hayek, Friedrich A. von, "The Use of Knowledge in Society," *American Economic Review*, Vol. 35 (4), 1945

[16] Hayek, Friedrich A. von, *Road to Serfdom*, Routledge & Kegan, Paul, The University of Chicago Press, 1944

[17] Hayek, Friedrich A. von, *Denationalisation of Money*. Institute of Economic Affairs, 1976

[18] Hayek, Friedrich A. von, *The Constitution of Liberty*, Routledge & Kegan Paul, The University of Chicago Press, 1960

[19] Hayek, Friedrich A. von, *Law, Legislation and Liberty*, 3 vols., Routledge & Kegan Paul, The University of Chicago Press, 1973, 1976, 1979

[20] Heinz D. Kurz, "The Hayek-Keynes-Sraffa Controversy Reconsidered," http://www.kfunigraz.ac.at, 1999

[21] John Eatwell, Murray Milgate, Peter Newman, eds., *The New Palgrave: a Dictionary of Economics*, Macmillan; Stockton Press, 1987

[22] Kirzner Israel M., *Competition and Entrepreneurship*, The University of Chicago Press, 1973

[23] Kirzner Israel M., *The Meaning of Market Process: Essays in the Development of Modern Austrian Economics*, Routledge. 1992

[24] Kirzner Israel M., *The Driving Force of the Market: Essays in Austrian Economics*, Routledge, 2000

[25] Kirzner Israel M., *Fifty Years of FEE—Fifty Years of Progress Austrian Economics*, Reprinted with Permission from The Freeman, a Publication of The Foundation for Economic Education, Inc., Vol. 46, No. 5, May 1996

[26] Maclachlan Fiona, "Review on 'The Hayek-Keynes Debate: Lessons For Current Business Cycle Research'," http://www.hayekcenter.org/, 2000

[27] Manfred E. Streit, Michael Wohlgemuth, "The Market Economy and the State Hayekian and Ordoliberal Conceptions," paper prepared for the fifth annul SEEP-

Conference on Economic Ethics and Philosophy, Section Ⅰ, Marienrode 29, October-November 1997

[28] Mises, Ludwig von, *Human Action*, Yale University Press, 1949

[29] Mises, Ludwig von, *The Ultimate Foundation of Economic Science: An Essay on Method*, Van Nostrand, 1962

[30] Walter, Block, "Austrian Theorizing: Recalling the Foundations," *Quarterly Journal of Austrian Economics*, Winter 1999

[31] 邓正来. 哈耶克论文集. 北京：首都经济贸易大学出版社，2001

[32] [美] 小罗伯特·B. 埃克伦德，罗伯特·F. 赫伯特. 经济理论和方法史. 4版. 北京：中国人民大学出版社，2001

附录

历届诺贝尔经济学奖获得者

获奖年份	获奖者	国别	主要贡献
1969	拉格纳·弗里希（Ragnar Frisch） 简·丁伯根（Jan Tinbergen）	挪威 荷兰	创建计量经济学
1970	保罗·萨缪尔森（Paul Samuelson）	美国	数量经济学和凯恩斯经济学研究
1971	西蒙·库兹涅茨（Simon Kuznets）	美国	国民收入核算方法，经济发展理论
1972	约翰·希克斯（John R. Hicks） 肯尼斯·阿罗（Kenneth Arrow）	英国 美国	一般均衡理论， 福利经济学
1973	华西里·里昂惕夫（Wassily Leontief）	美国	投入—产出分析
1974	弗里德里希·冯·哈耶克（Friedrich von Hayek） 冈纳·缪尔达尔（Gunnar Myrdal）	英国 瑞典	货币理论和政治经济学， 宏观经济学和制度经济学
1975	佳林·库普曼斯（Tjalling Koopmans） 列昂尼德·康托罗维奇（Leonid Kantorovich）	美国 苏联	线性规划，数理统计方法应用于经济计量学
1976	米尔顿·弗里德曼（Milton Friedman）	美国	货币理论，持久性收入假说，政治经济学
1977	詹姆斯·米德（James Meade） 伯特尔·俄林（Bertil Ohlin）	英国 瑞典	国际贸易理论，国际资本流动研究
1978	赫伯特·西蒙（Herbert Simon）	美国	管理行为，有限理性理论

续前表

获奖年份	获奖者	国别	主要贡献
1979	阿瑟·刘易斯（W. Arthur Lewis） 西奥多·舒尔茨（Theodore Schultz）	美国/英国 美国	发展经济学， 人力资本理论
1980	劳伦斯·克莱因（Lawrence Klein）	美国	计量经济学与经济预测
1981	詹姆斯·托宾（James Tobin）	美国	宏观经济学和金融经济学（对金融市场及其对企业和家庭消费的影响分析）
1982	乔治·斯蒂格勒（George Stigler）	美国	产业组织理论，信息经济学
1983	杰拉德·德布鲁（Gerald Debreu）	美国	福利经济学，价值理论的数学证明
1984	理查德·斯通（Richard Stone）	英国	国民收入核算方法研究
1985	弗兰科·莫迪利安尼（Franco Modigliani）	美国	储蓄与金融市场理论
1986	詹姆斯·布坎南（James Buchanan）	美国	公共选择理论
1987	罗伯特·索洛（Robert Solow）	美国	经济增长理论
1988	莫里斯·阿莱斯（Maurice Allais）	法国	公共部门定价理论
1989	特里夫·哈维莫（Trygve Haavelmo）	挪威	计量经济学（把概率方法引入计量经济学）
1990	威廉·夏普（William Sharp） 默顿·米勒（Merton Miller） 哈里·马科维茨（Harry Markowitz）	美国	金融经济学（资产组合选择理论）
1991	罗纳德·科斯（Ronald Coase）	美国	产权理论，交易费用理论，经济组织理论
1992	加里·贝克尔（Gary Becker）	美国	人力资本，歧视，家庭行为分析
1993	罗伯特·福格尔（Robert Fogel） 道格拉斯·诺思（Douglass North）	美国	计量经济史学 制度变迁分析
1994	约翰·纳什（John Nash） 约翰·海萨尼（John Harsanyi） 莱因哈特·泽尔滕（Reinhard Selten）	美国 美国 德国	博弈论（非合作博弈的均衡分析理论）
1995	罗伯特·卢卡斯（Robert Lucas）	美国	宏观经济学（理性预期，宏观经济学的微观基础研究）
1996	詹姆斯·莫里斯（James Mirrless） 威廉·维克瑞（William Vickrey）	英国 美国	微观经济学（信息经济学，激励理论，博弈论）
1997	罗伯特·默顿（Robert Merton） 迈伦·斯科尔斯（Myron Scholes）	美国	金融经济学（期权定价模型）
1998	阿马蒂亚·森（Amartya Sen）	印度	发展经济学，收入分配与贫困研究
1999	罗伯特·蒙代尔（Robert Mundell）	美国	开放的宏观经济模型，最优货币区理论
2000	詹姆斯·赫克曼（James Heckman） 丹尼尔·麦克法登（Daniel McFadden）	美国	微观计量经济学（选择性抽样原理和方法，离散选择的原理和方法）

续前表

获奖年份	获奖者	国别	主要贡献
2001	约瑟夫·斯蒂格利茨（Joseph Stiglitz） 迈克尔·斯彭思（Michael Spence） 乔治·阿克洛夫（George Akerlof）	美国	信息不对称市场研究
2002	丹尼尔·卡尼曼（Daniel Kahneman） 弗农·史密斯（Vernon L. Smith）	美国	心理和实验经济学
2003	罗伯特·恩格尔（Robert F. Engel） 克莱夫·格兰杰（Clive W. J. Granger）	美国 英国	时间序列分析
2004	芬恩·基德兰德（Finn E. Kydland） 爱德华·普雷斯科特（Edward C. Prescott）	挪威 美国	实际的经济周期理论
2005	托马斯·克罗姆比·谢林（Thomas Crombie Schellin） 罗伯特·约翰·奥曼（Robert John Aumann）	美国/以色列 美国	博弈论（对合作与冲突的研究）
2006	埃德蒙德·费尔普斯（Edmund Phelps）	美国	宏观经济学（预期的通货膨胀与失业关系的研究）
2007	莱昂尼德·赫维奇（Leonid Hurwicz） 埃里克·马斯金（Eric S. Maskin） 罗杰·B. 迈尔森（Roger B. Myerson）	美国	机制设计理论
2008	保罗·克鲁格曼（Paul Krugman）	美国	国际经济学（国际贸易模式和地理经济学）
2009	奥利弗·威廉姆森（Oliver E. Williamson） 艾利诺·奥斯特罗姆（女，Elinor Ostrom）	美国	企业理论，公共选择理论与经济治理
2010	彼得·戴蒙德（Peter A. Diamond） 戴尔·莫滕森（Dale T. Mortensen） 克里斯托弗·皮萨里季斯（Christopher A. Pissarides）	美国 美国 英国/塞浦路斯	宏观经济学（市场摩擦，搜寻—匹配模型）
2011	克里斯托弗·西姆斯（Christopher A. Sims） 托马斯·萨金特（Thomas J. Sargent）	美国	宏观经济学（对宏观经济中因果关系的实证研究）
2012	埃尔文·罗斯（Alvin Roth） 罗伊德·沙普利（Lloyd Shapley）	美国	稳定配置理论及市场设计实践
2013	尤金·法玛（Eugene F. Fama） 罗伯特·希勒（Robert J. Shiller） 拉尔斯·汉森（Lars Peter Hansen）	美国	资产价格的实证分析
2014	让·梯若尔（Jean Tirole）	法国	微观经济学（产业组织理论）
2015	安格斯·迪顿（Angus Stewart Deaton）	英国/美国	消费、贫困与福利经济学
2016	本特·霍姆斯特罗姆（Bengt Holmström）） 奥利弗·哈特（Oliver Simon Arcy Hart）	美国	微观经济学（契约理论）
2017	理查德·塞勒（Richard H. Thaler）	美国	行为金融学
2018	威廉·诺德豪斯（William D. Nordhaus） 保罗·罗默（Paul M. Romer）	美国	创新、气候和经济增长

续前表

图书在版编目（CIP）数据

当代西方经济学主要流派/方福前著. —3版. —北京：中国人民大学出版社，2019.7
研究生教学用书
ISBN 978-7-300-27007-4

Ⅰ.①当… Ⅱ.①方… Ⅲ.①西方经济学-经济学派-研究生-教材 Ⅳ.①F0-08

中国版本图书馆CIP数据核字（2019）第103030号

研究生教学用书
教育部学位管理与研究生教育司推荐
当代西方经济学主要流派（第三版）
方福前　著
Dangdai Xifang Jingjixue Zhuyao Liupai

出版发行	中国人民大学出版社		
社　　址	北京中关村大街31号	**邮政编码**	100080
电　　话	010－62511242（总编室）		010－62511770（质管部）
	010－82501766（邮购部）		010－62514148（门市部）
	010－62515195（发行公司）		010－62515275（盗版举报）
网　　址	http://www.crup.com.cn		
经　　销	新华书店		
印　　刷	天津鑫丰华印务有限公司	**版　　次**	2004年12月第1版
开　　本	787 mm×1092 mm　1/16		2019年7月第3版
印　　张	27 插页1	**印　　次**	2024年7月第2次印刷
字　　数	638 000	**定　　价**	56.00元

教学支持说明

1. 教辅资源获取方式

为秉承中国人民大学出版社对教材类产品一贯的教学支持，我们将向采纳本书作为教材的教师免费提供丰富的教辅资源。您可直接到中国人民大学出版社官网的教师服务中心注册下载——http：//www. crup. com. cn/Teacher。

如遇到注册搜索等技术问题，可咨询网页右下角在线 QQ 客服，周一到周五工作时间有专人负责处理。

注册成为我社教师会员后，您可长期根据您所属的课程类别申请纸质样书、电子样书和教辅资源，自行完成免费下载。也可登录我社官网的“教师服务中心”，我们经常举办赠送纸质样书、电子样书、线上直播、资源下载、全国各专业培训及会议信息共享等网上教材进校园活动，期待您的积极参与！

2. 购书联系方式

网上书店咨询电话：（010）82501766
邮购咨询电话：（010）62515351
团购咨询电话：（010）62513136

3. 全国各地区营销中心联系方式

请登录以下网址查询：
http：//www. crup. com. cn/Market

中国人民大学出版社经济分社
地址：北京市海淀区中关村大街甲 59 号文化大厦 1506 室　100872
电话：010－62513572
传真：010－62514775
E-mail：jjfs@crup. com. cn